貞観政要

全訳注

呉競　編

石見清裕　訳注

講談社学術文庫

目次

貞観政要　全訳注

巻六

巻七

巻八

巻九

巻十

はじめに——歴史の中の『貞観政要』

『貞観政要』の成り立ち

『貞観政要』全十巻四十篇は、唐王朝（西暦六一八〜九〇七）の第二代皇帝太宗の言葉と、太宗が臣下と話し合った議論とを書き綴った書物である。会話だけでなく、太宗の詔勅と臣下の上奏文も多数含まれる。

太宗は本名を李世民といい、初代皇帝高祖李淵の次男である。在位は二十三年間（六二六〜六四九）で、元号は貞観と称した。書名はそこからきている。

編者の呉兢（六七〇〜七四九）は、武則天（則天武后）の時代に国史編纂の仕事にたずさわり、玄宗の時代には文学館の学士として学生を指導し、引き続き国史編纂事業に参与した。彼が『貞観政要』を完成させたのは、太宗崩御の約六十数年〜七十数年後のことである。なぜ完成年に約十年の幅があるのかというと、『貞観政要』は二度にわたって皇帝に上進されたと考えられるからである。

一度目は、武則天を継いだ中宗（第三代高宗と武則天の子）の時代である。武則天が退位し、彼女が周と改めた国号を中宗が唐に戻すと、新しい時代の到来を期待する風潮を背景に、呉兢は太宗の治世を手本とする『貞観政要』を撰して進呈した。しかし、中宗の時代は皇后韋氏一族の専横を招き、中宗は毒殺されるに至った。そのため、呉兢の撰書は目的を達せられなかった。

二度目は、その韋氏一族を打倒した玄宗の時代である。若くして即位した玄宗には朝廷の期待が集まり、時の宰相は『貞観政要』に着目し、呉兢に再度この書を皇帝に進呈させた。この二度目の上進によって、『貞観政要』は後世に伝わった。冒頭の「序」は玄宗の宰相の名が登場するので、この再進本の序である。しかも、宰相の一人として中書令の河東公が登場するが、これは宰相張嘉貞のことで、彼が中書令のポストにあったのは玄宗の開元八年（七二〇）から十一年初頭までなので、再進本はその間に進呈されたと考えられる。太宗崩御の七十数年後のことである。

その後、玄宗の治世末期に安史の乱が起こり、以降は中国内に節度使と呼ばれる地方権力が割拠したので、唐王朝は前半期のような中央集権は望むべくもなくなった。そのため、自国が建国されたばかりの頃の隆盛ぶりがふりかえられる風潮となり、その際に多くの朝臣によって『貞観政要』が意識された。自国の前の時代の盛世をふりかえるという傾向は、唐の後の宋代以降にも続き、宋代に自王朝の先帝の故事を記す『宝訓』や『聖政』が編纂されたのも『貞観政要』の影響によるものだという（鄧小南「〝祖宗故事〟与宋代的《宝訓》、《聖政》──従《貞観政要》談起」、『唐研究』十一巻、二〇〇五年）。

日本にも『貞観政要』は夙に伝わり、九世紀末の『日本国現在書目録』雑家の項に「貞観政要十四」と見える。その後、『貞観政要』はかなり広く読まれたようで、以下にそれを示す事例をいくつか挙げてみよう。

本書の政体篇第七章、教戒太子諸王篇第二章、災祥篇第四章に、「皇帝は船、民は水。水は船を載せるが、覆すこともある」というくだりがある。もとは『孔子家語』五儀解篇、『荀子』王制篇を出典とする。これを『太平記』（慶長八年古活字本）巻三七、新将軍京落事は、「君ハ舟臣ハ水、水能浮船、水又覆船也」と引用し、後文で「魏徴ガ太宗ヲ諫ケル貞観政要ノ文、ゲニモト思ヒ知レタリ」と記すので、『貞観政要』から引用していることがわかる。同じ引用は、延慶本『平家物語』巻三、内裏ヨリ鳥羽殿へ御書有事にも見え、「貞観政要ニ云、君ハ船ナリ、臣ハ水。浪ヲ治スレバ船ヨク浮ブ、水浪ヲ湛レバ船又覆ヘサルト云ヘリ」と記され、長門本『平家物語』巻七、陰陽頭泰親占事には、「およそ君は舟なり臣は水なり、水浪をしづむれば舟よくうかぶ、水浪をたたふれば舟又くつがへす……貞観政要の文にたがはざりけるものをや」とある。

『太平記』巻三五、北野通夜物語事には、「サレバ湯武ハ火ニ投身、桃林ノ社ニ祭リ、太宗呑蝗、命ヲ園囿ノ間ニ任ス」とあり、太宗が蝗を呑んだ話が引用されているが、これは『貞観政要』務農篇第二章を見たものであろう。

『平治物語』上、信頼信西不快の事には、「しかれば、唐の太宗文皇帝は、鬚を切りて薬を焼きて、功臣に賜ひ、血を含み疵を吸ひて、戦士を撫でしかば……」とある。『白氏文集』巻三「七徳の舞」に同様の文があり、白楽天はわが国ではよく読まれたので、『平治物語』はそれを見たのかもしれない。そうであっても、もとを正せば『貞観政要』任賢篇第七章、仁惻篇第四章が出典なのである。

以上は一端に過ぎず、日本中世文学作品の『貞観政要』引用はほかにも見られ、すでに国文学者によって指摘されている。

文学の分野だけでなく、政治にたずさわる人々の間でも『貞観政要』は読まれた。平安期には、学問に関わる官人に本書は広まり、大江匡衡（おおえのまさひら）は一条天皇に『貞観政要』を進講したという。院政期には上流貴族にも受容され、九条兼実（くじょうかねざね）は日記『玉葉』（ぎょくよう）で『貞観政要』を学んだことをしばしば記している。鎌倉期には、菅原為長（すがわらのためなが）が北条政子の求めに応じて本書を和訳したことは有名であり、以後本書は武家政権側で「帝王学の書」として利用されてきた。

貴族政権側にも『貞観政要』は重視され続け、近年では、鎌倉前期の摂関家九条道家（くじょうみちいえ）が四条天皇に奉った「徳政」を勧める奏状が、六ヵ所にわたって『貞観政要』を踏まえて書かれていることが明らかにされた（丸山航平「九条道家の学問と信仰」、『日本史攷究』四三号、二〇一九年）。

江戸時代以降も『貞観政要』は「帝王学の書」として読まれ続け、今日では政治の指南書としてだけでなく、組織リーダー論の参考書としても読まれている。

それならば、『貞観政要』に描かれる唐の太宗の時代とは、いったいどのような時代なのであろうか。

隋・唐両王朝の源流

古代の中国が秦・漢によって統一され、黄河流域と長江流域を包括する地域に初めて古典中華文明が共有された。その後に三国時代となり、それが西晋によって一時は再びまとまった。三国以降は、政治的な分裂はあったにしろ、社会文化の面で見ると、漢代の文化が受け継がれたと言ってよいであろう。それが一変するのは、五胡十六国時代である。中国華北に、外来民族が多くの国々を建てる時代が訪れた。

一般に「五胡十六国」というが、実は形成された国は十六にとどまらない。「十六」というのは漢語では概算にすぎない。「五胡」だから、五種類の異民族であるが、漢族の国もある。

東洋で五胡十六国という現象が起こった西暦四世紀に、西洋では「ゲルマン民族大移動」が起こっている。この二つは、連動した現象と見てよい。ユーラシアの東部でも西部でも、北の民族が南下する現象が起きたのである。当時の地球の平均気温が下がったために生じた民族移動現象だと考えられている。この現象は、西洋では約二世紀にわたって続き、そしてフランク王国に結実して、今日の西ヨーロッパの原型が作られた。

東洋では、五胡の一つの鮮卑族拓跋氏によって北魏という国が形成され、華北が一時統一された。北魏は華北統一を約七十年にわたって保ったが、末期は「六鎮の乱」と呼ばれる事件によって国が東西に分裂した。六鎮とは、北魏が北方の防衛のために今日の内蒙古自治区に東西に配備した軍鎮で、西から沃野鎮・懐朔鎮・武川鎮・柔玄鎮・懐荒鎮・御夷鎮などを指すが、これも必ずしも六ではなく、「六鎮」は概算の呼称である。六鎮の兵士は、北魏が平城（山西省大同市）に都を置いていた時には、国防を担う名誉ある職務にあったが、北魏が華北を統一して戦闘が少なくなり、しかも第六代孝文帝が都を洛陽に遷すと、もはや無用の長物といってもよい状態と化してしまった。この不満から起きたのが六鎮の乱である。これは、東洋におけるこの時代の最後の大規模な民族移動現象であった。

六鎮の一つ、武川鎮の兵士は、宇文泰という武将をリーダーにして華北の勢力と戦い、やがて長安に拠点を置いた。一方、洛陽には懐朔鎮出身の高歓が入って政権を牛耳った。時の北魏の皇帝はそれを快く思わず、西の長安の勢力に招かれて洛陽を脱出した。宇文泰側はそれを受け入れ、ここに北魏は東魏・西魏に分裂することとなった。一般にはこれを「北魏の東西分裂」というが、実情は西側が勝手にもう一つの魏を名乗ったにすぎない。

さて、宇文泰とともに武川鎮から長安方面に移動した人々のなかに、隋の初代皇帝文帝（楊堅）の父と、唐の初代皇帝高祖（李淵）の祖父がいた。彼らの一族は、宇文泰の西魏建国に協力し、宇文氏が西魏から皇帝の位を奪って国号を周（北周）と改めると、その政権内で勢力をつけていった。そして、六鎮の乱の世代から数えて、第二世代と第三世代がそれぞれ隋と唐を建てて初代皇帝となったのである。隋も唐も西魏・北周の政権から出た勢力なので、どちらも長安に拠点を置いた。

『隋書』巻一、文帝紀の冒頭と、『旧唐書』巻一、高祖本紀の冒頭には、それぞれ隋室楊氏と唐室李氏の系譜が記される。それによれば、楊氏は名門の弘農楊氏の出身で、北魏時代に武川鎮に移住し、六鎮の乱に際して内地に戻り、西魏建国の功績から普六茹氏という姓を賜り、後にもとの楊氏に戻ったという。唐の李氏は、これも名門の隴西李氏の出身で、北魏の時に武川鎮に移住して六鎮の乱で内地に戻り、西魏建国の功績から大野氏という姓を賜り、後にもとの李氏に戻ったという。しかしながら、この二つの系図には、共通する作為性を感ぜざるを得ないであろう。なぜなら、本当に名門の一族であるならば、北方警備の軍鎮に行くはずがない。日本の古代でいえば、藤原氏が防人に行くようなもので、貴族がそんな所に行ってもおよそ役には立たないであろう。隋唐両室の一族は、もともと武川鎮付近にいた北方民族の普六茹氏・大野氏であり、それが六鎮の乱で宇文泰とともに南下し、権力を握ってから名門に結び付けて自己の系譜を捏造したと考えるのが、穏当であろう。

つまり、隋も唐も、四世紀に始まる民族移動のうねりの中から生まれた国なのである。だから、国際色豊かな文化を持つ国となった。こうして、中国に新しい時代が訪れたのである。唐・太宗朝の政権を担った人々と、以前から洛陽など中国の東部にいた本物の名門の一族との確執は、本書の礼楽篇第五章をご覧いただきたい。

隋末の乱と唐の成立

さて、六鎮の乱の後、西魏・北周と東魏・北斉が対立して東西に分裂した華北は、北周が北斉を倒して併合したが、間もなく宰相の楊堅に帝位を奪われ、隋が誕生した。楊堅（文帝）は南朝最後の王朝の陳を滅ぼし、ここに華北と江南は久しぶりに統一された。ちょうどその頃、それまで北方のモンゴリアで猛威を振るっていた遊牧民族国家の突厥が可汗の位をめぐって内部分裂を起こした。可汗とは突厥の王の称号で、モンゴルのハーンにあたる。この時、可汗自称者の一人である啓民可汗は隋に援助を求め、文帝はそれを助けたので、隋の威光はモンゴリアの地にまで及ぶこととなった。

文帝の後に即位した煬帝は、戸口と国庫の充実した盛世を継ぎ、当初は税の軽減策などを執行した。ただし、煬帝は奢侈を好む性格だったといわれ、その点は本書の議論でもしばしば触れられるので、唐初期の人はそのように認識していたのであろう。煬帝が実施した政策のうち、特に二つの事業が人民を苦しめたとされる。

一つは、大運河の開通である。大運河の一部は文帝の時期に開通していたが、煬帝はそれをさらに拡張し、洛陽東方の黄河から分かれて東南流する通済渠を掘削して長江下流の揚州方面とをつなぎ、東北流する永済渠によって天津方面とをつないだ。これによって、南北を結ぶ物流の大動脈が開けたのであるが、この工事には多くの民が労役に駆り出された。『隋書』煬帝紀によれば、永済渠の掘削には河北地方の男女百万人以上が動員されたという。

もう一つは、高句麗遠征である。高句麗は、中国の東北辺で隋と国境を接し、そのために小競り合いが絶えず、さらに高句麗は隋に朝貢使節を送らなかったので、すでに文帝の時代に一度、軍事遠征を行って不成功に終わっていた。煬帝はそれを受け継いだのであるが、彼が高句麗にあれほど固執した理由として、次の点が指摘される。煬帝の元号は大業というが、その三年に、彼は今日の内蒙古自治区フフホト付近に突厥の啓民可汗を訪ねたことがある。その際に、啓民のもとに高句麗からの使者が来ており、煬帝はその使者と出会ってしまった。そこで煬帝は、突厥と高句麗が手を結ぶことの危険性を考えるようになったと思われるのである。

さて、煬帝の第一回高句麗遠征は大業七年（六一一）に準備され、翌八年に行われた。水軍・陸軍あわせて百十三万の大軍を派兵したのだが、高句麗は朝鮮半島北部だけでなく、マンチュリア（中国東北地方）をも領域とするので、奥が深く、攻めきれないうちに隋軍の諸将の対立も生じて、結局この大軍事遠征は失敗に終わってしまった。この高句麗遠征が準備されていた大業七年暮れの段階で、早くも民衆反乱の徴候が現れ始めた。「遼東（高句麗）に出かけて犬死するなかれ」という歌を広めた者がいて、困窮した民が山東省の長白山に籠もりだしたのである。

煬帝の第二回高句麗遠征は大業九年に行われたが、この時には、河北から北京方面に軍事物資を輸送する司令官であった楊玄感が隋に反旗を翻した。父の楊素が煬帝に疎まれ、前年に死亡したことが背景にあった。この楊玄感の乱を契機として、民衆の反乱はほぼ中国全土に拡大し始めた。

それにも懲りず、煬帝は大業十年に第三回高句麗遠征を行ったが、これは何の成果もなかった。十一年には、煬帝は北方の巡察に出かけたが、逆に突厥・啓民可汗の子の始畢可汗に雁門（山西省北部）の地で包囲されてしまった（本書、弁興亡篇第三章参照）。何とか難を逃れたが、煬帝は非常に恐れ、また国内の世情不安が続くので、翌十二年にとうとう通済渠を使って長江下流域の揚州に逃げのびた。

揚州での煬帝は、離宮に百以上の部屋を作らせ、部屋ごとに女性を一人ずつ入れ、毎日部屋を移して暮らしたという。そうかと思うと、粗末な短衣を着て杖をつき、ふらふらと離宮内を歩き回るありさまで、精神的に不安定だったようである。煬帝が揚州に移ってから一年少し経過したある日、宇文化及をリーダーとする近衛兵たちが反乱を起こし、離宮の宮殿に乗り込んできた。煬帝が「この反乱の首領は誰か」と問うと、化及は「天下がみな怨んでいる。どうして一人にとどまりましょうか」と答えた。煬帝は覚悟を決め、毒酒を要求したが、反乱兵はそれを認めず、煬帝の首掛けで帝を絞め殺してしまった。

なお、煬帝の側近官僚であった虞世基も揚州に同行していて、宇文化及によって殺された。後に太宗に仕え、本書にもしばしば登場する虞世南はその弟で、この時に自分が兄の身代わりになると進み出たが叶わなかったというエピソードが、孝友篇第二章に見える。また、宇文化及の弟は宇文士及といい、後に唐の高祖・太宗に仕えて政治を補佐した。士及は煬帝の娘南陽公主と結婚しており、煬帝暗殺後のこの夫妻のエピソードについては君臣鑒戒篇第二章「解説」を参照されたい。

さて、無秩序だった反乱は、このころには各地でそれぞれにリーダーを立てて、地域ごとにまとまりを見せてきた。そして、煬帝が暗殺されると、リーダーたちは皇帝を称し国号を建て、反乱は典型的な群雄割拠の様相を呈した。中国史上に何度もおこった反乱は、例えば王莽の新におきた赤眉の乱、後漢末期の黄巾の乱、唐中期の安史の乱、元末の紅巾の乱、明末の李自成の乱、清朝期の太平天国の乱や義和団の乱などのように、首謀者の名を採るか、反乱を象徴するものによって命名されている。ところが、隋の末期におきた反乱は、特定の首謀者がいるわけでもなく、象徴が表れたのでもないので、「隋末の乱」と呼ばれる。このことは、逆に反乱の規模や範囲が大きかったことを意味する。事実、隋末の乱は中国史上、最大級の反乱の一つであった。

唐を建てる李淵は、山西省の太原に駐屯していたが、煬帝が揚州に移ると長安に入城して、煬帝の孫の代王楊侑を隋の第三代皇帝に擁立し、煬帝暗殺後にそれから禅譲される形で即位して、国号を唐と称した。同様に、洛陽を拠点とした王世充も煬帝の孫の越王楊侗を擁立し、禅譲を受けて国号を鄭と称した。洛陽の東方では李密が魏を建て、さらにその東方の山東省方面では徐円朗が魯を建て、その北の河北地方では竇建徳が夏を、北京方面では高開道が燕を建てた。山西省の北部では劉武周が自立し（国号不明）、長安西方の蘭州方面では薛挙が秦を、河西方面の武威では李軌が涼を、長安北方のオルドスでは梁師都が梁を建国した。長江流域に目を移すと、中流域の荆州を中心に蕭銑が梁を、下流域の揚州では李子通が呉を、建康（南京）では輔公祏が宋を、その南の杭州方面では沈法興が梁を、さらにその西南では林士弘が楚を、それぞれ建国した。

これらの群雄は、互いにつぶし合いをしたが、多くは唐によって平定された。こうして、隋の後を継ぐ国は唐となった。最後まで残っていた群雄の一人梁師都を唐が倒したのは、第二代太宗の貞観二年（六二八）のことであった。

秦王李世民と玄武門の変

唐を建てた高祖の元号は武徳という。建国したばかりの唐にとって、最大の敵は西方から長安に迫って来る薛挙の勢力であった。しかし、武徳元年（六一八）のうちに何とか薛挙とその子薛仁杲を倒すと、翌二年にさらに西方の河西の涼が唐に降ってきた。実は、涼を建てた李軌が配下の安興貴・修仁兄弟に倒され、彼らが唐に使者を送って来たのである。この安兄弟は、ソグド人であることがわかっている。ソグド人とは、中央アジアに住むイラン系民族で、当時シルクロード交易に携わっていたのは彼らであった。おそらく、河西地方にいたソグド人たちは、そこで自立するよりも、長安の政権と手を結ぶ方が有利だと判断したのであろう。

こうして西方の脅威を取り除いた唐にとって、次の敵は東方の洛陽にいる王世充と、河北で大きな勢力を振るっていた竇建徳であった。この両勢力に対して、唐は武徳四年（六二一）に攻撃をしかけ、なんとか平定した。こうして、華北はオルドスの梁師都以外はほぼ唐の支配下に入った。この間に、長江流域の勢力に対しても、唐は軍を送って次々と破り、または懐柔して、唐の支配は江南にも及んだ。江南の平定には、宗室の河間王李孝恭（謙譲篇第三章）と将軍李靖（任賢篇第五章）の活躍が大きかった。

ところで、唐の高祖と太穆竇皇后との間には四人の男子がいたが、三男は早逝したので、正夫人の出産した直系男子は三人であった。長男で皇太子の李建成、次男で秦王の李世民、四男で斉王の李元吉である。このうち、隋末の群雄平定に最も大きな功績を挙げたのは、次男の世民であった。薛挙・薛仁杲父子と戦ったのも世民であり、王世充・竇建徳を倒したのも主として世民の軍であった。そのため、皇太子や弟の親王と比べて世民の評判は高まり、このことが兄弟間に確執を生じさせた。世民側の陣営と、建成・元吉側の陣営との対立は、武徳七年（六二四）ごろより本格化してきた。高祖は、建成や元吉にも功績を挙げさせようとしたが、世民の評判には及ばなかった。もはや、両陣営の衝突は時間の問題となった。

先に手を打ったのは、世民側であった。武徳九年（六二六）六月四日の朝、長安の宮城に出勤しようとしてきた建成と元吉を、世民側は宮城北門の玄武門で待ち伏せし、武力攻撃をしかけて両人を殺し、一気に決着をつけた。この事変を「玄武門の変」と呼ぶ。建成は享年三十八、後に隠太子と謚され、元吉は二十四、後に巣王の封号が贈られた。事変に際して、建成・元吉側で戦った武将については忠義篇を参照されたい。また、本書に幾度となく登場して太宗を諫める魏徴は、皇太子建成の配下であった。

玄武門の変に至る両陣営の対立について、史料は概して建成・元吉の人格を悪く書く傾向にある。そして、世民は身の危険を排除するためにやむを得ず決起したとするが、もちろんそこには粉飾がなされているであろう。もし皇太子側が勝利を収めたとすれば、世民はどんなに悪く書かれたことか。「勝てば官軍」なのである。

玄武門の変については、これまで様々な角度から研究がなされている。たとえば、①政権獲得後の世民一派によって記録がいかに捏造されたかを分析した研究、②背景に伝統的世族地主（建成・元吉側）と新興庶族地主（世民側）の対立があったとする研究、③あくまでも宇文泰以来の勢力の内部抗争であったと主張する研究、④迫りくる突厥の脅威から長安政権内に路線対立が生じたとする研究、⑤背景には当時の仏教教団（建成・元吉側）と道教教団（世民側）の対立があったとする研究、⑥高祖は建成と世民のどちらを支持していたかを分析する研究、等々である。②は、一九六〇～七〇年代の中国のプロレタリア文化大革命を背景に主張された意見で、今は支持されていない。

いずれにしても、世民は自分の路線を維持しなければ、できたばかりの唐政権がどうなるかわからないという危惧があったのであろう。世民配下の秦王府の幕僚たちにとっても、自分だけでなく家族の運命がかかっているのだから、必死だったであろう。

玄武門の変の約二ヵ月後、高祖は退位して世民が即位し、翌年の正月に元号を貞観と改めた。こうして太宗は拭いきれないほどの汚点を残して皇帝となり、『貞観政要』の時代を迎えるのである。太上皇帝となった高祖は、貞観九年（六三五）に七十歳で世を去った。

なお、太宗が、自分の起こした玄武門の変がどのように記録されて後世に伝わるのかを気にしている様子が、文史篇第四章にうかがえる。

北方遊牧民族突厥について

漢語の「突厥」は、古代トルコ語の民族名テュルク Türk の漢字音写、つまり突厥はテュルク人（トルコ人）である。トルコ人といえば、もともとから西アジアにいたと思われるかもしれないが、そうではなく、もともとはモンゴリアに分布していた。九世紀にトルコ系の遊牧国家ウイグル（回紇）が解体すると、それを機に徐々に西方へと移動し、やがてモンゴル高原にはモンゴル族が分布するようになったのである。

突厥は、初めは柔然という遊牧国家の支配下にあったが、阿史那氏を可汗にして部族連合のまとまりを見せ、柔然を倒して自立した。多くの部族を支配下に入れて大帝国へと発展したが、やがてアルタイ山脈を境にしてモンゴリアの東突厥と、天山山脈北方に分布する西突厥とに分裂した。東突厥は、唐の太宗の貞観四年（六三〇）に一度滅亡し、高宗の末期に再び独立を回復して玄宗期まで存続した。前者を突厥第一可汗国といい、後者を第二可汗国という。『貞観政要』に出てくる突厥は、いうまでもなく第一可汗国である。

前述のように、突厥は啓民可汗の時に政治的統一が弱まったが、中国が隋末の乱で分裂すると、両者の勢力は相対的に再び逆転した。華北に割拠した隋末の群雄たちは、みな突厥に貢物を贈って援助を仰ぎ、彼らから突厥に派遣される使者どうしが道で出会うほどだったという。突厥と手を結ばなければ、他の群雄と突厥との挟み撃ちにされる恐れがあるからである。だから、華北の群雄たちは、みな突厥から小可汗の称号を受けていた。つまり、隋末の乱とは、中国国内だけで済む出来事ではなかったということである。

さて、揚州で煬帝が暗殺され、同行していた皇族も殺されたが、蕭皇后と孫の楊正道だけは生き延び、宇文化及によって連れ去られた。その化及は河北の群雄の竇建徳に倒され、二人は建徳の保護下に入った。そのころの突厥は、啓民可汗の子の始畢可汗も死に、処羅可汗の時代になっていたが、その可敦（皇后）は隋室から嫁いだ義城公主（義成公主とも書く）

であった。竇建徳は宇文化及の首を義城公主に送り、煬帝の仇を討ったのは自分だということを公主に示し、今まで以上に突厥の援助を期待した。

北方遊牧民族には、レヴィレート（嫂婚制）という独特の習慣がある。父が死ぬと、残された継母を息子が娶る、あるいは兄が死ぬと、残された兄嫁を弟が娶るという習俗である。継母あるいは兄嫁が実家に帰ると、その嫁入り道具（家畜）まで実家に戻ってしまって家計が苦しくなるので、それを防ぐ習慣といわれ、または遊牧民の家では女性の労働力が重要なので、それを失わないための習慣ともいわれる。突厥の末期には、そのレヴィレートが可汗家で行われた。

実は、隋室の義城公主は、初めは啓民可汗に嫁いだ。啓民が死ぬと、公主は義子の始畢可汗の可敦となり、その死後はさらに弟の処羅可汗の可敦となっていた。処羅可汗は短期で亡くなり、次の可汗を決める際に、大方の意見は始畢可汗の子の突利に傾いたが、処羅の弟の頡利を立てたのは義城公主であった。そして、彼女はまた頡利の可敦となった。義城公主は突厥内でこれほどの権限を有していた。この頡利が、第一可汗国の最後の可汗となる。

さて、処羅可汗の時代に、群雄の一人竇建徳は宇文化及の首を義城公主に送ったのであるが、その際に公主は、蕭皇后と楊正道を突厥に引き取りたいと言ってきた。竇建徳はそれに従い、二人は突厥に亡命することとなった。突厥側は楊正道を隋の王に立て、突厥に逃げていた中国人約一万人をその配下に置き、元号を建て、小規模な隋の亡命政権を樹立した。義城公主としては隋の復興を願っていたであろうし、処羅可汗としては、それが叶わなくても、中国内が群雄割拠の状態であった方が望ましかったであろう。

こうした状況下で中国内が唐によって統一へと向かったのであるから、突厥と唐とは対立せざるを得なかった。唐が洛陽の王世充と河北の竇建徳を倒し、中国統一がほぼ決まりかけた武徳四年の翌年から、突厥は中国侵入の回数を増やしている。その侵攻は年々強まり、武徳七年には唐の朝廷でとうとう遷都が議論され始めた。李世民は遷都に反対であった。武徳八年には突厥の侵攻はさらに深刻となり、こうして武徳九年を迎えた。玄武門の変は、この緊張の中で起こっている。とすれば、玄武門の変の背景に突厥との関係を見ないわけにはゆかないであろう。事変の二ヵ月後、時の突厥可汗の頡利は、唐朝廷内の混乱を突いて長安の北まで攻め込んできた。この時の太宗の対応が、征伐篇第一章に見える。

それから三年ほどがたち、突厥と唐の形勢は逆転した。貞観三年（六二九）末から四年初めにかけて、モンゴリアを大冷害が襲ったのである。突厥の家畜は多くが死んだ。遊牧民にとって、これほど深刻な事態はない。唐はこの機を突いて大攻撃をしかけ、第一可汗国を滅ぼしたのである（任賢篇第五章「李靖」参照）。唐側は、煬帝の蕭皇后と孫の楊正道ばかりでなく、頡利可汗さえも礼儀を立てて長安に迎え入れたが、義城公主だけは捕らえたその場で処刑した。諸悪の根源が誰であるか、唐としても十分に承知していたのである。隋末の混乱と突厥との緊張関係というこの社会情勢は、実は義城公主と蕭皇后という二人の女性が陰で糸を引いていたのであり、誠に興味深い。

こうして、唐の政権は軌道に乗り始めた。一般に「貞観の治（じょうがんのち）」といわれるような泰平の世が、太宗の時代に本当に現出したのであれば、その大きな理由は二つであろう。一つは、隋末の乱が十五年ほど続き、それに懲りた民衆が安定を望んだこと。もう一つは、突厥という最大の敵が消滅したことである。

太宗の臣下たち

『貞観政要』は、太宗と臣下との議論が載せられるのであるから、本書には太宗の側近の臣下たちが数多く登場する。通常、唐・太宗の功臣というと、凌煙閣二十四功臣を指す。凌煙閣とは長安の宮城内にあった楼閣で、貞観十七年（六四三）に太宗は自分を支えた功臣の姿を描かせ、そこに飾った。

二十四人とは、次の人たちである。

長孫無忌、李孝恭、杜如晦、魏徴、房玄齢、高士廉、尉遅敬徳、李靖、蕭瑀、段志玄、劉弘基、屈突通、殷開山、柴紹、長孫順徳、張亮、侯君集、張公謹、程知節、虞世南、劉政会、唐倹、李勣、秦叔宝。

ほとんどは太宗が秦王であった時からの幕僚であるが、高祖の臣下だった者や、魏徴のように対立した皇太子建成の臣下だった者もいる。長孫無忌は太宗の文徳長孫皇后の兄、高士廉は彼らの義理の兄、長孫順徳は皇后の叔父にあたり、李孝恭は前出の皇族河間王である。

本書の任賢篇には、太宗の功臣として八名を取り上げている。房玄齢、杜如晦、魏徴、王珪、李靖、虞世南、李勣、馬周の八名である。凌煙閣の功臣に含まれない二人が入っているが、撰者の呉兢はおそらく任賢篇の王珪と馬周のエピソードを選択したのであろう。

逆に、任賢篇では取り上げられないが、秦王以来、太宗を支え続けたといえば、何といっても高士廉と長孫無忌なのであり、そして「房杜」と並称された房玄齢、杜如晦である。玄武門の変で太宗が勝ちを収めたのも、四人の功績が大きい。ところが、杜如晦は貞観四年に死去したのでやむを得ないとしても、この四人は本書に意外なほど登場しない。登場するのは圧倒的に魏徴であり、魏徴こそは本書の主役といってよい。

それは、『貞観政要』が、即位後の皇帝としての太宗の政務を執る姿を描いたからであり、魏徴の歯に衣着せぬ痛烈な諫めの言葉こそ、後世の政治の手本としたかったからであろう。

唐の官制

本書に臣下が登場する場合、多くは肩書の官職名が付されている。そこで、馴染みのない方のために、唐の官制を簡単に述べておく。

唐の官職号は、散官・職事官・勲官・封爵に大きく分けられる。

散官とは、官人の階級を示す称号で、文官の階級は文散官、武官の階級は武散官という。文武いずれも階級は三十階で、ランクは「品」と数える。官品は一品から九品までで、上から正一品・従一品で始まり、従三品までで六階級。四品からは上・下階に分けられ、正四品上・正四品下・従四品上と続き、従九品下までで二十四階、合計三十階である。ただし、これを数字では呼ばず、それぞれに官品名が付けられている。最高階の正一品は皇帝指南役や親王なので散官名はないが、文散官の従一品は開府儀同三司といい、正二品は特進、従二品は光禄大夫という。本書で、魏徴の肩書をしばしば「特進」というが、これは特進という職務に就いているというのではなく、「正二品身分」という意味である。

それに対して、職事官は実際に職務を有するポストである。本書に登場する肩書はこちらが多いので、やや詳しく述べておこう。

一般に、唐の中央官制は「三省・六部」と呼ばれる。三省とは、中書省・門下省・尚書省のこと。中書省は国家の政令、具体的には詔勅の起草を主要任務とし、長官を中書令、副長官を中書侍郎という。門下省は王の命令の出納を管理し、詔勅の審議も行い、長官を侍中、副長官を黄門侍郎という。本書にしばしば登場する皇帝諫め役の諫議大夫は、門下省に所属する。尚書省は政令を執行する行政府であり、長官を尚書令、副長官を尚書左僕射・右僕射という。ただし、高祖の武徳年間（六一八―六二六）に秦王世民が一時、尚書令に就いたことがあったので、太宗朝にはこのポストは空席とし、左・右僕射が実質上の長官であった。唐では三省の長官・副長官が宰相に相当した。

一方、六部とは尚書省に所属する実際の行政部署で、吏部（官吏関係）・戸部（戸籍・税制）・礼部（国家儀礼）・兵部（軍事）・刑部（法律・裁判）・工部（土木工事）の六署を指す。それぞれ、長官は尚書、副長官は侍郎という（吏部尚書・吏部侍郎のごとし）。

以上の三省・六部のほかに、一台・九寺・五監という重要官署がある。一台とは御史台のことで、官吏の監察を担当し、重要な裁判や国家法令の妥当性などを宰相と議論した。御史台の長官は御史大夫、副長官を御史中丞といい、その下で御史が実務を監督した。

九寺とは、仏教寺院ではない。本来「寺」とは官署の意味である。漢代に渡来した外国仏教僧侶が役所に滞在したので、漢字文化圏では僧侶の居住する施設を寺と呼ぶようになった。唐の九寺は、太常寺（国家祭祀）・光禄寺（食膳）・衛尉寺（武器）・宗正寺（皇室）・太僕寺（馬・車）・大理寺（裁判・刑罰）・鴻臚寺（外務省）・司農寺（倉庫・農産物）・太府寺（財貨・宝物）を指す。それぞれ長官は卿、副長官は少卿という（太常卿・太常少卿のごとし）。

五監は、国子監（教育）・少府監（工芸）・軍器監（武器造営）・将作監（土木事業）・都水監（河橋・堤防）を指す。このほかにも、文書を管理する秘書省、皇帝の身の回りを管理する殿中省、女官を監督する内侍省があった。

なお、冒頭に述べた勲官とは、軍功を挙げた者に授与される称号であるが、本書にはほとんど現れない。また封爵とは、封建された者の称号であるが、唐では実際に封建地を統治するのではなく、あくまでも名誉ある肩書である。ただし、封建地からの税収入を受け取る実利をともなう。詳細は封建篇「解説」を参照されたい。

伝説上の聖人と悪君

『貞観政要』の議論には、政治の模範としての昔の聖君や、悪い手本としての悪君がしばしば登場する。

代表的な聖君は、堯と舜である。古来、中国には、自国の歴史は三皇・五帝から始まるという思想があった。三皇とは、天下を設計した人、火を発明した人、農業を教えた人等々、神がかった存在で、その数も決して三人ではない。太古の中国内に分布していた諸民族の始祖伝説が反映されているのであろう。便宜上、その中から三名を選び出して三皇とし、中国の歴史はここから始まると説くのである。

三皇に対して、次の五帝の時代となると、彼らは明らかに人間としての君主である。世の中を理想的に統治した五人で、こちらはその名は決まっている。順に、黄帝・顓頊・帝嚳・堯・舜である。彼らは血縁関係にあるのではなく、優れた者に次々と帝の位が受け継がれたという。なかでも、堯と舜の時代には理想的な世が現出したとされる。

五帝最後の舜は位を禹に譲り、ここから帝位が世襲されるようになって、中国で最初の王朝が誕生した。夏王朝である。夏は湯王に倒されて殷王朝ができ、殷は武王に倒されて周王朝ができた。王朝を建てた禹と湯、そして周の基礎を築いた文王とその子武王も古の聖君とされ、堯・舜と並んで本書にしばしば登場する。唐の太宗の祖先は、北魏の末期に北方から華北に移ってきた一族であるが、太宗はその時代から数えて第四世代の子孫となるので、すでにこうした中華文化に親しんでいたのであろう。

一方、以上のような聖人に対して、王朝を滅ぼした最後の王はどうしても悪く評される。なかでも、夏を滅ぼした桀王と殷を滅ぼした紂王は、最悪の暴君と酷評されてきた。どちらも贅沢を好み、残虐な政治をしたとされる。史実としては決してそのようなことはないのであろうが、彼らを良い王とすると、次の国を建てた聖人が悪人になってしまうので、しかたないのである。そこで桀と紂は、見倣ってはならない手本として本書にも頻出する。

桀王・紂王と並んで本書に幾度となく登場する暴君は、隋の煬帝である。やはり贅沢を好み、豪奢な建造をくりかえし、残虐な政治をして民衆の恨みを買った皇帝として描かれる。煬帝は、兄の皇太子を追い落として死に追い込み、あるいは父親の文帝までも殺害したとさえ言われている。こちらも決してそこまでひどい皇帝ではないのであろうが、何しろこの皇帝を悪君としなければ、自国の唐が「正義の国」にならないのである。

ところで、この隋第二代皇帝は「ようてい」とは読まずに「ようだい」と読む。しかし中国語では、日本語の「ようてい」に相当する「ヤンティー（Yang di）」と発音し、決して「ようだい」にあたる読みはしない。「ようだい」はわが国特有の読み癖なのである。その理由については、煬帝には「帝」の資格がないためだとか、小野妹子の「日出づる処の天子……」の国書などで煬帝はわが国では古くから馴染みがあったので、漢音ではなく古い呉音の発音が受け継がれたなどと言われてきた。決定的な理由がわからないまま、なんとなく「ようだい」と読んできたのである。

ところが近年、新しい説が提示された。宮内庁書陵部に所蔵される『貞観政要』（巻子本）は、もとは藤原南家に伝来した古い写本であるが、そこには「煬帝」に「ヨウタイ」と読みが振ってあり、「ようだい」は藤原南家の秘訓だったというのである（松下憲一「隋の煬帝はなぜヨウダイと読むのか」、『史朋』五〇号、二〇一八年）。この秘訓が広まったのだとすると、「ようだい」も『貞観政要』の産物ということになる。

唐の歴史記録保管制度と編者呉兢

『貞観政要』の編者呉兢は、太宗崩御の約七十年もたって後に、どうしてこのような書物が書けたのであろうか。そこには、唐の歴史記録保管・編纂のシステムが存在した。

皇帝の周囲には、門下省の属官の起居郎（ききょろう）がいて、毎日皇帝の言動を記録する。それを整理したものを『起居注』といい、中書省の属官の起居舎人（ききょしゃじん）が取りまとめた。起居郎の任務自覚の高さについては、文史篇にうかがえる。

中書省には史館（しかん）という部署があり、『起居注』はここが管理した。それ以外にも、史館には様々の出来事が記録されて送られてくる。『唐会要（とうかいよう）』巻六三「諸司（諸官署）の応（まさ）に史館に送るべきの事例」という項目には、そのシステムがまとめられており、それによれば次のようになっていた。

瑞祥（ずいしょう）：生じた場合は尚書省礼部が季節ごとに史館に報告
天文の祥異（しょうい）：秘書省太史局（たいしきょく）（天文監察部署）が占いの結果とともに史館に報告

外国の朝貢：鴻臚寺がその国の風土・風俗等を問いただして史館に報告
外国の侵攻と降伏：侵攻報告文書は中書省が、勝利報告は兵部が史館に報告
音律の改変と楽曲の新調：太常寺が史館に報告
州・県の廃置と孝行の表彰：尚書省戸部が史館に報告
法律の改定と裁判の新議論：尚書省刑部が史館に報告
豊作・飢饉と災害：戸部と州・県が日時と慰問を史館に報告
封建：尚書省吏部の司封郎中（しほうろうちゅう）が史館に報告
都と地方の高官の新任：辞令とともに文官は吏部が、武官は兵部が史館に報告
地方官の善政：明白な場合はその州が朝集使（ちょうしゅうし）（都への報告使者）に持たせて史館に報告
碩学や高潔の士：現れたならば州・県が朝集使に持たせて史館に報告
都の高官の死亡：その部署が行状（ぎょうじょう）（生涯の履歴）とともに史館に報告
地方長官や軍の長官の死亡：州や軍が行状とともに史館に報告
公主や官僚の死後の諡（おくりな）：諡の意味を行状とあわせて史館に報告
皇室諸王の来朝：宗正寺が史館に報告

以上のようにして、様々な情報が史館に集められた。そして、皇帝が崩御すると、この史館の記録と先述の『起居注』とに基づいて、亡くなった皇帝の『実録（じつろく）』が編年体で編纂されるのである。太宗の『実録』は二種作られ、最初のものは存命中に完成したので、『太宗実

録』ではなく『今上実録』と称された。そのいきさつは、玄武門の変の記録を太宗が見たがったからで、文史篇第四章を参照されたい。

さて、『実録』は編年体で編纂されたが、それならば臣下の記録はどのように扱われるのかというと、上述『唐会要』に見える「行状」が用いられる。『実録』のある日の条に、「某々卒す」という記事が入ると、その次に亡くなったその人の字、出身地、その生涯が「行状」に基づいて入れられるのである。こうして何代かの皇帝の『実録』が溜まると、さらにそれらに基づいて『国史』が編纂され、「行状」による個人の記録は分離されて、列伝が立てられる。さらに王朝が滅亡すると、いくつかの『国史』に基づいて『正史』が編纂されることになる。こうして『正史』の本紀（編年体）と列伝ができ上がるのである。

これらの作業は、決まったポストがあって行われるのではない。適任者が選ばれて、多くの場合は「修国史」という肩書が与えられて任せられるのである。『貞観政要』の編者呉兢は、その修国史であった。彼は、汴州（河南省開封市）の出身で、若くして経典と史書に博通していた。特に史書に通じた才覚を推薦され、史館に勤めて修国史の任に就いた。『則天実録』の完成にたずさわり、起居郎をも務めた。だから、彼は太宗関連の記録に接することができたのである。

呉兢は、玄宗の天宝八載（七四九）に八十歳で死亡しているので、『貞観政要』編纂は三十代後半から四十代にかけての時期であった。その後も歴史畑で生き、彼の撰した『国史』六十五巻は高く評価されたという。『貞観政要』編纂には、まさに最適任者だったのである。

『貞観政要』の諸本

古典はどれでもそうであるが、撰者が書いた原本が伝わっているわけではない。今日、われわれが『貞観政要』として見ることができるのは、元の時代に戈直が校訂し、多くの学者の意見を各章ごとに付して刊行した本に基づいている。その後、この戈直本を明の時代にさらに校訂して新たに刊行したものが、今日まで流布する『貞観政要』なのである。わが国で徳川家康が刊行したのも、紀州藩で翻刻したのも、この改訂版戈直本に基づく。また、公田連太郎の続国訳漢文大成本（経子史部第二十二巻、国民文庫刊行会、一九三一年）も戈直本を底本としている。

『貞観政要』は、すでに宋版の段階で二系統の伝本があり、それは呉兢の初進本と再進本の系統を引くと考えられている。戈直は、それらを一本にしたため、たとえば本書の納諫篇の後に直諫篇が付篇されているような不自然な体裁になったと思われる。

それに対して、わが国の宮内庁書陵部には、藤原南家伝来のより古い写本が伝わっている。これは、戈直本よりも古い体裁を保っており、非常に貴重な資料である。この写本を詳しく研究した原田種成氏は、宋版系統の古刊本などと対照して本来の姿である『貞観政要定本』（無窮会『東洋文化研究所紀要』第三輯、一九六二年）を公刊し、また本書の成立・伝来や旧写本と刊本との関係などを分析して『貞観政要の研究』（吉川弘文館、一九六五年）を著した。これらによって、初進本には戈直本にはない篇があったこと、再進本は玄宗個人ではなく、将来の君主たる太子や諸王を対象としたので、巻四に彼らを教戒する篇が設けられたこと、などが明らかとなった。特に、わが国の中世文学作品に引用される『貞観政要』を分析するのに、後世の戈直本系統の刊本と対照しては本末顛倒なのであって、古写本と対照させねばならないという指摘は、全くそのとおりであろう。

原田氏は、一連の研究に基づき、本書の全訳注である『貞観政要』上・下（明治書院、新釈漢文大系、一九七八・七九年）の労作を刊行された。もちろん、戈直本ではなく、本来の体裁に基づいた訳注である。しかし、そのために、今日一般的に手にする『貞観政要』と対照すると、多くの章の置かれる場所が異なり、全く違う様相を呈している。さらには「附篇」「補篇」を設けねばならなくなった。これでは不便といわざるを得ない。

そこで本書は、一般に通行している戈直本に拠ることにする。具体的には、上海師範大学古籍整理組が校訂・訓点を施した『貞観政要』（上海古籍出版社、一九七八年）を底本とする。

凡例

一、本書は、上海師範大学古籍整理組校点『貞観政要』（上海古籍出版社、一九七八年）を底本とする。現在、最も一般的に流布する活字本だと思われるからであり、巻・篇・章の構成もすべてそれに基づく。

二、各篇の冒頭には解説を置き、人物の説明、引用の出典などの注釈もそこに記す。訳文に個別の注は振らない。各章には章題を記すが、それは訳者が便宜的に付したもので、底本にはない。原文は各章の末尾に掲げる。

三、引用の出典は必要最小限にとどめる。原典は唐初期の人が見た本に基づくべきであろうから、経典は五経正義に拠る。『書経』（『尚書』）も五経正義本（『尚書正義』）に拠り、書名は『書経』で統一する。正史類は中華書局標点本（活字本）で巻数を示す。『後漢書』も同様。

四、訳文はわかりやすい現代日本語訳に努め、常用漢字を使用する。ただし、原文では旧字体を使用する。原文で太宗の用いる一人称は「朕」、臣下の一人称は「臣」「愚臣」などであるが、すべて「私」で統一する。太宗の用いる二人称「卿」「公」などは、「そなた」「汝」などにした。

五、登場人物の官職号は、訳文にカッコ入りで簡潔に示す。例えば「侍中（門下省長官）」のようにし、いちいち職務内容までは記さない。前掲「はじめに」の「唐の官制」を参照されたい。

六、章によっては唐の制度や事件などが関わり、それらも解説で簡略に触れる。なかには研究の蓄積する分野もあるが、それらの先行研究は煩瑣を避けていちいち示さない。

貞観政要

貞観政要序

唐の衛尉少卿、兼修国史、修文館学士の呉兢記す

唐の今の立派な宰相は、侍中で安陽公の源乾曜、中書令で河東公の張嘉貞である。この二人は、時あたかも聖なる天子（玄宗）と出会い、宰相の地位につき、謹んで帝道を明らかにし、王政を補佐し、天下の物一つでもふさわしい場が得られないことを恐れ、礼・義・廉・恥の四つの道徳が行きわたらないことを心配し、常に己にうち克って精神を奮い立たせ、遠い昔の事例に思いを馳せ、決して怠ることはない。ところで、太宗皇帝の時代をふりかえると、その政治の教化には誠に見るべきものがあり、太古以来、あのような時代はいまだかつてなかった。今、太宗の世に示された美徳の教えや、皇帝の訓戒と臣下の諫奏の言葉のうち、政道をさらに開き高めるような手本を、不肖私に命じて、漏れなく選んで記録させる運びとなった。この事業の大枠は、みな宰相たち朝廷の意向による。そこで私は、聞き及んだものを集め、歴史記録を参照し、必要な部分を選び取り、それをまとめて大綱を示した。ここに挙げられた言葉は、質実ながら文辞を兼ね備え、言葉の意義は勧善懲悪にあり、人としての倫理の手本が備わり、軍事・国事の政治のあり方が示されている。あわせて一帙、十巻、合計四十篇にまとめ、『貞観政要』と名づけた。願わくは国家を運営する者は、この書

に示された前人の軌跡を守り、良い点を選んでそれに従わんことを。そうすれば、国をいつまでも存続させる方針はいっそう明らかになり、国の業績はますます偉大なものとなって現れるであろう。何もあの堯や舜だけを手本とし、周の文王・武王の道だけを守ろうとする必要はないのである。本書の目次は次のとおりである。（目次割愛）

■原文

唐衞尉少卿、兼脩國史修文舘學士、吳兢撰

有唐良相曰侍中安陽公、中書令河東公、以時逢聖明、位居宰輔、寅亮帝道、弼諧王政、恐一物之乖所、慮四維之不張、毎克己勵精、緬懷故實、未嘗有乏。太宗時政化、良足可觀、振古而來、未之有也。至於垂世立教之美、典謨諫奏之詞、可以弘闡大猷、增崇至道者、爰命不才、備加甄錄、體制大略、咸發成規。於是綴集所聞、參詳舊史、撮其指要、舉其宏綱、詞兼質文、義在懲勸、人倫之紀備矣、軍國之政存焉。凡一帙一十卷、合四十篇、名曰貞觀政要。庶乎有國有家者克遵前軌、擇善而從、則可久之業益彰矣、可大之功尤著矣、豈必祖述堯・舜、憲章文・武而已哉。其篇目次第列之於左。

巻一

君道（くんどう）　第一

■解説

篇名の「君道」とは、「君主の行うべき道」「君主のあるべき姿」の意であり、同じ篇名は『荀子（じゅんし）』『説苑（ぜいえん）』など他書にも見える。『荀子』君道篇は、「乱君（らんくん）有りて乱国（らんこく）無く、治人（ちじん）有りて治法（ちほう）無し」（乱れた君主がいるのであって、もともと乱れた国はない。治める人がいるのであって、法だけで治まるものではない）で始まり、すべて政治は賢人によって行われるもので、その根本は礼であることを説く。いわば、政治倫理、政治哲学上の理想的なあり方を述べる。

一方、『説苑』の君道篇は冒頭第一篇に置かれ、内容は同書で展開されるテーマの要約というべきものである。『説苑』そのものが、君主の正しいあり方を述べる書なので、冒頭にそのエッセンスを置いたものと思われる。

それらに対して、『貞観政要』本篇でいう「君道」は、政治思想というよりも、太宗という一人の皇帝の「政治を行う際の心がけ」の意に近い。撰者呉兢は、太宗がいかに優れた君主だったかを強調するために、まずこの五つのエピソードを冒頭に置いたのであろう。有名な「明君と暗君の違い」は本篇の第二章に、「草創と守成、いずれが難きや」は第三章に見える。

第一章に登場する詹何は、春秋戦国時代の隠者。楚王に問われたこの会話は『列子』説符篇に見え、そこでは楚王は荘王とされている。

第二章の『詩経』は大雅「板」詩の引用。共工は、堯・舜のときの治水・百工官で、言行が一致せず、舜は幽州に流した。鯀は、夏を建国した禹の父で、治水に功なく、羽山で弑された。また秦の趙高と梁の朱异は、『平家物語』「祇園精舎」でも「秦の趙高、漢の王莽、梁の周伊、唐の禄山」と並称されるうちの二人（「周伊」は「朱异」のこと）。侯景は、北朝の東魏から南朝の梁に亡命したが、そこで謀反を起こして梁の武帝を幽閉して死なせた。この乱で梁は混乱に陥り、結局立て直せずに八年後に滅亡した。虞世基については、本書「はじめに」の「隋末の乱と唐の成立」参照。

第四章の魏徴の一つ目の上奏にある「殷鑑遠からず」は、殷を滅亡させた紂王が学ぶべきだった手本は、前代の夏の桀王の暴虐ぶりにあったという意味。戒めは間近にあるの意で、『詩経』大雅「蕩」詩の末尾にある。煬帝が「つまらない男の手にかかって殺された」と言っているのは、近衛軍の宇文化及に暗殺されたことを指す（本書「はじめに」の

「隋末の乱と唐の成立」参照）。「残虐な者を教化し……百年かかる」は、『論語』子路篇の引用。「満足するところを知らなければ」の原文「止足を知らざれば」は、『老子』第四十四章が出典。

魏徴の二つ目の上奏に見える「民が怨むのは……」は『書経』康誥篇、「船を載せるのも……」は『荀子』王制篇、「走る車を腐った綱で御する……」は『書経』五子之歌篇が、それぞれ出典。『書経』の「九徳」とは、皐陶謨篇に「寛にして栗、柔にして立、愿にして恭、乱にして敬、擾にして毅、直にして温、簡にして廉、剛にして塞、彊にして義」とある人の行いの九の徳。

太宗の返詔に見える「転んだ時に助けてやらないのであれば……」は、『論語』季子篇の引用。「西門豹」「董安子」の故事は、『韓非子』観行篇にある。

第一章　君主たるの道

貞観年間（六二七―六四九）の初め、太宗が側臣に向かって言った。

「君主たるの道というものは、必ずやまず民衆を憐れまなければならない。もし民衆を損なって、君主の身に奉仕させようとするのであれば、それは自分の股の肉を割いて自分で食うようなものだ。満腹になっても、死んでしまうであろう。もし天下を安泰にしようとするなら、君主は必ずまず自分の身を正すべきである。身が正しいのに影が曲がっていたり、上が治まっているのに下が乱れたりすることは、いまだかつてなかった。私はいつも、自分の身を損なう要因は外からのものにあるのではなく、災いはみな自分の欲望によって起こると思っている。もし美食に耽り、音楽と女色を喜んでいれば、欲するものを多く手に入れたとしても、費用もまた大きい。それは政治を妨げ、人民を乱すことになる。そのうえ、道理に外れるたった一言を吐けば、万民はそれによってバラバラとなり、怨嗟の声があがり、国への離反がおこる。私は常にこう思うので、安逸に暮らそうなどと思ってはいられないのだ」。

諫議大夫（皇帝諫め役）の魏徴が、それに答えて言った。

「古の聖君はみな、自分自身の身になって物事を考えましたので、だからこそ遠くのことをも体得できました。昔、楚の国が詹何を招き、国を治める要点を問いましたところ、詹何は修身の方法をもってそれに答えました。楚王が、あらためてどうすれば国が治められるのかを問いましたところ、詹何は『身が修まっていて国が乱れた例を聞いたことがありません』と答えました。陛下が明言されたことは、誠にこの古の義と同じです」。

■原文

貞觀初、太宗謂侍臣曰「爲君之道、必須先存百姓、若損百姓以奉其身、猶割股以啖腹、腹飽而身斃。若安天下、必須先正其身、未有身正而影曲、上治而下亂者。朕毎思傷其身者不在外物、皆由嗜欲以成其禍。若躭嗜滋味、玩悅聲色、所欲既多、所損亦大、既妨政事、又擾生民。且復出一非理之言、萬姓爲之解體、怨讟既作、離叛亦興。朕毎思此、不敢縱逸」。
諫議大夫魏徵對曰「古者聖哲之主、皆亦近取諸身、故能遠體諸物。昔楚聘詹何、問其治國之要。詹何對以脩身之術。楚王又問治國何如。詹何曰『未聞身治而國亂者』。陛下所明、實同古義」。

第二章　明君と暗君の違い

貞観二年（六二八）、太宗は魏徵（ぎちょう）に「何をもって明君、暗君というのだろうか」と質問した。

魏徵は次のように答えた。

「君主が明君だといわれる訳は、衆人の意見を博（ひろ）く聞くということです。暗君だといわれる訳は、偏（かたよ）って信用するということです。『詩経（しきょう）』には、『古人が言うには、迷えば草刈り人や薪（まき）刈り人の意見すら聞く』とあります。昔、堯（ぎょう）や舜（しゅん）が治めた時は、四方の門を開き、広く四方の事物を見聞しました。そこで、その優れた知徳は照らさない所がなく、だから共工（きょうこう）や鯀（こん）のような邪悪で無能な輩も、堯・舜の聖なる明徳をふさぐことができず、口がうまく行動が一致しないような者も、堯や舜を惑わすことはできませんでした。秦（しん）の二世皇帝は、身を宮殿の奥に潜めて卑賤の者を遠ざけ、趙高（ちょうこう）一人を信任しました。そこで天下に反乱がおこっても、それが耳に届きませんでした。梁（りょう）の武帝（ぶてい）は朱异（しゅい）一人を信任しました。そこで侯景（こうけい）が挙兵して宮殿に迫っても、とうとうそれを知りませんでした。隋（ずい）の煬帝（ようだい）は虞（ぐ）

世基一人を信任しました。そこで叛賊が町や村を攻撃し略奪する状況になっても、それを知りませんでした。つまり、こうしたわけで、君主が下の者の意見を博く聞き入れれば、高位の者でも主君の耳をふさぐことはできず、下の事情は必ず上に通じることになるのです」。

太宗はその言葉を甚だ善しとした。

■原文

貞觀二年、太宗問魏徵曰「何謂爲明君暗君」。徵曰「君之所以明者、兼聽也。其所以暗者、偏信也。『詩』云『先民有言、詢於芻蕘』。昔唐・虞之理、闢四門、明四目、達四聰。是以聖無不照、故共・鯀之徒、不能塞也、靖言庸回、不能惑也。秦二世則隱藏其身、捐隔疏賤而偏信趙高、及天下潰叛、不得聞也。梁武帝偏信朱异、而侯景舉兵向闕、竟不得知也。隋煬帝偏信虞世基、而諸賊攻城剽邑、亦不得知也。是故人君兼聽納下、則貴臣不得壅蔽、而下情必得上通也」。

太宗甚善其言。

第三章　草創と守成、いずれが難きや

貞観十年（六三六）、太宗は側臣に向かって言った。

「帝王の業として、国を建てる草創と、その国を維持する守成とでは、どちらが難しいだ

ろうか」。

尚書左僕射（尚書省副長官）の房玄齢が次のように答えた。

「天地が乱雑で暗い時には、群雄が競って立ち上がり、攻め破って相手を降し、戦い勝ってようやく克服します。このことからいえば、草創の方が難しいでしょう」。

それに対して、魏徴は次のように答えた。

「帝王が現れるのは、必ず世の衰えと乱れを承けてのことです。愚かで悪賢いやつらを倒せば、民衆はその人を押し戴こうとしますので、天下は懐いてきます。これは天が授け人が与えるものであって、さして難しくはありません。ところが、いったんそれを成し遂げた後に、君主の心が驕って気ままに暮らしたいと思うようになると、民衆が安静を望んでも徭役は止まず、民衆が疲れ衰えても君主の贅沢な気持ちは止みません。国の衰退はこうしておこります。このことからいえば、守成の方が難しいでしょう」。

太宗は言った。

「房玄齢はかつて私に従って天下を平定し、つぶさに艱難辛苦を味わい、九死に一生を得るような経験をした。だから草創の方を難しいと見たのである。魏徴は私とともに天下を安泰にしようとし、驕りの芽が生じれば、必ず存亡の危機に立つことを心配している。だから守成の方を難しいと見たのである。今や草創の困難は過ぎ去った。守成の難しさこそ、まさに私は汝らとともに慎まねばならない」。

■原文

貞觀十年、太宗謂侍臣曰「帝王之業、草創與守成孰難」。

尙書左僕射房玄齡對曰「天地草昧、羣雄競起、攻破乃降、戰勝乃尅。由此言之、草創爲難」。

魏徵對曰「帝王之起、必承衰亂。覆彼昏狡、百姓樂推、四海歸命、天授人與、乃不爲難。然既得之後、志趣驕逸、百姓欲靜而傜役不休、百姓凋殘而侈務不息、國之衰弊、恒由此起。以斯而言、守成則難」。

太宗曰「玄齡昔從我定天下、備嘗艱苦、出萬死而遇一生、所以見草創之難也。魏徵與我安天下、慮生驕逸之端、必踐危亡之地、所以見守成之難也。今草創之難、既已往矣、守成之難者、當思與公等愼之」。

第四章　理想的な君主の姿

貞観十一年（六三七）、特進（正二品身分）の魏徴が上奏文を奉って、次のように述べた。

「私が、古来の創業の天子や帝位の継承者、英雄を押さえた者や君主となって下々を統治した者を観察したところでは、みな、厚い徳を天下に広めようとし、その賢明さを日月と等しくしようとし、子孫が永遠に繁栄することや、天子の位がいつまでも伝わることを願うものです。それなのに、終わりを全うした者は少なく、国の滅亡が相次いでいます。その理由は何でありましょうか。それらの願いを追い求めるのに、その方法が誤っているからです。『殷鑑(いんかん)遠からず』とはよく言ったもので、戒めとなる手本は近くにあります。

昔、隋は天下を統一し、その兵力ははなはだ強く、三十余年の間に、その勢いは万里におよび、その脅威は異民族にまで轟きました。ところが、あっという間にそれを失い、ことごとく他人の有するところとなりました。あの煬帝が、どうして天下の平安を憎み、国の長久を願わなかったでしょうか。どうしてわざわざ残虐な政治を行い、国の滅亡を招こうなどと思ったでしょうか。彼は自己の国力の富強を頼みとして、後の憂いを考慮しなかったのです。自分の欲望のために天下を駆り立て、あらゆる財貨を集めて自分に捧げさせ、国中の美女を選びとり、遠方の珍貨を求めました。それによって宮苑は飾りたてられ、高楼は高く聳えましたが、人民の労役は止むことがなく、戦争がいつまでたっても終わりませんでした。外見は威厳を示していても、内心は疑い深く、悪賢い者は必ず栄達し、忠義の者は生き長らえませんでした。上下は互いに本心を隠し、君臣の間で意思は通じず、人民は過酷な命令に堪えきれず、国内はばらばらに崩壊してしまいました。ついには、天子の貴い身でありながら、つまらない男の手にかかって殺されて、隋の子孫は断絶して、天下の笑いものになりましたことは、誠に痛ましい限りです。

わが聖なる皇帝陛下は、その機に乗じて、苦しむ人民を救い、傾いた国の柱を正し、緩んだ綱紀を引き締めました。遠くは厳粛になり、近くは安逸となるのに一年とかからず、『残虐な者を教化(きょうけ)し、刑罰を用いない世となるには百年かかる』といいますが、百年を待つ必要もありませんでした。今、陛下は、隋の宮殿・楼閣ことごとくに住み、珍しい宝物はすべて収め、美しい宮中の女性はことごとく傍らに侍らせ、天下の人民はすべて臣下となりました。もし、あの隋が天下を失った原因を手本とし、わが唐が天下を得た理由を思うのであれば、日一日を慎み、良いと言われてもうぬぼれず、周の武王が殷の鹿台の財貨を焼き、楚の項羽が秦の阿房宮を壊したように、高大な楼閣は危険だと憚り、粗末な宮殿が安全であると思うべきで、そうすれば、神のような徳化は行きわたり、何もせずとも自然と国は治まるでしょう。これが、最上の徳というものです。

もし、既にある宮殿は壊さず、そのまま使い、さしあたって必要のないものを除き去り、さらに減らしていって、豪華な棟屋には粗末な茅葺を混ぜ、贅沢な石畳に土の階段を混ぜ、人民が喜ぶようにして使い、人民の力を使い果たさないようにして、宮殿にいる者は安逸だけれども、宮殿を造る者は苦労するということを常に念じていれば、億万の民は子が親を慕うように集まってきて、万民は天子の恩沢によって寿命を全うするでしょう。これが、次に良い徳というものです。

もし、聖人といえども考えがなく、物事を全うするための慎みを行わず、創業の苦難を忘れ、天命はいつまでも唐室にあると思い込み、粗末な材木を用いる質素さをおろそかにし、壁の彫刻の美しさを追い求め、宮殿の土台をさらに広くし、元のものにさらに飾りたて、いろいろなものにそういう奢侈をおし広め、満足するところを知らなければ、人民は天子の徳を認めようとはせず、労役の苦しさばかりが広まることになります。これが、最も下手なやり方というものです。これは、喩えれば、焚き木を背負って火を消そうとしたり、煮えたぎった湯で沸騰を消そうとするようなものです。それは、暴でもって乱に代えようとすることであり、乱と同じ道を歩むもので、手本とはなり得ません。

陛下の跡継ぎは、何を手本と見るべきでしょうか。そもそも、天子の政治に手本として見るべきものがなければ、人は怨みます。人が怨めば神は怒り、神が怒れば必ず災害が生じます。災害が生ずれば、世は必ず乱れます。世が乱れてしまって、自分の身と名誉とを全うした者は、少ないものです。かつて、天命が改まって新たに国を開いた王は、王朝七百年の命運を盛んにし、それを子孫に残し、万世に伝えようとしました。天子の位は得難く、また失いやすいからです。どうしてそれを考えないでよいでしょうか」。

この月、魏徴はまた上奏文を奉って述べた。

「私が聞いたところによると、木を成長させようとする者は、必ずその根元を固め、水を遠くまで流そうとする者は、必ずその水源を浚（さら）い、国の安泰を思う者は、必ず自分の徳義を積むものです。水源が深くないのに水が遠くまで流れることを望んだり、根元が固くないのに木の成長を求めたり、徳が厚くないのに国の治まることを思ったりするのは、いくら私が愚かだといっても、それが不可能であることぐらいはわかります。ましてや、明哲な人にはもちろんのことでしょう。人君が天子の重い位にいて、その地位をさらに高めようとし、無窮の美を永く保とうとしながら、安逸な生活の中で危うさを忘れ、奢侈を戒めて倹約しようとせず、その徳を厚くすることを考えず、気持ちが欲望を抑えられないということは、根を伐って木を茂らせようとしたり、水源を塞いで豊かな流れにしようとするような者と同じなのです。

これまでの多くの君主は、天の大命を受けて、初めは大いに憂慮して天子の道が世に顕れても、ひとたび功がなった後には、みな徳が衰えてしまいました。初めを善くする者は誠に多いのですが、終わりまでそれを全うした者は非常に少ないのであります。天下を取るは易しく、それを守るはなんと難しいものでしょう。昔、天下を取ったときには徳が余りあるほどだったのに、今、天下を守るのにそれが不足しているとは、どういうわけでしょうか。そもそも、天下を取ろうとして深く思い悩んでいる時には、必ず誠意を尽くして下の者を待遇しますが、すでに志を遂げてしまうと、情のおもむくままに傲慢になってしまいます。誠意を尽くせば、遠く異なった人々さえも一体となりますが、傲慢になれば兄弟でさえも疎遠になります。いくら厳刑で取り締まろうとしても、忿怒で脅しつけても、結局は人民はそれを逃れようとするだけで、君主の徳に懐こうとはせず、うわべは恭順であっても心から服しているわけではありません。『民が怨むのは、物事の大小ではなく人君の道理にある』というように、恐るべきは民であります。『船を載せるのも船を転覆させるのも水である』というように、君主は人民によって成り立っているのですから、深くそれを思って慎むべきです。『走る車を腐った綱で御するのは危うい』というように、人民を統御するのは恐ろしいものですから、よくよくゆるがせにしてはなりません。

人民の君たる者は、誠によく次のことを心がけるべきです。すなわち、欲しい物を見たら、すでに足りているとして自らを戒めることを思い、造営しようとしたら、止めて民を安逸にすることを思い、高い楼屋に憧れれば、謙虚にして自らを処することを思い、水が満ち溢れることを恐れたならば、それは大河や海が低いところにあって多くの川を飲み込むからだと思い、狩りを楽しむ時には、三方を塞いで自分に向かってくる獲物だけを限度とすることを思い、怠ける心配がある時には、初めを慎んで終わりを敬することを思い、自分の耳目がふさがれることを心配したならば、虚心に臣下の意見を受け入れることを思い、讒言（ざんげん）を恐れたならば、身を正しくして邪悪な者を斥けることを思い、恩恵をあたえようとする時には、自分の好みによって誤った恩賞をしようとしていないかを思い、罰を加える時には、自分の怒りによってみだりに刑を加えようとしていないかを思う、ということです。この「十思」をまとめ、行いの肝要とされる『書経』の「九徳」を広め、才能ある者を選んで任用し、善良な者を選んでその意見に従えば、智者はその智謀を尽くし、勇者はその胆力を尽くし、仁者はその知恵を広め、信義の者はその忠節を致し、文人も武人も争って国のために馳せ参じ、君臣ともに心配はなく、遊行の楽しみに耽ることができ、仙人のような長寿を養うことができ、琴を弾いて何もせず、また何も言わなくても、自然と世は治まります。どうして天子が、自ら精神を消耗し、下級の役人の仕事を代行し、聡明な耳目を使役して、無為にして世が治まるという大道を失う必要がありましょうか」。

太宗は自ら詔を書いて、次のように魏徴に答えた。

「度々の上奏文を見ると、実に忠誠を極めており、その言辞は極めて周到である。上奏文を開き読んで飽きることがなく、いつも夜中まで及んだ。汝の情が深く国を体現しようとし、心を開いて私にそれを及ぼそうという義が重いのでなければ、どうしてこれほど良い意見を示して、私の及ばないところを正してくれようとするだろうか。

私の聞くところによれば、晋の武帝は呉を平定した後は、すっかり贅沢に溺れ、政治はないがしろになったという。太尉の地位にあった何曾は、朝廷を退いてから、子の何劭に向かって、『私は皇帝に会うごとに、帝は国を治める遠大なはかりごとを論ぜず、ただ日常のありふれた話をするだけだ。これでは天子の位を子孫に残す者とはいえないが、それでもお前の身はまだ難を免れるだろう』と言った。しかし、孫たちを指さして、『この者たちは、必ず乱に遭って死ぬであろう』と言ったという。果たして孫の何綏に及んで、刑罰の濫用によって殺された。前史は何曾を賛美し、先見の明があるとしている。しかし、私の意見はそうではなく、何曾の不忠の罪は大であると思う。そもそも臣下たる者は、朝廷に昇っては忠義を尽くそうと思い、退いては君主の過ちを補おうと思い、その美徳の成就を助け、その不道徳を救い正すべきである。これこそ、ともに政治を行う方法というものである。何曾は、三公の高位を極め、爵位も高い地位にあるのだから、直言して諫め正し、道を論じて時世を助けるべきであった。それなのに、朝廷を退いては陰口をたたき、朝廷に昇っては諫争しようともしなかった。それを歴史書が先見の明があるとするのは、誤りではないだろうか。『盲人が転んだ時に助けてやらないのであれば、そんな付き添いはいらない』というのは、全くそのとおりである。汝の述べる文章によって、私は過ちを聞くことができた。必ずこれを机の上に置いて、昔のせっかちな西門豹が緩んだなめし革を身に着け、のんびり者の董安子がピンと張った弓の弦を身に着けて、二人とも自分の性質を直した故事のように、私もこれを性格を正す戒めとしよう。必ず一方の失敗を他方で償えるよう、晩年までもそれを期するつもりである。良い臣下と安泰な世が、往時の舜の時代のことだけではなく、魚と水の切れない関係が昔の劉備と諸葛孔明のことだけではなく、今の世もそうであるようにしなければならない。良い意見を申し述べることを待っている。決して隠しごとをしないように。私は、虚心坦懐の志をもって、謹んで立派な言葉を待っている」。

■原文

貞觀十一年、特進魏徵上疏曰「臣觀自古受圖膺運、繼體守文、控御英雄、南面臨下、皆欲配厚德於天地、齊高明於日月、本支百世、傳祚無窮。然而克終者鮮、敗亡相繼、其故何哉。所以求之、失其道也。殷鑒不遠、可得而言。

昔在有隋、統一寰宇、甲兵彊鋭、三十餘年、風行萬里、威動殊俗。一旦舉而棄之、盡爲他人之有。彼煬帝豈惡天下之治安、不欲社稷之長久、故行桀虐、以就滅亡哉。恃其富強、不虞後患。驅天下以從欲、罄萬物而自奉、採域中之子女、求遠方之奇異。宮苑是飾、臺榭是崇、徭役無時、干戈不戢。外示嚴重、內多險忌、讒邪者必受其福、忠正者莫保其生。上下相蒙、君臣道隔、民不堪命、率土分崩。遂以四海之尊、殞於匹夫之手、子孫殄絕、爲天下笑、可不痛哉。

聖哲乘機、拯其危溺、八柱傾而復正、四維弛而更張。遠肅邇安、不踰於期月、勝殘去殺、無待於百年。今宮觀臺榭、盡居之矣、奇珍異物、盡收之矣、姬姜淑媛、盡侍於側矣。四海九州、盡爲臣妾矣。若能鑒彼之所以失、念我之所以得、日愼一日、雖休勿休、焚鹿臺之寶衣、毀阿房之廣殿、懼危亡於峻宇、思安處於卑宮、則神化潛通、無爲而治、德之上也。若成功不毀、即仍其舊、除其不急、損之又損。雜茅茨於桂棟、參玉砌以土堦、悅以使人、不竭其力、常念居之者逸、作之者勞、億兆悅以子來、羣生仰而遂性、德之次也。若惟聖罔念、不愼厥終、忘締構之艱難、謂天命之可恃、忽采椽之恭儉、追雕牆之靡麗、因其基以廣之、增其舊而飾之、觸類而長、不知止足、人不見德、而勞役是聞、斯爲下矣。譬之負薪救火、揚湯止沸、以暴易亂、與亂同道、莫可測也。後嗣何觀。夫事無可觀則人怨、人怨則神怒。神怒則災害必生、災害既生、則禍亂必作、禍亂既作、而能以身名全者鮮矣。順天革命之后、將隆七百之祚、貽厥子孫、傳之萬葉、難得易失、可不念哉」。

是月、徵又上疏曰「臣聞求木之長者、必固其根本、欲流之遠者、必浚其泉源、思國之安者、必積其德義。源不深而望流之遠、根不固而求木之長、德不厚而思國之理、臣雖下愚、知其不可、而況於明哲乎。人君當神器之重、居域中之大、將崇極天之峻、永保無疆之休。不念居安思危、戒奢以儉、德不處其厚、情不勝其欲、斯亦伐根以求木茂、塞源而欲流長者也。

凡百元首、承天景命、莫不殷憂而道著、功成而德衰。有善始者實繁、能克終者蓋寡、豈取之易而守之難乎。昔取之而有餘、今守之而不足、何也。夫在殷憂、必竭誠以待下、既得志、則縱情以傲物。竭誠則胡越爲一體、傲物則骨肉爲行路。雖董之以嚴刑、震之以威怒、終苟免而不懷仁、貌恭而不心服。怨不在大、可畏惟人、載舟覆舟、所宜深愼、奔車朽索、其可忽乎。

君人者、誠能見可欲則思知足以自戒、將有作則思知止以安人、念高危則思謙沖而自牧、懼滿溢則思江海下百川、樂盤遊則思三驅以爲度、憂懈怠則思愼始而敬終、慮壅蔽則思虛心以納下、想讒邪則思正身以黜惡、恩所加則思無因喜以謬賞、罰所及則思無因怒而濫刑。總此十思、弘茲九德、簡能而任之、擇善而從之。則智者盡其謀、勇者竭其力、仁者播其惠、信者效其忠。文武爭馳、君臣無事、可以盡豫遊之樂、可以養松・喬之壽、鳴琴垂拱、不言而化。何必勞神苦思、代下司職、役聰明之耳目、虧無爲之大道哉」。

　太宗手詔答曰「省頻抗表、誠極忠款、言窮切至。披覽忘倦、每達宵分。非公體國情深、啓沃義重、豈能示以良圖、匡其不及。

朕聞晉武帝自平吳已後、務在驕奢、不復留心治政。何曾退朝謂其子劭曰『吾每見主上不論經國遠圖、但說平生常語。此非貽厥子孫者、爾身猶可以免』。指諸孫曰『此等必遇亂死』。及孫綏、果爲淫刑所戮。前史美之、以爲明於先見。朕意不然、謂曾之不忠其罪大矣。夫爲人臣、當進思盡忠、退思補過、將順其美、匡救其惡、所以共爲治也。曾位極臺司、名器崇重、當直辭正諫、論道佐時。今乃退有後言、進無廷諍。以爲明智、不亦謬乎。危而不持、焉用彼相。公之所陳、朕聞過矣。當置之几案、事等弦・韋。必望收彼桑榆、期之歲暮、不使康哉良哉、獨美於往日、若魚若水、遂爽於當今。遲復嘉謀、犯而無隱。朕將虛襟靜志、敬佇德音」。

第五章　天下を守るは難きか易きか

　貞観十五年（六四一）、太宗が側臣に向かって言った。
「天下を守ることは難しいだろうか、やさしいだろうか」。
侍中（門下省長官）の魏徴が答えて、「はなはだ難しいです」と言った。

太宗は、

「賢者、能者を任用して、その忠告を聞き入れればよいではないか。どうして難しいと言うのか」

と言った。

それに対して、魏徵は次のように答えた。

「古来の帝王を見てみますと、国家存亡の危機にあっては、賢人を任用してその忠告を受け入れます。ところが、ひとたび世が平安となると、必ず心が緩み怠けるようになり、諫言する者もそういう時にはついつい恐縮してしまいます。こうして、時とともに国は徐々に衰え、ついには滅亡の危機に至ります。昔の聖人が、国が安泰の時も存亡の危機を思っていたのは、まさにこのためであります。何も心配のない時に警戒するというのは、どうして難しくないことがありましょうか」。

■原文

貞觀十五年、太宗謂侍臣曰「守天下難易」。侍中魏徵對曰「甚難」。太宗曰「任賢能、受諫諍、即可、何謂爲難」。徵曰「觀自古帝王、在於憂危之間、則任賢受諫。及至安樂、必懷寬怠、言事者惟令兢懼、日陵月替、以至危亡。聖人所以居安思危、正爲此也。安而能懼、豈不爲難」。

政体　第二

■解説

篇名の「政体」とは、一般的には「国家の統治権行使の形式」の意である。ただし、ここでは今日的な「政治体制」ではなく、国を治める者たちのあるべき「心がまえ」を述べている。

第二・四・五・六・八・十二章では、詔勅を起草するにあたって、担当官僚は討論を尽くすべきであること、その際に決して皇帝におもねったり、顔色をうかがってはならないことが、くりかえし強調される。これらが、中書・門下・尚書三省の長官クラス（宰相）と皇帝とのあるべき「政体」なのである。

本篇では、いくつかの章で「民は恐るべし」との考えが示される。中国の歴史を振り返れば、過去に何度も民衆蜂起がおこり、それによって多くの王朝が倒れた。日本の歴史の展開とはそこが大きく異なるのであり、まさに民衆は恐るべきものなのである。それは、今日の中国政府を見ても、共通する点があるといえよう。

第一章・五章に登場する蕭瑀と、第九章の封徳彝は、次の任賢篇には取り上げられないので、簡単に紹介する。蕭瑀は、南朝梁の皇室につながる血統で、隋の煬帝に仕えたが、唐の高祖に招かれ、太宗が皇太子となると太子付きとなり、後に政務に参与した。凌煙閣二十四功臣の一人であるが、名門の出身だけに太宗の臣下たちとしばしば衝突した。

封徳彝は、本名は封倫、徳彝は字。隋の官僚だったが、唐の高祖に帰属し、秦王府の参謀となり、貞観の初めに宰相となったが、まもなく死んだ。邪佞な性格で、死後に、太宗の兄の皇太子李建成とも通じていたことが発覚した。

第七章の太宗の言葉の「愛すべきは君に非ずや……」は、『書経』大禹謨篇の引用。魏徴の「君は舟なり……」は『荀子』王制篇で、魏徴は君道篇第四章の上奏でも引用していた。

第八章冒頭の「躓きそうな時に……」は『論語』季子篇にあり、太宗は君道篇第四章の詔でも引用した。

関龍逢は、夏王朝末期の賢臣。桀王の長夜の飲酒を諫めて殺された。鼂錯は、前漢の景帝の臣下。封建諸侯の勢力拡大を恐れて封地を削ろうとしたが、それに対する反感から呉楚七国の乱がおこり、その責任を政敵から弾劾されて処刑された。

第九章の太宗の言葉「百年間、善人が国を治めて……」は『論語』子路篇に見え、君道篇第四章の魏徴の上奏でも引用された。この章に見える蚩尤は、中国伝説上の侯。黄帝の命に従わずに乱を起こし、黄帝は諸侯を率いて涿鹿の野でようやく倒した。これによって、諸侯は黄帝を帝に推戴したという。九黎は黎氏諸族。多族なので九黎といわれた。もとは蚩尤の徒で、世を乱し、黄帝の子少昊が顓頊の助けを得て平定したという。桀王・紂王は、「はじめに」の「伝説上の聖人と悪君」参照。

第十章の魏徴の上奏に見える堯・舜の時代の人民の言葉は、『帝王世紀』の引用と思われる。同書は散佚して伝わらないが、宋代の『太平御覧』巻八〇、皇王部、帝堯唐陶氏の項に「帝王世紀に曰く」としてこの話が引用されている。魏徴の二つ目の上奏にある晋の文公と漁師の会話は、『新序』巻二、雑事にこの話が載せられる。

第十二章の百里奚は、春秋時代の虞の賢臣。晋が虞の地を取ろうとしていると虞公に忠告したが、聞き入れられず、虞を去って秦に移った。伍子胥は、春秋時代の呉の賢臣。呉王夫差が越王勾践を破った時、伍子胥は後難を恐れて勾践を殺すよう夫差に進言したが入れられず、死を賜った。後に呉は勾践に滅ぼされた。楊遵彦は、北斉の尚書省長官。文宣帝が横暴で酒に溺れ、政治を任せられた楊遵彦はよく政務をとり仕切り、当時の人は「主、上に昏く、政、下に清し」と評した。

第十四章には、太宗即位時の「絹一匹で米一斗」という物価高騰が見える。匹（正しくは疋）は絹を数える単位で、一疋は幅一尺八寸（約五十四センチ、一寸は約三センチ）、長さ四丈（十二メートル強、一丈は十尺）の規格をいう。唐の税制の「調」は、絹で納税する場合には毎年半丈が規定。一斗は十升であるが、今日の日本の約三分の一の分量。なお、本章の末尾に記される平穏な社会状況は、「貞観の治」の説明にしばしばこの部分が引用される。ただし、太宗を称賛するために書かれた文言である可能性が高く、本章の内容が事実かどうかは、自ずと別問題である。

第一章　弓の心の教え

貞観年間（六二七―六四九）の初め、太宗は蕭瑀に向かって言った。

「私は、若いころから弓矢を好んだ。自分でも、その奥義を極めたと思っていた。ところが、近ごろ良弓十数張を手に入れ、それを弓の工匠に見せたところ、工匠は『どれも良材ではございません』と言う。私がその訳を問うと、工匠は『木の心がまっすぐでなければ、木目に乱れが生じます。どんなに強い弓でも、それでは矢はまっすぐには飛びません。だから、これらは良弓ではありません』と言った。それを聞いて、私は初めて悟った。私は、弓矢を用いて四方の敵を平定した。ましてや、私は天子になって日が浅い。弓でさえも道理をつかんでいなかったのだ。それなのに、弓の道理というものがわかっていなかったのであるから、政治の心がけをつかむには、弓を用いた経験には全く及ばない。弓でさえも道理をつかんでいなかったのであるから、ましてや政治はなおさらのことである」。

それからというもの、太宗は、都の官僚で五品以上の官位にある者に詔を下して、交替で禁中に宿直させ、召し出しては側に座をあたえて語り合い、宮廷の外のことを尋ね、人民の利害と政治の得失を知ろうと努めたのであった。

■原文

貞觀初、太宗謂蕭瑀曰「朕少好弓矢、自謂能盡其妙。近得良弓十數、以示弓工。乃曰『皆非良材也』。朕問其故、工曰『木心不正、則脉理皆邪。弓雖剛勁而遣箭不直、非良弓也』。朕始悟焉。朕以弧矢定四方、用弓多矣、而猶不得其理。况朕有天下之日淺、得爲理之意、固未及於弓、弓猶失之、而况於理乎」。自是詔京官五品以上、更宿中書內省。每召見、皆賜坐與語、詢訪外事、務知百姓利害、政教得失焉。

第二章　詔勅起草の心得

貞観元年（六二七）に、太宗は黄門侍郎（門下省副長官）の王珪に向かって言った。

「中書省の起草する詔勅には、意見の一致しないものが多い。誤りを含んでいるものがあっても、互いに正しくない判断で直し合っている。そもそも、中書省と門下省を設置したのは、もとより誤りを防止し合うことを狙ったからである。人の意見は、いつでも一致しないものである。それを是としたり非としたりするのは、本来は公の職務のためである。それなのに、ある者は自分の意見の欠点を隠し、それに対する批判を嫌がったり、賛成か反対か議論すると、それに恨みを抱いたりする。また、ある者は個人的に仲が悪くなることを避けようとしたり、相手の面目をつぶさないようにと思って、その政策の非なることを知りながら、そのまますぐに施行してしまう。これでは、一官僚の気持ちに逆らうことを憚って、たちまち天下万民の大きな弊害を招くことになる。これこそ、国を滅亡させる政治である。汝らは、そうならないように特に気をつけねばならない。

隋の時代、都や地方の多くの官僚は、どっちつかずの態度をとって亡国の大乱を招いたが、多くの人はこの道理を深く考えなかった。当時の人はみな、災いは自分の身には及ばないと思って、面と向かっては賛成し、陰では誹謗して、あの混乱が起こることを想定していなかった。のちに、ひとたび大反乱が起こり、家も国も亡びる段階になって、わずかに逃げ延びた者も、たとえ刑罰に遭わなかったとしても、みな辛苦の末にようやく逃れたのであり、世間からはひどく貶され排斥されたのだ。汝らは、特に私心を滅して公事に従い、固く正しい道を守り、何事も互いに隠すことなく意見を言い合い、上の者も下の者も決して雷同しないように」。

■原文

貞觀元年、太宗謂黄門侍郎王珪曰「中書所出詔敕、頗有意見不同、或兼錯失而相正以否。元置中書・門下、本擬相防過誤。人之意見、毎或不同、有所是非、本爲公事。或有護己之短、忌聞其失、有是有非、銜以爲怨。或有苟避私隙、相惜顔面、知非政事、遂卽施行。難違一官之小情、頓爲萬人之大弊。此實亡國之政、卿輩特須在意防也。

隋日内外庶官、政以依違、而致禍亂、人多不能深思此理。當時皆謂禍不及身、面從背言、不以爲患。後至大亂一起、家國倶喪、雖有脱身之人、縱不遭刑戮、皆辛苦僅免、甚爲時論所貶黜。卿等特須滅私徇公、堅守直道、庶事相啓沃、勿上下雷同也」。

第三章　昔と今の政治家の違い

貞観二年（六二八）、太宗は黄門侍郎（門下省副長官）の王珪に質問した。

「近ごろ、君臣が国を治めるやり方が、多くは往古より劣っているのは、なぜだろうか」。

王珪は答えて言った。

「昔の帝王は、政治をするにあたって、いずれも志は静謐を尊び、人民の心を己の心としていました。近ごろの帝王は、ただ人民を痛めつけ、自分の欲望を叶えようとするばかりで、その任用する大臣たちも、儒学に通じた者ではありません。漢代の宰相には、一つの経典に精通していない者はいませんでした。朝廷で政治の疑問が起こった場合には、みな経典の教えを引用して決定しました。そのために、人々は礼教を知り、太平の世が現出されました。ところが近ごろでは、武力を重視して儒学を軽視し、ある者は厳しい法律による取り締まりを導入して、儒教の礼教は行われなくなり、純朴な風俗はすっかり廃れてしまいました」。

太宗は、王珪の言葉に深く賛同した。それからというもの、官僚のなかで学業に秀でて、政治の本質をよく知る者がいれば、多くその官位を進め、さかんに抜擢したのだった。

■原文

貞觀二年、太宗問黃門侍郎王珪曰「近代君臣治國、多劣於前古、何也」。

對曰「古之帝王爲政、皆志尙清靜、以百姓之心爲心。近代則唯損百姓以適其欲、所任用大臣、復非經術之士。漢家宰相、無不精通一經、朝廷若有疑事、皆引經決定。由是人識禮教、治致太平。近代重武輕儒、或參以法律、儒行既虧、淳風大壞」。

太宗深然其言。自此百官中有學業優長、兼識政體者、多進其階品、累加遷擢焉。

第四章　詔勅起草には議論をせよ

貞観三年（六二九）、太宗は側近の者に向かって言った。

「中書省と門下省は、国の中枢の官署である。だから才能ある者を抜擢して置いているのであり、その任務は誠に重い。もし詔勅に理に適っていない点があれば、みな徹底的に議論しなければならない。それなのに、このごろはただ天子に阿って従順なだけのように感じる。言いなりになって、おざなりに文書を通過させ、とうとう一言も諫める者がいない。どうしてこれが道理といえようか。もし詔勅の起草文に署名して、文書を発布するだけならば、誰にでもできるであろう。どうして、わざわざ手数をかけて人材を抜擢し、政務につかせる必要があろうか。これからは、詔勅に疑問があった場合には、必ず自分の意見を主張して上言するように。みだりに恐れ憚ったり、知っていて黙っているようなことがあってはならない」。

■原文

貞觀三年、太宗謂侍臣曰「中書・門下、機要之司。擢才而居、委任實重。詔敕如有不穩便、皆須執論。比來惟覺阿旨順情。唯唯苟過、遂無一言諫諍者。豈是道理。若惟署詔敕、行文書而已、人誰不堪。何煩簡擇、以相委付。自今詔敕疑有不穩便、必須執言。無得妄有畏懼、知而寝默」。

第五章　隋の文帝の政治

貞観四年（六三〇）、太宗は蕭瑀に質問した。

「隋の初代皇帝文帝は、どのような君主だろうか」。

蕭瑀は答えた。

「文帝は、私利に打ち克ち天の理にたち返り、努めて政治を思い、ひとたび朝廷に坐せば、陽が傾く時刻になることもありました。五品以上の官位の者を、自分の席に招いて政治について論じ、宮中に宿衛する者は、調理済みの食事を立ったまま食べていました。だから、文帝の性格は慈悲深く知恵があるという訳ではないにしても、それでも政務に励んだ皇帝でありました」。

それに対して、太宗は言った。

「そなたは、一を知って二を知らないのだ。文帝という人は、性質は細かいことまで気にかけるが、心は明るくない。そもそも心が暗ければ、照らそうとしても通じないことがあり、性質が細かければ物事を疑うことも多い。彼は、前王朝北周の皇后と幼い皇帝を欺いて禅譲を承け、天子の位に就いたので、いつも臣下たちが自分に服従しないのではないかと恐れ、官僚たちを信用しようとはせず、事あるごとに自分で決断を下したのである。だから、いくら精神と肉体を疲労させても、すべてが道理に適うという訳にはいかなかった。朝廷の臣下たちは彼の心を知っていたので、あえて直言しようとはしなかった。宰相以下は、ただ文帝の命令に従うだけだったのだ。

　私のめざす政治はそうではない。考えてみれば、天下は広く四海の民は多いのであるから、あらゆる物事にわたって、臨機応変に対応しなければならない。すべては官僚たちの協議にまかせ、宰相が政策を立てて、それが妥当なものであれば、上奏して施行すべきである。一日に数多く生じる案件を、どうして一人の考えだけで捌ききれるであろうか。そのうえ、一日に十の案件を決裁すれば、そのうちの五件は道理に当たらないであろう。当たったものは大変良いが、当たらなかったものはどうすればいいのか。月日を重ねて何年もたつと、道理に合わない政策がどんどん積み重なっていき、それでは国の滅亡以外に何を待つというのか。何事も賢い官僚に任せて、皇帝は高所よりじっと観察しているのが、もっとも良いであろう。規則さえ厳粛にしていれば、誰があえて非をなすであろう」。

そこで、諸官署に命じて、詔勅を頒布しても、理に合わないものがあったならば、必ず自分の意見を上奏し、皇帝の考えどおりにすぐに施行してはならないことにして、努めて臣下の意を尽くさせるようにした。

■原文

貞觀四年、太宗問蕭瑀曰「隋文帝何如主也」。

對曰「克己復禮、勤勞思政、每一坐朝、或至日昃。五品已上、引坐論事、宿衞之士、傳飧而食、雖性非仁明、亦是勵精之主」。

太宗曰「公知其一、未知其二。此人性至察而心不明。夫心暗則照有不通、至察則多疑於物。又欺孤兒寡婦以得天下、恆恐羣臣內懷不服、不肯信任百司、每事皆自決斷、雖則勞神苦形、未能盡合於理。朝臣既知其意、亦不敢直言。宰相以下、惟即承順而已。

朕意則不然。以天下之廣、四海之衆、千端萬緒、須合變通。皆委百司商量、宰相籌畫、於事穩便、方可奏行。豈得以一日萬機、獨斷一人之慮也。且日斷十事、五條不中。中者信善、其如不中者何。以日繼月、乃至累年、乖謬既多、不亡何待。豈如廣任賢良、高居深視。法令嚴肅、誰敢爲非」。

因令諸司、若詔勅頒下有未穩便者、必須執奏、不得順旨便即施行、務盡臣下之意。

第六章　国の統治と人の病気は同じ

貞観五年（六三一）、太宗は側近の者たちに次のように言った。

「国を治める（おさ）のと病気を治す（なお）のとに、違いはない。病人は、治ったと思った時こそ、いよいよ養生しなければならない。もし禁止されていることを破ったならば、必ずや命を落とすであろう。国を治めるのも、また同じである。天下がようやく安泰になった時こそ、最も恐れ慎まなければならない。もし、そこで驕って政務を怠れば、必ず滅亡に至るであろう。今、天下の運命は、私にかかっている。だから、私は一日一日を慎んで、賛美されても自分で立派だとは思わない。しかし、私の目や耳や手足は、汝らに頼っているのであり、その意味でいえば私と汝らは一心同体である。どうか力を合わせ、心を一つにしてほしい。もし、私に良くないことがあったら、隠すことなく言葉を尽くすべきである。君臣が互いに疑って、思うことを十分に打ち明けられないのであれば、それは国にとって誠に大きな害となるのだから」。

■原文

貞觀五年、太宗謂侍臣曰「治國與養病無異也。病人覺愈、彌須將護。若有觸犯、必至殞命。治國亦然、天下稍安、尤須兢愼。若便驕逸、必至喪敗。今天下安危、繫之於朕。故日愼一日、雖休勿休。然耳目股肱、寄於卿輩、既義均一體、宜協力同心、事有不安、可極言無隱。儻君臣相疑、不能備盡肝膈、實爲國之大害也」。

第七章　民は恐るべし

貞観六年（六三二）、太宗は側近の者たちに言った。

「古来の帝王を見てみると、盛があれば衰があり、ちょうど朝があれば日暮れが来るのと同じである。それはみな、臣下が君主の耳目を覆い隠してしまい、君主は時の政治の善悪がわからないからである。忠義の者は何も言わず、邪で諂う者は日増しに昇進する。すでに過ちが見えなくなっているのだから、国が滅亡に至るのだ。今や私は宮中の奥にいて、天下の動向全てを見ることはできない。だから、それを汝らに分担させ、わが目、わが耳の代わりにしているのだ。天下が無事で、世の中が安寧であるからといって、気にかけないなどということがあってはならない。『愛すべきは君に非ずや、畏るべきは民に非ずや』という。その意味は、天子というものは、道理を持っていれば民はそれを押し戴いて君主とするが、無道であれば民はそれを捨てて用いない、ということである。民とは、誠に恐るべきものである」。

魏徴がそれに答えた。

「昔から亡国の君はみな、国が安泰の時には危急の時のことを忘れてしまい、よく治まっている時には世が乱れた時のことを忘れてしまっています。だから、国は長続きできませんでした。今、陛下は天下の全ての富を手に入れ、国の内外は清平で安泰でありながら、心をよく政治の道に留めて、深淵に臨み薄氷を踏むように、常に注意して慎んでおられますので、国家は自然と長続きするでしょう。私が聞くところによれば、古語に『君は舟なり。人は水なり。水能く舟を載せ、亦た能く舟を覆す』といいます。人民は恐るべきものとの陛下のお考え、誠にそのとおりでございます」。

■原文

貞觀六年、太宗謂侍臣曰「看古之帝王、有興有衰、猶朝之有暮。皆爲蔽其耳目、不知時政得失、忠正者不言、邪諂者日進。既不見過、所以至於滅亡。朕既在九重、不能盡見天下事、故布之卿等、以爲朕之耳目。莫以天下無事、四海安寧、便不存意。可愛非君、可畏非民。天子者、有道則人推而爲主、無道則人棄而不用、誠可畏也」。

魏徵對曰「自古失國之主、皆爲居安忘危、處治忘亂、所以不能長久。今陛下富有四海、内外清晏、能留心治道、常臨深履薄、國家暦數、自然靈長。臣又聞古語云『君、舟也。人、水也。水能載舟、亦能覆舟』。陛下以爲可畏、誠如聖旨」。

第八章　忠臣誅殺の故事

貞観六年（六三二）、太宗は側近の者たちに次のように言った。

「古人は『躓きそうな時に手をとってやらず、転んだ時に助けてやらないのであれば、そんな付き添いはどうして必要か』と言っている。君臣の道義にしても、臣下は忠義を尽くして君主を正し救わないでよいだろうか。私は以前に書を読んでいて、夏王朝の最後の桀王が自分を諫めた関龍逢を殺し、漢の景帝が国を思った臣下の鼂錯を誅殺した箇所を見ると、必ず読むのをやめて、ため息をついたものだった。汝らは、正しい意見を述べてまっすぐに私を諫め、政治と風教に役立たせるようにせよ。私がいやな顔をしているのに、それでも諫めたからといって、また私の意志に逆らったからといって、それで罪を着せることは決してしない。

　このごろ、私は朝廷に臨んで政務を決裁したところ、法令の掟に違反しているものがあった。それなのに、汝らはそれを小さな問題として、とうとう自分の意見を主張しなかった。すべて、大事はみな小事から起こるものである。小事を論じないのであれば、大事はやがて救えないほどになってしまう。国が傾くのは、すべてこういうことによるのである。隋の煬帝は残虐な君主で、つまらない男の手にかかって殺されたが、天下の人民が煬帝の死を悼み悲しんだということは、ほとんど聞いたことがない。汝らが私のために隋の滅亡を思い、私が汝らのために関龍逢と鼂錯の誅殺を思って、君主と臣下が支えあえば、なんと美徳ではないか」。

■原文

貞観六年、太宗謂侍臣曰「古人云『危而不持、顚而不扶、焉用彼相』。君臣之義、得不盡忠匡救乎。朕嘗讀書、見桀殺關龍逢、漢誅鼂錯、未嘗不廢書歎息。公等但能正詞直諫、裨益政教、終不以犯顏忤旨、妄有誅責。朕比來臨朝斷決、亦有乖於律令者。公等以爲小事、遂不執言。凡大事皆起於小事、小事不論、大事又將不可救。社稷傾危、莫不由此。隋主殘暴、身死匹夫之手、率土蒼生、罕聞嗟痛。公等爲朕思隋氏滅亡之事、朕爲公等思龍逢、鼂錯之誅、君臣保全、豈不美哉」。

第九章　帝道と王道

貞観七年（六三三）、太宗は秘書監（秘書省長官）の魏徴と、くつろぎながら古来の政治の良し悪しについて話していた。太宗は次のように言った。

「今は隋末の大乱の後なので、すぐには治まった世を作ることはできないだろう」。

魏徴は答えた。

「そうではありません。およそ人は、命の危険がある時には死ぬ心配をします。死ぬ心配があれば、平安な世の中を望みます。平安な世を望むのであれば、人民は治めやすいものです。つまり、乱れた時代の後が人民を治めやすいのは、ちょうど飢えた人なら何でも食べるのと同じです」。

それに対して、太宗は言った。

「『百年間、善人が国を治めて、それからようやく残虐な世の中は影をひそめる』という。大乱の後は、もちろん平安を求めようとする。しかし、どうしてそれをすぐに作り上げることができようか」。

魏徴は答えた。

「その言葉は平凡な人の統治を言ったもので、聖哲な人のことではありません。もし聖哲が治めて、上下が心を一つにすれば、人民がそれに応じるのはあっという間です。特に急がなくてもすぐにそうなりますから、一年でできるでしょう。全然難しいことではありません。三年かかったとしたら、それでも遅いくらいです」。

太宗は、そのとおりだと思った。

封徳彝ら臣下は、それに対して次のように言った。

「夏・殷・周三代の後、人はだんだん軽薄になりました。だから、秦は厳しい法律によって統治しようとし、漢はそれに武力をあわせ用いました。それらはみな、人民を教化しようとしながらも、それができなかったからです。教化できるなら、どうしてそうしないなどということがありましょうか。もし魏徴の意見を信用すれば、おそらくは国家を混乱させることになるでしょう」。

それに対して魏徴は言った。

「昔の五帝や、夏・殷・周を創業した三王は、人民をすっかり入れ替えて治めたわけではありません。帝道を行えば帝であり、王道を行えば王であります。当時の人民を治めるやり方によっているだけです。このことは、昔の書籍を読んで考えれば、よくわかるとおりです。昔、黄帝は、無道な諸侯の蚩尤と、七十回以上も戦い、その時の世は非常に乱れました。しかし、戦いに勝った後は、太平の世を作りました。同じように、九黎が道徳を乱したので、顓頊が征伐しました。打ち克った後は、治世に失敗しませんでした。夏の桀王が乱逆を行ったので、殷の湯王が追放しました。湯王の時代は、太平の世が作られました。殷の紂王が無道な統治を行ったので、周の武王が討伐しました。次の成王の時代には、また太平となりました。もし、人がだんだん軽薄になり、もとの純朴には戻らないと言うのであれば、今の時代にはきっと全員が魑魅魍魎になってしまっているはずです。そんなものを、どうして治めることができるでしょうか」。

封徳彝らは、魏徴を論破できなかった。しかし、みな魏徴の意見はおかしいと思っていた。

太宗は常に努力して怠らず、数年のうちに国内は安寧となり、北方遊牧民族の突厥（テュルク）は滅亡した。そこで、群臣たちに向かって言った。

「貞観の初めに、人々はみな、今の世の中に昔の帝道や王道を行うことに異論を唱えた。ただ魏徴だけが私にそれを行うことを勧めた。その言葉に従ってみたところ、数年もたたないうちに、とうとう中国は安寧となり、遠い異民族までも服従した。突厥は、昔からいつも中国の強敵であった。それが今や、突厥の族長たちは腰に刀を帯びて宮中警護のために宿衛し、その集落ではみな中国の衣冠を着けている。私をこの状態にまでしてくれたのは、すべて魏徴の力である」。

そして、太宗は魏徴に向かって、

「宝玉は美しい素質を持っていても、石に混じっているので、腕のいい工匠によって磨かれなければ、瓦や小石と区別はつかない。もし腕のいい工匠に出会ったならば、万世までも宝物となる。私には美しい素質はないけれども、汝によって磨かれた。私を仁義で引き締め、私を道徳で大きくした汝の苦労のお蔭で、私の功業はここにまで到達した。汝もまた、腕のいい工匠というに十分である」と言ったのであった。

■原文

貞觀七年、太宗與祕書監魏徵從容論自古理政得失。因曰、「當今大亂之後、造次不可致化」。

徵曰「不然、凡人在危困、則憂死亡。憂死亡、則思化。思化、則易教。然則亂後易教、猶飢人易食也」。

太宗曰「善人爲邦百年、然後勝殘去殺。大亂之後、將求致化、寧可造次而望乎」。

徵曰「此據常人、不在聖哲。若聖哲施化、上下同心、人應如響。不疾而速、朞月而可、信不爲難。三年成功、猶謂其晩」。

太宗以爲然。

封德彝等對曰「三代以後、人漸澆訛、故秦任法律、漢雜霸道、皆欲化而不能、豈能化而不欲。若信魏徵所說、恐敗亂國家」。

徵曰「五帝・三王、不易人而化。行帝道則帝、行王道則王。在於當時所理、化之而已。考之載籍、可得而知。昔黄帝與蚩尤七十餘戰、其亂甚矣、既勝之後、便致太平。九黎亂德、顓頊征之、既克之後、不失其化。桀爲亂虐、而湯放之。在湯之代、即致太平。紂爲無道、武王伐之、成王之代、亦致太平。若言人漸澆訛、不及純樸、至今應悉爲鬼魅。寧可復得而教化耶」。德彝等無以難之。然咸以爲不可。

太宗毎力行不倦、數年間、海内康寧、突厥破滅。因謂羣臣曰「貞觀初、人皆異論、云當今必不可行帝道・王道。惟魏徴勸我。既從其言、不過數載、遂得華夏安寧、遠戎賓服。突厥自古以來、常爲中國勍敵、今酋長並帶刀宿衞、部落皆襲衣冠。使我遂至於此、皆魏徴之力也」。

顧謂徴曰「玉雖有美質、在於石間、不値良工琢磨、與瓦礫不別。若遇良工、即爲萬代之寶。朕雖無美質、爲公所切磋。勞公約朕以仁義、弘朕以道德、使朕功業至此、公亦足爲良工爾」。

第十章　恩賞よりも税を軽くする方が大事

貞観八年（六三四）、太宗は側近の者に言った。

「隋の時代には、人民はたとえ財貨を持っていたとしても、どうしてそれを保ち続けることができただろうか。私が天下を治めるようになってからは、人民の撫育に専心し、重い租税や労役を課すことはしなかった。人々がみな自分の生業を営んで、資財を守ることができるのは、私が与えた賜物である。もし私が重税をやめなかったのであれば、たとえ何度も褒賞を与えたとしても、民にとっては、そんなものはもらわない方がましであろう」。

それに対して、魏徴は答えた。

「昔の聖人の堯や舜が帝位にあっても、人民は『俺たちは畑を耕して食い、井戸を掘って飲むだけだ』と言っていました。食い物を口に含み、腹鼓を打って『帝の力など人民には関係ない』と言いました。今、陛下はこのように人民を養っていますが、人民はその恩恵に浴しながらも、それを気にしてはいないと思うべきです」。

さらに、魏徴は次のように上奏した。

「昔、晋の文公が狩猟に出かけて、獣を追って碭（安徽省碭山県）に行き、大きな湿地帯に入って、道に迷って出られなくなりました。そこに漁師がいました。文公は漁師に『私はそなたの君主である。どの道を行けばここから出られるのか。案内してくれれば、後でたっぷりと褒美を取らせよう』と言いました。漁師は、『私には、お聞かせしたいことがございます』と言うので、文公は『この湿地帯を出たら聞こう』と言いました。ようやく抜け出して、文公が、『先ほど、そなたが私に聞かせたいと言ったのは、何であるか。聞こうではないか』と言いましたところ、漁師は次のように答えました。『鴻や鵠のような大鳥は、黄河や海に棲んでいます。そこを嫌がって小さな沢に移れば、矢で射られる恐れがあります。鼈や鰐は、深い淵に棲んでいます。そこを嫌がって浅瀬に移れば、釣り針にかかる恐れがあります。今、君主様は碭で狩りをして、この地に入られました。どうして、このような遠くまで来たのですか』。文公はそれを聞いて、『もっともなことだ』と褒め、従者にその漁師の名を書き留めるように命じました。ところが、漁師は、『なんで私の名を知る必要がありましょう。君主が天を尊び、地に仕え、社稷の神を敬い、国内を保ち、万民を慈愛し、労役や租税を軽くすれば、私もその恩恵にあずかりましょう。もし、君主が天を尊ばず、地に仕えず、社稷の神を敬わず、国内をしっかりと治めず、外に対しては諸侯に無礼な態度をとり、内では人民の気持ちに逆らい、国中が流浪することになれば、私のような漁師は褒美をもらったとしても、それを持ち続けることはできません』と言い、とうとう辞退して褒美を受け取りませんでした」。

太宗は、「そなたの言うとおりだ」と答えた。

■原文

貞觀八年、太宗謂侍臣曰「隋時百姓縱有財物、豈得保此。自朕有天下已來、存心撫養、無有所科差、人人皆得營生、守其資財、卽朕所賜。向使朕科喚不已、雖數資賞賜、亦不如不得」。

魏徵對曰「堯・舜在上、百姓亦云『耕田而食、鑿井而飮』。含哺鼓腹、而云『帝何力於其間矣』。今陛下如此含養、百姓可謂日用而不知」。

又奏稱「晉文公出田、逐獸於碭、入大澤、迷不知所出。其中有漁者。文公謂曰『我、若君也、道將安出。我且厚賜若』。漁者曰『臣願有獻』。文公曰『出澤而受之』。於是送出澤。文公曰『今子之所欲敎寡人者、何也。願受之』。漁者曰『鴻鵠保河海。厭而徙之小澤、則有矰丸之憂。黿鼉保深淵、厭而出之淺渚、必有釣射之憂。今君出獸碭、入至此、何行之太遠也』。文公曰『善哉』。謂從者記漁者名。漁者曰『君何以名。君尊天事地、敬社稷、保四國、慈愛萬民、薄賦斂、輕租稅、臣亦與焉。君不尊天、不事地、不敬社稷、不固四海、外失禮於諸侯、內逆民心、一國流亡、漁者雖有厚賜、不得保也』。遂辭不受」。

太宗曰「卿言是也」。

第十一章　国を治めるのは木を植えるのと同じ

貞観九年（六三五）、太宗は側近の者に言った。

「かつて、初めて隋の都の長安を平定した時、宮中の宮殿はどこも美女や珍しい宝物で満ち溢れていた。それなのに、煬帝はなお足りないと思って、取り立てをやめることがなかった。そのうえ東西に遠征し、武力をきわめて理由なき戦争をくりかえした。人民はそれに堪えきれず、とうとう国の滅亡を招いた。これは、すべて私がこの目で見たことである。だから私は、朝から夜まで怠らないように努め、ただ静謐に暮らして天下の無事を望むのである。そしてついに、人民の間に労役は起こらず、穀物は豊作となり、人々は安楽に暮らせるようになった。そもそも国を治めるというのは、木を植えて育てるのと同じである。木の根がしっかりとしていれば、枝と葉は茂るものである。君主が静謐であれば、人民が安楽とならないはずがない」。

■原文

貞觀九年、太宗謂侍臣曰「往昔初平京師、宮中美女珍玩、無院不滿。煬帝意猶不足、徵求無已。兼東西征討、窮兵黷武、百姓不堪、遂致亡滅。此皆朕所目見。故夙夜孜孜、惟欲清淨、使天下無事。遂得徭役不興、年穀豐稔、百姓安樂。夫治國猶如栽樹、本根不搖、則枝葉茂榮。君能清淨、百姓何得不安樂乎」。

第十二章　君主が乱れて臣下が治まる

貞観十六年（六四二）、太宗は側近の者に言った。

「上に立つ君主が乱虐なのに、臣下が治まっていることがある。逆に、臣下が乱れていて、君主が治まっているということもある。このように二つのことが食い違っていた場合、どちらがよりひどい状態であろうか」。

特進（正二品身分）の魏徴がそれに答えた。

「君主の心が治まっていれば、臣下の非を見抜くことができます。一人を罰して百人を奨励すれば、威厳を恐れてあえて力を尽くさない者はいないでしょう。もし上の君主が愚かで暴虐であって、臣下の忠告にも従わなければ、春秋時代のあの百里奚が虞公を諫めたとしても、また伍子胥が呉王を助けたとしても、災いを取り去ることはできなかったように、相継いで国は滅亡することになるでしょう」。

それに対して、太宗は言った。

「必ずそうであるならば、北斉の文宣帝は愚かで暴虐な君主であったが、臣下の楊遵彦が正しい道でもって君主を助け、世を治めることができたのは、どうしてなのだろうか」。

魏徴は答えた。

「楊遵彦は暴君をとり繕(つくろ)い、人民を救済して、わずかに世が乱れるのを免(まぬが)れましたが、大変に危険な目にあって苦労しました。君主が厳正公明(げんせいこうめい)で、臣下が法を畏(おそ)れ、真っ向からの忠告がみな信用されている今のご時世とは、同列に語れるものではありません」。

■原文

貞觀十六年、太宗謂侍臣曰「或君亂於上、臣治於下。或臣亂於下、君治於上。二者苟逢、何者爲甚」。

特進魏徵對曰「君心治、則照見下非。誅一勸百、誰敢不畏威盡力。若昏暴於上、忠諫不從、雖百里奚・伍子胥之在虞・吳、不救其禍、敗亡亦繼」。

太宗曰「必如此、齊文宣昏暴、楊遵彦以正道扶之得治、何也」。

徵曰「遵彦彌縫暴主、救治倉生、纔得免亂、亦甚危苦。與人主嚴明、臣下畏法、直言正諫、皆見信用、不可同年而語也」。

第十三章　自制こそが天下泰平の道

貞観十九年（六四五）、太宗は側近の者に言った。

「私が古来の帝王を見たところ、驕(おご)り高ぶって失敗した者が数え切れないほどいる。遠い太古の昔のことはともかく、晋(しん)の武帝(ぶてい)が呉を平定し、隋(ずい)の文帝(ぶんてい)が陳を滅ぼした後、二人ともますます驕って贅沢になり、自分の功績を誇り、臣下もまたあえて忠告しなかった。そのため、政道は緩んでいった。私は、突厥を平定し、高句麗を破ってから以後、テュルク民族の鉄勒を併合して、砂漠地帯をも領土として州や県を設置し、遠くの異民族も服従したので、私の名声と徳化はいよいよ広まった。私は、自分が驕り威張る気持ちを持つことを恐れて、常に自分を抑制し、日が暮れてから食事をとり、座ったまま夜明けを待つこともある。いつも思うのは、臣下の中に正しい道を直言し、それを政教に役立てられる者がいたならば、注意して見落とさず、その人を師友として待遇しなければならない、ということである。そうするのは、天下泰平を願うからにほかならない」。

■原文

貞觀十九年、太宗謂侍臣曰「朕觀古來帝王、驕矜而取敗者、不可勝數。不能遠述古昔、至如晉武平呉、隋文伐陳已後、心逾驕奢、自矜諸己、臣下不復敢言、政道因茲弛紊。朕自平定突厥、破高麗已後、兼幷鐵勒、席卷沙漠以爲州縣、夷狄遠服、聲敎益廣。朕恐懷驕矜、恆自抑折、日旰而食、坐以待晨。毎思臣下有讜言直諫、可以施於政教者、當拭目以師友待之。如此、庶幾於時康道泰爾」。

第十四章　貞観の治

太宗が即位した当初から、国内では霜害や旱害が起こり、米穀の価格は高騰し、そこにテユルク民族突厥が侵入してきて、各地の州や県は騒然としていた。太宗の心は、人民を憂うことにあった。そこで、政治に精力を注ぎ、倹約を尊び、大いに恩徳を施して人民を保護した。そのころ、都から河東道（山西省）・河南道（河南省・山東省）・隴右道（甘粛省）におよぶ一帯は、飢饉がもっともひどく、絹一匹でわずかに米一斗が手に入るありさまだった。人民は東西に食い物を求めたが、それでも怨嗟の声はあがらず、人々は落ち着いていた。貞観三年（六二九）になると、長安一帯の関中の地は豊作となり、人々は自然と郷里に帰り、誰一人として他の地に逃げ去った者はいなかった。太宗は、このように人民の心をつかんでいた。それに加えて、臣下の忠告は水が流れるようにすらすらと聞き入れ、かねてから儒学を好み、努めて賢才の士を求め、選び出して官に就任させ、古い弊害を改革し、緩んだ制度を建て直し、一つのことを行うにあたっては、常に同類のものも良くしようと心掛けた。

初め、太宗の兄の皇太子李建成と弟の斉王李元吉の配下の者で、太宗に復讐しようと謀った者は、数百人から千人もいた。しかし、玄武門の変の混乱が収まってからは、太宗はそういう者も左右の側近に引き入れた。このように心の持ち方は広く、疑ったりためらったりはしなかった。だから世論は、「よく大事を決断することのできる、帝王の風格を身に付けた皇帝」と評価した。欲張りで穢れた官吏を憎み、法を枉げて賄賂を受け取るような者は、決して許さなかった。下級官であっても、収賄を行うような者は逐一報告させ、犯した罪によって重罰に処した。そのため、官吏の多くは自然と清廉となった。

王や公、后妃や公主（皇帝の娘）の家、または勢力のある家やそれと結託するずる賢い仲間は取り締まったので、みな太宗の威光を恐れて姿をくらまし、貧しい民がそういう者に騙されて奪い取られることがなくなった。行商の人が野宿をしても、盗賊に襲われることはなく、牢獄はいつも空っぽで、馬や牛が野に広がり、民は外出する際に戸締まりさえしなかった。また、豊年が続き、米一斗が三、四銭で買えた。旅行する者は、都から嶺南道（福建・広東・広西地方）に行くまで、また山東の平野から東海の沿岸に行くまで、みな食糧は持参せず、路地で賄うことができた。山東地方の村落では、通りかかった旅行者を手厚くもてなし、別れ際に贈り物をする者さえいた。このようなことは、古来いまだかつてなかったことである。

■原文

太宗自卽位之始、霜旱爲災、米穀踴貴、突厥侵擾、州縣騷然。帝志在憂人、鋭精爲政、崇尚節儉、大布恩德。是時、自京師及河東・河南・隴右、饑饉尤甚、一匹絹纔得一斗米。百姓雖東西逐食、未嘗嗟怨、莫不自安。至貞觀三年、關中豐熟、咸自歸鄕、竟無一人逃散。其得人心如此。加以從諫如流、雅好儒術、孜孜求士、務在擇官、改革舊弊、興復制度、毎因一事、觸類爲善。

初、息隱・海陵之黨、同謀害太宗者數百千人。事寧、復引居左右近侍。心術豁然、不有疑阻。時論以爲能斷決大事、得帝王之體。深惡官吏貪濁、有枉法受財者、必無赦免。在京流外有犯贓者、皆遣執奏、隨其所犯、置以重法。由是官吏多自清謹。制馭王公・妃主之家、大姓豪猾之伍、皆畏威屛跡、無敢侵欺細人。商旅野次、無復盜賊、囹圄常空、馬牛布野、外戸不閉。又頻致豐稔、米斗三四錢。行旅自京師至於嶺表、自山東至於滄海、皆不賚粮、取給於路。入山東村落、行客經過者、必厚加供待、或發時有贈遺。此皆古昔未有也。

巻二

任賢　第三

■解説

本篇には、太宗の政治を支えた八人の臣下の伝記が載せられる。八人とは、人材登用に長けた房玄齢、政策の裁可に優れた杜如晦、常に太宗を諫めた魏徴と王珪、武人として功績をあげた李靖、書と文に秀でた虞世南、忠義の士として知られた李勣、才智に富んだ馬周である。まさに多士済々で、出自も様々な人物が選ばれている。なお、七人目の李勣は、本名は徐世勣という。唐の高祖から皇室の李氏を賜り、太宗の諱「世民」の「世」字を避けて李勣と呼ばれる。

編者呉兢は、まず「君道篇」で天子としての太宗の真摯な心がけを強調し、続く「政体篇」で太宗朝の政務のあり方を示し、そしてここに、今後しばしば登場する代表的な臣下の来歴や人となりを、特にエピソードと太宗とのやり取りを中心にして掲げたのであろう。

ただし、太宗の朝廷を支えたのは、なにもこの八人に限らない。通常、太宗の代表的な臣下といえば、本篇第六章「虞世南」にも見える凌煙閣（長安城宮城内、太極殿の東）に肖像が飾られた二十四人の功臣をいうが、その中に王珪と馬周は含まれない。逆に、常に太宗を支えた長孫無忌や高士廉（いずれも太宗の長孫皇后の親族。長孫無忌は本篇第三章に登場）のほか、程知節・尉遅敬徳等々の著名な臣下は本篇に取り上げられない。それは、『貞観政要』が、唐の天下統一後に、太宗と臣下が政務に対してどのような心がけであったか、それを示す対話を中心に編纂されたからであろう。

第一章「房玄齢」末尾に見える「威鳳の賦」は、『旧唐書』巻六五、長孫無忌伝では、太宗が無忌に賜ったことになっている。

第三章「魏徴」にある斉の桓公と管仲の話は、『史記』巻三二、斉太公世家に見える。また、本章に登場する李承乾は太宗の長子で、はじめ皇太子に立てられたが素行が定まらず、太宗に親愛されていた魏王の李泰（第四子）への譲位を恐れて貞観十七年（六四三）に謀反をおこし、廃されて黔州（貴州省）に流された。太宗と長孫無忌ら臣下は、承乾と対立した魏王李泰ではなく、第九子の晋王李治を皇太子に立てた。これが第三代高宗（第七章「李勣」に見える）となる。太宗の世継ぎ問題は、後掲の太子諸王定分篇でも触れる。

第四章「王珪」に見える温彦博は、高祖の太原挙兵から唐建国までを記録した『大唐創業起居注』の著者温大雅の息子。太原の出身なので、父とともに当初より高祖と親しみ、配下となった。その後、温彦博は突厥の捕虜となり、唐の軍事の事情について詰問されたが、一切口を割らなかったという。突厥から戻って、太宗の配下に引き入れられた。貞観四年（六三〇）に突厥が滅んだ際、その遺民の対処方法をめぐって魏徴と論争したが、その討論は後掲安辺篇に採録される。戴冑は、法令に通じた臣下。煬帝に仕えたが、洛陽に拠った群雄の王世充の配下となり、世充を諫めて左遷され、その左遷地を太宗が押さえたことから臣下となった。貞観七年（六三三）に没するまで、律令・裁判の分野で太宗を支えた。なお、戴冑と温彦博の二人は、高官になってからも質素な家に住んでいたことが、後掲倹約篇の第七・八章に記される。

第五章「李靖」に見える隋の楊正道（原文の「楊道政」は誤り）、蕭皇后、義城公主（義成公主とも書く）などは、本書「はじめに」の「北方遊牧民族突厥について」を参照されたい。なお、李靖が突厥の頡利可汗を捕虜にした作戦は、『孫子』用間篇（間者の用い方を述べた篇）に見える五間（郷間・内間・反間・死間・生間）の「死間」の実行例としてしばしば引用される。先に使者を派遣しておいて、敵が油断した隙を攻撃するもので、使者は殺される可能性が高いので「死間」という。吐谷渾は、西方の青海地方に分布していたチベット系の牧畜民族。中国と中央アジアを結ぶルートの一つが青海を通るので、中国が南北朝の分裂時代にあった状況下では、その地の利を生かして繁栄した。しかし、河西地方にとっては常に大きな脅威となるため、隋の煬帝が討伐軍を送ったことがある。太宗も、貞観九年（六三五）に李靖を大総管とする大軍を派遣し、吐谷渾王の伏允を討伐し、伏允は逃れて自害した。

第六章の「虞世南」は、煬帝に諫言しなかったとして本書に何度も登場する虞世基の弟である。南朝の家系で、陳が隋によって滅ぼされると、兄弟で長安に来た。兄は煬帝に重用されたが、弟は生まじめな性格が嫌われたという。隋末には兄弟で煬帝に従って江都（揚州）に行き、そこで兄は宇文化及率いる反逆軍に殺された。その際、虞世南は自分が身代わりになると言って兄を庇ったが、果たせなかった。その後、群雄の一人竇建徳の配下となり、建徳の没後、太宗の秦王府に引き入れられた。

なお、この章の末尾に登場する褚遂良は、王羲之の書をよく習っていたので、虞世南の後継者となった。虞世南・欧陽詢と並んで唐初の代表的な書家の一人。太宗が魏王李泰に下した勅にある「文学館の中」の原文「石渠・東観の中」とは、前漢の石渠閣と後漢の東観のことで、書籍・秘書の所蔵機関。唐でいえば文学館に相当する。

第一章　房玄齢

房玄齢は、斉州臨淄（山東省淄博市東方）の出身である。初めは隋に仕えて、隰城県（山西省汾陽県）の尉（庶務官）となった。しかし、事件に連坐して除名され、上郡（陝西省富県）に移った。秦王だった太宗が渭水の北の地を収めると、房玄齢は馬の鞭を手にしたまま、太宗の陣営に行って面会を求めた。太宗は、一目見るなり旧知のように意気投合し、秦王府の渭北道行軍記室参軍（書記官）に任じた。房玄齢は自分の能力を評価してくれる主と出会ったので、心身ともに力を尽くして働いた。そのころ、敵を平定すると、誰もが競って金銀財宝を求めたが、房玄齢だけは優れた人材を収め、太宗の秦王府に引き入れた。また智謀の臣や勇猛な将がいれば、ひそかに彼らと固く結び、それぞれに死力を尽くさせた。房玄齢は次第に出世して、秦王府の記室（書記長）を授けられ、また陝東道大行台の考功郎中（官吏評定長官）を兼任した。

房玄齢は、秦王府にいること十年あまり、常に記室の職務を担った。太宗の兄の李建成と弟の李元吉は、房玄齢と杜如晦が太宗の親愛と厚遇を受けているので、二人を非常に憎んで、父の高祖に告げ口をした。そのために、房玄齢は杜如晦とともに秦王府を追放された。李建成が太宗を殺害しようとした時、太宗は房玄齢と杜如晦を呼び寄せ、道士の服を着せて密かに宮殿に招き入れ、対応策を話し合った。玄武門の変が終わって太宗が皇太子になると、房玄齢を東宮に入れて、太子左庶子（侍従官）に抜擢した。

太宗即位後の貞観元年（六二七）に、房玄齢は中書省の長官に就任した。貞観三年には尚書省の長官となり、国史編集を監督し、梁国公の封爵を授けられ、梁の地からの税千三百戸分が収入とされた。宰相として百官を統括し、朝から晩まで心を尽くして真摯に勤め、一人でも多くその人がふさわしい地位につけるようにした。人に良い点があれば、自分のことのように喜んだ。官吏としての職務に明るく、文学にも秀でていて、法令を審査し制定するにあたっては、緩やかで公平であることを重視した。人に完璧さを求めず、自分の長所を基準にして人を量ることをせず、その人の能力によってふさわしい職務を与え、身分の低い者も分けへだてはしなかった。だから、論者は彼を優れた宰相と評した。貞観十三年（六三九）には、皇太子の教育係の任務が加えられた。

房玄齢は、自分が宰相の地位にあること十五年にもなるので、しばしば上奏して辞職を願い出たが、太宗は手厚い詔を下して許さなかった。貞観十六年（六四二）には、司空という国家の元老格となり、朝廷の政治を統括し、もとのように国史の編纂を監督した。彼は、老齢を理由にまた引退を願ったのだが、太宗は使者を派遣して、

「わが国家は、長い間、そなたに政治を任せてきた。突然、そなたのような優れた宰相がいなくなっては、私はまるで両手を失うようなものだ。そなたの体力がまだ衰えていないのであれば、このような形式的な辞意の煩わしさはやめるように。もし自分で本当に衰えを悟ったならば、その時にあらためて上奏すべきである」

と伝えた。そこで、房玄齢は辞職をやめたのであった。

かつて太宗は、建国の艱難辛苦と、それを助け支えた功績を思って、自ら「威鳳の賦」という詩を作って房玄齢に喩え、それを彼に賜った。房玄齢が太宗に称賛されていた様子は、おおむねこのようであった。

■原文

房玄齡、齊州臨淄人也。初仕隋、爲隰城尉。坐事、除名徙上郡。太宗徇地渭北、玄齡杖策謁於軍門、太宗一見、便如舊識、署渭北道行軍記室參軍。玄齡既遇知己、遂罄竭心力。是時、賊寇每平、衆人競求金寶、玄齡獨先收人物、致之幕府、及有謀臣猛將、與之潛相申結、各致死力。累授秦王府記室、兼陝東道大行臺考功郎中。

玄齡在秦府十餘年、恆典管記。隱太子・巣剌王以玄齡及杜如晦爲太宗所親禮、甚惡之、譖之高祖、由是與如晦並遭驅斥。及隱太子將有變也、太宗召玄齡・如晦、令衣道士服、潛引入閤謀議。及事平、太宗入春宮、擢拜太子左庶子。

貞觀元年、遷中書令。三年、拜尚書左僕射、監脩國史、封梁國公、實封一千三百戸。既總任百司、虔恭夙夜、盡心竭節、不欲一物失所。聞人有善、若己有之。明達吏事、飾以文學、審定法令、意在寬平。不以求備取人、不以己長格物、隨能收敍、無隔疏賤。論者稱爲良相焉。十三年、加太子少師。

玄齡自以一居端揆十有五年、頻抗表辭位、優詔不許。十六年、進拜司空、仍總朝政、依舊監脩國史。玄齡復以年老請致仕、太宗遣使謂曰「國家久相任使、一朝忽無良相、如失兩手。公若筋力不衰、無煩此讓。自知衰謝、當更奏聞」。玄齡遂止。

太宗又嘗追思王業之艱難、佐命之匡弼、乃作「威鳳賦」以自喩、因賜玄齡、其見稱類如此。

第二章　杜如晦（とじょかい）

杜如晦は、長安の万年県（まんねん）の出身である。高祖（こうそ）の武徳（ぶとく）年間（六一八―六二六）の初めに、太宗の秦王府の兵曹参軍（儀衛長官）となったが、間もなく陝州総管府（東方の陝州の守備軍）の次官に異動となった。

　このころ、秦王府には英俊の士がたくさんいたが、府の外に転勤させられる者も多く、太宗はそれに悩んでいた。ところが、記室の房玄齢が言うには、

「秦王府の属僚で他所に去る者が多いといっても、それらは惜しむに足りません。ただ杜如晦だけは、聡明で高い見識を持ち、王を補佐する才能の持ち主です。もし王が諸侯の一人として自分の藩を守るだけならば、彼を用いる機会はないでしょう。しかし、帝王として天下を治めようと思うのであれば、杜如晦を抜きにしては、それはできません」

とのことであった。それからというもの、太宗はいよいよ杜如晦を厚く遇して心を寄せ、ついに高祖に上奏して秦王府の直属とし、そしていつも陣営の謀議に参画させた。

　そのころ、国内には問題が山積していたが、杜如晦は淀みなく流れるように的確な裁定を下し、同僚たちから深く敬服された。太宗が天策府を開くと府の属官の従事中郎となり、文学館の学士を兼任した。玄武門の変で皇太子の李建成を破ると、杜如晦は房玄齢とともに功績第一にあげられ、太宗が皇太子になると太子右庶子（侍従官）を拝命した。太宗が即位すると尚書省兵部の長官に就任し、蔡国公の封爵を授けられ、蔡の地からの税千三百戸分が収入とされた。

　貞観二年（六二八）に、本官のままで門下省の長官も務めた。貞観三年には、尚書省の長官に就任し、あわせて尚書省吏部の人材選抜の職務を兼ねた。房玄齢とともに朝廷の政務

にあたり、中央官庁の仕組み、国家の制度や礼制などは、すべてこの二人が制定したものである。評判は非常に高く、当時の人は二人を「房杜」と並び称したのであった。

■原文

杜如晦、京兆萬年人也。武德初、爲秦王府兵曹參軍、俄遷陝州總管府長史。

時府中多英俊、被外遷者衆、太宗患之。記室房玄齡曰「府僚去者雖多、蓋不足惜。杜如晦聰明識達、王佐才也。若大王守藩端拱、無所用之。必欲經營四方、非此人莫可」。太宗自此彌加禮重、寄以心腹、遂奏爲府屬、常參謀帷幄。

時軍國多事、剖斷如流、深爲時輩所服。累除天策府從事中郎、兼文學館學士。隱太子之敗、如晦與玄齡功第一、遷拜太子右庶子。俄遷兵部尚書、進封蔡國公、實封一千三百戶。

貞觀二年、以本官檢校侍中。三年、拜尚書右僕射、兼知吏部選事。仍與房玄齡共掌朝政。至於臺閣規模、典章文物、皆二人所定、甚獲當時之譽、時稱房、杜焉。

第三章　魏徴

魏徴は、鉅鹿（河北省鉅鹿県）の出身である。近ごろ、家を相州（河南省安陽市）の内黄県に移した。高祖の武徳年間（六一八～六二六）の末に、皇太子の洗馬（図書係）となった。太宗と皇太子建成とが密かに地位を奪いあおうと対立している様子を見ると、常に魏徴は建成に先手を打つように勧めた。太宗は皇太子を倒すと、魏徴を呼び寄せ、

「汝がわが兄弟を離間させようとしたのは、どういう訳か」

と叱責した。居あわせた者たちは、みな恐れて緊張した。ところが魏徴は、意気盛んながらも落ち着き、平然として、

「皇太子がもし私の忠告に従っていれば、必ずや今日のような災いはなかったでしょう」

と答えた。それを聞いて、太宗は身が引き締まり、魏徴を厚く礼遇し、諫議大夫（皇帝の諫め役）に抜擢した。それからは、太宗はしばしば魏徴を自分の寝室に招き入れ、政治の方法について尋ねたのであった。

魏徴には、もともと国を治める才能があり、性格は剛直で、恐れひるむことがなかった。だから、太宗は魏徴と語り合うことを、いつも喜んだ。魏徴もまた、自分を理解する君主と出会ったので、一所懸命に力を尽くした。太宗は、魏徴を労って言ったことがある。

「そなたが私を諫めること、これまでに二百回以上にもなっており、それらはみな私の意に適っている。そなたが衷心より国に奉仕しようというのでなければ、このようなことはできないに違いない」。

貞観三年（六二九）には、秘書省（記録・文書官署）の長官の地位に移り、朝廷の政治に参与した。その思慮深く遠大なはかりごとは、政治に大いに役立った。かつて太宗は、魏徴に言った。

「そなたが、わが兄に仕えて私を倒そうとした罪は、あの管仲が斉の桓公を射殺そうとして矢を桓公の帯金にあてた罪より重い。しかし、私がそなたを信任しているのは、桓公が

その後に管仲を信任したのに比べても、勝っていよう。近ごろの君臣の間で、私とそなたのような関係に似たものがほかにあるだろうか」。

貞観六年（六三二）、太宗は九成宮という宮殿に行き、近臣と宴会を開いた。その時、長孫無忌は述べた。

「王珪と魏徴は、かつて皇太子李建成に仕えていたので、私はこの二人を仇敵のように見ていました。今、この宴会で同席しようとは思ってもみませんでした」。

太宗は言った。

「以前、魏徴は本当に我が敵であったが、ただ仕える主に対して心を尽くす点には、称賛に値するものがあった。だから、私は魏徴を抜擢して用いたのであり、これは昔の烈士と比べても恥じることはないであろう。魏徴は、私がいやな顔をしても、いつも切実に諫めて、私の非道を許さない。私が彼を重く用いるのは、そのためである」。

魏徴は、二度拝礼をして答えた。

「陛下が導いて私に言わせているのであって、私があえて諫言するのはそのためです。もし陛下が私の言葉を受け入れてくださらなければ、どうして私は天子の逆鱗に触れ、恐れ憚るべきことを言えるでしょうか」。

太宗は大変に喜び、長孫無忌と魏徴それぞれに十五万銭の褒美を賜った。

貞観七年、魏徴は王珪に代わって門下省の長官となり、さらに鄭国公を封爵された。その後、病気を理由に辞職を願い出て、身分だけの官職にしてほしい旨を要望した。それに対して、太宗は言った。

「私は敵の陣中からそなたを抜擢して、朝廷の要職に就かせた。これまで、私の非を見れば、そなたは諫めなかったことがない。そなたは鉱石のままの金を見たことはないか。全然貴重ではなく、ただの石だ。良い冶工が鍛えて器とするので、人の宝となるのだ。私が金の原石だとすれば、そなたは良い冶工である。病気とはいっても、まだ老い衰えるほどではないのだから、どうして言うとおりに聞き入れることができようか」。

そこで、魏徴は辞職を思いとどまった。のちに再度辞職を願い出て、門下省長官の役職は解かれ、特進という正二品身分を授けられ、門下省の運営を監督することになった。

貞観十二年（六三八）、太宗は孫が誕生したので、詔を下して高官たちと宴会を開いた。太宗は感極まって、側近の者たちに言った。

「私が即位する前、私に従って天下平定のために危険を冒して奔走した功績は、房玄齢に勝るものはない。即位の後、私に心を尽くして直言し、国を安泰にして民に利をもたらし、私に今日の功業を成し遂げさせ、天下の人々から称賛されるようにしたのは、ただ魏徴だけである。古の名臣といえども、この二人に勝る者はいないであろう」。

そこで、自分の腰の刀を解いて二人に賜ったのであった。

当時の皇太子李承乾（太宗の長子）は、東宮にあって不道徳な生活をしていた。それに対して魏王の李泰（四男）は、太宗の寵愛が日増しに高くなるので、朝廷内外の官僚たちはみな、帝は魏王に位を譲ろうとしているのではないかと疑った。太宗はその噂を憎み、側近の者に言った。

「このごろの朝廷の臣下で、忠義から直言する士は、魏徴に勝る者はない。私は魏徴に皇太子を補佐させ、天下の悪い望みを断とうと思う」。

そこで、魏徴は貞観十七年（六四三）にとうとう皇太子の教育係となったが、門下省の監督は従来のままに続けた。

ある時、魏徴は病気にかかり、自らそれを太宗に伝えたところ、太宗は言った。

「皇太子は国の根本であり、教導する者が付いていなくてはならない。だから、公平な者を選んで、補佐役とした。汝の病を知ったが、寝ながらでも皇太子を監督すべきである」。

そこで魏徴は、役目に復帰した。

ついで、魏徴はまた病にかかった。もともと魏徴の家には、客を迎える正堂がなかった。ちょうど太宗は小さな宮殿を造ろうとしていたので、それをやめてその木材で魏徴の家に正堂を造らせ、五日で完成した。そして、宮中の使者を派遣して粗末な寝具を賜ったが、それは魏徴の質素な生活ぶりに敬意を表したからであった。その後、数日で魏徴はこの世を去った。太宗は魏徴の家に出向いて、声をあげて泣き、司空（しくう）の位を授け、「文貞（ぶんてい）」という諡（おくりな）をあたえた。そして、太宗自身で追悼碑（ついとうひ）を作り、自分で石に文章を書いた。また、遺族には特に税九百戸分の収入を賜ったのであった。

後に、太宗は側近の者に言った。

「そもそも、銅で鏡を作れば、姿かたちを正すことができる。昔のことを鏡とすれば、国の興亡や盛衰を知ることができる。人を鏡とすれば、自分の良い点、悪い点を明らかにすることができる。私は、いつもこの三つの鏡を持っていたので、自分の過ちを防ぐことができた。ところが今、魏徴が亡くなり、私はとうとう鏡の一つを失ってしまった」。

そう言って、長い間涙を流したのであった。そして、次のように詔を下した。

「以前は、魏徴一人が、いつも私の過ちを明らかにしてくれた。ところが、魏徴が亡くなってからというもの、私に過ちがあってもそれを明らかにする者がいない。以前の私にだけ非があって、今の私には非がないなどということが、あろうはずがない。私の非が明らかにならない理由は、官僚たちが従順で、皇帝の機嫌を損なうのを憚っているためだろうか。そうならないように、私は虚心に外からの忠告を求め、迷いを払いのけて反省しているのである。言われてそれを用いないのであれば、その責任を私は甘んじて受け入れよう。しかし、用いようとしているのにそれを言わないのは、いったい誰の責任であるか。今後は、各自が誠意を尽くせ。もし私に非があれば、直言して決して隠さないように」。

■原文

魏徴、鉅鹿人也、近徙家相州之內黃。武德末、爲太子洗馬。見太宗與隱太子陰相傾奪、每勸建成早爲之謀。太宗既誅隱太子、召徵責之曰「汝離間我兄弟、何也」。衆皆爲之危懼。徵慷慨自若、從容對曰「皇太子若從臣言、必無今日之禍」。太宗爲之斂容、厚加禮異、擢拜諫議大夫。數引之臥內、訪以政術。徵雅有經國之才、性又抗直、無所屈撓。太宗每與之言、未嘗不悅。徵亦喜逢知己之主、竭其力用。

又勞之曰「卿所諫前後二百餘事、皆稱朕意。非卿忠誠奉國、何能若是」。

三年、累遷祕書監、參預朝政、深謀遠算、多所弘益。太宗嘗謂曰「卿罪重於中鉤、我任卿逾於管仲、近代君臣相得、寧有似我於卿者乎」。

六年、太宗幸九成宮、宴近臣、長孫無忌曰「王珪・魏徵、往事息隱、臣見之若讎、不謂今者又同此宴」。太宗曰「魏徵往者實我所讎、但其盡心所事、有足嘉者。朕能擢而用之、何慙古烈。徵每犯顏切諫、不許我爲非、我所以重之也」。徵再拜曰「陛下導臣使言、臣所以敢言。若陛下不受臣言、臣亦何敢犯龍鱗、觸忌諱也」。太宗大悅、各賜錢十五萬。

七年、代王珪爲侍中、累封鄭國公。尋以疾乞辭所職、請爲散官。太宗曰「朕拔卿於讎虜之中、任卿以樞要之職、見朕之非、未嘗不諫。公獨不見金之在鑛、何足貴哉。良冶鍛而爲器、便爲人所寶。朕方自比於金、以卿爲良工。雖有疾、未爲衰老、豈得便爾耶」。徵乃止。後復固辭、聽解侍中、授以特進、仍知門下省事。

十二年、太宗以誕皇孫、詔宴公卿。帝極歡、謂侍臣曰「貞觀以前、從我平定天下、周旋艱險、玄齡之功無所與讓。貞觀之後、盡心於我、獻納忠讜、安國利人、成我今日功業、爲天下所稱者、惟魏徵而已。古之名臣、何以加也」。於是親解佩刀以賜二人。

庶人承乾在春宮、不修德業。魏王泰寵愛日隆、內外庶寮、咸有疑議。太宗聞而惡之、謂侍臣曰「當今朝臣、忠謇無如魏徵。我遣傅皇太子、用絕天下之望」。十七年、遂授太子太師、知門下事如故。徵自陳有疾、太宗謂曰「太子宗社之本、須有師傅、故選中正、以爲輔弼。知公疹病、可臥護之」。徵乃就職。尋遇疾。徵宅內先無正堂。太宗時欲營小殿、乃輟其材爲造、五日而就。遣中使賜以布被素褥、遂其所尚。後數日、薨。太宗親臨慟哭、贈司空、謚曰文貞。太宗親爲製碑文、復自書於石。特賜其家食實封九百戶。

太宗後嘗謂侍臣曰「夫以銅爲鏡、可以正衣冠。以古爲鏡、可以知興替。以人爲鏡、可以明得失。朕常保此三鏡、以防己過。今魏徵殂逝、遂亡一鏡矣」。因泣下久之。乃詔曰「昔惟魏徵、每顯予過。自其逝也、雖過莫彰。朕豈獨有非於往時、而皆是於茲日。故亦庶僚苟順、難觸龍鱗者歟。所以虛己外求、披迷內省。言而不用、朕所甘心。用而不言、誰之責也。自斯已後、各悉乃誠。若有是非、直言無隱」。

第四章　王珪（おうけい）

王珪は、太原（たいげん）の祁県（きけん）（山西省祁県（さんせいしょうきけん））の出身である。高祖（こうそ）の武徳（ぶとく）年間（六一八―六二六）に、皇太子李建成（りけんせい）の中允（ちゅういん）（文章係）となり、はなはだ建成に礼遇された。後に建成の陰謀に加担した罪で、巂州（すいしゅう）（四川省西昌県（しせんしょうせいしょうけん））に流された。建成が倒され、太宗が即位すると、呼び寄せられて諫議大夫（かんぎたいふ）（皇帝の諫（いさ）め役）となった。常に誠意をもって忠節を尽くし、その意見は多く受け入れられた。

かつて、王珪は上奏文を奉（たてまつ）って、きつく太宗を諫めたことがある。それに対して、太宗は答えたものだった。

「そなたの述べるところは、みな私の欠点をついている。昔から、国家の安泰と長久を願わない君主はいなかった。それなのに、それができないのは、ただ自分の過（あやま）ちを指摘する意見を聞かないか、あるいは聞いても自分を改めないからである。今、私に過ちがあり、そなたがそれを忠告してくれたのだから、私がよく改めれば、国家の不安を心配する必要はないだろう」。

また、かつて太宗は王珪に言った。

「いつもそなたが諫め役にいてくれれば、いつまでも私は絶対に過ちを犯さないであろう」。

こうして、王珪への待遇はますます厚くなった。

貞観元年（六二七）に、門下省の次官となって朝廷の政治に参与するようになり、また太子右庶子（皇太子侍従官）を兼ねた。貞観二年には、門下省の長官に昇進した。そのころ、房玄齢・魏徴・李靖・温彦博・戴冑が、王珪とともに国政を預かっていた。ある時、宴席に招いて、太宗は王珪に向かって言った。

「そなたは人物評価に大変優れており、また弁論にも長けている。そこで、房玄齢ら全員を品評してみなさい。また、彼らと自分の賢さでは、どちらが優れているかを量ってみなさい」。

王珪は答えた。

「国のために弛まず努めて、良いとわかったことは必ず行うという点では、私は房玄齢に及びません。常に天子を諫めることに心がけ、自分の君主が古の堯や舜のような聖人に及ばないことを恥じるという点では、私は魏徴に及びません。文武の才能を兼ね備え、朝廷を出れば将軍になり、入れば宰相になるという点では、私は李靖に及びません。政治に関する上奏が詳しく明快で、君命を忠実に下の者に伝え、臣下の言を誠意をもって君主に伝えるという点では、私は温彦博に及びません。忙しい中で激務を処理し、多くの事案をうまく運ばせるという点では、私は戴冑に及びません。しかしながら、世の穢れを清めようとして、悪を憎んで善を好むという点だけは、これらの諸氏と比べて、私にまだ一日の長があるでしょう」。

太宗はこの言葉に心から納得し、同席の者たちもみな自分の気持ちが言い尽くされていると唸り、王珪の言を動かしがたい確かな論と認めたのだった。

■原文

王珪、太原祁縣人也。武德中、爲隱太子中允、甚爲建成所禮。後以連其陰謀事、流於嶲州。建成誅後、太宗卽位、召拜諫議大夫。每推誠盡節、多所獻納。珪嘗上封事切諫。太宗謂曰「卿所論皆中朕之失、自古人君莫不欲社稷永安、然而不得者、只爲不聞己過、或聞而不能改故也。今朕有所失、卿能直言、朕復聞過能改、何慮社稷之不安乎」。太宗又嘗謂珪曰「卿若常居諫官、朕必永無過失」。顧待益厚。

貞觀元年、遷黃門侍郞、參預政事、兼太子右庶子。二年、進拜侍中。時房玄齡・魏徵・李靖・溫彥博・戴冑與珪同知國政、嘗因侍宴、太宗謂珪曰「卿識鑒精通、尤善談論、自玄齡等、咸宜品藻。又可自量孰與諸子賢」。對曰「孜孜奉國、知無不爲、臣不如玄齡。每以諫諍爲心、耻君不及堯・舜、臣不如魏徵。才兼文武、出將入相、臣不如李靖。敷奏詳明、出納惟允、臣不如溫彥博。處繁理劇、衆務必舉、臣不如戴冑。至如激濁揚清、嫉惡好善、臣於數子、亦有一日之長」。太宗深然其言、羣公亦各以爲盡己所懷、謂之確論。

第五章　李靖

李靖は、長安の三原（陝西省三原県北東）の出身である。隋・煬帝の大業年間（六〇五―六一八）の末に、馬邑郡（山西省朔州）の次官となった。ちょうどそのころ、後の唐の高祖李淵が太原（山西省太原市南）の守備兵の長官となっていた。李靖は、李淵を観察して、この男が四方を計略しようとしているのを見抜いた。そこで、李淵の挙兵を報告しようとして、捕縛の連行中だと偽って、煬帝のいる江都（江蘇省揚州）に向かった。長安まで行ったが、道が塞がっていてその先に進むのを断念した。ちょうどその時、李淵が長安に入城し、李靖を捕らえて斬ろうとした。李靖は大声で叫んだ。

「おぬしは義兵を起こし、暴乱を治めようとしているのだろう。それなのに、大事を成し遂げようともせず、私怨のためにこの壮士を斬るつもりか」。

太宗もまた李靖を救おうとしたので、高祖はとうとう李靖を釈放した。

高祖の武徳年間（六一八―六二六）に、李靖は、隋末に長江流域に割拠した群雄の蕭銑と輔公祏を平定し、その功績によって揚州大都督府（江南統率軍）の上佐に遷った。太宗が天子の位を継ぐと、都に召し出されて尚書省刑部の長官となった。貞観二年（六二八）に、その官に就いたまま、中書省の長官を兼任した。貞観三年には、尚書省兵部の長官に遷り、代州（山西省代県）行軍総管となって、進撃して突厥（テュルク）を定襄城（内蒙古ホリンゲル）に撃ち破った。突厥の諸部落はみなゴビ砂漠の北に逃げ、李靖はさらに進軍して、突厥に亡命していた隋の斉王楊暕の息子の楊正道と、煬帝の妃の蕭皇后を捕虜とし、彼らを長安に送り届けた。突厥の小可汗であった突利可汗は唐に降伏してきたが、大可汗の頡利可汗はかろうじて逃れ去った。

太宗は李靖に言った。

「昔、漢の李陵は歩兵五千を率いながら、匈奴の捕虜となるのを免れず、それでも名が書物に残ることになった。そなたは、わずか三千騎で異民族の朝廷に攻め入り、定襄を平定して、威厳を北方民族に振るった。このようなことは古今あったためしがなく、以前に私が渭水で突厥に受けた恥を雪ぐに十分である」。

その功績で、李靖は封爵を代国公に進められた。

この後、突厥の頡利可汗は非常に恐れた。貞観四年に、彼は退却して黄河北方の陰山の北部にある鉄山に拠り、唐に使者を派遣して謝罪し、国を挙げて唐の属国となることを願い出た。太宗は、李靖をまた定襄道の行軍総管に任命し、当地に行って頡利可汗を迎えさせようとした。頡利可汗は、外面は降伏するふりをしているものの、その心中では唐に逆らうつもりだった。そこで太宗は詔を下し、鴻臚卿（外務大臣）の唐倹と、尚書省戸部長官の肩書をもった将軍の安修仁を派遣し、頡利可汗を説得させようとした。

李靖は、副将軍の張公謹に言った。

「唐の勅使が到着したので、突厥のやつらは必ず油断している。この機に、精鋭の騎兵を選んで二十日間の軍糧を持たせ、白道(はくどう)を通って陰山を越え、突厥を急襲しよう」。

張公謹は答えた。

「唐はすでに突厥の降伏を受け入れ、勅使まで送ったのですから、今はまだ攻撃すべきではありません」。

李靖は言った。

「これは兵の機運だ。チャンスを失ってはならない」。

そこで李靖は、軍を率いて突進した。陰山に着くと、突厥側の見張り千帳あまりのテントに遭遇したが、みな捕虜にして軍に随行させた。頡利可汗は唐の使者を見て大変喜び、唐兵が襲ってくるとは思ってもみなかった。李靖の先鋒隊は霧に紛(まぎ)れて進み、可汗のテントまで七里（約三キロ）に迫ったところで、頡利可汗は初めて気づいた。あわてて兵を列ねようとしたが、陣営が整わず、可汗は単騎で逃走し、突厥の衆はちりぢりになった。李靖の軍は敵兵一万以上を倒し、隋の王室から嫁いでいた頡利可汗の妻の義城公主(ぎじょうこうしゅ)を殺し、男女十万人以上を捕虜とした。唐は陰山からゴビ砂漠まで領域を拡げ、ついに突厥を滅ぼした。さらに、別の部落に逃げていた頡利可汗を捕らえ、ここに突厥の衆は悉(ことごと)く降伏したのであった。

太宗は大変に喜び、側近の者を振り返って言った。

「私は聞いている、君主が憂(うれ)えれば臣下は屈辱に思い、君主が屈辱を受ければ臣下はそれを雪ぐために命を投げ出す、と。昔、わが国が創成された時、突厥は非常に強勢で、父上の高祖は人民を守るために、やむなく頡利可汗に臣を称した。それを思うと、私はいつも心を痛め、頭を悩まし、突厥を滅ぼすことばかり考え、座っても落ち着かず、食べてもうまく感じなかった。ところが今や、わずかの兵を動かしただけで連戦連勝し、突厥の可汗は地にひれ伏して降伏した。これで父上の恥を拭い去ることができただろう」。

群臣たちは、みな万歳を唱えた。

太宗は、李靖に光禄大夫（従二品）という地位を与え、尚書省の長官とし、税五百戸分の収入を賜った。また、李靖は西海道の行軍大総管となり、青海地方の吐谷渾を討って、大いにその国を破った。そして、封爵を衛国公に改められた。

李靖が亡くなった時、太宗は詔を下し、漢代に匈奴を破った衛青と霍去病の墳墓が匈奴の山を象った故事にならって、李靖の墓の二つの門楼に突厥内の燕然山と吐谷渾内の磧石山を象らせることとし、彼の高い功績を表彰したのだった。

■原文

李靖、京兆三原人也。大業末、爲馬邑郡丞。會高祖爲太原留守、靖觀察高祖、知有四方之志。因自鎖上變、詣江都。至長安、道塞不通而止。高祖克京城、執靖、將斬之。靖大呼曰「公起義兵除暴亂、不欲就大事、而以私怨斬壯士乎」。太宗亦加救靖、高祖遂捨之。

武德中・以平蕭銑・輔公祏功、歴遷揚州大都督府長史。太宗嗣位、召拜刑部尙書。貞觀二年、以本官檢校中書令。三年、轉兵部尙書、爲代州行軍總管、進擊突厥定襄城、破之。突厥諸部落倶走磧北。北擒隋齊王暕之子楊道政、及煬帝蕭后、送於長安、突利可汗來降、頡利可汗僅以身遁。太宗謂曰「昔李陵提歩卒五千、不免身降匈奴、尙得名書竹帛。卿以三千輕騎、深入虜庭、尅復定襄、威振北狄、實古今未有、足報往年渭水之役矣」。以功進封代國公。

此後、頡利可汗大懼、四年、退保鐵山、遣使入朝謝罪、請擧國内附。又以靖爲定襄道行軍總管、往迎頡利。頡利雖外請降、而心懷疑貳。詔遣鴻臚卿唐儉、攝戸部尙書將軍安修仁慰諭之、靖謂副將張公謹曰「詔使到彼、虜必自寬。乃選精騎賫二十日糧、引兵自白道襲之」。公謹曰「既許其降、詔使在彼、未宜討擊」。靖曰「此兵機也、時不可失」。遂督軍疾進。行至陰山、遇其斥候千餘帳、皆俘以隨軍。頡利見使者甚悅、不虞官兵至也。靖前鋒乘霧而行、去其牙帳七里、頡利始覺。列兵未及成陣、單馬輕走、虜衆因而潰散。斬萬餘級、殺其妻隋義成公主、俘男女十餘萬、斥土界自陰山至於大漠、遂滅其國。尋獲頡利可汗於別部落、餘衆悉降。

太宗大悅、顧謂侍臣曰「朕聞主憂臣辱、主辱臣死。往者國家草創、突厥強梁、太上皇以百姓之故、稱臣於頡利、朕未嘗不痛心疾首、志滅匈奴、坐不安席、食不甘味。今者暫動偏師、無往不捷、單于稽顙。恥其雪乎」。羣臣皆稱萬歲。尋拜靖光祿大夫・尙書右僕射、賜實封五百戸。又爲西海道行軍大總管、征吐谷渾、大破其國。改封衞國公。

及靖身亡、有詔許墳塋制度依漢衞・霍故事、築闕象突厥内燕然山、吐谷渾内磧石二山、以旌殊績。

第六章　虞世南（ぐせいなん）

虞世南は、会稽（かいけい）の余姚（よよう）（浙江省余姚市（せっこうしょうよようし））の出身である。貞観年間（六二七―六四九）の初め、太宗は虞世南を賓客として招き、そこで文学館（ぶんがくかん）を開いた。文学館には多くの士がいたが、みな虞世南を文学の師と仰いだ。虞世南は記室（きしつ）（書記長）の職があたえられ、房玄齢（ぼうげんれい）とともに文書を管轄した。かつて太宗は、漢の劉向著『列女伝』を書き写して、屏風を表装しようとした。ところが原本がなかったのであるが、虞世南は暗記で書き写し、一文字も書き落とすことがなかった。

貞観七年（六三三）に、秘書省（文書・図書官署）の長官に移った。太宗は、政務の暇を見つけては虞世南を呼び寄せて談話し、一緒に経典や史書を読んだ。虞世南は見かけは弱々しく、衣装の重さにも耐えられないほどであったが、性格は気丈夫で卑屈な面は全くなく、話題が昔の帝王の政治の良し悪しに及ぶと、必ず太宗を正し戒め、政道に役立つ示唆を多くあたえた。

前皇帝の高祖が崩御した時、太宗は喪に服する礼が過剰で、すっかり衰弱して、長い間、政務を顧なかった。文武の百官は、なすすべがなかった。虞世南が宮中に入るごとにそれを戒めたところ、太宗はようやくそのとおりだと納得し、それ以来ますます礼遇された。

太宗は、かつて側近の者に言った。

「私は暇な折に、いつも虞世南と古今のことを引き比べて考えている。私に一言でも良い点があれば、虞世南はいつも喜ぶ。逆に一言でも欠点があれば、いつも残念がる。その真心たるや、これほどのものだ。私は褒め称えたい。臣僚たちがみな虞世南のようであれば、天下の治まらないことを憂える必要があろうか」。

また、太宗はかつて、虞世南の持つ五つの卓絶した点を挙げて、「一に徳行、二に忠直、三に博学、四に詞藻（文学）、五に書翰（筆跡）」と称えた。

虞世南が死ぬと、太宗は別室で哀悼の儀を挙げ、大変に泣き悲しんだ。葬儀は朝廷が執り行い、そこで少府監の東園で作られた立派な葬具を賜い、尚書省礼部の長官の称号を贈り、死後の諡を「文懿」と名付けた。太宗は、自筆の勅を四男の魏王李泰に下して言った。

「私にとって、虞世南は一心同体も同然である。私の不足や欠点を拾い補い、毎日少しも忘れなかった。誠に当代の名臣、人たる道の手本であった。私にわずかな長所があれば、必ずそれがさらに伸びるよう助けた。私にわずかな過ちがあれば、私がいやな顔をしても必ず諫めた。ところが、今や虞世南は亡くなってしまい、文学館の中に彼に匹敵する者はいない。この痛惜の念を言葉で言い表せようか」。

それからほどなくして、太宗は一篇の詩を作り、古人の統治の道を思い偲んだ。書き終わると、ため息をついて言った。

「昔、耳の良い鍾子期が死ぬと、琴の名人伯牙は二度と琴を弾かなかったという。同じように、私のこの詩も、もはや読んでもらう相手がいない」。

そこで、起居郎（天子の行動記録係）の褚遂良に命じて、虞世南の廟でその詩を読み上げて、焼かせたのであった。太宗の悲嘆するありさまは、このようだった。さらに、房玄齢・長孫無忌・杜如晦・李靖ら二十四人と並べて、虞世南の姿も描かせ、それらを凌煙閣に飾ったのだった。

■原文

虞世南、會稽餘姚人也。貞觀初、太宗引爲上客、因開文館。館中號爲多士、咸推世南爲文學之宗。授以記室、與房玄齡對掌文翰。嘗命寫『列女傳』以裝屏風、於時無本、世南暗書之、一無遺失。貞觀七年、累遷祕書監。太宗每機務之隙、引之談論、共觀經史。世南雖容貌懦弱、如不勝衣、而志性抗烈、每論及古先帝王爲政得失、必存規諷、多所補益。
及高祖晏駕、太宗執喪過禮、哀容毀顇、久替萬機、文武百寮、計無所出、世南每入進諫、太宗甚嘉納之、益所親禮。

嘗謂侍臣曰「朕因暇日、每與虞世南商榷古今、朕有一言之善、世南未嘗不悅、有一言之失、未嘗不悵恨。其懇誠若此、朕用嘉焉。羣臣皆若世南、天下何憂不治」。太宗嘗稱世南有五絕、一曰德行、二曰忠直、三曰博學、四曰詞藻、五曰書翰。

及卒、太宗舉哀於別次、哭之甚慟。喪事官給、仍賜以東園祕器、贈禮部尚書、謚曰文懿。太宗手敕魏王泰曰「虞世南於我、猶一體也。拾遺補闕、無日暫忘。實當代名臣、人倫準的。吾有小善、必將順而成之。吾有小失、必犯顏而諫之。今其云亡、石渠・東觀之中、無復人矣。痛惜豈可言耶」。未幾、太宗爲詩一篇、追思往古理亂之道。既而嘆曰「鍾子期死、伯牙不復鼓琴。朕之此篇、將何所示」。因令起居褚遂良詣其靈帳讀訖焚之、其悲悼也若此。又令與房玄齡・長孫無忌・杜如晦・李靖等二十四人、圖形於淩煙閣。

第七章　李勣

李勣は、曹州の離狐（山東省東明県北東）の出身である。本の姓は徐氏といい、最初は隋末の群雄の一人李密に仕えて、左武侯大将軍となった。その後、李密は群雄の一人王世充に敗れ、部下を率いて唐に帰属した。しかし、徐勣はまだ李密の領域のうちの十郡の地を押さえていた。

唐の高祖の武徳二年（六一九）に、徐勣は配下の長史の郭孝恪に言った。

「魏公の李密は唐に服属してしまったが、今のこの土地と民衆は、そもそも李密公のものである。もし私が唐の高祖に上表してこの土地を献上したならば、それは主人の敗北を利用して自分の功績とし、それによって富と名誉を手に入れることになる。それは恥ずべきことだ。だから今は、この土地に設置されている州・県や軍人・人口を詳細に記録し、それを君主宛て上申書である『啓』によって李密公に送り、公が自身で唐に献上するのにまかせたいと思う。そうすれば、それは李密公の功績になるので、良いやり方ではないか」。

そこで、使者を派遣して李密に啓文を送った。使者が長安に到着すると、高祖は自分宛ての上奏文がなく、ただ李密宛ての啓文のみがあるので、深く怪しんだ。使者が徐勣の気持ちを申し上げたところ、高祖は大変に喜んで、

「徐勣は李密の徳に感じて、自分の功績を主人に託したのであり、これこそ誠に純臣であ

る」と称えた。そして、徐勣を黎州（河南省浚県）の総管に任じ、李氏の姓を賜り、皇室の戸籍を管理する宗正寺に所属させたので、以後は李勣と名乗ることとなった。さらに、父の李蓋に済陰王の封爵を授けようとしたが、李蓋が王の爵を固く辞退したので、舒国公とし、散騎常侍の称号を授与した。その後、高祖は李勣を右武侯大将軍に任じた。

後に李密が唐に反して誅殺されると、李勣は喪に服することを発表し、君臣の礼によって李密を埋葬したいと願い出た。高祖は、李密の遺体を引き渡した。そこで李勣は大いに威儀を正し、配下の上・中・下の三軍は全員喪服を着て、李密を黎陽山に埋葬した。葬儀が終わると、全員喪服を脱いで解散した。朝廷の内外は、礼儀に適った行いだと評した。

ついで、李勣は群雄の一人竇建徳に攻撃され、捕虜となったが、自分で脱出して長安に戻った。そして、まだ秦王だった太宗に従軍して、王世充と竇建徳を攻め、平定したのだった。

太宗が即位すると、貞観元年（六二七）に、李勣は并州（山西省太原南）の都督（地方軍事長官）を授けられた。都督としての法令は厳格で、適任だと評された。北方民族の突厥は、李勣が要衝の并州にいるので、大変に恐れた。太宗は、側近の者に言った。

「隋の煬帝は、優れた人材を精選して、辺境の防衛にあたらせるというやり方がわからなかった。ただ遠くまで長城を築き、兵士を山ほど駐屯させて、それで突厥に備えた。感情と理性を取り違えると、すべてこういうことになるのだ。今、私は李勣一人に并州の兵を任せたところ、ついに突厥は恐れて遠く逃げ去り、辺境は安寧となることができた。まさに、数千里の長城に勝る方法ではないか」。

その後、改めて并州に大都督府を設置し、また李勣を長史に任命し、封爵は英国公に進めた。李勣は前後十六年の間、并州に駐屯し、それから召し出されて都の尚書省兵部の長官となり、政治に参与することとなった。

ある時、李勣は急病にかかった。それを治す処方箋によると、ひげを焼いた灰によって良薬ができるというので、太宗は自分のひげを切って薬を調合した。病気が治ると、李勣は地に頭をつけておじぎをし、額から血を流して、泣きながら太宗に謝礼を述べた。太宗は、

「私は国のためにしたまでだ。そんなに礼を言う必要はない」

と答えた。

貞観十七年（六四三）、太宗の第九子で後に高宗となる李治が皇太子に立てられると、李勣は太子詹事（東宮統率官）に移ったが、特進（正二品）の地位を加えられて、朝廷の政務にも参与し続けた。太宗は、かつて宴席で李勣に言った。

「私は、年若い皇太子を誰かに任せたいのだが、思うにそなた以上に適任者はいないだろう。昔、そなたは、仕えた李密のことを忘れなかったのだから、今、私に背くはずがない」。

李勣は、涙を拭いながら謝辞を述べ、感極まって血が流れるほど指を噛んだ。間もなく酔い潰れてしまったのだが、太宗は自分の服を掛けてやった。太宗が李勣を信頼していること

は、これほどであった。

李勣が軍を動かすには、いつも先に計略を立て、臨機応変に敵に対応し、兵の機運に合わせて動いた。太宗が即位してからというもの、突厥の頡利可汗や、同じテュルク系の薛延陀(せつえんだ)、さらには高句麗などを討伐して、すべて撃ち破った。太宗は言ったことがある。「李靖(りせい)と李勣の二人には、秦(しん)の白起(はくき)や漢(かん)の韓信(かんしん)、衛青(えいせい)や霍去病(かくきょへい)の名将といえども、決して及ばないだろう」。

■原文

李勣、曹州離狐人也。本姓徐、初仕李密、爲左武候大將軍。密後爲王世充所破、擁衆歸國、勣猶據密舊境十郡之地。

武德二年、謂長史郭孝恪曰「魏公既歸大唐、今此人衆土地、魏公所有也。吾若上表獻之、則是利主之敗、自爲己功、以邀富貴、是吾所恥。今宜具録州縣及軍人戸口、總啓魏公、聽公自獻、此則魏公之功也、不亦可乎」。乃遣使啓密。使人初至、高祖聞無表、惟有啓與密、甚怪之。使者以勣意聞奏、高祖方大喜曰「徐勣感德推功、實純臣也」。拜黎州總管、賜姓李氏、附屬籍於宗正。封其父蓋爲濟陰王、固辭王爵、乃封舒國公、授散騎常侍。尋加勣右武候大將軍。

及李密反叛伏誅、勣發喪行服、備君臣之禮、表請收葬。高祖遂歸其屍。於是大具威儀、三軍縞素、葬於黎陽山。禮成、釋服而散、朝野義之。尋爲竇建德所攻、陷於建德、又自拔歸京師。從太宗征王世充・竇建德、平之。

貞觀元年、拜幷州都督。令行禁止、號爲稱職、突厥甚加畏憚。太宗謂侍臣曰「隋煬帝不解精選賢良、鎭撫邊境、惟遠築長城、廣屯將士、以備突厥。而情識之惑、一至於此。朕今委任李勣於幷州、遂得突厥畏威遠遁、塞垣安靜。豈不勝數千里長城耶」。其後幷州改置大都督府、又以勣爲長史、累封英國公。在幷州凡十六年。召拜兵部尙書、兼知政事。

勣時遇暴疾、驗方云鬚灰可以療之、太宗自剪鬚爲其和藥。勣頓首見血、泣以陳謝。太宗曰「吾爲社稷計耳、不煩深謝」。

十七年、高宗居春宮、轉太子詹事、加特進、仍知政事。太宗又嘗宴、顧勣曰「朕將屬以孤幼、思之無越卿者。公往不遺於李密、今豈負於朕哉」。勣雪涕致辭、因噬指流血。俄沉醉、御服覆之、其見委信如此。

勣每行軍、用師籌算、臨敵應變、動合事機。自貞觀以來、討擊突厥、頡利及薛延陀、高麗等、並大破之。太宗嘗曰「李靖・李勣二人、古之韓・白、衞・霍豈能及也」。

第八章　馬周（ばしゅう）

馬周は、博州（はくしゅう）の茌平（しへい）（山東省茌平県（さんとうしょうしへいけん））の出身である。貞観五年（六三一）に長安に来て、将軍の下位の中郎将（ちゅうろうしょう）の任にあった常何（じょうか）の家に泊まっていた。

そのころ、太宗は官僚たちに、政治の良し悪しについて上奏するように命じた。馬周は、常何のために良策を二十余条にわたって述べ、それを上奏させたところ、それらは全て太宗の意に適（かな）っていた。太宗は常何の才能を怪しみ、彼に問いただしたところ、常何は答えた。

「これは私の発案ではありません。我が家の客の馬周の意見です」。

太宗は、その日のうちに馬周を召し出した。馬周が宮殿に来るまで、太宗は待ちかねて四度も使者を派遣して催促したほどだった。面会して馬周と談話すると、太宗は大変喜んだ。門下省に宿直させ、監察御史（官吏違法監察官）の任務を授け、さらには中書舎人（上奏管理官）の任に就けた。

馬周は、弁舌が巧みで、意見を上奏することに長じており、物事の端緒をしっかりと見極めることができた。だから、彼が言えば当たらないことはなかった。かつて、太宗は、

「私にとって馬周は、しばらく会わないとすぐに彼のことを考える、そういう存在だ」

と言ったものだった。

貞観十八年（六四四）に、馬周は中書省の長官に遷り、同時に太子左庶子（皇太子侍従官）を兼任した。朝廷と東宮の両方の職務を兼ねたが、政務の処理は誠に公平で、当時の誉れが高かった。また、本来の職にありながら、尚書省吏部の長官も務めた。ある時、太宗は側近の者たちに言った。

「馬周は、事情をつかむのに敏速で、性質はいたって慎重である。それでいて、人物を論評する際には、はっきりと言う。このごろ馬周に政務を任せると、多くが私の意見と一致している。彼はすでに忠義を尽くし、私に心服している。誠に彼の能力があるからこそ、ともに今の政治を安泰にできるのだ」。

■原文

馬周、博州茌平人也。貞觀五年、至京師、舍於中郎將常何之家。時太宗令百官上書言得失。周爲何陳便宜二十餘事、令奏之、事皆合旨。太宗怪其能、問何、何對曰「此非臣所發意、乃臣家客馬周也」。太宗卽日召之、未至間、凡四度遣使催促。及謁見、與語甚悅。令直門下省、授監察御史、累除中書舍人。周有機辯、能敷奏、深識事端、故動無不中。太宗嘗曰「我於馬周、暫時不見、則便思之」。十八年、歷遷中書令、兼太子左庶子。周既職兼兩宮、處事平允、甚獲當時之譽。又以本官攝吏部尚書。太宗嘗謂侍臣曰「周見事敏速、性甚愼至。至於論量人物、直道而言、朕比任使之、多稱朕意。既寫忠誠、親附於朕。實藉此人、共康時政也」。

求諫（きゅうかん）第四

■解説

篇名のとおり、この篇では、皇帝の過失を諫（いさ）めるのに遠慮してはならないという太宗の言葉が、くりかえし述べられる。己（おのれ）を知るということは非常に難しいものであること、また自分の態度が人に意見を言いにくくしているのではないかということを、気にかけている。

第一章・八章では、当時の官吏が皇帝の前に出ると、緊張のあまり、うまく話せなくなる様子がうかがえる。第九章では、官僚のそれぞれの才覚や立場の違いから、言いたいことも言えない理由が述べられる。これらは、今日の組織においても同様であろう。

第二章で王珪（おうけい）の言う「曲（ちょうか）がった木でも……」は、『書経（しょきょう）』説命（えつめい）篇が出典。

第三章に名があげられる張華は、ここまで悪（あ）しざまに言うのはやや酷な感がある。張華は西晋（せいしん）の武帝（ぶてい）に信任され、詔勅（しょうちょく）はみな彼が書いたという。非常に博学で、著書に各地の物産・風俗・薬物・服飾などを記した『博物誌（はくぶつし）』十巻がある。西晋は、武帝の没後、外戚の楊（よう）氏と賈（か）氏とが対立し、そこに王室の者たちの帝位争いが加わって（第三章に登場する趙王（ちょうおう）の司馬倫（しばりん）もその一人）、十数年に及ぶ内乱が続いた。これを「八王（はちおう）の乱（らん）」といい、その混乱で西晋は衰えた。張華はむしろ、この八王の乱の一局面に巻き込まれたという方が妥当であろう。なお、この章に見える箕子は、殷の滅亡後、周の武王によって朝鮮に封ぜられ、箕子朝鮮を開いたと伝えられる。杜如晦の言う「諫める臣下が付いていれば……」は『孝経』諫争章、「衛の大夫史魚……」は『論語』衛霊公篇、「盲人が危ない時に手を取らず……」は同季氏篇（君道篇第四章、政体篇第八章に前出）、「君子とは、国の大事に臨んで……」は同泰伯篇が、それぞれ出典。

第四章の裴寂は、隋に仕えたが唐の高祖とも旧識があり、高祖の太原挙兵にも一役買った。高祖・太宗に仕えたが、貞観三年（六二九）に沙門法雅の妖言に関わったとされ、職を解かれた。したがって、ここに記されるいきさつは裴寂の免職直前のこと。

第六章・七章の韋挺は、唐の高祖に取り立てられ、玄武門の変で倒された皇太子李建成と親交があった。貞観の初め、王珪の推薦で太宗の朝廷に入り、房玄齢・魏徴らとともに常に政治に参与した。第六章の杜正倫は、隋の科挙に合格し、文章で知られた人。太宗はその名を聞いて秦王の文学館に招き、太宗即位後もその政権を支えた。皇太子李承乾の反逆に巻き込まれて左遷されたが、高宗の初期に呼び戻された。姚思廉の家はもとは南朝に仕えていたが、高祖が即位すると思廉を秦王の文学士に招き、以後は直言によって太宗を支えた。南朝の歴史書『梁書』『陳書』は彼の撰。なお、有名な「逆鱗に触れる」は、『韓非子』説難篇が出典。

関龍逢は、政体篇第八章にも見えた。比干は殷の紂王の賢臣。紂王の淫乱を諫めて殺された。前述の箕子（第三章）、紂王を諫めたが聞き入れられずに地位と国を捨てたという微子とともに、「殷の三仁」と称される。

第七章の斉の桓公と管仲については、任賢篇第三章参照。晋の文公と勃鞮の話は、『春秋左氏伝』僖公五年・二十四年に見える（勃鞮を「寺人の披」と記す）。

第九章で魏徴が言う「まだ信用もされていないのに……」は、『論語』子張篇の引用。

第十一章の太宗の言葉にある「舜の漆器、禹のまな板」の話は、『韓非子』十過篇が出典。

褚遂良の返答の冒頭「彫刻で細工をするのは……」は、『漢書』景帝紀の引用。

第一章　忠言を聞くに表情を和らげる

太宗は、非常に威厳のある容姿をしていたので、お目通りをした官僚たちは、前に出るとみな尻込みして落ち着きがなくなってしまった。太宗はそれに気づくと、臣下が上奏するたびに、必ず表情を和らげ、進言をしやすいようにして、自分の政治の長所短所を知るよう心がけた。

貞観年間（六二七―六四九）の初めのこと、かつて太宗は大臣たちに言った。

「人は己の姿を映そうとすれば、必ず鏡を使わねばならない。君主が己の過ちを知ろうとすれば、必ず忠臣の意見に頼らねばならない。君主が自分を賢者だと思い込めば、臣下は君主の過ちを正そうとはしなくなる。それでは、国が危うくならないようにと願っても、無理な相談というものだ。こうして、君主は国を失い、臣下もまた家を保つことができなくなる。あの隋の煬帝(ようだい)の場合、暴虐な政治に対して臣下は口を閉ざし、そのため己の過ちに気が付かず、とうとう国を滅ぼし、重用されていた虞世基(ぐせいき)らも間もなく誅殺(ちゅうさつ)されてしまった。前例は遠い昔のことではないのだ。そなたたちは、世の中の状況を見て、人民に不利益なことがあれば、遠慮せずに必ず正直に言って、私の過ちを正してほしい」。

■原文

太宗威容儼肅、百僚進見者、皆失其舉措。太宗知其若此、毎見人奏事、必假顏色、冀聞諫諍、知政教得失。

貞觀初、嘗謂公卿曰「人欲自照、必須明鏡。主欲知過、必藉忠臣。主若自賢、臣不匡正、欲不危敗、豈可得乎。故君失其國、臣亦不能獨全其家。至於隋煬帝暴虐、臣下鉗口、卒令不聞其過、遂至滅亡、虞世基等、尋亦誅死。前事不遠、公等毎看事有不利於人、必須極言規諫」。

第二章　国政には諫(いさ)め役も同席

貞観元年（六二七）に、太宗は側近の者に言った。

「正しい君主が邪悪な臣下を任用すれば、世を治めることはできない。正しい臣下が邪悪な君主に仕えても、やはり世を治めることはできない。ただ、君主と臣下が互いに調和し、魚と水のような関係になって、初めて国内は安泰となる。私は愚かではあるが、幸いにして汝らがしばしば助けてくれる。汝らの正直で骨のある剛直な議論によって、天下の太平を実現しようではないか」。

それに対して、諫議大夫（皇帝諫め役）の王珪は答えた。

「私が聞くところでは、『曲がった木でも大工の墨縄に従って切ればまっすぐになり、どんな君主でも臣下の諫めに従えば聖人となる』ということです。だからこそ、古の聖君には必ず諫め役の臣下七人がいて、言っても君主に聞き入れられなければ、さらには死をもって諫めました。陛下は優れたお考えで心を開いて、卑しい者の意見でも聞き入れてくださいます。私はこの遠慮しなくてもよい朝廷におりますので、間違いだらけの意見ではあっても、自分の力を尽くしたいと思います」。

太宗はそれをいい意見だと褒め、詔を下して、これより後は、宰相が宮中で国政を処断するときには、必ず左右散騎常侍などの諫官も一緒に参内させて、政務に参与させるようにした。そして、彼らが説き明かせば、太宗は必ず虚心にそれを受け入れたのであった。

■原文

貞觀元年、太宗謂侍臣曰「正主任邪臣、不能致理。正臣事邪主、亦不能致理。惟君臣相遇、有同魚水、則海内可安。朕雖不明、幸諸公數相匡救、冀憑直言鯁議、致天下太平」。

諫議大夫王珪對曰「臣聞木從繩則正、后從諫則聖。是故古者聖主必有争臣七人、言而不用、則相繼以死。陛下開聖慮、納芻蕘、愚臣處不諱之朝、實願罄其狂瞽」。

一　太宗稱善、詔令自是宰相入内平章國計、必使諫官隨入、預聞政事。有所開說、必虛己納之。

第三章　隋の虞世基は煬帝とともに死ぬべきだったか

貞観二年（六二八）に、太宗は側近の者に言った。

「賢明な君主は、自分の短所について考えるのでますます良い君主となり、暗愚な君主は、自分の短所を庇うのでますます愚かな君主となる。隋の煬帝は、好んで誇り威張り、自分の短所に目をつぶって忠告を拒否したので、皇帝に逆らってまで諫めるのは実に難しかった。虞世基があえて直言しなかったとしても、彼に罪があるとは言えないのではないだろうか。昔、殷の箕子は紂王を諫めて奴婢とされ、狂人のふりをして自分の命を守ったが、孔子はそれを仁と称えた。こうしたことを考えると、煬帝が暗殺された時、虞世基は帝とともに死ぬべきだったのだろうか。死ぬべきではなかったのだろうか」。

それに対して、杜如晦が答えた。

「『諫める臣下が付いていれば、どんな無道の天子でも天下を失うことはない』と言います。また、孔子は『衛の大夫史魚は剛直な人だ。国の政道がよく行われている時も、そうでない時も、矢のようにまっすぐに王を諫めた』と言いました。虞世基は、煬帝が無道だからといって、どうして諫めることもせず、口を閉ざして進言しないでよいでしょうか。宰相の地位に一時の安泰をむさぼり、辞職して引退しようともしなかったのですから、箕子が狂人のふりをして去って行ったのとは、道理が同じではありません。

昔、西晋の恵帝と賈皇后が、皇太子の愍懐太子を廃位しようとした時、司空（天子補佐役）であった張華はとうとう苦言を呈することもせず、おもねって司空の地位を追われるのを免れました。趙王の司馬倫が兵を挙げて賈皇后を廃すと、使いを遣わして張華を捕らえましたが、その時張華は、『皇太子を廃そうとした際、何も言わなかったのではなく、当時は言っても聞き入れられなかったのだ』と言いました。使者は、『そなたは最高位の三公の地位にありながら、皇太子が罪もなく廃されようとしていて、進言が聞き入れられなかったなら、どうして辞職して身を引かなかったのか』と言うと、張華は答えることができず、使者は張華を斬り、一族を処刑しました。

古人は、『盲人が危ない時に手を取らず、転んでも助け起こさないのなら、付き添いなど要らない』と言っています。つまり、『君子とは、国の大事に臨んで決してその心を曲げない人』なのです。張華は、直言して国の大事をなすこともできず、三公の地位を退いて身を全うすることもできませんでした。君臣の節度は、すっかり堕落していました。虞世基は、宰相の地位にあり、煬帝を諫めることのできる立場にありながら、とうとう一言も進言しなかったのですから、まさに煬帝と一緒に死ぬべきでありました」。

太宗は言った。

「そなたの言うとおりだ。人君というものは、必ず忠良な臣下の補佐があって、はじめて自分も国も安寧でいられるものだ。煬帝は、下には忠臣がなく、己の過ちを聞くこともなかったので、悪が積み重なり災いが満ち溢れて、ついに滅亡に至ったに違いないだろう。もし君主が不当な行いをして、臣下もまたそれを正し諫めないで、君主におもねって、その行いを称賛しているばかりでは、それでは君は暗愚な主で、臣はゴマすりの家来に過ぎない。君主が暗愚で臣下がゴマすりでは、国は間もなく滅亡の危機に陥る。私の今の志は、君主と臣下、上位の者と下位の者が、それぞれ公平な立場から互いに切磋琢磨して、それによって政治の道を成し遂げることにある。そなたたちは、おのおのが誠意ある進言を貫いて、私の悪い点を正さねばならない。その直言が私の意に逆らったからといって、私は決して咎めたり怒ったりはしない」。

■原文

貞觀二年、太宗謂侍臣曰「明主思短而益善、暗主護短而永愚。隋煬帝好自矜誇、護短拒諫、誠亦實難犯忤。虞世基不敢直言、或恐未爲深罪。昔箕子佯狂自全、孔子亦稱其仁。及煬帝被殺、世基合同死否」。

杜如晦對曰「天子有諍臣、雖無道不失其天下。仲尼稱『直哉史魚、邦有道如矢、邦無道如矢』。世基豈得以煬帝無道、不納諫諍、遂杜口無言。偸安重位、又不能辭職請退、則與箕子佯狂而去、事理不同。昔晉惠帝賈后將廢愍懷太子、司空張華竟不能苦爭、阿意苟免。及趙王倫擧兵廢后、遣使收華、華曰『將廢太子日、非是無言、當時不被納用』。其使曰『公爲三公、太子無罪被廢、言既不從、何不引身而退』。華無辭以答、遂斬之、夷其三族。古人有云『危而不持、顚而不扶、則將焉用彼相』。故『君子臨大節而不可奪也』。張華既抗直不能成節、遜言不足全身、王臣之節固已墜矣。虞世基位居宰輔、在得言之地、竟無一言諫諍、誠亦合死」。

太宗曰「公言是也。人君必須忠良輔弼、乃得身安國寧。煬帝豈不以下無忠臣、身不聞過、惡積禍盈、滅亡斯及。若人主所行不當、臣下又無匡諫、苟在阿順、事皆稱美、則君爲暗主、臣爲諛臣、君暗臣諛、危亡不遠。朕今志在君臣上下、各盡至公、共相切磋、以成治道。公等各宜務盡忠讜、匡救朕惡、終不以直言忤意、輒相責怒」。

第四章　上奏文（じょうそうぶん）を壁に貼る

貞観三年（六二九）に、太宗は司空（しくう）（天子補佐役）の裴寂（はいせき）に言った。

「このごろは、上奏された案件が数多く私のもとに上がってくる。私は、それらを全て宮殿の壁に貼って、出入りするごとに見ている。そんなことに飽きることもなく努めるのは、臣下に真心を尽（つ）くしてほしいと思うからだ。私は、一度政治について考えると、いつも深夜になってようやく寝る。そなたたちも、飽きることなく励んで、私の意に適（かな）うようにしてほしい」。

■原文
貞觀三年、太宗謂司空裴寂曰「比有上書奏事、條數甚多、朕總黏之屋壁、出入觀省。所以孜孜不倦者、欲盡臣下之情。毎一思政理、或三更方寢。亦望公輩用心不倦、以副朕懷也」。

第五章　人の忠告には耳を傾けろ

貞観五年（六三一）に、太宗は房玄齢（ぼうげんれい）らに言った。

「昔から帝王というものは、多くは感情にまかせて喜んだり怒ったりして、喜べば功績のない者をみだりに表彰するし、怒れば罪のない者をやたら殺してしまう。天下が乱れるのは、すべて帝王のこういう行いに起因している。今、私は、朝早くから夜遅くまで、この点を忘れることはなく、いつもそなたたちが真心を尽くして私を諫（いさ）めてくれることを望んでいる。そして、そなたたちもまた、人の忠告は受け入れなければならない。人の言うことが自分の意見と違うからといって、自分の短所を庇（かば）ってそれを受け入れないなどということが、あってよいはずがない。もし人の忠告を受け入れないのであれば、人を諫めることなどできないではないか」。

■原文

貞觀五年、太宗謂房玄齡等曰「自古帝王多任情喜怒、喜則濫賞無功、怒則濫殺無罪。是以天下喪亂、莫不由此。朕今夙夜未嘗不以此爲心、恆欲公等盡情極諫。公等亦須受人諫語。豈得以人言不同己意、便卽護短不納。若不能受諫、安能諫人」。

第六章　逆鱗に触れるを厭わず

貞観六年（六三二）に、太宗は、御史大夫（官吏監督長官）の韋挺、中書省副長官の杜正倫、秘書少監（文書記録官署副長官）の虞世南、および著作郎（祭文著作長官）の姚思廉らが上奏した文書を読んだところ、その主張が自分の意向に適っていたので、彼らを呼んで言った。

「昔から、臣下が忠義を立てた様子を見てみると、もし賢明な君主に出会ったならば、彼らは誠意を尽くして君主を諫めることができた。ところが、夏の桀王を諫めた関龍逢や、殷の紂王を諫めた比干が、妻子ともに誅殺されたような場合を見ると、君主たるの道は簡単なことではなく、臣下たるの道は極めて難しいものだ。私はまた、『龍という動物は飼いならすことができるが、喉の下に逆さに生えた鱗があって、それに触る者は怒って殺す』と聞いている。そなたたちは、逆鱗に触れることを厭わず、それぞれ上奏文を進呈した。常にこのようであったならば、国が傾くことなど、心配する必要はない。そなたたちの気持ちを、私は少しも忘れることができない。そこで宴会を設けて、しばし楽しみたいと思う」。

そして、それぞれの身分に応じて褒美の絹織物を賜った。

■原文

貞觀六年、太宗以御史大夫韋挺・中書侍郎杜正倫・祕書少監虞世南・著作郎姚思廉等上封事稱旨、召而謂曰「朕歷觀自古人臣立忠之事、若値明主、便宜盡誠規諫、至如龍逄・比干、不免孥戮。爲君不易、爲臣極難。朕又聞龍可擾而馴、然喉下有逆鱗。卿等遂不避犯觸、各進封事。常能如此、朕豈慮宗社之傾敗。每思卿等此意、不能暫忘。故設宴爲樂」。仍賜絹有差。

第七章　斉の管仲と晋の勃鞮の故事

太常卿（儀礼祭祀長官）の韋挺が、かつて上奏文を進呈して、政治の良し悪しを述べた。

太宗は、返書を賜って答えた。

「汝が上奏した意見は、極めて当を得た言葉で、論理の筋道には見るべきものがあって、大変に心が和んだ。昔、斉の国が混乱した時、夷吾（管仲）が小白（後の斉の桓公）に弓を射てその帯金に当てるという罪があった。また晋の国の戦では、勃鞮が後の晋の文公に斬りつけてその袂を切るという怨恨があった。それなのに、桓公は管仲に対して疑念を抱かず、また文公も以前と同じように勃鞮を待遇した。それは、管仲も勃鞮もその時の自分の君主に従い、君命によって君でない者に刃を向けただけであって、二心を持って君に仕えようとはしなかったからである。汝の深い真心も、それと同じようにこの上奏文に表れている。もし、この忠節を貫いたならば、汝の美名は永く残るであろう。もし、それを怠ったとしたら、誠に惜しいことだ。最後まで努め励み、模範を将来に残し、今の我々が昔の故事を手本と見るように、将来の人が我々を模範と見るようにしよう。なんと麗(うるわ)しいことではないか。私はこのごろ、自分の過(あやま)ちを聞かないし、自分の欠点に出会うこともない。ありがたいことに、汝は真心を尽くして、しばしば忠告を進めて、私の心に注ぎ込んでくれる。これ以上、何も言うことはない」。

■原文

太常卿韋挺嘗上疏陳得失、太宗賜書曰「所上意見、極是讜言、辭理可觀、甚以爲慰。昔齊境之難、夷吾有射鉤之罪。蒲城之役、勃鞮爲斬袂之仇。而小白不以爲疑、重耳待之若舊。豈非各吠非主、志在無二。卿之深誠、見於斯矣。若能克全此節、則永保令名。如其怠之、可不惜也。勉勵終始、垂範將來、當使後之視今、亦猶今之視古、不亦美乎。朕比不聞其過、未覩其闕。賴竭忠懇、數進嘉言、用沃朕懷。一何可道」。

第八章　このごろの臣下はビビッている

貞観八年（六三四）に、太宗は側近の者に言った。

「私は、暇(ひま)で座っている時は、いつも心の中で自問する。上は天の意志に逆らってはいないか、下は人民に怨(うら)まれてはいないか、それを恐れるのだ。そして、人が自分の過ちを諫(いさ)めて正してくれることを思い、それによって私の目や耳が朝廷の外の世界に通じ、人民に怨みが溜まることのないよう願うのだ。また、このごろ、私のところに来て上奏する人を見ていると、ひどく恐れるあまり、言葉がしどろもどろになる者が多い。通常の上奏ですら、このような状況なのだから、ましてや私を諫めようとすれば、きっと逆鱗に触れることを恐れるに違いない。だから、諫める者があるたびに、たとえそれが私の意にそぐわない場合でも、私は自分に逆らったとは受けとめない。もし怒って叱責しようものなら、その人は深く恐れおののくであろう。そうなったら、私を諫めようとする者は、もはやいなくなってしまう」。

■原文

貞觀八年、太宗謂侍臣曰「朕毎閒居靜坐、則自內省。恆恐上不稱天心、下爲百姓所怨。但思正人匡諫、欲令耳目外通、下無怨滯。又比見人來奏事者、多有怖慴、言語致失次第。尋常奏事、情猶如此、況欲諫諍、必當畏犯逆鱗。所以毎有諫者、縱不合朕心、朕亦不以爲忤。若卽嗔責、深恐人懷戰懼、豈肯更言」。

第九章　人の才覚はそれぞれ異なる

貞観十五年（六四一）に、太宗が魏徴に質問した。

「このごろ、朝廷の官僚たちが政治について意見を言わないのは、なぜだろうか」。

魏徴が答えた。

「陛下は虚心に人の意見を受け入れますから、本当は自分の意見を言う者がいてしかるべきです。古人は、『まだ信用もされていないのに諫めたなら、聞く方は自分の悪口を言っていると思う』と言っています。しかし、信用されていながら諫めないのであれば、それは給料泥棒というものです。ただし、人の才覚というものは、それぞれ異なっています。意気地のない者は、忠義の心を持っていても、それを口にすることができません。親密でない者は、信用されないことを恐れて、自分の思いを言えません。今の地位を大事に思う者は、自分のためにならないのではないかと考えて、あえて言おうとはしません。これらが、官僚が口を閉ざして、大勢に同調して毎日を過ごしている理由です」。

太宗は言った。

「なるほど、そなたの言うとおりだ。私はいつも思う。臣下が君主を諫めようとすれば、命の危険すら考えるであろう。それでは、釜ゆでの刑に向かったり、敵の陣中に突っ込んで行ったりするのと、どこが違うというのか。つまり、忠義の臣下は、真心を尽くそうとしないのではない。真心を尽くすという行為は、極めて難しいということなのだ。昔、禹は正しい意見に敬意を表して頭を下げたというが、まさにこのために違いない。私は今、心を開いて諫言を受け入れている。汝らは、いたずらに恐れて意を尽くさないということがないように」。

■原文

貞觀十五年、太宗問魏徵曰「比來朝臣都不論事、何也」。

徵對曰「陛下虛心採納、誠宜有言者。然古人云『未信而諫、則以爲謗己』。信而不諫、則謂之尸祿。但人之才器、各有不同。懦弱之人、懷忠直而不能言。疏遠之人、恐不信而不得言。懷祿之人、慮不便身而不敢言。所以相與緘默、俛仰過日」。

太宗曰「誠如卿言。朕每思之、人臣欲諫、輒懼死亡之禍、與夫赴鼎鑊、冒白刃、亦何異哉。故忠貞之臣、非不欲竭誠。竭誠者、乃是極難。所以禹拜昌言、豈不爲此也。朕今開懷抱、納諫諍。卿等無勞怖懼、遂不極言」。

第十章　魏徵の正諫は明鏡のごとし

貞観十六年（六四二）に、太宗は房玄齢らに言った。

「己を知る者は賢者であるが、それは本当に難しい。例えば、文章を練る文士や工芸品を作る職人は、みな自分が優れていて、他人は自分に及ばないと思っている。しかし、もし名工や文学の大家が出来栄えを品評すれば、まずい表現や稚拙な技巧がたちまち明らかになってしまう。それと同じで、人君たる者は正しく諫める臣下を得て、自分の過失を数え上げねばならない。一日に数多くの政務を、皇帝は一人で捌くのである。だから、いかに頑張って努めても、どうして最善を尽くすことができようか。いつも思うに、魏徵は事あるごとに私を諫め正すが、その多くは私の過失を言い当てている。まるで明るい鏡に姿を映すと、美も醜もはっきりと見えてしまうようなものだ」。

そこで、杯をあげて房玄齢ら数人に酒を賜り、魏徵のように努めるよう奨励した。

■原文

貞觀十六年、太宗謂房玄齡等曰「自知者明、信爲難矣。如屬文之士、伎巧之徒、皆自謂己長、他人不及。若名工文匠、商略詆訶、蕪詞拙跡、於是乃見。由是言之、人君須得匡諫之臣、舉其愆過。一日萬機、一人聽斷。雖復憂勞、安能盡善。常念魏徵隨事諫正、多中朕失、如明鏡鑒形、美惡必見」。因舉觴賜玄齡等數人勗之。

第十一章　最初の兆しを諫める

貞観十七年（六四三）に、太宗は諫議大夫の褚遂良に質問した。

「昔、舜は漆器を作り、禹はまな板に彫刻を施したところ、当時それを諫めたものが十人以上いたという。食器くらいのことで、どうして苦言を呈したのだろうか」。

褚遂良は答えた。

「『彫刻で細工をするのは農事の妨げになり、きれいな組紐で飾るのは女性の機織りの妨げになる』と言います。贅を尽くすのは、存亡の危機の第一歩です。漆器で満足できなければ、次は必ず金で作るでしょう。金の器で満足できなければ、次は必ず玉で作るでしょう。だから、諫め役の臣下は、その最初の兆しを諫めるものです。贅沢が満ち溢れてしまったら、もはや諫める余地がありません」。

太宗は言った。

「全くそのとおりだ。私の為すところで、もし不当なものがあったならば、それが事の始めであろうが、間もなく終わろうとしているところであろうが、みな進んで忠言してほしい。このごろ、私は前代の歴史を見てみると、臣下が何かのことについて諫めると、皇帝は『すでに着手してしまったから』とか、『もう許可してしまったから』などと言って、結局はそれをやめたり、改めたりしないのだ。これでは、国家滅亡の災難があっという間にやってくるに違いない」。

■原文

貞觀十七年、太宗問諫議大夫褚遂良曰「昔舜造漆器、禹雕其俎、當時諫者十有餘人。食器之間、何須苦諫」。

遂良對曰「雕琢害農事、纂組傷女工。首創奢淫、危亡之漸。漆器不已、必金爲之。金器不已、必玉爲之。所以諍臣必諫其漸。及其滿盈、無所復諫」。

太宗曰「卿言是矣。朕所爲事、若有不當、或在其漸、或已將終、皆宜進諫。比見前史、或有人臣諫事、遂答云『業已爲之』、或道『業已許之』、竟不爲停改。此則危亡之禍、可反手而待也」。

納諫　第五

■解説

篇名のとおり、本篇には、太宗が怒りや欲求からことを起こそうとしたところ、それを厳しく諫められ、納得してとりやめたというエピソードが多く収められている。

第一章に登場する廬江王李瑗は、高祖の従兄の子にあたる。太宗の兄の皇太子李建成と結んでいたので、玄武門の変の後に恐れをなし、配下の王君廓にそそのかされて謀反を起こし、敗れた。この章のエピソードは、『旧唐書』巻七〇、王珪伝、『唐会要』巻五二、忠諫にも見える。それらの末尾は「太宗はこの美人（女官の位）を宮中から出さなかったが、王珪の言を甚だ重んじた」となっていて、本書とは異なる。しかし、『資治通鑑』巻一九三、貞観二年（六二八）十二月条では本書と同じ結末を採用し、著者司馬光は『資治通鑑考異』で「今は『貞観政要』に従う」と記している。

第二章に見える貞観四年の太宗の洛陽行幸計画は、この年の初めに北方テュルク系民族東突厥を滅ぼしたので、東アジア諸民族に君臨する帝王としての自己の姿を、中華文化の中心地洛陽で誇示しようとしたのであろう。それを諫めた張玄素は、隋代に地方の県官を務めていたが、隋末の群雄竇建徳に捕らえられて処刑される時、県民千余人が泣いて助命の嘆願をしたというほどの人望ある士。太宗は即位すると、その名声を聞いて自己の政権に招き入れた。張玄素の諫言にある「秦の繆公が由余に笑われた」故事は、『史記』巻五、秦本紀に見える（「繆公」は穆公のこと。『史記』は繆公に作る）。由余は、春秋時代に晋から西方の異民族戎に移った人。戎王が由余を秦に遣わした時、秦の繆公が宮室所蔵の豊富な財貨を見せて誇ったところ、由余に「これがつまり中国の乱れるもとだ」と笑われたという。本章末尾の張玄素の言葉「異なる悪事を行っても、結果が乱に帰する点は変わりない」は『書経』蔡仲之命篇、太宗の言葉「多くの従順の士は、一人の直言に及ばない」は『史記』商君列伝、魏徴の言葉「仁ある人の言葉、その利はなんと広いことか」は『春秋左氏伝』昭公三年の、それぞれ引用。

第三章の長孫皇后は、太宗の名臣長孫無忌の妹。諡は文徳順聖皇后という。晏子の故事は『晏子春秋』内篇諫上、第二五に見える。

第四章の九成宮は、長安の西北西約百キロの山中にあった避暑地の離宮。皇帝の行幸には、護衛兵の随行だけでなく、道中の人民にも様々な負担がかかる。諫めた姚思廉は、若くして父から漢の歴史を習い、唐が建国されると秦王府の文学士に招かれ、父の後を継いで南朝の歴史書『梁書』『陳書』を完成させた（求諫篇第六章参照）。

第五章の李大亮は、隋末には洛陽にいたが、高祖李淵の長安入城を聞いて唐に帰属し、地方官を授けられた。唐初の混乱では、自分の馬を売って、その金で人民に食料を振る舞ったという。太宗期には、しばらく涼州（甘粛省武威市）一帯の統治にあたり、貞観十七年に都に呼び戻された。地方に赴任すると、どうしても自分だけ取り残された気分になりがちなので、太宗のこのような態度は有意義であろう。太宗が引用する『詩経』は、小雅「小明」詩の一節。また古人の言は、『史記』巻一〇〇、季布列伝の「楚人の諺に曰く、黄金百斤を得るも、季布の一諾を得るに如かず」を踏まえたもの。下賜品に見える『漢紀』は、後漢の荀悦が、班固の『漢書』を削約して『春秋左氏伝』に倣って編年体にした史書。「千鎰」は黄金二万両ほどに相当する。

第六章の皇甫徳参の上奏の内容については、ここには採録されていないが、『資治通鑑』貞観八年（六三四）十二月の条によれば、彼は「洛陽の宮殿修築の労役、地租の重税、巷で流行している高い髷の髪型は宮廷風俗の乱れの影響」との旨を上奏した。それに対して、太宗が「一人も使役せず、一斗の租も収めず、宮廷の者は全員髪を剃れとでもいうのか」と怒ったところ、魏徴が本章のように諫めたという。魏徴の進言にある賈誼の言葉は、『漢書』巻四八、賈誼伝に見える。

第七章に見える西突厥の葉護可汗とは、乙毗沙鉢羅葉護可汗のこと。このころ、西突厥は可汗位をめぐって混乱し、葉護可汗は使者を派遣して唐を頼ったので、唐は冊立（正式に王と認めること）を決定した。使者として派遣されたのは、左領軍将軍の張大師という者。しかし、葉護可汗は乙毗咄陸可汗と争って、この年のうちに殺されてしまった。末尾に見える魏の蘇則は、文帝曹丕を支えて武威・張掖など河西地方の平定に尽力した。この言葉は、『三国志』巻一六、魏書・蘇則伝に見える。

第八章に見える「鍾乳」は鍾乳石。昔は胃薬とされた。

第九章で太宗をチクリと諭した劉洎は、長江中流域の江陵の人。隋末に群雄の一人蕭銑が江陵を押さえたので、彼の臣下となり、南方経略を任された。しかし、その間に蕭銑が敗れ、そこで劉洎は支配した五十余城をもって唐に帰属した。太宗即位後に長安に呼ばれ、以後はしばしば鋭い進言をした。

第十章にある「禁苑内の西面監」とは、長安城の北にあった禁苑（一般人立ち入り禁止区域）を管轄する東西南北四面監の一人。園池や樹林などの管理を行い、四監で管轄区域が分かれていた。本章のエピソードは『冊府元亀』巻二六一、儲宮部忠諫にも採録され、そこには「太宗、穆裕の農圃不修を怒る」とあるので、農園の管理不行き届きが太宗の怒りを買ったと思われる。太宗が穆裕を処刑しようとした「朝堂」とは、長安の宮城の南門承天門の東西に置かれ、宰相クラスの会議が行われる場所。

第一章　他人の妻を奪うこと

貞観年間（六二七―六四九）の初めに、太宗は暇の折に黄門侍郎（門下省副長官）の王珪と談話していた。ちょうどその時、後宮で美人の位に就いている女性が側にいた。彼女は、もとは皇族の廬江王李瑗の妻であったが、李瑗が謀反を起こして敗れると、籍を没収して宮中に入れたのだった。

太宗は、女性を指さして王珪に言った。

「廬江王は不道徳で、この女性の夫を殺害してこの人を自分の妻とした。そんなひどい暴虐の者が、身を滅ぼさずに済むわけがない」。

すると王珪は、席から退いて、

「陛下は、廬江王がこの女性を奪い取ったのを、正しいことだとお考えですか。それとも、非道なことだとお考えですか」

と尋ねた。太宗は、

「人を殺してその妻を奪うなどということが、あってよいはずがないではないか。それなのに、そなたが私にその善悪を問うとは、いったいどういうわけなのだ」

と答えた。それに対して、王珪は、

「私が聞くところでは、『管子』には次のように書かれています。『昔、斉の桓公が郭という国に行ったとき、土地の父老に「郭はどうして滅んだのか」と尋ねました。父老が、「郭の君主は、善を善として、悪を悪としたからです」と答えたので、桓公はさらに、「そなたの言うとおりなら、郭君は賢君ではないか。どうして滅亡にいたったのか」と問い直しました。すると父老は、「賢君ではありません。郭君は善を善としましたが、その善を用いることができず、悪を悪としましたが、その悪を取り去ることができませんでした。だから滅んだのです」と答えた』ということです。

今、この婦人はなお陛下の左右に侍っています。そこで私は心中、陛下の御心がそれを是認しているのではないかと思ったのです。もし陛下が、他人の妻を奪うことを非道と思うのであれば、それこそ悪いことだと知っていて、それを取り除かないということになります」

と述べたのだった。

太宗は大変に満足し、最高の言葉だと称（たた）えて、すぐにその女性を親族のもとに帰した。

■原文
貞觀初、太宗與黄門侍郎王珪宴語、時有美人侍側、本廬江王瑗之姫也。瑗敗、籍沒入宮。

太宗指示珪曰「廬江不道、賊殺其夫而納其室。暴虐之甚、何有不亡者乎」。

珪避席曰「陛下以廬江取之爲是邪、爲非邪」。

太宗曰「安有殺人而取其妻、卿乃問朕是非、何也」。

珪對曰「臣聞於『管子』曰、『齊桓公之郭國、問其父老曰「郭何故亡」。父老曰「以其善善而惡惡也」。桓公曰「若子之言、乃賢君也、何至於亡」。父老曰「不然。郭君善善而不能用、惡惡而不能去、所以亡也」』。今此婦人尚在左右、臣竊以爲聖心是之、陛下若以爲非、所謂知惡而不去也」。

太宗大悅、稱爲至善、遽令以美人還其親族。

第二章　どんな悪事でも結果は同じ

貞観四年（六三〇）に、太宗は詔（みことのり）を発布し、人夫を派遣して洛陽の乾元殿（けんげんでん）を修理させて、自分の巡幸に備えさせようとした。それに対して、給事中（政策訂正役）の張玄素が上奏文を提出し、次のように諫めた。

「陛下は、英智は万物にわたり、天下をその手中に収めています。命令が発せられれば、それに応じない所はありません。陛下が欲するものは、どんなものでもそのとおりになります。私が秘かに思いますに、秦の始皇帝の政治は、周の王室が残した威厳を借り、秦以外の六国の繁栄に基づき、それを万世にまで伝えようとしましたが、その子の代になって滅んでしまいました。実にその理由は、ほしいままに贅を尽くし、天の意に逆らって人民を害したからであります。つまり、天下というものは力ずくで押さえることはできず、神々というものは祀ったからといって、統治の頼りにはならないことがわかるでしょう。ただ、大いに倹約し、租税を軽くし、慎んでそれに努めてこそ、国家はいつまでも堅固でいられるのです。

現在は多くの帝王の後を受けて、世はすっかり疲弊しています。それを礼節によって建て直そうとするのであれば、まず陛下が身をもって手本を示すべきです。洛陽はまだ行幸する時期ではないのに、宮殿の補修をさせようとしています。皇室の諸王たちは今は地方に出ていますが、彼らもきっと真似をして工事を起こすに違いありません。工事のためにしきりに徴発されるなどということを、疲弊した人民が望むはずがありません。これが私の反対する第一の理由です。

陛下が洛陽を平定した当初、高い楼閣や広大な宮殿は、すべて壊して廃棄させましたところ、天下の人々は喜んで、みな陛下を仰ぎ慕いました。それなのに、初めは嫌った贅沢を、今になって復活させようとはどういう訳でしょうか。これが私の反対する第二の理由です。

　これまでの陛下の意向では、すぐに巡幸するということはありませんでした。それなのに、今洛陽に巡幸するのは、急ぎでもない用事のために、費用のむだ遣いをするものです。国に二年分の蓄えもないというのに、どうして長安と洛陽の親好を通じる必要があるでしょうか。労役が度を過ぎれば、人民の怨嗟の声がたちまち起こるでしょう。これが私の反対する第三の理由です。

　人民は、隋末の混乱の後を受けて、財産をすっかり失ってしまいました。天子の恩恵のお蔭で、なんとか生きていけるようになりましたが、それでも飢えと寒さは切実で、生活は安定していません。これから十五年の間は、復旧できないでしょう。それなのに、まだ行幸していない洛陽の都を修築して、疲弊した人民の力を奪う必要がありましょうか。これが私の反対する第四の理由です。

　昔、漢の高祖は洛陽に都を定めようとしましたが、婁敬(ろうけい)の一言の意見を聞き入れて、その日のうちに西の長安に向かいました。なにも、洛陽が中国の中心にあって、天下の貢納が等しく入って来ることを知らなかったわけではありません。ただ、要衝としての地勢が、洛陽は関内(かんない)の長安には及ばなかったからです。伏して思いますに、陛下は疲れ傷んだ民を教化し、薄劣な風俗を改めましたが、それでもまだ日が浅く、平和で穏やかな風俗にはなっていません。このような事情を汲んでみますと、どうして今、長安とは異なる地の洛陽に行幸すべきでしょうか。これが私の反対する第五の理由です。

かつて私は、隋の王室が初めてこの乾元殿を造営するのを見ましたが、柱や棟木は豪壮なものでした。あのような大木は洛陽近郊で採れるのではなく、多くは南方の予章の地から切り出してきます。二千人で一本の柱を引き、その下には轂を敷きますが、それは全て鉄で作ります。もし木の輪で作って動かせば、すぐに摩擦で発火してしまうからです。ざっと計算しても、一本の柱を運ぶのに数十万の賃金がかかりますから、それ以外の費用はその倍以上になるでしょう。私が聞くところでは、『阿房宮ができて秦の人は離散し、章華台ができて楚の民衆は離散した』とのことです。そして、乾元殿が完成して、隋の人民は分散しました。そのうえ、今日陛下の用いる労力は、隋の時と比べてどうでしょうか。戦乱で衰えた後に、傷ついた人民を使役し、億万の財を費やして、多くの王と同じ弊害を踏襲しようというのですから、おそらくこれは煬帝以上に甚だしいと言えるでしょう。心からお願いしますに、陛下はこういう点をお考えになって、あの秦の繆公が由余に笑われたようなことのないようにしてください。そうすれば、天下は大変ありがたいというものです」。

それを聞いた太宗は、張玄素に向かって、「そなたは、私が煬帝にも及ばないと言うが、夏の桀王や殷の紂王と比べたら、どうであろうか」と尋ねてみた。

張玄素は、「もし乾元殿の造営が興ったならば、『異なる悪事を行っても、結果が乱に帰する点は変わりない』というものでしょう」と答えた。

太宗は、「私の思慮不足は、ついにここにまで至ったか」とため息をついた。そして、房(ぼう)玄齢(げんれい)をふり返って、次のように述べた。

「今、張玄素が上表したように、洛陽は誠にまだ造営すべきではないだろう。もし将来、事情があって洛陽に行かねばならない時には、雨ざらしで座ったとしても何も苦にはしない。人民を労役に駆り出すのは、即座に停止すべきである。ところで、低い立場の者が尊い者に逆らうということは、古来なま易しいことではない。忠義の士の直言でなければ、どうしてこのように諫めることができようか。そのうえ、『多くの従順の士は、一人の直言に及ばない』というではないか。張玄素には、絹二百疋(ぴき)を賜うべきである」。

やりとりを見ていた魏徴(ぎちょう)は、嘆息して言った。「張玄素には、天の意向をも転じてしまうほどの力がある。『仁ある人の言葉、その利はなんと広いことか』というのは、まさに張玄素のことをいうのであろう」。

■原文

貞觀四年、詔發卒修洛陽之乾元殿以備巡狩。給事中張玄素上書諫曰、

「陛下智周萬物、囊括四海。令之所行、何往不應。志之所欲、何事不從。微臣竊思秦始皇之爲君也、藉周室之餘、因六國之盛、將貽之萬葉、及其子而亡。諒由逞嗜奔慾、逆天害人者也。是知天下不可以力勝、神祇不可以親恃。惟當弘儉約、薄賦斂、愼終始、可以永固。

方今承百王之末、屬凋弊之餘。必欲節之以禮制、陛下宜以身爲先。東都未有幸期、卽令補葺。諸王今並出藩、又須營構。興發數多、豈疲人之所望。其不可一也。陛下初平東都之始、層樓廣殿、皆令撤毀、天下翕然、同心欣仰。豈有初則惡其侈靡、今乃襲其雕麗。其不可二也。每承音旨、未卽巡幸、此乃事不急之務、成虛費之勞。國無兼年之積、何用兩都之好。勞役過度、怨讟將起。其不可三也。百姓承亂離之後、財力凋盡、天恩含育、粗見存立、飢寒猶切、生計未安、三五年間、未能復舊。奈何營未幸之都、而奪疲人之力。其不可四也。昔漢高祖將都洛陽、婁敬一言、卽日西駕。豈不知地惟土中、貢賦所均、但以形勝不如關內也。伏惟陛下化凋弊之人、革澆漓之俗、爲日尙淺、未甚淳和、斟酌事宜、詎可東幸。其不可五也。

臣嘗見隋室初造此殿、楹棟宏壯、大木非近道所有、多自豫章採來、二千人拽一柱、其下施轂、皆以生鐵爲之、中間若用木輪、動卽火出。略計一柱、已用數十萬、則餘費又過倍於此。臣聞阿房成、秦人散、章華就、楚衆離。乾元畢工、隋人解體。且以陛下今時功力、何如隋日。承凋殘之後、役瘡痍之人、費億萬之功、襲百王之弊、以此言之、恐甚於煬帝遠矣。深願陛下思之、無爲由余所笑、則天下幸甚矣」。

太宗謂玄素曰「卿以我不如煬帝、何如桀・紂」。

對曰「若此殿卒興、所謂同歸於亂」。

太宗嘆曰「我不思量、遂至於此」。顧謂房玄齡曰「今玄素上表、洛陽實亦未宜修造。後必事理須行、露坐亦復何苦。所有作役、宜卽停之。然以卑干尊、古來不易、非其忠直、安能如此。且衆人之唯唯、不如一士之諤諤。可賜絹二百匹」。

魏徵嘆曰「張公遂有回天之力、可謂仁人之言、其利博哉」。

第三章　馬飼いの処罰か、国の威信か

太宗には一頭の名馬がいて、特に可愛がっていた。常に宮中で養っていたが、病気でもないのに急死してしまった。太宗は怒って、その馬の飼育係を殺そうとした。

その時、長孫皇后が諫めて言った。

「昔、斉の景公は、愛馬が死んだので馬飼いを殺そうとしました。大夫の晏子が、馬飼いの罪を数え上げることを願い出て、言いました。『お前は馬を飼育していながら死なせてしまった。これがお前の罪の一である。景公にお前を殺させようとしている。民衆がそれを聞けば、必ず我が君主を怨むであろう。これがお前の罪の二である。諸侯がこれを聞けば、必ず我が国を軽蔑するであろう。これがお前の罪の三である』。この言葉を聞いて、景公は馬飼いの罪を赦しました。陛下は以前に書物でこのことを読んでいるはずですが、忘れたのですか」。

これを聞いて、太宗の怒りの気持ちは解けた。そして、房玄齢に向かって、「皇后は、いろいろなことを私の心に注ぎ込んでくれる。極めて有益というほかはない」と言った。

■原文

太宗有一駿馬、特愛之、恒於宮中養飼、無病而暴死。太宗怒養馬宮人、将殺之。

皇后諫曰「昔齊景公以馬死殺人、晏子請數其罪云『爾養馬而死、爾罪一也。使公以馬殺人、百姓聞之、必怨吾君、爾罪二也。諸侯聞之、必輕吾國、爾罪三也』。公乃釋罪。陛下嘗讀書見此事、豈忘之邪」。

太宗意乃解。又謂房玄齡曰「皇后庶事相啓沃、極有利益爾」。

第四章　行幸はやめるべし

貞観七年（六三三）、太宗は離宮の九成宮に行幸しようとした。それに対し、散騎常侍（政治を正す門下省の官）の姚思廉が進言して、

「陛下は高い天子の位にいて、万民を安らかにしようとしています。それならば、人の欲するところに従うべきで、自分の欲するところに人を従わせてはいけません。離宮への行幸などというのは、秦の始皇帝や漢の武帝のような愚君のやることなのであって、堯や舜、禹や湯王のような聖人はやったことがありません」

と諫めた。その言葉は非常に切実であった。

太宗は姚思廉を諭して、

「私には持病があって、暑い季節は急に悪くなるのだ。だから、好んで行幸しようというのではない。しかし、そなたの気持ちは嬉しく思う」

と述べ、そこで絹五十疋を下賜した。

■原文

貞觀七年、太宗將幸九成宮、散騎常侍姚思廉進諫曰「陛下高居紫極、寧濟蒼生、應須以欲從人、不可以人從欲。然則離宮遊幸、此秦皇・漢武之事、故非堯・舜・禹・湯之所爲也」。言甚切至。太宗諭之曰「朕有氣疾、熱便頓劇、故非情好遊幸、甚嘉卿意」。因賜帛五十段。

第五章　地方官の気持ちを大事にする

貞観三年（六二九）、李大亮（りたいりょう）は涼州（りょうしゅう）の都督（ととく）（地方軍事長官）となった。ある時、朝廷からの使者が涼州に来て、優れた鷹がいるのを見て、これを皇帝に献上してはどうかと李大亮にほのめかした。

李大亮は密かに上奏文を送って、次のように書き述べた。

「陛下は長らく狩猟をやめていますが、それにもかかわらず使者は鷹を要求しました。もし、それが陛下の意志であるなら、狩猟をやめるという以前のご意志に全く背くことになります。もし、使者が勝手に言ったことであるなら、あの者は使者として不適格でしょう」。

太宗は、李大亮に勅書を下して伝えた。

「汝（なんじ）は文武の才を兼ね備え、強く正しい意志を持っている。だから、汝に地方の統治を委ね、この重い任務を任せたのである。このごろ、州の長官としての汝の名声は、遠い都にもはっきりと届いている。その忠勤ぶりを、私は寝ても覚めても忘れることがない。使者が鷹を献上させようとした時、自分の信念を曲げて従うことはなかった。今の問題を論じ昔の事例を引いて、遠い地から直言を献じてくれた。本心を打ち明けたその誠意は、十分に伝わった。汝の上奏文を読んで、褒めたたえる気持ちを抑えることができなかったほどだ。臣下がこのようであったならば、私には何も憂いはない。汝はこの誠意を守って、いつまでも変わらないようにしてほしい。

『詩経(しきょう)』は、『汝の立場を大切にし、正直の道を愛せよ。必ず天地の神がそれを聞いて、汝に幸福をもたらすだろう』と言っている。また、古人は、『一言の重きこと、千金に等しい』とも言っている。このたびの汝の言葉は、まさに尊重すべき価値がある。そこで今、汝に金の壺(つぼ)と金の椀(わん)を一つずつ下賜する。これらは千鎰(黄金二万両ほど)の値打ちはないが、私が普段使っているものである。汝の志は正しくまっすぐで、公平に節義を尽くし、どんな役職にいても、いつも任務を全うしている。だから、そのうちに大きな職務をあたえて、もっと重い任務を任せようと思う。ついては、公務の合間に古典籍を読んでほしい。そこで、あわせて汝に荀悦(じゅんえつ)の書いた『漢紀(かんぎ)』を一部下賜しよう。この書は、要を得た叙述ながら、論議は深く広く、政治の本質をきわめていて、君臣の道を論じ尽くしている。今、汝に賜うので、これを読んで勉強してほしい」。

■原文

貞觀三年、李大亮爲涼州都督、嘗有臺使至州境、見有名鷹、諷大亮獻之。

大亮密表曰「陛下久絶畋獵、而使者求鷹。若是陛下之意、深乖昔旨。如其自擅、便是使非其人」。

太宗下書曰「以卿兼資文武、志懷貞確、故委藩牧、當茲重寄。比在州鎭、聲績遠彰。念此忠勤、豈忘寤寐。使遣獻鷹、遂不曲順、論今引古、遠獻直言。披露腹心、非常懇到、覽用嘉難、不能已已。有臣若此、朕復何憂。宜守此誠、終始若一。

『詩』云『靖共爾位、好是正直。神之聽之、介爾景福』。古人稱『一言之重、侔於千金』。卿之所言、深足貴矣。今賜卿金壺缾・金椀各一枚。雖無千鎰之重、是朕自用之物。卿立志方直、竭節至公、處職當官、毎副所委、方大任使、以申重寄。公事之閑、宜觀典籍。兼賜卿荀悦『漢紀』一部、此書敍致簡要、論議深博、極爲政之體、盡君臣之義、今以賜卿、宜加尋閲」。

第六章　上奏の文言はきつくなる

貞観八年（六三四）に、陝県の副長官であった皇甫徳参が上奏して、太宗の意向に逆らった。太宗はそれを、自分を誹謗したものだと思った。侍中（門下省長官）の魏徴が進言して言った。

「昔、前漢の賈誼は、文帝に上奏した文書の中で、『大声をあげて泣き叫ぶべきことが一つ、ため息をついて嘆くべきことが六つあります』と言いました。古来、上奏文の言い回しは、おおむねこのようにきつくなるものです。きつくなければ、君主の心を奮い立たせることができないからです。激しい言葉はあたかも誹謗に似ていますが、あとはただ陛下が、その当否をじっくりと考えるだけです」。

太宗は「そなたでなければ、そのようなことは言えないであろう」と答えた。そして、皇甫徳参に絹二十疋を下賜させた。

■原文

貞觀八年、陝縣丞皇甫德參上書忤旨、太宗以爲訕謗。侍中魏徵進言曰「昔賈誼當漢文帝上書云云『可爲痛哭者一、可爲長歎息者六』。自古上書、率多激切。若不激切、則不能起人主之心。激切即似訕謗、惟陛下詳其可否」。太宗曰「非公無能道此者」。令賜德參帛二十段。

第七章　馬よりも信用が大事

貞観十五年（六四一）に、太宗は使者を西域に派遣して、西突厥の葉護可汗を冊立した。その使者がまだ中国に帰らないうちに、太宗はまた人を派遣し、多くの金や絹を持たせて、諸国を巡って馬を買わせた。

魏徴がそれを諫めて言った。

「今、使者を派遣したのは、可汗の冊立を名目としたものです。その可汗がまだ立つと決まってもいないのに、またすぐに諸国で馬を買わせています。これでは可汗は、陛下の意志は馬を買うことにあって、自分の冊立を目的としたものではないと思うでしょう。それでは、もし可汗として立つことができたとしても、大して陛下の恩を感じないでしょうし、もし立つことができなかったとしたら、深く恨みを抱くでしょう。諸外国がこれを聞けば、中国を軽んじるに違いありません。ただ、西突厥の国を安寧にさえすれば、諸国の馬は求めなくても自ずから中国にやってくるはずです。

昔、前漢の文帝の時、千里を駆ける汗血馬を献上した者がありましたが、文帝は、『私の行幸は一日三十里、行軍ならば一日五十里、前には天子の旗が立ち、後ろにはお供の車が従っている。私一人が千里を駆ける馬に乗って、いったいどこに行くというのか』と言い、旅程の費用を償ってその馬を返しました。また、後漢の光武帝の時、やはり汗血馬と宝剣を献上する者がありましたが、光武帝はその馬に太鼓車を引かせ、宝剣は騎士に下賜しました。今、陛下のなさる行いは、どれも古の聖君よりも勝っています。それなのに、ここに至って、どうしてあの文帝や光武帝よりも劣ったことをなさろうとするのでしょうか。また、魏の文帝が西域の大きな珠を買い求めようとした時、臣下の蘇則は、『もし陛下の恩恵が天下に及べば、珠は求めなくても自ずからやってきます。求めて手に入れたのでは価値がありません』と言って止めました。陛下は、たとえ文帝の尊い行いを慕うことができないとしても、蘇則の正しい言葉を恐れないでよいでしょうか」。

太宗は、あわてて馬を買うのを止めさせた。

■原文

貞觀十五年、遣使詣西域立葉護可汗。未還、又令人多賚金帛、歴諸國市馬。魏徵諫曰「今發使以立可汗爲名、可汗未定立、即詣諸國市馬、彼必以爲意在市馬、不爲專立可汗。可汗得立、則不甚懷恩、不得立、則生深怨。諸蕃聞之、且不重中國。但使彼國安寧、則諸國之馬、不求自至。

昔漢文帝有獻千里馬者、曰『吾吉行日三十、凶行日五十、鸞輿在前、屬車在後、吾獨乘千里馬、將安之乎』。乃償其道里所費而返之。又光武有獻千里馬及寶劍者、馬以駕鼓車、劍以賜騎士。今陛下凡所施爲、皆邈過三王之上、奈何至此欲爲孝文・光武之下乎。又魏文帝求市西域大珠、蘇則曰『若陛下惠及四海、則不求自至、求而得之、不足貴也』。陛下縱不能慕漢文之高行、可不畏蘇則之正言耶」。

太宗遽令止之。

第八章　国の良薬

貞観十七年（六四三）に、皇太子侍従役の高季輔が上奏して、政治の成功と失敗について論じた。太宗は、一剤の鍾乳石を下賜して、「そなたは、国の良薬ともいうべき意見を進言した。だから私は、薬石をもってそれに答えたい」と返答した。

■原文

貞觀十七年、太子右庶子高季輔上疏陳得失。特賜鍾乳一劑、謂曰「卿進藥石之言、故以藥石相報」。

第九章　進言を奨励する態度かどうか

貞観十八年（六四四）のこと、太宗は長孫無忌らに向かって、

「そもそも、臣下が帝王に対する時、多くは帝王の言うとおりに従って逆らいもせず、おべっかを言って気に入られようとする。今から私が質問をするから、決して隠し立てをしてはならない。順番に私の過失を挙げよ」

と言った。それに対して、長孫無忌や唐倹たちは、みな、

「陛下の聖なる徳化は、太平の世を導き出されました。私たちから見て、どこにも過失は見あたりません」

と答えた。

しかし、黄門侍郎（門下省副長官）の劉洎は、

「陛下が世の混乱を治めて王朝を創業しました功績は、実に古の聖王よりも高く、その点は誠に長孫無忌らの言うとおりです。しかしながら、このごろ、上奏する者の意見が理に適っていない時には、面と向かって詰問されますので、みな恥じ入り縮こまって退席していきます。これでは、進言を奨励することにはならないのではないでしょうか」

と述べた。

太宗は、

「なるほど、正しい言葉だ。そなたの言うとおり、改めねばならない」

と答えた。

■原文

貞觀十八年、太宗謂長孫無忌等曰「夫人臣之對帝王、多順從而不逆、甘言以取容。朕今發問、不得有隱、宜以次言朕過失」。

長孫無忌・唐儉等皆曰「陛下聖化道致太平。以臣觀之、不見其失」。

黄門侍郎劉洎對曰「陛下撥亂創業、實功高萬古、誠如無忌等言。然頃有人上書、辭理不稱者、或對面窮詰、無不慚退。恐非奬進言者」。

太宗曰「此言是也、當爲卿改之」。

第十章　皇太子も慣習に染まる

かつて太宗は、禁苑内の西面監であった穆裕に対して怒り、朝堂で斬刑に処させようとした。その時、後の第三代皇帝高宗はまだ皇太子であったが、急いで駆け付けて、太宗がいやな顔をするのもかまわずに諫めたところ、太宗の怒りはようやく解けた。

この時、すでに国の顧問役の司徒になっていた長孫無忌は、

「昔から、皇太子が皇帝を諫めるのは、暇な時に落ち着いて意見を述べるものです。このたび、陛下は天子の威光で怒りを発し、皇太子は陛下の機嫌もかまわずに諫言を申し立て

ました。このようなことは、古今にあったためしがありません」

と言った。

それに対して、太宗は、

「そもそも人というものは、長い間一緒にいると、互いに自然と染まってそれが慣習となるものだ。天下を治めてからというもの、私は虚心に正直な気持ちを大事にしたので、そこで魏徴（ぎちょう）が朝に夕に私を諫めてくれた。魏徴が亡くなってからは、劉洎（りゅうき）・岑文本（しんぶんぽん）・馬周（ばしゅう）・褚遂良（ちょすいりょう）らがあいついでその役を買ってくれた。皇太子は幼いころから私の膝の前にいて、いつも私が諫めの言葉を聞いて喜ぶさまを見ていたので、そこで性格もそれに染まってしまったのであろう。それが、今日の諫言につながったのだ」

と言った。

■原文
太宗嘗怒苑西監穆裕、命於朝堂斬之、時高宗爲皇太子、遽犯顔進諫、太宗意乃解。司徒長孫無忌曰「自古太子之諫、或乗間従容而言。今陛下發天威之怒、太子申犯顔之諫、誠古今未有」。

太宗曰「夫人久相與處、自然染習。自朕御天下、虚心正直、即有魏徴朝夕進諫。自徴云亡、劉洎・岑文本・馬周・褚遂良等繼之。皇太子幼在朕膝前、毎見朕心説諫者、因染以成性、故有今日之諫」。

直諫（附）

■解説

現行通用本『貞観政要』には、「納諫」篇の後にこの「直諫」篇十章が付篇されている。もとは独立した篇だったのであろうが、通用本に従ってここに置く。

第一章のエピソードは、『資治通鑑』では貞観八年のこととされている。長孫文徳皇后は納諫篇第三章にも登場。

第二章の冒頭には「貞観三年」（六二九）とあるが、この税免除の詔勅は『旧唐書』『新唐書』『資治通鑑』ではいずれも武徳九年（六二六）八月に置かれている。この年の六月四日に太宗は玄武門の変を起こし、八月癸亥（八日）に即位、『資治通鑑』によれば翌日甲子（九日）にこの勅を発布した。本章の魏徴の言葉に「八月九日の詔書を見ますに」とあり、また「今、陛下は初めて天子の位に即き」とも言っているから、これは太宗の即位にともなう大赦と見るべきであろう。原文中にある「給復」の「復」は「ほく」と訓じ、税免除の意。

唐の賦役制は、丁（二十一～五十九歳の成人男性）は毎年租として粟二石、調は帛（絹類）で納める場合は半疋（匹ともいう）、布（麻布）で納める場合は半端、役は年に二十日とされ、延長して従事した場合には、延長日数が十五日で調が免除され、さらに十五日で租が免除され、合計で五十日以上従事させてはいけないことになっていた。実際に役を行うかわりに布帛でその分を納める場合には、それを庸といった。一般に「租庸調」というが、正確には「租調役」制である。役で徴発された者は、なにも前線に兵士として送り込まれるのではなく、衛士（「えじ」とも訓じる）といって都の警備などの任務に就く。役に就く者については、前年に各地で割り当てた人数分だけ人選され、翌年に各地の長官が名簿と照らし合わせてそれらの者を派遣する。本章の文中で「点検」（原文は「簡点」）と称しているのが、この作業に相当する。本章の案件は、統治方針の理念と行政上の実務との乖離の問題であり、いつの時代にも生じる難問である。なお、魏徴の最初の上奏にある「人民を……平等に扱おうとする」（原文「七子を均同にす」）は『詩経』曹風「鳲鳩」詩を、「方針をころころと変えた」（原文「其の徳を二三にす」）は『詩経』衛風「氓」詩を、「天が助けるのは仁ある者……」は『易経』繋辞伝上を、「緊急の困難」（原文「倒懸之急」）は『孟子』公孫丑篇上を、それぞれ踏まえた表現。魏徴の二つ目の進言にある「沼沢を涸らして魚を取れば……」は、『呂氏春秋』義賞篇の引用。

第三章に記される権万紀らの誣告の様子は、文化大革命期の中国の政治状況を想起させよう。誣告された房玄齢について、『旧唐書』巻六六、房玄齢伝には「或る時、事を以て譴められ……」とあるだけで詳細は記されず、権万紀の名も登場しない。張亮についても、『旧唐書』巻六九、張亮伝には「後に豳・夏・鄜三州の都督を歴す」とあって、左遷されたことは記されるが、そのいきさつには一切口を噤んでいる。史書は、太宗が誣告によって有能な臣下を左遷したことに、積極的には触れたがらないようである。本章に見える魏徴の上奏は、『資治通鑑』貞観五年八月条にも要約文が採録されるが、結果は「上（皇帝）、黙然として絹五百匹を賜う」とあり、本章の原文「太宗、欣然として之を納れ……」とはかなり様相を異にする。こういう点に『貞観政要』の粉飾を感じる。

第四章で述べられる良臣と忠臣の違いは、通行本の説明は漠然としている。考えてみれば、忠臣とは、君主の良し悪しにかかわらず、その君主に忠義を尽くす臣下をいい、良臣とは違うであろう。ただし、『貞観政要』の別の版本では、良臣としては舜に仕えて善政を布いた稷・契・咎繇（皐陶）の名があげられ、忠臣としては夏の桀王を諫めて殺された関龍逢（政体篇第八章参照）と、殷の紂王を諫めて殺された比干（求諫篇第六章参照）の名があげられているので、忠臣とは単に君主の言いなりになる臣下ではなく、君主のために命を懸ける臣下の意味が強い。

第五章で問題とされる封禅とは、山東省の泰山で天地を祀る儀礼。天命を受けた天子が、泰山の頂に壇を築いて天を祀るを封といい、麓の小丘梁父で地を祀るを禅という。皇帝が遠路はるばる文武百官を引き連れて行う大礼であり、莫大な国費を要し、沿道の人民にも甚大な負担を強いることになる。結局、太宗は封禅を行わず、唐で初めて封禅を挙行したのは次の高宗であった。なお、本章冒頭にある「瑞祥」（原文「符瑞」）とは、吉事の前兆をいう。具体的には、龍・麒麟・鳳凰・甘露・紫雲などの出現である。中国では、古くから人間の善悪が瑞祥や災異に現れるとする天人相関思想があり、国王や帝王の善悪には特にそれが顕著だと考えられた。歴代正史には五行志・符瑞志・瑞祥志などが纂入され、そうした現象が列記される。魏徴の上奏の後段に見える「要荒」とは五服の要服・荒服。中国古来の世界観では、天下を、畿内に近い順に甸服・侯服・綏服・要服・荒服に分けてとらえる。要服・荒服は都から遠く離れた地域をいう。

第六章の蜀王とは、太宗の第六子李愔。この章では、親王李愔の妻の父親を検察官の薛仁方が拘束したエピソードが取り上げられる。薛仁方は任務に忠実だっただけで、太宗の対応は不可解である。独裁者としての太宗の姿が露見しているとも見られよう。冒頭付近、義父の子の訴えに見える「面倒ごと」（原文「節目」）は、『礼記』学記篇に「堅い木を加工するには、容易な部分を先にし、節目のある部分は後回しにする」とあるのに基づく表現。魏徴の冒頭の言葉「町の中に棲む狐や神祠に巣くうネズミ」は、駆除しにくい所にいるので退治が難しいことから、身を安全な所に置いて悪事を働く者を「城狐社鼠」という。

第七章の南衙とは公的な国家政務機構、北衙とは皇帝の私的な禁中機構をいう。「衙」とは官府、兵営の意で、南衙は長安城の宮城の南に位置する皇城（官庁街）の諸機関を指し、宰相などの国家意思決定体制はこちらに属す。それに対して、北衙は宮城北方の禁苑に陣を構える皇帝直属の近衛禁軍などを指す。文中にある「北門」とは、宮城の北門、すなわち玄武門のこと。なお、本章のエピソードを『資治通鑑』は貞観十五年の条に置いている。

第八章で取り上げられる越王とは、太宗の第四子李泰のこと。後に魏の王に封ぜられ、魏王泰の封爵で知られる。若くして文章を良くし、太宗は大変に寵愛した。泰が文学の士を好んだので、太宗は文学館を置いて学士を招いたほどだった。兄で皇太子の李承乾が信望を失うと、太宗は泰に帝位を継承しようとし、泰自身もその気になったが、臣下の反対で取りやめとなり、降格された。なお、泰は歴代の地理をまとめた『括地志』のほか、『文集』二十巻を著した。魏徴の引用する『春秋公羊伝』の文言は、僖公八年（前六五二）の一節が出典。

第九章に名の見える凌敬は、隋末には群雄の一人竇建徳に仕えて国士祭酒（学校教育の統轄長官）となり、しばしば竇建徳の行動を諫めた人。『凌敬集』十四巻がある。

第十章、魏徴の答言の末尾に見える陝県副長官の皇甫徳参の一件は、前篇「納諫篇」第六章に見えたもの。

第一章　美女の後宮入りとその婚約者

貞観二年（六二八）のことである。隋代に中書省の通事舎人（朝見などの取り次ぎ役）であった鄭仁基には娘がいて、年のころは十六、七。その容姿たるや、絶世の美女であった。長孫文徳皇后は探し求めてこの女性を手に入れ、皇帝側近の女官にしようと願い出た。

そこで太宗は、その女性を召し出して充華という後宮の地位を与えることにした。任命の詔書はすでに発せられたが、それを伝える冊立の使者はまだ出発していなかった。ちょうどその時、魏徴はその娘がすでに陸氏の男性と婚約していることを聞き、急いで進言して太宗に伝えた。

「陛下は万民の父母であり、人民を慈しむものです。民の憂いを憂え、民の楽しみを楽しまなければなりません。古来、徳の高い君主は、人民の心を我が心としてきました。ですから、そういう君主は立派な宮殿にいながら、民にも安らかな住居をと願いました。ごちそうを食べながら、民にも飢えと寒さのないように願いました。宮中の女官を見ては、民にも夫婦の喜びがあるように願いました。これこそが、人の君主たる者のあるべき姿です。今、鄭氏の娘には、すでに婚約者がいます。それなのに、陛下はその娘を奪い取るのに何の疑問も抱かず、何の調査もせずに、宮中に入れることを天下に公表しました。それが人民の父母たる者の行う道でしょうか。私は伝え聞いただけで、鄭氏の娘に婚約者がいるというのは事実ではないかもしれませんが、それでも陛下の徳が損なわれるのではないかと恐れ、思い切って隠さずに申し上げました。君主の挙動は必ず公文書に記録されますから、ここは特に心を留めてお考えになってくださいますよう」。

太宗は、それを聞くと大変に驚き、自分で詔勅を書いて魏徴に返答し、思慮不足を深く自責して冊立使の派遣を取りやめ、鄭氏の娘を婚約者のもとに帰そうとした。尚書左僕射の房玄齢、中書令の温彦博、礼部尚書の王珪、御史大夫の韋挺らは反対し、

「鄭氏の娘が陸氏に嫁ぐということには、はっきりとした証拠はありません。詔勅がすでに発行されたのですから、中止してはいけません」

と主張した。また、婚約者の陸氏も反対の意見書を送って来て、

「我が父の陸康がありし日に、鄭氏の家とは行き来があって、時には進物を贈り合いましたが、初めから結婚の話は出ていません。親戚たちもみな、『外部のものは事情も知らずに、勝手にそのような噂をしているだけだ』と言っています」

と述べた。大臣たちも、鄭氏の娘の宮中入りを勧めた。

ここに至って太宗は不思議に思い、そこで魏徴に、

「臣下たちはあるいは私の意におもねるだろうが、陸氏までもがなぜ必要以上にあのような弁明をするのだろうか」

と聞いてみた。それに対して魏徴は、

「私が推測しますに、陸氏の気持ちはわかります。おそらくは、陛下を太上皇帝（前皇帝高祖）と同じだと思っているのでしょう」

と答えた。太宗が、

「それはどういう意味か」

と問いただすと、魏徴は答えた。

「太上皇帝の高祖は、初めて長安を平定した時に、辛処倹という者の妻を取り上げ、少しの間寵愛しました。辛処倹はその時は太子舎人（皇太子の文書係）でしたが、高祖はそれ

を知って不愉快に思い、とうとう東宮を追い出して万年県の長官に左遷してしまいました。それからというもの、辛処倹はいつもびくびくし、いつ自分の首が飛ぶのかと恐れていました。それと同じように、鄭氏の娘の婚約者陸爽（りくそう）は、今は陛下が自分を許してくれても、後できっと密かに咎（とが）めが来るだろうと思って恐れるでしょう。彼がくりかえし弁明するわけは、ここにあります。何も不思議ではありません」。

それを聞くと、太宗は笑って、

「朝廷の外の人の考えというものは、きっとそういうものなのであろうな。それならば、私の言葉だけでは人に信用してもらえないだろう」

と言い、そして詔勅を発布して、

「今、鄭氏の娘がすでに婚約していることを聞き知った。先に、そのことを詳しく調査せずに詔勅を発布してしまったが、それは私の落ち度であり、また係官の過失であった。したがって、鄭氏の娘に充華の位を授けるのは、とりやめにする」

と公表した。時の人はみな感心して、太宗を称（たた）えたのであった。

■原文

貞觀二年、隋通事舍人鄭仁基女年十六七、容色絶姝、當時莫及。文德皇后訪求得之、請備嬪御。太宗乃聘爲充華。詔書已出、策使未發。

魏徵聞其已許嫁陸氏、方遽進而言曰「陛下爲人父母、撫愛百姓、當憂其所憂、樂其所樂。自古有道之主、以百姓之心爲心、故君處臺榭、則欲民有棟宇之安。食膏粱、則欲民無飢寒之患。顧嬪御、則欲民有室家之歡。此人主之常道也。今鄭氏之女、久已許人、陛下取之不疑、無所顧問、播之四海、豈爲民父母之道乎。臣傳聞雖或未的、然恐虧損聖德、情不敢隱。君舉必書、所願特留神慮」。

太宗聞之大驚、手詔答之、深自克責、遂停策使、乃令女還舊夫。左僕射房玄齡、中書令溫彥博、禮部尙書王珪、御史大夫韋挺等云「女適陸氏、無顯然之狀。大禮既行、不可中止」。又陸氏抗表云「某父康在日、與鄭家往還、時相贈遺資財、初無婚姻交涉親戚並云『外人不知、妄有此說』」。大臣又勸進。

太宗於是頗以爲疑、問徵曰「羣臣或順旨、陸氏何爲過爾分疏」。徵曰「以臣度之、其意可識。將以陛下同於太上皇」。太宗曰「何也」。徵曰「太上皇初平京城、得辛處儉婦、稍蒙寵遇。處儉時爲太子舍人、太上皇聞之不悅、遂令出東宮爲萬年縣、每懷戰懼、常恐不全首領。陸爽以爲陛下今雖容之、恐後陰加譴謫、所以反覆自陳、意在於此、不足爲怪」。

太宗笑曰「外人意見、或當如此。然朕之所言、未能使人必信」。乃出敕曰「今聞鄭氏之女、先已受人禮聘。前出文書之日、事不詳審、此乃朕之不是、亦爲有司之過。授充華者宜停」。時莫不稱歎。

第二章　租税免除の理念と実務

貞観三年（六二九）に、詔勅を発布して、長安周辺の州に二年分の租税を、それ以外の東方の地には一年分の租税を免除することにした。その後、間もなくまた詔勅が出され、すでに力役（りきえき）を始め、また租（そ）・調（ちょう）を納め始めている分は、いずれも納税させ、翌年にその分を免除することにした。

それに対して、給事中（門下省の運営係）の魏徵が上奏文を提出して、意見を述べた。

「謹んで八月九日の詔書を見ますに、天下に一年間の租税を免除されました。そこで、老いも若きもみな飛び跳ねて喜びました。ところが、また詔勅が発布され、すでに力役が割り振られた男子は、それが終わってから免除し、他の税物も納入を済ませて、翌年分を免除するとのことです。往来の者たちは、一様にがっかりしております。この政策は、人民を公平に、そして平等に扱おうとするものです。しかしながら、下々の民はそもそも我々とは考え方が違いますし、毎日用いる物ですら不足しています。ですから彼らはみな、国は前に言ったことを後悔して、方針をころころと変えたのだと言うでしょう。

私は、『天が助けるのは仁ある者で、人が助けるのは信ある者だ』と聞いています。今、陛下は初めて天子の位に即き、万民が陛下の徳に注目しています。その時に、最初の詔勅を発して、すぐにそれを取り消しました。これは天下の隅々にまで疑心を生じさせ、国の根本的な信用を失うことです。たとえ国に緊急の困難があったとしても、絶対にいけません。ましてや、今は泰山のように政府が安定しているというのに、このようなことを行いました。陛下のためにこの計画を立てた者は、財政の点では少しの利益があるかもしれませんが、徳義の点では全くの損失というものです。私は誠に知識の劣った者ですが、それでも心では陛下のためにこのたびのことを惜しいと思います。伏してお願いしますのは、少しでも私の進言を読まれて、どちらに国の利があるか、詳しくお考えになってほしいということです。無礼による罪は、私は甘んじて受け入れるつもりです」。

力役人の点検担当官や尚書右僕射（尚書省副長官）の封徳彝らは皆、中男（十六歳以上、二十歳以下の男子）の十八歳以上を選び出して軍に入れたい旨を要求してきた。それに関連する詔勅が三、四回出されたが、魏徴は上奏してそれらにも反対した。封徳彝は重ねて、

「今、徴発担当官は、中男のなかには成年よりも体格の大きな者がいると報告しています」

と上奏した。太宗は怒って、勅を発して、

「中男で十八歳未満であっても、身体の大きな者は徴兵するように」

と命じた。魏徴はそれにも賛成せず、詔書に署名をしなかった。

太宗は魏徴と王珪を呼び寄せ、彼らに向かい形相を変えて、

「中男で実際に身体が小さければ、点検されて自然と軍には入れない。もし身体が大きければ、選んで入隊させるべきである。それなのに、そなたは何の不満があって、これほどまでに固執して反対するのか。私には、そなたの意思が理解できない」

と言った。

それに対して、魏徴は顔色を正して答えた。

「私は、『沼沢を涸らして魚を取れば、魚は取れても翌年にはいなくなる。森林を焼き払って狩りをすれば、獲物は獲れても翌年にはいなくなる』と聞いています。もし中男をことごとく軍に入隊させたならば、租・調や雑徭はいったいどこから徴収するというのでし

ょうか。そのうえ、近ごろでは、都の防衛兵士は戦闘の役に立ちません。それは、兵士の数が少ないからではありません。ただ待遇がよくないので、彼らは戦闘意欲をなくしているのです。多く徴兵して、かえって彼らに雑務をさせているのであれば、兵士の数が多いとはいっても、結局は使い物になりません。もし壮健の士を精選し、厚く待遇すれば、彼らは一人で百夫にあたるほどの勇気を奮うでしょう。どうして兵の数の問題でしょうか。陛下はいつも、『君主として私は、真心をもって物事に対し、官僚や人民に欺瞞の心が起こらないようにしたい』と言っています。それなのに、即位されてからというもの、大きな案件が数件ありましたが、それらはみな不信というものでした。これではどうして人からの信頼を得られましょうか」。

太宗は魏徴の言葉に驚いて、

「そなたの言う不信とは、どういうことを言っているのか」

と尋ねた。それに対して、魏徴は答えた。

「陛下は即位した初めに、詔書を発して、『未納分の租税や未返済の負債、官物を借りて返済していない分は、みな免除する』と言いました。そしてすぐに役人に命じて、それらのリストを作成させましたが、陛下が即位前に秦王だった時の王府の物を借りた場合は、官物とは見なさないとしました。陛下は秦王から天子となりましたが、その秦王府の物を官物としないのであれば、そのほかの官物とはいったい何を指すのでしょう。また、長安周辺の関中には二年の租・調を免除し、それ以外の地域には一年の税を免除しました。人民は陛下のお蔭だと、みな大変に喜びました。ところが、さらに詔勅が発布されて、『今年の力役人の多くはすでに役が終わっているので、今から免除しても、その恩恵が空しいものになってしまう。すでに納税の始まっているところは、納入を完了させ、免除は来年から適用する』との方針が出されました。これでは、役から解放されても、また徴税されるので、民衆の心は国のやり方を怪しまずにはいられません。税を徴収してから、さらに点呼して入隊させ、免除は来年から始めると言っても、どうして信用してもらえるでしょうか。天子に協力してこの国を治めるのは、州の長官の州刺史と県の長官の県令でありますす。毎年、戸籍と容貌とを照合して課税するのは、すべて彼らに任せています。それなのに、力役人の点検に詐欺があるのではないかと疑っていては、下の者の誠意を期待しても、それは無理というものではありませんか」。

それを聞いて、太宗は、

「私は、そなたがあまりに自分の意見にこだわるので、そなたが行政に疎いのかと思った。今、そなたは国の不信について論じたが、それは民の事情に通じていなければできない意見だ。私は深く考えず、大きな過ちを犯した。何度もこのような誤った行いをしていたのでは、どうやって統治を行うことができよう」

と納得した。そして、中男を徴兵することをやめ、魏徴に金の甕一個、王珪に絹五十疋を下賜したのだった。

■原文

貞觀三年、詔關中免二年租稅、關東給復一年。尋有敕、已役已納、並遣輸納、明年總爲準折。給事中魏徵上書曰「伏見八月九日詔書、率土皆給復一年。老幼相歡、或歌且舞。又聞有敕、丁已配役、卽令役滿折造、餘物亦遣輸了、待明年總爲準折。道路之人、咸失所望。此誠平分百姓、均同七子。但下民難與圖始、日用不足、皆以國家追悔前言、二三其德。臣竊聞之『天之所輔者仁、人之所助者信』。今陛下初膺大寶、億兆觀德。始發大號、便有二言。生八表之疑心、失四時之大信。縱國家有倒懸之急、猶必不可。況以泰山之安、而輒行此事。爲陛下爲此計者、於財利小益、於德義大損。臣誠智識淺短、竊爲陛下惜之。伏願少覽臣言、詳擇利益。冒昧之罪、臣所甘心」。

簡點使右僕射封德彝等、並欲中男十八已上、簡點入軍。敕三四出、徵執奏以爲不可。德彝重奏「今見簡點者云、次男內大有壯者」。太宗怒、乃出敕「中男已上、雖未十八、身形壯大、亦取」。徵又不從、不肯署敕。

太宗召徵及王珪、作色而待之、曰「中男若實小、自不點入軍。若實大、亦可簡取。於君何嫌、過作如此固執、朕不解公意」。

徵正色曰「臣聞『竭澤取魚、非不得魚、明年無魚。焚林而畋、非不獲獸、明年無獸』。若次男已上、盡點入軍、租賦雜傜、將何取給。且比年國家衞士、不堪攻戰。豈爲其少、但爲禮遇失所、遂使人無鬪心。若多點取人、還充雜使、其數雖衆、終是無用。若精簡壯健、遇之以禮、人百其勇、何必在多。陛下每云、『我之爲君、以誠信待物、欲使官人百姓、並無矯僞之心』。自登極已來、大事三數件、皆是不信。復何以取信於人」。

太宗愕然曰「所云不信、是何等也」。徵曰「陛下初卽位、詔書曰『逋租宿債、欠負官物、並悉原免』。即令所司、列爲事條、秦府國司、亦非官物。陛下自秦王爲天子、國司不爲官物、其餘物復何所有。又關中免二年租調、關外給復一年。百姓蒙恩、無不歡悦。更有敕旨『今年白丁多已役訖、若從此放免、並是虚荷國恩、若已折已輸、令總納取了、所免者皆以來年爲始』。散還之後、方更徵收、百姓之心、不能無怪、已徵得物、便點入軍、來年爲始、何以取信。又共理所寄、在於刺史・縣令、常年貌税、並悉委之。至於簡點、卽疑其詐僞。望下誠信、不亦難乎」。

太宗曰「我見君固執不已、疑君蔽此事。今論國家不信、乃人情不通。我不尋思、過亦深矣。行事往往如此錯失、若爲致理」。乃停中男、賜金甕一口、賜珪絹五十匹。

第三章　誣告を忠義だと思う輩

貞観五年（六三一）のこと、御史台の治書侍御史（百官監察副長官）の権万紀と侍御史（官吏検察役）の李仁発の二人が、官僚の悪事を暴露することで、しばしば太宗の前に召し出された。二人は勝手に官僚を非難し、ありもしないことを言い立てた。太宗はそれを信じて怒り、そこで臣下たちは安心していられなくなった。朝廷の内外は、彼ら二人が正しくないことを知っていても、真っ向から論争できずにいた。

そこで、給事中（門下省運営係）の魏徴は顔色を正して、上奏した。

「権万紀と李仁発はどちらも小人で、大きな道理というものがわかりません。人を誹るのが良いことだと思っており、人を誣告するのが正しい道だと考えています。彼らが弾劾した相手は、いずれも罪はありません。陛下は、彼ら二人の短所には目をつぶり、言ったことをすべて聞き入れました。そこで、彼らは思う存分に悪い企みをし、下の者に味方して上の者を欺き、盛んに礼儀に外れたことを行って、それで剛直の士との評判をとっています。房玄齢を告発し、張亮を排斥しましたが、官僚たちを引き締める効果はまったくなく、ただ陛下の評判を貶めるだけです。巷の人々からも、今や非難の声が上がっています。

私が謹んで陛下の心を思いますに、あの二人には深く考慮する能力がなく、そこで国の重要な役目は任せられないけれど、忌憚のないやり方をするので、それによって臣下たちを引き締め励まそうとされているのだと思います。しかしながら、邪心を持つ者を信用して、小人に大きな人物を量らせてはいけません。臣下たちにはそもそも偽りの気持ちは無く、このままではいたずらに彼らの心が陛下から離れていくばかりです。あの房玄齢や張亮ほどの人でさえ、自分にかけられた嫌疑を釈明できませんでした。ましてや、その他の身分の低い者が、どうして権万紀と李仁発の讒言を逃れられるでしょうか。伏して陛下にお願いしますのは、よく心を留めてあらためてお考えになってほしいということです。あの二人を任用して以来、もし一つでも有益なことがあったのならば、私は甘んじて刑罰に従い、不忠の罪をお受けいたします。たとえ陛下が、善人を挙げてご自分の徳を高めることができないとしても、どうして邪悪な者の意見を推し進めてご自分の評判を損なうことがあってよいでしょうか」。

太宗は嬉しそうに納得し、魏徴に絹五百疋を下賜した。その後、権万紀らの悪意は次第に露見し、李仁発は職を解かれ、権万紀は南方の連州（広東省）の司馬（長官補佐）に左遷された。朝廷ではみな喜び合った。

■原文

貞觀五年、治書侍御史權萬紀・侍御史李仁發、倶以告訐譖毀、數蒙引見、任心彈射、肆其欺罔。令在上震怒、臣下無以自安。內外知其不可、而莫能論諍。給事中魏徵正色而奏之曰「權萬紀・李仁發並是小人、不識大體、以譖毀爲是、告訐爲直、凡所彈射、皆非有罪。陛下掩其所短、收其一切。乃騁其姦計、附下罔上、多行無禮、以取強直之名。誣房玄齡、斥退張亮、無所肅厲、徒損聖明。道路之人、皆興謗議。臣伏度聖心、必不以爲謀慮深長、可委以棟梁之任、將以其無所避忌、欲以警厲羣臣。若信狎回邪、猶不可以小謀大、羣臣素無矯僞、空使臣下離心。以玄齡・亮之徒、猶不可得伸其枉直。其餘疏賤、孰能免其欺罔。伏願陛下留意再思。自驅使二人以來、有一弘益、臣即甘心斧鉞、受不忠之罪。陛下縱未能舉善以崇德、豈可進姦而自損乎」。

太宗欣然納之、賜徵絹五百匹。其萬紀又姦狀漸露、仁發亦解黜、萬紀貶連州司馬。朝廷咸相慶賀焉。

第四章　良臣と忠臣の違い

貞観六年（六三二）に、ある者が、尚書右丞（尚書省次官）の魏徴は自分の親族を依怙贔屓（ひいき）していると告げ口をした。そこで太宗は、御史大夫（ぎょしたいふ）（御史台長官）の温彦博（おんげんぱく）に調べさせたところ、その告げ口は正しくないことがわかった。しかし、温彦博は、

「魏徴は人に告げ口をされたということは、たとえ彼に私心がないとしても、何らかの責任があるのではないでしょうか」

とも上奏した。そこで、太宗は温彦博に命じ、魏徴に対して、

「そなたは、これまで数百条にわたって私を諫めてきたので、こんな小さなことでそなたの大きな功績を傷つけるようなことはしない。しかし今後は、言動をはっきりさせて人の嫌疑を受けないようにすべきである」

と伝えさせた。

数日後のこと、太宗は魏徴に、

「このごろ、宮中の外で何か良くないことを聞いているか」

と質問した。それに対して、魏徴は、

「先日、陛下は温彦博に、『どうして言動をはっきりさせないのか』との勅を私に告げさせました。この言葉が、最も良くないことでございます。私は、君主と臣下は心を一つにし、その行う道は一心同体だと聞いています。公人としての道を尊重せずして、ただ外面のみを問題とすべきだなどということは、ついぞ聞いたことがありません。もし君臣や上下がこのようなことに拘っているのであれば、国の興廃など知れたものではありません」

と答えた。

太宗はハッとして、姿勢を正して、すぐにそれを後悔した。非常に良くないことであった。

「以前にあの言葉を発した時、すぐにそれを後悔した。非常に良くないことであった。あのようなことがあったからといって、そなたもまた、隠しごとや遠慮をしないように」

と言った。魏徴は拝礼してから、

「私はこの身を国に捧げており、正しい道を行おうとしています。絶対に陛下を騙したり、裏切ったりは致しません。ただ、陛下にお願いしたいのは、私を良臣にしてほしいという点です。決して私を忠臣にはしないでください」

と答えた。

そこで、太宗は、

「忠臣と良臣とはどう違うのだろうか」

と尋ねた。魏徴は答えた。

「良臣というのは、自分の名声を上げ、君主の評判を素晴らしく高めるものです。ですから、その名誉は子孫に受け継がれ、その幸福はいつまでも続きます。それに対して、忠臣というのは、その身は一族皆殺しの目に遭い、君主を最悪の評価に落とし込むものです。家も国も滅び、ただその人の名だけが残ります。良臣と忠臣とでは、雲泥の差があります」。

それを聞いて、太宗は、

「そなたは、今の言葉に違わないようにしてほしい。私も、決して国を治める正道を忘れないようにしよう」と言い、魏徵に絹二百疋を下賜した。

■原文

貞觀六年、有人告尚書右丞魏徵、言其阿黨親戚。太宗使御史大夫溫彥博案驗其事、乃言者不直。彥博奏稱「徵既爲人所道、雖在無私、亦有可責」。遂令彥博謂徵曰「爾諫正我數百條、豈以此小事、便損衆美。自今已後、不得不存形迹」。

居數日、太宗問徵曰「昨來在外、聞有何不是事」。徵曰「前日令彥博宣敕語臣云『因何不存形迹』。此言大不是。臣聞君臣同氣、義均一體。未聞不存公道、惟事形迹。若君臣上下、同遵此路、則邦國之興喪、或未可知」。

太宗瞿然改容曰「前發此語、尋已悔之。實大不是、公亦不得遂懷隱避」。徵乃拜而言曰「臣以身許國、直道而行、必不敢有所欺負。但願陛下使臣爲良臣、勿使臣爲忠臣」。太宗曰「忠良有異乎」。徵曰「良臣使身獲美名、君受顯號。子孫傳世、福祿無疆。忠臣身受誅夷、君陷大惡。家國並喪、獨有其名。以此而言、相去遠矣」。太宗曰「君但莫違此言、我必不忘社稷之計」。乃賜絹二百匹。

第五章　封禅反対の本音の理由

貞観六年（六三二）には、突厥はすでに平定され、諸外国は唐に朝貢し、めでたい瑞祥は日ごとに現れ、五穀は年ごとに実っていた。そこで、地方の長官たちはしばしば皇帝の泰山封禅を願い、官僚たちもまた太宗の功徳を称えて、「時は失うべきではなく、天の意には背くべきではない。今、封禅を行っても、なお遅いくらいだ」と考えていた。

ただ魏徴だけは、封禅は行うべきではないと思っていた。そこで太宗は、魏徴に、「そなたは遠慮なく答えてほしい、決して隠しだてをしてはならない。私の功績は高くはないか」と質問した。魏徴は「高いです」と答えた。「私の徳は厚くはないか」との問いには、「厚いです」と答えた。「中国は安泰ではないか」との問いには、「安泰です」と答えた。「遠くの異民族は私を慕っていないか」との問いには、「慕っています」と答えた。「瑞祥は十分ではないか」との問いには、「十分です」と答えた。「連年豊作ではないか」との問いには、「豊作です」と答えた。そして太宗は、「それならば、どうして封禅を行ってはいけないのか」と聞いた。

それに対して、魏徴は答えた。

「陛下の功績は高いとはいっても、民衆はまだその恩恵に浴していません。陛下の徳は厚いとはいっても、その恩沢はまだ四方の隅々にまでは行きわたっていません。中国は安泰ですが、大きな行事の費用を賄うにはまだ足りません。遠くの異民族が陛下を慕っているとはいっても、彼らの求める物を与えることはまだできません。めでたい瑞祥が生じているとはいっても、国中で法令がきちんと遵守されてはいません。連年豊作ではありますが、国の穀物蔵はまだ空っぽです。こういう点が、私が封禅に反対する理由です。私はうまい喩えができませんので、今はしばらく人に喩えてみます。仮に長い間、堪えられないほどの重病にかかっていた人がいたとします。治療の効果があってようやく治りましたが、まだ骨と皮だけにやせ衰えていて、その状態で一石の米を背負って一日百里の道を行けといっても、絶対に無理というものでしょう。隋朝末期の社会混乱は、十年では収まりませんでした。名医の陛下が、ようやくその苦しみを治療いたしました。しかしながら、今は世の中が安らかになったとはいっても、まだ人々は十分に満ち足りてはいません。ですから、成功を天地に告げるということに、私は疑念を抱くのであります。

そのうえ、陛下が山東に行って封禅の儀礼を行えば、あらゆる国の使節が集まり、はるか遠く離れた民族でも、馳せ参じない者はないでしょう。ところが現在、洛陽の周辺から東の泰山や東海に至る一帯は、雑草の生い茂る湿地帯で、はるかかなたまで人家の煙は途絶えており、鶏や犬の鳴き声も聞こえず、道路はさびれて通ることさえ困難です。そのような所に外国の使節を招き寄せて、わが国の荒廃ぶりを示す必要があるでしょうか。国の財貨を尽くして彼らに褒美を持たせようとしても、今の財政では諸国の期待に添うことはできません。さらには、封禅の大礼に使役した人民に何年もの税を免除したとしても、民の労苦を癒すことはできません。万が一、封禅の年に水害や日照り、大風や豪雨の災害が起これば、つまらぬ輩がよくない噂を流しますから、そうなったら後悔しても及びません。これは何も私一人の考えではなく、本音では多くの人たちが同じ意見を持っています」。

太宗はこれを聞いて納得し、そこで封禅を取りやめることにした。

■原文

貞觀六年、匈奴克平、遠夷入貢、符瑞日至、年穀頻登。岳牧等屢請封禪、羣臣等又稱述功德、以爲「時不可失、天不可違。今行之、臣等猶謂其晩」。

惟魏徵以爲不可。太宗曰「朕欲得卿直言之、勿有所隱。朕功不高耶」。曰「高矣」。「德未厚耶」。曰「厚矣」。「華夏未安耶」。曰「安矣」。「遠夷未慕耶」。曰「慕矣」。「符瑞未至耶」。曰「至矣」。「年穀未登耶」。曰「登矣」。「然則何爲不可」。

對曰「陛下功高矣、民未懷惠。德厚矣、澤未旁流。華夏安矣、未足以供事。遠夷慕矣、無以供其求。符瑞雖臻、而罻羅猶密。積歲豐稔、而倉廩尙虛。此臣所以竊謂未可。臣未能遠譬、且借近喩於人。有人長患疼痛、不能任持、療理且愈、皮骨僅存、便欲負一石米、日行百里、必不可得。隋氏之亂、非止十年。陛下爲之良醫、除其疾苦、雖已乂安、未甚充實、告成天地、臣竊有疑。

且陛下東封、萬國咸萃、要荒之外、莫不奔馳。今自伊・洛之東、暨乎海・岱、萑莽巨澤、茫茫千里、人烟斷絶、雞犬不聞、道路蕭條、進退艱阻。寧可引彼戎狄、示以虛弱。竭財以賞、未厭遠人之望。加年給復、不償百姓之勞。或遇水旱之災、風雨之變、庸夫邪議、悔不可追。豈獨臣之誠懇、亦有輿人之論」。太宗稱善、於是乃止。

第六章　身内に対する太宗の態度

貞観七年（六三三）のこと、蜀王（しょくおう）李愔（いん）の義父である楊誉（ようよ）が、勤務先で下働きの婢（ひ）をめぐって人と争い事をおこした。都官郎中（尚書省刑部の奴婢監察官）の薛仁方が楊誉の身柄を拘束して取り調べたが、まだ判決が出るには至らなかった。楊誉の子は千牛衛（宮殿警備部署）に勤めていたので、宮殿の庭で訴え出て、

「身分が五品官以上の者は、国家反逆罪でなければ拘束されないはずです。父は皇室の縁者であるので、薛仁方はわざと面倒ごとを起こして結審させず、長く勾留しています」

と述べた。

太宗はそれを耳にして怒り、

「楊誉が私の親戚であることを知っていて、ことさらにこのような苦しめを与えている」

と言い、すぐさま薛仁方を棒叩き百回の刑に処し、職を解雇するよう命じた。

それに対して、魏徴が進言した。

「町の中に棲む狐や神祠に巣くうネズミは、みな取るに足りない生き物ですが、頼るものがあるので容易には駆除できません。ましてや皇族や外戚となると、そもそも治めにくいと言われています。漢や晋の時代以来、彼らを統御できませんでした。先代の高祖の武徳年間にも、すでに多くがわがまま勝手に振る舞っていましたが、陛下が即位されてから、みなようやく静かになりました。薛仁方は、自分の職務として国の法律を守っただけです。みだりに彼を厳罰に処して、外戚に自分勝手な行いをさせてよいものでしょうか。ここでひとたび前例を作れば、さまざまな面倒が次々と起こります。そうなってから後悔しても、及ぶものではありません。今日まで、外戚をよく抑えられたのは陛下一人だけです。不測

の事態に備えるのは、国の鉄則です。今は川の水が溢れないからといって、堤防を壊そうとしていいはずがありません。私が謹んで考えますに、今回の判断は決して良くはないでしょう」。

太宗は、

「確かにそなたの言うとおりだ、先には考えが足りなかった。だが、薛仁方が監禁しておいてそれを報告しなかったのは、独断専行である。重罪にすべきではないが、少しは懲らしめるべきだろう」

と言い、そこで薛仁方を棒叩き二十回の刑に処して赦免した。

■原文

貞觀七年、蜀王妃父楊譽、在省競婢、都官郎中薛仁方留身勘問、未及予奪。其子爲千牛、於殿庭陳訴、云「五品以上非反逆不合留身。以是國親、故生節目、不肯決斷、淹留歳月」。太宗聞之、怒曰「知是我親戚、故作如此艱難」。卽令杖仁方一百、解所任官。

魏徵進曰「城狐社鼠皆微物、爲其有所憑恃、故除之猶不易。況世家貴戚、舊號難理。漢・晉以來、不能禁禦。武德之中、以多驕縱、陛下登極、方始蕭條。仁方既是職司、能爲國家守法、豈可枉加刑罰、以成外戚之私乎。此源一開、萬端爭起。後必悔之、將無所及。自古能禁斷此事、惟陛下一人。備豫不虞、爲國常道。豈可以水未横流、便欲自毀堤防。臣竊思度、未見其可」。

太宗曰「誠如公言、嚮者不思。然仁方輒禁不言、頗是專權。雖不合重罪、宜少加懲肅」。乃令杖二十而赦之。

第七章　南衙と北衙

貞観八年（六三四）に、尚書左僕射（尚書省副長官）の房玄齢と右僕射（同）の高士廉が、道で少府監（工房の長官）の竇徳素に出会い、近ごろ宮城の北門では何の工事をしているのかを質問した。竇徳素はそのことを太宗に報告した。太宗は房玄齢らに向かって、

「そなたは南衙の朝廷のことだけを管轄していればよいのだ。わが宮中の北門に少しくらい工事があろうと、そなたたちに関わることではないであろう」

と言った。房玄齢らは陳謝した。

それに対して、魏徴が進言した。

「私は、陛下が房玄齢と高士廉を叱責したことが理解できませんし、また彼らが謝ったというのも理解できません。房玄齢はすでに大臣に任命されており、いわば陛下の手足・耳目ともいうべき補佐役です。宮中に土木工事があれば、どうしてそれを知らないでよいでしょうか。ですから、それを担当官に問いただしたことを陛下が叱責されたのは、私にはどうしても理解できないのです。そのうえ、朝廷の行う建造には良し悪しというものがあり、それに携わる職人にも人数の問題があります。陛下の行いが善であるならば、陛下を助けてそれを成し遂げねばなりません。陛下の行いが善でないのならば、すでに造営が始まっていても、陛下に申し上げてそれを止めさせねばなりません。それこそが、君主が臣

下を使い、臣下が君主に仕える正しい道というものです。房玄齢らが造営責任者に問いただしたことには何の責められるいわれはなく、それを陛下が叱責されたことは、理解しかねます。房玄齢らが自分たちの職務をわきまえず、陛下の叱責にただ陳謝したというのも、私には理解できません」。

それを聞いて、太宗は自分の言葉を深く恥じたのだった。

■原文

貞觀八年、左僕射房玄齡、右僕射高士廉於路逢少府監竇德素、問北門近來更何營造。德素以聞。太宗乃謂玄齡曰「君但知南衙事。我北門少有營造、何預君事」。玄齡等拜謝。魏徵進曰「臣不解陛下責、亦不解玄齡・士廉拜謝。玄齡既任大臣、即陛下股肱耳目、有所營造、何容不知。責其訪問官司、臣所不解。且所爲有利害、役工有多少、陛下所爲善、當助陛下成之、所爲不是、雖營造、當奏陛下罷之。此乃君使臣・臣事君之道。玄齡等問既無罪、而陛下責之、臣所不解。玄齡等不識所守、但知拜謝、臣亦不解」。太宗深愧之。

第八章　官僚と親王の関係

貞観十年（六三六）のことである。皇族の越王李泰は長孫皇后が生んだ子で、皇太子の弟にあたり、非常に聡明な子だったので、太宗は特に可愛がっていた。ところが、ある者が「身分が三品以上の高官はみな越王を軽蔑している」と告げ口をした。その腹は、侍中（門下省長官）の魏徴らを讒言して、皇帝の怒りを買わせようとしたのであった。

はたして太宗は、斉政殿に出御すると三品以上の者を宮殿に引き入れ、席が定まると顔色を変えて怒って言った。

「そなたたちにひとこと言いたいことがある。昔の天子は天子であった。今の天子は天子ではないのか。昔の天子の子は天子の子であった。今の天子の子は、天子の子ではないのか。隋の時代の親王を見てみれば、貴顕の高官ですら、みな親王たちに虐められていた。しかし、私の子にはそのような勝手な振る舞いは許していない。だから、そなたたちは安易にわが子をないがしろにするのだ。私が、勝手な振る舞いを子に許したならば、親王はいくらでもそなたたちを侮蔑できるのだぞ」。

房玄齢らは震え上がり、みな起立し拝礼して謝った。

ところが魏徴は、姿勢を正して発言した。

「今の臣僚たちには、越王を侮蔑する者は決しておりません。ただし、礼においては、天子の臣下と天子の子は同等です。また、『春秋公羊伝』には『親王の臣下は下卑な身分だとはいっても、諸侯の上に列する』とあります。彼らは、親王が公に取り立てれば公となり、卿に取り立てれば卿となるからです。もし公卿とならなければ、諸侯より下の者ということです。今の三品以上の者は公卿に列しており、みな天子の大臣であって、特に陛下の厚遇を受けています。ですから、越王におかれましても、たとえ官僚たちに少しの落度があったとしても、彼らを侮辱してよいはずがありません。

もし今、国の制度や規律が崩れているのならば、越王がどのように振る舞われようが、私のあずかり知るところではありません。しかし、皇帝の徳が行き届いている今にあって、越王はどうして勝手なことをしてよいでしょうか。さらに言えば、隋の文帝は礼というものを知らず、自分の子の親王たちを可愛がって勝手な振る舞いをさせ、やがて自分は排斥されてしまいました。文帝などは手本にはならず、ここで引き合いに出すまでもありません」。

太宗は、魏徴の言葉を聞いて顔に喜びの色をたたえ、集まった臣下たちに言った。

「すべて人の言葉というものは、道理が通っていれば納得せざるを得ない。私の言葉は、個人的な愛情から発したものだった。それに対して魏徴の言葉は、国の大法に基づくものである。先ほど私が怒った時には、自分に理があると思って少しも疑わなかった。魏徴の言葉を聞いて、初めて自分に道理のないことを悟った。君主たる者、軽々しいことを言ってはならないものだ」。

そして房玄齢らを呼びよせ、自分の誤りを正さなかった点を厳しく叱り、魏徴には褒美として絹一千疋（ひき）を下賜したのだった。

■原文

貞觀十年、越王、長孫皇后所生、太子介弟、聰敏絶倫、太宗特所寵異。或言三品以上、皆輕蔑王者。意在譖侍中魏徵等、以激上怒。

上御齊政殿、引三品已上入坐定、大怒作色而言曰「我有一言、向公等道。往前天子、即是天子。今時天子、非天子耶。往年天子兒、是天子兒。今日天子兒、非天子兒耶。我見隋家諸王、達官已下、皆不免被其躓頓。我之兒子、自不許其縱横。公等所容易過、得相共輕蔑。我若縱之、豈不能躓頓公等」。玄齡等戰慄、皆拜謝。

徵正色而諫曰「當今羣臣、必無輕蔑越王者。然在禮、臣・子一例。『傳』稱、王人雖微、列於諸侯之上。諸侯用之爲公、即是公、用之爲卿、即是卿。若不爲公卿、即下士於諸侯也。今三品已上、列爲公卿、並天子大臣、陛下所加敬異。縱其小有不是、越王何得輒加折辱。若國家紀綱廢壞、臣所不知。以當今聖明之時、越王豈得如此。且隋高祖不知禮義、寵樹諸王、使行無禮、尋以罪黜。不可爲法、亦何足道」。

太宗聞其言、喜形於色、謂羣臣曰「凡人言語理到、不可不伏。朕之所言、當身私愛。魏徵所論、國家大法。朕嚮者忿怒、自謂理在不疑。及見魏徵所論、始覺大非道理。爲人君言、何可容易」。召玄齡等而切責之、賜徵絹一千匹。

第九章　採用時の人物評価

貞観十一年（六三七）に、ある係官が、官僚の凌敬が借金生活をしている現状を上奏した。太宗は、「濫りに人材を推薦するからこういうことになる」と、侍中（門下省長官）の魏徵らを叱責した。

それに対して、魏徴は、

「私たちは、人物の評価について諮問されれば、常にその人の長所と短所を具体的に報告しています。学識があって、強い言葉で諫めるのは、凌敬の長所です。贅沢な生活を好み、金儲けをしたがるのは、彼の短所です。今、凌敬は、人のために碑文を撰文し、人に『漢書』の読み方を教え、それによって金銭を得ようとしていますが、それは私たちが下した評価とは異なります。陛下は、凌敬の長所は用いず、ただ短所だけを見て、私たちの下した評価を欺瞞だとされていますが、それには心服できません」

と答えた。太宗は納得し、この意見を聞き入れた。

■原文

貞觀十一年、所司奏凌敬乞貸之狀。太宗責侍中魏徵等濫進人。徵曰「臣等每蒙顧問、常具言其長短。有學識、強諫諍、是其所長。愛生活、好經營、是其所短。今凌敬爲人作碑文、教人讀『漢書』、因茲附托、回易求利、與臣等所說不同。陛下未用其長、惟見其短、以爲臣等欺罔、實不敢心伏」。太宗納之。

第十章　諫言を喜ぶか嫌がるか

貞観十二年（六三八）に、太宗は魏徴に向かって、

「このごろ、私の政治の良い点や悪い点は、以前と比べてどうだろうか」

と質問した。それに対して、魏徴は、

「陛下の恩徳と権威が及んで、遠い異民族が朝貢してくる点から言えば、貞観の初めとは比べものにならないくらい勝っています。しかし、陛下の徳義が社会に深く浸透し、民が喜んで陛下に心服しているかと言えば、貞観の初めと比べてはるかに劣っています」

と答えた。

太宗は、

「遠い異民族が服従するのは、まさに私の徳義が及んだからではないか。それなのに、昔の方が大いに徳義が浸透していたとは、どういうことなのか」

と聞いた。魏徴は、

「昔、四方がまだ平定されていなかったころ、陛下は常に徳義を心に留めておられました。ところが、天下が定まって憂いがなくなるや、陛下は次第に驕り高ぶるようになりました。だから、陛下の功績は大きいとは言っても、結局は昔には及ばないのです」

と答えた。

太宗はまた、

「私の行いは、以前と比べてどこが違っているのか」

と聞いた。魏徴は、

「貞観の初めには、陛下は人が自分に意見を言わないことを恐れて、なるべく諫めさせるようにしていました。貞観三年（六二九）以降には、人の諫言に出会うと、喜んでそれに従うようになりました。ところが、ここ一、二年は、人の諫言を喜ばず、強いてそれを聞くようにしていますが、心中は穏やかではなく、人が意見するのを嫌がる様子が見受けられます」

と答えた。

さらに太宗は、

「具体的には、どういう点がそうなのか」

と聞いた。それに対する魏徴の答えは、次のようであった。

「陛下が即位されたばかりのころ、元律師という者を死罪にしようとしましたが、それに対して御史侍御史（御史台の刑罰監察官）だった孫伏伽が『法律によれば、元律師は死罪にあたりません。みだりに酷刑を加えるべきではありません』と諫めました。陛下は、ご自身の娘の蘭陵公主の邸園から百万銭に相当する褒美を孫伏伽に下賜しました。ある者が『孫伏伽は自分の職務から当然のことを進言しただけなのに、褒美が厚すぎる』と言ったのに対して、陛下は『即位してから、まだ私を諫める者がいなかったので、厚く褒賞したのだ』と答えられました。これが、諫言を奨励した事例です。

徐州の戸曹（戸籍担当）であった柳雄という者が、隋代に就いていた階級を実際より高く申告しました。それを告発する者がおり、陛下は柳雄に自分で申し開きをさせ、事実を白状しなければ罪に処すと迫りました。ところが、柳雄は頑として認めず、とうとう白状しませんでした。大理寺（法務官署）の官僚が柳雄の虚偽を明らかにしたので、陛下は彼を死罪にしようとしましたが、大理寺副長官の戴冑は、法に照らせば死刑ではなく徒刑（労働刑）にあたると上奏しました。それに対し、陛下は『私がすでに裁可を下したのだから、すぐに死刑に処すべきだ』と言いました。しかし戴冑は、『陛下は裁可する前に、柳雄の審判を司法の手に委ねました。彼の罪は死罪には当たりませんから、みだりに法を曲げて酷刑に処すべきではありません』と主張しました。陛下は怒って処刑させようとしましたが、戴冑は自分の意見を変えません。戴冑は四回、五回と上奏し、ようやく陛下は柳雄の死罪を赦しました。そして司法官に向かって、『私のためにこのように法を守ってくれれば、みだりに死刑人を出す恐れはない』と言われました。これが、喜んで諫言に従った事例です。

先年、陝県の副長官の皇甫徳参が上奏して甚だ陛下の気持ちに逆らい、それを陛下は自分を誹謗したのだと思われました。その際、私は『上奏文は激しくなければ、君主の心を奮い立たせることができず、激しい言葉は誹謗のように見える』という旨を申しました。その時、陛下は私の言に従い、皇甫徳参に絹二十疋を下賜されましたが、心中は面白くありませんでした。これが、人の諫言を嫌がる事例です」。

それを聞いて、太宗は、

「誠にそなたの言うとおりだ。そなたでなければ、このようなことは言えないであろう。人はみな、自分では自分のしていることがわからないから困るのだ。そなたの意見を聞く前は、私の行いは何も変わっていないと思っていた。ところが、そなたの意見を聞いて、自分の過失に大変驚いた。そなたは、いつまでもこの心を持ち続けてほしい。私は、決してそなたの言葉を裏切らないようにする」

と答えたのだった。

■原文

貞觀十二年、太宗謂魏徵曰「比來所行得失政化、何如往前」。對曰「若恩威所加、遠夷朝貢、比於貞觀之始、不可等級而言。若德義潛通、民心悅服、比於貞觀之初、相去又甚遠」。太宗曰「遠夷來服、應由德義所加。往前功業、何因益大」。徵曰「昔者四方未定、常以德義爲心、旋以海內無虞、漸加驕者自溢。所以功業雖盛、終不如往初」。太宗又曰「所行比往前何爲異」。徵曰「貞觀之初、恐人不言、導之使諫。三年已後、見人諫、悅而從之。一二年來、不悅人諫、雖黽勉聽受、而意終不平、諒有難色」。

太宗曰「於何事如此」。對曰「即位之初、處元律師死罪、孫伏伽諫曰『法不至死、無容濫加酷罰』。遂賜以蘭陵公主園、直錢百萬。人或曰『所言乃常事、而所賞太厚』。答曰『我即位來、未有諫者、所以賞之』。此導之使言也。徐州司戶柳雄於隋資妄加階級。人有告之者、陛下令其自首、不首與罪。遂固言是實、竟不肯首。大理推得其僞、將處雄死罪、少卿戴冑奏法止合徒。陛下曰『我已與其斷當訖、但當與死罪』。冑曰『陛下既不然、即付臣法司。罪不合死、不可酷濫』。陛下作色遣殺、冑執之不已。至於四五、然後赦之。乃謂法司曰『但能爲我如此守法、豈畏濫有誅夷』。此則悅以從諫也。往年陝縣丞皇甫德參上書大忤聖旨、陛下以爲訕謗。臣奏稱上書不激切、不能起人主意、激切即似訕謗。於時雖從臣言、賞物二十段、意甚不平。難於受諫也」。
太宗曰「誠如公言、非公無能道此者。人皆苦不自覺、公向未道時、都自謂所行不變。及見公論說、過失堪驚。公但存此心、朕終不違公語」。

巻三

君臣鑒戒　第六

■解説
篇名の「鑒」は「鑑」と同字。かがみ、手本の意。本篇には、隋の煬帝や夏の桀王、殷の紂王などを悪い手本として戒める問答が多いところから、この篇名となったのであろう。

第一章の隋の宰相虞世基は、本書「はじめに」の「隋末の乱と唐の成立」参照。本章の一部は、求諫篇第一章と同じ文章である。

第二章に登場する於士澄は、隋の大運河通済渠が開通した時、煬帝の揚州行幸のために、江南の木材を伐採して龍舟など船隊数万艘の造営にたずさわった人。煬帝暗殺後は、河北の群雄竇建徳の臣下となった。この人物に絡んで、『隋書』巻八〇、列女伝、南陽公主の条には、次のようなエピソードが載せられる。

南陽公主は煬帝の長女。隋末に煬帝とともに揚州に避難し、その地で煬帝は近衛兵の宇文化及に暗殺された。公主の夫は、その化及の弟の宇文士及であった。彼らは宇文化及とともに河北に移動したが、化及は竇建徳に殺された。皇帝弑逆の罪で宇文一族は族滅されることになったが、夫の宇文士及だけは逃れて長安の唐に帰属した。しかし、士及と公主の一子には害が及ぶこととなった。その際に、竇建徳から公主のもとに派遣されたのが於士澄であった。於士澄は、公主の子を助けてやろうと言ったが、公主は「そなたは隋の貴臣でありながら、どうしてそのようなことが言えるのか」とつっぱね、とうとう公主の子は殺された。竇建徳が唐に敗れると、公主は長安に戻ろうとし、その途上の洛陽で夫の宇文士及と遭遇した。公主は会おうともせず、士及は門の外から公主に復縁を迫ったが、公主は頑として受けつけなかったという。なお、於士澄のその後は詳細不明であるが、こうしたことから見れば、彼は酷吏だったのであろう。

　第三章の太宗の言葉に見える顔回は字は子淵、閔子騫は名は損、子騫は字。いずれも徳行で知られた孔子の弟子。魏徴の返答にある哀公と孔子のやり取りは、『孔子家語』賢君篇に見える。ただし『家語』では、孔子は夏の桀王だけを取り上げている。

　第四章の高昌国は、今日の新疆ウイグル自治区のトゥルファンにあった麴氏高昌国。漢人の王国で、最後の王は麴文泰。西方諸国が唐に朝貢・通商しようとすると、多くの場合トゥルファンを経由することになり、またその地は北方に遊牧勢力を控えているので、それを後ろ盾にして、麴文泰は唐に対して徐々に傲慢な態度をとるようになった。突厥が滅亡した際、突厥に亡命していた中国人の中には高昌国に逃れた者が多かったが、唐の要望にもかかわらず麴文泰は彼らを中国に帰さなかった。さらには、東方の伊吾（ハミ）を攻めて、伊吾の唐への内属を妨害しようとした。ここに至って、唐は高昌遠征に踏み切った。唐は高昌国を滅ぼした後に、同地に西州を置き、西方進出の足掛かりとした。その際の議論が、後掲安辺篇第二章に載せられる。なお、高昌古城（カラホージョ）の北西にはアスターナ古墳群が造営され、墓室などから大量の文書断片が見つかり、東洋史研究の重要な史料となっている。

魏徴が鮑叔牙の言葉を引用しているが、斉の桓公は、無道な兄の襄公の迫害を避けて一時莒に逃れ、鮑叔牙とともに苦労した。管仲は桓公の弟糾がやはり魯に逃れた時に従い、後に桓公と糾が対立すると魯で捕らえられ、鮑叔牙の助言で解放されて桓公を補佐した。甯戚は貧しく、車の下で牛に餌を与え、牛の角をたたいて歌っていたところを、桓公に見出されたという。

第五章の魏徴の長い上奏は、『資治通鑑』では貞観十四年（六四〇）十二月にこの一部が載せられている。『通鑑』は、その前の部分で、前章の高昌国を滅ぼした後に生じた論功行賞や、高昌の地での唐の将士の略奪などに対する処罰を記載しているので、魏徴の上奏はそれらによる朝廷内の秩序の乱れを危惧したものと判断したのであろう。

上奏の冒頭「君主は頭で、臣下は手足」は、『漢書』巻七四、魏相・丙吉列伝の賛に「故に経に謂う、君を元首と為し、臣を股肱と為す。其の一体なるを明らかにし、相待ち篇の引用。

第二段落の「石を水に投じる」というのは、漢の張良が兵法をもって群雄の間を渡り歩いたところ、水を石に投じるように受け入れられなかったが、高祖劉邦と出会ったところ、逆にまるで石を水に投じるように簡単に受け入れられたという故事（『文選』巻五三、李康「運命論」）。この意気投合した二人であっても、劉邦が即位してからは、張良は自由に意見を言いづらくなったことが、前掲第四章に見える。

第四段落、魯の穆公と子思との会話は、『礼記』檀弓篇下に載せられる。

第五段落の斉の景公と晏子とのやりとりは、『晏子春秋』内篇、問上にある。晏子は名は晏嬰、春秋時代の斉の思想家、節倹の士として知られる。『晏子』は、納諫篇第三章で長孫皇后も引用していた。

第六段落の『春秋左氏伝』の逸話は、襄公二十五年に載せられ、斉の大夫崔杼の妻をめぐって、夫と荘公との間に諍いが生じたことからおきた。

第七段落の孟子の言葉は、彼が戦国時代の斉の宣王に述べたもので、『孟子』離婁篇下に見える。

第八段落で魏徴は「私が朝廷内の臣僚たちを見ますに……皇室と姻戚関係にあったり」と述べているが、「皇室と姻戚関係にある」の部分は、原文では「或いは地、秦・晋に鄰し」である。春秋時代に秦と晋が通婚していたのを踏まえた表現。

第十段落の『礼記』は曲礼篇上の、『詩経』は小雅「巧言」詩の、『書経』は泰誓篇の、荀子の言葉は『荀子』王制篇の、それぞれ引用。また孔子の水と魚の話は、『論語』には見えず、『太平御覧』巻七七、皇王部二に引用される『尸子』に、子夏の言葉として載せられ、孔子がそれに賛同している。

第十二段落にある「下級の事務官」の原文「刀筆之吏」とは、事務を行う小役人のこと。秦漢時代には記録に木簡を使用していたため、下級官吏は木を削る小刀と筆を常備していたことに由来する呼称。

第十四段落の『礼記』の「上に立つ者が疑わしければ……」は、同書緇衣篇の引用。また、「根拠のない流言でも、それが三度届けば信用される」という旨を述べているのは、孔子の弟子曾参の母の故事。曾参と同名の者が人を殺したと伝える者がいても、参の母は泰然として織物をしていたが、同じうわさが三度届くと信用し、杼を投じて逃げたという。甘茂が秦の武王に語った言葉で、『戦国策』秦策上に見える。

末尾にある「君主が臣下を礼儀で使い……」は、『論語』八佾篇に見える孔子の言葉。

第七章の太宗の言葉にある「功臣の子弟は祖先の地位のお蔭で官位に就く」というくだりは、「蔭位の制」をいう。一般に唐の官吏登用法というと、採用試験「科挙」を想起するであろう。それはそのとおりであるが、唐では高位高官の子弟は科挙を受験しなくても、宮殿警備などの任を数年務めて、易しい試験をパスすれば官位に就けるという、いわば裏コースともいうべき仕組みが用意されていた。これを蔭位の制という。

宇文述は、初め隋の文帝に仕え、煬帝の南朝陳の討伐に従軍し、揚州で煬帝に取り入って重任された。煬帝を暗殺した宇文化及はその長子。楊素も初めは文帝に仕えたが、煬帝と結んで信任され、宇文述とともに煬帝の即位に尽力して出世した。楊玄感はその子。楊玄感は、煬帝の高句麗遠征の際に武器・軍糧の輸送長官を務めたが、遠征に反対して反乱をおこした。これによって、隋末の乱は各地に飛び火することとなった。最後に登場する岑文本は南朝系の人。若くして談論・文筆に秀で、唐の江南討伐を指揮した皇室の河間王李孝恭に見出され、後に太宗に信任されて中書省の長官まで務めた。太宗の高句麗遠征に従軍して軍需帳簿を管理したが、陣中で没した。

第一章　君主と臣下は一心同体

貞観三年（六二九）、太宗は側近の者に向かって言った。

「そもそも君主と臣下は、国が治まっている時も乱れている時も、安泰な時も危急な時も、常に一心同体であるものだ。もし君主が忠義の諫めを聞き入れれば、臣下は正直な意見を進言するだろう。こうして君主と臣下が意気投合するのは、昔から大事なことだとされてきた。君主が自分を賢者だと思い込めば、臣下は君主の過ちを正そうとはしなくなる。それでは、国が危うくならないようにと願っても、無理な相談というものだ。こうして、君主は国を失い、臣下もまた家を保つことができなくなる。あの隋の煬帝の場合、暴虐な政治に対して臣下は口を閉ざし、そのため己の過ちに気が付かず、とうとう国を滅ぼし、重用されていた虞世基らも間もなく誅殺されてしまった。この前例は遠い昔のことではないのだから、私とそなたたちは慎まないでよいはずがない。後世の笑いものにならないようにしたいものだ」。

■原文

貞觀三年、太宗謂侍臣曰「君臣本同治亂、共安危、若主納忠諫、臣進直言、斯故君臣合契、古來所重。若君自賢、臣不匡正、欲不危亡、不可得也。君失其國、臣亦不能獨全其家。至如隋煬帝暴虐、臣下鉗口、卒令不聞其過、遂至滅亡、虞世基等尋亦誅死。前事不遠、朕與卿等可得不愼。無爲後所嗤」。

第二章　冤罪二千人の例

貞観四年（六三〇）のこと、太宗は隋の時代について議論した。その時、魏徴が発言した。

「かつて私が隋の朝廷にいた時、盗賊が起こったという報告が入りました。その時、煬帝は於士澄という者に捕縛を命じました。そして、少しでも疑わしい者には拷問を加えさせたところ、容疑者が二千人以上も出て、みな即日のうちに斬首刑に処せられることとなりました。大理丞（法務官）の張元済が不審に思って、試しに容疑者の状況を調べてみました。すると、そのうちの六、七人は、先に他所に収監されていて、事件のあった日は出所したばかりで、そこでまたすぐに捕らえられて尋問されましたので、苦痛に耐えられず、無実なのに自供したということがわかりました。そこで張元済はさらに詳しく調べましたところ、アリバイのないものは二千人のうちたったの九人でした。しかも、その中には役人の知っている者がいて、九人のうち四人は盗賊ではないことが判明しました。それなのに担当官は、煬帝がすでに斬首の命令を下したのだからと言って、とうとう皇帝に報告もせず、二千人全員を処刑したということがありました」。

それを聞いて、太宗は言った。

「それは煬帝が無道な君主であるだけでなく、臣下もまた誠意を尽くさないからだ。そういう時には、天子を諫め正して、誅殺をも恐れないようでなければいけない。ただ諂ってご機嫌を取ればよいというものではない。君主と臣下がそのようであれば、国が荒廃するに決まっているではないか。私は、そなたたちが協力して助けてくれるので、とうとう牢獄が空っぽになる世の中を作りだすことができた。どうかそなたたちは、初めから終わりまできちんと務めて、今のような状態をいつまでも保つようにしてほしい」。

■原文

貞觀四年、太宗論隋日。魏徵對曰「臣往在隋朝、曾聞有盜發。煬帝令於士澄捕逐。但有疑似、苦加拷掠、枉承賊者二千餘人、並令同日斬決。大理丞張元濟怪之、試尋其狀、乃有六七人、盜發之日、先禁他所、被放纔出、亦遭推勘、不勝苦痛、自誣行盗。元濟因此更事究尋、二千人内惟九人逗遛不明。官人有諳識者、就九人内四人非賊。有司以煬帝已令斬決、遂不執奏、並殺之」。

太宗曰「非是煬帝無道、臣下亦不盡心、須相匡諫、不避誅戮。豈得惟行諂佞、苟求悦譽。君臣如此、何得不敗。朕頼公等共相輔佐、遂令囹圄空虛。願公等善始克終、恆如今日」。

第三章　妻を忘れた者と自分を忘れた者

貞観六年（六三二）に、太宗は側近の者に向かって言った。

「私が聞くところでは、『周も秦も、天下を取ったという点では変わりがない。しかし、周はただ善政を行うことに努め、功徳を積み重ねたので、八百年もの長きにわたって国が存続する基礎を作ることができた。一方、秦は、ほしいままに贅沢を極め、好んで刑罰を施行したので、わずか二代で滅んでしまった』ということだ。善を行う者にはなんと長く幸福が続き、悪をなす者はなんと寿命の短いことか。また、こうも聞いている。『夏の桀王と殷の紂王は、帝王である。しかし、一般の人でもこの二人に喩えられたら、それは屈辱だと思う。一方、孔子の弟子の顔回と閔子騫は、身分のない一般人である。それなのに、帝王がこの二人に喩えられると、それを光栄だと思う』ということだ。これもまた、帝王としては全く恥ずかしいことである。私はいつもこれらの話を自分の手本とし、戒めとしているが、それでも昔の優れた王には及ばなくて、世間の物笑いになるのではないかと恐れている」。

それに対して、魏徴が答えた。

「私も次のような話を聞いています。『魯の哀公が孔子に、「物忘れの激しい者がいるもので、引っ越しをして妻を忘れてきたそうだ」と言いました。すると孔子は、「もっと物忘れのひどい者もいます。桀王と紂王を見てみると、あの二人は自分自身を忘れてしまいました」と答えた』という話です。陛下にお願いしたいのは、このことをいつも念頭に置いてほしいということです。そうすれば、きっと後世の人に笑われることはないでしょう」。

■原文

貞觀六年、太宗謂侍臣曰「朕聞『周・秦初得天下、其事不異。然周則惟善是務、積功累德、所以能保八百之基。秦乃恣其奢淫、好行刑罰、不過二世而滅』。豈非爲善者福祚延長、爲惡者降年不永。朕又聞『桀・紂、帝王也。以匹夫比之、則以爲辱。顔・閔匹夫也、以帝王比之、則以爲榮』。此亦帝王深恥也。朕毎将此事以爲鑒戒、常恐不逮、爲人所笑」。

魏徴對曰「臣聞『魯哀公謂孔子曰「有人好忘者、移宅乃忘其妻」。孔子曰「又有好忘甚於此者。丘見桀・紂之君乃忘其身」』。願陛下毎以此爲慮、庶免後人笑爾」。

第四章　即位前の辛苦を忘れないようにするのは難しい

貞観十四年（六四〇）、高昌国が平定されたので、太宗は側近の臣下たちを呼んで両儀殿で宴会を開いた。その席で、房玄齢に向かって言った。

「高昌国は、唐に対して臣下の礼を失わなければ、滅亡には至らなかったであろう。私はあの国を平定したが、かえって強い危機感を抱いている。自分を戒めて、驕り高ぶる気持ちを抑え、臣下の忠直な意見を受け入れねばならないだろう。邪なゴマすりを斥けて、賢い良臣を採用し、つまらない者の意見を聞いて立派な人を批判するようなことがあってはならない。私はこの戒めを守って、国を安定させたいと思うのだ」。

その時、魏徴が進み出て言った。

「私が古来の帝王たちを見てみますに、乱世を治めて王業を創始した時は、みなしばらくは自らを戒めて慎み、卑しい者の意見を採用し、忠義の臣の言葉に従うものです。しかし天下が安定すると、欲望のおもむくままに好き勝手なことをして、ゴマすりに満足し、正しい諫めの言葉を聞きたがらなくなります。漢の張良は、高祖劉邦のブレインでした。それでも、高祖が天子に即位して、嫡男を廃して愛妾の子を皇太子に立てようとした時、張良は『今回のことは、言葉で諫めてなんとかなるものではない』と言って、とうとう関わりませんでした。まして今の陛下の盛んな功績と徳は、漢の高祖など足元にも及びません。即位して十五年のうちに、陛下の耀く徳はあまねく行きわたっています。しかも、今また高昌国を平定したというのに、国の危機を心にとどめ、忠良の臣下を採用して、自分に直言するようにしていますのは、天下にとって甚だ幸いというものです。

昔、斉の桓公は、管仲・鮑叔牙・甯戚とともに四人で酒を飲んだ時、鮑叔牙に、『立って私の幸を祝ってくれないか』と求めました。すると、鮑叔牙は杯を持って立ち上がり、『願わくは、公には莒に亡命していた時の苦労を忘れないように、また管仲には魯で捕虜になった時のことを忘れさせないように、そして甯戚には車の下で牛に飯を食わせていた貧しかったころを忘れさせないようにしてほしいものです』と言いました。すると桓公は席を降りて感謝し、『私と二人の大夫が、今のそなたの言葉を忘れなければ、国が危うくはならないだろう』と答えたということです」。

太宗は魏徵の言葉を聞いて、

「私は天子となる前のことを決して忘れないようにしよう。そなたも鮑叔牙の人となりを忘れないでいてほしい」

と言った。

■原文

貞觀十四年、太宗以高昌平、召侍臣賜宴於兩儀殿、謂房玄齡曰「高昌若不失臣禮、豈至滅亡。朕平此一國、甚懷危懼、惟當戒驕逸以自防、納忠謇以自正。黜邪佞、用賢良、不以小人之言而議君子。以此愼守、庶幾於獲安也」。

魏徵進曰「臣觀古來帝王撥亂創業、必自戒愼、採芻蕘之議、從忠讜之言。天下既安、則恣情肆欲、甘樂諂諛、惡聞正諫。張子房、漢王計畫之臣、及高祖爲天子、將廢嫡立庶、子房曰『今日之事、非口舌所能爭也』。終不敢復有開說。況陛下功德之盛、以漢祖方之、彼不足準。即位十有五年、聖德光被。今又平殄高昌。屢以安危繫意、方欲納用忠良、開直言之路、天下幸甚。昔齊桓公與管仲・鮑叔牙・甯戚四人飲、桓公謂叔牙曰『盍起爲寡人壽乎』。叔牙奉觴而起曰『願公無忘出在莒時、使管仲無忘束縛於魯時、使甯戚無忘飯牛車下時』。桓公避席而謝曰『寡人與二大夫能無忘夫子之言、則社稷不危矣』」。

太宗謂徴曰「朕必不敢忘布衣時、公不得忘叔牙之爲人也」。

第五章　君主が臣下を信じることこそ大事

貞観十四年（六四〇）に、特進（正二品身分）の魏徴が次のような上奏文を提出して意見を述べた。

「私は、君主は頭で、臣下は手足だと聞いています。君主と臣下が意思を同じくして、合わさって身体をなします。身体が備わっていなければ、人となることはできません。頭が上にあっても、手足があって初めて身体となります。同様に、君主が優れていても、手足となる臣下によって初めて世を治めることができます。『礼記』には、『民は君主を心とし、君主は民を身体とする。心が厳かであれば身体はゆったりし、心が慎み深ければ身体には隙がなくなる』とあります。また『書経』には、『君主が賢明で、臣下が忠良ならば、全てが安寧』、『君主が軽はずみで、臣下が怠慢ならば、万事が廃退』とあります。ですから、手足である臣下を捨て去り、胸の内ひとつに任せておいて、身体が健全で世がうまく治まったなどということは、聞いたことがありません。

そもそも、気の通じ合う君主と臣下の出会いというのは、古来稀なこととされています。石を水に投じるように受け入れられるのは、千載一遇の出会いであって、逆に水を石に投じても受け入れられないように、スムーズにいかないのが普通のことです。公平の道を開いて、天下がのびのびと働けるようにするため、内では君主が心を尽くし、外では臣下が力を尽くし、君主と臣下が塩と梅のように調和し、金や石のように固いつながりとなるのは、高い位や厚い俸禄によってできるのではなく、厚い礼遇によって初めて可能なことなのです。

昔、周の文王が崇の国の鳳凰の地に行った時のこと、履物の紐がほどけたので、結ばせる者を探しましたが、周りにはそのようなことをさせる卑しい者がいなかったので、自分で結んだということです。これは、周の文王の朝廷にのみ優れた者が揃っていて、陛下のこの時代には立派な者がいないということではありません。ただ、誰が君子なのかを知っているかいないか、そういう者を礼遇するかしないかの違いにすぎません。伊尹は、有莘氏に嫁ぐ女性の付き添いにすぎず、韓信は項羽から亡命してきた者でした。それなのに、殷の湯王は伊尹を礼遇して用い、夏の桀王を南巣の地に追放して殷王朝を建て、漢の高祖は韓信を大将軍に抜擢し、垓下で項羽を破って皇帝となりました。もし夏の桀王が伊尹を棄てず、項羽が韓信に恩恵を与えていれば、すでにできている国を壊したり、自分の身が滅亡することはなかったでしょう。また、微子は殷の紂王の肉親でしたが、周から封建されて宋の地を授けられ、箕子は殷の良臣でしたが、天下を統治する書『洪範』を周に教えました。この二人を孔子は仁者とたたえ、それを非難する者はいません。

『礼記』には、次のように書かれています。『魯の穆公が、孔子の孫の子思に、「国を去った臣下が、元の君主の死に際して国に帰って喪に服すのは、遠い昔の礼なのだろうか」と聞きました。それに対して子思は、「古の君主は、人を進める時も退ける時も、礼儀を立てて行いました。だから、元の君主のために喪に服す礼が成り立ちました。今の君主は、人を進める時には手厚くしますが、人を退ける時にはまるで川の淵につき落とすようです。その人が怨んで反乱をおこさなければ、せめてもの救いだというくらいですから、臣下が国に帰って喪に服すなどということがあり得るはずもありません」と答えた』ということです。

斉の景公は、晏子に『忠臣が君主に仕える姿というのは、どのようなものだろうか』と問いました。それに対して晏子は、『国難があっても自分は死なず、君主が亡命してもそれを見送らないのが忠臣というものです』と答えました。景公は、『君主は土地を分け与え、爵号を授けて待遇しているというのに、国難にも死なず、君主の亡命も見送らないというのは、どういうことか』と問いただしました。晏子は、『忠臣の進言が用いられれば、国難には遭わないのですから、臣下は死ぬ必要はありません。諫言が入れられれば、君主が亡命することはないのですから、臣下が見送る必要はありません。もし、自分の意見が用いられなくて国難に遭って死んだら、それは犬死です。もし自分の諫めが入れられなくて君主の亡命を見送ったら、それは偽りの忠義です』と答えたのでした。

『春秋左氏伝』には、斉の大夫崔杼が斉の荘公を殺した時のことが載せられています。

晏子が崔杼の邸宅を訪ねて門の外に立っていると、晏子の従者が『荘公のために死ぬつもりですか』と聞くので、晏子は『私一人の君主ではない。死ぬ必要があろうか』と答えました。従者が『それではこの国を去りますか』と聞くと、晏子は『私の罪ではない。去る必要があろうか。君主が国のために死んだのなら、私も死ぬだろうし、君主が国のために亡命するなら、私も亡命しよう。しかし、君主が自分のために死に、自分のために亡命するのであれば、よほど近親の者でなければ従う必要はない』と答えました。崔杼の家の門が開くと、晏子は邸内に入り、荘公の亡骸の頭を自分の膝に載せて泣き、哀悼の踊りを三度して出て行ったということです。

また孟子は、『君主が臣下を自分の手足のように扱えば、臣下は君主を自分の腹や胸のように思う。しかし、臣下を犬や馬のように扱えば、臣下は君主を通りすがりの人のように思う。もし糞や土のように扱えば、臣下は君主を仇のように怨む』と言っています。これは、臣下が二つの心を持って君主に仕えるのではなく、君主の恩の厚い薄いによって臣下の態度は変わるということです。だからこそ、人の君主というものは、臣下に対して礼を立てて接しなければなりません。

私が朝廷内の臣僚たちを見ますに、皇帝の側近にいる者は、皇室と姻戚関係にあったり、天下統治の政策に関わっていたりして、みなそれぞれに功績を立てていて、選りすぐられた者たちです。重要な職務についており、その任務たるや重いものがあります。しかし、いくら任務が重いとはいっても、その臣下を信用しなければ、その者は疑心を抱きます。疑心を抱けば、気持ちはなおざりになります。なおざりになれば、節義が立ちません。節義が立たなければ、大義名分の道徳が立ちません。大義名分の道徳が立たないのに、天下太平の基礎がしっかりして、七百年も国運が続いたなどということは、かつてあったためしがありません。

また、今の朝廷は功臣を大切にして、昔の間違いは問題にしないと聞いています。これは、かつての聖君と比べても、何も非難すべきことではありません。しかしながら、それでも大きなことには寛容で、小さな罪には厳重に対処する傾向にあります。そういう場合に臣下を叱責するのに、皇帝は愛憎の気持ちを免れることができないもので、これでは正しい政治は行えません。君主が禁制を厳重にしても、臣下がそれを犯すことがあります。ましてや、君主が禁制を緩めれば、下の者は甚だしくそれを犯すものです。いったん川の堤防が決壊すれば、甚大な被害を出します。そうなったら、幾多の庶民はいったいどうすればよいのでしょうか。これが、君主が一つの源を開けば、下々の者の生活に多くの異変が起こるということで、そうなっては天下が乱れずには済みません。

『礼記(らいき)』には、『人を愛してもその人の欠点を知り、人を憎んでもその人の長所を知っているのが賢人だ』とあります。もし人を憎んでその人の長所を知ろうとしなければ、人は善を行っても必ず不安になります。もし人を愛してその人の短所を知ろうとしなければ、悪はどんどん蔓延(はびこ)るでしょう。『詩経(しきょう)』の詩は、『君主が讒言(ざんげん)する者を怒って斥(しりぞ)ければ、混乱はすぐに治まる』と詠(うた)っています。ここにいう古人の怒りは、悪を懲らしめようとする怒りです。ところが、今の処罰は、さらなる邪悪を増やす元です。これでは、あの堯や舜の心とはいえません。また夏の禹王や殷の湯王の政治とはいえません。『書経』で、周の武王は『人民は自分を慈しんでくれれば君主として崇めるが、虐待されれば仇敵のように思う』と言っています。さらに荀子は、『君主は船であり、民衆は水である。水は船を載せるが、転覆させることもある』と述べています。孔子も、『魚は水がなければ死んでしまうが、水は魚がいなくても水である』と言いました。だからこそ、堯も舜も日々恐れ慎んで国を治めようとしたのです。これらのことを考えないでよいでしょうか。

そもそも、地位の高い臣下に重要な任務を任せ、低い臣下に小さな任務の責任を持たせるのは、国を治める常であり、政治の道というものです。ただし今は、職務を委ねるのに地位の高い臣下は重んじてはいますが、低い臣下を軽んじています。そうでありながら、何かことが起こると、かえって地位の低い臣下を信用して、高い臣下を疑う傾向にあります。軽んじている者を信用して、重んじている者を疑っては、それで国をよく治めようとしても無理というものです。

また、政治の道というものは、一定していることが大事で、ころころと方針を変えるべきではありません。今は、地位の低い臣下に重要な任務を要求し、高い臣下にかえって細かい責任を要求しています。これでは地位の低い者が本来いるべきでないポストに就き、高い者が本来守るべき地位を失うことになります。そのため、高い地位の者が小さなミスで罪となり、低い地位の者が逆に大きな任務のために罰を受けることがあります。職務が本来のものではないのですから、罰してもその者の罪ではありません。こういう状況で、私心なく仕事に力を尽くすよう求めても、それは難しいのではないでしょうか。低い地位の臣下に国の重要な任務を要求してはならず、高い地位の臣下に些細なミスの責任をとらせるべきではありません。大官を任せておきながら、些細なミスを追及したなら、下級の事務官は皇帝の意向におもねり、自分勝手に法を曲げて濫用し、高官の罪をでっちあげます。そうなれば、高官の者が自ら弁解しても、それは言い逃れだと取られ、弁解しなければ、罪は事実だと取られるでしょう。彼らは進退極まってしまい、無実を明らかにすることができなくなって、その場しのぎに禍を逃れようとします。大臣クラスがその場しのぎに動いたのでは、ごまかしが蔓延ります。ごまかしが蔓延れば、偽りが世の風俗となります。偽りが世の風俗となってしまっては、よく治めようとしてもできるわけがありません。

大臣の任務を任せるのは、その人に力を尽くしてほしいからです。それなのに、大臣が遠慮して適した人材を推薦しなければ、任務に怠慢だとされます。もし本当に適材の人がいたなら、その者が縁故かどうかを考慮する必要があるでしょうか。適材でないならば、縁故でない者を優先する必要があるでしょうか。大臣を誠心誠意で待遇しないのであれば、その人に忠義を求める資格があるでしょうか。これでは、臣下に過失があったとしても、君主にも落ち度があるのではないでしょうか。

そもそも、上の者が下の者を信用しないのは、必ずや下には信用の置ける者はいないと思うからです。下の者が信用できないのは、つまり上の者に疑う心があるからです。『礼記』は、『上に立つ者が疑わしければ、下の者は信用しなくなる。下の者の気持ちを量れなければ、上の者は苦労する』と言っています。上下が互いに信用しないのであれば、うまく治まるはずがありません。今の朝廷内の官僚たちを見てみると、遠い地からの根拠のない流言でも、同じうわさが三度届けば、全員がそれを信用してしまうでしょう。一体全体、この広い天下の無数の民衆に、信用できる者が一人もいないなどということがありましょうか。つまり、信用すれば信じられない者はいなくなり、疑えば信じられる者はいなくなるということです。臣下だけの過ちではないのです。

一介の凡庸の人間であっても、友と親交を結び、身を棄てることを誓い合ったならば、死んでもそれを変えることはありません。ましてや君主と臣下の結びつきは、魚と水のように切っても切れないものです。もし君主があの堯や舜のような聖人であり、臣下が彼らに仕えた后稷や契のような名臣であったならば、些細なことで志を変えたり、わずかな利益のために心を動かしたりするでしょうか。そうなるのは、臣下がはっきりと忠義を立てないためだということはあるかもしれませんが、それよりも上の者が下の者を信用せず、ひどい待遇をしているために起こることです。これでは、『君主が臣下を礼儀で使い、臣下が君主に忠義で仕える』などということは望むべくもありません。陛下の聖明な心と、これまでの功績でもって、真心から広く天下の才能を求め、上下が心を合わせれば、あの三皇ですら陛下を加えて四皇となり、五帝ですら六帝となるでしょう。夏や殷、周や漢など、比較するに足りないでしょう」。

太宗は、まったくそのとおりだと納得し、深く魏徴の言葉を受け入れたのだった。

■原文

貞觀十四年、特進魏徵上疏曰、

臣聞君爲元首、臣作股肱。齊契同心、合而成體、體或不備、未有成人。然則首雖尊高、必資手足以成體、君雖明哲、必藉股肱以致治。『禮』云「民以君爲心、君以民爲體。心莊則體舒、心肅則容敬」。『書』云「元首明哉、股肱良哉、庶事康哉」。「元首叢脞哉、股肱惰哉、萬事墮哉」。然則委棄股肱、獨任胸臆、具體成理、非所聞也。

夫君臣相遇、自古爲難。以石投水、千載一合、以水投石、無時不有。其能開至公之道、申天下之用、內盡心膂、外竭股肱、和若鹽梅、固同金石者、非惟高位厚秩、在於禮之而已。

昔周文王遊於鳳凰之墟、韤系解、顧左右莫可使者、乃自結之。豈周文之朝盡爲俊乂、聖明之代獨無君子者哉。但知與不知、禮與不禮耳。是以伊尹、有莘之媵臣、韓信、項氏之亡命。殷湯致禮、定王業於南巢、漢祖登壇、成帝功於垓下。若夏桀不棄於伊尹、項羽垂恩於韓信、寧肯敗已成之國爲滅亡之虜乎。又微子、骨肉也、受茅土於宋、箕子、良臣也、陳『洪範』於周。仲尼稱其仁、莫有非之者。『禮記』稱「魯穆公問於子思曰『爲舊君反服、古歟』。子思曰『古之君子、進人以禮、退人以禮、故有舊君反服之禮也。今之君子、進人若將加諸膝、退人若將隊諸淵。毋爲戎首、不亦善乎、又何反服之禮之有』」。

齊景公問於晏子曰「忠臣之事君如之何」。晏子對曰「有難不死、出亡不送」。公曰「裂地以封之、疏爵而待之、有難不死、出亡不送、何也」。晏子曰「言而見用、終身無難、臣何死焉。諫而見納、終身不亡、臣何送焉。若言不見用、有難而死、是妄死也。諫不見納、出亡而送、是詐忠也」。

『春秋左氏傳』曰「崔杼弑齊莊公、晏子立於崔氏之門外、其人曰『死乎』。曰『獨吾君也乎哉。吾死也』。曰『行乎』。曰『吾罪也乎哉。吾亡也。故君爲社稷死、則死之、爲社稷亡、則亡之。若爲己死、爲己亡、非其親暱、誰敢任之』。門啓而入、枕尸股而哭、興、三踊而出」。

孟子曰「君視臣如手足、臣視君如腹心。君視臣如犬馬、臣視君如國人。君視臣如糞土、臣視君如寇讎」。雖臣之事君無二志、至於去就之節、當緣恩之厚薄。然則爲人主者、安可以無禮於下哉。

竊觀在朝羣臣、當主樞機之寄者、或地鄰秦・晉、或業與經綸、並立事立功、皆一時之選、處之衡軸、爲任重矣。任之雖重、信之未篤、則人或自疑。人或自疑、則心懷苟且。心懷苟且、則節義不立。節義不立、則名教不興。名教不興、而可與固太平之基、保七百之祚、未之有也。

又聞國家重惜功臣、不念舊惡、方之前聖、一無所間。然但寬於大事、急於小罪、臨時責怒、未免愛憎之心、不可以爲政。君嚴其禁、臣或犯之、況上啓其源、下必有甚、川壅而潰、其傷必多、欲使凡百黎元、何所措其手足。此則君開一源、下生百端之變、無不亂者也。

『禮記』曰「愛而知其惡、憎而知其善」。若憎而不知其善、則爲善者必懼。愛而不知其惡、則爲惡者實繁。『詩』曰「君子如怒、亂庶遄沮」。然則古人之震怒、將以懲惡、當今之威罰、所以長姦、此非唐・虞之心也。非禹・湯之事也。『書』曰「撫我則后、虐我則讎」。荀卿子曰「君、舟也。民、水也。水所以載舟、亦所以覆舟」。故孔子曰「魚失水則死、水失魚猶爲水也」。故唐・虞戰戰慄慄、日愼一日。安可不深思之乎。安可不熟慮之乎。

夫委大臣以大體、責小臣以小事、爲國之常也、爲治之道也。今委之以職、則重大臣而輕小臣、至於有事、則信小臣而疑大臣。信其所輕、疑其所重、將求至治豈可得乎。

又政貴有恆、不求屢易。今或責小臣以大體、或責大臣以小事、小臣乘非所據、大臣失其所守、大臣或以小過獲罪、小臣或以大體受罰。職非其位、罰非其辜。欲其無私、求其盡力、不亦難乎。小臣不可委以大事、大臣不可責以小罪。任以大官、求其細過、刀筆之吏、順旨承風、舞文弄法、曲成其罪。自陳也、則以爲心不伏辜、不言也、則以爲所犯皆實。進退惟谷、莫能自明、則苟求免禍。大臣苟免、則譎詐萌生。譎詐萌生、則矯僞成俗。矯僞成俗、則不可以臻至治矣。

又委任大臣、欲其盡力、每官有所避忌不言、則爲不盡。若擧得其人、何嫌於故舊。若擧非其任、何貴於疏遠。待之不盡誠信、何以責其忠恕哉。臣雖或有失之、君亦未爲得也。

夫上之不信於下、必以爲下無可信矣。若必下無可信、則上亦有可疑矣。『禮』曰「上人疑、則百姓惑。下難知、則君長勞」。上下相疑、則不可以言至治矣。當今羣臣之內、遠在一方、流言三至而不投杼者、臣竊思度、未見其人。夫以四海之廣、士庶之衆、豈無一二可信之人哉。蓋信之則無不可、疑之則無可信者、豈獨臣之過乎。

夫以一介庸夫結爲交友、以身相許、死且不渝。況君臣契合、寄同魚水。若君爲堯・舜、臣爲稷・契、豈有遇小事則變志、見小利則易心哉。此雖下之立忠未有明著、亦由上懷不信、待之過薄之所致也。豈君使臣以禮、臣事君以忠乎。以陛下之聖明、以當今之功業、誠能博求時俊、上下同心、則三皇可追而四、五帝可俯而六矣。夏・殷・周・漢、夫何足數。

太宗深嘉納之。

第六章　徳・仁・功・利のうち太宗が優れているのは

貞観十六年（六四二）、太宗が特進（正二品身分）の魏徴（ぎちょう）に聞いた。

「私は自己に打ち克って政治を行い、先人の功績を敬慕している。その際、『徳を積むこと』『仁を重ねること』『功績を多くすること』『国の利を厚くすること』の四つについては、いつも真っ先に考え、自らそれらに努めようとしている。しかし、人は自分を自分で評価するのは難しいもので、私は自分の行いがわからない。今言った四つのうち、私はどれが優れていて、どれが劣っているだろうか」。

それに対して、魏徴が答えた。

「今おっしゃられた『徳』『仁』『功』『利』の四つは、陛下はどれも実行されているでしょう。ただし、国内の戦乱を終息させ、国外からの異民族の侵入を排除したのは、陛下の功績です。民衆の生活を安定させ、暮らしの糧を得られるようにしたのは、陛下の福利です。こうした点から言えば、陛下の場合は『功』と『利』が多いと言えるでしょう。『徳』と『仁』については、陛下が自ら努めて止まないようにしてほしいのです。そうすれば必ずや成し遂げられるでしょう」。

■原文

貞觀十六年、太宗問特進魏徵曰「朕克己爲政、仰企前烈。至於積德・累仁・豐功・厚利、四者常以爲稱首、朕皆庶幾自勉。人苦不能自見、不知朕之所行、何等優劣」。

徵對曰「德・仁・功・利、陛下兼而行之。然則內平禍亂、外除戎狄、是陛下之功。安諸黎元、各有生業、是陛下之利。由此言之、功利居多、惟德與仁、願陛下自強不息、必可致也」。

第七章　皇帝の子孫と高官の子孫、どちらが暗愚か

貞観十七年（六四三）に、太宗は側近に、

「昔から、国家創業の君主であっても、その子孫の代になると乱れてしまうのは、どうしてであろうか」

と質問した。司空（政治顧問役）の房玄齢が、

「それは、幼い君主が宮殿の奥深くで成長し、若い頃から贅沢をして、世間の実情や虚偽、あるいは国を治める際の安全や危険というものを知らないので、政治を行うと乱れることになるのです」

と答えた。それに対して、太宗は言った。

「そなたの考えは、過ちを君主に押し付けるものだ。私はその責任は臣下にあると思う。そもそも功臣の子弟は、多くは才能もないのに、祖先の地位のお蔭でついには高官となり、徳義も積まずに贅沢ばかり好んでいる。君主が幼弱で、臣下に才能がなく、転んでも助けてやらないのであれば、政治が乱れるに決まっていよう。隋の煬帝は、揚州にいたころ自分を補佐した宇文述の功績によって、その長子の宇文化及を高位に抜擢したが、化及は恩に報いるどころか、逆に煬帝を殺害してしまった。これは臣下の過ちでなくて何であるか。私がこのようなことを言うのは、そなたたちが子弟を戒めて、道を誤らず罪を犯さ

ないようにさせてほしいと願うからである。それこそが国の慶事なのである」。

また、太宗は、

「宇文化及と楊玄感は、皇帝の恩を深く受けた隋の大臣の子孫であるのに、二人とも隋に反逆した。いったいどうしてであろうか」

と聞いた。それに対して、岑文本は、

「君子というものは、道徳を思い、人の恩を忘れないものです。楊玄感、宇文化及といった輩は、みな小人です。昔の人が君子を貴び、小人をさげすんだ理由はそこにあるのです」

と答えた。

太宗は、「そのとおりだ」と賛同したのだった。

■原文

貞觀十七年、太宗謂侍臣曰「自古草創之主、至于子孫多亂、何也」。

司空房玄齡曰「此爲幼主生長深宮、少居富貴、未嘗識人間情僞、治國安危、所以爲政多亂」。

太宗曰「公意推過於主、朕則歸咎於臣。夫功臣子弟多無才行、藉祖父資蔭遂處大官、德義不修、奢縱是好。主既幼弱、臣又不才、顚而不扶、豈能無亂。隋煬帝錄宇文述在藩之功、擢化及於高位、不思報效、翻行弑逆。此非臣下之過歟。朕發此言、欲公等戒勗子弟、使無愆過、即家國之慶也」。

太宗又曰「化及與玄感、即隋大臣受恩深者子孫、皆反。其故何也」。

岑文本對曰「君子乃能懷德荷恩。玄感・化及之徒、并小人也。古人所以貴君子而賤小人」。

太宗曰「然」。

択官 第七

■解説

篇名のとおり、官吏任用に関する議論が収められている。

帝国の運営は、皇帝や大臣だけでできるものではない。国の中枢機関だけでも様々の職務があり、そのうえ地方行政機構も重要である。すべては官吏の手にかかっている。したがって優れた官僚を集める必要があるのだが、人材選抜は口で言うほど易しくはない。実際に運営するのは、大変に難しいものである。

第一章について。唐の初期は、隋末の乱の影響で仕官する者が少なかった。高祖の時に、諸州に担当官を派遣して人材確保に努めた結果、七千人以上を集めたが、太宗は中央官僚のポストはなるべく小規模にしようとした。「六百四十員」（版本によっては六百四十三員）とは役職の員数。第五章で杜如晦が、貞観三年（六二九）時点で選抜された者を「数千人」と言っているが、それは下級官吏（将来の役職候補者）を含めた人数。なお、冒頭『書経』の二つの言葉は、咸有一徳篇と周官篇からの引用。「地面に描いた餅」とは、『三国志』巻二二、魏書、盧毓伝に、魏の明帝が官吏登用にあたって「名声は地に画いた餅のようなもので食うことはできない」と言ったことが見える。続く『詩経』は、小雅「小旻」詩が出典。斉の管仲に対する孔子の評価は『論語』八佾篇に見え、「狐の腋の皮」は『史記』巻四三、趙世家に見える。狐腋は白く美しい皮衣。春秋晋の趙簡子が、直諫の臣下周舎を「一狐の腋」に喩えて誉めた言葉。

第三章にある「都督」は、一州または数州の軍政を統括する長官。「刺史」は州の行政長官。ちなみに、州はいくつかの県で構成され、その県の長官は県令という。また唐ではほとんどの時代に置かれなかったが、郡の長官は太守という。県令と太守は第七章に登場する。

第四章の太宗の言葉「人物の器」のくだりは、『論語』子路篇の孔子の言葉を踏まえている。君子は、人を才能によって使い分けるという意。傅説は殷の名臣。武丁が夢に見て、道路修理の人足の中に見つけたという。太公望呂尚は有名。釣りをしている時に周の文王と出会い、文王の師となった。

第五章の会話は、まるで今日の人事面接について述べているようである。

第六章の魏徴の言葉「成績をくりかえし調べて、良し悪しを査定する」は、原文は「考績黜陟」。『書経』舜典に「三載、績を考し、三考、幽明を黜陟す」とあるのが出典。三年ごとに官吏の成績を査定し、三回の査定を経て成績不振の者を斥け、優秀な者を昇進させる、という意味。

第七章の馬周の上表「宮殿の廂で手をこまねく」（原文「巌廊の上に端拱す」）のくだりは、『漢書』巻五六、董仲舒伝に見え、堯・舜の時代によく世が治まった状態を言った表現。「巌廊」は宮殿の廂（両脇の部屋）、「端拱」は姿勢よく手をこまねく様子。また原文にある「二千石」は、漢代の郡太守の俸禄高のこと。

第八章の上奏をした劉洎については納諫篇第九章を、文中に登場する戴冑は任賢篇第四章を、杜正倫は求諫篇第六章を、それぞれ参照。上奏の冒頭にある「尚書省の八座」とは、尚書左右僕射と属官の六部（吏部・戸部・礼部・兵部・刑部・工部）の長官（それぞれ吏部尚書などと称す）の計八員をいう。

第九章の魏徴の言葉「人を知る者は智、己を知る者は明」は、『老子』第三十三章の言葉。

第十章の魏徴の長い上奏は、結論は、君主は臣下の正邪を見抜き、好き嫌いの分け隔てなく公平に対処すべきだとする。本篇の趣旨にはそぐわないようにも見えるが、それも広い意味では択官といえよう。最初の部分で賢人を採用するかしないかの違いを強調しているところから、本篇に置いたのであろう。

冒頭「臣下を知るのは君主に勝る者はなく……」は、『管子』大匡篇に見える鮑叔牙の言葉の引用。続く「優れた賢人が官僚にいれば……」（原文「俊乂、官に在り、則ち庶績其れ凝らん」）、「人を知ることに明哲」（原文「人を知るに則ち哲」）は、ともに『書経』皐陶謨篇を踏まえた表現。

第二段落に見える曾参は『孟子』離婁篇などで、また閔子騫は『論語』先進篇で、どちらも親孝行が称えられる。関龍逢は政体篇第八章、比干は求諫篇第六章参照。尾生は春秋・魯の人。女性と橋の下で待ち合わせをしたが、女性にすっぽかされ、尾生は水かさが増してきても約束を守って立ち去らず、とうとう橋柱につかまって溺死した（『荘子』盗跖篇）。展獲は春秋・魯の大夫（禽は字）。柳下に地をあたえられた。斉が魯に岑鼎という鼎を要求した時、魯公は偽物を贈ろうとしたが、展獲は真物を贈るよう魯公を説得し、自領と魯公の両方を守った信の人と称えられた（『呂氏春秋』審己篇）。伯夷・叔斉は有名。孤竹君の二子。父の地位を譲り合って二人とも国を出て、周の武王が殷の紂王を討伐した時に諫めたが聞き入れられず、首陽山に隠れてともに餓死した（『史記』伯夷叔斉列伝）。

　第四・五段落で『説苑』の長文が引用されているが、これは同書の臣術篇にある。『説苑』は前漢の劉向の撰。君主を訓戒するために、故事を集めた書。

　第六段落の『礼記』「秤が狂っていなければ……」は、経解篇からの引用。

　第七段落の「愛する者は生きていてほしいと願い……」は、『論語』顔淵篇の孔子の言葉「之を愛すれば其の生を欲し、之を悪めば其の死を欲す」が出典。続く「これでは、君主の褒賞は……」のくだり、原文は「此れ所謂、君の賞は無功を以て求むべからず、君の罰は有罪を以て免るべからざる者なり」であるが、これでは意味が通らない。「無功」は「有功」の、「有罪」は「無罪」の誤写と判断する。

　末尾付近「もしいたずらに官職を惜しんで……」は、原文は「若し徒に美錦を愛して、民の為に官を択ばず」。高い官職を「美錦」と表現するのは、『春秋左氏伝』襄公三十一年を踏まえたもの。鄭の子産の言葉「裁縫の修業をしている者に美錦を切らせないように、政治に未熟な者を高官に就けてはいけない」を逆手にとった言い回し。
第十一章の翠微宮は、長安南方の終南山にあった離宮。以前からあって廃れていた太和宮を、この年（貞観二十一年）に修復して名を翠微宮と変更した。太宗は体調を崩し、この年は四月から大変に暑く、そこでしばらく静養を兼ねて長安を離れて翠微宮で政務をとった。

第一章　官僚は人数ではなく才能

貞観元年（六二七）に、太宗は房玄齢らに言った。

「政治の根本は、その人の才能を詳しく量って適職をあたえ、官僚の数を省くよう努めることである。だから、『書経』は『ただ賢才だけを任官せよ』と言い、また『官職は必ずしも人をそろえなくても、ふさわしい人だけを採用すればよい』と言っている。官僚は、才能ある人がいればそれでいいのであって、人数は少なくてもかまわない。才能のない者をたくさん雇っても、どうしようもないではないか。昔の人は、官僚のポストを用意しても、それにふさわしい人材が手に入らなければ、地面に描いた餅のようなもので、食うことはできないと言っている。『詩経』の詩には、『事を謀る者が多すぎて、かえって結論が出ない』という状況が詠われている。また孔子も『斉の管仲は大勢の家臣に兼任をさせなかったから、倹約家ではない』と言うし、さらには『千匹の羊の毛皮も、一匹の狐の腋の皮の素晴らしさにはかなわない』とも言う。こういう話は、古典に拾ってみれば枚挙にいとまがない。つまり、官職を併合して役人の数を減らし、適材適所を心掛けるべきなのである。そうすれば自然とうまく治まるだろう。そなたはよくよくこの道理をわきまえて、官僚の人数を定めてほしい」。

これによって房玄齢たちは、文武官の総数を六百四十員と決めた。太宗はその案に従い、さらに玄齢に向かって、

「今後は、楽人（がくじん）や技術者などでずば抜けた腕前をもつ者がいたとしても、ただ褒美をあたえて技能を誉めるだけにしなさい。決して、高い位を授けて朝廷の高官たちと肩を並べたり、食事に同席させたりして、高官たちに恥をかかせてはならない」

と伝えた。

■原文

貞觀元年、太宗謂房玄齡等曰、「致治之本、惟在於審。量才授職、務省官員。故『書』稱『任官惟賢才』。又云『官不必備、惟其人』。若得其善者、雖少亦足矣。其不善者、縱多亦奚爲。古人亦以官不得其才、比於畫地作餠、不可食也。『詩』曰『謀夫孔多、是用不就』。又孔子曰『官事不攝、焉得儉』。且『千羊之皮、不如一狐之腋』。此皆載在經典、不能具道。當須更併省官員、使得各當所任。則無爲而治矣。卿宜詳思此理、量定庶官員位」。

玄齡等由是所置文武總六百四十員。太宗從之、因謂玄齡曰、

「自此儻有樂工雜類、假使術逾儕輩者、只可特賜錢帛以賞其能、必不可超授官爵、與夫朝賢君子比肩而立、同坐而食、遺諸衣冠以爲耻累」。

第二章　大臣には些細な訴訟は裁かせない

貞観二年（六二八）のこと、太宗は房玄齢と杜如晦に言った。

「そなたたちは尚書省の僕射（実質上の長官）であるから、私の心配事を助けるために、広く耳目を開いて人材を探し求めなくてはならない。ところが、このごろ聞くところによれば、そなたたちは日に数百件もの訴訟を裁いているとのことだ。これでは書類に目を通す時間もなく、私を助けて賢人を探すどころではないではないか」。

そこで尚書省に詔勅を下し、細かい事務は副官の左丞に任せ、裁定が長引いて皇帝に報告すべき重要案件だけ、僕射に関与させることにした。

■原文

貞觀二年、太宗謂房玄齡・杜如晦曰、「公爲僕射、當助朕憂勞、廣開耳目、求訪賢哲。比聞公等聽受辭訟、日有數百。此則讀符牒不暇、安能助朕求賢哉」。

因敕尚書省、細碎務皆付左右丞、惟冤滯大事合聞奏者、關於僕射。

第三章　地方長官こそ治乱の要

貞観二年（六二八）に、太宗は側近の者に言った。

「私は毎晩、民衆を思って夜中まで眠れない。各地方の都督や刺史は、人民を養うだけの能力があるかどうか、心配なのだ。だから、屏風の上に彼ら地方官の名前を書いて、座っても寝てもいつも見ている。彼らに顕著な業績があると、それを名前の下に書き付けている。私は宮殿の奥にいて、遠くの状況まで見聞きできない。任せられるのはただ都督と刺史だけで、彼らこそ天下が治まるか乱れるかの鍵を握っているのだから、そのポストには適任者に就いてもらわねばならないのだ」。

■原文

貞觀二年、太宗謂侍臣曰、「朕每夜恆思百姓間事、或至夜半不寐。惟恐都督・刺史堪養百姓以否。故於屏風上錄其姓名、坐臥恆看、在官如有善事、亦具列於名下。朕居深宮之中、視聽不能及遠。所委者惟都督・刺史、此輩實治亂所繫、尤須得人」。

第四章　才能ある士はいつの世にもいる

貞観二年（六二八）に、太宗は尚書右僕射（尚書省副長官）の封徳彝に対して、

「国を治める根本は、ただ優れた人材を得ることにかかっている。近ごろ、そなたに賢人を推挙するよう命じたのに、まだ一人も名が挙がってこない。天下を治める任務は重く、そなたには私の心労を分かち合ってほしい。そなたが推薦しないのであれば、私は誰に頼ればいいのか」

と苦言を呈した。

それに対して封徳彝は、

「私は任務を怠っているわけではありません。しかし今のところ、ずば抜けた才能の持ち主が見当たらないのです」

と答えた。すると太宗は、

「前代の明君は、人を使うのにその人物の器を見て、みなその時代の才人を採用したのであって、別の時代から借りてきたわけではない。なにも、殷の王は傅説を夢に見たり、周の王は太公望呂尚に出会うのを待って、それから政治をしたわけではないではないか。いつの時代にも賢人がいないなどということはないはずだ。グズグスして有能な者を取り逃がしてしまうことが心配なのだ」

と言った。

それを聞いて、封徳彝は赤面して退出したのだった。

■原文

貞觀二年、太宗謂右僕射封德彝曰、「致安之本、惟在得人。比來命卿舉賢、未嘗有所推薦。天下事重、卿宜分朕憂勞、卿既不言、朕將安寄」。對曰、「臣愚豈敢不盡情、但今未見有奇才異能」。太宗曰、「前代明王使人如器、皆取士於當時、不借才於異代。豈得待夢傅說、逢呂尚、然後爲政乎。且何代無賢、但患遺而不知耳」。德彝慙赧而退。

第五章　人格を見抜く難しさ

貞観三年（六二九）に、太宗は吏部尚書（尚書省吏部の長官）の杜如晦に、

「このごろ、吏部の官吏採用のやり方を見ると、ただうわべの話しぶりや文才だけを評価の基準にしていて、その人物の人となりというものを考慮していない。採用して数年後に、その役人の悪行が明るみに出たとしたら、たとえ刑罰を加えたとしても、すでに人民はその弊害を受けてしまっている。どうしたら優れた人材を採用できるのだろうか」

と質問した。

それに対して、杜如晦は、

「前漢・後漢の時代の官吏採用は、郷里で評判のよい者を州や郡が推薦し、それから任用していました。だから、当時は人材が豊富だといわれました。今は毎年に官吏選抜を行い、その数は数千人になろうとしています。みなうわべをうまく取り繕(つくろ)いますから、本当の人格がわからず、選抜の事務官は候補者をランク分けするだけです。人材選びのシステムが精緻ではなくて、これが才能ある士を獲得できない理由です」

と答えた。

そこで太宗は、漢の時代の制度を採用しようとし、州ごとに人材を推薦させようとした。ところが、たまたま功績ある臣下たちの封爵を世襲制にする議論が起き、官吏採用の新制度は実現しないまま終わってしまった。

■原文
貞觀三年、太宗謂吏部尙書杜如晦曰、「比見吏部擇人、惟取其言詞刀筆、不悉其景行。數年之後、惡跡始彰、雖加刑戮、而百姓已受其弊。如何可獲善人」。

如晦對曰、「兩漢取人、皆行著鄉閭、州郡貢之、然後入用、故當時號爲多士。今每年選集、向數千人。厚貌飾詞、不可知悉、選司但配其階品而已。銓簡之理、實所未精、所以不能得才」。

太宗乃將依漢時法令、本州辟召、會功臣等將行世封事、遂止。

第六章　悪人を採用すると被害は大きい

貞観六年（六三二）、太宗は魏徴を相手にして、

「古人が言うには、王たる者、ポストに合う適任者を任用すべきで、軽々しく人を採用してはならないとのことだ。今、私が一つの行動をとれば、天下の人に見られることになり、一つの言葉を発すれば、天下の人に聞かれることになる。正しい人を採用すれば、善人は進んで官吏になりたがるであろうし、誤って悪人を採用すれば、愚劣な者が競って集まってくるであろう。褒賞がその者の手柄に適っていれば、功績のないものは自然と退く。処罰がその者の罪にあたっていれば、悪事を働く者は自然と恐れることになる。だから、賞罰は軽々しく行ってはならないのであり、ましてや人の採用にあたっては慎重に選ばねばならない」

と言った。

それに対して、魏徴は、

「人の評価というものは、昔から難しいものだと言われています。だから、成績をくりかえし調べて、良し悪しを査定するのです。今、人を求めようとすれば、必ず詳しくその人の行いというものを審査しなければなりません。その人が善人だとわかって採用し、たとえその人が仕事に堪えられなかったとしても、それはただ才能が乏しかったからであっ

て、大した害にはなりません。しかし、誤って悪人を採用し、しかもその者に仕事の才能があった場合には、極めて大きな害をもたらすでしょう。乱世にあっては、才能を優先して徳行などは考慮に入れません。しかし太平の世にあっては、必ず才能と人格とを兼ね備えていて、はじめて採用すべきなのです」

と答えた。

■原文

貞觀六年、太宗謂魏徵曰、「古人云、王者須爲官擇人、不可造次卽用。朕今行一事、則爲天下所觀、出一言、則爲天下所聽。用得正人、爲善者皆勸、誤用惡人、不善者競進。賞當其勞、無功者自退。罰當其罪、爲惡者戒懼。故知賞罰不可輕行、用人彌須愼擇」。

徵對曰、「知人之事、自古爲難。故考績黜陟、察其善惡。今欲求人、必須審訪其行。若知其善、然後用之。設令此人不能濟事、只是才力不及、不爲大害。誤用惡人、假令強幹、爲害極多。但亂世惟求其才、不顧其行。太平之時、必須才行倶兼、始可任用」。

第七章　朝廷は地方の長官に目を向けろ

貞観十一年（六三七）のこと、御史台（監察官署）の侍御史である馬周が、上奏文を提出して意見を述べた。

「天下を治める根本は、人にあります。人民の安寧を願うのであれば、それはひとえに州刺史（州の長官）と県令（県の長官）とにかかっています。ただし県令は数が多く、すべてが賢明な者とは限りません。しかし、もしそれぞれの州が優秀な刺史を得たならば、州の境域内は生き生きとするでしょう。国中の州刺史が陛下のお気持ちに適うほどの者であれば、陛下は宮殿の廂で手をこまねいていても、人民は何も心配せずに暮らせるでしょう。昔から、郡太守（郡の長官）と県令は、みな賢明で人徳のある者を精選してきました。将軍や宰相に抜擢しようとする者には、必ず先に人民を統治できるかどうかを試しました。漢代には、郡太守から朝廷に入って丞相や司徒、太尉などの高官に就くものがたくさんいました。朝廷は、内臣だけを重視して、地方の州刺史や県令の人選を軽視しては絶対にいけません。人民が安寧でなくなるのは、ほとんどはこれが原因なのです」。

これを読んで、太宗は側近に、

「今後、州刺史は私が自分で選ぶことにする。県令は、都の五品以上の官僚に詔勅を下して、各自一人ずつ推薦させることにしよう」

と伝えた。

■原文

貞觀十一年、侍御史馬周上疏曰、「治天下者以人爲本。欲令百姓安樂、惟在刺史・縣令。縣令既衆、不可皆賢。若毎州得良刺史、則合境蘇息。天下刺史悉稱聖意、則陛下可端拱巖廊之上、百姓不慮不安。自古郡守・縣令、皆妙選賢德、欲有遷擢爲將相、必先試以臨人、或從二千石入爲丞相及司徒・太尉者。朝廷必不可獨重內臣、外刺史・縣令、遂輕其選。所以百姓未安、殆由於此」。
太宗因謂侍臣曰、「刺史朕當自簡擇。縣令詔京官五品已上、各舉一人」。

第八章　ちかごろ尚書省がたるんでいる理由

貞観十一年（六三七）に、御史台の治書侍御史（官吏取り締まり官）であった劉洎が、尚書省の左右丞（左右の副官）に就任する者は特に精選すべきだと考え、次のような上奏文を提出した。

「私は、尚書省の政務は政治の根本だと聞いています。謹んで考えますに、尚書省の適任者を選考するのは大変重要で、難しいものです。ですから、尚書省の八座は天の文昌星になぞらえ、左右二丞は管轄星になぞらえ、下位の郎中に至るまで、天の二十八宿になぞらえます。もし任務に適わなければ、その者は肩書泥棒だと非難されます。謹んで観察しますに、近ごろ尚書省では詔勅の処理が滞って、文書が停滞しております。私は愚かな人間ですが、その原因について述べさせていただきたく存じます。

貞観の初めには、尚書令と左右僕射のポストは置いていませんでした。当時の省内の事務は、今の倍も多忙でした。それなのに、左丞の戴胄と右丞の魏徴が、ともに官吏の道に通じていて、性質も公平で、罪状を弾劾するにも遠慮がありませんでした。陛下もまた温情を加えてくださいましたので、自然と尚書省内は粛然としていました。官吏たちが仕事を怠らなかったのは、そもそもはこのためでした。杜正倫が魏徴の後を継いで右丞に就任しても、また部下たちを奨励しました。

このごろ、尚書省の規律が緩んでいるのは、すべて勲功のあった者や皇室の親類が高位に就き、才能が任務にそぐわないのに、権勢ばかり振るっているためです。そのため、官僚たちはまともに仕事もせず、もしその悪習を直そうとしても、人から非難されるのではないかとビビッているあり様です。こうして、郎中の仕事は上からの命令を受けるだけとなり、尚書六部の長官たちはぐずぐずして決断できなくなりました。ある者は糾弾の上奏をわざと先延ばしにし、またある者は文案はできているのにさらに念を入れて処理しません。文書の提出に期限がなく、また尚書省への報告が遅れても叱責しません。一度尚書省に案件を委ねれば、処理に何年もかかります。あるいは天子の意向をうかがって政治の大事な目的を見失い、あるいは自分に嫌疑がかからないようにと正当な意見をつぶそうとします。事務官は文書の完成でことが済んだと思い、行政がそれでよいのかどうかは問題にしません。六部の長官たちは媚び諂うことが奉公だと考え、政務の当否を論じることもなく、たがいに一時逃れをして、うまく取り繕うことばかり考えています。

さらに言えば、多くの人の中から選んで官職に就けるのは、才能ある人でなければ採用してはいけません。人が天に代わって治めるのですから、濫りに採用していいものでしょうか。皇室の外戚や国家元勲の士は、ただ礼儀と俸禄で待遇すればいいのです。高齢になってボケた人や、病気続きで知恵の出ない人は、もはや何の益もなく、さっさと隠居させるべきです。そういう人が官位に居座って、賢人の昇級を邪魔しているのは、ことのほかよろしくありません。

以上のような弊害を取り除こうとされるなら、尚書省の左右丞と左右郎中に就任する人を精選すべきです。このポストに人を得たならば、尚書省は自然と綱紀が高まり、権力を盾とした出世競争は正されるでしょう。停滞を解消するだけではない効果があるはずです」。

この上奏が行われると、太宗は間もなく劉洎自身を尚書左丞に任じた。

■原文

貞觀十一年、治書侍御史劉洎以爲左右丞宜特加精簡、上疏曰、「臣聞尚書萬機、實爲政本。伏尋此選、授任誠難。是以八座比於文昌、二丞方於管轄、爰至曹郎、上應列宿。苟非稱職、竊位興譏。伏見比來尚書省詔敕稽停、文案壅滯、臣誠庸劣、請述其源。

貞觀之初、未有令・僕。于時省務繁雜、倍多於今。而左丞戴冑、右丞魏徵、並曉達吏方、質性平直、事應彈擧、無所迴避、陛下又假以恩慈、自然肅物。百司匪懈、抑此之由。及杜正倫續任右丞、頗亦厲下。

比者綱維不擧、並爲勳親在位、器非其任、功勢相傾。凡在官寮、未循公道、雖欲自強、先懼囂謗。所以郎中豫奪、惟事諮稟、尙書依違、不能斷決。或糾彈聞奏、故事稽延、案雖理窮、仍更盤下。去無程限、來不責遲。一經出手、便涉年載。或希旨失情、或避嫌抑理。勾司以案成爲事了、不究是非。尙書用便僻爲奉公、莫論當否。互相姑息、惟事彌縫。

且選衆授能、非才莫舉。天工人代、焉可妄加。至於懿戚元勳、但宜優其禮秩、或年高及耄、或積病智昏、既無益於時宜、當置之以閒逸。久妨賢路、殊爲不可。將救茲弊、且宜精簡尙書左右丞及左右郎中。如並得人、自然綱維備舉、亦當矯正趨競。豈惟息其稽滯哉」。

疏奏。尋以洎爲尙書左丞。

第九章　官吏を自薦で採用してはならない

貞観十三年（六三九）のこと、太宗は側近の者に、

「私は、太平の後には必ず大乱があり、大乱の後には必ず太平が来ると聞いている。今は隋末の大乱を承けているのだから、すなわち太平の気運にあるわけだ。こういう時に天下の安泰を維持するには、ただ優れた才能の士を採用できるかどうかにかかっている。ところが、そなたたちは賢人を見つけられないでいるし、私もまた広く世情を知っているわけではない。こうして日一日と、賢才を見つけられずに空しく時が過ぎていく。そこで、人々に自薦させてはどうかと思うのだが、いかがだろうか」

と相談した。

それに対して、魏徴は、

「『人を知る者は智、己を知る者は明』だと言います。人のことを知るのは難しいものですが、己を知るのもまた誠に易しいことではないのです。それなのに、愚かな者はみな、

自分こそは才能があって善良な人間だと思い込み、それを誇りにしていますから、自薦の制度などを採り入れたら、人を押しのけてわれ先にと競い合う風潮を招くでしょう。自薦による人材確保はすべきではありません」

と述べて、反対したのだった。

■原文

貞觀十三年、太宗謂侍臣曰、「朕聞太平後必有大亂、大亂後必有太平。大亂之後、即是太平之運也。能安天下者、惟在用得賢才。公等既不知賢、朕又不可徧識。日復一日、無得人之理。今欲令人自擧、於事何如」。

魏徵對曰、「知人者智、自知者明。知人既以爲難、自知誠亦不易。且愚暗之人、皆矜能伐善、恐長澆競之風、不可令其自擧」。

第十章　正義と邪悪を見極めること

貞観十四年（六四〇）に、特進（とくしん）（正二品身分）の魏徵（ぎちょう）が上奏文を提出して述べた。

「私は、臣下を知るのは君主に勝る者はなく、子を知るのは父親に勝る者はないと聞いています。父親がその子の人柄をよく知らなければ、一家が仲良く暮らすことはできません。同様に、君主が臣下のことをよく知らなければ、国をうまく治めることはできません。国中がみな安寧で、君主一人が慶賀されるのは、必ず忠良な臣下の補佐があるお蔭です。優れた賢人が官僚にいれば、様々な影響が百官たちに及んで、何もしないでも民衆を教化することができます。堯や舜、周の文王・武王が昔の書物で称えられているのは、彼らがみな人を知ることに明哲だったからであります。その時代には多くの賢臣が朝廷にあふれ、八元・八愷と呼ばれた十六人の才子が舜の気高い功績を助けましたし、周公旦や召公奭が周の耀く美徳を補佐しました。しかしながら、舜の時代に四岳と呼ばれた四方の統治官や、内政を司った九人の大臣、五人の有能な補佐官、あるいは周の武王を支えた十人の名臣は、どうして昔のその時代だけに生まれて、現代には存在しないなどということがあるでしょうか。それは、賢人を求めるか求めないか、賢人を好むか好まないかの違いがあるだけに過ぎません。

どうしてそう言えるでしょうか。そもそも、美しい玉や珠、孔雀やカワセミの羽、象牙や犀角、大宛（フェルガナ地方）の名馬、西方の大犬などは、あるいは足がなく、あるいは心がなく、中国辺境のさらに遠い外で生まれ、はるか万里の道をたどり、何人もの通訳を重ねてようやく中国にたどり着くというのに、それなのにそれらが途絶えないというのは、いったい何故でしょうか。それはつまり、それらが中国で好まれるからです。ましてや、仕官する者は君主の栄誉を胸に抱き、その俸禄をもらおうというのですから、彼らを道義によって招けば、どこにいてもやって来ない者はいないでしょう。思いますに、孝の道を行えば、彼らは、孔子の弟子の曾参や閔子騫のような孝行者になります。忠の道を行えば、彼らは、直諫を厭わなかった夏の桀王の臣下関龍逢や殷の紂王の臣下比干のような忠臣になります。信の道を行えば、彼らは、魯の尾生や展獲のような信義を重んじる人になります。廉の道を行えば、彼らは、あの伯夷・叔斉のような清廉の士になるものです。

それなのに、今の臣僚たちに、ずば抜けて志の正しい潔白な者が稀であるのは、そういう態度を切実に求めず、そうなるよう一生懸命に努めないからでしょう。もし臣僚たちに公正忠実を奨励し、遠大な理想を期待し、それぞれの職分ごとにその道を行えるようにし、高貴な者はその人が使用している人間を観察し、裕福な者はその養っている人間を観察し、家にいる者はその好む生活ぶりを観察し、学習している者はその意見を観察し、貧しい者はその決して受け取らないものを観察し、卑しい者はその決して行わないことを観察し、そうしてその人材に応じて採用して、その能力を調べて任務を振り分け、その長所を用いて短所は抑え、六つの正を勧めて六つの邪を戒めれば、彼らは厳しく取り締まらなくても自分から任務に励み、勧めなくても自分から職務に勉めるようになるでしょう。

この点について、『説苑』は次のように記しています。『臣下たる者の行いには、六正と六邪とがある。六正を行えば国は栄えるが、六邪を犯せば国は恥辱にまみれる。それでは、六正とは何をいうのか。第一の正は、物事の徴候がまだ現れないうちにそれに気付き、はっきりと国の存亡の危機かどうか、国に利となるか損となるかを見抜き、それを未然のうちに防ぎ、君主には何も心配させずに栄えある地位に立たせていることをいう。こういう者は聖臣である。第二の正は、虚心に心を尽くし、日々善の道を行い、君主には礼儀を踏ませ、優れた政策を進言し、君主の長所を伸ばして短所を正すことをいう。こういう者は良臣である。第三の正は、朝は早く起きて夜は遅く寝て、弛まずに才能ある士を推挙し、たびたび昔の聖人の行いを示して、君主のやる気を起こさせることである。こういう者は忠臣である。第四の正は、事の成功・失敗を察し、早く危険を防ぎ、ほころびを塞いでその根源を断ち、禍を転じて福となし、君主に心労をかけないようにすることである。こういう者は智臣である。第五の正は、法令を遵守し、職務に忠実で、賄賂は受けず、高い俸禄は辞退し、賜り物は人に譲り、贅沢な食事は避けることである。こういう者は貞臣である。第六の正は、国家が混乱した時でも、決しておもねらず、君主がいやな顔をしても、敢えて面と向かって君主の過ちを指摘することである。こういう者は直臣である。以上を六正という。

一方、六邪とは何をいうのか。第一の邪は、地位に安穏として俸禄をむさぼり、公務はサボり、世の流行に流され、周りの様子をうかがっていることである。こういう者は具臣（頭数だけの臣）である。第二の邪は、君主の言動はすべて褒め、こっそりと君主の好みのものを探して進呈し、それで君主を喜ばせ、その場しのぎの迎合をして一緒に楽しみ、後の害を顧みないことである。こういう者は諛臣（ゴマすり下臣）である。第三の邪は、本心あくどい心を持ちながら、外見はまるで小心者を装い、口がうまく表情も穏やかで、本心は善人や賢人を嫉妬し、自分が推挙しようとする者は、長所を強調して短所を隠し、追い落とそうとする者は、その過失ばかりを強調して良い点には口を噤み、君主の賞罰を正当ではないようにし、その命令を実行されないようにすることである。このような者は奸臣である。第四の邪は、自分の非を取り繕う知恵を持ち、自分の主張を通す弁舌を持っていて、家庭では親族をケンカさせ、朝廷ではもめ事を作ることである。こういう者は讒臣である。第五の邪は、ほしいままに権力を振るい、自分の判断を人に押し付け、一門を中心に徒党を組み、自家の富だけを求め、勝手に君主の命令を変えて、それで高貴な地位に居座ることである。こういう者は賊臣である。第六の邪は、下心を持って君主に諂い、君主を不義の道に陥れ、仲間どうしがグルになって君主の目を塞ぎ、白黒も善悪も分別がなく、君主の悪い点を国中に広め、さらには四方の国々にまで轟かせるようにすることである。こういう者は亡国の臣である。以上を六邪という。賢臣というものは六正の道に踏みとどまり、六邪の道には足を踏み入れない。だから、君主は安寧で民は治まる。生きている時は人々から喜ばれ、死んでからも人々から慕われる。これこそが臣下たる者の採るべき道である』。以上のように『説苑』は述べています。

さらに、『礼記』は、『秤が狂っていなければ、重さをごまかすことはできない。墨の糸がきちんと張られていれば、線をごまかすことはできない。定規とコンパスが正しく設置されていれば、四角と円をごまかすことはできない。君主が礼をはっきりさせていれば、口先で政治をごまかすことはできない』と記しています。すなわち、臣下の誠実と虚偽とを見抜くのは、難しいことではないのです。臣下を礼儀で待遇し、法令によって統御し、善なる者には褒賞を、悪なる者には処罰をもって対処すれば、どうして望みどおりにならないことがありましょうか。どうして彼らが政治に力を尽くさないことがありましょうか。

わが国は、もう十年以上にわたって、忠良な臣下を推挙し、そうでない者を斥けようとしてきました。しかし、ただそう言っているばかりで、実際には忠良な臣下に出会わないのは、なぜでしょうか。思うに、言っていることは正しいけれど、それが実行されていないからです。正しい言葉は公の道を踏んではいるのですが、それが正しく行動に移されなければ、間違った道に足を踏み入れることになります。正と不正が、善と悪とが入り乱れてしまっています。愛する者はたとえ罪があっても罰せられず、憎む者は罪がないのに罰せられています。これでは、愛する者は生きていてほしいと願い、嫌いなものは死んでしまえと思うのと同じです。あるいは、小さな悪によってその者の大きな善を捨て去り、あるいは小さな過ちによってその者の大きな功績を忘れています。これでは、君主の褒賞は功績によっては手に入らず、君主の処罰は無罪であっても免れることはできない、ということになってしまいます。褒賞が善を奨励せず、処罰が悪を懲らしめないで、それで正義と邪悪が混乱しないように望んでも、そんなことはとても無理というものです。

もし、皇帝から疎遠な者にも賞をあたえ、近しい者でも罰し、公平と道徳を規準として、物事の名分をはっきりさせ、それに従って真実を究明すれば、正義と邪悪は隠れることなく、善と悪は自然と明確になるでしょう。そうしてから、質実を重視して華美を尊ぶことはせずに、情を厚くして薄情なことをしなければ、何も言わなくても官僚は感化され、一年のうちに成果が現れるでしょう。もしいたずらに官職を惜しんで、才能ある士にそれをあたえず、公平なことを言いながら、実際には不公平な対応をして、好きな者の短所には目をつぶり、嫌いな者の長所は無視し、感情によって邪(よこしま)な臣下を近づけ、公の道に背(そむ)いて忠良な臣下を遠ざけるのであれば、いかに皇帝が昼夜怠らずに精神を削って、国をよく治めようとしても、それは望むべくもありません」。

この上奏が提出されると、太宗は心から納得して受け入れた。

■原文

貞観十四年、特進魏徴上疏曰、

「臣聞知臣莫若君、知子莫若父。父不能知其子、則無以睦一家。君不能知其臣、則無以齊萬國。萬國咸寧、一人有慶、必藉忠良作弼、俊乂在官、則庶績其凝、無爲而化矣。故堯・舜・文・武見稱前載、咸以知人則哲。多士盈朝、元・凱翼巍巍之功、周・召光煥乎之美。然則四岳・九官・五臣・十亂、豈惟生之於曩代、而獨無於當今者哉。在乎求與不求、好與不好耳。

何以言之。夫美玉明珠、孔翠犀象、大宛之馬、西旅之獒、或無足也、或無情也、生於八荒之表、塗遙萬里之外、重譯入貢、道路不絶者、何哉。蓋由乎中國之所好也。況從仕者懷君之榮、食君之祿、率之以義、將何往而不至哉。臣以爲與之爲孝、則可使同乎曾參・子騫矣。與之爲忠、則可使同乎龍逢・比干矣。與之爲信、則可使同乎尾生・展禽矣。與之爲廉、則可使同乎伯夷・叔齊矣。

然而今之羣臣、罕能貞白卓異者、蓋求之不切、勵之未精故也。若勗之以公忠、期之以遠大、各有職分、得行其道。貴則觀其所舉、富則觀其所養、居則觀其所好、習則觀其所言、窮則觀其所不受、賤則觀其所不爲。因其材以取之、審其能以任之、用其所長、揜其所短。進之以六正、戒之以六邪、則不嚴而自勵、不勸而自勉矣。

故『說苑』曰、『人臣之行、有六正六邪。行六正則榮、犯六邪則辱。何謂六正。一曰、萌芽未動、形兆未見、昭然獨見存亡之機、得失之要、預禁乎未然之前、使主超然立乎顯榮之處、如此者、聖臣也。二曰、虛心盡意、日進善道、勉主以禮義、諭主以長策、將順其美、匡救其惡、如此者、良臣也。三曰、夙興夜寐、進賢不懈、數稱往古之行事、以厲主意。如此者、忠臣也。四曰、明察成敗、早防而救之、塞其間、絕其源、轉禍以爲福、使君終以無憂、如此者、智臣也。五曰、守文奉法、任官職事、不受贈遺、辭祿讓賜、飮食節儉。如此者、貞臣也。六曰、家國昏亂、所爲不諛、敢犯主之嚴顏、面言主之過失。如此者、直臣也。是謂六正。

何謂六邪。一曰、安官貪祿、不務公事、與世浮沉、左右觀望。如此者、具臣也。二曰、主所言皆曰善、主所爲皆曰可、隱而求主之所好而進之、以快主之耳目、偷合苟容、與主爲樂、不顧其後害。如此者、諛臣也。三曰、內實險詖、外貌小謹、巧言令色、妬善嫉賢、所欲進、則明其美、隱其惡、所欲退、則明其過、匿其美、使主賞罰不當、號令不行。如此者、奸臣也。四曰、智足以飾非、辯足以行說、內離骨肉之親、外構朝廷之亂。如此者、讒臣也。五曰、專權擅勢、以輕爲重、私門成黨、以富其家、擅矯主命、以自貴顯、如此者、賊臣也。六曰、諂主以佞邪、陷主於不義、朋黨比周、以蔽主明、使白黑無別、是非無間、使主惡布於境內、聞於四鄰。如此者、亡國之臣也。是謂六邪。賢臣處六正之道、不行六邪之術。故上安而下治。生則見樂、死則見思、此人臣之術也』。

『禮記』曰、『權衡誠懸、不可欺以輕重。繩墨誠陳、不可欺以曲直。規矩誠設、不可欺以方圓。君子審禮、不可誣以姦詐』。然則臣之情僞、知之不難矣。又設禮以待之、執法以御之、爲善者蒙賞、爲惡者受罰、安敢不企及乎。安敢不盡力乎。

國家思欲進忠良、退不肖、十有餘載矣、徒聞其語、不見其人、何哉。蓋言之是也、行之非也。言之是、則出乎公道、行之非、則渉乎邪徑。是非相亂、好惡相攻。所愛雖有罪、不及於刑。所惡雖無辜、不免於罰。此所謂愛之欲其生、惡之欲其死者也。或以小惡棄大善、或以小過忘大功。此所謂君之賞不可以無功求、君之罰不可以有罪免者也。賞不以勸善、罰不以懲惡、而望邪正不惑、其可得乎。

若賞不遺疏遠、罰不阿親貴、以公平爲規矩、以仁義爲準繩、考事以正其名、循名以求其實、則邪正莫隱、善惡自分。然後取其實、不尚其華、處其厚、不居其薄、則不言而化、期月而可知矣。若徒愛美錦、而不爲民擇官。有至公之言、無至公之實、愛而不知其惡、憎而遂忘其善。徇私情以近邪佞、背公道而遠忠良、則雖夙夜不怠、勞神苦思、將求至理、不可得也」。

書奏、甚嘉納之。

第十一章　鬚を誉める意味

貞観二十一年（六四七）に、太宗が翠微宮にいた時のこと。司農卿（穀物管理長官）であった李緯を戸部尚書（尚書省戸部長官）に任じた。その時、房玄齢は都の長安に留まって政務を統轄していた。たまたま都から翠微宮に来た者がいたので、太宗は、

「房玄齢は、李緯を戸部尚書に採り立てたことを聞いて、何と言っていたか」

と尋ねた。すると、その者の答えるには、

「房玄齢殿は、『李緯は鬚が大変立派だ』と言っただけで、ほかには何も言いませんでした」。

聞いて悟った太宗は、あらためて李緯を洛州刺史（洛陽周辺の地方長官）に移したのだった。

■原文

貞觀二十一年、太宗在翠微宮、授司農卿李緯戸部尙書。房玄齡是時留守京城。會有自京師來者、太宗問曰、「玄齡聞李緯拜尙書、如何」。對曰、「但云『李緯大好髭鬚』、更無他語」。由是改授洛州刺史。

封建　第八

■解説　封建とは、ある一定の地域の政治的首長を定め、その地域の統治をその者に委ねる政治体制をいう。中央集権に対する地方分権型の政体である。中国における典型的な封建制は周の時代に見られ、新しい植民都市と邦を作る時、周の都から聖なる苗木を移植したことから「封建」といった。この場合の「封」は「邦」と同義である。

封建制に対して、中央集権型の政治体制は「郡県制」という。これを初めて全国的に施行したのは、秦の始皇帝であった。唐では郡は置かずに州を置いたので、「州県制」という。国内をいくつもの州に分け、その中をさらにいくつもの県に分けて、中央政府の意向どおりに行政を施行する体制である。州の長官を刺史、郡の長官を太守、県の長官を令という。

唐は、直接統治をする地域にはこの州県制を施行したので、封建制が行われる余地はない。しかしながら、国家に対して勲功のあった者には、名目的に封建制に基づく称号を授与したので、封建制の名残が存在した。その称号を封爵という。

唐の封爵は、王・郡王・国公・郡公・県公・県侯・県伯・県子・県男の九等。そこに地名が付されて、楚王、斉王、鄭国公などの称号を帯びる。これらは名目的な称号で、実際にそれらの地域を統治するものではないが、そうはいっても公爵・侯爵・伯爵・子爵・男爵といえば、いかに威厳のある称号か、わかるであろう。

封爵を授与された者は、その地を統治しない代わりに、その地域の税（租・調・庸）を毎年自家の収入にする権利を有した。その範囲を封邑といい、爵に応じて戸数が決められていたが、実際にはその戸数よりも少なく設定された。実際に税収入を得る戸数を「食実封」という。本篇第一章冒頭に見える「一千三百戸の食実封」というのが、これにあたる。

この制度を運営するには、食実封とされた戸の税を都の有爵者の家へ運ぶわけだから、それ相応の労働力を要する。その労働力は在地の封邑が負担するのであり、第一章末尾の太宗の言葉「奉仕する力役人」がそれに相当する。

つまり、唐の封建制はあくまでも名目的な称号であって、ある地域の統治を任せる制度ではない。しかし、太宗朝においては、実質上の封建制を採用するかどうか、二度にわたつて議論されたことがあった。

一度目は貞観二年（六二八）のことで、太宗は皇族や功臣を各地に分散させて、それらの地を治めさせようとした。それに対して、李百薬・顔師古・魏徴・馬周らが反対し、太宗は断念したという。

二度目は貞観十一年のことで、太宗は皇族や功臣を世襲制の刺史にしようとした。刺史は州の統治を担う実務官であるので、それを世襲にすれば実質的には封建制と変わりはない。この時も長孫無忌や于志寧らが反対して、太宗はあきらめた。本篇第二章には、この時の李百薬と馬周の上奏が載せられるが、実はこれは一度目の貞観二年の誤りである。『旧唐書』巻七二、李百薬伝には、この上奏は貞観二年のこととされており、なによりも李百薬は文中で「このごろは毎年のように凶作で飢饉」と言っている。飢饉が起こったのは、貞観初期のことなのである。また、馬周の上奏も一度目の際のこと。『旧唐書』巻七四、馬周伝は、この上奏を貞観六年のこととしており、『資治通鑑』は一度目の議論を貞観五年十月条に置くが、これらは「二年」の誤りか、または論争は貞観二年以降も続いたのであろう。本篇の馬周の上奏は、長い文章の抜粋である。

なお、太宗がこれほど封建制にこだわったのは、隋末の乱を勝ち抜き、玄武門の変で兄弟を殺害して実権を握った彼には、どうしても猜疑心が抑えられなかったのだと思われる。

以下は典拠の説明。

第一章に登場する淮安王の李神通は、太宗の父親高祖李淵の年下のいとこにあたる。隋末に長安にいて、李淵が太原で挙兵すると隋の官吏に捕らえられたが脱走し、長安の任侠と結託して挙兵して、李淵を迎え入れた。

蕭何は、前漢の高祖劉邦の功臣の一人。常に参謀として劉邦を補佐して天下の形勢を示し、天下平定後に功第一とされた。劉賈は劉邦のいとこ。垓下で項羽を破る功績をあげ荊王となった。また、劉沢は劉邦のはとこ。劉邦の死後、実権を握った呂皇后の一族を倒し、文帝を立てて燕王となった。二人とも『史記』巻五一、『漢書』巻三五に立伝される。

第二章の冒頭に見える太宗の思惑は、前述のとおり、都督（地方軍事長官）や州刺史を世襲制にしようというのだから実質的には封建制に等しい。それに対して長文の上奏をして反対した李百薬は、隋の内史省（唐の中書省）長官だった李徳林の子。李百薬は文章に優れ、礼書や陰陽書を撰したが、煬帝の方針に反対して官爵を剝奪された。隋末の乱では、長江流域の群雄に任用され、唐の高祖に召し出されて長安に来て、太宗にも仕えた。北朝の東魏・北斉の歴史書『北斉書』を編纂したのは李百薬である。

彼の上奏の第二段落にある周と秦の差違を述べるくだりは、ある特定の古典を引用したものではない。ただし秦に対する批評の部分は、『文選』巻五一、賈誼「過秦論」に同様の表現が見えるので、少なくとも李百薬はこれを見たであろう。

周の「占いの年数」は第四段落にも見えるが、『春秋左氏伝』宣公三年に、かつて成王が鼎を都に安置して周の命数を占ったところ、「世代は三十代、年数は七百年」と出たと記されている。また秦の始皇帝は、『史記』巻六、秦始皇本紀によれば、皇帝を称した時に「万世に至るまで皇帝を無窮に伝えん」と言ったという。

華山は、陝西と河南省の境にある花崗岩の山。古来、西岳といわれ、五岳の一つに数えられる。南流する黄河は、この山に遮られて向きを東に変える。東方から渭水盆地に入る入り口にあり、洛陽・長安間の要衝であった。

「一人の男が謀反を叫ぶ」（原文「一夫號呼」）とあるのは、秦末「陳勝呉広の乱」のきっかけを作った陳勝（陳渉）と呉広をいう。

第三段落の「もめ事を裁いてほしいという者……」（原文「若し其れ獄訟帰せず」）は、『孟子』万章篇上に「堯が崩じて三年の喪が終わると……訴訟する者は堯の子の元には行かず、舜のところに行った」とあるのを踏まえた表現。

第五段落の「状況が流れ変わるものであることも考えず」について。原文「船を鍥みて剣を求む」とは、楚人が長江を渡っていて船から剣を落とし、船のへりに傷をつけて剣の沈んだ場所を示そうとした風刺話（『呂氏春秋』察今篇）。

「事態に応じての融通がきかない」の原文「柱に膠して文（音）を成す」とは、琴の良い音が出たので、琴柱をそこに膠で貼り付けたという風刺話（『史記』巻八一、廉頗・藺相如列伝、『法言』先知篇）。

「楚の荘王や晋の文公が驕り高ぶり」の原文「鼎を問う」とは、楚の荘王が陸渾の戎を破って驕り、朝廷の使者に周に伝わる国宝の鼎の軽重を問うたところ、使者に「国の盛衰は徳にかかっているのであって、鼎そのものとは関係ない」と諭された話（『春秋左氏伝』宣公三年）。また「隧を請う」の「隧」とは地下道。晋の文公が周王に謁見した際、驕って自分の墓に王の喪葬のような地下道を作りたいと要請したが、周王に「王が二人並ぶのはおかしい」として許されなかった話（同、僖公二十五年）。

「秦の子嬰が葬儀車に乗って」の原文「白馬素車」とは、喪に使う白馬白木の馬車。始皇帝の孫の子嬰がそれに乗り、天子の璽符を差し出して劉邦に降った故事（『史記』秦始皇本紀）。

「魏の高貴郷公」は、三国・魏の第四代皇帝、曹髦。大将軍司馬昭（司馬懿の子）の専横を嫌い、これを倒そうとしたが逆に昭の配下に殺された。司馬昭の子、司馬炎が次の晋を建てる。また「周の幽王」は、褒姒を寵愛して申后と太子を廃したところ、申后の父申侯は怒り、繒侯とともに幽王を攻めて驪山の麓で殺した。

第六段落の陸機（字は士衡）の言葉は『文選』巻五四「五等諸侯論」に、第七段落の曹冏（字は元首）の言葉は同書巻五二「六代論」に、それぞれ見える。「封建諸侯は自分のために……」と、第八段落「郡県の長官は私利私欲で動く」は「五等諸侯論」の文言。

第八段落の「働いた分しか俸禄をもらおうとしない」とは後漢の楊秉（『後漢書』巻五四）を、「妻子を仕事場に呼ばない」とは前漢の何並（『漢書』巻七七）を、「火の通った食事をしなかった州刺史」とは梁の庾蓽（『梁書』巻五三）を、「水だけを飲んでいた郡太守」とは晋の鄧攸（『晋書』巻九〇）を、それぞれ指している。羊続は『後漢書』巻三一に、范冉は同書巻八一に立伝される。

第九段落の次睢の地の土地神を祀るのに、「諸侯の一人を殺して生贄にした」とは、『春秋左氏伝』僖公十九年に見える宋の襄公の話。次睢は山東省の地名。「斉公（斉の襄公）が魯に嫁いだ妹（文姜）と密通した」ことは、『詩経』斉風の詩「南山」と「載駆」に風刺されている。

第十二段落の「言葉で言い表せるものではありません」は、原文は「言象所紀（言象の紀す所）」であるが、テキストによっては「言象所絶（言象の絶する所）」になっており、「絶」から「雖も」に返る読みを採用する方がよい。

最後から三段落目の「人々の願いを押さえ」は、原文は「子来の願いを抑え」である。「子来」は、子が父母を慕うように、民が有徳の君主を慕って集まってくることをいう。『詩経』大雅「霊台」が出典。

最後の段落の『易経』は、豊の卦「彖曰く」の引用。

李百薬に続いて上奏をした馬周については、任賢篇第八章参照。

馬周の上奏の第二段落冒頭「しかしながら」は、原文は「何となれば則ち（どうしてかというと）」である。しかし、これでは前後の意が通じない。『旧唐書』馬周伝採録の本上奏には、「臣以為く、詔旨の如くならば、陛下宜しく之を安存し、之を富貴にする所以を思うべし。然らば則ち、何ぞ代官を用いんや。何となれば則ち」と続く（「代官」は「世官」、官を世襲する意）。おそらくはこの文が脱落しているのであろうが、今は原文に従う。後文「楚の子文」の話は『春秋左氏伝』宣公四年に、「晋の欒黶」の話は同書の襄公十四年、二十一年に見える。

第一章　公平性は不平を押さえる

貞観元年（六二七）に、太宗は中書令の房玄齢に邢国公の封爵を、兵部尚書の杜如晦に蔡国公の封爵を、吏部尚書の長孫無忌に斉国公の封爵を与え、勲功を第一等として称えて一千三百戸の食実封を与えた。

これに対して、太宗の叔父、淮安王の李神通は、

「最初に高祖が義兵を挙げた時、私は真っ先に兵を率いて駆けつけました。それなのに、房玄齢らの文書官が功績第一に挙げられるのは、私には納得しかねます」

と不服を申し立てた。

しかし、太宗は、

「国家にとって最も重要なことは、ただ賞と罰だけである。褒賞がその者の功労に応じていれば、功績のない者は自然と引き下がる。罰則がその者の罪に応じていれば、悪事をなす者はみな恐れるものである。つまり、賞と罰は軽々しくおこなってはならないのだ。今、勲功を計って表彰するに、房玄齢らには、本陣で作戦を立て、国を確立したという大きな功績がある。あの漢の蕭何が、戦場で戦った軍功はないが、本陣で作戦の指示を出し続け、漢の統一事業を推し進めたので、高祖劉邦が蕭何の功績を第一に挙げたのと同じである。叔父上は最も親しい親族であるから、私は褒賞を惜しむものではない。ただ、私的

な縁故によって、勲功のある臣下と同じように褒賞すべきではないと思う」

と述べ、それを斥けたのだった。

これ以来、功臣たちはたがいに、

「陛下は公平なやり方で賞をあたえ、その親族ですら贔屓しなかった。我々はどうして濫りに不服を申し立てられようか」

と話し合った。

唐が建国された時、高祖は皇室につながる者を数え上げ、幼いいとこやはとこにまで、数十人に王の封爵を与えていた。この時になって、太宗は臣下たちに向かって、

「漢代より以降、封爵はただ皇帝の子や兄弟にだけ与えてきた。疎遠な者は、あの漢の劉賈や劉沢のような大きな功績をあげない限りは、封爵を与えられなかった。もし親族一切を王に封じ、彼らに奉仕する力役人を付ければ、それこそ皇室を養うために万民を労苦させることになるではないか」

と言い、宗室で郡王の封爵を受けていながら、その後に功績のない者は、みな県公に降格させたのだった。

■原文
貞觀元年、封中書令房玄齡爲邗國公、兵部尚書杜如晦爲蔡國公、吏部尚書長孫無忌爲齊國公、並爲第一等、食邑實封一千三百戸。

皇從父、淮安王神通上言、「義旗初起、臣率兵先至。今玄齡等刀筆之人、功居第一、臣竊不服」。太宗曰、「國家大事、惟賞與罰。賞當其勞、無功者自退。罰當其罪、爲惡者咸懼。則知賞罰不可輕行也。今計勳行賞、玄齡等有籌謀帷幄、畫定社稷之功、所以漢之蕭何、雖無汗馬、指蹤推轂、故得功居第一。叔父於國至親、誠無愛惜。但以不可緣私濫與勳臣同賞矣」。

由是諸功臣自相謂曰、「陛下以至公、賞不私其親。吾屬何可妄訴」。

初、高祖擧宗正籍、弟姪・再從・三從孩童已上封王者數十人。至是、太宗謂羣臣曰、「自兩漢已降、惟封子及兄弟、其疏遠者、非有大功、如漢之賈・澤、並不得受封。若一切封王、多給力役、乃至勞苦萬姓、以養己之親屬」。於是宗室先封郡王其間無功者、皆降爲縣公。

第二章　封建制の弊害

貞観十一年（六三七）のこと、太宗は、（周は子弟を封建して八百年以上続き、秦はそれをやめて郡県制にしたところ、二代で滅んでしまった。漢の呂后は、呂氏一族で権力を握って皇室の劉氏を除こうとしたが、結局は皇室一族の力で漢は事なきを得た。とすると、親族や賢臣を封建するのは、まさに皇室の子孫長久の道として理にかなっているのではないだろうか）と考えた。

そこで制度を定めて、皇族の荊州都督で荊王の李元景や、安州都督で呉王の李恪など二十一人、そして功臣の司空（皇帝顧問役）で趙州刺史の長孫無忌、尚書左僕射（尚書省副長官）で宋州刺史の房玄齢など十四人の刺史のポストを、みな世襲制にしようとした。

それに対して、礼部侍郎（尚書省礼部副長官）の李百薬が反対し、次のように上奏した。

「私は、国を治めて民を庇護するのが王者のとる道であり、君主を尊敬して国の安泰を願うのが民の心の向かうところだと聞いています。民衆をよく治める方法を定めて、国をいつまでも長続きさせようとするのは、大昔から変わらず、いろいろなやり方を考えても目指すところは一つです。それなのに、国が存続する期間には長い短いの差があり、国内が治まるか乱れるかの違いが生まれます。古典を見てみますと、それらについて詳しく論じていて、みな次のように言っています。

『周は占いの年数よりも長続きし、秦は期待したほど続かなかったが、その理由は封建制を採用したか、郡県制を採用したかの違いにあった。周は、夏や殷が長続きしたのを手本とし、古の王が諸侯を封建したのに倣い、一族が国の基盤をしっかりと固め、たとえ都の王室が緩んだとしても、諸侯が助け合って国を支えた。だから国に逆らう者は現れず、周の王室は続いた。それに対して、秦は古の教えを手本とはせず、先王の道を捨て去り、華山を堅固な守りとして恃み、諸侯を廃止して郡太守を置き、皇族の子弟にはわずかの土地すらあたえなかったので、庶民の間には皇室とともに天下を憂える気持ちが生まれなかった。だから一人の男が謀反を叫ぶと、たちまち王室の廟は壊されてしまった』ということです。

私が思いますに、古来皇帝が天下に君臨するには、必ず天命を受けて、その名が天帝に記録され、さらに世が混乱して人々は聖人の登場を待望し、そういう巡り合わせに出会って初めて国を建てることができるものです。魏の武帝曹操は養子の息子であり、漢の高祖劉邦は卑しい人夫でしたが、心に野望を抱いていたというよりは、彼らにはどうしても避けられない運命というものがあったのです。逆に、徳が失われて、もめ事を裁いてほしいという者が誰一人としてやってこないようになれば、栄光が四海に輝いた堯であっても、また天の運行まで整えたという舜であっても、地位を譲ろうとはしなくても、自然とそうせざるを得ない巡り合わせになったのです。堯や舜の徳をもってしても、子孫を盛んにすることはできませんでした。つまり、治世の長短は天の決めた命運であり、政治の盛衰は人の行いにかかっているのだということがわかります。

栄えた周の治世は、占いでは三十代、七百年でしたので、そこで終わるはずでしたが、建国した文王・武王の恵みがまだ残っていました。天子の地位とは、天によってすでに定められているものなのです。しかし、そうはいっても、その間に昭王は南に行幸して没してしまい、平王は西戎に圧迫されて東の洛陽に移り、先祖の祀りは欠けて、都の周辺すら守れなくなってしまいました。周が次第に衰えたのは、封建諸侯が足手まといになったからです。残虐な秦は、天子が正統にその地位に昇ったのではなかったので、災厄の年にあたって終わってしまいました。始皇帝には、夏の禹王や殷の湯王のような徳はなく、後を継いだ二世皇帝には、禹の子や周の武王の子のような才能はありませんでした。ですから、たとえ丞相の李斯や王綰が諸侯となって四方に封建されようと、始皇帝の公子の将閭や孫の子嬰が諸侯になろうとも、どうして天命にかなった劉邦に対抗できたでしょうか。

そうであれば、物事の得失や成功・失敗とは、それぞれ理由があるものです。それなのに、著述家の多くは、古い制度に固執して、昔と今の違いも考えず、古は真心のあるよい世の中だったとして、何世代も後だというのに夏・殷・周の時代の法を行おうとし、天下の領域に悉く諸侯を封建して、畿内の地をみな封邑にしようとしています。これは、太古のやり方を舜や夏の時代に行い、大昔の刑罰を漢や魏の時代に行おうというようなもので、そんなことをすれば国の制度が乱れることは断じて知らねばなりません。状況が流れ変わるものであることも考えず、事態に応じての融通がきかないようでは、うまくいくはずがありません。そういう人たちは、春秋時代の楚の荘王や晋の文公が驕り高ぶりながらも、周王の力に対しては憚ったではないかと主張し、秦の子嬰が葬儀車に乗って漢の劉邦に降伏したのは、諸侯の援助がなかったからだと主張します。彼らには、郡県制時代の秦の二世皇帝が暗殺された事件よりも、封建制時代の夏の后羿や寒浞が王を殺した事件の方がはるかにひどい出来事なのだということがわからないのです。魏の高貴郷公が司馬昭に殺された事件は、周の幽王が申侯・繒侯に殺されたことと何も違いはありません。つまり、徳を備えていて身が安全か、徳が衰えて身が危険かは、皇帝自らにかかっているのです。郡県制の郡太守・県令か、封建制の諸侯か、その違いが国の興廃を握るものではありません。そもそも、王室が数世代の後に衰えるのは、封建諸侯が王室の敵となることから始まります。諸侯の家はそれぞれ習俗が違い、国ごとに政治が異なりますから、強国は弱国を攻め、大国は小国を害し、互いの境界を武力で侵略するようになります。春秋時代に魯の軍が狐駘で敗れると、魯の夫人はみな喪中の髪型にしました。また秦の軍が崤陵で敗れた時は、馬車は一台も戻ってきませんでした。これはごく一例を挙げただけであって、同様な悲劇は数えきれないほどです。

西晋の陸機は視野の狭い男で、『周の跡継ぎの王たちは、天子の地位を捨てて逃げ、王位を狙う者たちが都を占領したが、諸侯のお蔭で天下は安泰、政治の力によって混乱に対処できた』と述べて、封建制を称えました。これはなんと誤った見解でしょう。そうではなく、官職を分け、才能ある賢人を任命し、優れた士に郡太守や県令を任せればよいのです。それにふさわしい人は、いつの世にもいるものです。そのようにして初めて、天地は恵みを下し、民はその地の長官を父母と慕い、天下は安泰に治まるのです。

三国時代の魏の曹冏もまた軽薄な考えから、『諸侯と苦楽を共にする天子に対しては、諸侯は天子の憂いを心配し、危うい時には必ず救いの手をさしのべる』などと言いました。封建諸侯ならば安泰も危機も共にするが、郡県制の長官ならばそうはしないとでも言うのでしょうか。なんと愚かな意見でしょう。だいたい、封建諸侯たちは家柄のお蔭で君主になっているというのに、創業の祖の苦難も忘れ、生まれながらにして貴いという意味も考えず、代を重ねるごとに暴虐で贅沢になります。天を突くような高い離宮や別荘を建て、人民を酷使して贅を尽くしたり、諸侯を招いて一緒に楽しんだりしています。春秋時代の陳の霊公は君臣ともに礼儀知らずで、子の徴舒をからかって逆に殺され、同じく衛の宣公は父子ともに倫理に欠け、ついには子の寿と朔とを殺すことになりました。それなのに陸機は、『封建諸侯は自分のためによい政治をしようと思うが、郡県の長官はそうではない』などと言っていますが、全く信用するに足りません。

そもそも都や地方の官僚というのは、朝廷が士人や庶民から抜擢して任命し、その功績をきちんと見極め、多年の功績ある者はランクを上げるなど、勤務評定をして昇進か降格かをはっきりさせるものです。官僚たちは昇進を望み、身を修める気持ちが強いので、彼らの中には、働いた分しか俸禄をもらおうとせず、妻子を仕事場に呼ばず、州の刺史でありながら火の通った食事をせず、郡太守でありながらただ水だけを飲む者すらいました。南陽郡の太守であった後漢の羊続は、いつもボロをまとっていました。莱蕪県の令だった後漢の范冉は、貧しかったので鍋は常にほこりをかぶっていました。それなのに、陸機は『郡県の長官は私利私欲で動く』などと言っていますが、まったくトンチンカンな意見です。

要するに、世襲の封建制さえ採用しなければ、賢人を採用する道は広がり、民に決まった封建領主さえいなければ、下々の者を手なずけるのは難しくないということです。これは誰でもわかることですから、何も迷う必要はありません。国を滅ぼし君主を殺し、世の風紀を乱すことは、春秋時代の二百年間に、起こらなかった年はないくらいです。なかには、次睢の地の土地神を祭るのに、諸侯の一人を殺して生贄にしたこともありました。さらには、斉と魯の間の広々とした道を堂々と通って、斉公が魯に嫁いだ妹と密通したことすらありました。たとえ前漢末期の哀帝・平帝の時代の、あるいは後漢末期の桓帝・霊帝の時代の暴虐な官僚であっても、これほどひどいことはしなかったでしょう。封建制よりも郡県制の方がいいことは、この一言に言い尽くされています。

　謹んで思いますに、ただ今、陛下は天下を統御し、天運によって天子となり、万民の苦難を救い、悪行をなすやつらを国内から追い払い、王朝を創業し、天地を祭って徳を立て、万物にいきわたる号令を発しておられます。そして、ご自身の心に照らし、遠い昔の教訓に思いを馳せ、その結果、五等の封爵の旧制を復活させて、各地に多くの封国を建てて諸侯とともに天下を治めようと思われたのでしょう。

　私が思いますに、今の時代は、漢・魏以来の悪い風習がまだ残っており、堯・舜が去ってからは、公正な道はずっと廃れてしまっています。ましてや、西晋が滅んでからというもの、天下はばらばらとなり、その機に乗じて北魏が建てられましたので、漢人と異民族とが雑居するあり様でした。そのうえ、中国は南北朝に分裂しましたので、文を習う者は策士の術を身に付けようとし、武を習う者は戦法に励み、みな詐欺の道に身を落とし、軽薄な風俗が蔓延りました。隋の文帝は、外戚の立場を利用して帝位に就いたのであり、部下たちをあやつって策術を駆使し、居ながらにして時運に乗じたのであって、天下を勝ち取り平定したものではありません。ですから、在位は二十四年にも及びましたが、民の間では道徳を慕う風習は起こりませんでした。煬帝が位を継いでからというもの、世の道徳はさらに失われ、傑出した人物は全くいなくなりそうでした。わが高祖が、天賦の武才によって賊どもを平定しましたが、それでも戦いは止まず、民に安寧は訪れませんでした。陛下は、高祖の思し召しによって帝位を受け継いでから、心は深く政治に注ぎ、前古以来の帝王の道を総括されました。最上の道というものは名付けることができず、言葉で言い表せるものではありませんが、おおよその概略を述べるのは、誠に私の望むところです。

そもそも、親に対する敬愛の気持ちをいつまでも持ち続けたのが、舜の孝の道でした。奥の部屋に行って親の様子を尋ね、自ら親の食事の毒見をしたのは、周の文王の徳でした。裁判の結果が報告されるたびに、どんな罪でも自分で調べて明らかにし、死刑ならば一段軽い足切りの刑にしてやり、民を憐れむ心をこの世の者にでもあの世の者にでも貫いたので、禹は人の罪に涙したのでした。表情と言葉を正し、虚心に人の言葉を聞き、卑しい者をもおろそかにせず、木こりや草刈りの言葉も無視せずに、堯は諫めの言葉を求めました。道徳を勧め、学徒を励まし、経典に明るい者を高官に取り立て、碩学の者を公卿や宰相に昇格させようとして、孔子は人を学問に誘いました。

近ごろ、臣下たちが、宮城は蒸し暑くて寝食の場にふさわしくないので、日当たりのよい場所に小さな宮殿を建てるように勧めました。ところが陛下は、その経費が十軒分の家庭の資産に相当すると言って、とうとう人々の願いを押さえ、健康によくないことをもかまわず、今までどおり粗末な住居に甘んじています。このごろは毎年のように凶作で、国中に飢饉がおこって、人民は葬式に追われて混乱し始め、穀物倉庫は空っぽになってしまいました。それでも、陛下が庶民を憐れみ、なんとか施(ほどこ)しをしようと努力しましたので、ついに一人として路頭に迷う者は出ませんでした。それなのに陛下ご自身は、粗末な食事に甘んじ、贅沢な楽器は片付けさせ、言葉はいつも悲しみにあふれ、とうとう顔つきはすっかりやつれてしまわれました。

あの周公旦(しゅうこうたん)は、外国使節が通訳を重ねてやって来たことを喜び、禹は西戎にまで威厳が轟いたことを誇ったといいます。ところが陛下は、遠い四方の異民族が唐に帰服して使節を派遣して来るたびに、謁見した後で必ず深い考えに沈み、みだりに中国を労して遠方を帰属させているのではないかと反省しておられます。自分の名声を永遠のものにしようともせずに、今の繁栄だけを心掛けています。民を労することを心配し、行幸(ぎょうこう)さえも止めて、毎朝、朝廷で政務をとられ、飽きることなく臣下の意見を聞き、あらゆるものに知識を及ばせ、天下を救済しようとしています。朝廷から退いて後も、優れた臣下を側において政治の是非について心を開いて議論し、政務に関すること以外はむだ話すらなさいません。ようやく日が暮れると、今度は学問の士に話し相手をさせ、古典を論じたり、文章や詩を作ったりし、場合によっては老子・荘子の奥深い思想にも触れ、疲れも忘れて深夜まで床につきません。遠方の支配に労力をかけないことと、朝昼晩に政務に勉(つと)めることは、古来のどの帝王よりも優れ、このような君主は人類始まって以来、まさに陛下お一人だけでしょう。

陛下の感化を広めて四方に示せば、まさに一年のうちに天下をあまねく治めることができるでしょう。しかし、世間はまだ純朴ではなく、軽薄な気風が改まっておりません。これは、長い間の悪い風習がすぐには改まらないからです。ですから、陛下にお願いしたいのは、華美な風習が質素に戻り、刑罰を用いなくても済むような風習が世に行われ、天地を祀る封禅（ほうぜん）の儀礼が終わるのを待って、それから功臣に土地を分け与える封建の議論をしても、決して遅くはないということです。『易経（えききょう）』は、『天地は時とともに満ち欠けがある。ましてや人に盛衰があるのは当たり前のこと』と述べていますが、なんと見事な言葉でしょう」。

中書舎人（上奏の相談係）であった馬周もまた、次のような上奏文を提出して意見を述べた。

「謹んで陛下の詔書を拝見しますに、皇族や勲臣に地方の土地を与え、子孫に伝えてその地の統治を守らせ、大きな理由がない限りは罷免しないようにしようとのことでございます。私が思いますに、陛下が封建のことをお考えになったのは、皇族を愛し、勲臣を重用し、子孫がその繁栄を受け継ぎ、国家とともにいつまでもそれが続くように望まれたからでしょう。

しかしながら、堯や舜を父に持ちながら、それでも丹朱（たんしゅ）や商均（しょうきん）のような不肖な子が生まれました。まして、彼らより劣っていながら、父の功績でその子を採り立てたならば、おそらくは失うところ大でありましょう。もし幼い子が父の職を継いで、その子が万一にもわがまま勝手な人間であったなら、被害を受けるのは庶民であり、国家にも及ぶことになるでしょう。その家を断絶しようとしても、春秋時代の楚の子文のような優れた先祖がいたために、子孫に家を継がせたという場合もあります。逆に、優れた子なのでその家を残そうとしても、父親が晋の欒黶のような悪評の人間だったために家が断絶したケースもあります。今いる人民に被害を与えるよりは、すでに死んだ功臣に対する恩寵を断ち切った方がいいのは、明らかであります。しかし、もしそのようなことをすれば、先に皇族や勲臣を愛したことが、やがて彼らを損なう原因だったということになります。

思いますに、食実封によって土地と民を分け与えるのは、才能がある者だけにして、その器によって授けるべきで、そうすればその権勢は強くはならず、国に禍が及ぶことはないでしょう。昔、後漢の光武帝は、功臣たちに政務を任せませんでした。彼の治世が無事に終わったのは、そのやり方がうまかったからです。陛下にお願いしたいのは、こうした長所を深くお考えになって、功臣には食実封の大恩を与え、子孫にその福禄が続くようにするやり方を採用すべきだということです」。

太宗は、どちらもよい意見だとして納得した。そこで、ついに子弟と功臣への刺史世襲をとりやめたのであった。

■原文

貞観十一年、太宗以周封子弟、八百餘年、秦罷諸侯、二世而滅、呂后欲危劉氏、終頼宗室獲安、封建親賢、當是子孫長久之道。乃定制、以子弟荊州都督荊王元景、安州都督呉王恪等二十一人、又以功臣司空趙州刺史長孫無忌、尙書左僕射宋州刺史房玄齡等一十四人、並爲世襲刺史。禮部侍郎李百藥奏論駁世封事曰、

「臣聞經國庇民、王者之常制、尊主安上、人情之大方。思闡治定之規、以弘長世之業、萬古不易、百慮同歸。然命曆有賒促之殊、邦家有治亂之異。遐觀載籍、論之詳矣。咸云周過其數、秦不及期、存亡之理、在於郡國。周氏以鑒夏・殷之長久、遵皇王之並建、維城磐石、深根固本、雖王綱弛廢、而枝幹相持、故使逆節不生、宗祀不絕。秦氏背師古之訓、棄先王之道、踐華恃險、罷侯置守、子弟無尺土之邑、兆庶罕共治之憂、故一夫號呼而七廟隳圮。

臣以爲自古皇王、君臨宇內、莫不受命上玄、册名帝錄、締構遇興王之運、殷憂屬啓聖之期。雖魏武攜養之資、漢高徒役之賤、非止意有覬覦、推之亦不能去也。若其獄訟不歸、菁華已竭、雖帝堯之光被四表、大舜之上齊七政、非止情存揖讓、守之亦不可焉。以放勛・重華之德、尙不能克昌厥後。是知祚之長短、必在於天時、政或興衰、有關於人事。

隆周卜世三十、卜年七百、雖淪胥之道斯極、而文・武之器尙存、斯龜鼎之祚、已懸定於杳冥也。至使南征不返、東遷避逼、禋祀闕如、郊畿不守、此乃陵夷之漸、有累於封建焉。暴秦運距閏餘、數終百六。受命之主、德異禹・湯、繼世之君、才非啓・誦。借使李斯・王綰之輩盛開四履、將閭・子嬰之徒俱啓千乘、豈能逆帝子之勃興、抗龍顏之基命者也。

然則得失成敗、各有由焉。而著述之家、多守常轍、莫不情忘今古、理蔽澆淳、欲以百王之季、行三代之法、天下五服之內、盡封諸侯、王畿千里之間、俱爲采地。是則以結繩之化行虞・夏之朝、用象刑之典治劉・曹之末、紀綱弛紊、斷可知焉。鍥船求劍、未見其可。膠柱成文、彌多所惑。徒知問鼎請隧、有懼霸王之師、白馬素車、無復藩維之援。不悟望夷之釁、未堪羿・浞之災。既罹高貴之殃、寧異

申・繒之酷。此乃欽明昏亂、自革安危、固非守宰公侯、以成興廢。且數世之後、王室浸微、始自藩屏、化爲仇敵。家殊俗、國異政、強陵弱、衆暴寡、疆埸彼此、干戈侵伐。狐駘之役、女子盡髽。崤陵之師、隻輪不反。斯蓋略擧一隅、其餘不可勝數。

陸士衡方規規然云、『嗣王委其九鼎、凶族據其天邑、天下晏然、以治待亂』。何斯言之謬也。而設官分職、任賢使能、以循良之才、膺共治之寄、刺擧分竹、何世無人。至使地或呈祥、天不愛寶、民稱父母、政比神明。

曹元首方區區然稱、『與人共其樂者人必憂其憂、與人同其安者人必拯其危』。豈容以爲侯伯則同其安危、任之牧宰、則殊其憂樂。何斯言之妄也。封君列國、藉其門資、忘其先業之艱難、輕其自然之崇貴、莫不世增淫虐、代益驕侈。離宮別館、切漢淩雲、或刑人力而將盡、或召諸侯而共樂。陳靈則君臣悖禮、共侮徵舒、衞宣則父子聚麀、終誅壽・朔。乃云『爲己思治』、豈若是乎。

內外羣官、選自朝廷、擢士庶以任之、澄水鏡以鑒之、年勞優其階品、考績明其黜陟。進取事切、砥礪情深、或俸祿不入私門、妻子不之官舍。班條之貴、食不擧火、剖符之重、居惟飲水。南陽太守、弊布裹身。萊蕪縣長、凝塵生甑。專云爲利圖物、何其爽歟。

總而言之、爵非世及、用賢之路斯廣、民無定主、附下之情不固。此乃愚智所辨、安可惑哉。至如滅國弑君、亂常干紀、春秋二百年間、略無寧歲。次睢咸秩、遂用玉帛之君。魯道有蕩、每等衣裳之會。縱使西漢哀・平之際、東洛桓・靈之時、下吏淫暴、必不至此。爲政之理、可以一言蔽焉。

伏惟陛下握紀御天、膺期啓聖、救億兆之焚溺、掃氛祲於寰區。創業垂統、配二儀以立德、發號施令、妙萬物而爲言。獨照神衷、永懷前古。將復五等而修舊制、建萬國以親諸侯。

竊以漢・魏以還、餘風之弊未盡、勛・華既往、至公之道斯乖。況晉氏失馭、宇縣崩離、後魏乘時、華夷雜處。重以關河分阻、吳・楚懸隔、習文者學長短從横之術、習武者盡干戈戰爭之心、畢爲狙詐之階、彌長澆浮之俗。開皇在運、因藉外家、驅御羣英、任雄猜之數、坐移明運、非克定之功。年踰二紀、民不見德。及大業嗣立、世道交喪、一時人物、掃地將盡。雖天縱神武、削平寇虐、兵威不息、勞止未康。

自陛下仰順聖慈、嗣膺寶曆、情深致治、綜覈前王。雖至道無名、言象所紀、略陳梗概、實所庶幾。愛敬烝烝、勞而不倦、大舜之孝也。訪安內豎、親嘗御膳、文王之德也。每憲司讞罪、尙書奏獄、大小必察、枉直咸舉、以斷趾之法、易大辟之刑、仁心隱惻、貫徹幽顯、大禹之泣辜也。正色直言、虛心受納、不簡鄙訥、無棄芻蕘、帝堯之求諫也。弘奬名教、勸勵學徒、既擢明經於青紫、將升碩儒於卿相、聖人之善誘也。

羣臣以宮中暑濕、寢饍或乖、請移御高明、營一小閣。遂惜十家之產、竟抑子來之願、不吝陰陽之感、以安卑陋之居。頃歲霜儉、普天饑饉、喪亂甫爾、倉廩空虛。聖情矜愍、勤加賑恤、竟無一人流離道路。猶且食惟藜藿、樂徹簨簴、言必悽動、貌成臞瘦。

公旦喜於重譯、文命矜其即敍。陛下每見四夷款附、萬里歸仁、必退思進省、凝神動慮、恐妄勞中國、以求遠方、不藉萬古之英聲、以存一時之茂實。心切憂勞、志絕遊幸、每旦視朝、聽受無倦、智周於萬物、道濟於天下。罷朝之後、引進名臣、討論是非、備盡肝膈、惟及政事、更無異辭。纔日昃、必命才學之士、賜以淸閒、高談典籍、雜以文詠、間以玄言、乙夜忘疲、中宵不寐。此之四道、獨邁往初、斯實生民以來、一人而已。

弘茲風化、昭示四方、信可以期月之間、彌綸天壤。而淳粹尙阻、浮詭未移。此由習之久、難以卒變。請待斲雕成器、以質代文、刑措之教一行、登封之禮云畢、然後定疆理之制、議山河之賞、未爲晚焉。『易』稱、『天地盈虛、與時消息、況於人乎』。美哉斯言也」。

中書舍人馬周又上疏曰、

「伏見詔書令宗室勳賢作鎭藩部、貽厥子孫、嗣守其政、非有大故、無或黜免。臣竊惟陛下封植之者、誠愛之重之、欲其緒裔承守、與國無疆。何則、以堯・舜之父、猶有朱・均之子。況下此以還、而欲以父取兒、恐失之遠矣。儻有孩童嗣職、萬一驕逸、則兆庶被其殃、而國家受其敗。政欲絕之也、則子文之治猶在。政欲留之也、而欒黶之惡已彰。與其毒害於見存之百姓、則寧使割恩於已亡之一臣、明矣。然則嚮之所謂愛之者、乃適所以傷之也。臣謂宜賦以茅土、疇其戶邑、必有材行、隨器方授、則翰翮非強、亦可以獲免尤累。昔漢光武不任功臣以吏事。所以終全其世者、良由得其術也。願陛下深思其宜、使夫得奉大恩、而子孫終其福祿也」。

太宗並嘉納其言。於是竟罷子弟及功臣世襲刺史。

巻四

太子諸王定分　第九

■解説

「定分」とは、身分や立場に相応であること。本篇では、親王たち、特に太宗の子たちの定分について議論される。いずれも、親王が皇太子に代わって帝位をうかがうことのないようにすべきだという点が、共通のテーマとなっている。

　任賢篇第三章、直諫篇第八章でも触れたが、太宗の跡継ぎ問題には大きな混乱が生じた。太宗には十四人の男子がおり、長子李承乾、第四子李泰、第九子李治は長孫皇后の子であった。太宗即位とともに李承乾が皇太子に立てられたが、承乾は素行が悪く、補導役の意見も聞かず、やがてそれが太宗の耳にも入るようになった。一方、魏王の李泰は文学に秀で、太宗は徐々に李泰を愛するようになった。やがて承乾は自分が廃され、泰が皇太子に立てられるのではないかと不安にかられるようになっていった。貞観十七年（六四三）、太宗の第五子の李祐は当時都督（軍政の長官）として斉州（山東省済南市の西南一帯）に鎮していたが、部下の口車に乗せられて野望を抱き、補導役を殺して謀反を起こした。祐は誅に服したが、この時に皇太子の承乾が連動し、承乾も廃された。心を痛めた太宗は、有能な泰を皇太子に立てようとしたが、泰には以前から皇太子の地位をうかがう動きがあったとして、長孫無忌ら主だった臣下が反対し、李治の立太子を勧めた。こうして李治が第三代皇帝の高宗となったのである。

第一章の呉王の李恪は、太宗の第三子。母は隋の煬帝の娘。李恪は文武の才があり、名望が高かった。太宗は李治の立太子を勧められた時、李治が暗弱なのを心配して、有能な恪を立てようとしたが、これも群臣に反対されて断念した。なお、李恪は貞観七年（六三三）の時点では蜀王であったが、ここは後の一般的な呉王の呼称を用いたもの。

第二章の馬周については、任賢篇第八章参照。魏の文帝曹丕は武帝曹操の長子で、父の後を継ぐと後漢の献帝より帝位を譲り受け、国号を魏とした。曹植は曹操の第三子。

第三章の褚遂良については、任賢篇第六章参照。冒頭、魏王の「王府に毎月支給される」の「毎月」は、原文では「毎日」になっているが、それではおかしい。他の版本は「毎月」にしている。「儲君」の儲は「副」、天子の副という意。『春秋左氏伝』衛の大夫の言葉は、同書隠公三年からの引用。

梁孝王は前漢文帝の第二子劉武（母は竇太后）、長子景帝の弟。帝位をうかがい、父文帝の怒りに触れ、鬱々として北の良山に狩りをしたところ、脚が背中から生えている牛に出会い、病熱を発して死亡した（『史記』巻五八、梁孝王世家）。背を「背く」の意に解したという。

淮陽王は前漢宣帝の第二子劉欽。やはり帝位相続問題にからんで罰せられるところを、諫議大夫王駿に諭されて謝罪し、なんとか免れた（『漢書』巻八〇、宣元六王列伝）。

上奏の末尾「徳で導き礼で人格を整える」は、『論語』為政篇「之を道くに徳を以てし、之を斉えるに礼を以てすれば、恥（羞恥心）有りて且つ格る」を、また「聖人の教えは特に厳粛にしなくても成就する」は、『孝経』聖治章「聖人の教えは粛ならずして成り、其の政は厳ならずして治まる」を、それぞれ踏まえた表現。前者は次章でも引用されている。


第四章の高士廉は、太宗の長孫皇后のおじにあたる。才識があり度量が広く、若い時から書籍を読み漁った。隋の官吏となり、友人の罪に連坐して交趾（ハノイ）の地に左遷されたが、南方の熱病を恐れて父母と妻は同行させず、妹にも家を買い与えて、自分は軽装で赴任した。隋末の乱が起こると、江南の群雄を経由して長安に戻り、太宗に抜擢された。以後、玄武門の変にも関わり、太宗の信任は厚く、貞観の朝廷を支え続けた。太宗の没する二年前に世を去った。劉洎は納諫篇第九章、岑文本は君臣鑒戒篇第七章参照。

この章の議論では、これら臣下たちの意見はいずれも正しい。それでも、太宗は褚遂良の意見を取り上げている。この議論が貞観十六年（六四二）であることを考えると、前述の第五子李祐や皇太子承乾の謀反の動きはまだ起きていないが、太宗にとっていかに跡継ぎの問題が深刻だったかがわかるであろう。太宗は親王の補佐役さえ優れていればそれでよいと考えているようだが、そもそも性根が曲がっていれば、補佐役の意見など本気で聞かないものである。

第一章　親王に分不相応な気持ちを持たせない

貞観七年（六三三）に、太宗は呉王の李恪に斉州都督の職を授けた。そして、側近の者たちに言った。

「親子の情というのは、常に息子と一緒にいたいものだ。しかし、家と国とでは事情が異なるのだから、どうしても地方の長官として都から出して経験を積ませねばならない。そうして、呉王には早く自分の立場をわきまえ、天子の位などという分不相応な気持ちを持たず、私が死んだ後も、いつまでも兄弟間で争い事が起こらないようにしてほしいものだ」。

■原文

貞觀七年、授吳王恪齊州都督。太宗謂侍臣曰「父子之情、豈不欲常相見耶。但家國事殊、須出作藩屏。且令其早有定分、絕覬覦之心、我百年後、使其兄弟無危亡之患也」。

第二章　特定の親王を寵愛してはいけない

貞観十一年（六三七）に、御史台の侍御史（官僚糾弾係）だった馬周が、上奏した。

「漢や晋の時代よりこのかた、親王を立てるやり方が良くなく、相応の立場を定めなかったために、国は滅亡に至りました。皇帝たちは、そうなることをよく知っていましたが、自分の子を溺愛するあまり、前人の轍を踏んでしまったのです。今、親王の中には、待遇が厚すぎる人がいます。私がそれを心配するのは、その親王が皇帝の威厳を笠に着て自分勝手にふるまうことを恐れるだけではありません。昔、魏の武帝曹操は陳思王の曹植をかわいがりましたが、文帝曹丕が位を継ぐと、弟の曹植を囚人のように幽閉してしまいました。それは、先帝の恩が厚かったために、弟に自分の地位が脅かされるのではないかと恐れたからです。つまり、曹操が曹植を溺愛したことが、かえって曹植を苦しめることになったのです。まして、皇帝の子は貧乏する心配がありません。多大な封戸が食実封として与えられ、きれいな服やおいしい食事以外に何も求める必要がありません。そのうえ毎年のように特別の褒美が下賜され、際限がありません。俗に、『貧乏人は倹約を学ばず、金持ちは贅沢を学ばない』といいます。放っておいても、自然とそうなってしまうということです。今や陛下は聖なる業で国を創始されたのですから、現在の子弟を待遇するだけであってはなりません。どうしても、国が長続きする法を制定して、それを万世の後にも守らせるようにすべきです」。

この意見が上奏されると、太宗は非常に褒めたたえ、絹百疋を馬周に賜った。

■原文

貞觀十一年、侍御史馬周上疏曰、

「漢・晉以來、諸王皆爲樹置失宜、不預立定分、以至於滅亡。人主熟知其然、但溺於私愛、故前車既覆而後車不改轍也。今諸王承寵遇之恩有過厚者、臣之愚慮、不惟慮其恃恩驕矜也。昔魏武帝寵樹陳思、及文帝卽位、防守禁閉、有同獄囚、以先帝加恩太多、故嗣王從而畏之也。此則武帝之寵陳思、適所以苦之也。且帝子何患不富貴。身食大國、封戸不少、好衣美食之外、更何所須。而每年別加優賜、曾無紀極。俚語曰『貧不學儉、富不學奢』。言自然也。今陛下以大聖創業、豈惟處置見在子弟而已。當須制長久之法、使萬代遵行」。

疏奏、太宗甚嘉之、賜物百段。

第三章　親王に皇太子以上の贅沢をさせてはいけない

貞観十三年（六三九）のこと、諫議大夫（皇帝諫め役）の褚遂良が、魏王の李泰の王府に毎月支給される使用物が、皇太子に支給される額を越えているので、上奏して諫めた。

「昔、聖人が礼を定めた時、嫡子を尊び庶子はそれより卑しいとして、嫡子を儲君（世継ぎ）といいました。皇太子は天子に次いで尊重されるべきで、用いる物品はいちいち勘定せず、貨幣や財貨は天子と共有するものです。庶子は低い立場なので、同様には扱われません。それは、嫌疑が起こるのを防ぎ、諍いの源を断つためです。ですから、先王はまずそうした人の心情をわきまえ、それから法を定めました。国を保つには、天子の嫡子と庶子とに差を設けることを知っていたのです。つまり、どんなに庶子を愛したといっても、嫡子を越えて特別に扱ってはいけないのです。もし、嫡子と庶子のわきまえを明確にできず、親しむべき者を疎遠にし、尊ぶべき者を卑しくすれば、ずる賢い輩がその隙に乗じて策略を起こします。私的な恩情が公を阻害すれば、政治を惑わし国を乱すことにつながります。

思いますに陛下は、功績は古の誰よりも卓越し、政道はどの王よりも優れています。号令を発して、世のために法を定め、一日に多くの政務をこなし、それでもまだもっと良くしようと努めています。しかし、陛下を諫めることが私の職務ですので、黙っている訳にはまいりません。謹んで拝見いたしますに、皇太子の使用される物がかえって弟の魏王よりも少ないことは、朝野の人たちもそれを良くないと見ています。『春秋左氏伝』では、衛の大夫が『子を愛したならば義方を教えろと、私は聞いている』と言っています。義方の意味は、君への忠、親への孝、人への敬意、自分自身の倹約ということです。昔、漢の竇太后と景帝は義方の道理を知らず、庶子の梁孝王をわがまま勝手にさせ、四十以上もの町を封地として与え、宮苑は三百里四方もあり、大きな宮殿には二層の廊下がどこまでも続き、巨万の富を蓄えて天子と同じ警備をさせていました。ところが、些細なことで体調を崩して死んでしまいました。漢の宣帝も庶子の淮陽王を好き勝手にさせた結果、淮陽王はあやうく罰せられかけましたが、身を挺して諭した臣下のお蔭でなんとか免れるあり様でした。まして、魏王はこのたび宮中から出られました。伏して陛下にお願いしたいのは、常に礼儀を教え、指導係を精選し、成功と失敗の道を示し、倹約を勧め、文学に励ませ、忠義と孝行を奨励して、徳で導き礼で人格を整えるようにしてほしいということです。そうすれば、魏王は立派な人間になるでしょう。これがつまり、聖人の教えは特に厳粛にしなくても成就する、ということです」。

太宗は、褚遂良の進言に深く納得したのだった。

■原文

貞觀十三年、諫議大夫褚遂良以毎日特給魏王泰府料物、有逾於皇太子、上疏諫曰、

「昔聖人制禮。尊嫡卑庶。謂之儲君。道亞霄極、甚爲崇重、用物不計、泉貨財帛、與王者共之。庶子體卑、不得爲例、所以塞嫌疑之漸、除禍亂之源。而先王必本於人情、然後制法、知有國家、必有嫡庶。然庶子雖愛、不得超越嫡子、正體特須尊崇。如不能明立定分、遂使當親者疏、當尊者卑、則佞巧之徒、承機而動、私恩害公、惑志亂國。

伏惟陛下功超萬古、道冠百王、發施號令、爲世作法。一日萬機或未盡美、臣職諫諍、無容靜默。伏見儲君料物、翻少魏王、朝野見聞、不以爲是。『傳』曰『臣聞愛子敎以義方』。忠・孝・恭・儉、義方之謂。昔漢竇太后及景帝並不識義方之理、遂驕恣梁孝王、封四十餘城、苑方三百里、大營宮室、複道彌望、積財鏹巨萬計、出警入蹕、小不得意、發病而死。宣帝亦驕恣淮陽王、幾至於敗、賴其輔以退讓

之臣、僅乃獲兇。且魏王既新出閤。伏願恆存禮訓、妙擇師傅、示其成敗、既敦之以節倹、又勸之以文學。惟忠惟孝、因而奬之道德齊禮、乃爲良器。此所謂聖人之教、不肅而成者也」。

太宗深納其言。

第四章　国の急務は天子の跡継ぎにあり

貞観十六年（六四二）に、太宗は側近の者たちに、

「今の国家にあっては何が最も急務であろうか。それぞれの意見を聞かせてほしい」

と言った。

それに対して、尚書右僕射（尚書省副長官）の高士廉は、

「人民を安定させることが最も急務です」

と答えた。

黄門侍郎（門下省副長官）の劉洎は、

「四方の異民族を安泰にさせることが急務です」

と答えた。

中書侍郎（中書省副長官）の岑文本は、

「『論語』は『徳で人を導き、礼で人を整える』と言っています。これによれば、礼儀の風習を広めることが急務です」

と答えた。

諫議大夫（皇帝諫め役）の褚遂良は、

「今の世、人々はみな陛下の徳を慕っていますから、あえて悪事を働く者はいないでしょう。ただし、皇太子と親王たちの立場のわきまえは、きちんと整えねばなりません。陛下は万世の手本となる決まりを定めて、後世に残すべきです。これこそが、今の急務でしょう」

と答えた。

太宗は、それらを聞いて言った。

「褚遂良の意見が妥当だろう。私も歳が五十になろうとして、すでに衰えを感じている。今は長男の李承乾を皇太子に立てているが、彼の弟や庶子たちは四十人近くもいて、私はいつもこの問題だけを心配しているのだ。古来、皇太子と親王に良い補佐が付いていなければ、必ず国は傾いてしまうものだ。そなたたちは、私のために優れた賢人を探し出して皇太子の補佐役とし、さらには親王たちの補佐役にも優秀な人物を探し求めてほしい。また、官僚が親王に仕えるには、長年にわたって勤続させてはならない。久しく仕えていれば主君びいきの情が深くなるもので、思いがけない野望の多くはこうした事情から起こる。親王府の官僚の任期は四年として、それを過ぎることのないように」。

■原文

貞觀十六年、太宗謂侍臣曰「當今國家何事最急。各爲我言之」。

尙書右僕射高士廉曰「養百姓最急」。

黄門侍郞劉洎曰「撫四夷急」。

中書侍郞岑文本曰「『傳』稱『道之以德、齊之以禮』。由斯而言、禮義爲急」。

諫議大夫褚遂良曰「卽日四方仰德、不敢爲非、但太子・諸王、須有定分、陛下宜爲萬代法以遺子孫。此最當今日之急」。

太宗曰「此言是也。朕年將五十、已覺衰怠。既以長子守器東宮、諸弟及庶子數將四十、心常憂慮在此耳。但自古嫡庶無良佐、何嘗不傾敗家國。公等爲朕搜訪賢德、以輔儲宮、爰及諸王、咸求正士。且官人事王、不宜歳久。歳久則分義情深、非意闚闞、多由此作。其王府官寮、勿令過四考」。

尊敬師傅　第十

■解説

篇名の「師傅」とは、天子または皇太子の補導役。太師・太傅・太保を三師といい、皇太子にも太子太師・太子太傅・太子太保の太子三師が置かれた。

第一章の李綱は、隋の朝廷で皇太子補佐役を務め、隋末の混乱を経て唐の高祖に仕えて信任された。やはり皇太子李建成の補佐役に任じられ、しばしば建成を諫めたが、聞き入れられないことが多かったという。太宗即位後にも東宮に勤め、貞観五年（六三一）に八十五歳で亡くなった。李綱の言葉「幼い君主を補佐して……」の原文「六尺の孤を託し、百里の命を寄す」とは、昔の寸法で身長六尺（約一メートル）の幼帝を助けて、百里四方の国を治めることをいう。『論語』泰伯篇に見える曾子（曾参）の言葉。

第二章にいう「令」とは、律令の令。律は刑法、令は行政法に相当する。太宗の律令発布は貞観十一年（六三七）のことなので、ここで太宗が「先に発布した令」と言っているのは高祖の武徳七年令を指す。三師の地位・人数などは、三師三公台省職員令に規定された。「黄帝は大顛に学び」以下は、『新序』雑事篇五、魯哀公問於子夏曰の条、『韓詩外伝』巻五、同条にも見えるが、これら帝の師については人名に異同が見られる。『詩経』

の文言は、大雅「仮楽」詩からの引用。

第三章、秦の二世皇帝胡亥は始皇帝の第二子。始皇帝が没すると、宦官の趙高と丞相の李斯は始皇帝の命令を偽って太子に死を賜い、胡亥を二世皇帝に擁立した。趙高は李斯をも失脚させて実権をにぎったが、秦末の反乱が起こると、二世皇帝の怒りを恐れて逆に皇帝を自殺に追い込んだ。しかし、次に立てられた皇帝（太子の子）によって殺された。

成王は周の第二代の王で、武王の子。幼くして位を継ぎ、武王の弟の周公旦と召公が補佐した。彼らは殷の余衆を治め、洛陽に新都成周を造営して東方の淮夷を平定するなど、周の基礎を作った。第六章にも登場。

第四章の王珪については任賢篇第四章、魏王の李泰は直諫篇第八章および太子諸王定分篇、房玄齢は任賢篇第一章を、それぞれ参照。

第五章の長孫無忌は、太宗の長孫皇后の兄。秦王時代から常に太宗を支え続けた。儀注とは、儀式を行う際に、出席者の位置や立ち居振る舞いの順序などを記した式次第書。惶恐とは恐れかしこまること。書状で相手に敬意を表す言葉。

第六章の劉洎は、納諫篇第九章参照。上奏文第二段落に登場する恵帝は、前漢第二代皇帝劉盈。高祖劉邦の長子。六歳で太子、十六歳で即位した。高祖が太子盈を廃そうとした時、張良が商山に隠れていた四人の老人を招かせて太子の師とした。これを四皓といい、東園公・綺里季・夏黄公・甪里先生を指す。原文の「園・綺」はこの略。

第四段落で後漢の光武帝と魏の文帝を引いているが、光武帝は朝から夕方まで政務につき、夜は遅くまで臣下と経書について議論したという（『後漢書』光武帝紀下）。また魏の文帝は詩書文籍を好み、遠征中でも手から巻を離さなかったという（『三国志』魏書、文帝紀注）。

第五段落の屈原と宋玉は戦国時代の楚の文人。二人の作品は『楚辞』に収められる。魏の鍾繇と後漢の張芝は書家として有名で、王羲之以前の書家の最上位に置かれる。張芝は草書に優れ、池で書を学んでいたところ池の水が墨色になったといわれる。

第七段落「子孫に教訓を残す」の原文「貽厥を申ぶ」は、『詩経』大雅「文王有声」詩の「厥の孫謀を貽す」（子孫に天下を治める謀を残す）からきている。

上奏末尾の原文「離徽」は、皇太子を指す言葉。『易経』離の卦の象の「明、両たび作るは離なり。大人以て明を継ぎ、四方を照らす」を出典とする。離は後継ぎ、徽はその美徳。

第一章　皇太子補導役の李綱の厳粛さ

貞観三年（六二九）のこと、皇太子補導役であった李綱は、足の病にかかって歩行が困難となった。太宗は、李綱に輿を賜り、東宮の親衛軍に担がせ、皇太子には詔を下し、自分で李綱を宮殿に昇らせて拝礼させた。李綱はこのように非常に尊敬された。李綱は皇太子に君臣と父子の道を説き、親に仕える礼儀作法を教えた。その教えは理路整然としていて、聞くものは飽きることがなかったという。

ある時、皇太子は、昔の君主と臣下の故事や、忠節を尽くす道について、李綱と談論した。李綱は厳粛な態度で、

「古人は、幼い君主を補佐して国政を行うのは難しいことだと言っています。しかし、太子がこのようであれば、私は何も難しいことはないと思います」

と述べた。

李綱が発言する時は、いつも意気盛んで、何事にも動じない意志があった。だから、皇太子は常に畏（おそ）れ慎まない訳にはいかなかった。

■原文

貞觀三年、太子少師李綱、有脚疾、不堪踐履。太宗賜歩輿、令三衞擧入東宮、詔皇太子引上殿、親拜之、大見崇重。綱爲太子陳君臣父子之道、問寢視膳之方。理順辭直、聽者忘倦。太子嘗商略古來君臣名敎、竭忠盡節之事。綱懍然曰「託六尺之孤、寄百里之命、古人以爲難。綱以爲易」。

每吐論發言、皆辭色慷慨、有不可奪之志、太子未嘗不聳然禮敬。

第二章　三師の地位を令の条文に記せ

貞観六年（六三二）、太宗は詔を下した。

「このごろ経典や史書を調べてみると、昔の優れた帝王には必ず補導役がいる。先に発布した令には太師・太傅・太保の三師の地位が記されていないが、それはよくないであろう。なぜかと言えば、黄帝は大顛に学び、顓頊は録図に学び、堯は尹寿に学び、舜は務成昭に学び、禹は西王国に学び、湯王は威子伯に学び、文王は子期に学び、武王は虢叔に学んだ。前代の聖王たちは、これらの師匠に出会わなかったならば、その功業は天下に耀かず、名誉も記録に伝わらなかったであろう。まして私は、多くの帝王たちの後に出てきた者で、聖人のような知恵も持ち合わせていないのだから、もし補導役がいなかったならば、どうして万民に君臨することなどできようか。『詩経』も、『昔の良い章典に従えば、誤ることはなく徳を忘れることもない』と詠っているではないか。そもそも学ばなければ、昔からの王道を明らかにすることはできない。王道を明らかにせずして太平の世を作った政治などは、未だかつて聞いたためしがない。直ちに三師の地位を令の条文に置くべきである」。

■原文

貞觀六年、詔曰「朕比尋討經史、明王聖帝、曷嘗無師傅哉。前所進令遂不覩三師之位、意將未可。何以然。黄帝學大顚、顓頊學録圖、堯學尹壽、舜學務成昭、禹學西王國、湯學威子伯、文王學子期、武王學虢叔。前代聖王、未遭此師、則功業不著乎天下、名譽不傳乎載籍。況朕接百王之末、智不同聖人、其無師傅、安可以臨兆民者哉。『詩』不云乎、『不愆不忘、率由舊章』。夫不學、則不明古道。而能政致太平者未之有也。可即著令、置三師之位」。

第三章　優れた補佐役を推薦せよ

貞観八年（六三四）、太宗は側近の者たちに言った。

「知恵の秀でた者は、自ずと悪に染まることがない。中途半端な知恵の者は心が定まらず、人に影響されて善にも悪にも変わる。ましてや皇太子の指導役というものは、昔から適任者を選ぶのが難しいとされた。周の成王は幼小であったから、周公と召公が補佐役となり、周囲もみな賢人で、毎日正しい教訓を聞いていたから、仁義や道徳を深めて聖君となることができた。秦の二世皇帝胡亥は、趙高を補佐役として刑法を習っていたので、帝位を継ぐと功臣や親族を誅殺し、残虐な行いが止まず、間もなく滅亡してしまった。だから、人の善悪は近習の影響によるものだということがよくわかる。私は今、皇太子と諸王のために優れた補導役を選び、礼儀と道徳をわきまえさせ、将来彼らの役に立つようにしたい。そなたたちは、正直で忠義のある者を探し出して、各自が二、三人ずつ推薦するように」。

■原文

貞観八年、太宗謂侍臣曰「上智之人、自無所染。但中智之人無恆、從教而變、況太子師保、古難其選。成王幼小、周・召爲保傅。左右皆賢、日聞雅訓、足以長仁益德、使爲聖君。秦之胡亥、用趙高作傅、教以刑法、及其嗣位、誅功臣、殺親族、酷暴不已、旋踵而亡。故知人之善惡誠由近習。朕今爲太子・諸王精選師傅、令其式瞻禮度、有所裨益。公等可訪正直忠信者、各擧三兩人」。

第四章　親王が補導役に接する時は皇帝に面会するつもりで

貞観十一年（六三七）、太宗は礼部尚書（尚書省礼部長官）の王珪に魏王の李泰の補導役を兼任させた。そして、太宗は尚書左僕射（尚書省副長官）の房玄齢に向かって、

「昔から、帝王の子は宮中の奥で生まれ、成長してからはわがまま勝手な人間にならない者はいない。だから身をもち崩す者が相次ぎ、自分自身を保ち得た者は極めて少ない。今、私は子弟を厳しく教育し、将来身をもち崩すことがないようにしたい。王珪は長く私に仕えており、心は大変に真直ぐで、忠義と孝行を志す人であることを私は知っているので、わが子の指導役に選んだのだ。そなたは泰に伝えてほしい。王珪に対する時には、私と面会しているつもりになって、くれぐれも尊敬の念をもって接し、決して気を緩めてはならないということを」

と言った。王珪もまた自ら努めて指導役に徹した。王珪に対する当時の評判は高かった。

■原文

貞觀十一年、以禮部尙書王珪兼爲魏王師。太宗謂尙書左僕射房玄齡曰「古來帝子、生於深宮、及其成人、無不驕逸、是以傾覆相踵、少能自濟。我今嚴教子弟、欲皆得安全。王珪我久驅使、甚知剛直、志存忠孝、選爲子師。卿宜語泰、毎對王珪、如見我面、宜加尊敬、不得懈怠」。王珪亦以師道自處。時議善之也。

第五章　皇太子が補導役に接する際の儀注(ぎちゅう)

貞観十七年（六四三）、太宗は司徒（天子補佐役）の長孫無忌(ちょうそんむき)と司空（同）の房玄齢(ぼうげんれい)に向かって、

「三師は道徳で人を導く者である。もし三師の方が低い立場であったなら、皇太子の手本とはならないであろう」

と語った。

そこで詔を下して、皇太子が三師に接する際の儀注を定めさせた。その式次第では、皇太子は宮殿の門の外で三師を出迎え、皇太子が先に拝礼してから三師がそれに答えて拝礼し、門にさしかかれば皇太子は譲って三師を先に通すことにした。三師が席についてから、皇太子は席についた。三師に書状を送る時は、冒頭に皇太子の名と「惶恐(こうきょう)」と書き、文末には名と「惶恐再拝」と書かせることにしたのだった。

■原文

貞觀十七年、太宗謂司徒長孫無忌、司空房玄齢曰「三師以徳道人者也。若師體卑、太子無所取則」。於是詔令撰太子接三師儀注。太子出殿門迎、先拜三師、三師答拜、毎門讓三師。三師坐、太子乃坐。與三師書、前名惶恐、後名惶恐再拜。

第六章　皇太子は自立させろ

貞観十八年（六四四）に、後の高宗は初めて皇太子となったが、まだ賢者を尊ばず、帝王の道の重要性もわかっていなかった。そこで太宗は、自分の起居する宮殿の側に新しい皇太子を住まわせ、決して東宮には行かせなかった。すると、散騎常侍（諫め役）の劉洎が次のように上奏した。

「私が聞いたところでは、四方からの使者を郊外で出迎えることによって、皇太子は人間としての見聞を深め、大学で年長者に席を譲ることによって、皇太子は人間としての礼儀を身に付けるとのことです。これらは、皇太子という尊い身分を屈して、低い身分の者と交わる重要性を言ったものです。だからこそ、世間の言葉が耳に入り、見聞を広めることができて、皇太子は宮殿を出なくても世の中の情勢を知ることができるのです。この方法は、ひいては天子の地位を安定させる結果につながります。

宮中の奥で生まれ、婦人の手によって育てられ、人民の苦労も知らず、世間の風俗すら知る由もないような人は、たとえ不思議な才能や天賦の聡明を持っていたとしても、人のために何かを成し遂げるには、どうしても外部の人の助けが必要となります。楽器や舞踊を習わなくては音楽ができないように、人から教わらなければ、どうして種々の物事を識別し、倫理の道を理解することができるでしょうか。昔の聖賢たちを見てみますと、みな学問に励んだ結果、そうなりました。周の成王は哲人でしたが、太公望と召公を師としてさらに成長し、漢の恵帝は仁のある人でしたが、四人の師を呼び寄せていっそう優れた帝になりました。そもそも、皇太子には王朝の運命がかかっています。その善悪によって、国が存続するか滅びるかが決まります。若いうちに学問に努めなければ、将来に悔いを残すことになります。ですから、前漢の晁錯や賈誼は上奏して、皇太子が政治のやり方や礼儀を学ぶべき旨を主張したのです。

密かに思いますに、皇太子の人柄は抜きんでており、名声はかねてより高く、真面目で誠実な美点や、親孝行で仁義ある態度は、みな天賦のもので、教わって身に付いたものではありません。国の内外も、鳥や魚でさえも、その風徳を慕うほどだと私は信じております。だからこそ、陛下の起居する宮殿に日に三回も行って食事の毒見をしたり、学問所で学んで詩書・礼楽の知識を広めたりできるのです。皇太子はまだ年若く、少しずつ修養を積まれていますが、しかしながら年月の過ぎ去るのは速いものですから、いつの間にか学業を怠って評判が悪くなることを、心配しないわけにはまいりません。安逸な生活を楽しむようになるのは、こういうところから始まるものです。私は愚かな者ですが、幸いにして陛下の侍従職に加わっていますので、皇太子の聡明さを伸ばしたいと思い、しばらくお聞きくださいますようお願いします。あえて、いちいち昔の故事は挙げず、陛下の徳について申し述べさせてください。

謹んで思いますに、陛下は大いなる聖人として天命を受け、これまで様々な官職を経験しながら、いつも多才多芸で時世を正し、文武ともに秀でて、その功績から天子に即位されました。そして、四方は秩序正しくなり、国内は平安となりました。そうなってからもなお、人から立派だと言われてもご自身ではそうは思わず、日々慎んで昔の優れた教えを求め、現在の問題に苦慮しています。夜更けまで読書される点は後漢の光武帝よりも勝り、馬上でも勉強する点は魏の文帝よりも勝っています。陛下がこのように自ら励んでいるのに、皇太子には毎日のんびりと過ごさせ、書物すら読ませてはいません。これが、私の理解できない点の一つ目です。

そればかりか、陛下は政務から退けば、詩文に心を傾けています。陛下が作詩の構想を大空にめぐらせれば、天の川ですら光を失い、ひとたび筆をとれば、その書は陽に映える雲のように光り輝きます。誠に陛下の文才と筆跡は、これまでのどんな先人よりも優れています。あの屈原や宋玉のような文人も、鍾繇や張芝のような書家も、陛下の前には出られないでしょう。陛下はご自分ではこのように文章や書筆を愛好されるというのに、皇太子にはのんびりと暮らさせて、文や書を習わせようとはしません。これが、私の理解できない点の二つ目です。

陛下は多くの美点を兼ね備えておられ、天下に一人秀でています。それなのに、ご自分の聡明さを隠し、身を屈してまで凡人の意見を求めます。政務の合間には群臣たちを呼びよせ、顔色を和らげて古今の政治について尋ねます。だから、朝廷の政治の良し悪しや、民間人の好き嫌いがわかり、大小あらゆることが必ずお耳に入ります。陛下はご自身ではこのような行動をとっているのに、皇太子は長い間、宮中で陛下の側に侍らせていて、正しい人と交流させようとしません。これが、私の理解できない点の三つ目です。

もし陛下が、将来何の役にも立たないと思うのであれば、何も悩む必要はありません。しかし、もし役に立つと思うのであれば、子孫に教訓を残すべきです。良いことを急いで行わずに放っておいて、いい結果になったためしがありません。ですからお願いしたいのは、陛下御自身の立派な行いを皇太子にも奨励し、良書を授けて補導役と親しませ、朝には経書と歴史書を開いて過去の成功・失敗の跡を考え、晩には賓客と交流して当代の政治の是非について問いただし、その間に書と文を習わせてほしいということです。そうすれば、皇太子は毎日のように新しい見聞に触れ、その人徳はますます光り輝くでしょう。これこそ、万民の幸福というものです。

謹んで振り返りますと、東宮の女官を選ぶ際には、陛下は国中に適任者を探し求めました。その時の詔の主旨は、東宮の内助を求めたもので、わずかな悪い兆候も未然に防ぎ、優れ皇太子の将来を思ってのことであるのは、臣下たちも知っています。しかしながら、優れた士を選ぶのは、女官の選択とは性格の違うものです。皇太子はすでに二年にわたって国政に関わっていますが、いまだに一人の補導役すら招いていません。女官の選択にあれほど慎重を期したのであれば、外からの優れた士を招くことも同様であるべきです。このままでは、陛下は外を軽んじて内を重んじているという風聞が立つのではないかと、私は恐れます。

　昔の皇太子が、毎日天子の安否を問うて退くのは、父君を敬愛するからです。天子と別の宮殿に住むのは、嫌疑を別にするためです。今、皇太子はひとたび禁中に参内すると、十日から一ヵ月もとどまっていて、補導役以下は接見することができません。たとえ皇太子に暇ができて、しばらく東宮に帰っても、補導役は普段から疎遠ですから、ただ挨拶をするだけで、皇太子を諫め教える時間がありません。陛下が自ら皇太子を教育することはできませんし、皇太子の臣下も進言できないのであれば、東宮官がそろっていても結局は何の役にも立ちません。

　陛下に伏してお願いしたいのは、良い前例に鑑みてしばらくは親子の情を抑え、遠大な心で、もっと皇太子に師友との交流をさせてほしいということです。そうすれば、皇太子の美徳は盛んになり、皇帝の国家運営も広大なものとなります。およそ人民たちは、一人残らず喜んで頼りにするでしょう。皇太子が温厚で慎み深く、聡明で賢い方であることは、天下の誰もが知っています。私が知らないはずがありましょうか。それでもなお、浅はかな考えをこれほど述べて、忠義を尽くして役に立ちたいと思うのは、大海がさらに潤い、日月がいっそう耀くように、この国の繁栄を願うからであります」。
これを読むと太宗は、劉洎と岑文本・馬周とに交替で東宮に行かせ、皇太子と話し合わせるようにしたのだった。

■原文

貞觀十八年、高宗初立爲皇太子、倘未尊賢重道。太宗又嘗令太子居寢殿之側、絕不往東宮。散騎常侍劉洎上書曰、

「臣聞郊迎四方、孟侯所以成德、齒學三讓、元良由是作貞。斯皆屈主祀之尊、申下交之義。故得芻言咸薦、睿問旁通、不出軒庭、坐知天壤。率由茲道、永固鴻基者焉。

至若生乎深宮之中、長乎婦人之手、未曾識憂懼、無由曉風雅。雖復神機不測、天縱生知、而開物成務、終由外獎。匪夫崇彼干籥、聽茲謠頌、何以辨章庶類、甄覈彝倫。歷考聖賢、咸資琢玉。是故周儲上哲、師望・奭而加裕、漢嗣深仁、引園・綺而昭德。原夫太子、宗祧是繫、善惡之際、興亡斯在、不勤于始、將悔于終。是以鼂錯上書、令通政術、賈誼獻策、務知禮敎。

竊惟皇太子玉裕挺生、金聲夙振、明允篤誠之美、孝友仁義之方、皆挺自天姿、非勞審論。固以華夷仰德、翔泳希風矣。然則寢門視膳、已表於三朝、藝宮論道、宜弘於四術。雖富於春秋、飭躬有漸、實恐歲月易往、墮業興譏。取適晏安、言從此始。臣以愚短、幸參侍從、思廣儲明、暫願聞徹、不敢曲陳故事、切請以聖德言之。

伏惟陛下誕叡膺圖、登庸歷試。多才多藝、道著於匡時、允文允武、功成於纂祀。萬方卽敍、九圍清晏。倘且雖休勿休、日愼一日、求異聞於振古、勞睿思於當年。乙夜觀書、事高漢帝、馬上披卷、勤過魏王。陛下自勵如此、而令太子優游棄日、不習圖書。臣所未諭一也。

加以暫屏機務、卽寓雕蟲。紆寶思於天文、則長河韜映、摛玉華於仙札、則流霞成彩。固以錙銖萬代、冠冕百王、屈・宋不足以升堂、鍾・張何階於入室。陛下自好如此、而太子悠然靜處、不尋篇翰、臣所未諭二也。

陛下備該衆妙、獨秀寰中、猶晦天聰、俯詢凡識。聽朝之隟、引見羣官、降以溫顏、訪以今古。故得朝廷是非、閭里好惡、凡有巨細、必關聞聽。陛下自行如此、而令太子久趨入侍、不接正人、臣所未諭三也。

陛下若謂無益、則何事勞神。若謂有成、則宜申貽厥。蔑而不急、未見其可。伏願俯推睿範、訓及儲君、授以良書、娛之嘉客。朝披經史、觀成敗於前蹤、晚接賓遊、訪得失於當代。間以書札、繼以篇章。則日聞所未聞、日見所未見。副德愈光。羣生之福也。

竊以良娣之選、徧於中國。仰惟聖旨、本求典內、冀防微、愼遠慮、臣下所知。曁乎徵簡人物、則與聘納相違、監撫二周、未近一士。愚謂內旣如彼、外亦宜然者。恐招物議、謂陛下重內而輕外也。古之太子、問安而退、所以廣敬於君父。異宮而處、所以分別於嫌疑。今太子一侍天闈、動移旬朔、師傅已下、無由接見。假令供奉有隟、暫還東朝、拜謁旣疏、且事俯仰、規諫之道、固所未暇。陛下不可以親教、宮寀無因以進言、雖有具寮、竟將何補。

伏願俯循前躅、稍抑下流、弘遠大之規、展師友之義。則離徽克茂、帝圖斯廣、凡在黎元、孰不慶賴。太子溫良恭儉、聰明睿哲、含靈所悉、臣豈不知。而淺識勤勤、思效愚忠者、願滄溟益潤、日月增華也」。

太宗乃令洎與岑文本・馬周遞日往東宮、與皇太子談論。

教戒太子諸王　第十一

■解説

教戒は教訓と同じ。教えいましめること。

第一章の于志寧は、北周の貴顕于謹の孫。煬帝の時に地方官となったが、隋末の乱で故郷の高陵（長安の北東）に帰り、唐の高祖に迎えられて太宗に仕えた。皇太子の李承乾をたびたび諫めた。杜正倫は求諫篇第六章参照。

第二章は貞観十八年（六四四）のことなので、対象の皇太子とは後の第三代高宗李治。その立太子のいきさつは太子諸王定分篇「解説」を参照。この章の話は、太宗が李治と日常これほど頻繁に会っている点から見て、前篇第六章にあった皇太子を太宗が自分の側に置いていた時期のことであろう。

冒頭の「胎教をした例」とは、周の文王の母太任のこと。文王を身籠ってからは決して悪いものや音を見聞きせず、驕ったことは言わずに胎教したところ、文王は明聖となったという（『列女伝』母儀、周室三母伝）。船と水の喩えは、政体篇第七章末尾などにも見えた。殷の傅説の言葉は、『書経』説命篇上に「惟れ木は縄に従えば則ち正し。后は諫に従えば則ち聖なり」とある。

第三章、序文の第一段落「先祖として祀られもせずにたちまち滅ぶ」の原文「祀られずして忽諸たり」は、忽然として滅んで祀る対象にならなくなること。『春秋左氏伝』文公五年に「皐陶、庭堅、祀られずして忽諸たり」とあるのを踏まえた表現。皐陶、庭堅はそれぞれ春秋時代の国の始祖。

第二段落、「下戸の人のために甘酒を用意した」というのは、前漢・高祖劉邦の弟、楚元王劉交の故事（『漢書』巻三六、楚元王伝）。「食事中の来客」の話は、周・武王の弟、周公旦が、魯に封ぜられた子の伯禽に対して驕らぬように諫めた言葉（『史記』巻三三、魯周公世家）。

「父母の苦労などどうしてわかろうか」のくだりは、原文は「豈に稼穡の艱難を知らんや」。稼穡は農業。ここは『書経』無逸篇に「父母は農業に勤しんだが、出来の悪い子はその苦労がわからない」とあるのを踏まえた表現。

「小賢しい女」の原文「哲婦」は、『詩経』大雅「瞻卬」詩の「哲夫は城を成し、哲婦は城を傾く」を踏まえる。知恵と才覚のある女性は政治に口を出し、国を滅ぼすもととなるという意。「諫めも聞かず、自分の命運も考えず」の原文「諫に愎り卜に違う」は、『春秋左氏伝』僖公十五年の「諫に愎り卜に違う。固より敗を是れ求む。又、何ぞ逃れんや」を引用。卜は占いによる命運。

漢の梁孝王は太子諸王定分篇第三章参照。西晋の斉王冏は武帝司馬炎の弟の子、司馬冏。第二代の恵帝が趙王司馬倫（武帝の叔父）に幽閉されると、趙王を討って恵帝を救う功績をあげた。しかし、その後は洛陽で専横をきわめ、一族の者に殺された。淮南王は前漢・高祖劉邦の孫、劉安。呉楚七国の乱に呼応し、その後も中央政府に逆らったが、捕らえられて自殺した。多くの文人を集めて『淮南子』を編集したことで有名。魏の東阿王は曹操の子曹植、太子諸王定分篇第二章参照。梁冀は後漢の人。質帝を毒殺して桓帝を立てたが、誅された。その横暴ぶりから跋扈将軍と称された。董卓は後漢末期の人。朝廷の混乱に乗じて洛陽に入り、廃帝を殺して最後の献帝を立てて政権を握ったが、その暴虐から群雄の反抗を受け、洛陽を焼いて長安に逃れ、遷都を強行した。しかし、長安で呂布に殺された。

第三段落の「七つの徳」とは、『春秋左氏伝』宣公十二年に見える「暴を禁じ、兵を戢め、大を保ち、功を定め、民を安んじ、衆を和らげ、財を豊かにする」を武の七徳という。

「兄弟が仲良く栄え」の原文「棠棣」は「常棣」の誤り。『詩経』小雅「常棣」詩の引用。常棣は、兄弟が仲良く宴席をともにする姿を詠った詩。漢文では、常棣といえば仲睦まじい兄弟の意。

「子孫が固く結束する」の原文「維城を宗子に寄す」の維城は城のように堅固な様子、宗子は天子の嫡子。『詩経』大雅「板」詩に「宗子は維れ城」（嫡子は国を守る城のような存在）と詠うのによる。

「子孫に教訓を残そうとする」の原文「厥の孫謀を貽す」も『詩経』。尊敬師傅篇第六章参照。

「善もそれを積まなければ名は残らず……」は『易経』繫辞伝下の言葉。「積善余慶」といえば、祖先の善行が子孫に幸いをもたらすという意。

「幸福も災難も入って来る門があるのではなく……」は、『春秋左氏伝』襄公二十三年の「禍福に門無し、唯だ人の召く所」の引用。

第四章の荊王の李元景（次章にも登場）は唐の高祖の第六子、漢王の李元昌は第七子で、いずれも太宗の弟。呉王の李恪（第六章にも登場）、魏王の李泰については太子諸王定分篇「解説」参照。

漢の東平王は、後漢の光武帝の第八子劉蒼。経書を好み、文章は典雅、善をなすを楽しんだ。河間王は、前漢景帝の第三子劉徳。博学で、先秦の古文の書籍を多く集め、その量は漢の朝廷の書物に匹敵するといわれた。諡を献といい、河間王献または河間献王として有名。晋の楚王司馬瑋は、西晋を立てた武帝司馬炎の第五子。帝位継承争いである八王の乱で一時兵権を掌握し、反対勢力を数多く殺害した。

「徳で人を服従させれば……」は『孟子』公孫丑篇上の言葉。

顔回と閔子騫は孔氏の弟子、徳行で知られた。帝王の桀王・紂王と平民の顔回・閔子騫を比べる言い回しは、君臣鑒戒篇第三章にも見えた。郭林宗（名は泰、林宗は字）と黄叔度（名は憲、叔度は字）は後漢の名士。学識があり高潔の士で、終身官には仕えなかった。

食実封については封建篇「解説」参照。

第六章、昭帝は前漢武帝の末子（第六子）。燕王劉旦はその兄、武帝の第三子。昭帝の即位は武帝の遺詔によるが、幼帝だったので宰相の霍光が政治を行った。燕王は霍光の専横を嫌って謀反を企てたが露見し、昭帝より責任追及の璽書を受けて自殺した。

第七章、都督は地方軍政の長官、刺史は州の行政長官。褚遂良は任賢篇第六章参照。上奏の冒頭にある郡国制とは、前漢は当初は中央政府の直轄地には郡県制を施行し、それ以外の地には皇帝の一族の者を立てて封建制を施行した。この周と秦の両制度を併用する制度を郡国制という。ただし、封建制は徐々に停止されて、郡県制に組み込まれていった。郡県制と封建制については、封建篇を参照されたい。

「黄河が沿岸九里を潤すように……」というのは、後漢の光武帝の時に潁川（河南省）に盗賊が起こり、郭伋を潁川郡の太守として派遣することとなり、赴任にあたって帝は、「潁川は都（洛陽）に近い。黄河が沿岸九里を潤すように、都にまで福を及ぼすように」と励ました故事をいう。郭伋が着くと、盗賊たちはみな降伏した。郭伋は住民から慕われた地方官として名高い。

刺史の「善政が歌に詠われ」というのは、後漢の張堪が漁陽郡（河北省）の太守となり、領内の農耕を勧めたところ豊作となり、民がその喜びから張堪を称えて歌にしたという。また、後漢時代に蜀郡（四川省）は民家が立て込んでいて夜間の火の使用は禁止され、民は隠れて火を使うためにかえって火災が頻発していた。廉范が太守として赴任すると、禁令を解いて防火用水を完備させた。民はその便を称えて歌にした。

「生前のうちに祠が建てられた」とは、後漢の中期に巴郡（四川省）は羌族の侵攻に悩んでいたが、王堂が太守として赴任すると羌を平定し、土地の者は平和を喜んで祠を建てて王堂を祀った（以上、郭伋から王堂までの四人はいずれも『後漢書』巻三一に立伝）。また、前漢の于定国の父于公は、赴任地での裁判が公平で、民は誰も異議を唱えず、于公祠を建てて祀ったという（『漢書』巻七一、于定国伝）。なお、宣帝は前漢第十代皇帝、武帝の曾孫。


末尾の段落の明帝・章帝・和帝は、後漢の第二代〜四代の皇帝。初代光武帝の子・孫・曾孫にあたり、約五十年にわたって政権が安定した。「たった二人が悪心を抱いた」とは、光武帝の第六子の楚王劉英、同じく第九子の広陵思王劉荊の二人。遊侠を好んだり、巫術（まじないや呪い）を好み、異志ありと告げられてどちらも自殺した（『後漢書』巻四二に立伝）。

第一章　皇太子は人民の事情を知らない

貞観七年（六三三）、太宗は太子左庶子（皇太子侍従）の于志寧と杜正倫に言った。

「そなたたちが皇太子を教育する際には、必ず人民にとっての利益と損害について教えてほしい。私が十八歳のころは、まだ民間にいたので、民衆の苦労はなんでも知っていた。

帝位についてからは、人民への対処を協議していても、時には事情に疎いことがあるが、そういう時は人が諫めてくれて、初めて理解できた。もし諫めてくれる忠義の者がいなかったら、どうして良い対処ができただろうか。まして皇太子は宮中の奥で育ったのであるから、人民の苦労は全く見聞きしていないのだ。しかも、君主には人民の安全な生活がかかっているのだから、威張ってわがまま勝手をしてはならない。もし私が詔（みことのり）を発して『諫める者は斬刑に処す』と言ったら、天下の人々は絶対に私に正直にはものを言わなくなるだろう。だから私は、おのれを励まして諫言を聞き入れているのだ。そなたたちは、常にこの意図をもって皇太子に説き語ってほしい。もし皇太子によくない言動があったならば、その時は必ず強く諫めて、彼を正しい方向に導くようにしてほしい」。

■原文

貞觀七年、太宗謂太子左庶子于志寧・杜正倫曰、「卿等輔導太子、常須爲説百姓間利害事。朕年十八、猶在民間、百姓艱難、無不諳練。及居帝位、每商量處置、或時有乖疏、得人諫諍、方始覺悟。若無忠諫者爲説、何由行得好事。況太子生長深宮、百姓艱難、都不聞見乎。且人主安危所繫、不可輒爲驕縱。但出敕云、有諫者卽斬、必知天下士庶無敢更發直言。故克己勵精、容納諫諍、卿等常須以此意共其談説。每見有不是事、宜極言切諫、令有所裨益也」。

第二章　皇太子の知るべきこと

貞観十八年（六四四）のこと、太宗は側近の者に語った。

「昔は後継ぎの子に胎教をした例があるが、私にはその暇がなかった。ただし、近ごろは皇太子を立てたばかりなので、何かにつけて必ず教え諭すことにしている。

たとえば皇太子が食事をしている時に、私は『そなたは飯というものを知っているか』と聞く。皇太子は『知りません』と答える。そこで私は、『すべて農業とは、人が苦労して行うものだ。農民の時間を奪わなければ、いつでもこの飯にありつけるのだ』と教える。

皇太子が馬に乗っていれば、『そなたは馬というものを知っているか』と聞く。皇太子は『知りません』と答える。そこで私は、『馬は人の労働を代わってしてくれるものだ。時おり休ませて、力を使い果たさないようにすれば、馬はいつでも働いてくれるものだ』と教える。

船に乗っていれば、『そなたは船というものを知っているか』と聞く。皇太子は『知りません』と答える。そこで私は、『喩えれば船は君主で、水は人民だ。水は船を載せることもできれば、船を転覆させることもできる。そなたは船となる身なのだから、水を恐れなければならない』と教える。

曲がった木の下で休んでいれば、『そなたはこの木を知っているか』と聞く。皇太子は『知りません』と答える。そこで私は、『この木は曲がっているが、縄を掛ければ真直ぐになる。君主となって無道であっても、諫言を聞き入れれば聖人となる。これは殷(いん)の傅説(ふえつ)の言葉であるが、自分の手本としなければならない』と教えるのだ」。

■原文

貞觀十八年、太宗謂侍臣曰、

「古有胎教世子、朕則不暇。但近自建立太子、遇物必有誨諭、見其臨食將飯、謂曰『汝知飯乎』。對曰『不知』。曰『凡稼穡艱難、皆出人力、不奪其時、常有此飯』。

見其乘馬、又謂曰『汝知馬乎』。對曰『不知』。曰『能代人勞苦者也。以時消息、不盡其力、則可以常有馬也』。

見其乘舟、又謂曰『汝知舟乎』。對曰『不知』。曰『舟所以比人君、水所以比黎庶、水能載舟、亦能覆舟。爾方爲人主、可不畏懼』。

見其休於曲木之下、又謂曰『汝知此樹乎』。對曰『不知』。曰『此木雖曲、得繩則正、爲人君雖無道、受諫則聖。此傅說所言、可以自鑒』」。

第三章 『諸王善悪録』の序文

貞観七年(六三三)のこと、太宗は侍中(門下省長官)の魏徴に言った。

「昔から、王侯たちで自己の身を全うした者は非常に少ない。それはみな、富裕の家に生まれ育ち、好き勝手にふるまうことを好み、立派な君子と親しんで卑しい小人を遠ざけるべきことを理解しないからだ。私は、すべての子弟たちに、昔の人の言行を見せて、それを彼らの手本としたいと思う」。

そこで、魏徴に命じて、古来の帝王の子弟たちの成功例と失敗例とを集めさせ、書名を『自古諸侯王善悪録』として、皇子たちに分け与えた。その序文には、次のように記された。


時運に出遭って天命を受け、国を統御する天子となった者を見ると、みな親族を王に立て、王室の守りとした。書物に記されているので、よくわかる。黄帝軒轅氏が二十五人の子に領土を分け、舜が十六人の親族をとり立ててから、周や漢の時代を経て陳や隋に及ぶまで、領土を分割されて諸侯に封建された者はたくさんいた。ある者は王家を助けて時勢とともに盛衰し、ある者は土地を失って、先祖として祀られもせずにたちまち滅んでしまった。ただし、その盛衰や興亡の跡を考えてみると、功成り名を遂げた者は、みな初めて封建された君主で、国を失って身を滅ぼした者は、その後を継いだ者である。どうしてそうなのであろうか。

初めて封建された者は、混乱の世に巡り合ったので、建国の困難を見ており、父や兄の苦労を知っている。だから、高い地位についても決して傲慢にならず、朝から晩まで怠ることなく努め、ある者は下戸のために甘酒を用意し、ある者は食事中の来客には口中のものを吐き出して迎え、そうしてまで賢者を接待した。そういう者は、耳が痛い忠告も甘んじて聞き入れ、人々から慕われるので、生前に立てた人徳は後世まで伝わるのである。一方、その後を継いだ子孫は、多くは太平の世の中に宮殿で生まれ、女官の手によって育てられ、地位の高さの危険性をも顧みないのだから、父母の苦労などどうしてわかろうか。つまらぬ人間と付き合って、立派な君子は遠ざけ、小賢しい女と仲良くして、徳行の士には威張り散らす。礼儀は守らないで、放蕩ぶりはきりがなく、法の決まりにも従わないで、立場を越えて上の者の真似をしたがる。わずかな権力と寵愛を後ろ盾にしては、嫡子を廃して自分がとって代わろうとし、些細な功績を自慢しては、ついには飽くなき野望を抱く。誠実な道を捨てて邪悪な道に迷い込み、諫めも聞かず、自分の命運も考えずに、とうとう悪の道から戻らない。あの前漢の梁孝王や西晋の斉王冏のような勲功があっても、また前漢の淮南王や魏の東阿王のような俊才であっても、ついにはその雄々しい翼はくじかれ、水たまりの哀れな魚のようになり、斉の桓公や晋の文公に匹敵するほどの功績を捨て去って、梁冀や董卓の謀反人と同じように処刑されてしまった。彼らが後世の戒めとなったのは、なんと惜しいことではないか。

今上陛下は、聖哲の資質によって危機に瀕した時世を救い、七つの徳によってこの世を鎮め、天下をまとめて神々を祀り、四方の異民族を手なずけ、親族を和睦させた。そして兄弟が仲良く栄え、子孫が固く結束するようにと願い、その気持ちはいつも忘れることがなかった。そこで臣下の私に命じて書籍を調べさせ、広く手本を探して、子孫に教訓を残そうとされた。私は、忠誠を尽くして前代の教訓を調べたところ、およそ領土と家柄を持った諸侯たちのうち、善行を積んだ者は繁栄し、悪行を重ねた者は滅亡していることがわかった。したがって、善もそれを積まなければ名は残らず、悪も重ねなければ滅ぶまでには至らないということが知られる。すなわち、幸福も災難も入って来る門があるのではなく、それは自分のせいであり、ただ人が招いたものなのである。これは戯言ではない。そこで今、古来の封建諸王たちの言行をまとめ、善例・悪例ごとに一篇とし、書名を『諸王善悪録』と名づける。善行を見れば自分も同じように名を残そうと思い、悪行を聞けば自分はそうならずに禍を逃れたいと思ってほしいと、願うからである。善に従えば名誉があり、悪を改めれば咎はない。諸王たちの興亡はここにかかっているのであるから、努めないでよいはずがない。

太宗はこの本を見ると「よし」と称し、諸王に向かって「この本を常に座右に置き、立身の手本とするように」と言ったのだった。

■原文

貞觀七年、太宗謂侍中魏徵曰「自古侯王能自保全者甚少、皆由生長富貴、好尚驕逸、多不解親君子遠小人故爾。朕所有子弟欲使見前言往行、冀其以爲規範」。因命徵錄古來帝王子弟成敗事、名爲『自古諸侯王善惡錄』、以賜諸王。其序曰、

觀夫膺期受命、握圖御宇、咸建懿親、藩屏王室。布在方策、可得而言。自軒分二十五子、舜舉一十六族、爰歷周・漢、以逮陳・隋、分裂山河、大啓磐石者衆矣。或保乂王家、與時升降、或失其土宇、不祀忽諸。然考其隆替、察其興滅、功成名立、咸資始封之君、國喪身亡、多因繼體之后。其故何哉。始封之君、時逢草昧、見王業之艱阻、知父兄之憂勤。是以在上不驕、夙夜匪懈、或設醴以求賢、或吐飧而接士。故甘忠言之逆耳、得百姓之懽心。樹至德於生前、流遺愛於身後。暨夫子孫繼體、多屬隆平、生自深宮之中、長居婦人之手、不以高危爲憂懼、豈知稼穡之艱難。昵近小人、疏遠君子、綢繆哲婦、傲狠明德。犯義悖禮、淫荒無度、不遵典憲、僭差越等。恃一顧之權寵、便懷匹嫡之心。矜一事之微勞、遂有無厭之望。棄忠貞之正路、蹈姦宄之迷塗。愎諫違卜、往而不返。雖梁孝・齊冏之勳庸、淮南・東阿之才俊、摧摩霄之逸翮、成窮轍之涸鱗、棄桓・文之大功、就梁・董之顯戮。垂爲烱戒、可不惜乎。

皇帝以聖哲之資、拯傾危之運、耀七德以清六合、總萬國而朝百靈、懷柔四荒、親睦九族。念華萼於『棠棣』、寄維城於宗子。心乎愛矣、靡日不思、爰命下臣、考覽載籍、博求鑑鏡、貽厥孫謀。臣輒竭愚誠、稽諸前訓。凡爲藩爲翰、有國有家者、其興也必由於積善、其亡也皆在於積惡。故知善不積不足以成名、惡不積不足以滅身。然則禍福無門、吉凶由己、惟人所召、豈徒言哉。今錄自古諸王行事得失、分其善惡各爲一篇、名曰『諸王善惡錄』、欲使見善思齊、足以揚名不朽、聞惡能改、庶得免乎大過。從善則有譽、改過則無咎。興亡是繫、可不勉歟。

一　太宗覽而稱善、謂諸王曰「此宜置于座右、用爲立身之本」。

第四章　富や地位よりも徳行が大事

貞観十年（六三六）に、太宗は荊王の李元景、漢王の李元昌、呉王の李恪、魏王の李泰らに向かって言った。

「漢代よりこのかた、皇帝の弟や子で封土を受けて高い地位についた者は非常に多いが、ただ漢の東平王と河間王だけが最も名声が高く、俸禄と爵位を保つことができただけだった。しかも、晋の楚王司馬瑋のような輩は、なにも一つの理由だけで身を亡ぼしたのではないのだ。それはすべて、裕福に育ってわがまま勝手に生きてきたことに端を発している。そなたたちは昔の例をお手本として、よくよく考えねばならない。優れた賢人を選び、自分の師とし、その諫言をよく聞いて、自分勝手なことをしてはならない。私は『徳で人を服従させれば、その人は喜んで真心から服従する』と聞いているが、それは嘘ではないのだ。

　このごろ、夢である人に出会ったところ、その人は、自分は舜だと名乗った。私は恐れおののいた。その徳を敬っていたからだ。もしそれが夏の桀王や殷の紂王だったら、私はきっと斬り捨てていただろう。桀や紂は天子ではあるが、今もし人に向かって桀や紂と呼んだら、その人は大変怒るに違いない。それに比べて、顔回・閔子騫・郭林宗・黄叔度は平民にすぎないが、人をこの四人の賢者のようだと称えたら、その人はきっと大喜びするだろう。だから、人が身を立てるのに、大事なことは徳による行いだけなのであって、富や地位は問題ではないことがわかる。そなたたちは王の爵位をもらい、食実封（しょくじつほう）の禄を得ているが、さらにそのうえに徳行を修めたなら、なんと立派なことではないか。君子か、つまらない小人かというのは、もともと決まっているのではなく、善を行えば君子であり、悪事を働けば小人なのである。そなたたちは自分を奮い立たせ、日々良い評判が立つように努力すべきだ。欲にとらわれ好き勝手なことをして、刑罰を受けることのないように」。

■原文

貞觀十年、太宗謂荊王元景、漢王元昌、呉王恪、魏王泰等曰、

「自漢已來、帝弟帝子、受茅土・居榮貴者甚衆、惟東平及河間王最有令名、得保其祿位。如楚王瑋之徒、覆亡非一。並爲生長富貴、好自驕逸所致。汝等鑒誡、宜熟思之。揀擇賢才、爲汝師友、須受其諫諍、勿得自專。我聞以德服物、信非虚說。

比嘗夢中見一人云虞舜、我不覺竦然敬異、豈不爲仰其德也。向若夢見桀・紂、必應斫之。桀・紂雖是天子、今若相喚作桀・紂、人必大怒。顔回・閔子騫・郭林宗・黄叔度、雖是布衣、今若相稱贊道類此四賢、必當大喜。故知人之立身、所貴者惟在德行、何必要論榮貴。汝等位列藩王、家食實封、更能克修德行、豈不具美也。且君子小人本無常、行善事則爲君子、行惡事則爲小人、當須自剋勵、使善事日聞、勿縱欲肆情、自陷刑戮」。

第五章　創業の君主は民間の事情を知っている

貞観十年（六三六）に、太宗は房玄齢に言った。

「乱を治めて新しい国を創業した歴代の君主たちを見てみると、みな民間で生まれ育ち、世の中の実情をよく知っていたので、破滅に至る者は稀である。ところが、それを受け継いだ君主は、生まれながら富貴で、世の苦しみを知らないから、へたをすると一族皆殺しの目にあっている。私は若い頃から多くの困難を経験したので、天下のことはわかっているつもりだが、それでもまだ足りないところがあるのではないかと懼れている。しかし、荆王の李元景など弟たちは宮中の奥で生まれ、広い見識を持っていないのだから、私のように考えることはできないだろう。私は、一回の食事のたびに農耕の苦難を思い、一枚の服を着るごとに紡績の辛苦を思うが、弟たちはどうしてそれを学ぶことができようか。そこで、弟たちに良い補佐役を選び、善人と慣れ親しんで、過ちを起こさないようにさせたい」。

■原文

貞觀十年、太宗謂房玄齡曰「朕歷觀前代撥亂創業之主、生長民間、皆識達情僞、罕至於敗亡。逮乎繼世守文之君、生而富貴、不知疾苦、動至夷滅。朕少小以來、經營多難、備知天下之事、猶恐有所不逮。至於荆王諸弟、生自深宮、識不及遠、安能念此哉。朕每一食、便念稼穡之艱難、毎一衣、則思紡績之辛苦、諸弟何能學朕乎。選良佐以爲藩弼、庶其習近善人、得免於愆過爾」。

第六章　漢の燕王の事例

貞観十一年（六三七）、太宗は呉王の李恪に向かって言った。

「父親が子を愛するのは、誰でもが持っている人情であって、人から教わるものではない。子が忠と孝の心を持っていれば、それでよい。ところが、もし子が教えに従わず、礼も法も捨て去れば、必ず刑罰を受けるであろう。父がいかに子を愛していても、そうなってはもうどうすることもできない。昔、漢の武帝が亡くなり、子の昭帝が後を継いだ。しかし、昭帝の兄の燕王劉旦はもともと驕り高ぶっており、ありもしない大言を吐いて昭帝に従わなかった。宰相の霍光が一片の書簡を送って誅したので、劉旦は死に、燕の封国も没収されてしまった。人の臣下、人の子たる者は、よくよく慎まなければならないのだ」。

■原文

貞觀十一年、太宗謂吳王恪曰「父之愛子、人之常情、非待教訓而知也。子能忠孝則善矣。若不遵誨誘、忘棄禮法、必自致刑戮、父雖愛之、將如之何。昔漢武帝既崩、昭帝嗣立、燕王旦素驕縱、譸張不服。霍光遣一折簡誅之、則身死國除。夫爲臣子不得不愼」。

第七章　年少の皇子は教育してから地方に赴任させろ

貞観年間（六二七―六四九）には、年少の皇子で都督や刺史を授けられる者が多かった。それに対して、諫議大夫（皇帝諫め役）の褚遂良が上奏文を提出して諫めた。

「昔、漢の時代には郡国制で民を統治しました。郡県制を施行する地域以外には、皇帝の諸子を立てて領土を割譲し、周の封建制を併用しました。わが唐の州県は、おおむね秦の制度に依拠しています。そして、皇子たちには幼年であっても州刺史を授けています。陛下は、ご自分の肉親で四方を統御しようとされているのでしょう。聖人が立てる制度は、前代よりも優れたやり方になるものです。しかし、それでも私にはまだ良くない点があるように見受けられます。

どういうことかというと、州の刺史は人民の模範となり、民衆はそれを仰ぎ見て安心するものです。善人が刺史になれば、州内は一息つきます。しかし、もし良くない者が刺史になれば、その州内は一人残らず疲弊します。だからこそ、天子は人民を慈しんで、常に賢者を刺史に選びました。良い刺史は、黄河が沿岸九里を潤すように、都にまでその恩恵を及ぼしました。ある刺史はその善政が歌に詠われ、またある刺史は生前のうちに彼を祀る祠が建てられました。前漢の宣帝は、『私とともによく天下を治めたのは、ただ善良なる地方長官だけだ』とさえ言っています。

私が考えますに、陛下の身内で、年若くてまだ民の統治ができない人は、しばらく都に留めて経学を学ぶようにさせてほしいと思います。そうすれば、一つには、天の威厳を畏れて法を犯さなくなるでしょう。二つには、朝廷の儀礼を見て自然と立派な人間になるでしょう。このようにして学習を重ねれば、自ずとその人となりがわかるようになりますから、州の刺史の任務に堪えられるかどうかを確かめて、それから地方に赴任させるのがいいと思います。

調べてみますと、後漢の明帝・章帝・和帝の三人の皇帝は、子や弟をよく可愛がりました。以後は、皇族を王に立てるのにそれを手本としています。三帝の時代は、皇帝の子弟に領地をあたえましたが、年少の者は都に留め、礼儀作法を教えて恩恵を施しました。三帝の時代が過ぎ去ってからも、王に立てられた皇族は数十人から百人もいましたが、たった二人が悪心を抱いただけで、それ以外はみな穏やかに仲良く暮らしました。陛下はこのことをよくお考えになってくださいますように」

太宗は良い進言だとして、これを受け入れたのだった。

■原文

貞觀中、皇子年小者多授以都督刺史。諫議大夫褚遂良上疏諫曰、

「昔兩漢以郡國治人、除郡以外、分立諸子、割土封疆、雜用周制。皇唐郡縣、粗依秦法。皇子幼年、或授刺史。陛下豈不以王之骨肉、鎭扞四方、聖人造制、道高前古。臣愚見有小未盡。

何者、刺史師帥、人仰以安。得一善人、部內蘇息。遇一不善人、闔州勞弊。是以人君愛恤百姓、常爲擇賢。或稱河潤九里、京師蒙福。或與人興詠、生爲立祠。漢宣帝云『與我共理者、惟良二千石乎』。如臣愚見、陛下子內年齒尙幼、未堪臨民者、請且留京師、教以經學。一則畏天之威、不敢犯禁。二則觀見朝儀、自然成立。因此積習、自知爲人、審堪臨州、然後遣出。臣謹按漢明・章・和三帝、能友愛子弟、自茲以降、以爲準的。封立諸王、雖各有土、年尙幼小者、召留京師、訓以禮法、垂以恩惠。訖三帝世、諸王數十百人、惟二王稍惡、自餘皆沖和深粹。惟陛下詳察」。

太宗嘉納其言。

規諫太子　第十二

■解説

規諫という言葉は、『大唐六典』巻六、門下省、諫議大夫の条に、皇帝に対する五種の諫め方、諷諫・順諫・規諫・致諫・直諫が記され、その三番目に見える。注によれば、規諫とは「其の規を陳べて其の事を正すを謂う」とある。すなわち、規定（のり、おきて）を述べて皇帝の言動を正すことである。

本篇の規諫の対象は皇太子であり、それもすべて初代皇太子の李承乾である。各章を見れば、章を追うごとにこの皇太子の素行が悪くなる様子が知られる。他の歴史書を開いても、太子承乾はあまり評判がよくないので、ここに記される内容はおおかた事実なのかもしれない。ただし、特にこのような篇を設けて、ここまで太子承乾を悪しざまに言うのは、本書の成立年代から考えると、太宗の次の皇帝として高宗がふさわしい皇位継承者だったことを強調する意図があったものと思われる。

第一章の李百薬については、封建篇第二章参照。彼が撰した「賛道の賦」の賛道とは賛導。助け導くの意。賦は文体の一種で、事実をそのまま韻文で述べる形式。「賛道の賦」は、宋代・李昉等編『文苑英華』巻六〇にも収録されている。故事を多く踏まえた文章なので、以下に必要な出典を簡潔に述べる。

第二段落の「父子・君臣・長幼の三つの秩序（原文「三善」）」は『礼記』文王世子篇に基づく。「元・亨・利・貞の四つの徳（原文「四徳」）」は『易経』乾、文言伝に見え、元は善の長（仁を体して人に長たり）、亨は嘉の会（会を嘉して礼に合す）、利は義の和（物を利して義に和す）、貞は事の幹（貞固にして事の幹たり）をいう。

「父と子の姿を望み見て」の原文「邁きて喬を観て梓を望み」の喬は大木、梓は小木。父子に喩える。『説苑』建本篇が出典。

第三段落の「古の聖王が子を教育する」以下は、『礼記』文王世子篇に基づく記述。

第五段落の扶蘇は、秦の始皇帝の長子。始皇帝が諸生を穴埋めにしようとしたのを諫めて父の怒りを買い、北方の対匈奴戦の軍を統監させられた。始皇帝が死ぬと、趙高らが遺詔をゆがめて扶蘇に死を賜い、弟の胡亥を二世皇帝に立てた。尊敬師傅篇第三章参照。春秋の晋の献公の話は、『春秋左氏伝』閔公二年に見える。

第六段落の前漢の恵帝の「四皓」については、尊敬師傅篇第六章参照。鄧通は前漢・文帝の臣下。かつて文帝は人相見に鄧通を占わせたところ、「貧乏で餓死する」との見立てだった。そこで帝は鄧通に銅山をあたえ、銅銭を鋳造させて、彼を裕福にさせた。ある時、文帝が「我を最も愛するのは誰か」と尋ねると、鄧通は「それは太子（後の景帝）に及ぶ者はいません」と答えた。文帝が病に臥せった時、太子に膿を吸わせると、太子は嫌な顔をした。あとで鄧通がいつも文帝の膿を吸っていたと聞いて、太子は恥をかかされたと感じ、鄧通を恨んだ。太子は、即位すると鄧通の財産を没収し、そのため鄧通は占いのとおりに死んだという（『史記』巻一二五、佞幸列伝）。景帝と呉王との諍いは、『史記』巻一〇六、呉王濞列伝に見える。

武帝が「防年には親殺しの罪がないことを悟った」というくだりは、原文では「防衰年之絶議識」になっているが、防年は人名であり、これでは意が通じない。版本の中には「知防年之絶義（防年の絶義を知る）」とするものがあり、『文苑英華』もそうしていて、この方がよい。景帝の時、後妻が夫を殺し、前妻の子の防年は父の仇として継母を殺すという事件がおこった。防年は母殺しの大罪とされたが、幼い武帝は、「後妻が夫を殺した時点で防年との母子の義は絶たれているので、母殺しの罪には当たらない」と言ったという故事（『太平御覧』巻八八引用『漢武故事』）。周亜夫は、呉楚七国の乱を平定して景帝の丞相となり、その功績を自負して横暴にふるまったので、景帝は常に不快に思っていた（『史記』巻五七、絳侯周勃世家）。それを太子の武帝は見ていたのであろう。

博望苑とは、武帝が息子の戻太子（名は劉拠）のために長安の北に建てた庭園。江充は戻太子と不仲で、太子が即位しては自分は誅せられると思い、武帝に太子が帝を呪い殺そうとしていると讒言した。それを聞いた太子は兵を挙げ、江充を捕らえて斬った。しかし、都を混乱させたとして武帝の怒りに触れ、自害した（『漢書』巻六三、戻太子劉拠伝）。

元帝が当初に重用した匡衡は、家が貧しく、勉強する際に壁に穴をあけ、隣家の明かりで書を読んだという努力家として知られる。

成帝の話は、彼が父の元帝に急に呼び出されて宮殿に向かったが、途中で天子の通る馬車道を横断する訳にはいかず、遠回りして宮殿に着いた。元帝は遅れたことを怒ったが、事情を話すと大変に喜び、それを美点としたというエピソード。後に弟の定陶王の評判が高まったが、優れた補佐役を得て成帝は太子の座を廃せられなかった（『漢書』巻一〇、成帝本紀）。

第八段落の郭貴嬪の話は、『三国志』巻五、魏書・皇妃伝、文徳郭皇后の条に見える。

妲己は殷の紂王の妃。紂王は溺愛し、妲己のいうことは何でも聞き入れた。そのために重税を課し、贅沢に暮らし、妲己のために酒池肉林を行って深夜まで酒宴を開いた（『史記』巻三、殷本紀）。紂王は、油を塗った銅柱を炭火の上に渡し、罪人にその上を歩かせ、罪人が火に落ちるのを見て妲己は喜んだという。

第九段落の「西晋の恵帝には天子の座は惜しい」というのは、皇太子（後の恵帝）の暗愚を知っていた衛瓘が、宴席で酒に酔ったふりをして武帝の前でつまずき倒れ、武帝の椅子を撫でながら「此の座、惜しむべし」と言った故事を踏まえる（『晋書』巻三六、衛瓘伝）。

賈皇后は、その恵帝の皇后。宮中で好き勝手に荒淫な振る舞いをし、姦謀によって愍懐太子を廃して死に追いやった。皇后の放恣ぶりに、当時の洛陽では、「南風烈烈として黄沙に吹き、遥かに魯国を望めば鬱として嵯峨たり。三月に至るに前だちて汝の家を滅ぼさん」という歌が流行ったという（『晋書』巻三一、后妃伝、恵賈皇后）。「南風」とは賈皇后の本名で、「賈皇后の烈風」とはこの歌を踏まえた表現。

第十段落にある、皇太子に『韓非子』を贈ったというのは西晋・元帝の故事。元帝は刑法を好んだので、そうしたのだが、臣下の庾亮がそれに反対して太子はその意見に従ったという（『晋書』巻七三、庾亮）。

第十一段落にある堯の教訓は、『書経』皐陶謨篇に、文王に多くの才子がいたことは、『詩経』大雅「文王」詩に詠われる。周の九鼎とは、夏を建てた禹が九州の金によって鋳造した鼎で、以後国の宝器として受け継がれた。周末に川に沈み、始皇帝が探したが見つからなかったという。

第十二段落の堯が罪人に刑罰をかたどった服を着せた故事は、『書経』舜典篇と『漢書』巻六、武帝本紀に見える。禹が罪人を見て泣いた故事は、李百薬が封建篇第二章でも使っている。

第十三段落の『易経』繋辞伝下には、太古には人は野や穴に暮らしたが、聖人が宮室を造って風雨に備えたことが述べられ、それは「大壮」の卦（大いに壮なる者は天地の情を見るべし）に従ったものだと記される。

第十四段落の「慎み深い者は酔っても乱れない」の一節は、『詩経』小雅「小宛」詩の「人の斉聖なるは、酒を飲みても温克たり」の引用。漢の灌夫は、酒席で酔って時の丞相までをものしり、その不敬によって誅せられた（『史記』巻一〇七、『漢書』巻五二、灌夫列伝）。殷の伊尹の故事は『書経』伊訓篇が、周公旦の故事は同書酒誥篇が出典。

第十五段落に登場する班婕妤は、前漢成帝の女官。成帝が、宮中の庭園で班婕妤と輦（人の引く車）に同乗しようとしたところ、班婕妤は「古の帝王は名臣と同乗するのであり、ただ国を滅ぼした王だけが寵愛する女性を乗せた」と言って、乗るのを断ったというエピソード（『漢書』巻九七下、外戚伝下）。姜后は、周の宣王の后。宣王が、早く寝て遅く起きる生活をしていたので、それは自分の責任だと言ってアクセサリーを外し、処罰を願い出た。宣王は姜后を后の地位のままとし、以後は政務に励んだという（『列女伝』巻二、賢明伝）。

晋の驪姫と周の褒姒は、ともに後継ぎ問題から国を乱した女性。なお、褒姒は普段から笑わず、幽王は何とかして笑わそうとしていた。ある時、誤って外敵侵入を知らせる烽火を上げて、無駄に諸侯を参集させてしまった。それを見て褒姒は大笑いしたので、幽王は同じことをくり返し、実際に犬戎が攻めてきた時には諸侯は参集せず、西周は滅んだという話は有名。

第十七段落に見える後漢の桓栄（原文の春卿は字）は、光武帝の下臣。『書経』に通じ、皇太子（後の明帝）の教師を務めた。明帝は常に桓栄を師と仰いだ（『後漢書』巻三七、桓栄伝）。

第十八段落の「洞簫」の賦とは、前漢の元帝が太子だった時に王褒が作った賦（『文選』巻一七に採録）。太子はこの賦を非常に喜び、後宮貴人に誦読させた。洞簫は楽器の名。「飛蓋」の詩とは、魏の文帝が世子だった頃に、弟の曹植が宴会で詠った詩（『文選』巻二〇に「公讌」詩として採録）。蓋は車蓋（車の幌）。車が飛ぶように疾走する様子を詠った詩。

末尾の近衛の馬とは、皇帝近衛兵用の厩舎である閑厩の馬。閑厩は長安城の宮城の北側に広がる禁苑に置かれた皇帝牧場で、全国の官営牧場から駿馬だけが選ばれて集められた。

第二章の于志寧については、教戒太子諸王篇第一章参照。彼が著したという『諫苑』は、散佚して伝わっていない。孔穎達は『五経正義』の編纂者として有名。五経とは儒教のテキストである『易経』『書経』『詩経』『礼記』『春秋』をいう。古来、多くの注釈があったので、太宗が孔穎達らに勅命を下し、従来の注釈家の説を取捨選択して解釈を統一させたのが『五経正義』である。『孝経義疏』は『孝経』の経義を解釈した書。『孝経』は、孝の意義やあり方を論じた書で、孔子の弟子の曾子（曾参）の門流の作とされる。「義疏」とは「経の義を疏解した書」の意。

第三章の張玄素は、納諫篇第二章参照。張玄素の一通目の上書、冒頭の「天というものは……」は、『書経』蔡仲之命篇の言葉。殷の湯王の話は、『史記』巻三、殷本紀にある。野で四面に網を張って狩りをする場に出会った湯王が、その三面を取り除いて網を一面だけに張らせて、「行き場のない獣だけわが網に入れ」と言い、諸侯がそれを見て「湯の徳は禽獣にまで及ぶ」と嘆じた故事。傅説の言葉は、『書経』説命篇下にある「事、古を師とせずして、以て克く世を永くするは、説の聞く攸に匪ず」の引用。「今日は自分の足りないところを……」は、『論語』子張篇の子夏の言葉。「どんなに小さな悪事であっても……」は、三国蜀の先主劉備が息子の劉禅に伝えた遺勅の文言。『三国志』巻三二、蜀書、先主伝の裴松之注引用『諸葛亮集』に見える。

二通目の上書の冒頭「皇太子が学校に入っても特別扱いはしない」というしきたりは、『礼記』文王世子篇の記述に基づく。唐代の学校（国子監）においても、基本的には同様。趙弘智は、三礼（『周礼』『礼記』『儀礼』）や『史記』『漢書』に通じた学者。太宗期に皇太子の補導役となったが、李承乾の廃太子の責任をとって左遷された。高宗期に宮廷に復帰し、信任されて国子祭酒（国子監の学長）を務めた。『旧唐書』巻一八八、孝友伝に立伝される。

三通目の上書の末尾「善人の言葉に従えば……」は、『春秋左氏伝』成公八年に見える言葉。

第四章、于志寧の一通目の上書で「秦の穆公をあざけり笑った」という戎の人とは由余のことであり、納諫篇第二章参照。「『書経』夏書で禹は戒めた」という話は、同書五子之歌篇に見える。『書経』は、虞書・夏書・商書などのように時代ごとに分類される。

春秋時代の鄭と衛の国の音楽は、『礼記』楽記篇に「鄭と衛の音は乱世の音なり。慢（驕慢で乱れる）に比し」とある。古来みだらな楽曲だとされた。朝歌は地名。殷の紂王が都を置いた地。殷の滅亡後、周はここに衛の国を封建した。朝歌で車を引き返した墨翟とは、墨子の本名。『史記』巻八三、鄒陽列伝に載せられる「獄中よりの上書」の中に「邑は朝歌と号して、墨子は車を回す」とあり、『淮南子』説山訓にも「墨子、楽を非として、朝歌の邑に入らず」と見える。夾谷の会合で処刑したという孔丘は、孔子の本名。魯の定公と斉の景公が夾谷で会した時、斉側が音楽を奏で、その楽にのって役者と侏儒の道化師がお道化たところ、孔子が諸侯を侮辱したとしてその道化師を処刑させた逸話（『孔子家語』相魯篇）。大楽署（太楽署）は太常寺の属官署で、国家祭祀などの音楽を管轄する。

臧孫は春秋・魯の大夫臧孫紇、諡で臧武仲とも呼ばれる。『春秋左氏伝』襄公二十三年に、臧孫紇の「私を愛する者はかえって私を害する病気のようなものであり、私を憎む者はかえって私の役に立つ薬石である」との旨の言葉があり、末尾付近の病気と薬石に喩える表現はこれを踏まえたもの。父子・君臣・長幼の秩序（世子の三善）は、第一章「賛道の賦」の第二段落参照。

貞観十五年（六四一）の条に見える突厥人は、当時モンゴル高原にいたテュルク系遊牧民族。貞観四年に唐に滅ぼされ、一部は中国内に移住していた。李承乾は一時、突厥の風習を好み、突厥人や風貌が突厥人に似た者を東宮に入れ、羊を飼い、ゲル（遊牧民のテント式住居）を建ててそこに入り、時には突厥の葬儀の真似をした。突厥の風習では、死者をゲルに寝かせ、親族・配下はその周りを馬で七周回り、入り口の前に来るごとに短刀で自分の顔を切って悲しみを表す。李承乾は、自分が可汗となって死んだことにして、臣下にそれをさせたという。

毛公と畢公は、周の成王を支えた六卿の二人。毛、畢はいずれも国名。漢の恵帝の四皓については、尊敬師傅篇第六章参照。賈誼は、前漢の文帝の臣下。古典に精通し、若くして博士となった。後に文帝の少子梁懐王の太傅（教育係）となり、文帝の諸子について皇帝に諫言をした。梁懐王の落馬死に責任を感じ、泣きながら一年余りで死んだ。享年は三十三だったという（『史記』巻八四、『漢書』巻四八、賈誼列伝）。

なお、皇太子李承乾の廃位の直接的な経緯は、太子諸王定分篇の解説でも触れたとおり、太宗の第五子斉王李祐（当時、斉州都督）の謀反に連動したためである。李承乾は黔州（現在の貴州）に流され、二年後にそこで死んだ。太宗は、皇太子や親王の葬礼ではなく、格下の国公の葬礼にのっとって葬儀を行った。本篇で意見を述べた東宮付きの官僚たちに咎めはなかった。

第一章　李百薬の「賛道の賦」

貞観五年（六三一）に、李百薬は太子右庶子（皇太子侍従）になった。そのころ、皇太子の李承乾は古典を好んではいたのだが、暇な時には遊び戯れてばかりいた。そこで、李百薬は「賛道の賦」を作って、皇太子を風刺して遠回しに諭した。それは次のような文章であった。

私は聖人の格言を耳にはさみ、また書物の遺訓を目にしたことがある。それは、天地の開闢からわが王朝の建国にまで及ぶ。人の倫理と規律とは、言葉と行動とによるという。これを守れば正しい道をなし、これに違えば知らずして悪をなす。人の興廃は回る轆轤のようなもので、人の吉凶は糾える縄のようなものである。まして天命を受け、天下に君臨する者に至っては、万物の恩恵を受け、人民を己の心とする人なのである。そういう人は、創造主の秘かな意向を体得し、過去の出来事から現在と未来とを考え、深夜まで勉強し、寸暇を惜しんで努力する。だからこそ、その人徳は遠く北方の地にまで及び、厚い氷を溶かして豊かな土地にする。神も人もみな喜び、地の果てまでもその人に恩恵を感じるのである。

耀ける唐朝、偉大なる天命。時は太平の始まり、時運は天子に集まった。天に認められた皇太子は、しっかりと正しい位にあり、広い知恵をもち、その姿は立派に映えている。必ず父子・君臣・長幼の三つの秩序を広め、謹んで元・亨・利・貞の四つの徳を踏み行う。常に父帝の朝廷で礼を習い、いつも父帝の寝所で敬意を表している。父帝の教訓を奉じて行動し、天命を大いに広め、父と子の姿を望み見て、それを正しい手本とする。礼教が起こり、人の踏むべき道が明らかになってからというもの、君臣の秩序は正され、父子の情は厚くなり、義理と心情の道が整えられた。だから、そうした道を広めるのは、その人自身にかかってくる。夏の禹王の子の啓や周の文王の子の誦（成王）のような優れた子だけでなく、堯の子の丹朱や舜の子の商均のようなできの悪い子もいる。ますます切磋琢磨し、昔のことから新しい知見を得ようとしなければならない。ただ忠義と尊敬の精神、あるいは孝行と仁義の心だけが、下は四海を輝かせ、上は日・月・星に映えるのである。

古の聖王が子を教育するには、季節ごとに学校で同学とともに学ばせ、内外の人と交流させようとしたので、まず礼楽を先に教えた。楽は風俗を変え、礼は人を教化する。楽というのは、楽器の音色を楽しむのではなく、精神を穏やかにするためのものである。礼というのは、贈り物を大事にするのではなく、己の欲に打ち克つ修養をするためのものである。宮中の奥で生まれ、諸侯の上に立ち、王業というものを深く考えもせず、祖先の霊を真面目に祀らず、自分の富貴な生活を当たり前のように思い、崇高な地位を自慢してはいつも好き勝手にふるまい、下手をすれば人にへりくだることもせず、教師に対する礼儀を軽んじ、ゴマすりと連れ立って放蕩生活に耽る。このようなことをしていれば、たちまちのうちに皇太子の輝きは消え去り、世継ぎとしての道は失われる。

天下を子孫に伝えようとしても、その道には順境もあれば逆境もある。才能で昇進する者がいる一方で、讒言によって追い出される者もいる。そういう事例は、国の吉凶や得失を見るのにうってつけである。以下に概略を述べるので、行間から真実を読み取ってほしい。

あの周王朝は、徳を積んだために天命が下され、世子である文王と武王が受け継いで、七百年続く偉大な基礎を開いた。秦の始皇帝の長子扶蘇は太子となったが、彼に人望が欠けていた訳ではなく、嫡男という重要な身であるにもかかわらず、始皇帝が辺境の要塞の隊長としたために、後を継げなくなってしまった。同様の禍は、春秋の晋の献公が太子を遠ざけて辺境軍を率いさせたため、国威が失墜した例がある。つまり、道理に外れるようなことを世継ぎにさせれば、国はすぐに滅ぶということがわかる。

漢が長く続いたのは、名君が次々と立ったからであった。前漢の高祖は、戚夫人に惑ってその子の趙王を寵愛し、天下を顧みなかった。しかし、皇太子だった恵帝は、張良の案で四皓を教師に招き、皇帝としてはばたいた。景帝は、臣下の鄧通に恥をかかされたので、占いどおりに彼を餓死させた。呉王と諍いが生じたのは、呉王の息子とゲームをしていた時、相手が不遜なので、戯台を投げて殺したためである。武帝は皇太子になった時には幼かったが、それでも防年には親殺しの罪がないことを悟るほど賢く、また周亜夫が父の景帝に対していかに傲慢にふるまったかを知っていた。だから、祖先の遺業を受け継いで、夏・殷・周代の威厳を取り戻すことができた。武帝は太子のために博望苑を開いて賢人を招いたが、まだ太子の名は広まっていなかった。不幸なことに、太子は不仲であった江充の讒言に遭い、兵を挙げて江充を倒したものの、長安を混乱に陥れたとして自害するはめになった。元帝は儒学を好んだので、ゆくゆくは大いなる政道が開けるはずだった。しかし、徳で治めようとする方針に反対されたので、忠心からの直言を奨励した。初めは匡衡や韋玄成などの学者を重用したが、ついには宦官の弘恭や石顕が権力をほしいままにしてしまった。成帝の才能は、弟の定陶王には及ばなかったが、父の元帝に呼ばれた時に、天子の通る馬車道を横切らなかったことが後世の識者に称えられ、美名が古典に伝わっている。

後漢の光武帝の後を継いだ明帝と章帝は、そろって立派な人だった。どちらも政治の時局や礼制の意義をわきまえていた。敬愛の情が深く、兄弟間の仲もよかった。だから、西周の時代と同じように王位継承がうまくゆき、後漢の基礎を固めることができた。

しかし、魏の文帝については、よい評判を聞かない。郭貴嬪を皇后に立てようとした時、それは殷の紂王が妲己を溺愛したのと同じだと非難されたのに、それを聞き入れようともせず、さらには狩猟に明け暮れた。才能と学識はあったけれど、結局は酒食に溺れてしまった。魏は武帝・文帝・明帝の三代にわたって大きな宮殿を造営した。明帝は秦の始皇帝の贅沢ぶりと前漢の武帝の多芸ぶりをまねて、臣下をこき使い、人民の凋落ぶりは救うべくもなかった。

魏を継いだ西晋の武帝は、心が広く、容姿も人に勝っていた。父親は、武帝の弟の司馬桃符を世継ぎにしようと思っていたが、巨鹿公の裴秀の意見に従って武帝に後を継がせた。果たして武帝は呉を平定し、遠い地域まで支配下におさめた。次の恵帝の事績を見ると、皇帝に即位してからも皇太子時代と同じように暗愚な人間で、まさに「恵帝には天子の座は惜しい」と言われたとおりである。愍懐太子が廃せられたのは痛ましいことで、賈皇后の烈風が砂を巻き上げて吹き荒んだためであった。その賈皇后は、邪な臣下と慣れ親しんだ結果、彼らの手にかかって死んだ。こんなありさまでは、どうして先祖から国を受け継ぐことができようか。（以上は、昔の世継ぎの長所・短所）

ただ今、今上陛下は慈愛にあふれ、正しい教えで最善の道を開こうとしている。後漢の光武帝と同じように、太子と政治の道を共にして、都を治めようとする。太子に『韓非子』のような法家の書を贈るのを避け、儒教の経典を重視した。思うに、政道の善悪とは、太子が身にまとう飾りのようなものである。だから、この私の愚かな意見でも、良い点があればそれを汲みとって、老人のアドバイスを受けることを恥ずかしいと思わないでほしい。

いろいろな事業をすべてうまく進めようとするには、ふさわしい人材を得て初めてそれが可能となる。堯（ぎょう）は人を見抜く見識を教訓として伝えているし、文王（ぶんおう）には多くの才士がいたことが謳（うた）われている。正しい人間を採用し、それを模範に照らして見分け、その能力を計り、その行いを調べ、才能にふさわしい適任のポストを与えるべきであり、それ以外の政務には就かせるべきではない。もし、正しい意見を聞き入れず、人を見抜く力がなかったならば、道義ある者は敗れ去り、無用の者がのさばりだす。ゴマすりどもが争って媚びへつらい、君主のもとには珍しい財貨が自然と集まってくる。直言して諫める臣下は、その忠義ゆえに罪に陥れられ、金品で官職を手に入れたり賄賂で裁判を曲げるような者が君主に親しむことになる。こうして国の法は損なわれ、倫理は失われる。その結果、周の九鼎（きゅうてい）のように国の神器は悪賢い者に持ち去られ、人民は自分たちを慰撫してくれる仁義ある君主を待ち望むようになるのである。(以上は、人の任用の戒め)

思うに、神が作ったもののなかで、霊長である人間が最も尊い。それなのに、裁判で正しい判決を出せないのであれば、生と死の道を違えてしまうことになり、冤罪の罪を晴らせないのであれば、陰と陽の調和を乱してしまうことになる。人の一生の命運は厳しい法律の規則にかかっているのであり、命の長短は冷たい役人の手にかかっている。だからこそ、あの堯は刑罰を下す代わりに、それぞれの刑罰をかたどった服を着せて罪人に恥ずかしいと思う気持ちを起こさせ、憐れみの言葉をかけたのであり、禹は罪人を見ては泣いて、同情の気持ちを寄せたのである。（以上は、刑罰を慎む戒め）

宮殿の造営は『易経』繋辞伝下の「大壮」の卦に手本を取ると言って、軒を高くして壁には色彩を施し、やがて夏の桀王の瑤台や殷の紂王の瓊室のような贅沢な宮殿が現れた。柱や梁を飾るだけではない。魏の明帝の凌雲台や漢の武帝の通天台のように、天に届くほどの宮殿を造って遠くを眺めたり、涼んだりした。そういう宮殿で酒食に贅をこらして、人民の労働力を無駄遣いし、脚が悪くなるような高い楼閣を造らせて、その結果、自分自身には災難を招くことになった。それだから、漢の文帝は、高楼の造営には家十軒分の資産がかかると言って、倹約して余裕のある生き方を示した。あるいは、その一方で、周の文王が百里四方の鳥獣放し飼いの庭園を造ろうとしたところ、民衆は文王を親のように慕っていたからこそ、一斉に集まってきて喜んで庭園造営に参加したのであった。（以上は、土木建築の戒め）

宴席で互いに礼を通じ合うには、旨い酒が重要な役割を果たすものである。酒の旨さに帰宅するのを忘れるほど酔ってしまう者がいれば、一方で慎み深くて穏やかで乱れない者もいる。もし酔って怒って喧嘩をし、溺れて自分を失ってしまうと、痛ましいことに殷の紂王は国を亡ぼし、漢の灌夫(かんぷ)は身を滅ぼした。だから、殷の名相伊尹(いいん)は酔って歌うことを戒め、周の文王の子周公旦(しゅうこうたん)は酒を「国を乱す元凶」と教えたのである。（以上は、飲酒の戒め）

ああ、奥ゆかしい婦人は、誠に君主の相手に相応しい。漢の班婕妤(はんしょうよ)は、成帝(せいてい)と車に同乗するのを恥としたし、周の姜后(きょうこう)は、宣王(せんおう)の怠惰ぶりが自分のせいだと思って、簪(かんざし)とイヤリングをはずした。なんと美談であろう。その一方で、春秋の晋を乱した驪姫(りき)や、西周を滅亡に追いやった褒姒(ほうじ)のような悪女もいる。彼女たちを描いたなまめかしい美人画は、きわめて人道に外れるものである。傾城傾国(けいせいけいこく)の美女の教訓は、後世の皇帝にはっきりと示すべきであり、なまめかしい美女の弊害は、過去の歴史を手本とすべきである。（以上は、女色の戒め）

また、狩猟の儀礼や車馬を馳せて弓を射る儀式がある。これらは、適度に節制しなければ、必ずその面白さにのめり込んでしまう。身体が疲労するばかりでなく、人の精神を狂わせてしまうのである。そもそも、高いところに登って怖がらないのは罪人くらいのものであり、鷹や犬を連れて遊び回るのは子供のすることである。国の重責を担い、先王から伝えられた宝器を持ちながら、鷹や犬とともにかけ回り、手綱をあやつって危険な場所を乗り越えようとは、なんたることか。馬にも轡(くつわ)を嫌がる気持ちがあり、獣も突然のことに驚いて飛び

出すことだってある。たとえ獲物が多かったとしても、そんなことをして恥じずにいられようか。（以上は、狩猟の戒め）

　私は卑しい愚か者であるが、数えきれないほどの恩恵を受けた。今上陛下はこの無用の者を抜擢し、高貴の官員に加えてくださった。大いなる政道が行われて上下の心が通い合う世に巡り合い、しかも立派な皇太子を戴いて万国が治まっているのは誠に素晴らしい。皇太子は、政務を代行しながら、空いた時間にはいつも書物を論じて速やかに理解される。神のようなその理解力を仰ぎ、聖人のような聡明さに感心している。ご自身で徳を結実しようとして賢者を礼遇する姿は、まるで後漢の皇太子が桓栄（かんえい）を師と仰いだ故事のようである。

　春のよい季節、暖かく澄み渡っている。立派な御殿の奥深く、すだれは静かに垂れ下がり、草木は茂って雲は軽やかに風に流れる。花は芳香とともに咲き乱れ、ウグイスは愛らしく鳴き交わしている。そのような美しい風景の中にあっても、太子は少しも心を乱すことはない。飽くことなく道を踏み行おうとし、いよいよ勉学に励んでおられる。この私に何か文章を書くようにとお命じになったが、私は美文は得意ではないのでお断りした。「洞簫（どうしょう）」の賦が漢の皇太子を喜ばせ、「飛蓋（ひがい）」の詩が魏の世子に捧げられたが、私にはそのような文才はない。この直言の文章は、太子の徳を称えるには舌足らず、恩に報いるには命をも捨てる覚悟。あえて堂の前にひれ伏し、太子の評判が上がるよう、今上陛下の長寿を受けて、古来の太子に冠たるようにと、願うばかりである。

太宗は、この文章を読むと、使者を李百薬のもとに遣わして、「私は、皇太子のところでそなたの作った賦を見たが、昔からの世継ぎのあり方を述べて太子を戒めており、典雅で要を得ていた。私がそなたを太子の補導役に選んだのは、まさにこういうことをしてほしかったからである。誠に任に適(かな)っているので、ぜひとも最後まで太子を支えてやってほしい」
と伝えた。そして、褒美として近衛の馬一頭と彩絹三百疋(ぴき)を李百薬に賜ったのであった。

■原文

貞觀五年、李百藥爲太子右庶子。時太子承乾頗留意典墳、然閑讌之後、嬉戲過度。百藥作『贊道賦』以諷焉。其詞曰

下臣側聞先聖之格言、嘗覽載籍之遺則。伊天地之玄造、洎皇王之建國。曰人紀與人綱、資立言與立德。履之則率性成道、違之則罔念作忒。望興廢如從鈞、視吉凶如糾纆。至乃受圖膺籙、握鏡君臨。因萬物之思化、以百姓而爲心。體大儀之潛運、閱往古於來今。盡爲善於乙夜、惜勤勞於寸陰。故能釋層冰於瀚海、變寒谷於蹛林。總人靈以胥悅、極穹壤而懷音。

赫矣聖唐、大哉靈命。時維大始、運鍾上聖。天縱皇儲、固本居正、機悟宏遠、神資凝映。顧三善而必弘、祗四德而爲行。每趨庭而聞禮、常問寢而資敬。奉聖訓以周旋、誕天文之明命、邁觀喬而望梓、即元龜與明鏡。自大道云革、禮教斯起。以正君臣、以篤父子。君臣之禮、父子之親、盡情義以兼極、諒弘道之在人。豈夏啓與周誦、亦丹朱與商均。既雕且琢、溫故知新。惟忠與敬、曰孝與仁。則可以下

光四海、上燭三辰。

昔三王之敎子、兼四時以齒學、將交發於中外、乃先之以禮樂。樂以移風易俗、禮以安上化人。非有悅於鐘鼓、將宣志以和神。寧有懷於玉帛、將克己而庇身。生於深宮之中、處於羣后之上、未深思於王業、不自珍於匕鬯。謂富貴之自然、恃崇高以矜尙。必恣驕狠、動愆禮讓。輕師傅而慢禮儀、狎姦諂而縱淫放。前星之耀遽隱、少陽之道斯諒。

雖天下之爲家、蹈夷儉之非一。或以才而見升、或見讒而受黜。足可以省厥休咎、觀其得失。請粗略而陳之、覬披文而相質。

在宗周之積德、乃執契而膺期、賴昌・發而作貳、啓七百之鴻基。逮扶蘇之副秦、非有虧於聞望、以長嫡之隆重、監偏師於亭障。始禍則金以寒離、厥妖則火不炎上。既樹置之違道、見宗祀之遄喪。

伊漢氏之長世、固明兩之遞作。高惑戚而寵趙、以天下而爲謔。惠結皓而因良、致羽翼於寥廓。景有慙於鄧子、成從理之淫虐。終生患於強吳、由發怒於爭博。徹居儲兩、時猶幼沖、防衰年之絕議、識亞夫之矜功。故能恢弘祖業、紹三代之遺風。據開博望、其名未融。哀時命之奇舛、遇讒賊於江充。雖備兵以誅亂、竟背義而凶終。宣嗣好儒、大猷行闡、嗟被尤於德敎、美發言於忠謇。始聞道於匡・韋、終獲戾於恭・顯。太孫雜藝、雖異定陶、馳道不絕、抑惟小善。猶見重於通人、當傳芳於前典。

中興上嗣、明・章濟濟、俱達時政、咸通經禮。極至情於敬愛、惇友于於兄弟。是以固東海之遺堂、因西周之繼體。

五官在魏、無聞德音。或受譏於妲己、且自悅於從禽。雖才高而學富、竟取累於荒淫。曁貽厥於明皇、搆崇基於三世。得秦帝之奢侈、亞漢武之才藝。遂驅役於羣臣、亦無救於凋弊。

中撫寬愛、相表多奇。重桃符而致惑、納鉅鹿之明規。竟能掃江表之氛穢、舉要荒而見羈。惠處東朝、察其遺跡。在聖德其如初、實御床之可惜。悼愍懷之云廢、遇烈風之吹沙。盡性靈之狎藝、亦自敗於凶邪。安能奉其粢盛、承此邦家。

惟聖上之慈愛、訓義方於至道。同論政於漢幄、脩致戒於京鄗。鄗『韓子』之所賜、重經術以爲寶。咨政理之美惡、亦文身之黼藻。庶有擇於愚夫、慙乞言於遺老。

致庶績於咸寧、先得人而爲盛。帝堯以則哲垂謨、文王以多士興詠。取之於正人、鑑之於靈鏡。量其器能、審其檢行。必宜度機而分職、不可違方以從政。若其惑於聽受、暗於知人、則有道者咸屈、無用者必伸。讒諛競進以求媚、玩好不召而自臻。直言正諫、以忠信而獲罪、賣官鬻獄、以貨賄而見親。於是虧我王度、斁我彝倫。九鼎遇姦回而遠逝、萬姓望撫我而歸仁。

蓋造化之至育、惟人靈之爲貴。獄訟不理、有生死之異塗、寃結不伸、乖陰陽之和氣。士之通塞、屬之以深文、命之脩短、懸之於酷吏。是故、帝堯畫像、陳恤隱之言、夏禹泣辜、盡哀矜之志。

因取象於「大壯」、乃峻宇而雕墻。將瑤臺以瓊室、豈畫棟以虹梁。或凌雲以遐觀、或通天而納涼。極醉飽而刑人力、命痿蹷而受身殃。是以言惜十家之產、漢帝以昭儉而垂裕。雖成百里之囿、周文以子來而克昌。

彼嘉會而禮通、重旨酒之爲德。至忘歸而受祉、在齊聖而溫克。若其酗醟以致昏、酖湎而成忒、痛殷受與灌夫、亦亡身而喪國。是以伊尹以酣歌而作戒、周公以亂邦而貽則。

咨幽閑之令淑、實好逑於君子。辭玉輦而割愛、固班姬之所耻。脫簪珥而思愆、亦宣姜之爲美。乃有禍晉之驪姬、喪周之褒姒。盡妖妍於圖畫、極凶悖於人理。傾城傾國、思昭示於後王。麗質冶容、宜永鑒於前史。

復有蒐狩之禮、馳射之埸、不節之以正義、必自致於禽荒。匪外形之疲極、亦中心而發狂。夫高深不懼、胥靡之徒、韝緤爲娛、小豎之事。以宗社之崇重、持先王之名器、與鷹犬而並驅、凌艱險而逸轡。馬有銜橛之理、獸駭不存之地、猶有靦於獲多、獨無情而內愧。

以小臣之愚鄙、忝不貲之恩榮。擢無庸於草澤、齒陋質於簪纓。遇大道行而兩儀泰、喜元良會而萬國貞。以監撫之多暇、每講論而肅成。仰惟神之敏速、歎將聖之聰明。自禮賢於秋實、足歸道於春卿。芳年淑景、時和氣淸。華殿邃兮簾幃靜、灌木森兮風雲輕、花飄香兮動笑日、嬌鶯囀兮相哀鳴。以物華之繁靡、尙絕思於將迎。猶允蹈而不倦、極耽翫以研精。命庸才以載筆、謝摛藻於天庭。異洞簫之娛侍、殊飛蓋之緣情。闕雅言以贊德、思報恩以輕生。敢下拜而稽首、願永樹於風聲。奉皇靈之遐壽、冠振古之鴻名。

太宗見而遣使謂百藥曰「朕於皇太子處見卿所作賦、述古來儲貳事以誡太子、甚是典要。朕選卿以輔弼太子、正爲此事、大稱所委、但須善始令終耳」。因賜廐馬一匹、綵物三百段。

第二章　皇太子を諫めるには死をも覚悟

貞観年間（六二七―六四九）に、皇太子の李承乾はしばしば礼儀を欠き、勝手な振る舞いが日を追うごとにひどくなった。そこで、太子左庶子（皇太子侍従）の于志寧は『諫苑』という二十巻の本を書いて諷刺して諫めた。

そのころ、太子右庶子（皇太子侍従）であった孔穎達は、皇太子がいやな顔をしてもかまわず太子の言行を諫めていた。李承乾の乳母の遂安夫人は、孔穎達に、

「皇太子はすでに成人となっているのに、どうしてそんなに度々、面と向かって過失を責めるのですか」

と言った。それに対して、孔穎達は、

「私は国の恩恵を受けていますから、太子を諫めたために死んだとしても怨むものではありません」

と答えた。孔穎達の諫めはますます手厳しくなっていった。

李承乾が孔穎達に『孝経義疏（こうきょうぎそ）』を書くように命じたところ、孔穎達は『孝経』の文章に従って自分の見解を述べ、いよいよ模範を踏まえた諫めを展開したのだった。

太宗は于志寧と孔穎達を誉め、二人にそれぞれ絹五百疋（ぴき）と黄金一斤（きん）を下賜し、それによって皇太子承乾の気持ちを奮い立たせようとした。

■原文

貞觀中、太子承乾數虧禮度、侈縱日甚、太子左庶子于志寧撰『諫苑』二十卷諷之。是時太子右庶子孔穎達每犯顏進諫。承乾乳母遂安夫人謂穎達曰「太子長成、何宜屢得面折」。對曰「蒙國厚恩、死無所恨」。諫諍愈切。承乾令撰『孝經義疏』、穎達又因文見意、愈廣規諫之道。太宗並嘉納之、二人各賜帛五百匹、黄金一斤、以勵承乾之意。

第三章　諫めに対して刺客を送った皇太子

貞観十三年（六三九）に、太子右庶子（ゆうしょし）（皇太子侍従）の張玄素（ちょうげんそ）は、皇太子の李承乾が学問もせずに狩猟にうつつを抜かしているので、次のような諫めの文書を進上した。

「私は、『天というものは、特に誰か親しい人がいるというのではなく、ただ徳のある人だけを助ける』と聞いています。天の道に背けば、そういう者を神も人も見捨てます。そのうえ、昔の狩猟の礼は動物を殺すために行うのではなく、人民の害となる獣を駆除しようとしたものです。だから殷の湯王は、狩場を網で囲むのではなく、一面にだけ網を張り、それを見て諸侯は湯王の人徳を慕いました。今、皇太子が禁苑で行う狩猟は、ただの娯楽の狩りではないとはいっても、それでも限度なく行えば、やがては正しい礼儀を欠くことになるでしょう。

また、殷の傅説は、『昔の出来事を学ばない学問などというものは、聞いたことがない』と言っています。すなわち、己の行うべき道を大きくするには昔の教訓に学ばなくてはならず、昔の教訓に学ぶには必ず師の教えを受けなければなりません。先に皇帝陛下の詔によって、孔穎達を殿下の書籍講読の師とされました。ですから何度でも孔穎達に質問をして、ほんのわずかでも太子の徳を補うようにしてほしいのです。そして、名声が高く品行の正しい士を広く選び出し、朝夕にお側に置いて、聖人の教えを読み、昔の出来事を教訓とし、今日は自分の足りないところを知るようにし、今月は自分の知り得たことを忘れないようにしてほしいのです。これこそが、善を尽くし美を尽くすということであり、そのように努めれば、夏の禹王の子の啓や周の武王の子の成王誦のような世継ぎも、殿下に及ぶものではないでしょう。

そもそも、人の上に立つ者は、善を求めなくてはなりません。しかし、情欲に負けるために、心が乱れてよくないことに耽るのです。それがひどくなれば、いくら忠義の言葉を尽くしても通じません。こうして臣下はゴマをするようになり、君主の道はやがて廃れてまいります。昔の人は、『どんなに小さな悪事であってもしてはならず、どんなに小さな善行であってもためらってはならない』と言っています。つまり、禍や福は小さなことから徐々に大きくなるものなのです。殿下は世継ぎの立場にあらせられますので、広くよいお考えを持たねばなりません。それなのに、このように狩猟にばかり耽っていては、どうして国を継ぐことなどできましょうや。物事を始めた時の緊張感をずっと保ち続けていても、それでも最後まできちんとできるかどうか、心配するものです。それなのに、初めから慎まなければ、どうして良い終わりを迎えられるでしょうか」。

しかしながら、皇太子の李承乾はこの諫言を聞き入れなかった。

そこで、張玄素は再び上書して諫めた。

「私は、『皇太子が学校に入っても、年齢順に従って、特別扱いはしない』と聞いていますが、このしきたりは、太子に君臣・父子・尊卑・長幼の秩序を体得させるためのものです。ただし、これらの秩序を、いつも自分の心の内に留め、そして天下に広めるのは、すべて行動によって名声が遠くにまで届き、言葉によって広く光り輝くものです。

謹んで思いますに、殿下は生まれつき聡明でありますが、さらに学問によってその外面を磨き上げるべきです。私が見るところ、孔穎達や趙弘智らは、ただ学識を積んだ大儒であるばかりでなく、政治の要務にもよく通じています。ですからお願いしたいのは、何度でも彼らの講義を受け、物事の道理をわきまえ、昔の教訓を今に役立たせ、さらにご自分を輝かせるようにしてほしいのです。騎射や狩猟、宴会や歌舞、妓女や珍宝のようなものは、目や耳には心地よいかもしれませんが、ついには心を汚すことになります。いつまでもそういうものに染まっていては、やがては必ず本性までが悪に染まります。古人は、『心はすべての中心であるが、行動に節操がなければその心も乱れる』と言っています。私は、殿下がそのような行いによって、徳に外れる人になってはならないと心配するのです」。

李承乾は、この上書を見るとますます怒り、張玄素に「そなたは精神病にでも罹ったのか」と言ったのだった。

翌貞観十四年（六四〇）になって、太宗は張玄素がしばしば皇太子を諫めているのを知って、銀青光禄大夫という身分に昇進させ、太子左庶子の任務も行わせた。

ある時、李承乾は宮中で太鼓を打ち、その音が宮殿の外にまで聞こえた。張玄素は門をたたいてお目通りを願い、厳しく太子を諫めた。すると李承乾は、宮中の太鼓を取り出させて張玄素の前で叩き壊し、それればかりか門番に命じて、張玄素が早朝に出仕するところを待ち伏せし、馬の鞭で張玄素を打たせて瀕死の重傷を負わせたのだった。

そのころ、李承乾はしきりに物見台や楼閣を造らせ、それらが贅をこらしていたので、東宮の出費は日増しに増えていった。それを、張玄素は上書して諫めた。

「私は愚か者なのに、皇帝と皇太子にお仕えし、身にあまる光栄にあずかっておりますが、国に対しては何の恩返しもしておりません。そこで、真心から臣下としての節操を尽くしたいと存じます。謹んで思いますに、皇太子の負う責任とは格別に重いものです。もし皇太子の人徳が高まらなければ、どうやって国の大業を受け継ぐことができるでしょうか。今上陛下は、殿下とは親子の親しみにあり、しかもその関係は家と国とを兼ねるものですから、用いる費用に制限は加えませんでした。しかし、私が就任してからまだ六十日もたたないというのに、すでに七万以上もの金銭がかかっており、贅沢の極みはまさにこれに過ぎるものはありません。殿下の宮殿の下には、ただ大工だけが集まっていて、東宮の苑内に賢良の士はどこにも見かけません。

今の殿下の行いは、親に仕える孝や、馭者のような低い身分の者をも気にかける敬愛の礼に欠けています。君父の慈愛や訓導に応えようとする恭順の道に違(たが)っています。昔の教訓を学び、正しい道を求めようとしているとの評判も聞こえません。私情によって臣下を刑死させるような間違いすら見られます。今や、東宮のどこにも正しい臣下はおらず、ゴマすりや技巧のうまい技師だけが殿下の周りに集まっています。殿下が好むのは遊び人や卑しい者たちで、殿下に仕えるのは絵や彫刻のうまい者たちです。宮殿の外から見てもこれだけ落ち度があるのですから、内部には数えきれないほどよろしくない点が隠されているでしょう。今や、東宮の門は市場の門と異なるところがなく、よこしまな者が朝に夕に出入りして、悪い評判は遠くにまで届いています。

右庶子の趙弘智は、経典に明るく修養も積んでいて、当代随一の士です。私はいつも趙弘智を召し出し、彼と議論して、殿下がよい考えを広めるように希望しました。しかし、その意に反して、私がみだりに趙弘智を引きたてているとの嫌疑を受けました。善人の言葉に従うならば、水が低い方に流れるように、ことはスムーズに運ぶといいますが、それでもなお、善人のその言葉に自分が追いつかないことを恐れるものです。ましてや、自分の非をごまかして諫言を拒絶するようでは、必ず大きな損失を招きます。『苦い薬は病に効き、苦い言葉は行いに効く』といいます。ですから、伏してお願いします、安泰な時でも身の危うさを忘れず、毎日毎日を慎まれますように」。

この上書が東宮に入ると、李承乾は激怒し、刺客を送って張玄素を殺させようとした。しかし、ちょうど皇太子が廃位され、張玄素は事なきを得たのだった。

■原文

貞觀十三年、太子右庶子張玄素以承乾頗以遊畋廢學、上書諫曰、

「臣聞、『皇天無親、惟德是輔』。苟違天道、人神同棄。然古三驅之禮、非欲教殺、將爲百姓除害。故湯羅一面、天下歸仁。今苑內娛獵、雖名異遊畋、若行之無恆、終虧雅度。且傳說曰『學不師古、匪說攸聞』。然則弘道在於學古、學古必資師訓。既奉恩詔、令孔穎達侍講。望數存顧問、以補萬一。仍博選有名行學士、兼朝夕侍奉。覽聖人之遺敎、察既往之行事、日知其所不足、月無忘其所能。此則盡善盡美、夏啓・周誦焉足言哉。夫爲人上者、未有不求其善、但以性不勝情、耽惑成亂。耽惑既甚、忠言盡塞。所以臣下苟順、君道

漸虧。古人有言『勿以小惡而不去、小善而不爲』。故知禍福之來、皆起於漸。殿下地居儲貳、當須廣樹嘉猷。既有好畋之淫、何以主斯匕鬯。愼終如始、猶恐漸衰、始尙不愼、終將安保」。

承乾不納。玄素又上書諫曰、

「臣聞稱皇子入學而齒冑者、欲令太子知君臣・父子・尊卑・長幼之道。然君臣之義、父子之親、尊卑之序、長幼之節、用之方寸之內、弘之四海之外者、皆因行以遠聞、假言以光被。伏惟殿下、睿質已隆、尙須學文以飾其表。竊見孔穎達・趙弘智等、非惟宿德鴻儒、亦兼達政要。望令數得侍講、開釋物理、覽古論今、增輝睿德。至如騎射畋遊、酣歌妓翫、苟悅耳目、終穢心神。漸染既久、必移情性。古人有言『心爲萬事主、動而無節卽亂』。恐殿下敗德之源、在於此矣」。

承乾覽書愈怒、謂玄素曰「庶子患風狂耶」。

十四年、太宗知玄素在東宮頻有進諫、擢授銀青光祿大夫、行太子左庶子。時承乾嘗於宮中擊鼓、聲聞于外、玄素叩閤請見、極言切諫。乃出宮內鼓對玄素毀之、遣戶奴伺玄素早朝、陰以馬檛擊之、殆至於死。是時承乾好營造亭觀、窮極奢侈、費用日廣。玄素上書諫曰、

「臣以愚蔽、竊位兩宮、在臣有江海之潤、於國無秋毫之益。是用必竭愚誠、思盡臣節者也。伏惟儲君之寄、荷戴殊重、如其積德不弘、何以嗣守成業。聖上以殿下親則父子、事兼家國、所應用物不爲節限。恩旨未踰六旬、用物已過七萬、驕奢之極、孰云過此。龍樓之下、惟聚工匠、望苑之內、不覩賢良。今言孝敬、則闕侍膳問竪之禮。語恭順、則違君父慈訓之方。求風聲、則無學古好道之實。觀舉措、則有因緣誅戮之罪。宮臣正士、未嘗在側、羣邪淫巧、昵近深宮。愛好者皆遊伎雜色、施與者並圖畫雕鏤。在外瞻仰、已有此失、居中隱密、寧可勝計哉。宣猷禁門、不異闤闠、朝入暮出、惡聲漸遠。右庶子趙弘智經明行修、當今善士、臣每請望數召進、與之談論、庶廣徽猷。令旨反有猜嫌、謂臣妄相推引。從善如流、尙恐不逮。飾非拒諫、必是招損。古人云『苦藥利病、苦口利行』。伏願居安思危、

――日慎一日」。

書入、承乾大怒、遣刺客將加屠害、俄屬宮廢。

第四章　刺客も喪中の者には手を下せず

貞観十四年（六四〇）に、皇太子の李承乾は宮室を増築し、度を越して贅沢をし、そのうえ音楽や歌舞を好んで暮らしていたので、太子詹事（東宮の統括官）の于志寧は文書によって諫めた。

「私は、倹約は正しい道を広める源、贅沢は道徳に背く始まりだと聞いています。だから、秦の穆公が天を突くような宮殿を造ったのを、西の戎の人はあざけり笑ったのであり、屋根を高くして塀に彫刻を施すことを、『書経』夏書で禹は戒めたのです。昔、趙盾が晋の国を助け、太公望呂尚が周の指導者となった時、財政の節約を勧め、重税を課すことに反対しました。彼らは忠義で国を助け、真心から君主に仕え、国の繁栄が続くようにし、君主の名声を広めようとしたのでした。これらは皆、書物に美談として記録されています。

今、殿下のおられる東宮は、隋の時に建てられたものです。その贅沢を見て非難する者もあれば、その華麗さを見てため息をつく者もいます。今さら、どうして修築する必要がありましょうか。東宮の財貨は日々費え、土木工事は止むことがなく、大工たちは腕を振るって宮殿を飾り立てています。そのうえ、大工や奴婢が自由に宮殿に出入りしているというのに、このごろではそれを監視する者すらおりません。出入りする者の中には、兄弟に罪人を持つ者もいて、そういう輩が苑内や宮殿に入ってきて、鑿や木槌などを手にして歩き回っています。門番や宿衛兵は、本来は不慮の事態に備えるものです。それなのに、宮門の警備官や護衛兵はこうした状況を知りません。衛兵が東宮の外にいて、雑役夫が東宮の中にいては、臣下はどうして安心できましょうか。私は心配せずにはいられません。

また、春秋時代の鄭と衛の国の音楽は、古来みだらな楽だと言われてきました。昔、朝歌という村で車を引き返したのは墨翟であり、夾谷での会合で音楽にあわせて戯れていた者を処刑させたのは孔丘でした。みだらな音楽は、昔の聖人も非なるものと見なし、賢者も誤りだと考えました。このごろ、東宮からはしばしば太鼓の音が聞こえ、大楽署の楽人は東宮に入ったまま出てこないと聞いています。このうわさをする者は、みな恐れ震えています。先年の今上陛下の勅語を、どうかもう一度お考えください。その聖旨の戒めは懇切丁寧なものです。それは、殿下におかれましてはよく考えねばならないことであり、私にとりましても畏れ憚らねばならないものです。

私が宮殿に仕えてから、すでに長い年月がたちました、犬や馬でさえ主人の恩を忘れず、木や石でさえ自然の働きを感じ取ります。私も、わずかでも意見があれば、言葉を尽くさないわけにはまいりません。もし真心に照らして行動すれば、私にもまだ生きる道があります。しかし、真心に逆らって責任を負えば、私は罪人です。諂って人を喜ばせる者を、魯の臧孫は病気の元に喩えており、いやな顔をされても意見を述べる者を、『春秋』は薬石に喩えています。謹んでお願いしますに、どうか増築の工事は止め、久しく労務に就いている者を解放し、鄭や衛のような音楽は絶ち、つまらぬ者たちを御身の回りから斥けられますように。そうすれば、父子・君臣・長幼の秩序は守られ、天下は正しく治まるでしょう」。

李承乾は、この書を不快に感じた。

翌貞観十五年（六四一）に、李承乾は農繁期にもかかわらず車引きをかき集めて労役に就かせ、しかも交替を許さなかったので、人々は深く怨んだ。さらに、密かに突厥人の若者たちを東宮に招き入れた。そこで、于志寧はまた諫めの文書を提出した。

「私は、上天は高大で、太陽と月がその徳を輝かせ、明君は神聖で、輔佐役がその功を助けると聞いています。そこで、周の成王が世子となった時には毛公と畢公に補佐され、漢の恵帝が太子になった時には四皓に助けられました。また、周公旦は子の伯禽に周の世子の補導法を授け、漢の賈誼は世継ぎに関して文帝に意見を上奏しました。昔の世子や太子は、正しい士に対してはみな礼儀正しく懇切に接しました。そして、歴代の優れた天子は、太子に向かっては再三戒めることをしました。なぜなら、太子は世継ぎの立場にあり、太子が善ならば天下がその恩恵にあずかることになり、太子が悪ならば国中がその被害を受けることになるからです。

聞くところによると、近ごろは召使や馭者、馬車引きや獣医が、春の初めから夏の終わりまで、常に東宮で労役させられており、しかも交替さえ許されていないとのことです。そういう人の中には、家に親がいるのに面倒もみられず、幼子がいるのに子育てもできない者もいます。彼らは、春に畑を耕すこともできず、夏に種付けもできません。ことは一家の生存に関わりますから、そういう者たちはきっと殿下を恨んでいるでしょう。もしこれが今上陛下のお耳に入れば、後悔しても及ぶものではありません。

また、突厥の達哥支（たつかし）らは、何を考えているかわからない異民族です。礼儀などを期待できるはずもなく、信用すべきではありません。心は忠や孝を知りませんし、言葉は善悪を言い表すこともできません。そういう者を近づければ殿下の名声を損なうことになり、親しくしても殿下の人徳に益となることはありません。それなのに、彼らを東宮に引き入れているので、人々はみな驚き恐れています。私一人が不安に思っているわけではないのです。殿下は、上は今上陛下のお気持ちに添（そ）い、下は人民の望みに適（かな）うようにすべきです。どんな小さな悪でも避けねばならず、どんな小さな善でもためらってはなりません。お心は、悪の芽生えを防ぎ、悪に染まらないように心掛けるべきです。そのためには、良からぬ者を退け、賢良の士と親しむことをお勧めします。そうすれば、善の道は日々広まり、殿下の名声は遠くにまで轟くでしょう」。

李承乾はこれを読むと激怒し、刺客の張師政（ちょうしせい）と紇干承基（こつかんしょうき）を于志寧の家に送って殺させようとした。ちょうどその時、于志寧は亡くなった母の喪に服していたが、まだ喪の明けないうちに召し出されて太子詹事に戻っていた。張師政と紇干承基の二人が于志寧の家に忍び込むと、于志寧は喪中のために仮小屋で筵に寝ていた。二人は、それを見て殺すに忍びず、ついに暗殺をやめた。

李承乾が廃位されてから、太宗はそのことを知って、于志寧を深くいたわったのだった。

■原文

貞觀十四年、太子詹事于志寧、以太子承乾廣造宮室、奢侈過度、耽好聲樂、上書諫曰、「臣聞克儉節用、實弘道之源、崇侈恣情、乃敗德之本。是以凌雲槩日、戎人於是致譏、峻宇雕墻、『夏書』以之作誡。昔趙盾匡晉、呂望師周、或勸之以節財、或諫之以厚斂。莫不盡忠以佐國、竭誠以奉君、欲使茂實播於無窮、英聲被乎物聽。咸著簡策、用爲美談。

且今所居東宮、隋日營建、覩之者尙譏其侈、見之者猶歎甚華。何容於此中更有修造、財帛日費、土木不停、窮斤斧之工、極磨礱之妙。且丁匠官奴入內、比者曾無復監。此等或兄犯國章、或弟罹王法、往來御苑、出入禁闈、鉗鑿緣其身、槌杵在其手。監門本防非慮、宿衞以備不虞。直長既自不知、千牛又復不見。爪牙在外、廝役在內、所司何以自安、臣下豈容無懼。

又鄭・衞之樂、古謂淫聲。昔朝歌之鄉、廻車者墨翟、夾谷之會、揮劍者孔丘。先聖既以爲非、通賢將以爲失。頃聞宮內、屢有鼓聲、大樂伎兒、入便不出。聞之者股栗、言之者心戰。往年口敕、伏請重尋。聖旨殷勤、明誡懇切。在於殿下、不可不思、至於微臣、不得無懼。

臣自驅馳宮闕、已積歲時、犬馬尙解識恩、木石猶能知感、臣所有管見、敢不盡言。如鑒以丹誠、則臣有生路。若責其忤旨、則臣是罪人。但悅意取容、臧孫方以疾疢、犯顏逆耳、『春秋』比之藥石。伏願停工巧之作、罷久役之人、絕鄭・衞之音、斥羣小之輩。則三善允備、萬國作貞矣」。

承乾覽書不悅。

十五年、承乾以務農之時、召駕士等役、不許分番、人懷怨苦。又私引突厥羣竪入宮。志寧上書諫曰、「臣聞上天蓋高、日月光其德、明君至聖、輔佐贊其功。是以周誦升儲、見匡毛・畢、漢盈居震、取資黃・綺。姬旦抗法於伯禽、賈生陳事於文帝。咸殷勤於端士、皆懇切於正人。歷代賢君、莫不丁寧於太子者、良以地膺上嗣、位處儲君。善則率土霑其恩、惡則海內罹其禍。

近聞僕寺・司馭・駕士・獸醫、始自春初、迄茲夏晚、常居內役、不放分番。或家有尊親、闕於溫凊、或室有幼弱、絕於撫養。春既廢其耕墾、夏又妨其播殖。事乖存育、恐致怨嗟。儻聞天聽、後悔何及。

又突厥達哥支等、咸是人面獸心、豈得以禮義期、不可以仁信待。心則未識於忠孝、言則莫辯其是非、近之有損於英聲、昵之無益於盛德。引之入閤、人皆驚駭。豈臣庸識、獨用不安。殿下必須上副至尊聖情、下允黎元本望。不可輕微惡而不避、無容略小善而不爲。理敦杜漸之方、須有防萌之術。屏退不肖、狎近賢良。如此、則善道日隆、德音自遠」。

承乾大怒、遣刺客張師政・紇干承基就舍殺之。是時丁母憂、起復爲詹事。二人潛入其第、見志寧寢處苫廬、竟不忍而止。

及承乾敗、太宗知其事、深勉勞之。

巻五　仁義　第十三

■解説

仁義とは、人の徳目のうちの代表的なもので、孟子が強く主張した概念。『孟子』の冒頭、梁恵王章句上に、恵王が孟子に「先生は千里の道を遠いとも思わずにやって来てくれたが、それはわが国を利するためか」と問うたのに対し、孟子は「王、何ぞ必ずしも利と曰ん。亦た仁義あるのみ」と答えている。ここでいう「利」を、南宋の朱熹（朱子）は「富国強兵の類」と注する。それに対する「仁義」には、朱熹は「仁とは心の徳、愛の理。義とは心の制、事の宜なり」と注している。すなわち、人や物を愛する気持ちを持ち、心をおさめて物事の宜しきところを得ることである。したがって、仁義とは「愛の心による正しいすじみちの実践」といえよう。

本篇でいう仁義もほぼ同じであるが、より具体的には「刑罰による統治」の反対概念として使われており、「民を思いやってその生活を安泰にする政治」の意に用いられている。つまり、民本主義ともいうべき統治理念である。

第一章と四章に登場する王珪は、任賢篇第四章参照。第一章の杜正倫は求諫篇第六章を、第三章の房玄齢は任賢篇第一章を参照。

第一章　幸運を待つより人材を探せ

貞観元年（六二七）に、太宗は言った。

「古来の帝王たちを見てみると、仁義で治めた国は長続きするのに対して、法律で統制した国は、一時的に世の疲弊を救うことができても、結局はすぐに滅びるようだ。すでに前代の帝王の事績があるのだから、手本には十分である。今、私は仁義と真心で国を治めたい。道徳が軽薄となった風俗を改めたいのだ」。

それに対して、黄門侍郎（門下省副長官）の王珪が答えた。

「天下は長い年月にわたって疲弊しています。その状況下にあって、陛下が道徳を広め風俗を正せば、後世いつまでも幸いが続くことになるでしょう。ただし、それを成し遂げるには賢人を得ることが何よりも肝腎です」。

さらに太宗は言った。

「賢人を得たいというのは、私は寝ている時でさえも思っている」。

すると、給事中（門下省の文書審査官）の杜正倫が進み出て言った。

「世の中に才能ある士は必ずおり、君主がその者を任用するかどうかにかかっています。なにも、殷の武丁が夢で見た傅説を労働者の中から見つけ出したり、周の文王が川辺で太公望呂尚に出会ったような幸運を待って、それから政治をする必要はありません」。

太宗はまったくそのとおりだと思った。

■原文
貞觀元年、太宗曰「朕看古來帝王以仁義爲治者、國祚延長、任法御人者、雖救弊於一時、敗亡亦促。既見前王成事、足是元龜。今欲專以仁義誠信爲治、望革近代之澆薄也」。

黄門侍郎王珪對曰「天下彫喪日久、陛下承其餘弊、弘道移風、萬代之福。但非賢不理、惟在得人」。

太宗曰「朕思賢之情、豈捨夢寐」。

給事中杜正倫進曰「世必有才、隨時所用、豈待夢傅說、逢呂尙、然後爲治乎」。

太宗深納其言。

第二章　民間の風俗は政治にかかっている

貞観二年（六二八）に、太宗は側近の者に語った。

「私は、世が乱れた後は、社会の風俗を改めるのは難しいと思っていた。ところが、このごろ人民を見ると、欲がなくなり恥を知るようになり、官吏や民は法を守り、盗賊も日増しに少なくなっている。つまり、民衆の風俗はいつも一定しているのではなく、ただ政治が治まっているか乱れているかの違いによって左右されるだけなのだ。そこで、国を治める方法としては、必ず仁義で人民を慈（いつく）しみ、信用を示すべきである。人々の気持ちに従い、苛酷な統治はやめ、正しい道に外れなければ、世の中は自然と安泰となるものだ。そなたたちは協力してそれを実行してほしい」。

■原文

貞観二年、太宗謂侍臣曰「朕謂亂離之後、風俗難移。比觀百姓漸知廉耻、官民奉法、盗賊日稀。故知人無常俗、但政有治亂耳。是以爲國之道、必須撫之以仁義、示之以威信、因人之心、去其苛刻、不作異端、自然安靜。公等宜共行斯事也」。

第三章　仁義こそ最大の武器

貞観四年（六三〇）に、房玄齢（ぼうげんれい）が、

「今、武器庫を調べましたところ、隋の時代よりもはるかに充実しています」

と報告した。

それに対して、太宗は答えた。

「武器を整備して敵に備えるのは、確かに重要なことではあるが、それよりも私は、そな

たたちが心を政治の道に留め、忠義と貞節を尽くして人民の生活を安泰にしてほしいと思う。それこそが、私の武器である。隋の煬帝は、兵器が足りなくて国を滅亡させたのではないであろう。まさに仁義の道を修めなかったために、天下の人々が怨んで反乱を起こしたから滅んだのである。そのことを心に留めておかねばならない」。

■原文

貞觀四年、房玄齡奏言「今閲武庫甲仗、勝隋日遠矣」。太宗曰「飭兵備寇雖是要事、然朕唯欲卿等存心理道、務盡忠貞、使百姓安樂。便是朕之甲仗。隋煬帝豈爲甲仗不足、以至滅亡。正由仁義不修、而羣下怨叛故也。宜識此心」。

第四章　仁義は精神の栄養

貞観十三年（六三九）に、太宗は側近の者に語った。

「深い林には鳥が棲み、大きな川には魚が泳ぐ。同じように、仁義ある世では人々は自然と平穏に暮らすものである。人は誰でも災難を恐れて避けようとはするが、仁義が行われていれば災難は起こらなくなるということをわかっていない。そもそも仁義というものは、常に心に留めて忘れないようにしなければならない。もし、ほんのわずかの間でも忘れて怠ければ、仁義の道は遠のいてしまう。それはちょうど、食べたり飲んだりしたものが肉体を支え、われわれが常に栄養をとって生命を維持しているのと同じようなものなのだ」。

それに対して、王珪が拝礼して答えた。

「天子たる陛下がそのことをわきまえられているのは、天下にとって最高の幸福というものでしょう」。

■原文

貞觀十三年、太宗謂侍臣曰「林深則鳥棲、水廣則魚游。仁義積則物自歸之。人皆知畏避災害、不知行仁義則災害不生。夫仁義之道、當思之在心、常令相繼、若斯須懈怠、去之已遠。猶如飲食資身、恆令腹飽、乃可存其性命」。

王珪頓首曰「陛下能知此言、天下幸甚」。

忠義　第十四

■解説

本篇は、「忠義の士」と呼ぶにふさわしい人を取り上げて議論する。なかには、玄武門の変で倒された隠太子建成と斉王元吉の配下の武将の忠義ぶりも話題とされる。

第一章に早速登場する馮立と謝叔方は、まさにそうした玄武門での敵側の武将。この二人は、この変で殺された敬君弘（太宗秦王府側）とともに、『旧唐書』巻一八七上、忠義伝上に立伝される。突厥が長安の北まで攻め込んできたのは、玄武門の変の二ヵ月後のことで、唐朝廷の混乱に乗じた侵攻。後掲安辺篇第一章に詳しい。後段に名の見える秦王府の呂衡は、本名は呂世衡。太宗の諱（世民）を避けた呼称。なお馮立が授けられた左屯衛中郎将は、唐の正規軍十二衛の一つ左右威衛の副長官であるが、この時はまだ隋制の屯衛の名称を用いていた。

尉遅敬徳は朔州（山西省北部）の出身、武勇で知られていた。隋末の乱では、群雄の一人で山西北部を押さえた劉武周の配下となったが、太宗が劉武周を倒すと太宗に仕えた。玄武門の変で斉王元吉を射殺し、その後も数々の武勲をあげた。その勇猛ぶりから、太宗配下の秦叔宝とともに対となって、後世の中国では門神として描かれる。

第二章の姚思廉は求諫篇第六章参照。『梁書』『陳書』を編纂した学者であるが、本章のような気骨も持ち合わせていた。隋室の代王楊侑は煬帝の孫。長安に入城した李淵は、楊侑を隋第三代恭帝に擁立し、恭帝から禅譲を受ける形で即位して、国号を唐と改めた。末尾の「仁ある者は勇気もある」は、『論語』憲問篇の「仁者は必ず勇有り。勇者は必ずしも仁有らず」を踏まえる。

第三章の冒頭、息隠王と海陵王について。太宗は即位すると、兄の建成を息王に追封し、諡を隠と名づけ、弟の元吉を海陵王に追封し、後に巣王と改めた。魏徴の上奏文中にある「亡くなった兄弟を追悼し」の原文は、「岡に陟りて感有り、棠棣を追懐し」である。「岡に陟る」は、『詩経』魏風「陟岵」詩の「岡に陟りて兄を瞻望す（兄のいる方をはるかに眺める）」を踏まえた表現。「棠棣」は「常棣」の誤り。『詩経』小雅「常棣」を踏まえる。「常棣」は兄弟の親睦を詠った詩。

第四章の王珪については、任賢篇第四章参照。太宗が忠義を称えた屈突通は、長安の人。剛直・清廉の士で、隋の文帝・煬帝に仕えて軍職を歴任し、唐の李淵の軍と潼関で激戦を繰り広げた。潼関は長安と洛陽を結ぶ要衝の関所で、長安方面に進軍した李淵の軍は西側から潼関に迫り、洛陽の隋軍は東から守ったが、ここを突破されて屈突通は洛陽に逃れた。本章では、屈突通は唐の官位を受けなかったというが、実際には高祖の治世に兵部尚書になっており、高祖が刑部尚書に任じようとした際に、文章が不得手なために断ったという。群雄の薛挙や王世充の討伐にも活躍し、薛挙を破った際には唐の諸将は財宝を奪い合ったが、一人屈突通だけはいっさい手を出さなかった。玄武門の変に際しても洛陽に鎮し、貞観二年に七十二歳で亡くなった。太宗はその死を惜しみ、遺族をいたわり、屈突通を凌煙閣二十四功臣に加えた。『旧唐書』巻五九、『新唐書』巻八九に立伝される。

第五章の陳叔達は、南朝最後の王朝である陳の皇族。容姿端麗で、文章と弁論に長けていた。陳の滅亡後、長安に移り、その才能から隋と唐に召しかかえられ、高官を務めた。玄武門の変の前に、建成と元吉が高祖に讒言して世民を排除しようとし、高祖がそれに迷った時、陳叔達が固く諫めて世民排斥をやめさせた。『旧唐書』巻六一、『新唐書』巻一〇〇に立伝される。

第六章、屈突通については上述。魏徴が言及する張道源は并州（山西省）の人。義に厚く、高祖に召し抱えられて山東方面の慰撫に努めた。かつて罪人の家族を下賜されたが、仁ある者のすることではないと言って一切受け取らず、亡くなった際には家にわずかの粟があるだけだった。そこで高祖は、張道源の家に絹三百疋を贈ったという（『旧唐書』忠義伝）。なお文中の「貪殘」（原文）は「貧賤」の誤記であろう。

第七章冒頭に「太宗は諸道に黜陟使を派遣しようとした」とあるが、唐は国内を十の道に分けて統治した（後に十五道）。長安は関内道に含まれ、特に長安周辺を畿内道（京畿道）と言った。黜陟使は、道ごとに巡察して地方官の行政成績を査定する係。仕事が終われば任を解かれる臨時的な職務であるが、地方官の処罰・罷免を決するほどの権限があたえられた。太宗が行幸しようとしていた九成宮は、長安の北西にあった離宮。

第八章の蕭瑀は、政体篇第一章・五章を参照。

第九章、後漢の楊震は、深い学識と清廉潔白な性格で知られた。地方官や朝廷の中枢官を歴任したが、幼い安帝の乳母一族の専横ぶりを弾劾し、逆に彼らの讒訴にあって免職された。郷里に帰る途中、楊震は憤慨のあまり毒をあおいで自殺したが、政敵の命令で葬儀は行われず、棺は路上に曝された。後に無罪が判明し、故郷の弘農郡華陰県（陝西省華陰県）に埋葬された。なお房玄齢の言葉にある「伯起」（原文）は楊震の字。

第十章の衛の弘演の説話は『呂氏春秋』忠廉篇などに見え、晋の予譲の仇討ち話は『史記』刺客列伝に見える。春秋時代末期の晋は王の権力が衰え、六卿が国政を左右した。智伯・范氏・中行氏は六卿の三人で、他は韓・魏・趙の家。はじめ、智伯が范氏・中行氏を滅ぼして一時は晋の実権を握ったが、韓・魏と結んだ趙襄子（名は無恤）によって滅ぼされ、晋は韓・魏・趙の三国に分裂した。これ以降を戦国時代と称す。

なお『史記』刺客列伝によれば、はじめ予譲は刑徒となり、厠にひそんで主君智伯の仇である趙襄子を刺そうとしたが失敗した。襄子は予譲を義人として釈放すると、今度は予譲は身体に漆を塗ってかぶれ、炭を飲んで口がきけなくなり、乞食に変容して路上で襄子を殺そうとした。それも失敗に終わると、襄子の服を譲り受けてそれを剣で刺し、自害したという。

第十一章の舞台である蒲州は、南流する黄河が東に向きを転ずる地で、河東（現在の山西省）から長安方面に至る要衝。本章で取り上げられる堯君素は、高祖李淵の長安入城後、第四章の屈突通の命を受けて蒲州を守り続け、決して唐に帰属しなかったが、州民によって殺された。

「たとえ無道の君主に仕えても、臣下としては忠実であるべき……」の原文「桀犬、堯に吠ゆ」は、暴君である夏の桀王の飼い犬が聖人の堯に吠えかかること。「戈を倒にする」は、殷の紂王の兵士が敵の周の仁政に感銘を受けて、寝返って味方に武器を向けたこと。「疾風勁草」は第八章の詩を参照。「歳寒の心」は、『論語』子罕篇「歳寒くして、然る後に松柏の彫むに後るるを知る」を踏まえた表現。冬になってはじめて、松や柏が他の木とは違って枯れない強い樹木であることがわかる、の意。

第十二章の岑文本は、君臣鑒戒篇第七章参照。彼が称賛した袁憲は、幼くして学問を好み、十四歳で南朝梁の武帝に見出され、文官として梁と陳に仕えた。『陳書』巻二四に立伝される。袁憲の子の袁承序が仕えた晋王とは、後の第三代皇帝高宗。弘文館学士は門下省直属の学校の教授で、皇室・高官の子弟の教育や図書の校勘などを司った。

なお陳の滅亡に際しては、次のようなエピソードが伝えられている。隋の軍が陳の都建康（南京）に攻め込み、北掖門を焼き払うと、陳の衛兵や宮廷の士はみな逃げ散ってしまった。ただ一人袁憲だけが殿中に留まり、おびえる皇帝（後主）に「皇帝たる者、衣冠を正して、前殿で敵兵を出迎えるものです」と忠告した。しかし、後主はそれを聞かず、殿庭の井戸に隠れた。隋の兵士は皇帝を探し、やがて井戸に目をつけ、上から呼んだが返事がない。そこで石を落とすと、悲鳴が聞こえた。縄を垂らして引き上げようとするが、異常に重い。何とか引き上げると、陳の後主は二人の女官とともに上がってきたという。

第十四章の原文には「高麗」とあるが、高句麗のこと。唐代の中国では高麗と呼んだ。高句麗は、山間の盆地の軍事・交通の要衝に多くの山城を築き、安市城はその一つ。現在の中国遼寧省海城県英城子の山城址が、その候補地とされる。高句麗は、王都支配者集団の部別組織である五部と地方の大城などに褥薩という地方長官を置き、その地を統治させた。原文の「耨薩」は褥薩の異表記。文中に登場する高延寿は五部のうちの北部の褥薩で、高恵真は南部の褥薩であった。彼らは安市城の援軍に向かったが、唐の李勣の軍に敗れ、十五万以上の兵を率いて唐に降伏した。江夏王の李道宗は、高祖李淵のいとこの血縁。武徳年間（六一八—六二六）より秦王世民に従い、数々の軍功をあげた。

第一章　隠太子建成と斉王元吉の配下たち

馮立は、高祖の武徳年間に東宮率（皇太子親衛隊長）となって、隠太子李建成の厚遇を受けていた。玄武門の変で李建成が死ぬと、配下の者たちはみな逃散してしまった。それを見て馮立は、「これまで太子の恩を受けてきたのに、自分だけ難を逃れようとするとは」と嘆き、兵を率いて玄武門に攻め込んで、苦戦して門の守備隊長の敬君弘を殺した。配下に向かって「これで少しは太子の恩に報いただろう」と言い、そして兵を解散して、宮城の外に逃れ去った。

間もなく、馮立は出頭してきて処罰を願い出た。太宗は、

「先日、お前は兵を挙げて戦い、わが配下を多く殺傷した。死を逃れられると思うのか」

と責めた。すると馮立は、涙をぽろぽろとこぼしながら、

「私は身を起こしてからというもの、命をかけて主君に仕えてきました。だから、決戦の日には、躊躇せずに太子のために戦いました」

と述べ、悲しみに堪えず、むせび泣いたままだった。その姿を見て、太宗は咎めるのをやめ、馮立を慰めて左屯衛中郎将（宿衛副隊長）の地位を授けたのだった。馮立は、近親の者に、

「これほど大きな恩によって罪を免れたのだから、死ぬまでこの恩には報いなければならない」

と語った。

しばらくして、突厥が長安の北の便橋まで攻め込んできた。馮立は数百の騎兵を率いて咸陽の地で突厥と戦い、大いに敵を倒し捕虜にし、向かうところ敵なしの奮闘ぶりだった。太宗はそれを聞いて、馮立の忠義ぶりを褒め称えたのだった。

玄武門の変の時には、李元吉の配下で斉王府の左車騎だった謝叔方も、元吉の幕府の兵を率いて李世民の軍と戦った。謝叔方は世民の秦王府の敬君弘と中郎将の呂衡を殺し、秦王の陣営はたじたじとなった。その時、秦王府の護軍であった尉遅敬徳が、討ち取った元吉の首を掲げて示した。すると謝叔方は馬から降りて号泣し、元吉の首に暇乞いを述べて立ち去っ

た。翌日、自首してきたところ、太宗は、

「この者は義士である」

と言い、釈放して右翊衛郎将（東宮武官）の地位を授けたのだった。

■原文

馮立、武德中爲東宮率、甚被隱太子親遇。太子之死也、左右多逃散、立歎曰「豈有生受其恩、而死逃其難」。於是率兵犯玄武門、苦戰、殺屯營將軍敬君弘。謂其徒曰「微以報太子矣」。遂解兵遁於野。俄而來請罪、太宗數之曰「汝昨者出兵來戰、大殺傷吾兵、將何以逃死」。立飲泣而對曰「立出身事主、期之效命、當戰之日、無所顧憚」。因歔欷悲不自勝。太宗慰勉之、授左屯衞中郎將。立謂所親曰「逢莫大之恩幸而獲免、終當以死奉答」。未幾、突厥至便橋。率數百騎與虜戰於咸陽、殺獲甚衆、所向皆披靡。太宗聞而嘉歎之。時有齊王元吉府左車騎謝叔方率府兵與立合軍拒戰、及殺敬君弘・中郎將呂衡、王師不振、秦府護軍尉尉遲敬德乃持元吉首以示之、叔方下馬號泣、拜辭而遁。明日出首、太宗曰「義士也」。命釋之、授右翊衞郎將。

第二章　姚思廉の気骨

貞観元年（六二七）のこと。太宗はくつろいで側近と語り合っていたが、話が隋の滅亡に至ると、気が高ぶって、

「姚思廉は白刃をも恐れず、立派な忠節を示した。昔の勇士と比べても、彼の忠節に勝る者がいるだろうか」

と言った。その時、姚思廉は洛陽にいたので、太宗は絹三百疋を洛陽まで送り、書面で、

「そなたの忠節の心意気に報いるために贈る」

と伝えた。

姚思廉の忠節のいきさつとは、隋の煬帝の末期のこと、思廉は隋室の代王楊侑に仕えて書籍講読係を務めていた。唐の高祖李淵の軍が長安に入城すると、代王の臣下たちはほとんどが逃げ去ってしまったが、ただ姚思廉だけは代王の側を離れなかった。唐の兵士が宮殿に昇ろうとすると、姚思廉は大声を張り上げて、

「唐公が義兵を挙げたのは、王室を正すためだ。それならば、そなたたちは代王に無礼を働いてはならん」

と怒鳴った。唐の兵士たちは、その立派な言葉に退き、階段の下に整列した。間もなく到着した李淵は、それを聞いて姚思廉を義士だと思い、代王侑を助けて順陽門を出ることを許した。姚思廉は泣きながら拝礼をして去って行った。その姿を見た者はみな、

「なんと忠烈の士であろうか。仁ある者は勇気もあるというが、まさにあのような士をいうに違いない」

と感嘆したのだった。

■原文

貞觀元年、太宗嘗從容言及隋亡之事、慨然歎曰「姚思廉不懼兵刃、以明大節。求諸古人、亦何以加也」。思廉時在洛陽、因寄物三百段、幷遺其書曰「想卿忠節之風、故有斯贈」。

初、大業末、思廉爲隋代王侑侍讀。及義旗尅京城時、代王府僚多駭散、惟思廉侍王、不離其側。兵士將昇殿、思廉厲聲謂曰「唐公舉義兵、本匡王室、卿等不宜無禮於王」。衆服其言、於是稍却、布列階下。須臾、高祖至、聞而義之、許其扶代王侑至順陽閤下、思廉泣拜而去。見者咸歎曰「忠烈之士、仁者有勇、此之謂乎」。

第三章　建成と元吉の葬儀にあたって

貞観二年（六二八）に、玄武門の変で死んだ息隠王の李建成と海陵王の李元吉を葬ることとなった。尚書右丞（尚書省副長官）の魏徴と黄門侍郎（門下省副長官）の王珪が、葬儀に参列したいと願い出て、上奏した。

「私たちは、以前に高祖の命令を受けて亡き皇太子にお仕えし、十二年もの間、東宮の御殿に出入りしました。亡き皇太子は、朝廷内で不和を起こして、人と神に対して罪を犯しました。その時、私たちも甘んじて処罰されるべきでしたが、それは叶いませんでした。それどころか、罪を負いながら再び朝廷の臣下の列に加えてもらうこととなりました。この御恩には、生涯をささげても報いることができないほどです。

ただ今、陛下の徳は四海に輝き、御政道は前代の帝王よりも優れています。そして、亡くなった兄弟を追悼し、国家の大義を示すとともに、肉親への深い愛情を述べ、二人の王の葬儀を行うこととし、その日取りも決まりました。昔のことを思うに、私たちはありがたくも陛下の旧臣と言われています。君主を失って新たな君主に仕えたことには、礼を述べなければなりませんが、先の皇太子が亡くなって一年も経つというのに、いまだに追悼の気持ちを述べておりません。どうか葬儀の日には、はるかに皇太子の墓地を望む時、受けた恩義は誰よりも深いものがあります。どうか葬儀の日には、墓所まで送らせてください」。

太宗は、それを義ある行為として許した。そこで、皇太子の旧幕僚たち全員に葬儀に随行させた。

■原文

貞觀二年、將葬故息隱王建成・海陵王元吉、尙書右丞魏徵與黃門侍郎王珪、請預陪送。上表曰、「臣等昔受命太上、委質東宮、出入龍樓、垂將一紀。前宮結釁宗社、得罪人神、臣等不能死亡、甘從夷戮、負其罪戾、寘錄周行、徒竭生涯、將何上報。

陛下德光四海、道冠前王。陟岡有感、追懷棠棣、明社稷之大義、申骨肉之深恩、卜葬二王、遠期有日。臣等永惟疇昔、忝曰舊臣、喪君有君、雖展事君之禮、宿草將列、未申送往之哀。瞻望九原、義深凡百。望於葬日、送至墓所」。

太宗義而許之、於是宮府舊僚吏、盡令送葬。

第四章　隋の忠臣たち

貞観五年（六三一）に、太宗が側近の者に言った。

「忠義の臣や節義の士というものは、いつの時代にもいるものだ。そなたたちは隋の朝廷を知っているだろう。隋の時代には、どのような忠義の士がいただろうか」。

それに対して、王珪が答えた。

「私が聞くには、太常寺（儀礼管理署）の副長官だった元善達という者は、都を守っておりましたが、群雄たちが各地を荒らしまわるのを見て、はるばる揚州まで馬を馳せ、煬帝を諫めて都に帰らせようとしました。ところが煬帝はそれを受け入れませんでしたので、さらに涙を流しながら強く訴えました。すると煬帝は怒って、元善達を追いやって遠い地の兵士の徴集係にしました。とうとう彼は南の地で疫病に罹って死んだということです。また、虎賁郎中（近衛隊長）の独孤盛という者は、揚州で宿衛していました。宇文化及が煬帝を暗殺した時、独孤盛ただ一人が身を挺して抵抗し、殉死したということです」。

それを聞いて、太宗は言った。

「屈突通は隋の将軍となり、わが軍と潼関で戦った。都が陥落したと聞くと、彼は兵を率いて東に走った。我々は桃林の地で追いつき、私は屈突通の下僕を派遣して彼をわが軍に招き寄せようとしたところ、屈突通はその下僕を殺してしまった。そこで、今度は彼の子を送って説得させたのだが、屈突通は、『私は隋の下臣となって、文帝・煬帝の両皇帝に仕えた。今こそ私は、忠義のために死ぬ時である。お前は私と親子であったが、今やわが家の仇(かたき)となったか』と言い、自分の子を射殺しようとした。その子はなんとか逃れ、配下もほとんどが逃げ去ってしまった。屈突通はただ一人、東南の揚州の方角に向かって泣きながら、『私はお国の恩によって、将軍を拝命しました。今や知力ともに尽き果て、この敗北に至りましたが、決してお国に忠誠を尽くさなかった訳ではありません』と叫んだ。その時にわが軍が屈突通を捕らえた。私の父高祖(こうそ)が屈突通を召しかかえようとすると、そのたびに病気だといって断った。このような忠節は、誠に称賛すべきである」。そして、官僚に命じて、隋の煬帝を諫めたために誅された者の子孫を探し出させて、結果を報告させたのだった。

■原文

貞觀五年、太宗謂侍臣曰「忠臣烈士、何代無之。公等知隋朝誰爲忠貞」。

王珪曰「臣聞太常丞元善達在京留守、見羣賊縱横、遂轉騎遠詣江都、諫煬帝、令還京師。既不受其言、後更涕泣極諫。煬帝怒、乃遠使追兵、身死瘴癘之地。有虎賁郎中獨孤盛在江都宿衞。宇文化及起逆、盛惟一身、抗拒而死」。

太宗曰「屈突通爲隋將、共國家戰於潼關、聞京城陷、乃引兵東走。義兵追及於桃林、朕遣其家人往招慰、遽殺其奴。又遣其子往、乃云『我蒙隋家驅使、已事兩帝、今者吾死節之秋、汝舊於我家爲父子、今則於我家爲仇讎』。因射之、其子避走、所領士卒多潰散。通惟一身、向東南慟哭盡哀。曰『臣荷國恩、任當將帥、智力俱盡、致此敗亡、非臣不竭誠於國』。言盡、追兵擒之。太上皇授其官、每託疾固辭。此之忠節、足可嘉尚」。

因敕所司、採訪大業中直諫被誅者子孫、聞奏。

第五章　すべては国のため

貞観六年（六三二）に、太宗は、左光禄大夫（従一品）の身分であった陳叔達に礼部尚書（尚書省礼部の長官）の官職を授け、そして言った。

「武徳年間（六一八―六二六）に、わが兄弟が私を排斥しようとした時、そなたは父の高祖に直言して、私には天下を平定した功績があるので、決して排斥してはならないことを明言し、そして、私は激しい性格なので、もし押さえつければ、その憤りから病に倒れる恐れがあると言ってくれた。今はそなたの忠義に報いようとして、このたびの昇格があるのだ」。

それに対し、陳叔達は答えた。

「隋の皇族は互いに殺し合い、そして滅びました。前人の轍を踏んではなりません。だから私は、誠意を尽くして高祖を諫めたのです」。

それを聞くと、太宗は言った。

「そなたは私一人のためではなく、国家のためを思ってしてくれたのだということが、よくわかった」。

■原文

貞觀六年、授左光祿大夫陳叔達禮部尙書、因謂曰「武德中、公曾進直言於太上皇、明朕有克定大功、不可黜退云。朕本性剛烈、若有抑挫、恐不勝憂憤、以致疾斃之危。今賞公忠謇、有此遷授」。叔達對曰「臣以隋氏父子自相誅戮、以致滅亡。豈容目覩覆車、不改前轍。臣所以竭誠進諫」。太宗曰「朕知公非獨爲朕一人、實爲社稷之計」。

第六章　悪を憎みながら善を好まないのはよくない

貞観八年（六三四）のこと。かねてより、桂州の都督（軍事長官）であった李弘節は清廉で誠実な士として評判が高かった。しかし、その死後に、遺族は珠玉を売りに出した。太宗はそれを聞くと、朝廷の士人に向かって言った。

「李弘節の生前には、宰相たちはみな彼のことを清廉だと言っていた。ところが、今日はこのあり様で、彼の家には財貨が蓄えられていたことがわかった。そうであれば、李弘節を推挙した者も罪なしでは済まされないだろう。必ず詳しく調査し、棄てておいてはならない」。

侍中（門下省長官）の魏徴が、太宗が閑の折に意見を述べた。

「陛下は、李弘節が平素は穢れた生活をしていたかのように言われますが、彼が人から財貨を受け取ったというのは聞いたためしがありません。今、遺族が珠玉を売りに出したので、李弘節を推挙した者を罰しようとされていますが、私にはその理由がわかりません。唐の時代になって、国のために忠義を尽くし、常に清廉潔白を貫いたのは、屈突通と張道源の二人だけです。ところが、屈突通の三人の子が官吏登用に応じた時、彼らの家には一頭のやせ馬があるだけでしたし、張道源の子は身の振り方すら決まっていません。陛下は、それらの者に対して言及したことはありません。

李弘節は国のために功績をあげ、しばしば褒美を賜りました。そして、官に就いたまま死んだのですから、その家が貧しい生活をしていたとは言えません。残された妻子が珠玉を売りに出したからといって、彼らに罪があるわけでもありません。つまり陛下は、清廉な臣下だと知りながらも、その遺族を慰問することもなく、その一方で穢れた生活をしていたのではないかと疑って、それを推挙した者の責任を追及しようとしています。これは、悪を憎む一途な気持ちからのことでありましょうが、いいかえれば善を好む気持ちも大して厚くはないということでもあります。これはいいことではありません。おそらく見識のある者がこのことを聞けば、きっと好き勝手に陛下の悪口を言うでしょう」。

太宗はそれを聞くと、自分の手を撫でながら、

「先にはとっさに、よく考えもせずにあのようなことを言ってしまったが、言葉の難しさというものがよくわかった。李弘節の遺族や推挙者の罪を問うてはならない。それから、

屈突通と張道源の遺児たちには官位を授けるように」と命じたのだった。

■原文

貞觀八年、先是桂州都督李弘節以清愼聞、及身歿後、其家賣珠。

太宗聞之、乃宣於朝曰「此人生平、宰相皆言其清。今日既然、所舉者豈得無罪。必當深理之、不可捨也」。

侍中魏徵承間言曰「陛下生平言此人濁、未見受財之所、今聞其賣珠、將罪舉者、臣不知所謂。自聖朝以來、爲國盡忠、清貞愼守、終始不渝、屈突通・張道源而已。通子三人來選、有一匹羸馬、道源兒子不能存立、未見一言及之。今弘節爲國立功、前後大蒙賞賚。居官歿後、不言貪殘。妻子賣珠、未爲有罪。審其清者、無所存問、疑其濁者、旁責舉人、雖云疾惡不疑、是亦好善不篤。臣竊思度、未見其可、恐有識聞之、必生横議」。

太宗撫掌曰「造次不思、遂有此語、方知談不容易。並勿問之。其屈突通・張道源兒子、宜各與一官」。

第七章　行幸（ぎょうこう）には魏徴（ぎちょう）の同行が必要

貞観八年（六三四）に、太宗は諸道（しょどう）に黜陟使（ちゅっちょくし）を派遣しようとしたが、畿内道（きないどう）を担当させる適任者がいなかった。そこで太宗は自分で決めようと思い、房玄齢（ぼうげんれい）らに、

「畿内道は諸道の中でも最も重要であるが、誰を黜陟使に充てるべきだろうか」

と相談した。

尚書右僕射（尚書省副長官）の李靖は、

「畿内は最重要な地でありますから、魏徴をおいてほかにはいないでしょう」

と答えた。

すると太宗は、顔色を変えて、

「今、私は九成宮に向かおうとしている。これも重大なことであるから、どうしてこの時に魏徴を外に派遣することができようか。私が行幸するたびに魏徴をそばに置くのは、彼が私の良し悪しを見抜いてくれるからだ。そなたたちに、私の悪い点を正すことができるのか。軽々しくそのようなことを言うのは、全く道理に合わないではないか」

と言った。そして、李靖を畿内道の黜陟使に任命した。

■原文
貞觀八年、太宗將發諸道黜陟使、畿內道未有其人、太宗親定、問於房玄齡等曰「此道事最重、誰可充使」。

右僕射李靖曰「畿內事大、非魏徵莫可」。

太宗作色曰「朕今欲向九成宮、亦非小、寧可遣魏徵出使。朕每行不欲與其相離者、適爲其見朕是非得失。公等能正朕不。何因輒有所言、大非道理」。

乃卽令李靖充使。

第八章　蕭瑀の忠誠

貞観九年（六三五）に、蕭瑀は尚書左僕射（尚書省副長官）となった。ある時、宴会の席で太宗は房玄齢に言った。

「武徳六年（六二三）より、父帝の高祖は、わが兄の皇太子を廃立しようとしていた。だから、当時私は兄弟に憎まれていて、高い功績をあげてもそれが認められない恐れがあった。このような不安定な政治状況にあって、蕭瑀は利欲に惑わされず、刑罰をも畏れず、朝廷を支え続けた。誠に天下国家の臣である」。

そして、太宗は蕭瑀に詩を贈り、

「疾風、勁草を知り、板蕩、誠臣を識る」（強風が吹いた時にこそ、どれが風になびかない強い草であるかがわかり、世が乱れた時にこそ、誰が忠誠の臣下であるかがわかる）

と詠った。

蕭瑀は拝礼をして、

「私は特別なお言葉を頂戴し、忠誠を認めていただきました。これで私は、たとえ死んだとしても、生き続けることができます」

と謝意を述べた。

■原文

貞觀九年、蕭瑀爲尚書左僕射。嘗因宴集、太宗謂房玄齡曰「武德六年已後、太上皇有廢立之心、我當此日、不爲兄弟所容、實有功高不賞之懼。蕭瑀不可以厚利誘之、不可以刑戮懼之。眞社稷臣也」。乃賜詩曰「疾風知勁草、板蕩識誠臣」。瑀拜謝曰「臣特蒙誡訓、許臣以忠諒、雖死之日、猶生之年」。

第九章　後漢の楊震の霊を祀る

貞観十一年（六三七）に、太宗は後漢の太尉だった楊震の墓に行き、忠臣であるのに天寿をまっとうできなかったことを憐れみ、自ら追悼文を書いて楊震の霊を祀った。

それを見て、房玄齢は進み出て、

「楊震は冤罪によって早死にしましたが、数百年たって陛下という君主に出会い、わざわざ車を停めて、御製の祭文を作ってもらいました。死んでもなお生きているかのように、その名声は朽ち果てることがありません。楊震の魂は、思いがけないことに黄泉の国で喜んでいるに違いありません。そのうえ、謹んで陛下御製の祭文を見ると、感服して心が慰められます。朝廷の多くの者たちは、名節を守って善をなす者は必ず報われるのだということを知ったに違いありません」

と述べた。

■原文
貞觀十一年、太宗行至漢太尉楊震墓、傷其以忠非命、親爲文以祭之。房玄齡進曰「楊震雖當年夭枉、數百年後方遇聖明、停輿駐蹕、親降神作、可謂雖死猶生、沒而不朽。不覺助伯起幸賴欣躍於九泉之下矣。伏讀天文、且感且慰、凡百君子、焉敢不勗勵名節、知爲善之有效」。

第十章　忠義の士かどうかは君主の待遇による

貞観十一年（六三七）に、太宗は側近に向かって言った。

「昔、春秋時代に北方の異民族、狄（てき）の人が衛（えい）の懿公（いこう）を殺し、その肉を全部食べたが、肝だけは残した。懿公の臣下の弘演（こうえん）は天に向かって大声で泣き、腹を割いて自分の肝を取り出し、代わりに懿公の肝を腹に入れたという。これほどの忠烈な士は、今の世の中にはきっといないだろうな」。

特進（とくしん）（正二品身分）の魏徴（ぎちょう）がそれに答えた。

「昔、晋（しん）の予譲（よじょう）は、仕えていた智伯（ちはく）が殺されたので、主君の仇の趙襄子（ちょうじょうし）を刺そうとしました。ところが、逆に趙襄子に捕らえられました。その時、趙襄子は予譲に向かって、『以前にそなたは、晋の范（はん）氏と中行（ちゅうこう）氏に仕えていた。この両氏は智伯によって滅ぼされ、そなたは人質となって今度は智伯に仕えたが、范氏と中行氏の仇を討とうとはしなかったではないか。それなのに今、智伯の仇として私を討とうとするとは、どういう訳か』と詰問しました。それに対して、予譲は次のように答えました。『私が范氏と中行氏に仕えていた時、彼らは私を多くの臣下の一人として扱いました。だから私も、臣下の一人にふさわしい程度にふるまいました。しかし、智伯殿は私を国の第一の臣下として待遇してくれました。だから私は、それにふさわしい恩返しをしようと思ったのです』と。つまり、忠烈の士であるかどうかは、君主の待遇いかんにかかっているだけなのです。今の世に、忠義の士がいないという訳ではありません」。

■原文

貞觀十一年、太宗謂侍臣曰「狄人殺衞懿公、盡食其肉、獨留其肝。懿公之臣弘演呼天大哭、自出其肝、而內懿公之肝於其腹中。今覓此人、恐不可得」。特進魏徵對曰「昔豫讓爲智伯報讎、欲刺趙襄子、襄子執而獲之、謂之曰『子昔事范、中行氏乎。智伯盡滅之、子乃委質智伯、不爲報讎。今卽爲智伯報讎、何也』。讓答曰『臣昔事范・中行、范・中行以衆人遇我、我以衆人報之。智伯以國士遇我、我以國士報之』。在君禮之而已。亦何謂無人焉」。

第十一章　忠義は逆境にあってこそ試される

貞観十二年（六三八）に、太宗は蒲州（ほしゅう）に行幸した。その時、次のように詔（みことのり）を下した。

「隋の鷹撃郎将（親衛隊長）であった堯君素という者は、煬帝の時代に河東地方の守備を任せられていたが、固く忠義を守って、最後まで臣下の節をつらぬいた。たとえ無道の君主に仕えても、臣下としては忠実であるべきで、味方を裏切るようなことはすべきではないが、そうはいっても、厳しい逆境にあって初めて、その忠義が試されるものである。私はこの要衝の地に来て、往事を思い出した。特別の恩恵によって、そうした忠義の心を奨励したいと思う。ついては、亡き堯君素に蒲州刺史（蒲州の長官）の肩書を贈り、彼の子孫の状況を調べて報告せよ」。

■原文

貞觀十二年、太宗幸蒲州、因詔曰「隋故鷹撃郎將堯君素、往在大業、受任河東、固守忠義、克終臣節。雖桀犬吠堯、有乖倒戈之志、疾風勁草、實表歳寒之心。爰踐茲境、追懷往事、宜錫寵命、以申勸奬。可追贈蒲州刺史、仍訪其子孫以聞」。

第十二章　南朝陳に仕えた袁憲とその子たち

貞観十二年（六三八）に、太宗は中書侍郎（中書省副長官）の岑文本に言った。

「南朝の梁と陳の臣下のなかで、誰か称えるべき者はいるだろうか。また、その子弟で召し出して採用できる者がいるだろうか」。

それに対して、岑文本は答えた。

「隋の軍が陳の都に攻め込んだ時、官僚たちはみな逃げ去り、宮殿に留まる者はいませんでした。しかし、ただ一人、尚書僕射（尚書省副長官）だった袁憲だけは、陳の皇帝の側から離れませんでした。また、王世充が洛陽で隋の禅譲を受けようとした時、官僚たちは上表してそれを勧めましたが、袁憲の子で国子司業（国子監副学長）だった袁承家だけは、病気だといって上表文に署名しませんでした。この袁親子は、忠烈だとして称える値打ちがあります。承家の弟の袁承序は、今は建昌県の長官になっていますが、清廉で節操があり、まさに一族の気風を継いでいます」。

そこで、袁承序を呼び出して晋王の陪従係とし、経書の教授を兼ねさせた。その後、太宗はさらに袁承序を抜擢して弘文館学士としたのだった。

■原文

貞觀十二年、太宗謂中書侍郎岑文本曰「梁・陳名臣、有誰可稱。復有子弟堪招引否」。文本奏言「隋師入陳、百司奔散、莫有留者、惟尚書僕射袁憲獨在其主之傍。王世充將受隋禪、羣僚表請勸進、憲子國子司業承家、託疾獨不署名。此之父子、足稱忠烈。承家弟承序、今爲建昌令。清貞雅操、實繼先風」。

由是召拜晉王友、兼令侍讀、尋授弘文館學士。

第十三章　功臣・忠臣の子孫の罪を赦す

貞観十五年（六四一）のこと、太宗は次の詔を下した。

「私は政務の合間に歴史書を繙くが、賢臣が難局を救ったり、忠臣が国難に殉死したりする場面に出会うごとに、いつもそういう人たちの置かれた状況に思いを馳せ、書物を閉じて嘆息せずにはいられない。近い時代の事例は、さほど年月がたっていないのだから、そのような功臣や忠臣の子孫が今も生きているに違いない。たとえ彼らの子孫を顕彰できなくても、遠い地に放置しておいてよいというものではない。そこで、北周と隋の時代の名臣や忠臣の子孫で、貞観年間に入ってから流刑とされた者があれば、担当官に命じて詳しい記録を私に報告させせよ」。

これによって、罪を赦された者がたくさんいたのだった。

■原文

貞觀十五年、詔曰「朕聽朝之暇、觀前史、每覽前賢佐時、忠臣徇國、何嘗不想見其人、廢書欽歎。至於近代以來、年歲非遠、然其胤緒、或當見存、縱未能顯加旌表、無容棄之遐裔。其周・隋二代名臣及忠節子孫、有貞觀已來犯罪配流者、宜令所司具錄奏聞」。於是多從矜宥。

第十四章　敵国高句麗人であっても忠節を称える

貞観十九年（六四五）に、太宗は高句麗に遠征し、遼東の安市城を攻撃した。高句麗の人たちはみな必死になって唐軍と戦った。そこで太宗は、高句麗の褥薩（地方長官）であった高延寿や高恵真らに詔を下して唐に降伏させ、その兵士を安市城下に留まらせて、城内の人を唐側に招き寄せようとした。しかし、安市城の固い守りはまったく動じず、唐の軍旗を見るたびに城壁の上で太鼓を鳴らして、敵の来襲を知らせるのだった。太宗は非常に怒り、江夏王の李道宗に命じて盛り土をして安市城を攻めさせたが、とうとう城を落とすことはできなかった。しかたなく太宗は軍を引き、その際に安市城主の忠節を褒めたたえ、彼に絹三百疋を賜り、それによって君主に仕える者のあるべき節義を奨励した。

■原文

貞観十九年、太宗攻遼東安市城。高麗人衆皆死戰、詔令耨薩延壽・惠眞等降、衆止其城下以招之、城中堅守不動。毎見帝幡旗、必乘城鼓譟。帝怒甚、詔江夏王道宗築土山、以攻其城、竟不能尅。太宗将旋師、嘉安市城主堅守臣節、賜絹三百匹、以勸勵事君者。

孝友　第十五

■解説

孝友とは、親に孝行をし、兄弟と仲良くすること。

第一章の房玄齢については任賢篇第一章、劉洎については納諫篇第九章参照。中国では、親の喪に服するには、土の上に寝て粥を食べるのが礼であった。規諫太子篇の第四章末尾にあった于志寧の行為はそれである。

第二章の虞世南については任賢篇第六章参照。

第三章の韓王李元嘉は高祖の第十一子、太宗の弟。母の宇文氏は、隋の貴顕宇文述の娘。煬帝を暗殺した宇文化及は兄弟。高祖は宇文氏を寵愛し、即位すると皇后に立てようとしたが、宇文氏は固辞した。元嘉は若くして学問を好み、万巻の書を集め、書斎人として慎ましやかな生活を送った。

第四章の霍王李元軌は高祖の第十四子、太宗の弟。若くして多才で、高祖から目をかけられた。第三章の末尾に、韓王元嘉の「潔白な生活は当代の諸王の中でも並ぶ者がいなかった」と記されるが、それに次ぐのが霍王元軌だと言われた。

漢の河間の献王や東平の憲王は、教戒太子諸王篇第四章参照。

曾子は、孔子の弟子の曾参。孝を道徳の根本とし、『孝経』を著したとされる。閔子騫は、孔子の弟子の閔損、子騫は字。若くして母を亡くし、継母に虐められた。かつて、継母は自分の二子には暖かい服を着せ、閔損には粗末な服を着せていたので、父が怒って継母を追い出そうとしたところ、閔損は「母がいれば私一人が凍えれば済みますが、母がいなくなれば三人の子全員が凍えます」と言って、それをとめた。以後、継母は反省したという。閔子騫の名は君臣鑒戒篇第三章にも登場した。

第五章の突厥は、北方のテュルク系遊牧民族。貞観四年（六三〇）に滅亡し、一部は唐の国内に移住した。史行昌の姓は、突厥の王族阿史那氏の省略形だと思われるが、史行昌の名は他の史書に登場しないので、彼自身の系譜は不明。なお、彼が玄武門の警備にあたっていたのは、太宗は自分が起こした玄武門の変を顧みて、貞観の初めに玄武門に北衙七営という警備兵を置き、それは貞観十二年（六三八）に左右屯営という軍団に発展したので、史行昌はこれのどちらかに所属していたと見てよい。

第一章　房玄齢の継母孝行

司空（皇帝補佐役）の房玄齢は、継母に対していつも笑顔で接し、その慎み深い親孝行ぶりは人並み以上だった。継母が病気になって、医者に診てもらう時は、常に門まで行って涙を流して医者を出迎えた。それでも継母は亡くなり、房玄齢は喪に服してすっかりやせ衰えてしまった。太宗は心配して、散騎常侍（皇帝の命の伝達係）の劉洎に命じて慰問させ、喪中ではあってもベッドに寝て、粥のほかに塩味の野菜を食べるよう勧めるほどだった。

■原文

司空房玄齢事繼母、能以色養、恭謹過人。其母病、請醫人至門、必迎拜垂泣。及居喪、尤甚柴毀。太宗命散騎常侍劉洎就加寛譬、遺寢床、粥食、鹽菜。

第二章　虞世南の兄思い

虞世南は、初めは隋に仕えて、起居舎人（皇帝言動の記録係）となった。宇文化及が揚州で煬帝を暗殺した際、兄の虞世基は内史侍郎（中書省副長官）であった。兄が煬帝とともに殺されようとした時、虞世南は兄を抱きかかえ、泣きながら自分が身代わりになりたいと言ったが、宇文化及は聞き入れず、兄の世基は殺されてしまった。虞世南は悲しみ、それ以後数年間にわたって、骨がうき出るほど痩せ衰え、時の人はその兄思いを称えたのだった。

■原文

虞世南、初仕隋、歴起居舎人、宇文化及殺逆之際、其兄世基時爲內史侍郎、將被誅、世南抱持號泣、請以身代死、化及竟不納。世南自此哀毀骨立者數載、時人稱重焉。

第三章　韓王李元嘉の潔白な生き方

韓王の李元嘉は、貞観の初めに潞州の刺史（地方長官）となった。当時、彼は十五歳であったが、潞州で母の病を聞き、泣き悲しんで物も食べられなくなった。都に帰ると、母はすでに亡くなっており、元嘉は通常の喪中の礼以上に嘆き悲しんだ。太宗はその親孝行ぶりを称え、何度も慰問の使いを送って慰めた。

元嘉の家庭はよく治まっていて、質素な士大夫のような生活を送っていた。弟の魯哀王の霊夔とは非常に仲が良く、兄弟が集まると、まるで庶民のようにうちとけた。元嘉は、いつでもどこにいても身を慎み、その潔白な生活は当代の諸王の中でも並ぶ者がいなかった。

■原文

韓王元嘉、貞觀初、爲潞州刺史。時年十五、在州聞太妃有疾、便涕泣不食、及至京師發喪、哀毀過禮。太宗嘉其至性、屢慰勉之。

元嘉閨門修整、有類寒素士大夫、與其弟魯哀王靈夔甚相友愛、兄弟集見、如布衣之禮。其修身潔己、內外如一、當代諸王莫能及者。

第四章　霍王李元軌の人となり

霍王の李元軌は、初めは武徳年間（六一八―六二六）に呉王に封じられた。貞観七年（六三三）に寿州の刺史（地方長官）となったが、たまたま太上帝の高祖が崩御したので、職を去って喪に服し、骨が見えるほど痩せてしまった。以後は常に麻の服を着て、生涯悲しみを表した。

ある時、太宗は側近に向かって、

「私の子や弟では誰が賢いだろうか」

と質問した。侍中（門下省長官）の魏徴が、

「私は全てを知っているわけではありませんが、呉王とたびたび話しましたところによれば、その優れた性質には驚くばかりでした」

と答えた。

続けて太宗は、

「そなたは、呉王は昔の誰と比べられると思うか」

と聞いた。魏徴は、

「経学と文章の面では、呉王は漢の河間の献王や東平の憲王に匹敵するでしょう。孝行の点でいえば、呉王はまさに曾子や閔子騫にも劣らないでしょう」

と答えた。

これによって太宗はいよいよ呉王を厚遇し、そして魏徴の娘を呉王の妻としたのだった。

■原文

霍王元軌、武德中、初封爲吳王、貞觀七年、爲壽州刺史。屬高祖崩、去職、毀瘠過禮。自後常衣布服、示有終身之戚。

太宗嘗問侍臣曰「朕子弟孰賢」。侍中魏徵對曰「臣愚暗、不盡知其能、惟吳王數與臣言、臣未嘗不自失」。太宗曰「卿以爲前代誰比」。徵曰「經學文雅、亦漢之間・平、至如孝行、乃古之曾・閔也」。由是寵遇彌厚、因令妻徵女焉。

第五章　親孝行に国境はない

貞観年間（六二七―六四九）に、突厥(とっけつ)人の史行昌(しこうしょう)という者がいて、玄武門の警備に宿直していた。ある時、食事をして肉を残したので、人が訳を聞くと、「持ち帰って母に食べてもらう」と答えた。それを聞いて、太宗は、「親孝行に、中国人も外国人もないのだなあ」と感嘆した。そして、尚乗局(しょうじょうきょく)（皇帝用馬車の管理署）の馬一疋(ぴき)を史行昌に下賜し、詔(みことのり)を下してその母親のために肉の手当てを支給した。

■原文

貞觀中、有突厥史行昌直玄武門、食而捨肉、人問其故、曰「歸以奉母」。太宗聞而歎曰「仁孝之性、豈隔華夷」。賜尚乘馬一疋、詔令給其母肉料。

公平 第十六

■解説

ここでいう公平は、今日われわれが使うのと同義であるが、特に天下や政道に関する公平をいう。

第一章、房玄齢は任賢篇第一章参照。堯は自分の子の丹朱が不肖なので帝位を舜に譲り、舜は子の商均が不肖なので禹に譲ったと伝えられる。管叔と蔡叔は周の文王の子で、武王と周公旦の弟。武王が没し、幼い成王が王位に就くと周公旦が政治を補佐したが、それを管叔と蔡叔は周公旦が周の実権を握ろうとしていると疑って兵を挙げ、成王の命を受けた周公旦によって逆に誅された。諸葛孔明の言葉は、『太平御覧』巻三七六、人事部、心の項に引用される『諸葛亮書』に見える。

第二章の古人の言は、『春秋左氏伝』隠公四年の条にある衆仲の言葉。武力に頼る衛王州吁を批判したもの。

第三章の前半は、法における「過失」の取り扱いをめぐる議論で、今も昔も難しい問題である。登場する長孫無忌については尊敬師傅篇第五章、封徳彝は政体篇第九章、戴冑は任賢篇第四章をそれぞれ参照されたい。後半は、皇帝の発した詔勅と法律の規定との齟齬の問題。本章は、前半も後半もいわば戴冑が主役である。前半では彼は法を柔軟に解釈し、後半では条文遵守に固執する。いずれもそこには、重すぎる罪を酌量しようとする姿勢が見える。戴冑の最後の言葉の末尾、原文「臣竊かに陛下の為に之を惜む」の前に、『旧唐書』巻七〇、戴冑伝には「若し忿に順い信に違えば」の文が入っている。この方がよく、ここではそれに従って訳す。

なお、唐の律（刑法）は『唐律疏議』（律の条文とその解釈）という書物で伝わっている。それを参照すると、本章冒頭付近で封徳彝が「門番の監門校尉の罪は死刑」と言っているのは、衛禁律第一条（「闌入太廟門」条）の「守衛不覚」を踏まえるのであろうが、「不覚」の場合は死刑には相当しない。「長孫無忌の罪は労働刑二年に相当する」と言っているのは衛禁律第二条（「闌入宮門」条）を踏まえるが、規定どおりであれば労働刑三年である。「過失」なので減刑して二年とされたのかもしれない。戴冑の言う「天子に供する湯薬、飲食物、船などを、誤って規定どおりにしなかった者はすべて死罪」は職制律第十二条（「和合御薬」条）・第十三条（「造御膳誤犯食禁」条）・第十四条（「御幸舟船」条）を、後半で戴冑が「経歴詐称は流罪」としているのは詐偽律第九条（「詐仮官仮与人官」条）を、それぞれ踏まえた発言。

第四章の冒頭に登場する高熲は、隋の宰相として文帝の政治を支え、その文武に明達な政務は朝野の敬服を集めた。煬帝期には太常寺（儀礼官署）の長官となったが、煬帝は高熲の諫めを喜ばず、政治に対する高熲の不服の言を耳にした煬帝は、朝政を誹謗したとして彼を誅殺した。『隋書』巻四一に立伝され、そこには時の論者は高熲を真の宰相と称え、天下にその死を悼まない者はいなかったと伝えられる。『隋書』は貞観十年（六三六）の完成で、貞観二年にはまだできあがっていないが、編纂は高祖の時代から行われていたので、太宗は編纂途上の列伝を見たのであろう。陳寿は正史『三国志』を著した西晋の歴史家。文中の批評は、『三国志』巻三五、蜀書、諸葛亮伝の評にある。孔子の言葉「正直な者を用いて……」は『論語』為政篇に見え、孔子が魯の哀公に答えた言葉。

　第五章の長楽公主は、太宗と文徳長孫皇后の第五女。太宗は特に可愛がったという。長孫無忌の子長孫沖に嫁いだ。後漢の明帝の言葉は、『後漢書』巻一〇上、明徳馬皇后紀に同趣旨の文言が見える。楚王は劉英、淮陽王は劉昞、ともに光武帝の子で明帝の兄弟。『韓非子』には「説難」という篇があり、自分の意見を君主に納得させるように説くことの難しさと、その対処方法を述べている。東方朔は前漢武帝期の人。ユーモアや機智に富んだ弁舌を用いて武帝に様々の意見を述べた。それでも、実力を発揮できないわが身を慰めて「答客難」や「非有先生論」を著した。『漢書』巻六五に立伝。

　第六章の張亮は、納諫篇附直諫篇第三章に、酷吏の権万紀らに告発された人として、魏徴の奏言に登場した。しかし、本章の謀反の疑いはその時のことではない。権万紀らの告発は貞観五年（六三一）のことであり、『旧唐書』巻六九、張亮伝によれば、本件は貞観二十年のこと。張亮が、怪しげな占いなどをする方術氏とつきあい、義児五百人を抱えていた疑いが生じた問題。本章を見ると、太宗も晩年には臣下の意見に耳を傾けなくなっていたことがわかる。なお、張亮の無罪を主張した李道裕は、納諫篇第五章に登場した李大亮の甥。司法官を務め、高宗期に大理寺（最高裁判所）の長官となった。

第七章の古人の言葉は、『礼記』儒行篇の「内称は親を避けず、外挙は怨を避けず」を指す。「内称」の内は内輪、称は挙げる、たたえる。

第八章、魏徴の長い上奏文は、一言でいえば、些細なミスを咎めて罰する政治方針をやめて、善を褒賞する寛大な風潮を奨励すべき旨を主張したもの。徳治主義、法治主義という言葉はよく耳にするが、具体的にはどのような統治方法をいうのかは、さほど明確ではないのではあるまいか。本章はその参考になるであろう。この上奏がなされたのは貞観十一年（六三七）のことで、魏徴は、貞観の初めの頃に比べて、太宗が臣下の小さなミスにまで目を光らせるようになった点を諫めている。長い間、政権の座についていると、どうしても猜疑心が強くなって、そのような傾向に陥りがちなのであり、そうなると組織の活力は失われるという。ストレートな上奏文であるが、それでも故事や先学の文章を引用しているので、以下にその点のみ説明を付しておく。

上奏文の第一段落、屈原は戦国時代の楚の忠臣。秦の昭王が楚の懐王に会盟を求めた時、屈原は反対したが、懐王は子の子蘭の意見を聞き入れて秦に向かい、捕虜となって没した。屈原は子蘭を憎んだが、懐王を継いだ頃襄王は弟の子蘭を重んじて屈原を南に流し、屈原は汨羅の淵で石を抱いて身投げした（『史記』巻八四、屈原列伝）。屈原の作品は『楚辞』に収められている。卞和は春秋時代の楚の人。山中で玉を見つけ、楚の国を思う楚の厲王に献上したが偽りとされて左足を切断され、次の武王に再び献上したがまた偽りとされて右足を切断された。卞和はその石を抱いて三日三晩泣き続け、血の涙を流した。次の文王がそれを見て、細工師に石を磨かせたところ、果たして立派な宝玉が現れ、「和氏の璧」と呼ばれたという。『韓非子』和氏篇に見える話。春秋時代の郭国の滅亡については、納諫篇第一章の王珪の言葉を参照されたい。史魚は春秋の衛の人。衛の霊公は賢者の蘧伯玉を用いず、不肖の弥子瑕を用いたので、史魚はそれを諫めたが容れられなかった。史魚は死ぬにあたって、君主を諫めることができなかった以上は、礼を立てた葬儀はすべきではないとして、自分の遺体を窓の下に置かせた。弔問に訪れた霊公は、わけを聞いて初めて自分の過ちに気づいた。孔子はこれを「史魚の屍諫」と言って、その真直ぐな人柄を称えた。『孔子家語』困誓篇に見える故事。

第四段落の「木こりや草刈りから下々の様子を聞く」は、『詩経』大雅「板」詩に「先民言う有り、芻蕘に詢ると」（昔の賢人は、わからないことは草刈りや木こりに尋ねろと言った）とあるのを踏まえた表現。

第六段落に引用される『潜夫論』は、後漢の王符が著した社会批評の書。王符は学識のある思想家だったが、当時は立身出世の世で、学問も官吏として栄達するために行う者が多く、彼はその風潮に憤って隠棲し、社会の悪弊をこの書で論じた。書名は、名を著すことを好まないところからきている。ここに引用される長文は、同書の徳化篇の文を削約してつないだもの。なお『潜夫論』が引用する孔子の言葉「訴訟を聞く……」は、『論語』

顔淵篇にある。舜の五つの教えとは、通常は父子の親睦、君臣の義、夫婦の別、長幼の序、朋友の信と解し、五つの刑罰とは、墨（いれずみ）、劓（鼻きり）、刖（足きり）、宮（去勢）、大辟（死刑）をいう。『書経』舜典に見える。

第七段落の管子は、春秋時代の斉の桓公に仕えた管仲。引用の文言は『管子』任法篇にある。

第八段落にある「殷の湯王が狩場の網の三面を取り除いた」という故事は、規諫太子篇第三章を参照。「淵にひそむ魚を見抜く」は、隅々まですべて知り尽くすのはかえってよくないという教え。『列子』説符篇第十章、『韓非子』説林篇上に見える。

第九段落にある「禹が罪人を見て泣いた」という話は、封建篇第二章、李百薬の上奏の第十三段落にも見えた。

第十〜十三段落に引用される『体論』は、三国時代の魏の杜恕の著作とされるが、散佚して現存しない。貞観年間に、太宗の政治参考書として、魏徴や虞世南らによって五帝から魏晋期までの政治を論じた書物が集められ、『群書治要』五十巻が編纂されて、『体論』もその中に収録された。ところが、その『群書治要』も失われてしまった。ただ幸いなことに、日本の金沢文庫に四十七軸の『群書治要』写本（巻子本）が伝わり、現在は宮内庁書陵部に所蔵され、古典研究会叢書・漢籍之部第十五巻『群書治要（七）』（汲古書院、一九九一年）で『体論』を見ることができる。それによれば、『体論』は君体・臣体・行体・法体のごとくに、それぞれの分野のあるべき「体」を述べた書で、本章の引用文は法体篇を削約したものであることがわかる。撰者杜恕は、民政に力を尽くすべきことを主張した政治家で、中央官だけでなく地方官も歴任した。ここに引用される一節は、そうした彼の民政に対する思想を伝えている。なお『体論』引用の末尾「邪道によって政治を乱す者は、必ず王者の誅罰が下される」の原文は「左道（邪道）を執りて以て必ず加わるなり」であるが、これでは意が通じない。金沢文庫本『群書治要』は「左道を執りて政を乱すは皆、王誅の必ず加わる所以なり」に作っており、こちらに従う。

第十二段落で『体論』引用の皐陶に対する舜の言葉は、『書経』舜典にある。昔の裁判は「群臣・群吏・万民の三段階の意見を聞く」というのは、『周礼』秋官、小司寇の条に「三刺を以て庶民の獄訟の中を断ず。一に曰く、群臣に訊う、二に曰く、群吏に訊う、三に曰く、万民に訊う」とあるのによる。『春秋左氏伝』の引用は、荘公十年に記される魯の荘公の言葉。

第十三段落に引用される孔子の言葉は、『漢書』刑法志に記されている。

第十四段落の『淮南子』は、前漢の淮南王劉安（高祖劉邦の孫）が編纂した書。彼のもとに集まった多くの賓客の手になり、様々な思想が取り入れられた書物。引用箇所は同書の道応訓第五二節の削約文。冒頭の「深さ十仞」は『淮南子』は「千仞」に作る。

第十六段落のことわざ「人に知られたくないこと……」は、前漢の枚乗が呉王に奏した上書に見える言葉（『漢書』巻五一、枚乗伝）。

第十七段落の「禹王と湯王は己を罰したので……」は、『春秋左氏伝』荘公十一年に見える、臧文仲が魯の荘公に語った言葉。漢の路温舒は、前漢の宣帝に上奏して獄吏（司法の下役人）の弊害を述べ、刑罰を緩くすべき旨を進言した（『漢書』巻五一、路温舒伝）。

第十八段落にある魏の武帝の言葉は、出典不明。

最終段落の斉の桓公の説話は『韓非子』外儲説左上にあり、楚王の説話は『荀子』君道篇に楚の荘王の話として載っている。

なお、魏徴は本上奏文の中で『潜夫論』と『体論』を引用しているが、上奏文でこれほど長く前典を引用するのは珍しい。この数年前に、魏徴は前掲『群書治要』の編纂に関わっており、同書には『潜夫論』と『体論』が収録されているので、よほどこの両書の印象が強かったのであろう。

魏徴の上奏に対する太宗の詔で触れられている弱水は、今日の張掖付近から北に流れて居延海にそそぐ川。詔の末尾「船」と「塩と梅」の喩えは、殷の高宗が傅説に述べた言葉を踏まえた表現。『書経』説命篇上に、「若し巨川を済らば、汝を用いて舟楫と為さん」とあり、同篇下に「若し和羹（スープ）を作らば、汝惟れ塩梅たれ」とある。ただしこの詔は、魏徴の意見に対する具体的な回答になっていない。あまりに痛い点を突かれたので、真っ向から返答できなかったのであろう。

第一章　人の任用は旧知かどうかに左右されてはいけない

太宗が即位したばかりの頃、中書令（中書省長官）の房玄齢が、

「陛下が秦王だった時からお仕えしていた者のなかには、陛下の兄弟の亡き皇太子や斉王の配下の方が先にポストに就いて、自分たちはまだポストが与えられていないと不満をもっている者がおります」

と訴えた。

それに対して、太宗は答えた。

「昔の公平だと称えられる人を考えてみると、思いやりはあっても私情はさし挟まない人のことをいう。丹朱は堯の子で、商均は舜の子だが、堯と舜はこの二人を廃した。管叔と蔡叔は周公旦の兄弟だが、周公旦は二人を誅した。つまり、人の君主たる者は、天下を公のものと考えて、個人的な私情に流されないのだということがわかる。昔、諸葛孔明は、蜀という小国の宰相であったが、それでも、『わが心は公平な秤のようなもので、人によって数値を変えたりはできない』と言った。ましてや、私は今、大国を治めようとしているのだ。

私とそなたたちの衣服や食べ物は、すべて人民によって作られたものである。ということは、民の力はお上に奉仕しているのに、お上の恩恵はまだ人民に行き届いていないとい

うことだ。今、優れた才能の士を選ぶのは、人民の生活を安寧にしたいと思うからにほかならない。人を任用するには、ただその人が任務に堪えられるかどうかが問題なのであって、昔からの顔なじみかどうかによって左右される必要があろうか。そもそも一度会っただけで親しくなる人もいるのだから、旧知の者を忘れるはずはない。しかし、その才能が任務に向いていないのなら、旧知の者だからといって先に任用してはおかしい。今、その者の才能が職務に適しているかどうかを問題にしないで、不満の声が上がっていることだけを取り上げては、それで公平な政道だと言えるだろうか」。

■原文

太宗初即位、中書令房玄齢奏言「秦府舊左右未得官者、並怨前宮及齊府左右處分之先己」。太宗曰「古稱至公者、蓋謂平恕無私。丹朱・商均、子也、而堯・舜廢之。管叔・蔡叔、兄弟也、而周公誅之。故知君人者、以天下爲公、無私於物。昔諸葛孔明、小國之相、猶曰『吾心如稱、不能爲人作輕重』。況我今理大國乎。朕與公等衣食出於百姓、此則人力已奉於上、而上恩未被於下、今所以擇賢才者、蓋爲求安百姓也。用人但問堪否、豈以新故異情。凡一面尚且相親、況舊人而頓忘也。才若不堪、亦豈以舊人而先用。今不論其能不能、而直言其嗟怨、豈是至公之道耶」。

第二章　兵は火のようなもの

貞観元年（六二七）に、封書を上奏して、「もとの秦王府（しんおうふ）の兵士たちにはみな武官を授けて、宮中の警護兵に加えてほしい」と嘆願する者がいた。それを見て、太宗は言った。

「私は天下を自分の家と考えているので、どんな小さなものでも好き勝手に使う訳にはいかない。ただ才能と業績によって任務を与えるのであって、旧知の仲だからといって贔屓できようか。ましてや、古人は『兵は火のようなもの、きちんと治めないと自分の身を焼く』と言っているではないか。そなたの考えは、政治においては益がない」。

■原文

貞觀元年、有上封事者、請秦府舊兵並授以武職、追入宿衞。太宗謂曰「朕以天下爲家、不能私於一物、惟有才行是任、豈以新舊爲差。況古人云『兵猶火也、弗戢將自焚』。汝之此意、非益政理」。

第三章　法における過失の解釈と皇帝決定権の問題

貞観元年（六二七）のこと、吏部尚書（尚書省吏部の長官）の長孫無忌は宮中に呼び出されたが、うっかりして腰の刀を外さずに太極殿の東門を入ってしまった。彼が門から出てきた時、門番の監門校尉は初めてそれに気づいた。尚書右僕射（尚書省副長官）の封徳彝は、監門校尉が気づかなかった罪は死刑に相当し、長孫無忌が誤って帯刀したまま宮殿に入った罪は労働刑二年、もしくは罰金銅二十斤に相当すると意見を述べた。太宗はその意見に従おうとした。

それに対して、大理少卿（大理寺副長官）の戴冑が反対し、

「監門校尉が気づかなかったのと、長孫無忌がうっかり帯刀して参内したのとは、過失はどちらも同じです。臣下というものは、天子に対して『うっかりしていました』と言い訳することはできません。法律に准ずれば、『天子に供する湯薬、飲食物、船などを、誤って規定どおりにしなかった者はすべて死罪』と決められています。陛下が、長孫無忌の勲功を考慮するなら、これは司法官が決定する問題ではありません。しかし、もし法に準拠するならば、銅の罰金では理に適いません」

と意見を述べた。

太宗は、

「法は私一人のものではなく、天下のためのものである。長孫無忌が皇室の親族であるからといって、法を曲げることができようか」

と言い、さらに議論するよう命じた。

封徳彝は自分の最初の意見に固執したので、太宗はそれに従おうとした。ところが、戴冑はまたそれに反対し、

「監門校尉は長孫無忌の過失によって罪を問われているのですから、法律上は彼の罪は軽いはずです。過失を問題にするのであれば、二人の事情は同じだと考えるべきです。それなのに生と死という大きな違いが生じてしまうのですから、その点を取り計らってくださいますよう、切にお願いいたします」

と主張した。そこで、太宗は監門校尉の死罪を免じたのだった。

その頃は、唐が創立されたばかりで、朝廷では盛んに役人を登用していたのだが、応募者の中には身分や経歴を詐称する者がいた。太宗は、そういう者を自首させようとし、自ら訴え出ない者は死罪に処すと命令を下した。間もなく詐称の発覚した者が現れ、戴冑は法によればそのものは流罪に相当すると上奏した。

それに対して、太宗は、

「先に私は詔勅を下して、自首しない者は死刑に処すと言った。今、法に従って流罪と断じては、私の言葉が天下の信用を失うではないか」

と言った。戴冑は、

「陛下がその者を即座に死刑に処すというのであれば、私にはどうすることもできません。しかし、司法官の手に委ねられた以上は、私は法を曲げる訳には参りません」

と答えた。太宗は、さらに、

「そなたは法を守り、私は信用を失墜するのか」

と言ったのだが、それでも戴冑は、

「法は国家が天下に公布した信用であり、言葉はその時の喜怒哀楽によって発せられるものに過ぎません。陛下は一時の怒りによって、詐称した者を死刑にしようとされましたが、その後それがよくないことだと知って、法の手に委ねたというのであれば、これこそが小さな怒りを忍んで大きな信義を守ったということになります。陛下がそうなさらず、怒りに任せて信義に背くのであれば、私は誠に惜しいことだと思います」

と述べて、自分の主張を曲げなかった。太宗は、ようやく、

「私が法に違(たが)うところがあれば、そなたが正してくれる。私は何も心配することはなかったのだ」

と納得した。

■原文
貞觀元年、吏部尚書長孫無忌嘗被召、不解佩刀入東上閤門、出閤門後、監門校尉始覺。尚書右僕射封德彝議、以監門校尉不覺、罪當死、無忌誤帶刀入、徒二年、罰銅二十斤。太宗從之。大理少卿戴冑駁曰「校尉不覺、無忌帶刀入内、同爲誤耳。夫臣子之於尊極、不得稱誤、准律云『供御湯藥・飲食・舟船、誤不如法者、皆死』。陛下若錄其功、非憲司所決。若當據法、罰銅未爲得理」。太宗曰「法者非朕一人之法、乃天下之法、何得以無忌國之親戚、便欲撓法耶」。更令定議。德彝執議如初、太宗將從其議。冑又駁奏曰「校尉緣無忌以致罪、於法當輕、若論其過誤、則爲情一也、而生死頓殊、敢以固請」。太宗乃免校尉之死。

　是時、朝廷大開選舉、或有詐僞階資者、太宗令其自首、不首、罪至于死。俄有詐僞者事洩、冑據法斷流以奏之。太宗曰「朕初下敕、不首者死。今斷從法、是示天下以不信矣」。冑曰「陛下當卽殺之、非臣所及。既付所司、臣不敢虧法」。太宗曰「卿自守法、而令朕失信耶」。冑曰「法者國家所以布大信於天下、言者當時喜怒之所發耳。陛下發一朝之忿、而許殺之、既知不可、而置之以法、此乃忍小忿而存大信、臣竊爲陛下惜之」。太宗曰「朕法有所失、卿能正之、朕復何憂也」。

第四章　昔の公正な明君・名宰相に学べ

貞観二年（六二八）、太宗が房玄齢らに語った。

「このごろ私は、隋の時代の遺老たちが、高熲は立派な宰相だったと皆で称賛しているのを目にしたので、そこで高熲の列伝を読んでみた。すると、高熲は確かに公平実直で、政治のやり方に通じている宰相だったということがよくわかった。隋の王室の運命は、彼にかかっていた。それなのに煬帝は無道で、自分に逆らったとして高熲を誅殺してしまった。高熲のことを思うと、本を閉じてため息をつかずにはいられなかった。

　また漢や魏の時代でいえば、蜀の丞相となった諸葛亮は非常に公平で正直な人だった。ある時、廖立と李厳を南方の地に左遷したのだが、それでもこの二人は諸葛亮の死を聞くと、廖立は『諸葛亮がいなければ、自分は野蛮な人間になってしまう』と泣き悲しみ、李厳は悲痛のあまり病気になって死んでしまったという。だから陳寿は、『諸葛亮の政治は、真心を開いて公正な道を広めた者や、忠義を尽くして時局に利益をもたらした者は、たとえ仇であっても必ず表彰し、法を犯して怠けていた者は、親しい者であっても必ず罰した』と称えたのだ。

　そなたたちは、こうした名宰相と肩を並べようとしないでよいだろうか。私は今、いつも昔の名君のようでありたいと思っているのだから、そなたたちも昔の名宰相を模範としてほしい。そうすれば、そなたたちの名誉や地位は、必ずや長続きするであろう」。

それを聞いて、房玄齢は答えた。

「私は、国を治める肝要な道は、公平と正直にあると聞いています。だから『書経』洪範篇には『王道は、偏らず贔屓もせず、広々として平らかである』と書かれています。また孔子も、『正直な者を用いて邪悪な者を遠ざければ、民は自ずと服す』と言っています。今、陛下が重要だと思われることは、誠に政教の源、公正の要を極めており、国内を一つにまとめて天下をよい方に導くに十分な考え方です」。

太宗は、

「これこそ、私がまさに心に抱いていたことだ。そなたたちと話したことは、ぜひ実行しなければならない」

と言った。

■原文

貞觀二年、太宗謂房玄齡等曰「朕比見隋代遺老、咸稱高熲善爲相者、遂觀其本傳。可謂公平正直、尤識治體、隋室安危、繫其存沒。煬帝無道、枉見誅夷、何嘗不想見此人、廢書欽歎。又漢・魏已來、諸葛亮爲丞相、亦甚平直、嘗表廢廖立・李嚴於南中、立聞亮卒、泣曰『吾其左衽矣』。嚴聞亮卒、發病而死。故陳壽稱『亮之爲政、開誠心、布公道、盡忠益時者、雖讎必賞、犯法怠慢者、雖親必罰』。卿等豈可不企慕及之。朕今每慕前代帝王之善者、卿等亦可慕宰相之賢者、若如是、則榮名高位、可以長守」。

玄齡對曰「臣聞理國要道、在於公平正直。故『尙書』云『無偏無黨、王道蕩蕩。無黨無偏、王道平平』。又孔子稱『舉直錯諸枉、則民服』。今聖慮所尙、誠足以極政教之源、盡至公之要、囊括區宇、化成天下」。

太宗曰「此直朕之所懷。豈有與卿等言之而不行也」。

第五章　娘の嫁入りに対する諫言に皇后が感動

長楽公主（ちょうらくこうしゅ）は、太宗と文徳（ぶんとく）皇后の娘であった。貞観六年（六三二）に彼女が嫁ぐ時、太宗は、嫁入り支度を皇帝の姉妹である長公主（ちょうこうしゅ）が嫁いだ時の倍にするよう、係の役人に命じた。

それを聞いて、魏徴（ぎちょう）が上奏した。

「昔、後漢の明帝（めいてい）が自分の子を封建した時、明帝は『私の子を、父君の子と同じように扱えようか。わが子の収入はわが弟の楚王（そおう）や淮陽王（わいようおう）の半分にするように』と言いました。これを史書は美談と伝えています。皇帝の姉妹を長公主といい、皇帝の娘を公主といいます。つまり、『長』の字がついているのは、公主よりも尊いからです。姉妹と娘とでは愛情が違うでしょうけれど、それは公儀では通用しません。もし、公主の嫁入りの儀礼が長公主を過ぎるようであれば、道理としてはよろしくありません。この点を陛下はよくお考えくださいますよう」。

太宗は、いい意見だとして納得した。そして、それを文徳皇后に伝えると、皇后は感嘆して言った。

「以前に陛下が魏徴を重んじていると聞いて、その理由がわかりませんでした。しかし、このたびの諫めを聞くと、魏徴は道義で君主の感情を制御できる、誠の国家の臣下です。私は十五歳の成人と同時に陛下と結婚し、特に大事にしていただき、夫婦の情は厚いものがあります。しかしそれでも、何か陛下に意見を言おうとすると、必ず顔色をうかがい、軽々しく威厳を損なうことはできません。ましてや臣下であれば、夫婦ほど親密ではないのですから、なおさらそうでしょう。だからこそ、あの韓非子は臣下が君主に意見を言う難しさを説難と称し、漢の東方朔もそれが容易でないことを述べています。忠言というものは、耳障りでしょうが、行いの役に立つもので、国家を保つ者は第一に重視しなければなりません。それを受け入れれば世は治まり、それを塞げば政治は乱れます。ですから、陛下にはこれからもその点をよくご理解くださいますよう。それこそ天下の幸いというものです」。

そして、皇后は宮中の使者を派遣して絹五百疋を持たせ、魏徴の家まで行ってそれを下賜させたのだった。

■原文
長樂公主、文徳皇后所生也。貞觀六年將出降、敕所司資送倍於長公主。

魏徴奏言「昔漢明帝欲封其子、帝曰『朕子豈得同於先帝子乎。可半楚・淮陽王』。前史以爲美談。天子姉妹爲長公主、天子之女爲公主、既加長字、良以尊於公主也、情雖有殊、義無等別。若令公主之禮有過長公主、理恐不可。實願陛下思之」。

太宗稱善。乃以其言告后、后歎曰「嘗聞陛下敬重魏徵、殊未知其故、而今聞其諫、乃能以義制人主之情、眞社稷臣矣。妾與陛下結髮爲夫妻、曲蒙禮敬、情義深重、每將有言、必俟顏色、尙不敢輕犯威嚴。況在臣下、情疏禮隔。故韓非謂之說難、東方朔稱其不易、良有以也。忠言逆耳而利於行、有國有家者深所要急、納之則世治、杜之則政亂、誠願陛下詳之、則天下幸甚」。因請遣中使賚帛五百匹、詣徵宅以賜之。

第六章　公平な意見を採用しなかった後悔

刑部尚書（尚書省刑部長官）の張亮は、謀反の罪で裁判にかけられることになり、太宗は詔を下して官僚たちに審議させた。多くの者は張亮が死罪に相当すると述べたが、ただ一人、殿中少監（殿中省副長官）の李道裕だけは、張亮に謀反の証拠はなく、無罪であることは明らかだと主張した。しかし、太宗は非常に怒っていたので、とうとう張亮を処刑させてしまった。

その後しばらくして、刑部侍郎（刑部副長官）のポストに空きが出て、宰相たちに適任者を推薦させたが、ふさわしい人材が見つからなかった。その時、太宗は、「私はすでに、最も適任の者を知っている。以前に張亮の罪を審議させた時、李道裕は

『謀反の証拠はない』と主張したが、あれは公平な見解だった。当時、李道裕の意見を採用しなかったことを、今になって私は後悔している」と言った。そして、李道裕を刑部侍郎に就任させた。

■原文

刑部尚書張亮坐謀反下獄、詔令百官議之、多言亮當誅、惟殿中少監李道裕奏亮反形未具、明其無罪。太宗既盛怒、竟殺之。俄而刑部侍郎有闕、令宰相妙擇其人、累奏不可。太宗曰「吾已得其人矣。往者李道裕議張亮云『反形未具』、可謂公平矣。當時雖不用其言、至今追悔」。遂授道裕刑部侍郎。

第七章　身内か仇敵かを問わず賢人は推挙せよ

貞観の初めに、太宗は側近に向かって言った。

「私は今、政治に専念したいと思って人材確保に努めており、良い人がいると聞けば抜擢して召し抱えている。ところが、論者の多くは、『採用されたのは宰相・大臣の縁故の者だからだ』などと言っている。そなたたちは公正に努めて、そのような誹謗（ひぼう）に惑わされてはならない。古人も、『内輪の者を推挙するには親族であっても遠慮せず、他人を推挙するには仇であっても除（の）け者にしない』と言っている。それは、真の賢人を採用するためだ。良い人材を得るためには、自分の子弟であっても、あるいは仇敵や嫌いな者であっても、推挙しなければならない」。

■原文

貞觀初、太宗謂侍臣曰「朕今孜孜求士、欲專心政道、聞有好人、則抽擢驅使。而議者多稱『彼者皆宰臣親故』。但公等至公、行事勿避此言、便爲形迹。古人『內舉不避親、外舉不避讎』、而爲舉得其眞賢故也。但能舉用得才、雖是子弟及有讎嫌、不得不舉」。

第八章　法治主義よりは徳治主義

貞観十一年（六三七）のことである。その頃は、都の外に派遣する使者に宦官(かんがん)をあてることが多かったのだが、宦官たちは些細なことを妄(みだ)りに上奏するので、太宗の怒りを買っていた。魏徴(ぎちょう)が進言し、

「宦官は卑しい者ですが、君主の側に仕えていて、何かにつけ意見を言いますので、ついつい信じてしまうものです。人の悪口はそのようにして徐々に浸み込んでいくものですから、特に害が大きくなります。陛下は賢明ですので、そのような心配はありませんが、子孫の教育のためには、そのような害毒の根源は絶ち切っておくべきでしょう」

と述べた。太宗は、

「そなたでなければ、私はそういう意見を聞けないであろう。今後は宦官を使者にあてるのはやめることにしよう」

と答えた。

これを機に、魏徴は次のような上奏文を提出した。

「人の君主たる者は、善を讃え悪を憎み、立派な君子を近づけて悪賢い小人を遠ざけるのが肝要だと、私は聞いています。はっきりと善を讃えれば君子は進み出て、はっきりと悪を憎めば小人は退くものです。君子を近づければ朝廷に悪政はなく、小人を遠ざければ邪悪な意見に惑わされることはありません。小人にも小さな善がない訳ではなく、君子にも小さな過ちがない訳ではありません。しかし、君子の小さな過ちは、白玉に付いた小さな傷のようなものです。小人の小さな善は、なまくら刀が一度だけ物を切れたようなものです。そのような刀は、よい刀鍛冶は見向きもせず、それでもって切れ味の悪さが覆い隠せるものではありません。それに対して、小さな傷の付いた白玉は、よい商人は決して棄てないもので、その程度の傷で白玉の美しさは損なわれません。小人の小さな善行を讃えて善を褒めたと言い、君子の小さな過ちを咎めて悪を憎んだと言うのは、蒿の悪臭と蘭の芳香を同じ匂いだとし、玉と石とを区別しないようなものです。これこそ、あの屈原が汨羅の淵に身を投じた理由であり、かの卞和が血の涙を流した理由です。玉と石とを区別し、蒿と蘭の香りを嗅ぎ分けながら、善を進めることができず、悪を退けることができないのは、それこそ春秋時代の郭国（かくこく）が滅んだ理由であり、衛（えい）の史魚（しぎょ）が恨みを残して死んだ理由です。

陛下は大変に優れており、天賦の知恵をお持ちで、多くの人を広く愛そうとし、様々な意見を受け入れています。しかしながら陛下は、善を好みながらもさほど善人を抜擢しようとはせず、悪を憎みながらも口先だけの邪（よこしま）な者を遠ざけることができてはいません。また、陛下の言葉は隠し立てをせず、悪を憎む気持ちは大変に深いのですが、だからこそ、人の美点を聞いてもすべては信用されませんし、人の欠点を聞くとそれを信じてしまう傾向があります。人並み優れた見識をお持ちだとはいっても、それでもなお天子としての道理が尽くされていないのではないかと心配いたします。何故かといえば、君子は人の良い点を取り上げるものですが、小人は人の悪い点を暴（あば）くものだからです。悪い話を聞いてそれを信用すれば、小人の横暴が盛んとなり、良い話を聞いてそれを疑えば、君子の活躍する道が閉ざされます。国家にとって肝要なことは、君子を進めて小人を退けることですが、逆に君子の道が衰えて小人の道が盛んになっては、君臣の秩序は乱れ、上下の意思疎通はできなくなります。国が乱れ滅ぶのを憂えないでは、どうして国を治めることなどできましょうか。

そのうえ、世俗の一般人は遠い将来のことまで考えず、人の悪事を告発することだけを考えて、仲間を作って互いを『朋党』だと言っています。そもそも、善によって事を成し遂げようとするのを『同徳』といい、悪によって成し遂げようとするのを『朋党』といいます。ところが今は、この清と濁とが混ざり合い、善と悪との区別がなく、告発を正直な行為となし、『同徳』を『朋党』と考えています。『朋党』だと見れば、その者たちの言うことは信用がおけないと考えてしまいます。『正直』だと見れば、その者の言うことは受け入れるべきだと考えてしまいます。これでは、君主の恩恵は下に届かず、臣下の忠義は上に達しません。今の大臣にはそれを正す能力はありませんし、部下の官僚たちにはそれを取り上げて諫めることもなく、どこまでもこの悪習が混ざり合って蔓延しています。これは国家にとってよいことではなく、政治を行う正しい道でもありません。むしろ邪悪を増長させ、人々の判断を狂わせ、君主は誰を信用してよいかわからず、臣下は安心できなくなる道と言うべきです。もし、この点を深く考えず、悪の根源を断ち切ってしまわないならば、必ずや後の憂いへとつながるでしょう。今、幸いにして政治が破綻しないのは、陛下が先々のことを考えて、始めにミスがあっても終わりはうまく取りまとめてくださるからです。しかし、もし少しでも時局が混乱したら、もう元には戻せなくなるでしょう。そうなってから後悔しても、もはや間に合いません。すでにこのようなことを子孫に伝えられないのであれば、どうやって統治の道を将来に残せるでしょうか。

さらに言えば、善を進め悪を退けるというのは、人に対して施すものです。昔の教訓を手本とするのは、自己に対して施すことです。自分の姿は静かな水に映りますが、自分の行いは哲人でなければ映りません。自分の行いを古の聖人君子に照らしてみれば、自分の容姿の美醜が水にはっきりと映るように、行いの良し悪しも心にはっきりと見えてくるでしょう。なにも君主の過失の訂正係を煩わせなくても、また木こりや草刈りから下々の様子を聞かなくても、高大な功績は日ごとに顕著となり、耀ける名声は永遠に続くでしょう。人の君主たる者は、こういうことに努めないでよいでしょうか。

道徳では黄帝と堯より厚い者はなく、仁義では舜と禹より高い者はないと聞きます。ですから、黄帝と堯の風紀や舜と禹の事績を継ごうとするのであれば、必ず道徳で世を鎮めて仁義を世に広め、善人を抜擢して任務につかせ、善人の意見を取り上げてそれに従うべきです。任務に堪えられるだけの善人がいないからといって、それをつまらない官吏に任せれば、彼らには遠い見通しなどないのですから、必ず本質の道筋を見失います。単に法律の文章を守って天下の人民を取り締まるだけでは、自然とうまく治まる世の中を願っても、とてもできるものではありません。だから昔の聖哲の君主が世に臨み、人々の風俗を正そうとすれば、厳しい刑罰に頼らないで、ただ仁義だけを重んじたのです。それは、仁でなければ広く行き渡ることはなく、義でなければ己の身を正しくできないからです。仁を下々の者に恵み、義で身を慎めば、その政治は厳粛でなくても世は治まり、天子の教化は自然と人々に行き渡るようになります。すなわち、仁義こそが国を治める根本であり、刑罰は政治のための道具に過ぎません。世を治めるのに刑罰があるのは、ちょうど馬を御するのに鞭があるのと同じです。人がみな天子の教化に従うならば、刑罰を施行する必要はなく、馬が力を尽くして働いているのであれば、鞭を用いる必要がありません。このように見れば、刑罰だけで世を治めることができないのは、明白な道理というものです。

だからこそ、『潜夫論』には次のように記されています。

『君主が世を治めるには、道徳教化より重要なものはない。人には、性質や心情、習慣や感化というものがある。性質と心情は心の作用で人の根本であり、習慣と感化は行いによるものでいわば副次的なものである。そこで昔の君主は、世を治めるのに根本を先にして副次を後にし、心を本にして行動した。心と情が誠に正しいのであれば、悪行の起こる余地はなく、邪心が生じる余地はない。したがって古の聖人はみな、民の心を治めようと努めたのであって、だからこそ孔子も「訴訟を聞くのは、私も人並みのことしかできない。それよりも訴訟のない世にしたいものだ」と言った。礼儀によって民を導き、民の性質や心情を豊かにしようとしたのである。民が互いに愛し合えば、傷つけ合おうとする意志は生まれない。義を思って行動すれば、邪悪な心を持つことはない。こうしたことは、法律によって治められるものではない。教化によってこそ、それは可能なのである。古の聖人は、道徳と礼儀を特に尊んで刑罰を卑しんだ。だから、舜はまず臣下の契に命じて五つの教えを広めさせ、それから皐陶に命じて五つの刑罰を定めさせた。およそ、法律を定める理由は、人民の悪い点を取り締まって過ちを犯した者を処罰するためではない。それは、邪悪な行為を抑え、被害を未然に防ぎ、悪い者を取り調べてそれを正しい道に引き入れるためのものである。人民は、よい感化を受ければ君子の心を持つようになり、悪い統治を被れば邪な考えを抱くようになる。つまり、よい感化によって民を養うのは、ちょうどよい職人が味噌などを作るようなものである。天下は一つの味噌蔵であって、人民は豆や麦と同じである。よい味に変化するかどうかは、職人の手にかかっている。民は、よい役人に出会えば、忠信の気持ちを抱いて仁のある行動をとり、悪い役人に出会えば、邪悪な心を抱いて浅はかな行動をとるものなのである。忠信の心が厚くなれば天下は太平となり、浅薄な気持ちが強くなれば、国は存亡の危機に陥る。したがって古の聖君はみな、徳による教化を重んじて刑罰による威厳を軽んじた。徳とは自分を修めるためのものであり、威とは人を治めるためのものである。民が世にあるのは、ちょうど溶けた金属が溶鉱炉にあるようなものであって、四角くなるか丸くなるか、薄くなるか厚くなるかは、すべて鋳型によって決まるだけである。同じように、世の中が善であるか悪であるか、風俗が軽薄か温厚かは、すべて君主にかかっている。だから世の君主が、もし国内すべての人民を、厚い忠義の情に感化させて浅はかな邪悪の心をなくさせ、公正の心を持たせて邪な考えを取り去ることができたならば、その時は馥郁(ふくいく)としてよい風俗がかもし出されるのである』。

以上が『潜夫論』の意見ですが、後世の王は、たとえ古の聖人のように仁義の重視に専念できないとしましても、刑罰の執行を慎み、民を慈しんで私心のないようにすべきです。管子(かんし)が、『聖君は、道理に任せて自分の意向によらず、公平に従って個人的な関係を頼りにしない』と言っているとおりです。だからこそ天下に王たりえるのであり、国を治めることができるのです。

貞観年間の初めの頃は、陛下は公平な政道を心がけ、人が罪を犯した場合には、逐一法に従いました。たとえ陛下が処罰を決断して、その処置に軽重の違いがあった時でも、陛下は臣下の真剣な議論を聞き、進んでその意見を取り入れました。民の方も、自分への罰が皇帝の私心によるものでないことを知っていましたので、甘んじて受け入れて恨みを抱いたりはしませんでした。臣下も自分の意見が採用されるので、力を尽くして忠誠に努めました。ところがこの頃では、陛下の心は次第に厳しくなっています。殷の湯王（とうおう）が狩場の網の三面を取り除いたような慈悲はお持ちですが、淵にひそむ魚を見抜くようにすべてを知ろうとされます。人材の取捨を愛憎で決めたり、罪の軽重を感情で決めることがあります。愛する者に対しては、罪が重くても無理に庇（かば）い、憎む者に対しては、過ちが小さくても深く詮索しようとします。その決め方には一定の規範がなく、感情に任せて軽重を決めています。人がそれを諫めても、かえって自分におもねっているのではないかと疑います。ですから、罰を受けた者は弁解することができず、官僚たちも陛下に直言しようとする者がおりません。彼らの心を感服させないで、ただその口を塞ごうとしています。罪を加えようと思えば、どんな理由でもつけられるのではないでしょうか。

また陛下は、五品以上の官で罪を犯す者があれば、すべて司法部署に命じて自分に報告させています。これは、もともとはその実情を調べて、その者を憐れんで罪を軽くしようとされて始めたことです。ところが今では、些細な点まで追及させ、かえって罪を重くするようなことが起きており、取調官に追及させても、調べ方が足りないのではないかと心配しています。それが重い罪にあたらなければ、法規定を越えて重罪を科そうとし、それによって罪とされた者が十人のうち六、七人もいるというあり様です。ですから、この頃では、罪を犯した者が、自分の行為が陛下に報告されるのを恐れて、司法官の手に委ねられれば非常に幸運だと喜んでさえいます。隠れた罪を暴こうとして、取り調べはやむことがありません。上は君主が私情で動き、下は官吏が勝手に横暴を極めています。些細な過失を追及するあまり本質を忘れ、一人を罰して大勢の邪悪な考えを許しています。これでは公平の道から外れることになり、罪人を見て泣いたという禹の慈愛の気持ちにも背いています。孔子が述べたような訴訟のない平和な世にしようとしても、できるはずがありません。

杜恕(とじょ)は『体論(たいろん)』の中で、次のように言っています。

『不倫や窃盗は、民衆の憎むことである。そこで私は処罰するが、その刑が重すぎることもある。それでも民衆が私を暴虐だと思わないのは、処罰が公正だからである。結婚できないことや食べ物がなくて飢えることも、やはり民衆は嫌がるものである。それを逃れるために法を犯す者があり、私はそういう者を大目に見てやる。それでも民衆が私を依怙贔屓(えこひいき)だと思わないのは、処罰が公正だからである。私が罪を重くするのは民衆が憎む犯罪であり、私が罪を軽くするのは民衆が憐れむ犯罪である。だから、褒賞が少なくても民衆に善を勧めることができ、刑罰を省いても民衆の邪悪な行動をくい止めることができる。

このように見ると、法において公正というのは、すべてを可能とするのであり、刑が軽すぎてもかまわないということである。法において私情を挟むということは、それとは違って、刑が軽すぎれば悪者をはびこらせ、重すぎれば善人を傷つける。だから、古の聖人は法に公正を期した。しかし、それでもまだ十分でないことを心配して、それを徳による感化で補おうとした。これが聖君の努めたことであった。後世の司法官はそうではない。まだ罪人を取り調べないうちに、先に犯罪経緯を推測し、取り調べの段階になって無理やり自分の描いた筋どおりにもってゆき、そしてそれを司法官の能力だと言っている。犯罪の起きた原因を探らずに、また分析もしないで、上は君主の意向を汲んで判決をくだし、そしてそれを忠義だと言っている。そういう者は、官にあっては能力があり、上に仕えては忠義だというのだから、名誉と利益があたえられることになる。しかし、実際には無理に罪に陥れているのだから、それで人々に道徳を感化させようとしても、できるはずがない。

すべて、訴訟や裁判を行うには、必ず被告の肉親や君臣関係の状況を勘案し、罪の軽重や案件の深浅を計り、知恵を尽くして愛情を注ぎ、疑わしければ多くの者で協議し、それでも疑わしければ軽い罪を採用するものである。それが、法を重んじるやり方といえる。だからこそ、舜は皐陶に、「汝(なんじ)は司法官となり、刑を行うには憐れみを持て」と命じた。また、昔の裁判は、群臣・群吏・万民の三段階の意見を聞き、人民の意見に従って判決を下した。つまり、法を立てるには、人々の情を参考にしたのである。したがって、『春秋左氏伝(しゅんじゅうさしでん)』は、「どのような訴訟であろうと、たとえすべてを察することができなくとも、必ず真心をもってあたる」と言っている。しかし、今の世の愚かで苛酷な役人は、情というのは、賄賂を取ること、愛憎によること、親戚を助けること、仇敵を陥れることだと思っている。世俗の小役人の情は、なんと古人の心とかけ離れていることだろうか。司法官はこのような情で役人を疑い、皇帝はこのような情で司法官を疑う。君主と臣下が互いに疑い合っているのである。それで忠節を尽くすことを望んでも、叶(かな)うはずがない。すべて、訴訟を治める情というのは、必ず罪を犯した根本の理由の解明を主眼とするもので、厳しく訊問したり、いろいろなことを要求したり、せわしなく見識を示したりしないものである。弾劾のしかたを法に照らし、条文を参考にするのは、真実を求めるためであって、事実を取り繕うためではない。ただ法令を参考にして、そこからふさわしい規定を選び出すだけであって、取調官に好き勝手に言葉を連ねさせて罪をでっちあげさせてはならない。孔子も、「昔の裁判は、なんとかして民を生かそうとした。今の裁判は、なんとかして民を殺そうとしている」と言っている。言葉をバラバラにして法律を解釈し、好き勝手に規定を作り、邪道によって政治を乱す者は、必ず王者の誅罰が下されるものなのである』。

以上が『体論』の述べるところですが、『淮南子(えなんじ)』にも次のように記されています。

『澧水（ほうすい）という川は深さが十仞（じん）もあるが、沈んでいる金や鉄までも外から見える。それほど水が透明であるが、姿が見えてしまうのでスッポンはそこには決して棲みつかない。今のお上の政治は、苛酷であることを賢察だとし、功績をあげることを明晰だとし、下の者の責任を追及することが忠義だとし、姦計の多いことを勲功だと考えている。それはあたかも革を引っ張って拡げるようなもので、確かに革は大きくはなるが、それは革が破れる端緒なのである』。

そもそも褒賞は重い方に従い、刑罰は軽い方に従うべきです。君主が厚い恩恵を施すのは、百代の昔から決まっていた制度です。刑罰が重いか軽いか、恩恵が厚いか薄いかは、慕われるか憎まれるかの違いであり、混同して論ずることはできません。そのうえ、法とは国の秤（はかり）であり、国の物差しです。秤は軽重を決め、物差しは曲直を正すものです。今の時代は、法を作る時は寛大で公平であることを尊びますが、人を罰する時は厳しく残酷です。しかも、喜怒の感情によって罪の高下を決めてしまいます。これでは、物差しを捨てて物の曲直を直そうとし、秤を捨てて物の軽重を計るようなもので、惑わされるに決まっています。諸葛孔明は小国の宰相でしたが、それでも、『わが心は公平な秤のようなもので、人によって数値を変えたりはできない』と言いました。ましてや大国の皇帝が、この泰平の世にあって、自分の気持ちに任せて法を捨て去り、人々の恨みを買ってよいものでしょうか。

また、時に陛下は、些細なことで人に聞かれたくないことがあると、途端に怒りを表して自分に対する批判を停めてしまいます。もし正しいことであれば、人に聞かれても何も差し支えはありません。もし正しくないことであれば、これを隠しても何も益はありません。ことわざにも、『人に知られたくないことはしないのが一番いい。人に聞かれたくないことは言わないのが一番いい』と言います。やっておきながら人に知られたくないと思い、言っておきながら人に聞かれたくないと思うのは、ちょうどスズメを捕まえてから自分の目を覆い、鐘を盗んでから自分の耳を塞ぐようなもので、ただ人の誹りを受けるだけであり、まさに何一つ益はありません。

私はまた、常に乱れている国はなく、治められない民もなくて、それは君主の善悪にかかっており、君主の教化の厚薄によるのだとも聞いています。この理由によって、夏の禹王や殷の湯王は国を治めたのに対して、桀王と紂王は国を乱し、周の文王と武王は国を安定させたのに対して、幽王と厲王は国を危うくしました。ですから、古の哲王は、できる限り人を責めたりはせず、責任を自分に求めて人のせいにしませんでした。だからこそ、『禹王と湯王は己を罰したので国が勃興し、桀王と紂王は人を罰したから国が滅亡した』と言われるのです。今の陛下は、人を責めることが止むことはなく、これでは憐れみの情に背いて、姦邪がのさばる道を開くことになります。かつて漢の路温舒は、司法にあたる下役人の害を訴えましたが、今私も同じことを言わねばならず、こうしたことは過去にも聞かなかったことではありません。

また、堯には諫めのための太鼓があり、舜には過失を書き付ける木があり、湯王には過失を正す官吏がおり、武王には諫めのための鼓（つづみ）があったといいます。これらは、自分の過失がまだ具体的に現れる前に防ぐため、虚心に下からの意見を聞き、下の意見が上に届くようにと願ってのことであって、君主と臣下に私心がなく、まさに上下の徳が合致した姿です。魏の武帝曹操（そうそう）も、『徳のある君主は、耳の痛い言葉や面と向かっての諫めを聞くことを楽しみにし、忠義の臣下やよく諫める臣下を厚遇して、腹黒い者やゴマすりを遠ざけるものである。それは、自分の身と国を守って、滅亡への道を避けようとするからである』と言っています。あらゆる君主は、天の運気にめぐり合ってその地位に就いたのですから、たとえまだ上下に私心のない状態ができておらず、君臣の徳が合致していないとしても、身と国を保って滅亡を避けようとしないでよいでしょうか。古の聖君で功業を成し遂げた者は、いずれも臣下と心を一つにしており、自分の過ちを臣下が助けてくれることを願わなかった者は、一人としておりません。

かつて、貞観の初めの頃は、陛下は身を慎んで自分の行いに注意をはらい、謙虚に人の意見を受け入れていました。思うにあの頃は、よい意見を聞けば陛下は必ずそれに従い、小さな過ちを犯せばいつも臣下の忠義の諫めを聞き入れ、そうした意見を聞くたびに、陛下は顔に喜びの表情をたたえていました。ですから、忠烈な臣下はみな言葉を尽くして意見を申し上げました。ところがこの頃では、国内は泰平となり、異民族も服従するようになって、陛下はすっかり満足して、初めの頃とは変わってしまいました。邪悪を憎むと声高に言いながら、自分の考えどおりの意見を聞くのを喜んでおられ、いたずらに忠義を奨励しながら、実は耳の痛い意見を聞くのを嫌がるようになりました。その結果、ゴマすりたちがだんだん進み出るようになり、公正な意見は塞がれるようになりました。このような朝廷の実態は、今や道を歩く民でさえ知っています。国の興廃は、実にこういうところにかかっています。人の上に立つ者は、努力しないでよいでしょうか。

ここ数年、私は、陛下の詔勅を受けるたびに、臣下たちがそれに対して何も意見を申し上げないのを奇異に思っていました。その理由を考えてみますと、この頃はある人が上奏して、その中に長所と短所があった場合、陛下は短所を指摘するだけで、長所を褒めることがなくなりました。また、天子の宮殿は敷居が高く、天子の威光は冒しがたく、とっさの場合には言いたいことも言えません。時には意見を述べますが、とても意を尽くして伝えることはできません。重ねて意見を述べようとしても、その方法がありません。さらには、申し上げたことが正しくても、それに対する褒美はなく、逆に陛下の意向に添わなければ、恥ずかしい目にあわせられることになります。臣下が忠節を尽くさなくなったのは、ここにその理由があります。陛下の側近の者は、常に宮殿に出入りしていますが、それでも陛下がいやな顔をされるだろうと思うと、ついつい意見を言うのを遠慮してしまいます。ましてや、宮中に疎遠な官吏は、どうして忠義を尽くして陛下を諫めることなどできるでしょうか。

また、ある時、陛下は詔を下して、『臣下が何か私に伝えたいことがあれば、来て言うべきである。ただし、言ったことが全て採用されると思ってはならない』と言われました。これは、諫めの意見を拒否する言葉であって、忠義を受け入れる態度ではありません。なぜかといえば、臣下が君主の厳しい顔色にもかまわず、賛成か反対かの意見を述べるのは、良い君主になってもらおうとして、君主の過ちを正そうとするからです。もし君主が、その意見を疑ったり、それを採用しなければ、臣下に忠義の言葉を求めたり、君主の手足になる任務を期待しても、臣下は進言するにあたって躊躇してしまい、真心を尽くすことができなくなるでしょう。先の詔のいうところは、臣下に媚びへつらうことを許し、意を尽くした意見を禁止するようなもので、これでは臣下はどうしていいのかわからなくなります。臣下に君主を諫めさせようとするには、君主自身が諫言を好む以外に手はありません。昔、春秋時代に斉の桓公（かんこう）が紫色の服を好んだところ、国中の人が紫の服を着たといいますし、楚の王がスマートな女性を好んだところ、楚の後宮では女性の多くがダイエットをしすぎて死んでしまったといいます。このようなうわべの好みさえ、人は真剣に君主の意に添おうとするものです。ましてや、聖明なる君主が忠節の士や公正な士を募集したならば、千里離れたところからでも人は応募してきますから、それは全然難しいことではありません。しかし、口先だけでそう言って、内心でそう思っていなければ、いくら忠義の士を集めようとしても、それは無理というものです」。

太宗は直筆の詔を書いて、魏徴に返事をあたえた。

「そなたが私を諭した上奏文を読んでみると、すべて懇切丁寧な言葉であり、もともと私はこういう意見をそなたに期待していた。

昔、私が粗末な家に暮らしていた時は、まだ幼少であり、教師の教えも受けておらず、先学の賢い言葉もほとんど聞くことがなかった。隋の王朝が崩壊し、各地が塗炭の苦しみに陥ると、人民は恐れおののき、身の置き場もないあり様となった。私は十八歳の年に、世の混乱を救おうと思って発奮して立ちあがり、それからというものは常に手には武器を提げ、雨露の中も構わずに東西に遠征し、一日として休む暇がなく、一年として平穏な年はなかった。幸いにして唐に天命が降って朝廷を受け継ぎ、わが軍旗の向かうところ、敵はたちまちのうちに平定された。今や、はるか西方の弱水流域や沙漠地帯の国とも使節を通じ、習俗の異なる地域の民族もみな唐の衣冠を着るようになり、わが唐の暦を用いないところはなくなった。

天子の位を継ぎ、謹んで皇帝の政務を執るようになってからは、私が何もしないのに天下の騒動は収まり、そうしてすでに十年以上がたった。考えてみれば、このようになったのは、補佐してくれた臣下が陣営で作戦をめぐらし、武勇の能力を尽くし、心を一つにして力を合わせてくれたので、ここに到達できたのだった。自分でも、何の徳もないのに、よくこの大いなる業績をあげることができたものだと思う。天子の位というものは、責任が重くて心配事が多く、政務をおろそかにしたために四方の人民の声が耳に入ってこないのではないかといつも恐れ、ビクビクして寝ずに朝を迎えるのである。そこで、大臣たちに相談し、卑賤な者たちのことを問い、真心を押し広めようとしてきた。できることならば、そなたたちの力を借りて、あの周の文王や武王のように行動が鐘や石に刻まれ、清い風俗と最高の徳とが長く書物に伝えられ、大いなる名誉が広まり、それが常に第一だと称えられるようになりたいものである。しかし、私は徳が薄く、前代の君主に比べて恥ずかしい点が多い。もしそなたという船に乗らなければ、どうして大河を渡ることができようか。もしそなたという調味料を用いなければ、どうして料理の味を調えることができようか」。

そして、魏徴に褒美として絹三百疋（ぴき）を下賜したのだった。

■原文

貞觀十一年、時屢有閹宦充外使、妄有奏、事發、太宗怒。魏徵進曰「閹豎雖微、狎近左右、時有言語、輕而易信、浸潤之譖、爲患特深。今日之明、必無此慮、爲子孫教、不可不杜絕其源」。太宗曰「非卿、朕安得聞此語。自今已後、充使宜停」。魏徵因上疏曰、

「臣聞爲人君者、在乎善善而惡惡、近君子而遠小人。善善明、則君子進矣、惡惡著、則小人退矣。近君子、則朝無粃政、遠小人、則聽不私邪。小人非無小善、君子非無小過。君子小過、蓋白玉之微瑕。小人小善、乃鉛刀之一割。鉛刀一割、良工之所不重、小善不足以掩衆惡也、白玉微瑕、善賈之所不棄、小疵不足以妨大美也。善小人之小善、謂之善善、惡君子之小過、謂之惡惡、此則蒿蘭同臭、玉石不分、屈原所以沉江、卞和所以泣血者也。既識玉石之分、又辨蒿蘭之臭、善善而不能進、惡惡而不能

去、此郭氏所以爲墟、史魚所以遺恨也。

陛下聰明神武、天姿英叡、志存泛愛、引納多塗、好善而不甚擇人、疾惡而未能遠佞。又出言無隱、疾惡太深、聞人之善或未全信、聞人之惡以爲必然。雖有獨見之明、猶恐理或未盡。何則。君子揚人之善、小人訐人之惡。聞惡必信則小人之道長矣、聞善或疑則君子之道消矣。爲國家者急於進君子而退小人、乃使君子道消、小人道長、則君臣失序、上下否隔。亂亡不卹、將何以治乎。

且世俗常人、心無遠慮、情在告訐、好言朋黨。夫以善相成謂之同德、以惡相濟謂之朋黨。今則淸濁共流、善惡無別、以告訐爲誠直、以同德爲朋黨。以之爲朋黨、則謂事無可信。以之爲誠直、則謂言皆可取。此君恩所以不結於下、臣忠所以不達於上。大臣不能辯正、小臣莫之敢論、遠近承風、混然成俗、非國家之福、非爲治之道。適足以長姦邪、亂視聽、使人君不知所信、臣下不得相安。若不遠慮、深絶其源、則後患未之息也。今之幸而未敗者、由乎君有遠慮、雖失之於始、必得之於終故也。若時逢少隟、往而不返、雖欲悔之、必無所及。既不可以傳諸後嗣、復何以垂法將來。

且夫進善黜惡、施於人者也。以古作鑒、施於己者也。鑒貌在乎止水、鑒己在乎哲人。能以古之哲王、鑒於己之行事、則貌之姸醜宛然在目、事之善惡自得於心。無勞司過之史、不假芻蕘之議、巍巍之功日著、赫赫之名彌遠。爲人君者不可務乎。

臣聞道德之厚、莫尙於軒・唐、仁義之隆、莫彰於舜・禹。欲繼軒・唐之風、將追舜・禹之跡、必鎭之以道德、弘之以仁義、擧善而任之、擇善而從之。不擇善任能、而委之俗吏、既無遠度、必失大體、惟奉三尺之律、以繩四海之人、欲求垂拱無爲、不可得也。故聖哲君臨、移風易俗、不資嚴刑峻法、在仁義而已。故非仁無以廣施、非義無以正身。惠下以仁、正身以義、則其政不嚴而理、其敎不肅而成矣。然則仁義、理之本也。刑罰、理之末也。爲理之有刑罰、猶執御之有鞭策也、人皆從化、而刑罰無所施、馬盡其力、則有鞭策無所用。由此言之、刑罰不可致理、亦已明矣。

故『潛夫論』曰『人君之治莫大於道德教化也。民有性、有情、有化、有俗。情・性者、心也、本也、化・俗者、行也、末也。是以上君撫世、先其本而後其末、順其心而履其行。心情苟正、則姦慝無所生、邪意無所載矣。是故上聖無不務治民心、故曰「聽訟、吾猶人也、必也使無訟乎」。道之以禮、務厚其性而明其情。民相愛、則無相傷害之意。動思義、則無畜姦邪之心。若此、非律令之所理也、此乃敎化之所致也。聖人甚尊德禮而卑刑罰、故舜先敕契以敬敷五敎、而後任咎繇以五刑也。凡立法者、非以司民短、而誅過誤也、乃以防姦惡、而救禍患、檢淫邪、而內正道。民蒙善化、則人有士君子之心、被惡政、則人有懷姦亂之慮。故善化之養民、猶工之爲麯豉也。六合之民、猶一廕也、黔首之屬、猶豆麥也、變化云爲、在將者耳。遭良吏、則懷忠信而履仁厚、遇惡吏、則懷姦邪而行淺薄。忠厚積、則致太平、淺薄積、則致危亡。是以聖帝明王、皆敦德化而薄威刑也。德者、所以循己也、威者、所以治人也。民之生也、猶鑠金在爐、方圓薄厚、隨鎔制耳。是故世之善惡、俗之薄厚、皆在於君。世之主誠能使六合之內、擧世之人、感忠厚之情而無淺薄之惡、各奉公正之心、而無姦險之慮、則醇釀之俗、復見於茲矣』。

後王雖未能遵、專尙仁義、當愼刑卹典、哀敬無私、故管子曰『聖君任法不任智、任公不任私』。故王天下、理國家。

貞觀之初、志存公道、人有所犯、一一於法。縱臨時處斷或有輕重、但見臣下執論、無不忻然受納。民知罪之無私、故甘心而不怨。臣下見言無忤、故盡力以效忠。頃年以來、意漸深刻。雖開三面之網、而察見淵中之魚、取捨在於愛憎、輕重由乎喜怒。愛之者、罪雖重而強爲之辭、惡之者、過雖小而深探其意。法無定科、任情以輕重。人有執論、疑之以阿僞。故受罰者無所控告、當官者莫敢正言。不服其心、但窮其口。欲加之罪、其無辭乎。

又五品已上有犯、悉令曹司聞奏。本欲察其情狀、有所哀矜。今乃曲求小節、或重其罪、使人攻擊惟恨不深。事無重條、求之法外所加、十有六七。故頃年犯者懼上聞、得付法司、以爲多幸。告訐無已、窮理不息、君私於上、吏姦於下、求細過而忘大體、行一罰而起衆姦、此乃背公平之道、乖泣辜之意、欲其人和訟息、不可得也。

故『體論』云『夫淫泆盜竊、百姓之所惡也、我從而刑罰之、雖過乎當、百姓不以我爲暴者、公也。怨曠飢寒、亦百姓之所惡也、遁而陷之法、我從而寛宥之、百姓不以我爲偏者、公也。我之所重、百姓之所憎也。我之所輕、百姓之所憐也。是故賞輕而勸善、刑省而禁姦。

由此言之、公之於法、無不可也、過輕亦可。私之於法無可也、過輕則縱姦、過重則傷善。聖人之於法也公矣、然猶懼其未也、而救之以化。此上古所務也。後之理獄者則不然。未訊罪人、則先爲之意、及其訊之、則驅而致之意、謂之能。不探獄之所由、生爲之分、而上求人主之微旨以爲制、謂之忠。其當官也能、其事上也忠、則名利隨而與之、驅而陷之、欲望道化之隆、亦難矣。

凡聽訟理獄、必原父子之親、立君臣之義、權輕重之序、測淺深之量。悉其聰明、致其忠愛、疑則與衆共之。疑則從輕者、所以重之也、故舜命咎繇曰「汝作士、惟刑之恤」。又復加之以三訊、衆所善、然後斷之。是以爲法、參之人情。故『傳』曰「小大之獄、雖不能察、必以情」。而世俗拘愚苛刻之吏、以爲情也者取貨者也、立愛憎者也、右親戚者也、陷怨讎者也。何世俗小吏之情、與夫古人之懸遠乎。有司以此情疑之羣吏、人主以此情疑之有司、是君臣上下通相疑也、欲其盡忠立節、難矣。

凡理獄之情、必本所犯之事以爲主、不嚴訊、不旁求、不貴多端、以見聰明、故律正其舉劾之法、參伍其辭、所以求實也、非所以飾實也、但當參伍明聽之耳、不使獄吏鍛錬飾理成辭於手。孔子曰「古之聽獄、求所以生之也。今之聽獄、求所以殺之也」。故析言以破律、任案以成法、執左道以必加也』。

又『淮南子』曰『灃水之深十仞、金鐵在焉、則形見於外。非不深且清、而魚鱉莫之歸也。故爲上者以苛爲察、以功爲明、以刻下爲忠、以訐多爲功、譬猶廣革、大則大矣、裂之道也』。

夫賞宜從重、罰宜從輕、君居其厚、百王通制。刑之輕重、恩之厚薄、見思與見疾、其可同日言哉。且法、國之權衡也、時之準繩也。權衡所以定輕重、準繩所以正曲直、今作法貴其寬平、罪人欲其嚴酷。喜怒肆志、高下在心、是則捨準繩以正曲直、棄權衡而定輕重者也。不亦惑哉。諸葛孔明、小國之相、猶曰『吾心如秤、不能爲人作輕重』。況萬乘之主、當可封之日、而任心棄法、取怨於人乎。又時有小事、不欲人聞、則暴作威怒、以弭謗議。若所爲是也、聞於外、其何傷。若所爲非也、雖掩之、何益。故諺曰『欲人不知、莫若不爲。欲人不聞、莫若勿言』。爲之而欲人不知、言之而欲人不聞、此猶捕雀而掩目、盜鐘而掩耳者、只以取誚、將何益乎。

臣又聞之、無常亂之國、無不可理之民者。夫君之善惡由乎化之薄厚、故禹・湯以之理、桀・紂以之亂、文・武以之安、幽・厲以之危。是以古之哲王、盡己而不以尤人、求身而不以責下。故曰『禹・湯罪己、其興也勃焉。桀・紂罪人、其亡也忽焉』。爲之無已、深乖惻隱之情、實啓姦邪之路。溫舒恨於曩日、臣亦欲惜不用、非所不聞也。

臣聞堯有敢諫之鼓、舜有誹謗之木、湯有司過之史、武有戒愼之銘。此則聽之於無形、求之於未有、虛心以待下、庶下情之達上、上下無私、君臣合德者也。魏武帝云『有德之君樂聞逆耳之言、犯顏之諍、親忠臣、厚諫士、斥讒慝、遠佞人者、誠欲全身保國、遠避滅亡者也』。凡百君子、膺期統運、縱未能上下無私、君臣合德、可不全身保國、遠避滅亡乎。然自古聖哲之君、功成事立、未有不資同心、予違汝弼者也。

昔在貞觀之初、側身勵行、謙以受物。蓋聞善必改、時有小過、引納忠規、每聽直言、喜形顏色。故凡在忠烈、咸竭其辭。自頃年海內無虞、遠夷懾服、志意盈滿、事異厥初。高談疾邪、而喜聞順旨之說、空論忠讜、而不悅逆耳之言。私嬖之徑漸開、至公之道日塞、往來行路、咸知之矣。邦之興衰、實由斯道。爲人上者、可不勉乎。

臣數年以來、每奉明旨、深懼羣臣莫肯盡言。臣切思之、自比來人或上書、事有得失、惟見述其所短、未有稱其所長。又天居自高、龍鱗難犯、在於造次、不敢盡言。時有所陳、不能盡意、更思重竭、其道無因。且所言當理、未必加於寵秩、意或乖忤、將有恥辱隨之、莫能盡節、實由於此。雖左右近侍、朝夕堦墀、事或犯顏、咸懷顧望。況疏遠不接、將何以極其忠款哉。

又時或宣言云『臣下見事、只可來道、何因所言、即望我用』。此乃拒諫之辭、誠非納忠之意。何以言之。犯主嚴顏、獻可替否、所以成主之美、匡主之過。若主聽則惑、事有不行、使其盡忠讜之言、竭股肱之力、猶恐臨時恐懼、莫肯效其誠款。若如明詔所道、便是許其面從、而又責其盡言、進退將何所據。欲必使乎致諫、在乎好之而已。故齊桓好服紫、而合境無異色、楚王好細腰、而後宮多餓死。夫以耳目之玩、人猶死而不違。況聖明之君求忠正之士、千里斯應、信不爲難。若徒有其言、而內無其實、欲其必至、不可得也」。

太宗手詔曰、

「省前後諷諭、皆切至之意、固所望於卿也。

朕昔在衡門、尙惟童幼、未漸師保之訓、罕聞先達之言。値隋主分崩、萬邦塗炭、惵惵黔黎、庇身無所。朕自二九之年、有懷拯溺、發憤投袂、便提干戈、蒙犯霜露、東西征伐、日不暇給、居無寧歲。降蒼昊之靈、稟廟堂之略、義旗所指、觸向平夷。弱水・流沙、並通輶軒之使、被髮左衽、皆爲衣冠之域、正朔所班、無遠不屆。

及恭承寶曆、寅奉帝圖、垂拱無爲、氛埃靖息、於茲十有餘年。斯蓋股肱罄帷幄之謀、爪牙竭熊羆之力、協德同心、以致於此。自惟寡薄、厚享斯休、每以撫大神器、憂深責重、常懼萬機多曠、四聰不達、戰戰兢兢、坐以待旦。詢於公卿、以至隸皁、推以赤心。庶幾明賴、一動以鍾石、淳風至德、永傳於竹帛。克播鴻名、常爲稱首。朕以虛薄、多慙往代、若不任舟楫、豈得濟彼巨川。不藉鹽梅、安得調夫五味」。
賜絹三百匹。

誠信（せいしん）第十七

■解説

誠信という熟語は、日本語ではあまり聞かない。誠も信も「まこと」の意であるが、誠は偽りや不純な雑（まじ）り気（け）がないこと、信は言葉と行動が食い違わないことである。『礼記（らいき）』祭統（さいとう）篇に、南郊の籍田（せきでん）の祭祀を天子や諸侯が自ら行い、北郊の養蚕（ようさん）を王后や夫人が自ら行うのは、「身（み）から其の誠信を致すなり。誠信を之（こ）れ尽くすと謂（い）い、尽くすを之れ敬（うやま）うと謂う」とある。すなわち、誠信とは「心を尽くす」ことであり、それが敬意であるという。これによれば、誠信は「真心から誠意を尽くす」という意に解釈してよい。

第一章の封徳彝（ほうとくい）については、政体篇第九章参照。封徳彝に対する太宗の言葉の冒頭は、すでに『荀子（じゅんし）』君道（くんどう）篇に、「君なる者は民の原（もと）なり。源清（す）めば則ち流れ清み、源濁れば則ち流れ濁る」とある。

第二章、魏徴（ぎちょう）の上奏文の第一段落にある孔子の言葉「君主は礼を立てて……」は『論語』八佾（はちいつ）篇が出典。君臣のあり方を魯の定公（ていこう）が質問したのに対して、孔子が返答した言葉。「古より人はみな死ぬもの……」は『論語』顔淵（がんえん）篇が出典。「食・兵・信のうち、政治にとってやむを得ず取り去るとしたらどれか」という子貢（しこう）の問いに対して、孔子はまず兵だと答え、次に食だと答え、その理由として、食を去れば人は死ぬが「古より皆死有り。民に信無くんば（国は）立たず」と述べる。文子は周の辛鈃（文子は字）。その言葉は『文子』という書に伝わり、老子の考えを敷衍した内容で道家に分類されるが、後世の偽作といわれる。唐の玄宗の時代に『通玄真経』と尊称された。引用の文言は同書の精誠篇に見える。

第二段落の末尾、孔子の言う「口先のうまい者……」は、『論語』陽貨篇にある言葉。

第三段落の荀子は、原文は「孫卿」であるが、これは孫子ではなく荀子を指す。漢の人が宣帝の諱、詢を避けて孫卿と改めたともいい、荀と孫が同音なので両方用いられたともいわれる。引用の言葉は『荀子』君道篇にある。末尾付近の「曲がった木を立ててその影が真直ぐでないと疑う」は、原文は「直木を立てて影の直ならざるを疑う」であるが、これでは意が通じない。「直木」は「曲木」または「枉木」の誤りであろう。

第四段落、斉の桓公と管仲の会話は『説苑』尊賢篇に見える話。晋の中行穆伯の逸話は『淮南子』人間訓が出典。

上奏文の末尾にある「国と子孫の末永い繁栄を願っても」の原文「永く祚胤を錫う」は、『詩経』大雅「既酔」詩の一節を踏まえた表現。長く血統が続いて子孫が栄える意で、祭宴の席で王朝の繁栄を詠った詩。

第三章だけは、本篇「誠信」の意向に内容がそぐわない。

第四章の項羽は、鴻門之会や四面楚歌でお馴染みの、秦末に漢の劉邦と争った楚の王。

項羽は、秦の都咸陽に入ると秦王子嬰を殺し、宮殿を焼き、財宝婦女をかすめ去り、秦の民の人望を大いに失ったという。太宗の言葉の冒頭、原文は「『伝』称す」であるが、この『伝』は『春秋左氏伝』ではない。『書経』『詩経』などの聖人の著作を「経」といい、それに次ぐ優れた賢人の著作を広く「伝」という。ここは『論語』顔淵篇の引用で、第二章第一段落と同じ出典。

第一章　水源が濁れば川も濁る

貞観の初めに、上奏文を提出して、皇帝に媚び諂う佞臣を朝廷から排除するように願い出た者がいた。

太宗は、その者に、

「私が任用する者は、みな賢者だと思っている。そなたは、誰が佞臣なのかわかるのか」

と聞いた。すると、その者は、

「私は民間にいましたので、はっきりとはわかりません。そこで陛下にお願いしたいのですが、怒ったふりをして臣下たちを試してほしいのです。もし陛下の怒りを恐れずに、自分の信じる意見を直言すれば、それは正しい臣下です。陛下の気持ちに従って阿る者がいれば、その者が佞臣です」

と答えた。

太宗は、封徳彝(ほうとくい)に相談して言った。

「川の水が清いか濁っているかは、水源によって決まる。君主は政治の水源であり、人民は川の流れのようなものである。君主自身が嘘をついて、臣下に正直であってほしいと願うのは、まるで水源が濁っているのに、水の流れが清らかであってほしいと望むようなもので、道理に合わないであろう。私は常日頃から、魏の武帝曹操(そうそう)は偽りを用いることが多いので、その人柄を軽蔑している。だから、このような上奏どおりにするのは堪え難い」。

そして、上奏した者に、

「私は大きな信用が天下に行き渡るようにしたいのであって、偽りによって民衆を教え諭(さと)したくはない。そなたの言うこともわからなくはないが、私は採用しない」

と伝えた。

■原文

貞觀初、有上書請去佞臣者、

太宗謂曰「朕之所任、皆以爲賢、卿知佞者誰耶」。

對曰「臣居草澤、不的知佞者、請陛下佯怒以試羣臣、若能不畏雷霆、直言進諫、則是正人。順情阿旨、則是佞人」。

太宗謂封德彝曰「流水清濁、在其源也。君者政源、人庶猶水。君自爲詐、欲臣下行直、是猶源濁而望水清、理不可得。朕常以魏武帝多詭詐、深鄙其爲人、如此、豈可堪爲教令」。

謂上書人曰「朕欲使大信行於天下、不欲以詐道訓俗、卿言雖善、朕所不取也」。

第二章　信用ほど大事なものはない

貞観十年（六三六）に、魏徵が次の上奏文を提出した。

「私は聞いています。国を治める基礎は必ず徳と礼にあり、君主が保つべきはただ真心からの誠意だけであること。そして、君主が誠意をもってあたれば下の者は二心を抱くことはなく、徳と礼がはっきりと行われていれば遠くの者まで服従するとのことです。ですから、徳と礼と誠意は、国の大本であって、君臣であっても父子であっても、片時もおろそかにしてはいけません。だからこそ孔子は、『君主は礼を立てて臣下を使い、臣下は忠義で君主に仕えるべきだ』と言い、『古より人はみな死ぬものであるが、人民の信用がなくなっては国は成り立たない』とも言っています。また、文子は、『同じことを言って信用されるのは、言葉以前にその人が信用されているからだ。同じ命令を下して実行されるのは、その命令の裏に誠意があるからだ』と述べています。つまり、言っても信用されないのは、その人の言葉が信用されていないからです。命令してもそれに従わないのは、その命令を下した人に真心がないからです。信用されない言葉、真心のない命令は、上の者が行えば国の徳を損ない、下の者が行えば身を危うくします。そういうことは、立派な君子はどんなにあわてていても決して口にしないものです。

陛下が偉大な王道を始められてから十年あまり、その威光は外国にまで及び、あらゆる国が来朝するようになり、倉庫には日増しに食糧が蓄えられ、唐の領域はどんどん広がりました。それなのに、人々の道徳がさほど厚くならず、仁義の心もまだ広まっていないのは、いったい何故でしょうか。それは、陛下が誠意を尽くして下の者に接しなくなり、初めの頃は一生懸命に務められていたのに、それを最後までやりぬく美点が見られなくなったからであります。昔、貞観の初めには、陛下は良い意見を聞くと大変感心されていました。それから八、九年ほどの間は、まだ喜んで人の諫めに従っていました。ところがその後は、だんだん直言を嫌がるようになってきました。努めて人の意見を受け入れようとはされますが、かつてのような心の広い様子が見受けられません。今では、直言する者は陛下の怒りに触れぬように用心しており、口先のうまい輩が好き勝手に諂うような弁舌を振るっています。そういう口先のうまい輩は、朝廷で心を寄せ合う人たちのことを、権力を握ろうとしているのだと批判し、忠義の意見を述べる人たちのことを、陛下を誹謗しているのだと非難します。朋党を組んでいると聞けば、忠義の言葉であっても疑うようになり、公平な者だと聞けば、虚偽の意見でも咎められません。ですから、剛直の者でも権力を狙っていると言われるのを恐れ、忠義の者でも皇帝誹謗の咎めを心配し、正しい臣下は十分に意見を言うことができず、大臣たちも虚偽の者たちと争うことができなくなっています。人の目や耳を惑わし、国の進むべき道を塞ぎ、政治を妨げて皇帝の徳を損なうのは、こういうところから起こるのではないでしょうか。孔子が、『口先のうまい者が国を覆すのを私は嫌う』と言っているのも、思うにこの意味でしょう。

立派な君子と小賢しい小人とは、外見は似ていても心が違います。君子は、人の悪い点を覆い隠し、人の良い点を取り上げ、困難に直面してもそれから逃げ出そうとはせず、自分の身を犠牲にしても大義を成し遂げようとするものです。小人は、仁義に外れることを恥じず、恐れもせず、ただ自分の利益のみを求めて、人を危うい目にあわせても自分の安泰を求めるものです。そもそも、人が危うくなってもかまわないのであれば、どんなことでもできるでしょう。今は、良い政治をしようとすれば、必ず君子の手に委ねます。しかし、君子の政策の長所と短所について、今度は小人に意見を求めます。こうして、君子は敬して遠ざけられるようになり、小人が皇帝に慣れ親しむことになります。慣れ親しめば言葉はいくらでも通りますし、遠ざけられれば気持ちは上に通じません。これでは、小人が業績を得ることになり、君子には罰が下されることになります。国の存亡はこういう点にかかっているのですから、慎まないでいいはずがありません。これこそ、あの荀子が、『知恵のある者と計画を練って、愚かな者とそれについて評価し、高潔の士に行わせて、穢れた人とそれを疑う。それで成功しようと思っても、できるはずがない』と言っているとおりです。そもそも、ほどほどに知恵のある者には、少しは才能があるものです。しかし、その程度の才能では国を治めることはできず、その程度の思慮では遠大な計画は立てられません。いくら力を尽くし真心を尽くしたとしても、国はやがて衰え傾きます。ましてや、心に悪だくみを抱き、皇帝の顔色をうかがって言いなりになっている輩が政治をとっては、なおさらです。その禍たるや、極めて深刻なものとなります。曲がった木を立ててその影が真直ぐでないと疑っているようでは、いくら精神を注いで思慮をめぐらしても、うまくいかないのは明白と言わねばなりません。

　そもそも、君主が礼を尽くし、臣下が忠を尽くすことができるのは、朝廷の内でも外でも私心がなく、上下が互いに信頼し合っている状態にあるからです。もし上の者に信用がなければ、下の者を使うことはできず、下の者に信用がなければ、上の者に仕えることはできません。信の道というものは、なんと重大でありましょうか。昔、春秋時代に斉の桓公が管仲に、『私は、酒と肉を腐るほど用意して宴席を豊かにしたいのだが、これは覇者の道を損なうだろうか』と聞きました。管仲は、『それは最高の善というわけではありませんが、覇者の道を損なうほどではないでしょう』と答えました。そこで桓公は、『どうすると覇者の道を損なうのか』と尋ねました。すると管仲は、『人を知ることができなければ、覇者の道を損ないます。知ることができても、その人を任用できなければ、覇者の道を損ないます。任用しても、その人を信頼できなければ、覇者の道を損ないます。信頼していても、その政治に小人を参画させれば、覇者の道を損ないます』と答えたということです。また、春秋の晋の中行穆伯が鼓という国を攻めた時、一年たっても落とすことができずにいました。その時、配下の餽間倫という者が、『私は、鼓の国の役人をよく知っています。その者を使えば、わが士大夫を疲労させなくても、鼓の国は取れるでしょう』と提案しました。ところが、穆伯はそれに答えませんでした。左右の者は、『戟一本折ることなく、兵卒一人傷つけることなく、鼓を手に入れられるというのに、どうしてこの提案を採用しないのですか』と聞きました。すると穆伯は、『餽間倫の性格は、人に阿り諂って仁義がない。もし餽間倫に鼓の国を陥落させたならば、彼を表彰しないわけにはいかないだろう。そうしたら、阿り諂う人間を表彰することになる。そういう者に志を得させれば、晋の国の士人たちに仁義を捨てて阿りを行わせることになる。それでは、鼓の国を手に入れても、何の意味もない』と答えたということです。中行穆伯は列国の大夫であり、管仲は覇者の補佐役ですが、それでもこれほどに人の信用というものを大事にし、阿る人間を遠ざけるものです。まして天下の大君であり、千年前の聖人君子にも匹敵する陛下が、その聳え立つほどの高い徳にわざわざ傷をつけて、非難されるようになる必要がありましょうか。

もし陛下が、君子と小人が混じり合わないようにさせたいのでしたら、必ず臣下を徳によって懐かせ、信によって待遇し、義によって励まし、礼によって節度を加え、そうして善を褒賞して悪を憎み、賞罰をはっきりさせるべきです。そうすれば、小人は私欲を抱かなくなり、君子は一生懸命に務めますから、さほど時がたたないうちに何もしなくても自然と国が治まるようになります。しかし、善を称えながらもその者を任用できず、悪を憎みながらもその者を遠ざけることができず、罪があっても罰することができず、功があっても褒賞することができないのならば、滅亡の危機が迫り、国を保つことはできないでしょう。そうなっては、国と子孫の末永い繁栄を願っても、どうして叶えられましょうか」。

太宗はこの上奏文を見て、

「もしそなたに出会わなかったら、このような意見を聞くことはできなかっただろうな」と嘆息したのだった。

■原文

貞觀十年、魏徵上疏曰、

「臣聞爲國之基、必資於德禮、君之所保、惟在於誠信。誠信立則下無二心、德禮形則遠人斯格。然則德禮誠信、國之大綱、在於君臣父子、不可斯須而廢也。故孔子曰『君使臣以禮、臣事君以忠』。又曰『自古皆有死、民無信不立』。文子曰『同言而信、信在言前。同令而行、誠在令外』。然則言而不信、言無信也、令而不從、令無誠也。不信之言、無誠之令、爲上則敗德、爲下則危身、雖在顚沛之中、君子之所不爲也。

自王道休明、十有餘載、威加海外、萬國來庭、倉廩日積、土地日廣。然而道德未益厚、仁義未益博者、何哉。由乎待下之情、未盡於誠信、雖有善始之勤、未覩克終之美故也。昔貞觀之始、乃聞善驚歎、暨八九年間、猶悅以從諫、自玆厥後、漸惡直言、雖或勉強有所容、非復曩時之豁如。謇諤之輩、稍避龍鱗、便佞之徒、肆其巧辯。謂同心者爲擅權、謂忠讜者爲誹謗。謂之爲朋黨、雖忠信而可疑、謂之爲至公、雖矯僞而無咎。強直者畏擅權之議、忠讜者慮誹謗之尤。正臣不得盡其言、大臣莫能與之爭。熒惑視聽、鬱於大道、妨政損德、其在此乎。故孔子曰『惡利口之覆邦家者』。蓋爲此也。

且君子小人、貌同心異、君子掩人之惡、揚人之善、臨難無苟免、殺身以成仁。小人不耻不仁、不畏不義、唯利之所在、危人自安。夫苟在危人、則何所不至。今欲將求致治、必委之於君子。事有得失、或訪之於小人。其待君子也則敬而疏、遇小人也必輕而狎。狎則言無不盡、疏則情不上通。是則毀譽在於小人、刑罰加於君子、實興喪之所在、可不愼哉。此乃孫卿所謂『使智者謀之、與愚者論之、使脩潔之士行之、與汙鄙之人疑之。欲其成功、可得乎哉』。夫中智之人、豈無小惠、然才非經國、慮不及遠、雖竭力盡誠、猶未免於傾敗。況內懷奸利、承顏順旨、其爲禍患、不亦深乎。夫立直木而疑影之不直、雖竭精神、勞思慮、其不得、亦已明矣。

夫君能盡禮、臣得竭忠、必在於內外無私、上下相信。上不信、則無以使下、下不信、則無以事上、信之爲道大矣。昔齊桓公問於管仲曰『吾欲使酒腐於爵、肉腐於俎、得無害霸乎』。管仲曰『此極非其善者、然亦無害於霸也』。桓公曰『如何而害霸乎』。管仲曰『不能知人、害霸也。知而不能任、害霸也。任而不能信、害霸也。既信而又使小人參之、害霸也』。晉中行穆伯攻鼓、經年而弗能下、餽間倫曰『鼓之嗇夫、間倫知之。請無疲士大夫、而鼓可得』。穆伯不應、左右曰『不折一戟、不傷一卒、而鼓可得、君奚爲不取』。穆伯曰『間倫之爲人也、佞而不仁。若使間倫下之、吾可以不賞之乎。若賞之、是賞佞人也。佞人得志、是使晉國之士捨仁而爲佞。雖得鼓、將何用之』。夫穆伯、列國之大夫、管仲、霸者之良佐、猶能愼於信任、遠避佞人也如此。況乎爲四海之大君、應千齡之上聖、而可使巍巍至德之盛、將有所間乎。

若欲令君子小人是非不雜、必懷之以德、待之以信、厲之以義、節之以禮、然後善善而惡惡、審罰而明賞。則小人絕其私佞、君子自強不息、無爲之治、何遠之有。善善而不能進、惡惡而不能去、罰不及於有罪、賞不加於有功、則危亡之期、或未可保、永錫祚胤、將何望哉』。

太宗覽疏歎曰「若不遇公、何由得聞此語」。

第三章　今日あるは魏徴（ぎちょう）のお蔭

ある時、太宗は長孫無忌（ちょうそんむき）たちに語ったことがある。

「私が即位したばかりの頃は、上奏する者がたくさんいた。ある者は、『君主というものは権威が大事であるので、なにごとも陛下一人で判断し、臣下たちに任せるべきではない』と言い、またある者は、『武力で国の威信を輝かせ、四方の異民族を服属させてほしい』と言った。その中にあって、魏徴だけは私に、『武力は控えて文化を高め、皇帝の徳を広めて施しをあたえるべきです。中国が安定すれば、遠方の異民族は自然と服従します』と勧めた。私はその意見に従ったところ、天下は安寧となり、遠い異民族の王たちも通訳を重ねてみな唐に朝貢し、その使節が互いに道で出会うほどになった。これらのことは、すべて魏徴のお蔭である。私はいい人を任用したものだ」。

魏徴はこれを耳にすると、拝礼して、

「陛下は生まれつきの優れた徳を身に付け、そのうえでよい政治に留意しました。凡庸な私などは、陛下の命令をこなすだけで精一杯です。私の存在など、陛下の統治に何の役に立ちましたことか」

と謝意を述べた。

■原文
太宗嘗謂長孫無忌等曰「朕即位之初、有上書者非一。或言『人主必須威權獨任、不得委任羣下』。或欲『耀兵振武、懾服四夷』。惟有魏徵勸朕『偃革興文、布德施惠。中國既安、遠人自服』。朕從此語、天下大寧、絶域君長、皆來朝貢、九夷重譯、相望於道。凡此等事、皆魏徵之力也。朕任用、豈不得人」。

徵拜謝曰「陛下聖德自天、留心政術。實以庸短、承受不暇。豈有益於聖明」。

第四章　項羽は信に欠けていた

貞観十七年（六四三）に、太宗は側近に語った。

「『論語』は、『食を去っても信用をなくしてはならない』と言い、孔子は『民の信用がなくなったら国は成り立たない』と言っている。昔、項羽は秦の都の咸陽に入って、すでに天下を制圧した。あの時、努めて仁と信を行っていれば、項羽は天下を別の者に奪われることはなかったのに」。

房玄齢がそれに答えた。

「仁・義・礼・智・信、この五つは人が常に守らなければならないことで、一つを欠いてもうまくはいきません。この五つの実行に努めていれば、必ず益となるものです。殷の紂王はこの五つを馬鹿にしたので、周の武王に国を奪い取られました。項羽には、このうちの信がなかったため、漢の高祖劉邦（りゅうほう）に国を奪われました。陛下のおっしゃることは、まったくそのとおりです」。

■原文

貞觀十七年、太宗謂侍臣曰「『傳』稱『去食存信』、孔子曰『民無信不立』。昔項羽既入咸陽、已制天下、向能力行仁信、誰奪耶」。

房玄齡對曰「仁・義・禮・智・信、謂之五常、廢一不可。能勤行之、甚有裨益。殷紂狎侮五常、武王奪之。項氏以無信爲漢高祖所奪、誠如聖旨」。

巻六

倹約（けんやく） 第十八

■解説

倹約は今日の日本語とほぼ同義で、つつましやかな様子。節制に努め、贅沢を求めないこと。

第一章、太宗の言葉の前段に登場する禹（う）は、夏（か）王朝を立てた王であるが、黄河などの治水の功績で知られる。洪水を堤防で防ぐのではなく、水を逃がす方法を採り、そのために山々を切り開いたと伝えられる。後段の冒頭「無益なものを作って……」は『書経（しょきょう）』旅獒（りょごう）篇、「欲しがるものを見せなければ……」は『老子』第三章が出典。

第二章の漢の文帝（ぶんてい）は、前漢第五代の皇帝。高祖劉邦（りゅうほう）の子で、第二代恵帝（けいてい）の弟。恵帝以後は、劉邦の皇后呂氏（りょし）一族が権勢を振るったが、それが打倒されてから文帝が即位し、内政に努めて漢の基盤を強化した。以後、漢の皇帝は文帝の血統から出た。なお、漢の文帝が

「十家の産を惜しんで」倹約に努め、高楼を建てなかったという話は、規諫太子篇第一章の李百薬「賛道の賦」第十三段落にも見えた。

王公の上奏の冒頭にある『礼記』は、月令篇の引用。ただし、そこには「仲夏の月……是の月や……以て台榭（高楼）に居るべし」とあり、季夏ではなく仲夏のこととする。陰暦では、正月・二月・三月が春であり、以後三ヵ月ずつ各季節にあたる。それぞれの三ヵ月を順に孟月・仲月・季月といい、仲夏は五月、季夏は六月にあたる。陰暦六月は現在の暦では七月上旬から八月上旬に相当する。近年では天候が不順気味であるが、それでも八月中旬頃になると朝晩がしのぎやすく感じるであろう。あの感覚が、陰暦では秋七月の始まりである。

第三章、太宗の言う孔子の言葉は有名。『論語』衛霊公篇に、「子貢問いて曰く『一言にして以て終身之を行うべき者有りや』と。子曰く『其れ恕なるか。己の欲せざる所は、人に施すことなかれ』と」とある。魏徴の言う「人の欲するところに従う者は……」は、『春秋左氏伝』僖公二十年、魯の大夫臧文仲の言葉に「欲を以て人に従えば可なり。人を以て欲に従えば済ること鮮し」とあるのを踏まえるのであろう。また「上に立つ者が好むことは……」は、『孟子』滕文公篇上の「上に好む者有れば、下に必ず甚しき者有り」を踏まえる。

第四章の劉聡は、五胡十六国の君主の一人で、漢（前趙）の第三代皇帝。出身は匈奴系。五胡十六国時代は、西晋末期に現在の山西省に分布していた五部匈奴がまとまり、リーダーの劉淵が自立して国号を漢と号した時に始まる。前漢・後漢の帝室が劉氏であり、匈奴は漢と関係が深かったことにちなみ、その後継を称したのである。劉淵が死ぬと、太子の劉和が継いだが、すぐに弟の劉聡に殺され、劉聡は洛陽・長安を攻め落として、ここに西晋は滅亡した。この漢は、第五代皇帝劉曜の時に国号を趙と改め、後に同じ匈奴系の石勒に滅ぼされた。石勒も自分の国を趙と号したので、それぞれの国を前趙、後趙と呼び分ける。

五胡十六国の君主たちの記録は、本紀や列伝ではなく、『晋書』の末尾に載記が立てられて伝えられる。劉聡は同書巻一〇二に劉聡載記が立てられ、そこには本章の陳元達と劉皇后のいきさつも載せられている。劉皇后の上奏は、『晋書』巻九六、列女伝、劉聡妻劉氏伝に詳しく載せられ、それによれば、このたびの新宮殿建設は自分のためであり、死をもって責任をとろうとしたという内容。恥じた劉聡は、自分がいた堂を「愧賢堂」と改称したという。なお、『晋書』編纂の詔勅は貞観十八年（六四四）もしくは二十年に発せられ、本章の貞観十六年にはもちろん『晋書』はでき上がっていないので、太宗は載記の原史料となった史書（例えば今はなき『十六国春秋』など）を見たのであろう。

太宗が木材を伐り出させたという藍田県は、長安の南東約三十キロの地。現在の陝西省藍田県で、秦嶺山脈の北麓にあって背後に豊富な森林を控えている。

第五章は、厚葬（贅沢な葬儀）を戒め、薄葬（質素な葬儀）を勧める詔勅。唐の初代高祖の陵墓献陵は人工の盛り土で墳丘を築いたが、太宗の昭陵は自然の山を利用した。以後、唐の皇帝陵はほとんどが山に造営された。これだけ見ると、本章の詔勅を太宗自身が守っているようにも見えるが、一方では太宗は王羲之の書を自分の墓に入れさせたといわれる。この詔勅を発した本人も、大事な者は冥途に持って行きたかったようである。

詔勅の第一段落にいう「太古の風習では……」は、『易経』繫辞伝下に「古の葬る者は、厚く之に衣せるに薪を以てし、之を中野に葬り、封ぜず樹せず、喪期数无し。後世の聖人、之に易えるに棺椁を以てす」とあるのによる。以下に薄葬と厚葬の事例がそれぞれ四例ずつあげられるので、出典のみ記す。薄葬の堯は『呂氏春秋』安死篇、秦の穆公は『史記』秦本紀の注『史記集解』引用の『皇覧』（『史記』は繆公に作る）、孔子は『礼記』檀弓篇上、呉の延陵季札は『礼記』檀弓篇下を、それぞれ参照。厚葬の呉王闔閭は『越絶書』巻二、外伝記呉地伝、始皇帝は『史記』秦始皇本紀、魯の季平子は『春秋左氏伝』定公五年、宋の司馬であった向魋は『礼記』檀弓篇上をそれぞれ参照。ただし、『漢書』巻三六、劉向伝に、劉向が前漢の成帝に陵墓の奢侈を戒めた上奏が載せられ、そこには『易経』繫辞伝の文言のほか、秦の穆公、孔子、延陵季札、呉王闔閭、始皇帝に関して本章の太宗の詔文と似ている表現が見えるので、この詔文は『漢書』劉向伝を参照したと思われる。

第六章以下は、章立てが不明瞭。底本の上海古籍出版社本は、本篇の篇名「倹約第十八」の下に「凡そ八章」と注記するが、本篇が八章立てだとすると、第六章の岑文本以下、七章の戴冑、八章の温彦博、九章の魏徴の四人で三章にしなければならない。ところが、底本は第六章の岑文本の末尾に、「旧本は、此れより以下四章は並びに貪鄙篇に在り。今、附して此に入る」と注記する。つまり、第六章以下はもとは貪鄙篇に置かれていたものを、おそらくはその内容から底本は本篇に移したのである。そしてこれによれば、第六章以下は四章立てでなければならない。そこで今は、第六章の岑文本以下を一人一章立てとし、本篇を全九章とする。

六章の岑文本は君臣鑒戒篇第七章参照。彼が自己の出身地とする漢水とは、長安の南の秦嶺山脈南麓を東流して武漢付近で長江に合流する川。流域の多くは山岳地帯。

第七章の戴冑と第八章の温彦博については、ともに任賢篇第四章を参照されたい。八章末尾の「廟堂を造らせ」は、原文は「造当」に作る。「遽かに所司に命じて為に造らしめ、当に厚く賻贈を加うべし」と読めなくもないが、「當」は「堂」の誤記であろう。

第九章は、任賢篇第三章の一節の重出。

第一章　為政者の贅沢と民衆の気持ち

貞観元年（六二七）に、太宗は側近たちに向かって言った。

「古より帝王は、建物を造る時には、必ず世間の人々の気持ちに逆らわないことを重視した。昔、禹が中国中の山を削って各地に川を通した時は、多くの人民を駆り立てて労働させたが、それでも怨嗟の声が上がらなかったのは、その仕事が人民の必要とするもので、人々がそれを望んでいたからである。その一方、秦の始皇帝は広大な宮殿を造営し、それが人々の非難を買ったのは、それが始皇帝の私欲によるもので、多くの人がそれを望んでいなかったからである。私は今、一つの宮殿を造ろうとして、材料の木材は用意できたが、昔の始皇帝のことを思うと、結局は造営を止めることにした。

古人は、『無益なものを作って、有益なものを害してはならない』と言い、また『欲しがるものを見せなければ、民の心を乱れさせることはない』とも言っている。確かに、欲しいものを目にすれば、人の心はきっと揺れ動くに違いない。美しい彫刻の器物や、珠玉で飾った愛用品などは、もし好き勝手に贅沢を求めれば、国の存亡の危機はすぐにでもやって来るであろう。ついては、王公より下級の官僚に至るまで、邸宅および車や衣服、婚礼や葬送の儀式の際に、身分に不相応な贅沢をする者は、今より一切禁止せよ」。

これ以後、二十年にわたって世間の風俗は質素となり、きれいな錦を着る者はいなかったが、その一方で国の財政は豊かになり、人々が飢えと寒さに苦しむことはなくなった。

■原文

貞觀元年、太宗謂侍臣曰、

「自古帝王凡有興造、必須貴順物情。昔大禹鑿九山、通九江、用人力極廣、而無怨讟者、物情所欲、而衆所共有故也。秦始皇營建宮室、而人多謗議者、爲徇其私欲、不與衆共故也。朕今欲造一殿、材木已具、遠想秦皇之事、遂不復作也。

古人云『不作無益害有益』、『不見可欲、使民心不亂』。固知見可欲、其心必亂矣。至如雕鏤器物、珠玉服玩、若恣其驕奢、則危亡之期可立待也。自王公已下、第宅・車服・婚嫁・喪葬、準品秩不合服用者、宜一切禁斷」。由是二十年間、風俗簡樸、衣無錦繡、財帛富饒、無飢寒之弊。

第二章　漢の文帝に学べ

貞観二年（六二八）に、王公たちが上奏した。

「『礼記』によれば、夏の終わりの月には、暑気を避けるために高楼に住むとのことです。今は夏の暑気がまだ続き、秋の長雨が始まって、宮城はじめじめしています。ですから、高い楼閣を築いてそこでお暮らしくださいますように」。

太宗は答えた。

「私には気の病があるので、当然ながら湿気の多い低地は身体によくない。しかし、もし要望のとおりにしたら、大変な出費となるであろう。昔、漢の文帝は高殿を造ろうとしたが、その費用が家十軒分の資産に相当すると聞いてやめた。私の徳は漢の文帝には遠く及ばない。それなのに、文帝以上の浪費をしたとすれば、それが人民の親である天子の行う道と言えるであろうか」。

王公たちは再三お願いしたのだが、太宗はとうとう許さなかった。

■原文

貞觀二年、公卿奏曰「依『禮』、季夏之月、可以居臺榭、今夏暑未退、秋霖方始、宮中卑濕。請營一閣以居之」。

太宗曰「朕有氣疾、豈宜下濕。若遂來請、糜費良多。昔漢文將起露臺、而惜十家之產、朕德不逮于漢帝。而所費過之、豈爲人父母之道也」。

固請至于再三、竟不許。

第三章　己の欲せざる所、人に施すなかれ

貞観四年（六三〇）に、太宗は側近たちに語った。

「宮殿を飾り立て、池に台を作って楽しむのは、帝王が欲することであるが、人民は決してそれを望まない。帝王は勝手気ままに遊びたがるが、人民はそのために疲弊するのを嫌がるものである。孔子は、『生涯行い続けることのできるもの、一言でそれを言えば思いやりであろう。自分がしてほしくないことは、人に対してもしてはいけない』と述べている。疲弊するような苦労は、決して人民にさせてはならない。私は今、尊い皇帝の地位にあり、天下の富を手に入れ、何でも自分の思いどおりになるが、だからこそ自分を節制している。人民の望まないことは、彼らの気持ちに従って行わないようにしたいものだ」。

それに対して、魏徴が答えた。

「陛下は、本当に人民を憐れみ、いつも自分を節制して民衆の気持ちを考えています。私は、『人の欲するところに従う者は栄え、自分の楽しみのために人を使う者は滅ぶ』と聞いています。隋の煬帝（ようだい）は、飽（あ）くなき欲望を持ち、ただただ贅沢を好み、役人が差し出した物や造築した建物に、少しでも気にくわない点があれば、厳しい刑罰を加えました。上に立つ者が好むことは、下の者はさらに一層好むもので、両者が欲望を競い合って、隋はとうとう滅亡してしまいました。これは書物に伝えられることではなく、陛下が直に見聞きしたことです。煬帝が無道な皇帝だったために、陛下がそれに代わるように天は命じました。陛下がもし満足だと思うのなら、今は何も不足はありません。陛下がもしこれでは足りないと思うのであれば、今の何万倍もの贅沢をしても満足しないでしょう」。

それを聞いて、太宗は、

「そなたの言うことは、全くそのとおりだ。そなたでなければ、このような意見は聞けないであろう」

と言った。

■原文

貞観四年、太宗謂侍臣曰「崇飾宮宇、遊賞池臺、帝王之所欲、百姓之所不欲。帝王所欲者放逸、百姓所不欲者勞弊。孔子云『有一言可以終身行之者、其恕乎。己所不欲、勿施於人』。勞弊之事、誠不可施於百姓。朕尊爲帝王、富有四海、毎事由己、誠能自節。若百姓不欲、必能順其情也」。

魏徵曰「陛下本憐百姓、毎節己以順人。臣聞『以欲従人者昌、以人樂己者亡』。隋煬帝志在無厭、惟好奢侈、所司毎有供奉營造、小不稱意、則有峻罰嚴刑。上之所好、下必有甚、競爲無限、遂至滅亡。此非書籍所傳、亦陛下目所親見。爲其無道、故天命陛下代之。陛下若以爲足、今日不啻足矣。若以爲不足、更萬倍過此亦不足」。

太宗曰「公所奏對甚善。非公、朕安得聞此言」。

第四章　五胡十六国の君主の教訓

貞観十六年（六四二）のこと、太宗が側近たちに語った。

「近ごろ私は劉聡の伝記を読んだのだが、劉聡は劉皇后のために䳨儀殿を建てようとした。ところが、司法長官の陳元達がそれを強く諫めたので、劉聡は怒って陳元達を処刑しようとした。すると、劉皇后は直筆の上奏文を書いて、懇切丁寧に陳元達を許すよう嘆願した。それを読んで劉聡の怒りはようやく解け、自分の行いをひどく恥じたという。人が書物を読むのは、見聞を広めて役に立てようとするからである。だから私は、この劉聡の話を深い戒めとしなければならない。実はこの頃、楼を幾層にも重ねた宮殿を造営しようと思い、藍田県で木材を伐り出させ、準備はすでに整った。しかし、劉聡のことを考えて、この造営はとりやめることにした」。

■原文

貞觀十六年、太宗謂侍臣曰「朕近讀『劉聰傳』、聰將爲劉后、起䳨儀殿、廷尉陳元達切諫、聰大怒、命斬之。劉后手疏啓請、辭情甚切、聰怒乃解、而甚愧之。人之讀書、欲廣聞見以自益耳、朕見此事、可以爲深誡。比者欲造一殿、仍構重閣、今於藍田採木、並已備具。遠想聰事、斯作遂止」。

第五章　度を外れた贅沢な葬儀は禁止

貞観十一年（六三七）に、太宗は詔を下した。

「死とは終わりであり、人が初めに戻ろうとするもの、葬とは隠すことであり、人に見られないようにすることだと、私は聞いている。太古の風習では、墓に盛り土をしたり木を植えることはしなかったが、後世になって棺桶を備えるのが規範になったという。贅沢な葬儀を非難するのは、経費を惜しむためではない。質素な葬儀を美徳とするのは、盗掘の危険のないことを尊ぶからである。だからこそ、あの堯は聖帝なのである。彼は穀林の地に葬られ、林の木を墓にしたといわれる。秦の穆公は明君である。彼は橐泉の地に葬られ、墳丘は築かなかった。孔子は親孝行である。彼は親を防の地に葬り、墓の盛り土を高くしなかった。呉の延陵季札は慈愛深い父親である。息子を嬴と博の間の地に葬り、その墓は寄りかかれるほど低かった。これらは皆、遠い将来のことを考えて、自分で賢明な判断をしたものである。すなわち、遺体を黄泉に委ねただけで、墓の主の名声を後世に伝えようとはしなかった。

ところが、呉王の闔閭におよんでは葬礼に背き、珠玉の鳧と雁を作らせて墓に入れた。始皇帝は際限がなく、墓に水銀で川や海を造らせた。魯の大夫であった季平子は政治をほしいままにし、璵璠という美玉を墓に埋めた。宋の司馬であった向魋は専横を振るい、石の棺桶に葬らせた。これらは、墓に多くの物や金目の物を入れたので、盗掘によって禍と屈辱を招くこととなった。墓が暴かれて焼かれたり、棺桶が開けられて遺体が野ざらしにされた。このような昔のことを思うと、なんと悲しいことではないか。これらのことから考えれば、葬式の贅沢は戒めねばならず、節約こそ模範とすべきなのである。

今、私は天下の最も高い地位にあるが、歴代の政治の弊害の後を継いだので、夜が明けないうちから政治のことを考え、夜中にも心配してビクビクしている。死者を送る葬送の儀礼については儀式書に詳しく記されており、それに違反することは刑法書で禁止されている。ところが、高貴の家は世間の風習に押し流され、民間では身分に外れた贅沢をして風俗を損なっている。手厚く葬るのが死者のためだとし、墳丘を高くするのが親孝行だと思い、ついには死者に着せる服を豪華にし、棺桶を彫刻で飾りたて、霊柩車や副葬品には金や玉をちりばめて装飾を施している。豊かな家は規定を越えて贅沢を競い合い、貧しい家は財産をはたいても足りないほどである。これは、ただ風紀を損なうだけでなく、死者のためにも何の益もない。その弊害はすでに深刻であり、改めるべきである。

そこで、これより以後は、王公より庶民に至るまで、葬送の道具で礼制の規定に外れる者がいたならば、州や県の役人に命じて取り調べさせ、その罪状によって罪を科することとする。都にいる五品以上の高官や功臣・外戚の家の場合は、書面で私に報告しろ」。

■原文

貞觀十一年、詔曰「朕聞死者終也、欲物之反眞也、葬者藏也、欲令人之不得見也。上古垂風、未聞於封樹、後世貽則、乃備於棺槨。譏僭侈者、非愛其厚費。美儉薄者、實貴其無危。是以唐堯、聖帝也、穀林有通樹之說。秦穆、明君也、橐泉無丘隴之處。仲尼、孝子也、防墓不墳。延陵、慈父也、嬴・博可隱。斯皆懷無窮之慮、成獨決之明、乃便體於九泉、非徇名於百代也。

洎乎闔閭違禮、珠玉爲鳧鴈。始皇無度、水銀爲江海。季孫擅魯、歛以璵璠。桓魋專宋、葬以石槨。莫不因多藏以速禍、由有利而招辱。玄廬既發、致焚如於夜臺、黄腸再開、同暴骸於中野。詳思曩事、豈不悲哉。由此觀之、奢侈者可以爲戒、節儉者可以爲師矣。

朕居四海之尊、承百王之弊、未明思化、中宵戰惕。雖送往之典、詳諸儀制、失禮之禁、著在刑書、而勳戚之家多流遁於習俗、閭閻之内或侈靡而傷風、以厚葬爲奉終、以高墳爲行孝、遂使衣衾棺槨、極雕刻之華、靈輀冥器、窮金玉之飾。富者越法度以相尚、貧者破資產而不逮、徒傷敎義、無益泉壤、爲害既深、宜爲懲革。

其王公已下、爰及黎庶、自今已後、送葬之具有不依令式者、仰州府縣官明加檢察、隨狀科罪。在京五品已上及勳戚家、仍錄奏聞」。

第六章　岑文本の謙虚ぶり

岑文本は中書令（中書省長官）となったが、湿った低地に住んでいて、家の飾りといったらカーテンすらなかった。そこで、金儲けを考えるように勧める者がいた。

それを聞いて岑文本は、

「私は、もともとは漢水の南に住む一介の庶民にすぎなかった。戦場で走り回る苦労もせず、ただ文章が書けるというだけでとうとう中書令の地位にまで昇り、まさに身に余る光栄である。高い俸禄をもらって、恐れ多いくらいだ。このうえ、金儲けなんて口にできようか」

と嘆いた。

勧めた者はあきらめ、ため息をついて帰って行った。

■原文

岑文本爲中書令、宅卑濕、無帷帳之飾、有勸其營産業者、文本歎曰「吾本漢南一布衣耳、竟無汗馬之勞、徒以文墨、致位中書令、斯亦極矣。荷俸祿之重、爲懼已多、更得言産業乎」。言者歎息而退。

第七章　戴冑のボロ家

戸部尚書（尚書省戸部長官）の戴冑が死去した。戴冑の住居は古いボロ家で、葬礼の場所もないので、太宗は役人に命じて特に霊廟を造らせたのだった。

■原文

戸部尚書戴冑卒、太宗以其居宅弊陋、祭享無所、令有司特爲之造廟。

第八章　温彦博の葬儀

温彦博は尚書右僕射（尚書省副長官）となった。ところが彼の家は貧しく、客を迎える正殿がなくて、温彦博が亡くなった時には遺体は普段の生活する部屋に寝かされた。それを聞いて嘆いた太宗は、急いで役人に命じて廟堂を造らせ、葬儀の礼物を厚くしたのだった。

■原文

温彦博爲尚書右僕射、家貧無正寢、及薨、殯於旁室。太宗聞而嗟嘆、遽命所司爲造、當厚加賻贈。

第九章　魏徴（ぎちょう）の質素な生活ぶりに敬意を表す

魏徴の家には、客を迎える正堂がなかった。魏徴が病にかかった時、ちょうど太宗は小さな宮殿を造ろうとしていたので、それをやめてその木材で魏徴の家に正堂を造らせ、五日で完成した。そして、宮中の使者を派遣して粗末な寝具を賜ったが、それは魏徴の質素な生活ぶりに敬意を表したからであった。

■原文

魏徴宅內、先無正堂、及遇疾、太宗時欲造小殿、而輟其材爲徵營構、五日而就。遣中使齎素褥布被而賜之、以遂其所尙。

謙譲　第十九

■解説

第一章、太宗の言う舜が禹を戒めた言葉は『書経』大禹謨篇にあり、『易経』の言葉は「謙」の卦の彖伝（卦の解釈）にある。魏徴の言う古人の言葉とは、『詩経』大雅「蕩」詩の一節。

第二章、太宗の質問の『論語』は、泰伯篇に載る曾子の言葉。それに答えた孔穎達の引用する『易経』は、一つ目が「蒙」の卦の象伝、二つ目が「明夷」の卦の象伝（卦と爻の解釈）にある文言。太宗の返答にある『易経』は、「謙」の卦の九三の爻辞（卦の組み合わせによる説明）の文言。孔穎達については、規諫太子篇第二章を参照されたい。

第三章の河間王李孝恭は、高祖李淵のいとこの子。高祖が長安で即位すると、孝恭は南方の討伐を任され、まず巴蜀（四川省東部）の地を押さえ、その地の首領層の協力を得て長江流域をほぼ制圧した。この地域を唐の領域にした彼の功績は広く轟いた。孝恭は、華やかな宴会など豪奢を好む性格でありながら、寛容で謙虚な人であったという（『旧唐書』巻六〇、宗室伝）。

孝恭が平定した蕭銑は隋末の群雄の一人で、江陵を拠点に長江中流域を押さえ、国を梁と号した。前篇（倹約篇）第六章の岑文本は、初めはこの蕭銑に仕えていた。輔公祏は、初めは丹陽（南京）を拠点に長江下流域に勢力を振るった杜伏威の配下であったが、杜伏威が唐に降ると自立し、国号を宋と称した。

嶺南地方は今日の福建・広東・広西などの地域で、南嶺山脈・武夷山脈の南の地。嶺北地方はその北方、長江以南の地域をいう。

江夏王の李道宗は、高祖のいとこの血縁。太宗に従い、隋末の群雄の討伐に功績をあげ、さらに貞観年間の軍事にもしばしば従軍した。彼が学問を好み、賢士を尊敬したのは、その晩年のこと（『旧唐書』宗室伝）。道宗は忠義篇第十四章にも登場した。

第一章　慎み深い心を最後まで持ち続ける人は少ない

貞観二年（六二八）に、太宗が側近に言った。

「天子になれば驕り高ぶって、恐いものは何もない、と人はいう。しかし私は、自ら謙遜して常に畏れ慎むべきだと思う。昔、舜は禹を戒めた言葉の中で、『汝が知恵を自慢しないので、汝と才能を競う者は天下にいない。汝が功績を自慢しないので、汝と手柄を競う者は天下にいない』と言った。また、『易経』には、『人情の常として、自慢する者を嫌い謙虚な人を好む』とある。そもそも、天子となって驕り高ぶり、謙遜もしなければ、もし自分の身によくないことが起こっても、誰が天子の顔色も気にせずに諫めてくれるだろうか。私は何か言おう、何かしようと思うたびに、必ず上は天を畏れ、下は臣下たちを憚(はばか)る。天は高いけれども下のことはすべてお見通しであり、王公や臣下たちは皆私を仰ぎ見ているのだから、どうして畏れ憚らないでおられようか。こういうことを考え、常に謙虚で遠慮深くあるべきだということはわかっているつもりなのだが、それでもなお、天の心や人民の気持ちに合っていないのではないかと心配なのだ」。

それに対して、魏徴(ぎちょう)が答えた。

「古人は、『皆、初めはよく慎むが、終わりまでそれを続け通す者は少ない』と言っています。どうか陛下には、その謙虚で遠慮深い生き方を守り続け、日増しに慎んでくださいますよう。そうすれば国家は永久に堅固で、傾き倒れることはないでしょう。堯(ぎょう)や舜が世を泰平にしたのも、実にこのやり方をとったからです」。

■原文

貞觀二年、太宗謂侍臣曰「人言作天子則得自尊崇、無所畏懼、朕則以爲正合自守謙恭、常懷畏懼。昔舜誡禹曰『汝惟不矜、天下莫與汝争能。汝惟不伐、天下莫與汝争功』。又『易』曰『人道惡盈而好謙』。凡爲天子、若惟自尊崇、不守謙恭者、在身儻有不是之事、誰肯犯顏諫奏。朕毎思出一言、行一事、必上畏皇天、下懼羣臣。天高聽卑、何得不畏。羣公卿士、皆見瞻仰、何得不懼。以此思之、但知常謙常懼、猶恐不稱天心及百姓意也」。

魏徵曰「古人云『靡不有初、鮮克有終』。願陛下守此常謙常懼之道、日愼一日、則宗社永固、無傾覆矣。唐・虞所以太平、實用此法」。

第二章　天子は能を隠して衆に臨め

貞観三年（六二九）、太宗は給事中（上奏の取り次ぎ役）の孔穎達に、

「『論語』には、『能力があるのに無能の者に教えを請い、学識があるのに無学の者に教えを請い、能力がありながらまるでないようで、学識に満ちているのにまるで空虚のよう』と書かれている。これはどういう意味だろうか」

と質問した。

孔穎達は、

「聖人がこのように教えたのは、謙虚さによってその人がさらに耀くように願ったからです。すでに能力があるのに、自分でそれを威張ったりはせず、まだ無能だと思って、能力の劣る人にその人のできることを教わり、すでに才智と技能をたくさん身に付けているのに、自分ではまだ足りないと思い、劣っている人について新しい益となることを教わるということです。そういう人は、自分に才能があっても、まだ足りないと思うから、まるで無能の人のように見え、すでに多くの技能を持っているのに、まだ足りないと思うから、まるで何もできない人のように見えるのです。これは、身分の低い者や庶民のことだけでなく、帝王の人徳もまたそのようにあるべきです。そもそも、帝王は内には耀く蘊蓄を持ちながらも、外には寡黙であって、奥深くて計り知れないようにするものです。以上のこ

とを『易経』は、『まだ純真で蒙味なうちに正しい心を養う』と言い、『君子は聡明を隠して衆に臨む』と言っています。もし、天子の地位にある者が、自分の聡明さを表に出し、人を凌駕するような才能を示し、そのために自分の非を取り繕って諫めを聞かなくなったら、その時は上と下の者の気持ちが離れ、君主と臣下が別々の道を歩むようになります。昔から、国の滅亡はすべてこのために起こります」

と答えた。

太宗は、

「『易経』は、『功労がありながら謙虚な君子は、最後には吉となる』と言う。誠にそなたの言うとおりだ」

と言い、詔を下して褒美として絹二百疋を孔穎達に賜った。

■原文

貞觀三年、太宗問給事中孔穎達、曰「『論語』云『以能問於不能、以多問於寡、有若無、實若虛』。何謂也」。

穎達對曰「聖人設教、欲人謙光。己雖有能、不自矜大、仍就不能之人、求訪能事。己之才藝雖多、猶病以爲少、仍就寡少之人更求所益。己之雖有、其狀若無、己之雖實、其容若虛。非惟匹庶、帝王之德、亦當如此。夫帝王內蘊神明、外須玄默、使深不可知。故『易』稱『以蒙養正』、『以明夷莅衆』。若其位居尊極、炫耀聰明、以才陵人、飾非拒諫、則上下情隔、君臣道乖、自古滅亡、莫不由此也」。

太宗曰「『易』云『勞謙、君子有終、吉』。誠如卿言」。詔賜物二百段。

第三章　謙虚な皇族、河間王孝恭と江夏王道宗

河間王の李孝恭は、高祖の武徳年間（六一八―六二六）の初めに、趙郡王の封爵を授与され、次いで東南道方面を統治する出先機関行台の尚書左僕射を務めた。その際に孝恭は、隋末に東南地域に割拠した群雄の蕭銑と輔公祏を平定し、長江・淮水流域とさらに南方の嶺南・嶺北地方を治め、その方面をすべて手中に収めた。唐の一方の地域を一手に制圧したので、その威名は大変に轟き、次いで中央政府の礼部尚書（尚書省礼部長官）に移った。しかし、孝恭の性格はただただ謙虚で、驕り高ぶって自慢する様子はなかった。

その頃、特進（正二品身分）という高位にある皇室の江夏王李道宗がいた。特に武将としての軍略で名声が高かったが、一方では学問を好み、賢士を尊敬し、そのふるまいは礼儀正しく謙虚であった。太宗はこの両人と親しみ、厚遇した。多くの皇族の中でも、ただ孝恭と道宗の二人には並ぶ者がなく、一代の英傑皇族であった。

■原文

河間王孝恭、武德初、封爲趙郡王、累授東南道行臺尙書左僕射。孝恭既討平蕭銑・輔公祐、遂領江・淮及嶺南・北、皆統攝之。專制一方、威名甚著、累遷禮部尙書。孝恭性惟退讓、無驕矜自伐之色。時有特進江夏王道宗、尤以將略馳名、兼好學、敬慕賢士、動修禮讓、太宗並加親待。諸宗室中、惟

一孝恭・道宗、莫與爲比、一代宗英云。

仁惻第二十

■解説

篇名の仁惻とは、めぐみ憐れむ意。

第一章の宮女解放措置は、『旧唐書』巻二、太宗本紀上によれば貞観二年（六二八）九月のこと。末尾の後宮は、天子が家庭生活をおくる個人的空間で、皇后・妃嬪や皇帝に近しい女官がいた。掖庭宮は一般的女官のいる場所で、長安では宮城内の西側の一角にあった。

第二章に名が見える杜淹は、房玄齢とともに太宗を支えた杜如晦の叔父。この時、売られた子を買い戻す資金を出した「宮中の倉」とは、内蔵庫のことだと思われる。唐の前半期の制度では、調や庸の租税として納入された布帛（絹と麻布）は左蔵庫に収められ、各地の特産品として集められた貢献品は右蔵庫に収められた。そして、特に右蔵庫の収蔵品のうちの高品質の物や、収蔵品を原料として官営工房で製作された製品が、皇帝の個人的蔵庫である内蔵庫に入れられ、そこから皇帝の賜物や外国使節への返礼品が出された。原文には「御府の金宝を出だして之を贖い」とあり、「金と宝」なので、内蔵庫の収蔵品が使用されたと見てよいであろう。しかも、唐ができてまだ日が浅いので、おそらくは隋以来の収蔵品が多かったであろう。

第三章の張公謹は、魏州（河北省南部）の出身で、隋末には洛陽の王世充の配下となった。その後、李勣らの推薦で太宗秦王府に入り、玄武門の変にも参加した。貞観年間（六二七―六四九）には突厥の平定に尽力し、その後に襄州（湖北省襄陽県）の都督（地方軍事長官）となって、三十九歳で没した（『旧唐書』巻六八）。本章は張公謹の死を貞観七年（六三三）とするが、『資治通鑑』巻一九四は貞観六年四月辛卯の条にかけており、続けて「明日、上、次に出でて哀を発す」とする。辛卯の翌日であるから、確かに「壬辰」の日になる。

張公謹の死去を聞いて、太宗は「宮殿から場所を移して喪を発表した」とあるが、原文は「次に出でて……」である。この箇所を従来は、『春秋左氏伝』成公五年に「山が崩れ川が埋まれば、君主は食膳を減らし、白衣を着て、飾りのない車に乗り、音楽を止め、次に出でて……」とあり、「次に出づ」の注に「郊に舎す」とあるのを引用して、「太宗は郊外に出て」と解釈する傾向にある。しかし、『大唐開元礼』巻一三三、凶礼に記される「皇帝が哀を挙げる」儀式の式次第を見ると、別に郊外で行うものではない。「次」には、仮の住まい、更衣などの支度をする場所、控え所の意味があり、ここは太宗が「その時いた宮殿からこのような別の場所に移って喪を発表した」と解してよいのではあるまいか。

第四章の「牛・羊・豚を供物とする慰霊祭」は、原文は「太牢を設けて祭を致す」であり、太牢は牛・羊・豕の三種を牲とする盛大な供物のこと。白巌城は、現在の遼寧省遼陽市の東にあった高句麗の城。そこで流れ矢にあたった李思摩は、突厥の王族で本名は阿史那思摩という。貞観四年（六三〇）の突厥の滅亡の際には、最後まで頡利可汗と行動を共にした。その忠義が称えられ、唐に降ってから皇室の李姓を賜った。

第一章　宮中の女性たちを解放せよ

貞観の初めのこと、太宗は側近に向かって言った。

「宮中の女性たちは宮殿の奥に閉じ込められていて、その気持ちを思うと誠にかわいそうだ。隋の末期には、女性を集めるのに際限がなく、離宮や別館という皇帝が行かないような所にまで、たくさんの女性を集めるほどだった。これは人民の財力を使い果たすことであって、私は行いたくない。だいいち、宮廷に女性を置いて、掃除以外に何に使用するというのか。今、彼女たちを解放して、自由に結婚相手を見つけられるようにしたい。これは、宮廷の費用が省けるだけでなく、人民に安息を与えることにもなり、そのうえ宮廷女性たちの本来の気持ちを遂げさせてあげることにもなるだろう」。

こうして、後宮や掖庭宮の女性たち三千人以上が解放されたのだった。

■原文

貞觀初、太宗謂侍臣曰「婦人幽閉深宮、情實可愍。隋氏末年、求採無已、至於離宮別館、非幸御之所、多聚宮人。此皆竭人財力、朕所不取。且灑掃之餘、更何所用。今將出之、任求伉儷、非獨以省費、兼以息人、亦各得遂其情性」。於是後宮及掖庭前後所出三千餘人。

第二章　飢饉で売られた子を買い戻す

貞観二年（六二八）に、関中地方は日照りで雨が降らず、大飢饉に陥った。太宗は側近に言った。

「水害や旱害の天候不順が起こるのは、みな天子の徳が欠けているためである。私の不徳の致すところがあれば、天は私を責めるべきである。人民には何の罪があって、こんなに苦しい目に遭わなければならないのか。聞くところによると、中には生活に困って息子や娘を売る者がいるそうで、私は大変に気の毒に思う」。

そこで、御史大夫（最高裁判所長官）の杜淹を派遣して被害地を巡察調査させ、宮中の倉の財宝を出して売られた子を買い戻し、父母のもとに帰してやった。

■原文

貞觀二年、關中旱、大饑。太宗謂侍臣曰「水旱不調、皆爲人君失德。朕德之不修、天當責朕、百姓何罪、而多遭困窮。聞有鬻男女者、朕甚愍焉」。

――乃遣御史大夫杜淹巡検、出御府金寶贖之、還其父母。

第三章　悲しみに占いは関係ない

貞観七年（六三三）に、襄州（じょうしゅう）の都督（ととく）だった張公謹（ちょうこうきん）が死去した。その知らせを聞くと、太宗は嘆き悲しみ、宮殿から場所を移して張公謹の喪を発表した。

係官が太宗に、

「陰陽（いんよう）の書によれば『辰の日には、死者のために泣いてはいけない』とあります。これは民間でも避けるものです」

と伝えた。しかし、太宗は、

「君臣の間柄は、父子の関係と同じである。哀悼の気持ちが起こっているのに、辰の日だからといって止めることができようか」

と言い、張公謹の死を悲しむ哭泣（こっきゅう）の礼を行った。

■原文

貞観七年、襄州都督張公謹卒、太宗聞而嗟悼、出次發哀。有司奏言「準陰陽書云『日在辰、不可哭泣』。此亦流俗所忌」。太宗曰「君臣之義、同於父子。情發於中、安避辰日」。遂哭之。

第四章　慈愛の行為で兵士を奮い立たせる

貞観十九年（六四五）に、太宗は高句麗遠征を行い、定州（河北省定県）に宿営した。到着する兵士たちを、太宗は自ら定州城の北門の望楼で出迎えて労った。一人の兵士が病気にかかり、歩くことができずにいた。太宗は詔を下してその兵士をベッドに寝かせ、容体を聞き、州県の医師に命じて治療させた。それを知って、将も士卒もみな喜んで従軍しようという気持ちになった。

遠征からの帰路、唐の大軍が柳城（遼寧省朝陽県）に宿営した時、太宗は詔を発して戦役で死亡した兵士の遺骨を集め、牛・羊・豚を供物として慰霊祭を執行し、自ら哭泣の礼を行って哀悼の意を表した。軍人たちはみな涙を流した。この儀礼を見た兵士は、帰国して戦没者の父母にそのことを語った。すると父母たちは、

「わが子の葬儀に、天子が哭礼を行ってくれたのだから、死んでも何も怨まない」

と言った。

太宗が遼東地方に遠征して、高句麗の白巌城を攻撃した時、右衛大将軍の李思摩が流れ矢にあたってしまった。太宗は自らその傷口の血を吸い出してやったところ、将も士卒もみな感動して奮い立った。

■原文

貞觀十九年、太宗征高麗、次定州、有兵士到者、帝御州城北門樓撫慰之。有從卒一人病、不能進、詔至床前、問其所苦、仍敕州縣醫療之、是以將士莫不欣然願從。

及大軍回次柳城、詔集前後戰亡人骸骨、設太牢致祭、親臨、哭之盡哀、軍人無不灑泣。兵士觀祭者、歸家以言、其父母曰「吾兒之喪、天子哭之、死無所恨」。

太宗征遼東、攻白巖城、右衞大將軍李思摩、爲流矢所中、帝親爲吮血、將士莫不感勵。

慎所好　第二十一

■解説

篇名は、好むものにのめり込まないように慎むという意であるが、本篇は特に国の統治に役立たないものに対する戒めがテーマである。

第一章、太宗の言葉の冒頭、古人の言は、『荀子』君道篇に「君は槃（盤）なり、民は水なり。槃、円なれば、水も円なり。君は盂（鉢）なり。盂、方なれば、水も方なり」とあるのを踏まえる。「堯と舜は仁愛で天下を率い……」は、『大学』の一節。民の好みは君主の好みによって決まるという意。そして、君主が君主自身の好みに反する命令を下した場合、民は従わないという。

梁の武帝は、南朝の梁の初代皇帝、名は蕭衍。その治世は泰平を現出し、南朝の最盛期といわれる。しかし、晩年は仏教に心酔し、都建康（南京市）の南方にあった同泰寺にしばしば捨身して、官僚たちに宮殿に連れ戻されるあり様だった。その頃、北朝の東魏から梁に亡命していた武将の侯景が反乱を起こし、武帝は幽閉されて死去した。侯景は武帝の子の簡文帝を殺し、別の皇族を帝位につけ、その皇帝から禅譲を受ける形で一時は帝を称した。しかし、長江中流域の江陵（湖北省江陵県）にいた簡文帝の弟の蕭繹（元帝）が、梁の武将と手を結んで侯景を倒し、皇帝に即位した（五五二）。その二年後、今度は西魏の軍が江陵に攻め込み、元帝は捕らえられて殺され、さらに三年後に武将の陳覇先が即位して南朝最後の陳王朝を建て、こうして梁は滅んだ。元帝の死後、西魏は元帝の甥を皇帝に立て、建康の陳とは別に江陵に傀儡政権を建てた。便宜上、これを後梁と呼ぶ。この後梁の第二代皇帝の娘が、後に隋の煬帝に嫁いだ蕭皇后である。

なお第三段落に、西魏の江陵討伐軍を率いた武将として万紐于謹という人物が登場する。従来は、これを万紐と于謹の二人と解する傾向にあるが、史書に万紐という武将は登場しない。北魏の歴史を記した『魏書』の巻一一三、官氏志に、「勿忸于氏、後に改めて于氏と為る」とある。これは、北方民族の姓を中国風に一字姓に改めた政策のためである。ただし、勿忸于氏の人物は史書には見えず、ここは「万紐于氏」の誤りと解されている。万紐于氏であれば、西魏・北周の歴史書『周書』巻四五、樊深伝に、「姓万紐于氏を賜る」とあるように事例が存在する。そして、同書巻三二、唐瑾伝には、「于謹が唐瑾の人柄を気に入り、同姓となって兄弟の契りを結びたいと願い出たところ、それが許されて唐瑾は皇帝から姓万紐于氏を賜った」という話が載せられる。つまり、于謹の元の姓名は万紐于謹であり、本章のこの部分は于謹を旧名で呼んだと解してよいのである。

庾信は、初めは梁に仕えていて、前述の侯景の乱で江陵に逃れた。その後、西魏を継いだ北周に使いして長安に留められるうちに梁が滅亡してしまい、そのまま北周に仕えた。当代を代表する文人の一人で、「哀江南の賦」は望郷の思いを綴った作品。

第二章の始皇帝の話は、『史記』巻六、秦始皇本紀の始皇帝死去の直前に記され、同書巻二八、封禅書などにも見える。仙術の士とは、徐芾を指す。前漢の武帝の話に登場する仙術の士とは、方士欒大のこと。武帝から五利将軍という称号を授与され、衛長公主を妻としたが、兆候を表すことができずに誅された（『史記』封禅書）。

第三章の胡牀・胡瓜の「胡」は、本来は外国・外国人を表す字。漢代では、特定の対象を示さずに単に「胡」というと、多くは北方の匈奴人を指し、唐代では西方のソグド人を指す。外来の文物には胡字を付ける場合が多い。胡牀の牀は椅子またはベッドであるが、ここはおそらくは椅子で、足が交差しているので煬帝は「交牀」と呼んだのであろう。胡瓜も西方産のきゅうりの一種であるが、それを「黄瓜」としたのは、「黄」字が中国を表すからであろう。古来、中国では方角を色で示し、北を黒、東を青、南を赤（朱）、西を白、そして中心を黄で表した。

煬帝は確かに南朝の文化を好んだふしが見受けられるが、もとを正せば隋の楊氏も外来の一族であり、以前は普六茹氏を名乗っていた。北から中国に入って来たのが煬帝の祖父の代であり、煬帝は三代目なのですっかり中華文明に馴染んだのであろう。それは唐の李氏も同様で、もとは大野氏を名乗っていた。太宗は一族が中国に入って来てから四代目になるので、本書の随所に見られるように、彼は中国の古典になんら違和感を抱かないようになっていたのである。

煬帝が「予言を信じて李金才を誅殺し……」とあるのは、楊氏に代わって李氏が天子になるという予言。宇文化及の煬帝暗殺については、本書「はじめに」の「隋末の乱と唐の成立」を参照されたい。

第四章の工部尚書（尚書省工部長官）の段綸は、『新唐書』巻八三、諸帝公主伝によれば、高祖の娘高密公主の嫁いだ相手であるが、詳細は不明。尚書省の工部は、土木工事や建設、道具の製作などを管轄する部署なので、その関係で段綸は技巧のある職工を知ったのであろう。

第一章　仏教・道教より政治の教えが大事

貞観二年（六二八）のこと、太宗は側近に語った。

「古人は、『君主は器で、人は水のようなもの。方形になるか円形になるかは器で決まるのであって、水によるのではない』と言っている。だから、堯と舜は仁愛で天下を率いて、人民はそれに従い、夏の桀王と殷の紂王は暴力で天下を率いたが、それでも人民は従った。下の者の行いは、みな上の者の好みによって決まってしまう。

梁の武帝父子に至っては、うわべを飾って仏教と道教を好んだ。武帝は、その末年には、しきりに同泰寺に行って仏教を講義し、官僚たちはみな大きな冠と高い靴を身に着け、車に乗って付き従い、一日中仏教の教えを議論して、国の軍事や制度については全く意に介さなかった。だから、侯景が反乱を起こして宮殿に攻め込んだ時には、尚書省の長官以下はほとんどが馬に乗ることもできず、あわてふためいて徒歩で逃げ、死者が道にあふれてしまった。武帝と息子の簡文帝は、とうとう侯景に幽閉されて死んでしまった。

後を継いだ元帝は江陵にいたが、万紐于謹が率いる西魏の軍によって包囲された。その時、元帝は『老子』を講義していて、それを止めることはせず、臣下たちはみな軍服を着て講義を聞いていた。間もなく、西魏軍によって江陵城は陥落し、皇帝も臣下も捕虜になってしまった。庾信は、このありさまを嘆いて『哀江南の賦』を作り、『宰相は軍事を子供の遊びと思い、大臣は老荘思想の議論を国家の戦略だと思っていた』と詠んだ。これらのことは、戒めに十分であろう。今、私が好むのは、ただ堯と舜の政道、周公と孔子の教えだけである。思うにそれは、鳥に羽があり、魚に水があるのと同じで、無くなったら必ず死んでしまい、片時も無くしてはならないものなのである」。

■原文

貞觀二年、太宗謂侍臣曰、

「古人云『君猶器也、人猶水也、方圓在於器、不在於水』。故堯・舜率天下以仁、而人従之、桀・紂率天下以暴、而人従之。下之所行、皆従上之所好。

至如梁武帝父子志尚浮華、惟好釋氏・老氏之教、武帝末年、頻幸同泰寺、親講佛經、百寮皆大冠高履、乗車扈従、終日談論苦空、未嘗以軍國典章爲意。及侯景率兵向闕、尚書郎已下、多不解乗馬、狼狽歩走、死者相繼於道路。武帝及簡文卒被侯景幽逼而死。

孝元帝在于江陵、爲萬紐于謹所圍。帝猶講『老子』不輟、百寮皆戎服以聽。俄而城陷、君臣倶被囚繫。庾信亦歎其如此、及作『哀江南賦』、乃云『宰衡以干戈爲兒戲、縉紳以清談爲廟略』。此事亦足爲鑒戒。朕今所好者、惟在堯・舜之道、周・孔之教、以爲如鳥有翼、如魚依水、失之必死、不可暫無耳」。

第二章　神仙を求めてはいけない

貞観二年に、太宗は側近に語った。

「神仙というのは、もともと迷信であって、そう言われているだけだ。秦の始皇帝は、道理にはずれて神仙を愛好したので、仙術の士にたぶらかされ、幼い男女数千人を船に乗せて、海のかなたに不老不死の薬を探しに行かせた。仙術士は薬が見つからなければ罰則が待っているので、遠い地に行ったまま帰らなかった。始皇帝は、海辺でいつまでもぐずぐずして待っていて、そこから帰る途中に沙丘の地で死んだ。前漢の武帝もまた神仙を求めて、皇室の女性を仙術の士に嫁がせたが、何の利益もないので、とうとうその仙術士を誅殺した。この二つの事件は、神仙を妄りに求めてはならないことを語っている」。

■原文

貞觀二年、太宗謂侍臣曰「神仙事本是虛妄、空有其名。秦始皇非分愛好、爲方士所詐、乃遣童男童女數千人、隨其入海求神仙。方士避秦苛虐、因留不歸、始皇猶海側踟躕以待之、還至沙丘而死。漢武帝爲求神仙、乃將女嫁道術之人、事既無驗、便行誅戮。據此二事、神仙不煩妄求也」。

第三章　迷信は無駄なこと

貞観四年（六三〇）に、太宗は言った。

「隋の煬帝は疑い深い性格で、迷信を信じて外国人を忌み嫌い、西方の人の椅子胡牀をわざわざ交牀と呼び替え、西方伝来の胡瓜を黄瓜と呼び替え、長城を築いて異民族が入ってこないようにした。ところが、異民族出身の宇文化及が配下の令狐行達に命じて、とうとう煬帝は殺されてしまった。また煬帝は、予言を信じて李金才を誅殺し、その他の李氏一族もほとんど殺してしまったが、結局は何の意味もなかった。そもそも天下の君主たる者、ただ自分の身を正しくして徳を積むように心がけるだけだ。それ以外の無駄なことを気にする必要はない」。

■原文

貞觀四年、太宗曰「隋煬帝性好猜防、專信邪道、大忌胡人、乃至謂胡牀爲交牀、胡瓜爲黃瓜、築長城以避胡。終被宇文化及使令狐行達殺之。又誅戮李金才、及諸李殆盡、卒何所益。且君天下者、惟須正身修德而已、此外虛事、不足在懷」。

第四章　役に立たない物は作るな

貞観七年（六三三）のこと、工部尚書（尚書省工部長官）の段綸が、巧みな技能を持つ楊思斉という職人を推挙した。本人がやって来て、太宗は試みに何かを作らせようとしたところ、段綸はその者にからくり人形を作らせた。

太宗は段綸に、

「推薦する職人とは、国のために役に立つ者のことである。そなたは真っ先にこのような物を作らせたが、職工たちが互いに奇を衒った無益な物は作らないよう戒めているというのに、この作品がそれに適っているというのか」

と言った。そして、詔を下して段綸の身分を下げ、工部の職人に戯れの玩具の製作を禁止した。

■原文

貞觀七年、工部尚書段綸奏進巧人楊思齊至、太宗令試、綸遣造傀儡戲具。太宗謂綸曰「所進巧匠、將供國事、卿令先造此物、是豈百工相戒無作奇巧之意耶」。乃詔削綸階級、並禁斷此戲。

慎言語　第二十二

■解説

篇名は、文字どおり言葉を慎む意。

第一章の杜正倫は求諫篇第六章参照。彼のポスト給事中は門下省に属する官職で、皇帝の左右に侍って上奏の取り次ぎなどを管轄する。また、唐では皇帝の側に起居郎（門下省属官）がいて皇帝の言動を記録し、起居舎人（中書省属官）がそれを取りまとめて歴史記録を残した。ただし、貞観の初めのころは給事中がその職務を兼ね、兼起居事といった。杜正倫の返答の冒頭は、『春秋左氏伝』荘公二十三年に「君、挙すれば必ず書す。書して法ならざれば、後嗣何をか観んや」とあり、『漢書』巻三〇、芸文志に「左史は言を記し、右史は事を記す。事は春秋と為り、言は尚書と為る」とあるのを踏まえる。左史・右史は、王の左右に侍る周代の記録係。

第二章、太宗の言葉の冒頭は、『易経』繋辞伝上に「言行は君子の枢機なり。枢機の発は栄辱の主なり。言行は君子の天地を動かす所以なり。慎まざるべけんや」とあるのを踏まえる。甘泉宮は、長安の西約五十キロにあった離宮。もとは秦の時代に建てられ、前漢の武帝が増築した。名称は終南山（秦嶺山脈）の甘泉谷に因む。魏徴のいう古人の言は、

『論語』子張篇に「子貢曰く、君子の過や、日月の食の如きなり。過つや、人皆之を見る。更むるや、人皆之を仰ぐ」とある。

第三章の劉泊については、納諫篇第九章参照。劉泊のこの上奏文は興味深い。道家思想的であるが、儒家をも根拠の材料とする。

上奏の第二段落、「天はもの言わないことを尊いものとし……」は、『論語』陽貨篇を踏まえた言葉。孔子が言葉での教えを止めようと言い、弟子の子貢が「それでは我々はどうして学べばいいのですか」と問うと、孔子は「天は何も言わない。それでも四季は巡り、あらゆるものが生まれ育つではないか」と答える。

老子の言葉（原文「大弁は訥なるが若し」）は、『老子』第四五章にある。一方、荘子の「本当の道は言葉で表現できない」（原文「至道は文無し」）は、『荘子』には見当たらない。おそらくは、続く斉の桓公の逸話などの取意文であろう。『荘子』外篇天道に見える話で、次のとおり。書物を読んでいた桓公に、車輪を削っていた扁という名の老工がその書物について尋ねると、桓公は「古の聖人の言葉だ」と答える。すると老工は、「それでは古人の心の粕にすぎない」と言い、その訳として次のように説明する。「車輪は、ゆっくり削ると締まりが悪く、急いで削るとしっくりと嵌らない。この感覚は手と心で会得するもので、言葉で説明できるものではない。だから聖人の言葉も、誰にも教えられない本当の道の絞り粕に過ぎません」という内容。確かに、極意は言葉で説明できるものではない。

前漢の武帝の話は、『史記』巻一二〇、汲黯列伝にある。汲黯、字は長孺、武帝の謁者

（詔の伝達、賓客の接待役）となった。ある時、武帝が文人・儒者を招いて討論をしたいと言うと、汲黯は「陛下は、心は欲深いのに、表面は仁義を施そうとつくろっている。それで、どうして堯・舜の治世を見習おうというのですか」と言った話。武帝は怒り、黙って朝廷を出て行ったという。

第三段落の「浩然の気」は孟子が提唱した概念。天地の間に充満する至高の元気で、道義に外れることがなければその身に道徳的勇気をあたえるもの。『孟子』公孫丑篇上に見える。「読書は少し控え」の原文は「彼の緗図を簡にし」であり、「緗」は浅黄色の絹。書物に掛けるので、図書の意になる。「終南山のように長い寿命」は、『詩経』小雅「天保」詩に「（王の子孫が）南山の寿の如く、騫けず崩れず（栄えるように）」とある表現を踏まえる。「東戸」は太古の聖君の名。『淮南子』繆称訓に、「昔、東戸・季子の世には、道路に遺ちたるを拾わず」とある。

第一章　道理に外れた言葉は千年残る

貞観二年（六二八）に、太宗は側近に、

「私は毎日、朝廷に出て一言発しようとすると、途端にこの言葉が人民に利益があるかどうかを考える。私の口数が少ないのは、そのためだ」

と言った。

それに対して、給事中で起居事を兼任していた杜正倫が進み出て、

「君主の挙動は必ず記録され、その言葉は左史が書き留めます。私は職務がら起居注の編集を兼ねておりますので、あえて愚直な意見を言わざるを得ません。もし陛下が一言でも道理に外れたことをおっしゃいますと、それは千年後にも記録が残って、陛下の徳を傷つけることになります。単に今の人民を損なうだけではありません。ですから、陛下には言葉を慎まれますようお願いします」

と答えた。それを聞いて太宗は大いに喜び、杜正倫に絹百疋を賜った。

■原文

貞觀二年、太宗謂侍臣曰「朕毎日坐朝、欲出一言、旣思此一言於百姓有利益否、所以不敢多言」。給事中兼知起居事杜正倫進曰「君擧必書、言存左史。臣職當兼修起居注、不敢不盡愚直。陛下若一言乖於道理、則千載累於聖德。非止當今損於百姓、願陛下愼之」。太宗大悅、賜綵百段。

第二章　天子の過ちは日食・月食のように皆が見る

貞観八年（六三四）に、太宗が側近に言った。

「言葉というものは、君子の枢軸というべきものなので、気安く人と話し合うべきではな

いだろう。一般庶民でさえ、一言でも悪言を吐いたら、人はそれを覚えていて、その者の恥や禍(わざわい)につながる。まして天子の場合にはなおさらで、言葉の失敗があってはならない。その損失の甚大なこと、一般の人の比ではない。私はいつもこの点を注意している。隋の煬帝(ようだい)が初めて甘泉宮(かんせんきゅう)に行った時、庭園の趣向は気に入ったが、そこに蛍のいないのを残念に思って、『蛍を捕まえてきて夜に光らせろ』と命令した。すると役人は蛍狩りに数千人を派遣し、車五百両もの蛍を甘泉宮に送ったという。こんなつまらぬことでもそうなのだから、ましてや国の大事に関しては口を慎まねばならない」。

それに対して、魏徴(ぎちょう)が答えた。

「天子は天下で最も尊い地位にいますので、もし過ちがあった場合には、日食や月食のように人々がみなそれを見るものだと、古人は言いました。陛下が慎まれるのは、誠にもっともなことです」。

■原文

貞觀八年、太宗謂侍臣曰「言語者君子之樞機、談何容易。凡在衆庶、一言不善、則人記之、成其耻累。況是萬乘之主、不可出言有所乖失。其所虧損至大、豈同匹夫。我常以此爲戒。隋煬帝初幸甘泉宮、泉石稱意、而怪無螢火、敕云『捉取多少於宮中照夜』。所司遽遣數千人採拾、送五百輿於宮側。小事尚爾、況其大乎」。

魏徴對曰「人君居四海之尊、若有虧失、古人以爲如日月之蝕、人皆見之、實如陛下所戒愼」。

第三章　雄弁は決して良いことではない

貞観十六年（六四二）のこと。そのころ、太宗が大臣たちと会話していて、話が昔の政道に及ぶと、いつも必ず問い質し、こだわって問答が繰り返された。

散騎常侍（門下省侍従）の劉洎が上奏文を提出して、次のように諫めた。

「帝王と凡人、聖哲と愚者とでは、遠く隔たっていて比べものになりません。ですから、愚者が聖人に対し、卑者が尊者に対した場合、いくら自分では努力しようとしても、どうにもならないことがあります。陛下がお言葉をかけ、顔色を和らげ、静かに相手の言葉を聞き、素直にそれを受け入れようとされても、それでも臣下たちは自分の意見を十分に言葉にできないことがあります。ましてや、陛下のように優れた知恵と弁舌を発揮し、言葉巧みに相手の理屈を言い負かし、昔の事例を引用して相手の議論を斥けたならば、いったい凡庸な者はどうして対応すればよいというのでしょうか。

私は、天はもの言わないことを尊いものとし、聖人は何も言わないことを徳とする、と聞いています。老子は『本当に雄弁な者はまるで口下手のようだ』と言い、荘子は『本当の道は言葉で表現できない』と言っています。これらはみな、くどくどと多弁を労することを良しとはしないということです。だから、斉の桓公が書物を読んでいる時、車輪を造っていた扁という男が書物の無意味さをこっそりと教え、前漢の武帝が古のことに詳しい学者を募ったところ、汲長孺が外面を飾る偽善ぶりを非難したのでした。これらもまた、多弁を労することを良しとはしないということです。そのうえ、多くのことを記憶すれば精神を損ない、多くを語れば気力を損ないます。精神と気力が損なわれれば、肉体が疲労します。初めのうちは気づきませんが、後には必ず体調を崩します。陛下は国のためにご自愛すべきであって、ご自分の趣向によってご自分を傷つけてよいはずがありません。

　私は心の中では、今日の泰平はすべて陛下のご尽力の結果だと思っています。この国を長く続けようとするなら、巧みな弁説や広い知識に頼るべきではありません。ただただ、愛憎を忘れ、人の意見をよく受け入れ、何事にも純朴に対処し、いつも公平に務めることを、貞観の初めのようにされるのが最も良いでしょう。秦の始皇帝は、能弁で自分を誇ったために人々の信用を失い、魏の文帝（曹丕）は、才能豊かで文章を飾ったために民衆の人望を失いました。これらによって、才智や雄弁が災いとなることがはっきりとわかります。ですからお願いしたいのは、雄弁を振るうのを控えめにして、ゆったりと浩然の気を養い、読書は少し控え、心静かに楽しみ、あの終南山のように長い寿命を保ち、人民を東戸の時代のように純朴にされますように。そうすれば、天下にとっては甚だ幸いで、これ以上の皇帝の恩徳はないでしょう」。

　太宗はそれを読むと、直筆の詔を出して答えた。

「思慮をめぐらさなければ民を治めることはできず、言葉でなければ思慮を表すことができない。そう思っていたので、このごろ臣下たちと談議するのに、ついつい執拗に言い張ってしまった。物事を軽蔑して人に対して驕(おご)り高ぶるようになるのは、きっとこういうところから生まれるのであろう。私の肉体と精神はまだ疲労してはいないが、今そなたの真っ当な忠告を聞いたので、虚心に改めようと思う」。

■原文

貞觀十六年、太宗毎與公卿言及古道、必詰難往復。散騎常侍劉洎上書諫曰「帝王之與凡庶、聖哲之與庸愚、上下相懸、擬倫斯絶。是知以至愚而對至聖、以極卑而對極尊、徒思自強、不可得也。陛下降恩旨、假慈顏、凝旒以聽其言、虚襟以納其說、猶恐羣下未敢對揚。况動神機、縱天辯、飾辭以折其理、援古以排其議、欲令凡庶何階應答。

臣聞皇天以無言爲貴、聖人以不言爲德、老子稱『大辯若訥』、莊生稱『至道無文』。此皆不欲煩也。是以齊侯讀書、輪扁竊議、漢皇慕古、長孺陳譏、此亦不欲勞也。且多記則損心、多語則損氣。心氣內損、形神外勞、初雖不覺、後必爲累。須爲社稷自愛、豈爲性好自傷乎。

竊以今日升平、皆陛下力行所至、欲其長久、匪由辯博、但當忘彼愛憎、愼茲取捨、毎事敦朴、無非至公、若貞觀之初則可矣。至如秦政強辯、失人心於自矜、魏文宏材、虧衆望於虚說。此才辯之累、皎然可知。伏願略茲雄辯、浩然養氣、簡彼細圖、澹焉怡悅、固萬壽於南岳、齊百姓於東戶、則天下幸甚、皇恩斯畢」。

太宗手詔答曰「非慮無以臨下、非言無以述慮。比有談論、遂至煩多、輕物驕人、恐由茲道。形神心氣、非此爲勞。今聞讜言、虚懷以改」。

杜讒邪　第二十三

■解説

讒の意は、動詞ならば、そしる、いつわる、おもねる、形容詞ならば、よこしま。邪は、かたよる、ねじける、よこしま。讒邪と熟すれば決して良い意味にはならず、具体的には「讒言（ありもしない人の悪口を言うこと）によって人を陥れる」こと、またはそういうことをする人。篇名は、そのような「讒邪を杜ぐ」という意。

第一章、太宗の言葉の第一段落「口先が巧みで顔色を和らげたり」の原文は、『論語』学而篇・陽貨篇にある有名な「巧言令色、鮮なきかな仁」を踏まえる。「蘭が茂ろうとすれば……」は、『文子』（『通玄真経』）上徳篇に、「日月、明らかならんと欲すれば、濁雲之を蓋い、河水、清らかならんと欲すれば、沙土之を穢し、叢蘭、脩からんと欲すれば、秋風之を敗り……」とあるのが出典。

第二段落の斛律明月は、北斉の武将斛律光（名月は字。『北斉書』巻一七に立伝）。テュルク系種族の出身で、北魏末の六鎮の乱の際に父の斛律金とともに華北に入り、以後この一族は東魏・北斉に仕えた。斛律光は華北移住の時はまだ十代で、その後数々の武勲をあげた。しばしば西魏軍を破り、西魏側が東の洛陽北郊に攻め込んだ時（邙山の戦い）も、その撃退に活躍した。斛律光はこうして北斉の貴顕となったが、そのために皇帝や高官たちとの確執も生まれた。対立した一人が祖孝徴で、本名は祖珽（孝徴は字。『北斉書』巻三九に立伝）。素行はさほどよくないが、文章に秀で、文官として出世した。祖珽は、自分と同じく斛律光と対立していた者と手を組み、皇帝を抱き込んで、斛律光を宮殿に呼び寄せて暗殺した。北斉滅亡の数年前のことである。

高熲は、隋の文帝の政治を支えた宰相。公平篇第四章を参照されたい。独孤皇后は文帝の皇后。仁愛ある人だったが、嫉妬深く、文帝お気に入りの女性を殺害してしまった。怒った文帝は政治を投げ出し、高熲に「陛下は一婦人のために天下を軽んずるのか」と説得されて宮殿に戻った。独孤皇后は、自分を「一婦人」と呼んだと聞いて、高熲を憎むようになり、そこに、次に述べる皇太子楊勇の廃嫡問題がからんで、文帝・独孤皇后と高熲との関係が悪化した。

第三段落の隋の皇太子楊勇は、文帝と独孤皇后の長男、煬帝の兄。政治・軍事・裁判などに参与し、頗る人望があったという。しかし、後宮の雲氏を寵愛したために、妃はその心労から亡くなった。母の独孤皇后は皇太子の罪を責め、またこれ以後は雲氏が内政で権力を握ったので、皇太子と両親の確執が生まれた。それを見た次男の楊広（後の煬帝）が質素な生活ぶりを装い、両親の寵愛を得るようになった。

楊素は、北周に仕えていて、隋の建国に尽力し、高熲とともに文帝の政治を補佐した。しかし、長安・洛陽に豪邸をかまえ、地方にも土地を持ち、一族はすべて隋の高官となったので、傲慢で朝臣たちを軽蔑するようになり、文帝から嫌われるようになった。皇太子廃嫡問題が起こると、煬帝に取り入り、その即位に一役買った（『隋書』巻四八に立伝）。なお、隋末に反乱を起こした楊玄感は楊素の子である。

後文の「世が乱れると讒言がはびこる」（原文「世乱るれば讒勝つ」）は、『春秋左氏伝』昭公五年の卜楚丘の言葉に見える文言。

第四段落の「猛獣が山林にいる時は……」は、『漢書』巻七七、蓋寛饒伝に、剛直の忠臣である蓋寛饒を諫大夫の鄭昌が庇った言葉の中に、「臣聞く、山に猛獣有れば、藜藿は之が為に采られず、国に忠臣有れば、姦邪は之が為に起きず」とあるのを踏まえる。藜藿の藜はあかざ、若葉は食用となる。藿は豆の若葉。どちらも粗末な食べ物。

魏徴の返答に『礼記』とあるのは、『中庸』の一節。『中庸』はもともと『礼記』の一篇。『詩経』は小雅「青蠅」詩よりの引用。「営営たる（飛び回る）青蠅（あおばえ）、樊（まがき）に止まる。豈弟たる（和らぎ楽しむ）君子、讒言を信ずること無かれ。営営たる青蠅、棘（いばら）に止まる。讒人、極まる罔し。交も四国を乱す」とある。孔子の言葉は『論語』陽貨篇の引用。

第二章で太宗が行幸した蒲州は、現在の山西省西南端にある黄河の渡し場。山西から長安方面をつなぐ交通の要衝で、李淵が太原から長安に入城して唐を建国した際にも、ここを通っている。その刺史（地方行政長官）であった趙元楷は、隋の煬帝期に地方官を務めていたが、その地の産物を徴収して煬帝に貢いでいたという。後に江都（揚州）に異動となり、江都宮使を務めた。宇文化及が煬帝を暗殺すると、一時は化及軍によって河北に連行され、そこから身一つで長安に逃げ帰った（『隋書』巻四六、趙芬伝の末尾付伝、巻八〇、列女伝、趙元楷妻）。しかし、彼がその後に蒲州刺史となったいきさつは不明。

第三章の太宗の言葉、第一段落の一部は尊敬師傅篇の第三章と重複する。若い頃に出会った教師・友人の影響は大きいことを述べた文章で、尊敬師傅篇は、だからこそ皇太子と諸王にはよい補佐役を付けねばならないという主旨。本章と比べると、そちらの方が論旨は自然と思われる。太宗が、全く同じことを二度も言わないとは限らないが、本章のこの部分は尊敬師傅篇の一部の混入ではなかろうか。

第二段落に登場する柴紹は、高祖李淵の第三女平陽公主を妻とした。長安にいたが、李淵の長安入城に駆けつけて途中から従軍し、太宗に従って隋末の群雄の討伐に参加した（『旧唐書』巻五八に立伝）。また竇誕は、李淵の太穆皇后竇氏の遠縁で、李淵の娘襄陽公主を妻とした。やはり長安入城や、隋末の群雄討伐に従軍した（同巻六一に立伝）。「人生の益となる友人」の原文「三益」は、『論語』季氏篇の孔子の言葉「益する者に三友、損なう者に三友あり。直（正直な者）を友とし、諒（誠実な者）を友とし、多聞（博識な者）を友とするは益なり」を踏まえたもの。

魏徴の返答にある『論語』は、衛霊公篇にある孔子の言葉。

第四章の杜如晦は任賢篇第二章を、戴冑は同第四章を、房玄齢は同第一章を、それぞれ参照。「抜士論」を書いた陳師合という人物は詳細不明。北斉の楊遵彦については、政体篇第十二章を参照されたい。

第四章から第六章までは年代が記されない。ただし、杜如晦は貞観四年（六三〇）に病没しており、第六章の魏徴が秘書監となったのは貞観二年のことであるから、この三章はいずれも貞観年間の初期のできごとと見なければならない。つまり貞観初期に、太宗が讒言に対しては断固たる態度をとったことを、これら三章は述べているのである。しかしながら、第四章の「抜士論」で陳師合が言っていることは正論ではなかろうか。それを、杜如晦の報告だけで嶺南（福建・広東・広西地方）に流刑とするのは行き過ぎではあるまいか。同様の印象は第六章からも受ける。第四章で太宗は「私は天下を公平に治めている」と言っているが、貞観初期には太宗は信頼の置ける臣下との関係を乱されたくないという気持ちが強かったのではないだろうか。

第七章の褚遂良は任賢篇第六章参照。

第一章　讒言をする者は国の害虫

貞観の初め、太宗が側近たちに語った。

「前代の讒言をする者やゴマすりたちを見ると、国にとってはみな害虫だ。口先が巧みで顔色を和らげたり、同じ輩が結託したりする。暗愚で凡庸な君主は、みなそういう者たちに惑わされるので、忠義の臣下や孝行息子が冤罪で泣き悲しむことになる。『蘭が茂ろうとすれば秋風がそれを枯れさせ、王者が耀こうとすれば讒人がそれを覆い隠す』というとおりだ。そういう事例は歴史書にはっきりと書かれていて、いちいち挙げればきりがないほどである。ただし、北斉や隋の時代については、われわれはそういう事例を実際に見聞きして知っているので、今はそれらを取り上げてみよう。

斛律明月は北斉の名将で、その威名は敵国に轟き、北周側は毎年冬には黄河の氷を砕いて、北斉の兵が渡れないよう備えていた。祖孝徴の讒言で斛律明月が誅されると、北周の人たちは初めて北斉を攻め滅ぼそうという意思を抱くようになった。隋の高熲は国を治める優れた才能があり、文帝が陳を滅ぼして南北朝を統一する覇業を助け、二十年以上にわたって国政を担い、そのお蔭で隋の天下は安泰であった。ところが、文帝は独孤皇后の言葉に惑わされて、高熲を斥けてしまった。高熲が煬帝によって誅殺されると、隋の統治はそれから崩壊の道をたどったのだった。

また、隋の文帝の皇太子だった楊勇は、二十年間にわたって軍を率い国を監督し、太子としての地位はすでに固まっていた。それなのに、楊素が文帝を騙して善良なる太子を傷つけ、親子の道という人の本来の姿をたちまちのうちに崩してしまった。隋の皇室が乱れた源は、ここにあった。文帝はすでに嫡男と弟の関係を乱したので、災いは自分の身にも及び、国はとうとう滅亡してしまった。古人が『世が乱れると讒言がはびこる』と言っているのは、まったくそのとおりである。

私はいつも、讒言によって冤罪が起こらないように、ちょっとした兆しでもそれを断ち切ろうとするのだが、それでも自分の力が足りないことや、気づかないことがあるのではないかと心配している。歴史書は、『猛獣が山林にいる時は、粗末な草や葉でさえ採られることはない。正直な臣下が朝廷にいる時は、邪悪な陰謀が企てられることはない』と言っている。これこそ、私は誠にそなたたちに期待することだ」。

それに対して、魏徴が答えた。

「『礼記』には、『君子は人に見られない所でも慎み深くし、人に聞かれない所でも恐れ慎む』とあります。『詩経』には、『安らかにゆったりしている君子は、決して讒言を信じてはいけない。讒言はとめどもなく、四方の国々さえも乱す』とあります。また孔子は、『口先のうまい者が国を傾けるのを、私は嫌う』と言っています。思うに、これらはみな同じことを述べています。古来の国家を統治した者を見てみますと、もし讒言を受け入れて、みだりに忠良な臣下を害したならば、その宗室の宗廟は必ず荒れ果て、市場と朝廷は霜と露だらけになります。ですから、陛下には深く慎まれるようお願いします」。

■原文

貞觀初、太宗謂侍臣曰「朕觀前代讒佞之徒、皆國之蟊賊也。或巧言令色、朋黨比周。若暗主庸君、莫不以之迷惑、忠臣孝子所以泣血銜寃。故叢蘭欲茂、秋風敗之、王者欲明、讒人蔽之。此事著於史籍、不能具道。至如齊・隋間讒譖事、耳目所接者、略與公等言之。

斛律明月、齊朝良將、威震敵國、周家每歲斲汾河冰、慮齊兵之西渡。及明月被祖孝徵讒構伏誅、周人始有呑齊之意。高熲有經國大才、爲隋文帝贊成霸業、知國政者二十餘載、天下頼以安寧。文帝惟婦言是聽、特令擯斥、及爲煬帝所殺、刑政由是衰壞。

又隋太子勇撫軍監國、凡二十年間、固亦早有定分。楊素欺主罔上、賊害良善、使父子之道一朝滅於天性。逆亂之源、自此開矣。隋文既混淆嫡庶、竟禍及其身、社稷尋亦覆敗。古人云『世亂則讒勝』、誠非妄言。

朕每防微杜漸、用絶讒構之端、猶恐心力所不至、或不能覺悟。前史云『猛獸處山林、藜藿爲之不採。直臣立朝廷、姦邪爲之寢謀』。此實朕所望於羣公也」。

魏徴曰「『禮』云『戒愼乎其所不睹、恐懼乎其所不聞』。『詩』云『愷悌君子、無信讒言。讒言罔極、交亂四國』。又孔子曰『惡利口之覆邦家』、蓋爲此也。臣嘗觀自古有國有家者、若曲受讒譖、妄害忠良、必宗廟丘墟、市朝霜露矣。願陛下深愼之」。

第二章　隋の佞臣は唐になっても変わらない

貞観七年（六三三）のこと、太宗は蒲州に行幸した。蒲州刺史の趙元楷は、地元の父老に提供させた黄色い薄絹の単衣の服を着て、道路で太宗を出迎え、役所をきれいに飾り立て、塀や楼閣を修復して、太宗に媚びを売ろうとした。また、密かに百匹以上もの羊と数千匹の魚を飼い、それを太宗のお供の高官や皇族に贈ろうとした。

太宗はそれを知ると、趙元楷を呼び出して咎めた。

「私は黄河や洛水の流域を巡察して、いくつもの州を通ってきたが、それらの地では必要な物資はみな官物で賄っていた。そなたは羊や魚を飼い、官舎を飾り立てているが、それこそ滅んだ隋の時代の悪習であって、今の世ではしてはならない。そなたは私の気持ちを理解し、旧態を改めるべきだ」。

趙元楷は隋の時代には邪佞な官僚とされていたので、太宗はこう言って戒めたのだった。趙元楷は恥じて恐れ入り、数日間も物を食べられなくなって死んでしまった。

■原文

貞觀七年、太宗幸蒲州、刺史趙元楷課父老服黄紗單衣、迎謁路左、盛飾廨宇、修營樓雉以求媚。又潛飼羊百餘口、魚數千頭、將饋貴戚。太宗知、召而數之曰「朕巡省河・洛、經歷數州、凡有所須、皆資官物。卿爲飼羊養魚、雕飾院宇、此乃亡隋弊俗、今不可復行。當識朕心、改舊態也」。以元楷在隋邪佞、故太宗發此言以戒之。元楷慙懼、數日不食而卒。

第三章　若い頃の近習の影響

貞観十年(六三六)に、太宗は側近たちに言った。

「皇太子の指導役というものは、昔から適任者を選ぶのが難しいとされてきた。周の成王は幼少であったから、周公と召公が補佐役となり、周囲もみな賢人だったから、仁義の心を伸ばして泰平の世をもたらし、聖君となることができた。秦の二世皇帝胡亥は、始皇帝に可愛がられたのだが、趙高を補佐役として刑法を習っていたので、帝位を継ぐと功臣や親族を誅殺し、残虐な行いが止まず、間もなく滅亡してしまった。だから、人の善悪は近習の影響によるものだということがよくわかる。

私の若い頃、交遊した相手は柴紹や竇誕たちで、彼らは人生の益となる友人ではなかった。ところが、私が皇帝に即位して天下を治めるようになって、あの堯や舜の明察ぶりには遠く及ばないにしても、三国時代の呉の最後の皇帝孫皓や北斉最後の高緯のような暗愚な君主には、なんとかならずに済みそうだ。そうだとすると、私が近習に染まらなかったのは、どうしてなのだろうか」。

それに対して、魏徴が答えた。

「中途半端な人は、影響を受けて良くもなるし、悪くもなるものです。しかし、生まれながら最上の知恵を持っている人は、決して悪に染まることはありません。陛下は天から命を受けて、隋末の混乱を平定し、万民の命を救い、泰平の世を築かれた人です。どうして、柴紹や竇誕たちが陛下の聖なる徳に影響を及ぼせるでしょうか。ただし、『論語』は『鄭の国の音楽は淫らなので斥け、口先のうまい者は政治を危うくするので遠ざけよ』と言っています。近しい人間関係は、最も慎重にしなければなりません」。

それを聞いて太宗は、「良い意見だ」と言った。

■原文

貞觀十年、太宗謂侍臣曰「太子保傅、古難其選。成王幼小、以周・召爲保傅、左右皆賢、足以長仁、致理太平、稱爲聖主。及秦之胡亥、始皇所愛、趙高作傅、教以刑法。及其篡也、誅功臣、殺親戚、酷烈不已、旋踵亦亡。以此而言、人之善惡、誠由近習。

朕弱冠交遊、惟柴紹・竇誕等、爲人既非三益、及朕居茲寶位、經理天下、雖不及堯・舜之明、庶免乎孫皓・高緯之暴。以此而言、復不由染、何也」。

魏徵曰「中人可與爲善、可與爲惡、然上智之人自無所染。陛下受命自天、平定寇亂、救萬民之命、理致升平、豈紹・誕之徒能累聖德。但經云『放鄭聲、遠佞人』。近習之間、尤宜深愼」。

太宗曰「善」。

第四章　「抜士論」を書いたために流された人

尚書左僕射（尚書省副長官）の杜如晦が上奏した。

「監察御史（官僚監察役）の陳師合が『抜士論』という文章を提出し、人の思慮には限界があるので、一人でいくつもの職務を統括すべきではない、と述べています。どうやら、私たちのことを言っているようです」。

太宗は戴冑に言った。

「私は天下を公平に治めている。今、房玄齢や杜如晦を任用するのは、昔からの勲功があるからではなく、彼らには才能があるからだ。この陳師合という者は、妄りに人を誹謗して、われわれ君臣を離間しようとしているだけだ。昔、蜀の後主は愚かで気が弱く、北斉の文宣帝は常軌を逸した行動をとったが、それでも国が治まっていると言われたのは、後主は諸葛亮を、文宣帝は楊遵彦を任用して、決して迷わなかったからである。私が今、杜如晦たちを任用しているのも、それと同じなのだ」。

そこで太宗は、陳師合を南方の嶺南の地に流したのだった。

■原文

尚書左僕射杜如晦奏言「監察御史陳師合上『抜士論』、謂人之思慮有限、一人不可總知數職、以論臣等」。

太宗謂戴冑曰「朕以至公治天下、今任玄齡・如晦、非爲勳舊、以其有才行也。此人妄事毀謗、止欲離間我君臣。昔蜀後主昏弱、齊文宣狂悖、然國稱治者、以任諸葛亮・楊遵彦不猜之故也。朕今任如晦等、亦復如法」。

於是流陳師合于嶺外。

第五章　人の小さなミスを暴くな

貞観年間（六二七―六四九）のある時、太宗は房玄齢と杜如晦に語った。

「古より、天命に適って太平の世を作り上げた帝王は、みな手足となる臣下の力に頼ってそれができたと聞いている。私がこの頃、忠言を皇帝に直接提出できるようにしたのは、冤罪が起こらないように、私の判断を諫めてほしいと思ったからだ。ところが、封書を提出する人の多くは、官僚の行為を暴くもので、それも取るに足らない些細なことばかりだ。

私が前代の帝王を調べてみると、ただ君主が臣下を疑っただけで、下の意見は上には届かなくなる。そうなったら、臣下が忠義を尽くして意見を述べようにも、どうしてそれができるだろうか。それなのに、浅はかな考えの者は、盛んに同僚の悪口を言っては、君臣関係を乱そうとする。それが国の益になるはずがない。今後は、書面を提出して人の小さなミスを暴く者は、人を讒言した罪に処することにする」。

■原文

貞觀中、太宗謂房玄齡、杜如晦曰「朕聞自古帝王上合天心、以致太平者、皆股肱之力。朕比開直言之路者、庶知冤屈、欲聞諫諍。所有上封事人、多告訐百官、細無可採。

朕歴選前王、但有君疑於臣、則下不能上達。欲求盡忠極慮、何可得哉。而無識之人、務行讒毀、交亂君臣、殊非益國。自今已後、有上書訐人小惡者、當以讒人之罪罪之」。

第六章　魏徴を讒言した者を斬刑に処す

魏徴が秘書監（図書管理長官）となった。ところが、魏徴が謀反を企んでいると告発する者がいた。太宗は、

「魏徴は、昔はわが兄の配下だったので、私の敵であった。しかし、自分の君主にただ忠義で仕えていたので、私は抜擢して彼を任用したのだ。そういう魏徴に対して、なぜ妄りに讒言をするのか」

と言い、とうとう魏徴には何も問わず、告発した者をただちに斬刑に処した。

■原文

魏徵爲祕書監、有告徵謀反者、太宗曰「魏徵、昔吾之讎、只以忠於所事、吾遂拔而用之、何乃妄生讒構」。竟不問徵、遽斬所告者。

第七章　史官に悪く書かれないよう三事に努める

貞観十六年（六四二）に、太宗は諫議大夫（皇帝諫め役）の褚遂良に向かって、

「そなたは皇帝の言行の記録係を担当しているが、この頃は私の行動の良い点、悪い点を

全て記しているか」

と尋ねた。褚遂良は、

「史官の任務は、君主の挙動は必ず書き残します。良い点はもちろんのこと、過失も決して隠すことはありません」

と答えた。

それを聞いて、太宗は言った。

「私は今、三つのことに努めているのだが、それは史官に悪く書かれないようにと思うからだ。その一は、昔の帝王の成功・失敗を顧みて、それらを手本とすること。その二は、善人を任用して、ともに良い政治を成し遂げること。その三は、役に立たない者を斥け、讒言を聞かないようにすること、である。私はこの三つを守り、最後まで変えないつもりだ」。

■原文

貞觀十六年、太宗謂諫議大夫褚遂良曰「卿知起居、比來記我行事善惡」。

遂良曰「史官之設、君擧必書。善既必書、過亦無隱」。

太宗曰「朕今勤行三事、亦望史官不書吾惡。一則鑒前代成敗事、以爲元龜。二則進用善人、共成政道。三則斥棄羣小、不聽讒言。吾能守之、終不轉也」。

悔過第二十四

■解説

篇名の悔過とは、過ちを後悔すること、自分の非を悟ること。

第一章の房玄齢は、任賢篇第一章参照。太宗の言う古人の言葉は、『書経』周官篇にある。

第二章の皇太子の李承乾は太宗の長男、魏王の李泰は第四子。ともに太子諸王定分篇の解説を参照されたい。魏王を一時移したという武徳殿は、長安城宮城内の東部を占める東宮域のすぐ西側にあった。

海陵王元吉は太宗の弟で、兄の皇太子の李建成とともに、玄武門の変で太宗秦王府の兵に討たれた。魏徴の上奏は、かつて太宗が兄弟と不和になった過去の事実を、今の皇太子と親王の兄弟に投影して述べたもの。

第三章の孔子の言葉「三年間、親の喪に服する……」は、『論語』陽貨篇にある。三年の喪は長すぎると言った宰我を、孔子が批判した言葉。それによれば、三年とは、生後に父母に抱かれて育った期間への返礼だという。また、「三年間、口を利かない……」は同じく憲問篇にあり、子張が「殷の高宗（武丁）が親の服喪の三年間、政治を議論しなかったのはなぜか」という問いに、孔子が答えた言葉。王が亡くなると、世継ぎは三年間その喪に服すので、臣下は自分で判断し、政治の決裁は冢宰に仰ぐのだという。「前漢の文帝が三十六ヵ月を三十六日と変更した」の原文は、「漢文、日を以て月に易うるの制」である。これは、自分が死去した後の喪は三十六日にせよという文帝の遺詔によるる。『漢書』巻四、文帝紀の末尾にあり、応劭の注に「此れ、日を以て月に易うるなり」とある。三年間（三十六ヵ月）を三十六日に変えるという意。徐幹は後漢末の人で、当代を代表する文学者の一人。彼が書いた『中論』は儒家の書であるが、太宗が読んだという「復三年喪篇」は現行の『中論』では失われている。

第四章は納諫篇第九章の重出。本章の方がやや簡略。

第一章　学問をしなければ墻に向かって立っているのと同じ

貞観二年（六二八）に、太宗は房玄齢に語った。

「人間は、大いに学問をしなければならない。以前は、隋末の群雄が割拠して中国は混乱し、私も自ら討伐軍を率いてあちこちで戦っていたので、本を読む暇がなかった。この頃は天下が太平となり、私自身は宮殿で暮らすようになり、自分では書物を開くことができなくても、人に読んでもらってそれを聞いている。君臣や父子のあり方、政治の正しい道は、すべて書物に書かれている。古人は『学ばなければ墻に向かってただ立っているようなもので、いざ問題に立ち向かえば何も準備ができていないから迷って判断ができない』と言っているが、それは嘘ではない。今、自分の若い頃を思い出すと、ずいぶん間違ったことをやってきたものだと、つくづくそう気づくのだ」。

■原文

貞觀二年、太宗謂房玄齡曰「爲人大須學問。朕往爲羣兇未定、東西征討、躬親戎事、不暇讀書。比來四海安靜、身處殿堂、不能自執書卷、使人讀而聽之。君臣父子、政教之道、共在書內。古人云『不學、墻面、莅事惟煩』。不徒言也。却思少小時行事、大覺非也」。

第二章　親王を宮殿に住まわせてはならない

貞観年間（六二七—六四九）のある時、皇太子の李承乾はしばしば規則を破り、それに対して魏王の李泰は最も才能があって太宗は彼を認めていたので、特に詔を下して魏王泰を宮中の武徳殿に移り住まわせることにした。

それに対して、魏徴が上奏文を提出して諫めた。

「魏王は陛下の寵愛する王子ですので、その身のほどをわきまえさせ、常に安全であるように、何事にも驕り高ぶらないようにして、要らぬ疑いのかからない場所で暮らさせねばなりません。今、魏王の居を武徳殿に移しましたが、そこは東宮の西にあり、かつて陛下の弟で亡くなった海陵王元吉（かいりょうおうげんきつ）様がいたところで、当時の人は元吉様がそこに住んでいることを良くないと思っていました。当時と今とでは状況が違いますが、それでも人がとやかく言う恐れがあります。そのうえ、魏王自身の気持ちも、武徳殿では安心して暮らせないでしょう。すでに彼は、陛下の寵愛を受けていることを恐れ憚（はばか）っていますから、どうか魏王を立派な人にしてあげてくださいますようお願いします」。

太宗は、それを読むと、

「私は深く考えずに、大変な過ちを犯すところだった」

と言い、とうとう魏王をもとの本宅に帰したのだった。

■原文

貞觀中、太子承乾多不修法度、魏王泰尤以才能爲太宗所重、特詔泰移居武德殿。魏徵上疏諫曰「魏王既是陛下愛子、須使知定分、常保安全、毎事抑其驕奢、不處嫌疑之地也。今移居此殿、使在東宮之西、海陵昔居、時人以爲不可、雖時移事異、猶恐人之多言。又王之本心、亦不寧息、既能以寵爲懼、伏願成人之美」。太宗曰「我幾不思量、甚大錯誤」。遂遣泰歸於本第。

第三章　親の葬儀の粗略を後悔する

貞観十七年（六四三）、太宗は側近たちに語った。

「人の気持ちで、親を失うこと以上に悲痛なものはないであろう。だから孔子は、『三年間、親の喪に服すのは、天下の全ての人に共通する礼儀作法だ』と言ったが、これは天子から庶民に至るまで共通するという意味である。孔子はまた、『親の喪の三年間、口を利かないのは殷の高宗だけに限らない。昔の人はみなそうだった』とも言っている。ところが、近年の帝王が喪に服すのは、あの前漢の文帝が三十六ヵ月を三十六日と変更した期間よりも短く、非常に礼儀に反している。先日、私は徐幹が書いた『中論』の復三年喪篇を読んだが、その道義は大変に深かった。惜しむらくは、もっと早くにこの本を見ていれば、親の喪をあんなに粗略にはしなかった、ということだ。今はただ自責の念にかられるだけで、後悔しても及ばない」。

そう言うと、太宗はしばらく泣き悲しんだ。

■原文

貞観十七年、太宗謂侍臣曰「人情之至痛者、莫過乎喪親也。故孔子云『三年之喪、天下之通喪』、自天子達於庶人也。又曰『何必高宗。古之人皆然』。近代帝王遂行不逮漢文以日易月之制、甚乖於禮典。朕昨見徐幹『中論』復三年喪篇、義理甚深、恨不早見此書。所行大疏略、但知自咎自責、追悔何及」。因悲泣久之。

第四章　臣下の意見を詰問すべきではない

貞観十八年（六四四）のこと、太宗は側近に向かって、

「そもそも、臣下が帝王に対する時、多くは帝王の言うとおりに従い、おべっかを言って気に入られようとする。私は今、己の過ちを指摘してほしいので、そなたたちははっきりと言うように」

と言った。それに対して、散騎常侍（皇帝諮問役）の劉洎が、

「陛下はいつも高官たちと議論しますが、上奏する者の意見が理に適っていない時には、面と向かって詰問されますので、みな恥じ入り縮こまって退席して行きます。これでは、進言を求めることにはならないのではないでしょうか」

と答えた。

太宗は、

「私も、詰問したことを後悔している。早速、改めねばならない」

と言った。

■原文

貞觀十八年、太宗謂侍臣曰「夫人臣之對帝王、多承意順旨、甘言取容。朕今欲聞己過、卿等皆可直

言」。

散騎常侍劉洎對曰「陛下毎與公卿論事、及有上書者、以其不稱旨、或面加詰難、無不慙退。恐非誘進直言之道」。

太宗曰「朕亦悔有此問難、當卽改之」。

奢縦　第二十五

■解説

奢縦は、奢侈放縦の略。華美で贅沢で、勝手気ままなこと。

本篇は一章のみの構成で、馬周の上奏文が収録される。馬周については、任賢篇第八章を参照されたい。上奏の内容は、近年では度重なる労役のために人民から恨みの声が上がっているので、貞観の初期の倹約精神に戻るべきだとする嘆願。貞観十一年（六三七）の上奏であり、その頃の太宗は人民第一の統治精神を失いかけていたことがわかる。次篇の貪鄙篇第一章にある貞観初めの太宗の言葉と比較すると、興味深いであろう。

非常にストレートな文章で、故事の引用も少ない。以下に必要な個所だけ取り上げる。

第五段落の「先王は夜未明のうちから……」（原文「昧旦、丕いに顕かにす」）は、『書経』太甲篇上にある殷の伊尹が太甲を戒めた言葉「先王は、昧爽（未明に）、丕いに顕かにし、坐して以て旦を待つ」を踏まえた表現。

第六段落末尾に前漢の京房の言葉が引用されているが、出典は『漢書』巻七五、京房伝。京房は、「京房易」と称されたほど易学に通じた人。引用は、過去の帝王の臣下任用について元帝と議論した時に、京房が述べた言葉。

第一章　即位十年、人民の怨嗟に気づかず

貞観十一年（六三七）に、侍御史（官吏監察官）の馬周が上奏文を提出して、時の政治について次のように意見を述べた。

「前代の歴史を眺めてみますと、夏・殷・周から漢が天下を統一するまで、王位を継続した期間は長い国で八百年少し、短い国でも四、五百年になります。これらはみな、代々の帝王が徳と業績を積み、その恩恵が民心に届いたからであります。ただし、良くない帝王がいなかった訳ではありません。それでも、歴代の王の徳によって国は存続しました。ところが、魏・晋から北周・隋までの国は、長いもので五、六十年に過ぎず、短いものは二、三十年で滅びました。それは、創業の皇帝が民に恩恵を施すことに努めなかったため、その時は地位を守っても、後になって徳が民に慕われなかったからです。ですから、後を継いだ君主の政教が少しでも衰えれば、たった一人の人間が反国家を呼びかけただけで、国は崩壊してしまいました。

今、陛下は大いなる功績によって天下を平定されましたが、それでも徳を積むにはまだ日が浅いと言わねばなりません。ですからどうしても、夏を建てた禹王、殷を建てた湯王、周を建てた文王・武王の政道を尊敬し、広く徳による感化を施し、余るほどの恩恵を民に与えて、子孫のために万世の基礎を確立すべきです。ただ政治に失敗がないようにし

て、今年だけ国を保とうとするだけでいいはずがありません。そのうえ、昔の聖君たちは、相手によって教化（きょうけ）のしかたを変え、その時によって厳しい統治をしたり緩やかな統治をしたりしましたが、基本的には自分の身を節制して、人に恩恵を与えることに努め、この二つのことは忘れませんでした。だからそういう君主を、民は父母のように愛し、日月のように仰ぎ、まるで神のように敬い、雷鳴のように恐れたのでした。これこそが、その国の命運が長続きして、世の中に混乱が起こらない理由なのであります。

今は隋末の騒乱の後で、戸籍についた人口は隋の時代と比べてわずか十分の一に過ぎません。それなのに、公共の徭役（ようえき）のために駆り出される労働者が道路に相次いでいて、兄が出かければ弟が帰り、それがくり返されています。都から遠い地の者は五、六千里も往復し、季節を限らず休む暇がありません。陛下はいつも慈愛のある詔（みことのり）を発して、なるべく徭役を減らそうとされますが、役所の事業労働は止むことがなく、自然と人を使用することになります。決まりどおりに文書を作って、人民を使役するのは以前と変わりません。私が尋ねてみますと、ここ四、五年来はいつも、人民の怨嗟の声が聞こえてきて、陛下には自分たちを恵み慰める気持ちがないと彼らは思っています。

昔、堯（ぎょう）は茅葺（かやぶき）屋根と土の階段の質素な家に住み、夏の禹王は粗末な服と食事で暮らしていました。今の世の中でそれをやれと言っても無理なことくらい、私にもわかります。しかしながら、前漢の文帝（ぶんてい）は、出費を惜しんで宮殿建造をとりやめ、上奏文の袋を集めて宮殿の垂れ幕にし、夫人は床を引きずらない短い服を着ていました。景帝（けいてい）の時代になっても、美しい絹織物の服を着れば、女性の仕事が機織りのために邪魔されるというので、詔を発してそれを禁止し、そこで人民は平和に暮らしました。武帝になって、宮中は贅沢を極めるようになりましたが、それでもまだ文帝・景帝への敬慕の風潮が残っていましたので、民衆の気持ちは揺れ動きませんでした。もし、高祖（劉邦）の後をすぐに武帝が継いでいたら、漢の天下は必ずや確固たるものにはならなかったはずです。太古に比べればまだ近い時代のことなので、ことの経緯がよくわかるでしょう。

今、都の長安や益州（四川省）など各地で作られ、朝廷に献上される器物や、皇族の諸王とその妃のための服飾は、誰に聞いてもみな質素だとは言いません。私は、殷の時代には、『先王は夜未明のうちから、自分の徳を高めようと思って、座って朝を待った』と聞いていますが、それでも後世の王は怠るようになり、道理によって立てられた法も廃れて乱れました。陛下は、若い頃は民間にいましたので、人民の苦労も、前王朝の成功・失敗も知っていらっしゃいます。ご自分の目で見てきたというのに、それでもこのような贅沢をなさいます。ましてや皇太子は宮中の奥で生まれ育ち、宮殿の外の世界を経験したことがありません。つまり、この国の遠い将来のこと、それこそが誠に陛下が心配しなければならないはずのことなのです。

私が前代の王朝を調べてみますと、庶民が恨みをもって国家に背き、集まって盗賊になったならば、その国は直ちに滅びます。そうなってから君主が悔い改めようとしても、ふたたび国を立て直すことができた事例はこれまで一つもありません。すべて、政治による教化というものは、修めるべき時に修めなければなりません。ひとたび混乱が起こってしまったならば、それから後悔しても何の役にも立ちません。国の君主は、前代の王朝の滅亡を見るたびに、その王朝の政治教化が滅亡に至った理由を知るのですが、しかしながら自分の行いに過失があることは誰も気づきません。だから、殷の最後の紂王は夏の桀王の滅亡を笑いましたし、周の幽王・厲王も殷の紂王の滅亡を笑いました。隋の大業年間の初めには、煬帝はまた北周と北斉の滅亡を笑いました。ところが、今われわれが煬帝を見れば、煬帝が北周・北斉を見たのとちょうど同じ状況です。ですから前漢の京房は、元帝に向かって、『後世の人が今のわれわれを見るのと、今われわれが昔を見るのとが、同じなのではないかと心配します』と言いました。この言葉こそ、固く戒めとしなければなりません。

以前に貞観の初めごろは、全国が飢饉で、絹一疋が粟一斗にしかなりませんでしたが、それでも天下は落ち着いていました。民衆は、陛下が自分たちを非常に憐れんでいることを知っていましたので、だから人々は安心し、陛下の悪口を言う者はいませんでした。それから五、六年たち、年ごとに豊作となり、今では絹一疋が粟十石以上になります。ところが、かえって民衆は、陛下がもう自分たちを憐れんではいないだろうと思い、口々に陛下への怨み言を言うようになりました。それは、最近では、特に緊急を要するものでもない造営工事が大変に多いからであります。昔から、国の興亡は蓄財の多少ではなく、ただ人民の苦楽にかかっています。近い例で検証してみれば、隋は洛口倉に大量の穀物を蓄えていましたが、隋末に李密がそれを押さえ、洛陽には大量の布帛を蓄えていましたが、王世充がそれを押さえ、長安の蔵はわが唐が国用としましたが、今に至るまで空にはなっていません。もし洛口倉に粟がなかったならば、また洛陽に布帛が蓄えられていなかったならば、王世充や李密はあれほど多くの人を集められなかったでしょう。貯蓄は国がいつも確保しておかねばならないものですが、それは民衆の生活に余裕があって、それから徴収すべきものです。もし人民が疲弊しているのに、強制的に徴収すれば、ついには盗賊を生み出すことになり、いくら貯蓄しても国には何の利益もありません。しかし、国が倹約に努めて人民を安息にさせるのは、貞観の初めに陛下がすでに自ら実行したことで、今それを行うのは何も難しくないはずです。倹約を一日でも実行すれば、天下の人はそれを知りますから、陛下を称えて歌い踊ります。ところが、人民が疲弊しているにもかかわらず、労役の駆り立てが止まなかったなら、そこに水害や旱の災害が起き、辺境に軍事衝突が起きた時には、悪い輩がそれを理由に人民を扇動し、予測のつかない事態に陥るでしょう。そうなったら、陛下が食事もとれず、深夜になるまで寝られない程度のことでは済まないでしょう。もし陛下がその優れた心で、本当に一生懸命に政治に励みたいとお考えであれば、何も政治のお手本を太古に求める必要はなく、ただ貞観の初めに戻ればよいのです。そうすれば、天下は誠に幸いというものです」。

これを読むと、太宗は、

「近ごろは自分用に器物を作らせたが、そのために人民が私を怨んでいるとは思わなかった。これは私の過失であった」

と言った。そして、人民の労役を中止させたのだった。

■原文

貞觀十一年、侍御史馬周上疏陳時政曰、

「臣歴覩前代、自夏・殷・周及漢氏之有天下、傳祚相繼、多者八百餘年、少者猶四五百年。皆爲積德累業、恩結於人心。豈無僻王、賴前哲以免尔。自魏・晉已還、降及周・隋、多者不過五六十年、少者纔二三十年而亡、良由創業之君不務廣恩化、當時僅能自守、後無遺德可思。故傳嗣之主政教少衰、一夫大呼而天下土崩矣。

今陛下雖以大功定天下、而積德日淺、固當崇禹・湯・文・武之道、廣施德化、使恩有餘地、爲子孫立萬代之基。豈欲但令政教無失、以持當年而已。且自古明王聖主雖因人設教、寬猛隨時、而大要以節儉於身、恩加於人二者是務。故其下愛之如父母、仰之如日月、敬之如神明、畏之如雷霆。此其所以卜祚遐長而禍亂不作也。

今百姓承喪亂之後、比於隋時纔十分之一、而供官徭役、道路相繼、兄去弟還、首尾不絶、遠者往來五六千里、春秋冬夏、略無休時。陛下雖每有恩詔、令其減省、而有司作既不廢、自然須人、徒行文書、役之如故。臣每訪問、四五年來、百姓頗有怨嗟之言、以陛下不存養之。

昔唐堯茅茨土階、夏禹惡衣菲食、如此之事、臣知不復可行於今。漢文帝惜百金之費、輟露臺之役、集上書囊、以爲殿帷、所幸夫人衣不曳地。至景帝以錦繡纂組妨害女工、特詔除之、所以百姓安樂。至孝武帝雖窮奢極侈、而承文・景遺德、故人心不動。向使高祖之後、卽有武帝、天下必不能全。此於時代差近、事迹可見。

今京師及益州諸處營造供奉器物、并諸王妃主服飾、議者皆不以爲儉。臣聞『昧旦丕顯』、後世猶怠、作法於理、其弊猶亂。陛下少處民間、知百姓辛苦、前代成敗。目所親見、尙猶如此、而皇太子生長深宮、不更外事、卽萬歲之後、固聖慮所當憂也。

臣竊尋往代以來成敗之事、但有黎庶怨叛、聚爲盜賊、其國無不卽滅、人主雖欲改悔、未有重能安全者。凡修政教、當修之於可修之時、若事變一起、而後悔之、則無益也。故人主每見前代之亡、則知其政教之所由喪、而皆不知其身之有失。是以殷紂笑夏桀之亡、而幽・厲亦笑殷紂之滅。隋帝大業之初、又笑周・齊之失國。然今之視煬帝、亦猶煬帝之視周・齊也。故京房謂漢元帝云『臣恐後之視今、亦猶今之視古』。此言不可不戒也。

往者貞觀之初、率土霜儉、一匹絹纔得粟一斗、而天下帖然。百姓知陛下甚憂憐之、故人人自安、曾無謗讟。自五六年來、頻歲豐稔、一匹絹得十餘石粟。而百姓皆以陛下不憂憐之、咸有怨言、又今所營爲者、頗多不急之務故也。自古以來、國之興亡不由蓄積多少、唯在百姓苦樂。且以近事驗之、隋家貯洛口倉、而李密因之、東京積布帛、王世充據之、西京府庫亦爲國家之用、至今未盡。向使洛口・東都無粟帛、卽世充・李密未必能聚大衆。但貯積者固是國之常事、要當人有餘力、而後收之。若人勞而強斂之、竟以資寇、積之無益也。然儉以息人、貞觀之初、陛下已躬爲之、故今行之不難也。爲之一日、則天下知之、式歌且舞矣。若人旣勞矣、而用之不息、儻中國被水旱之災、邊方有風塵之警、狂狡因之竊發、則有不可測之事、非徒聖躬旰食晏寢而已。若以陛下之聖明、誠欲勵精爲政、不煩遠求上古之術、但及貞觀之初、則天下幸甚」。

太宗曰「近令造小隨身器物、不意百姓遂有嗟怨、此則朕之過誤」。乃命停之。

貪鄙　第二十六

■解説

貪鄙は、欲深く卑しいこと。本篇は、貪欲の事例を並べ、それを戒めとする。

第一章の末尾、隋の煬帝を殺した「取るに足らない男」（原文「匹夫」）とは、宇文化及のこと。本書「はじめに」の「隋末の乱と唐の成立」参照。

第二章、前段に登場する魯の公儀休（公儀が姓）の話は、『史記』巻一一九、循吏列伝、『韓非子』外儲説右下などに見える。『詩経』は、大雅「桑柔」詩からの引用。利を貪って民を虐待する厲王を、周の芮伯が誹った詩と解釈されている。

後段の、秦の蜀討伐で石像の牛を作った話は「石牛、道を開く」として知られ、『水経注』巻二七、沔水の注に、三国時代の来敏『本蜀論』という書を引いてこの話を載せる。この道は「石牛道」と呼ばれるという。類似の話は『華陽国志』巻三、蜀志などに見える。

前漢の田延年自殺の話は、『漢書』巻九〇、酷吏伝にある。

第三章の「天は非常に高く、地は非常に厚い……」は、『詩経』小雅「正月」詩に「天を蓋し高しと謂うも、敢て局せずんばあらず、地を蓋し厚しと謂うも、敢て蹐せずんばあらず」を踏まえる。小人が悪政をほしいままにしているので、小人の讒言を恐れて、高い天の下でも背を屈めて、厚い地の上でも抜き足差し足で、ビクビクしてそっと歩く様子を詠う。古人の言葉は、『漢書』巻七一、疏広伝が出典。

第四章の陳万福の武官職右衛将軍は、十二衛（左右衛・左右驍衛・左右武衛・左右威衛・左右領軍衛・左右金吾衛）の一つ右衛の副長官。長官は大将軍。九成宮は長安の西北にあった離宮。駅の官舎とは、駅伝制の駅舎。駅は三十里ごとに置かれ、牧場・宿泊施設・食糧などが用意され、周辺民の駅戸の納税や労役によって運営された。駅道という幹線道路を駅馬が走り、伝道という脇道を伝馬が走るので、駅伝という。

第五章の治書侍御史（御史台の官吏監察副長官）の権万紀は、直諫篇の第三章にも登場した。ありもしないことで官僚を誣告する、評判の悪い監察官。彼が銀鉱脈があると言った宣州は、現在の安徽省宣城県、また饒州は江西省鄱陽県。

第六章は、論旨がやや飛躍している印象を受ける。鳥や魚が安全な巣を離れて餌を求めるのは、命のための自然の摂理であって、欲を出しての行動とはいえない。それを言う古人の言葉は出典不明。二つ目の古人の言葉「幸福も災難も門から入ってくるのではなく……」は、『春秋左氏伝』襄公二十三年の引用。教戒太子諸王篇の第三章でも使われた。

第一章　生命は珠玉より大事なのに

貞観年間（六二七―六四九）の初めに、太宗が側近たちに語った。

「人はきれいな珠玉があれば、誰でも大切にするだろう。その珠玉で雀を射たならば、なんともったいないことではないか。ましてや、人の生命はきれいな珠玉よりも貴重である。それなのに、人は金銭や絹などの財貨を見ると、法律を恐れずにすぐに受け取ってしまうのは、生命を惜しまないということだ。珠玉は自分の身体の一部でもないのに、雀を射るのに使ってはもったいないと思う。ましてや、生命は何よりも貴重なはずなのに、財物と交換してよいだろうか。

臣下たちが、もし忠義を尽くして、国や人民に利益をもたらすのであれば、官職や身分はたちどころに手に入るであろう。それなのに、多くの者はその道で栄誉を求めようとはせず、妄りに財物を受け取り、贈賄が露見して身を亡ぼしてしまうのは、誠にお笑い草ではないか。帝王も同じである。勝手気ままに遊び呆け、際限もなく人民を労役に使い、ゴマすりを信任し、忠臣を遠ざけたりすれば、このうち一つでも国を亡ぼさずには済まないであろう。隋の煬帝は贅沢三昧をして自分を賢者だと誇り、とうとう取るに足らない男の手によって殺されてしまった。これもまたお笑い草ではないか」。

■原文

貞觀初、太宗謂侍臣曰「人有明珠、莫不貴重。若以彈雀、豈非可惜。況人之性命甚於明珠、見金錢財帛不懼刑網、徑即受納、乃是不惜性命。明珠是身外之物、尚不可彈雀、何況性命之重、乃以博財物耶。

羣臣若能備盡忠直、益國利人、則官爵立至。皆不能以此道求榮、遂妄受財物、贓賄既露、其身亦殞、實爲可笑。帝王亦然。恣情放逸、勞役無度、信任羣小、疏遠忠正、有一於此、豈不滅亡。隋煬帝奢侈自賢、身死匹夫之手、亦爲可笑」。

第二章　王の欲は国を滅ぼし、臣の欲は身を滅ぼす

貞観二年（六二八）に、太宗が側近たちに語った。

「かつて私は、欲深い人間は財産を愛するということをわかっていないと思ったことがある。在京や地方の官吏で身分が五品以上の者は、高額の俸給で厚遇されており、年収は非常に高い。その者が賄賂を受け取っても、その金額はせいぜい数万銭に過ぎないだろう。それで、ひとたび露見すれば、高い俸給が剥奪されてしまう。これでは、財産を愛するということを理解しているとは言えないのではないだろうか。わずかな利益に目がくらんで、大きな所得を失うのである。昔、魯の公儀休は魚が好物であったが、人の贈る魚は決して受け取らなかった。しかし俸禄があるので、いつまでも魚を食って暮らし続けた。そもそも、君主が欲深ければ、その国は必ず滅び、臣下が欲深ければ、その身は必ず滅ぶ。『詩経』には、『大風が通り道の物をなぎ倒すように、欲深い人間は善人を損ない傷つける』とある。これは決して間違いではない。

戦国時代の秦の恵文王は、蜀の地を攻撃しようとしたが、蜀に通じる道がわからなかっ

た。そこで彼は、石で五体の牛を彫刻し、尾の下に黄金を置いた。蜀の人はそれを見て、その牛が黄金の糞をすると思った。蜀の王は、五人の力士に石の牛を引いて蜀まで運ばせた。こうして蜀への道が開け、秦は軍を進め、蜀はついに併合されたという。また、前漢の大司農（財務長官）だった田延年は、三千万銭もの賄賂を受け取り、発覚して自殺した。このような例は、枚挙にいとまがないほどだ。私は今、蜀の王を自分の戒めとしよう。そなたたちは、田延年の先例を自分たちの戒めとしてほしい」。

■原文

貞観二年、太宗謂侍臣曰「朕嘗謂貪人不解愛財也、至如内外官五品以上、祿秩優厚、一年所得、其數自多。若受人財賄、不過數萬、一朝彰露、祿秩削奪、此豈是解愛財物。規小得而大失者也。昔公儀休性嗜魚、而不受人魚、其魚長存。且爲主貪、必喪其國、爲臣貪、必亡其身。『詩』云『大風有隧、貪人敗類』。固非謬言也。

昔秦惠王欲伐蜀、不知其逕。乃刻五石牛、置金其後。蜀人見之、以爲牛能便金、蜀王使五丁力士拖牛入蜀。道成、秦師隨而伐之、蜀國遂亡。漢大司農田延年贓賄三千萬、事覺自死。如此之流、何可勝記。朕今以蜀王爲元龜、卿等亦須以延年爲覆轍也」。

第三章　多額の財産は志を損ない、過ちを引き起こす

貞観四年（六三〇）に、太宗は高官たちに語った。

「私が一日中努力するのは、ただ人民を憐れむからだけでなく、そなたたちが末永く豊かに暮らせるようにさせたいからだ。天は非常に高く、地は非常に厚いけれど、私は背を丸めて抜き足で歩くように、いつもビクビクと天地を畏れ慎んでいる。そなたたちも、もし私と同じように、注意して法律を守るならば、ただ人民が安寧となるだけでなく、そなたたち自身も常に安楽に暮らせるのだ。

古人は、『賢者が多額の財産を持てばその志を損ない、愚者が多額の財産を持てば過ちを起こす』と言っている。この言葉は、深く戒めとすべきである。もし私利私欲を貪ろうとすれば、ただ公の法に背き、人民を傷つけるだけでなく、たとえ罪が発覚しなくても、心中は穏やかではいられないであろう。発覚を恐れて心配するあまりに、体調を崩して死に至ることもあり得る。立派な男が、財貨を貪って自分の身や命を損ない、子孫にまで恥をかかせてよいだろうか。そなたたちは、この古人の言葉を深く胸に刻むべきである」。

■原文

貞觀四年、太宗謂公卿曰「朕終日孜孜、非但憂憐百姓、亦欲使卿等長守富貴。天非不高、地非不厚、朕常兢兢業業、以畏天地。卿等若能小心奉法、常如朕畏天地、非但百姓安寧、自身常得驩樂。古人云『賢者多財損其志、愚者多財生其過』。此言可爲深誡。若徇私貪濁、非止壞公法、損百姓、縱事未發聞、中心豈不常懼。恐懼既多、亦有因而致死。大丈夫豈得苟貪財物、以害及身命、使子孫每懷愧耻耶。卿等宜深思此言」。

第四章　実刑ではなく社会的制裁

貞観六年（六三二）のこと、右衛将軍（うえいしょうぐん）の陳万福（ちんばんぷく）は、九成宮（きゅうせいきゅう）から長安に行く時、途中の駅の官舎にあった小麦粉数石（すうこく）を違法に奪い取った。太宗はその小麦粉を陳万福に下賜し、自分で背負って宮殿から出て行かせ、恥をかかせたのだった。

■原文

貞觀六年、右衞將軍陳萬福自九成宮赴京、違法取驛家麩數石。太宗賜其麩、令自負出以耻之。

第五章　銀鉱脈で富が手に入ると進言した男

貞観十年（六三六）、治書侍御史（ちしょじぎょし）の権万紀（けんまんき）が、上奏して、

「宣州（せんしゅう）と饒州（じょうしゅう）の山中には、銀の鉱脈がたくさんあります。それを採掘すれば非常に利益があがり、毎年、銭にして数百万貫（がん）に相当する収入が得られるでしょう」

と提案した。

太宗はそれを聞いて、

「我は天子という尊い地位にあって、それ以外の何でもない。ただ、よい意見を提言し、

よい行いを進め、人民に利益をもたらす者だけを必要とする。国家が数百万貫の銭の余剰を得たとしても、そのようなものは一人の才能ある人を得るのには及ばない。私は、そなたが賢者を推挙したり、善行を推奨するのを見たことがない。また、そなたは監察官でありながら、不法者を検挙したり、権力を振りかざすものを押さえつけることもできないでいる。そうでありながら、ただ銀鉱脈を掘らせて、その税収を国家の利益にしようと言う。昔、堯や舜は、玉璧を山林に投げ捨て、珠玉を谷に投げ捨て、それによってその崇高な名声は千年たっても称えられている。それに対して、後漢の桓帝と霊帝の二人は、利益を好んで義理を蔑み、暗愚な君主と伝えられている。そなたは、私を桓帝・霊帝と同類にしようとするつもりか」

と答えた。そして、その日のうちに権万紀の官位を剝奪し、家に帰らせた。

■原文

貞觀十年、治書侍御史權萬紀上言「宣・饒二州諸山大有銀坑、採之極是利益、毎歳可得錢數百萬貫」。

太宗曰「朕貴爲天子、是事無所少之。惟須納嘉言、進善事、有益於百姓者。且國家賸得數百萬貫錢、何如得一有才行人。不見卿推賢進善之事、又不能按舉不法、震肅權豪、惟道稅鬻銀坑以爲利益。昔堯・舜抵璧於山林、投珠於淵谷、由是崇名美號、見稱千載。後漢桓・靈二帝好利賤義、爲近代庸暗之主、卿遂欲將我比桓・靈耶」。

是日敕放令萬紀還第。

第六章　幸福も災難も自分が招くもの

貞観十六年（六四二）に、太宗が側近たちに語った。

「古人が言うに、『鳥は林に棲みながら、まだ木が低いのではないかと心配して、てっぺんの枝に巣を作る。魚は水に隠れていながら、まだ底が浅いのではないかと心配して、底の横穴に巣を作る。それなのに、人に捕まえられてしまうのは、みな餌を食おうとして出て行くからだ』とのことである。今、私の臣下たちは、任用されて高い地位につき、厚い俸給を受けている。だから、忠義と正義を実行し、公明正大な道を踏み行えば、決して災難が降りかかることはなく、一族は末永く豊かで高貴な家柄にいられるのだ。古人は、『幸福も災難も門から入ってくるのではなく、その人が招いたものだ』とも言っている。つまり、身を滅ぼすのは、全て金儲けをしようと思うからであって、それではあの魚や鳥と何も違わないではないか。そなたたちは、あの言葉を戒めだと思って、どうか胸に刻んでほしい」。

■原文

貞觀十六年、太宗謂侍臣曰「古人云『鳥棲於林、猶恐其不高、復巣於木末。魚藏於水、猶恐其不深、復穴於窟下。然而爲人所獲者、皆由貪餌故也』。今人臣受任、居高位、食厚祿、當須履忠正、蹈公清、則無災害、長守富貴矣。古人云『禍福無門、惟人所召』。然陷其身者、皆爲貪冒財利、與夫魚鳥何以異哉。卿等宜思此語爲鑒誡」。

巻七

崇儒学　第二十七

■解説

篇名は、儒学を尊崇するの意。唐初には、後の宋代朱子学のように四書（『論語』『孟子』『大学』『中庸』）を重視する考えはまだおこっておらず、儒学の根本経典は五経（『易経』『書経』『詩経』『礼記』『春秋』）であった。

第一章の弘文館について。長安城宮城内には、太極殿（正殿）の東に門下省があり、弘文館はさらにその東に置かれた。後漢の東観以来、宮廷の学問所は置かれていたが、唐で最初に設置されたのは高祖の武徳四年（六二一）の修文館で、門下省に属した。太宗は武徳九年八月に即位すると、翌九月に修文館を弘文館と改め、場所を移して規模を拡大した。以後、高官の子弟の学び舎となった。

第二章の先聖について。中国では、古より学校を建てると先聖・先師を祀った。周代には舜・禹・湯王・文王を四聖とし、後漢になって初めて周公旦を先聖、孔子を先師とした。その後、多くの王朝は孔子を先聖としたが、唐の高祖の武徳二年（六一九）に周公旦を先聖とし、太宗はそれを改めて孔子を先聖とした。周公旦は周の文王の子、武王の弟。武王とその子成王を補佐し、周の基礎を作った。太宗が孔子の廟堂を建てた国子監（国学ともいう）は、唐の国立大学。前章の弘文館が宮城内にあって、いわば高官子弟の教育に特化したのに対し、国子監は宮城の外、すぐ南にあり、高官子弟でない者も入学できた。国子監のコースは、国子学・太学・四門学・広文館・律学・書学・算学の七学に分かれ、それぞれに博士や助教以下が指導し、国子監全体の運営は長官の国子祭酒、副官の司業が管轄した。ただし、七学のコースは誰でも入れるのではなく、たとえば国子学ならば三品以上の官僚または国公の子・孫、従二品以上の官僚の曾孫までに限られるように、家柄の身分によって決められていた。

第三章の貞観十四年（六四〇）の詔に列挙されるのは、南北朝期の儒者たち。梁の皇侃は礼の、褚仲都は易の大家。北周の熊安生は五経に通じ特に易の、沈重は春秋の大家。陳の沈文阿は礼と春秋の、周弘正は易と老荘の、張譏は論語・孝経の大家。隋の何妥は国子祭酒を務め、劉炫は礼に通じて国子博士となった。

貞観二十一年の詔に列挙されるのは、さらに時代をさかのぼって春秋から南北朝期の学者。左丘明は『春秋左氏伝』を著したとされるが、異説もある。卜子夏は孔子の弟子の卜商（子夏は字）で、『詩経』を伝えたとされる。公羊高は『春秋公羊伝』の著者、穀梁赤は『春秋穀梁伝』の著者とされる。伏勝は姓は伏生、名は勝。秦漢時代の人で『尚書』（書経）を伝え、高堂生は漢代の人で『儀礼』を伝え、戴聖は『礼記』を伝え、毛萇は『毛詩』（現行の『詩経』）を伝え、孔安国は孔子の子孫で『尚書』の注を書き、劉向は前漢末に宮中の蔵書を校訂、分類した。鄭衆は後漢の人で易・詩・左氏伝に通じ、杜子春は礼に明るく、馬融は後漢の大学者、五経・論語・孝経などに博く通じた。盧植は後漢の博士、鄭玄は馬融と並ぶ大学者で、諸経に注を書いた。服虔は左氏伝に通じ、何休は公羊伝に通じた。王粛は経史に精通し、南朝から北魏に移って北朝の文化に大きな影響をあたえた。王弼は三国魏の人で、易や老子の注を書き、杜預は西晋の人で、左氏伝の注を書き、范甯は東晋の人で、穀梁伝の注を書いた。

第四章の王珪については、任賢篇第四章を参照されたい。王珪のいう衛太子は、前漢武帝の子、戻太子（劉拠）のこと。衛皇后の子なので、衛太子と呼ばれる。太子は、自分に無実の罪を着せた江充を討とうとして挙兵したが、敗れて長安を脱出して、東方の村で死んだ。武帝は太子の挙兵に激怒したものの、太子の死後にその冤罪を知って後悔した。武帝の後は、戻太子の弟昭帝が継いだ。

蒯聵は、春秋時代の衛の霊公の世子。霊公の夫人（自分の母）を殺そうとして、父の霊公と不和となって宋に出奔した。霊公が死ぬと、蒯聵の子の輒が立ったが、蒯聵が衛に戻って今度は父子の争いとなり、蒯聵が荘公として立つと、輒が出奔した。しかし、衛の人は荘公を出国させて晋と和を結び、結局荘公は晋によって殺された。このように、『春秋左氏伝』は蒯聵（荘公）を不義の人として描いている（定公十四年、哀公二年・十六年・十七年条）。

この話を持ち出した雋不疑は、前漢昭帝期の京兆尹（都知事）。当時、自分は武帝の子の衛太子だと名乗る者が現れ、みな対処に迷っていたが、遅れて到着した雋不疑はすかさず捕縛させた。理由は、昔の衛の蒯聵が父に対して罪を働いて出奔し、後に国に戻ったことを『春秋左氏伝』が非難するのと同じで、父の武帝に罪を働いて出奔した者が戻れば、罪人である、というもの。獄にかけて詐称が発覚し、昭帝は雋不疑を称えた。『漢書』巻七一、雋不疑伝に見える話。

「書類を書いている下っ端役人」の原文「刀筆俗吏」は、紙が一般的でない時代には、役人は筆とともに、書写材料の木簡・竹簡を削る小刀を携帯していたので、小役人の文書係を「刀筆の吏」と呼んだことに因む。

第五章の顔師古は、学者の家系の生まれで、北斉に仕えた祖父の顔之推は『顔氏家訓』の著者。顔師古は、唐の高祖李淵にまみえ、長安入城に従い、唐建国後は機密文書を扱い、高祖の詔勅などはほとんど顔師古が書いたという。太宗即位後も文官として仕え、特に本章で取り上げられる五経の文章考定（校訂）という大きな業績をあげた。また、『漢書』に注を付けたことでも知られ、それは「師古注」といって今日の漢書研究でも必ず参照される。『旧唐書』巻七三に立伝。

孔穎達は、規諫太子篇第二章で『孝経義疏』を書いて太子李承乾を諫めた人。漢代以来の学者の家系に生まれ、八歳で学業を始め、やがて五経に通じた。経典の本文を経といい、その解釈を注という。さらに注を解釈して、学説を取捨選択した考察を疏といい、注とあわせて注疏という。孔穎達の業績で最も大きいのは、五経の疏を撰して、経・注とともに『五経正義』を編纂したことである。今日に至るまで、五経の根本経典とされる。顔師古と同じく『旧唐書』巻七三に立伝。

第六章の岑文本は、君臣鑒戒篇第七章を参照。太宗の言葉にある蘇秦は、戦国時代の遊説の士。戦国七雄の秦以外の六国をあわせて秦に対抗する合従策を説いたとされる。錐で自分の股を刺して眠気を払った話は、『戦国策』秦策、恵文君「蘇秦始め将に連横せんとす」の条にある。董仲舒は、前漢の武帝期の学者。彼の賢良対策によって儒学が漢の官学となり、人材育成に大きな貢献をしたとされるが、異論もある。『史記』巻一二一、儒林列伝によれば、董仲舒は帷（仕切りのカーテン）を下して勉強し、三年にわたって庭を見なかったという。

岑文本の引用する『礼記』は、学記篇の言葉。

第一章　弘文館の設置

太宗は即位したばかりの頃、宮中正殿の東側に弘文館を置いた。国中の文学・儒学に通じた者を精選し、本来の官職とは別に弘文館学士の肩書を兼ねさせ、五品官相当の給食を出し、交代で宿直させた。政務の合間には彼らを内殿に招いて、昔の経典について議論したり、政治上の問題について相談したりして、それらが夜遅くまで及ぶこともあった。また詔を下して、勲功ある三品官以上の者の子孫は、弘文館の学生として学ばせた。

■原文

太宗初踐阼、即於正殿之左、置弘文館、精選天下文儒、令以本官兼署學士、給以五品珍膳、更日宿直。以聽朝之隙引入内殿、討論墳典、商略政事、或至夜分乃罷。又詔勳賢三品已上子孫爲弘文學生。

第二章　国立大学の隆盛

貞観二年（六二八）に、太宗は詔を下して周公旦を学校の先聖とするのをやめさせ、初めて孔子の廟堂を国子監に建て、古典を調べてこれまでの礼に基づき、孔子を先聖とし、弟子の顔回を先師とした。二人に供える祭器や舞踏などが、ここに初めて全て整った。この年、国中の儒者を招くために、絹を下賜し、駅伝の馬を使えるようにして彼らを長安に集め、年功を問わずに多くの者を抜擢した。そして、一つ以上の経典によく通じている者は、みな官吏に採り立てた。国子監には四百間以上の広さの学舎を増築し、国子学・太学・四門学・広文館の学生を増員し、さらに書学・算学などにもそれぞれ博士と学生を置き、あらゆる技能を修得できるようにした。

太宗は、しばしば国子監に出向き、祭酒（学長）・司業・博士らに講義をさせ、終われば授業料を賜った。儒学を学ぶ者が四方から書籍を背負ってやって来て、その数は数千人にも上った。間もなく吐蕃（チベット）や高昌国（トゥルファン）、高句麗、新羅など外国の王たちも、子弟を派遣して国子監に入学させてほしいと願い出るようになった。このようにして、国子監の学内は、書物を手に授業を受ける学生が一万人にも及んだ。儒学の盛んなこと、かつてないほどであった。

■原文

貞觀二年、詔停周公爲先聖、始立孔子廟堂於國學、稽式舊典、以仲尼爲先聖、顏子爲先師。兩邊俎豆干戚之容、始備於茲矣。是歲大收天下儒士、賜帛給傳、令詣京師、擢以不次、布在廊廟者甚衆。學生通一大經已上、咸得署吏。國學增築學舍四百餘間、國子・太學・四門・廣文亦增置生員、其書・算各置博士・學生、以備衆藝。

太宗又數幸國學、令祭酒・司業・博士講論、畢、各賜以束帛。四方儒生負書而至者、蓋以千數。俄而吐蕃、及高昌・高麗・新羅等諸夷酋長、亦遣子弟請入于學。於是國學之內、鼓篋升講筵者、幾至萬人、儒學之興、古昔未有也。

第三章　前代の大学者を顕彰

貞観十四年（六四〇）に、太宗は詔を下した。

「梁の皇侃と褚仲都、北周の熊安生と沈重、陳の沈文阿、周弘正と張譏、隋の何妥と劉炫、これらは前代の名だたる儒学者で、その経学は記録すべきである。さらには、各地の学生の多くが、これらの方々の学説を学んでいる。こういう先学は顕彰して、後学の手本としなければならない。そこで、彼らの子孫がまだ健在なのかどうかを調べて、その姓名を記して報告せよ」。

貞観二十一年には、さらに詔を下した。

「左丘明・卜子夏・公羊高・穀梁赤・伏勝・高堂生・戴聖・毛萇・孔安国・劉向・鄭衆・杜子春・馬融・盧植・鄭玄・服虔・何休・王粛・王弼・杜預・範甯ら、これら二十一人の先学たちは、ならびにその著書が国子監のテキストとして用いられている。すでにその学問が行われているのであるから、彼らに敬意を表するのが道理である。これより後、国子監で行事がある時には、これらの先学たちを孔子の廟にならべて一緒に祀るようにせよ」。

太宗は、このように儒学者を尊敬した。

■原文

貞觀十四年詔曰「梁皇侃・褚仲都、周熊安生・沈重、陳沈文阿・周弘正・張譏、隋何妥・劉炫、並前代名儒、經術可紀、加以所在學徒、多行其講疏、宜加優賞、以勸後生、可訪其子孫見在者、錄姓名奏聞」。

二十一年詔曰「左丘明・卜子夏・公羊高・穀梁赤・伏勝・高堂生・戴聖・毛萇・孔安國・劉向・鄭衆・杜子春・馬融・盧植・鄭玄・服虔・何休・王肅・王弼・杜預・範甯等二十有一人、並用其書、垂於國冑。既行其道、理合褒崇、自今有事於太學、可並配享尼父廟堂」。
其尊儒重道如此。

第四章　学識がなければ政治はできない

貞観二年（六二八）、太宗は側近に、

「政治を行う要は、ただ人材を得ることにある。才能のない者を任用すれば、統治は必ず難しくなる。今、人を採用するにあたっては、必ず徳行と学識があるかどうかを基準とすべきである」

と語った。それに対して、諫議大夫（皇帝諫め役）の王珪が、

「臣下たる者、もし学問がなければ、古典に載る先人の言行を知ることができません。それでは、どうして重い任務に堪えられるでしょうか。前漢の昭帝の時、偽って自分は武帝の子の衛太子だと称する者が現れ、数万人が集まりましたが、誰も本物か偽物かわかりませんでした。ところが雋不疑は、春秋時代に衛の国を出奔した世子の蒯聵の故事を引いて、この者は本物だとしても罪人である、と断じました。昭帝は、『公卿や大臣は、経学を身に付け昔のことに明るい者を任用せねばならない』と言いました。これは、書類を書

いているだけの下っ端役人に真似のできることではありません」と答えた。

太宗は、「まったくそなたの言うとおりだ」と賛同した。

■原文

貞觀二年、太宗謂侍臣曰「爲政之要、惟在得人、用非其才、必難致治。今所任用、必須以德行・學識爲本」。

諫議大夫王珪曰「人臣若無學業、不能識前言往行、豈堪大任。漢昭帝時、有人詐稱衞太子、聚觀者數萬人、衆皆致惑。雋不疑斷以蒯聵之事。昭帝曰『公卿大臣、當用經術明於古義者』。此則固非刀筆俗吏所可比擬」。

上曰「信如卿言」。

第五章　経典の校訂と『五経正義』の完成

貞観四年（六三〇）に太宗は、昔からの経典が、聖人の時代から長い年月が過ぎ、文字にも誤りがあるので、前の中書侍郎（中書省副長官）だった顔師古に詔を下して、秘書省（図書保管署）の書籍を調べて五経を校訂させた。作業が終わると、今度は尚書左僕射（尚書省副長官）の房玄齢に詔を下し、多くの儒学者を集めてそれについて重ねて議論させた。その頃の儒学は、それぞれが師匠の学説を受け継いで、長い間誤った解釈が伝えられており、そこで口々に顔師古の校訂に異議を唱え、異論が噴出した。しかし顔師古は、それらに対して晋や南朝宋以来の古い版本を引用して、いちいち明確な証拠を出し、諸学者の考え以上の解釈を示したので、みな感服して従った。太宗はしばらく顔師古を称え、褒美として絹五百疋を下賜し、通直散騎常侍（従三品）の身分をあたえ、彼が校訂した書籍を天下に配り、学者に勉強させた。

太宗はまた、学問に多くの学派があり、経典の解釈が煩雑なので、顔師古と国子監の祭酒（学長）の孔穎達ら儒学者に詔を下し、五経の解釈を制定させ、その結果全百八十巻の書物ができあがった。それを『五経正義』と名づけ、国子監のテキストとした。

■原文

貞觀四年、太宗以經籍去聖久遠、文字訛謬、詔前中書侍郎顏師古於祕書省考定五經。及功畢、復詔尙書左僕射房玄齡集諸儒重加詳議。時諸儒傳習師說、舛謬已久、皆共非之、異端蜂起。而師古輒引晉・宋已來古本、隨方曉答、援據詳明、皆出其意表、諸儒莫不歎服。太宗稱善者久之、賜帛五百匹、加授通直散騎常侍、頒其所定書於天下、令學者習焉。

太宗又以文學多門、章句繁雜、詔師古與國子祭酒孔穎達等諸儒、撰定五經疏義、凡一百八十卷、名曰『五經正義』、付國學施行。

第六章　玉も磨かずんば光らず

かつて太宗は、中書令（中書省長官）の岑文本に、

「そもそも人間というものは、生まれつき定まった性質を授かっているが、必ず広く学問をして、人としての道を成し遂げねばならない。それはちょうど、大蛤がもともと水分を含んでいても、月の光によって初めて水蒸気を噴き出し、木がもともと火の気を含んでいても、火打ちによって初めて発火するようなものだ。人の性質はもともと霊妙な知恵をふくんでいても、学問を修めて初めて美徳を発揮するのである。だからこそ、戦国時代の蘇秦は錐で自分の股を刺して眠気を払い、前漢の董仲舒はカーテンをおろして勉強に集中した。それほど学芸の道に努力しなければ、その名は世に顕れないのだ」

と語った。

それに対して、岑文本は、

「そもそも、人間本来の性質は誰でも似たようなものですが、心は人それぞれ違います。だから、学問をして心を磨き、本来の性質を完成させねばなりません。『礼記』は、『玉は磨かなければ器にならず、人は学ばなければ道を知らず』と言っています。したがって古人は学問に励むことを、立派な美徳と称えたのです」

と答えた。

■原文

太宗嘗謂中書令岑文本曰「夫人雖稟定性、必須博學以成其道、亦猶蜃性含水、待月光而水垂、木性懷火、待燧動而焰發。人性含靈、待學成而爲美。是以蘇秦刺股、董生垂帷。不勤道藝、則其名不立」。

文本對曰「夫人性相近、情則遷移、必須以學飭情以成其性。『禮』云『玉不琢不成器、人不學不知道』。所以古人勤於學問、謂之懿德」。

文史　第二十八

■解説

文史とは、文学（文章）と歴史学。太宗は歴史学を重視する。

第一章と四章に登場する房玄齢は、任賢篇第一章参照。

第一章に見える揚雄は、前漢末期の文人。「甘泉の賦」は、成帝の甘泉宮などの祭祀に従った様子を、「羽猟の賦」は成帝の狩猟に従った様子をそれぞれ叙述し、帝を諷刺した作品。どちらも『漢書』巻八七上、揚雄伝上に収録。司馬相如は前漢の文人。「子虚の賦」は諸侯の狩猟を描いて楚の地の優美を謳い、「上林の賦」は皇帝の狩猟を描いて園林の風美を詠う。『漢書』巻五七上、司馬相如伝上に一つの賦として収録。班固は後漢の人で、『漢書』の著者として知られる。「両都の賦」は、「西都の賦」と「東都の賦」からなり、西都（長安）の客が長安の隆盛を語り、東都（洛陽）の主人が洛陽の美を語る構成。その豊富な語彙は賦の手本とされた。『後漢書』巻四〇、班彪列伝付班固伝上・下に収録。以上の賦は、『文選』巻一・七・八にも収められる。

第二章の著作佐郎の鄧隆は、本名は鄧世隆。太宗の諱 世民を避けた表記。隋末に洛陽の王世充の配下となり、洛陽平定後に太宗に仕えた。『旧唐書』巻七三に立伝される。著作佐郎は、秘書省著作局の副長官で、朝廷が発する文書を担当する。

梁の武帝親子とは、武帝と簡文帝。慎所好篇第一章を参照されたい。武帝には『梁武帝集』二十六巻、『梁武帝詩賦集』二十巻、『梁武帝雑文集』九巻、簡文帝には『梁簡文帝集』八十五巻があったという（『隋書』巻三五、経籍志四）。陳の後主（最後の皇帝）は、南朝陳の最後の皇帝。忠義篇第十二章を参照。『陳後主集』三十九巻があった（同右）。隋の煬帝には『隋煬帝集』三十巻があった（『旧唐書』巻四七、経籍志下）。

第三章の褚遂良は、任賢篇第六章参照。彼の言葉「臣下としての道を……」は、『春秋左氏伝』昭公二十年十二月条に孔子の言葉として載せられる。

劉洎は納諫篇第九章参照。彼の言う「日食・月食」の喩えは、『論語』子張篇に見える（慎言語篇第二章参照）。

第四章、後段の太宗の言葉にある「周公旦が兄弟の管叔と蔡叔を誅した」については、公平篇第一章を参照されたい。「魯の季友が兄の叔牙を毒殺した」話は、『春秋左氏伝』荘公三十二年七月条に見える。魯の荘公には、慶父・叔牙・季友の三人の弟がいたが、子の般が生まれた。荘公が病気になり、自分の世継ぎについて相談すると、叔牙は慶父を推し、季友は般を推して意見が分かれた。季友は叔牙を毒殺して、般を後継ぎに立てたという。

太宗がここで周公旦と季友の故事を持ち出したということは、この二つを、自分が過去に起こした玄武門の変に重ね合わせて、自分の行為を正当化する理論武装なのであろう。

しかし、後者の例はその後、慶父は般を殺害し、季友は陳に逃げ、魯では荘公の別の子開(閔公)が立ったのであって、季友の行為は決して魯の国を安定させたことにならない。

そもそも、この章に書かれていることを鵜呑みにしてよいかどうか。第三章から太宗は、本来は皇帝が見てはならないとされる自分の記録をさかんに見たがり、とうとう第四章で気心の知れた房玄齢にそれを持ってこさせた。即位して十五年ほどがたち、過去の自分が挙行した兄弟殺害のクーデターがどのように伝えられるのか、気になってしかたがなかったのであろう。玄武門の変に至る史料を読むと、犠牲となった兄の皇太子建成と弟の元吉については、凡庸で悪質な人間として描かれる記述が圧倒的に多い。そのようなことが事実であるのか。本章の末尾で、太宗は「ありのままを書くように」と述べ、それを魏徴が称賛しているが、やはり「勝てば官軍」であって、虚飾性を感じざるをえない。

第一章　歴史書には華美な文学作品より優れた上奏文を載せろ

貞観の初めに、太宗は国史の監修官である房玄齢に言った。

「このごろ、『漢書』『後漢書』を見ると、楊雄の『甘泉の賦』や『羽猟の賦』、司馬相如の『子虚の賦』や『上林の賦』、班固の『両都の賦』などを収録している。これらの文章はうわべばかり華美で、善を勧めるにも悪を戒めるにも、どちらも益がない。どうして、こういう文章を歴史書に載せる必要があるのだろうか。今の時代はこういう文章ではなく、言葉も道理も適切で、政治の助けとなるような上奏文があったならば、私がそれに従ったか従わなかったかを問わず、すべて歴史記録に載せるべきである」。

■原文
貞觀初、太宗謂監脩國史房玄齡曰「比見前、後『漢史』載錄楊雄『甘泉』、『羽獵』、司馬相如『子虛』、『上林』、班固『兩都』等賦、此既文體浮華、無益勸誡、何假書之史策。其有上書論事、詞理切直、可裨於政理者、朕從與不從皆須備載」。

第二章　君主に文集は必要ない

貞観十一年（六三七）のこと、著作佐郎（ちょさくさろう）の鄧隆（とうりゅう）が上奏して、太宗がこれまで書いた文章を年代順に整理して文集を作ることを願い出た。それに対して、太宗は答えた。

「私が政治上の命令を発し、それが人民の益となるものであったならば、史官がそれを書き留めて長く後世に伝えるだろう。ところが、もし昔のできごとを手本とせず、政治を乱して人々に害をあたえたならば、文集を残したところで、後世の笑いものになるだけだ。だから文集などは必要としない。南朝の梁（りょう）の武帝（ぶてい）親子や陳（ちん）の後主（こうしゅ）、あるいは隋の煬帝（ようだい）などは、大部の文集があるが、その行いときたら道理に外れたことばかりで、国はたちまち崩れてしまった。すべて君主というものは、徳のある行いが肝要なのであるから、どうして文集を必要としなければならないのか」。

そして、とうとう文集の編纂を許さなかった。

■原文

貞觀十一年、著作佐郎鄧隆表請編次太宗文章爲集。太宗謂曰「朕若制事出令、有益於人者、史則書之、足爲不朽。若事不師古、亂政害物、雖有詞藻、終貽後代笑、非所須也。只如梁武帝父子及陳後主、隋煬帝、亦大有文集、而所爲多不法、宗社皆須臾傾覆。凡人主惟在德行、何必要事文章耶」。竟不許。

第三章　天子の非道であろうと起居官は必ず記録する

貞観十三年（六三九）に、褚遂良（ちょすいりょう）は諫議大夫（かんぎたいふ）（皇帝諫め役）となり、起居注（ききょちゅう）編纂の監督を兼任することとなった。太宗は褚遂良に質問した。

「そなたは、このごろ起居注を統括しているが、どのようなことを書いているのか。そもそも天子は、起居注を見ることができるのか、できないのか。私がその記載を見たいと思うのは、干渉するのではなく、自分の行いの長所・短所を知って、それを自分の戒（いまし）めにしたいだけなのだ」。

褚遂良は答えた。

「今の起居官は、古の左史・右史に相当し、君主の言行を記録します。いいことも悪いことも残さず書くのは、君主が非法なことをしないように願うからです。帝王が自ら自分の歴史記録を見るというのは、聞いたことがありません」。

太宗はさらに、

「私によくない点があれば、そなたは必ず書き記すか」

と聞いた。それに対して、褚遂良は、

「私は、『臣下としての道を守るには、職務を全うするのが最も重要』と聞いています。私の職務は記録係ですから、天子が非道だからといって、どうして書かないことがありましょうか」

と答えた。

その時、黄門侍郎（門下省副長官）の劉洎が進み出て言った。

「君主に過失があれば、それは日食・月食と同じで、人々はみな注目します。たとえ褚遂良に書かせなくても、天下の人がみなそれを覚えているでしょう」。

■原文

貞観十三年、褚遂良爲諫議大夫、兼知起居注。太宗問曰「卿比知起居、書何等事。大抵於人君得觀見否。朕欲見此注記者、將却觀所爲得失以自警戒耳」。遂良曰「今之起居、古之左・右史、以記人君言行、善惡畢書、庶幾人主不爲非法、不聞帝王躬自觀史」。

太宗曰「朕有不善、卿必記耶」。

遂良曰「臣聞『守道不如守官』、臣職當載筆、何不書之」。

黄門侍郎劉洎進曰「人君有過失、如日月之蝕、人皆見之。設令遂良不記、天下之人皆記之矣」。

第四章　玄武門の変の記録を見る

貞観十四年（六四〇）、太宗は房玄齢に聞いた。

「私が前代の歴史書を見ると、善を顕彰し悪を懲らしめ、後世の戒めとして十分に役立っている。それなのに、昔からその時代の歴史記録を帝王自身には見せないというのは、一体どういう訳であろうか」。

房玄齢は答えた。

「国史が帝王の善も悪も必ず記録するのは、君主が非道なことをしないようにと願うからです。しかし、もし君主に見せれば、きっと史官はありのままを書くことに躊躇するようになるでしょう。だから君主には見せないのです」。

すると太宗は、さらに言った。

「私の意思は、決して昔の帝王と同じではない。今、自分で国史を見たいと思うのは、私のよい点が書かれていれば、それは別に問題ではない。しかし、悪い点があれば、それを戒めとして、私は自分の言行を改めたいと思うだけなのだ。そなたは、私の記録を書き写して持って来るように」。

房玄齢らは、史官の記録を削約して編年体の歴史書を作り、『高祖実録』『太宗実録』各二十巻として提出した。太宗は、武徳九年（六二六）六月四日の玄武門の変の記録を見ると、叙述が遠回しではっきりと書かれていなかった。そこで、房玄齢に言った。

「昔、周公旦は兄弟の管叔と蔡叔を誅して周の王室を安定させ、魯の季友は兄の叔牙を毒殺して魯の国を安泰にさせた。私がしたことも、この二つと同じである。つまり、国家を安泰にして、万民に利益をもたらそうとしたのだ。だから、史官が書くのに、なんでわざわざそれを隠す必要があろうか。飾り立てた文言は改めて、事実をそのまま書くように」。

それを聞くと、侍中の魏徴は、

「天子は最も高い地位にいるので、なにごとも遠慮することはないと言われています。ただ国史だけが、勧善懲悪のために天子のありのままを書きます。そこに書かれていることが事実でなかったならば、後世の人は何を見ればよいのでしょうか。今、陛下が史官に書き直させたのは、まさに公正の道に合致するものです」

と上奏した。

■原文

貞觀十四年、太宗謂房玄齡曰「朕毎觀前代史書、彰善癉惡、足爲將來規誡。不知自古當代國史、何因不令帝王親見之」。

對曰「國史既善惡必書、庶幾人主不爲非法。止應畏有忤旨、故不得見也」。

太宗曰「朕意殊不同古人。今欲自看國史者、蓋有善事、固不須論。若有不善、亦欲以爲鑒誡、使得自修改耳。卿可撰錄進來」。

玄齡等遂刪略國史爲編年體、撰高祖・太宗實錄各二十卷、表上之。太宗見六月四日事、語多微文、乃謂玄齡曰「昔周公誅管・蔡而周室安、季友鴆叔牙而魯國寧、朕之所爲、義同此類、蓋所以安社稷、利萬民耳。史官執筆、何煩有隱。宜卽改削浮詞、直書其事」。

侍中魏徵奏曰「臣聞人主位居尊極、無所忌憚、惟有國史、用爲懲惡勸善、書不以實、後嗣何觀。陛下今遣史官正其辭、雅合至公之道」。

礼楽（れいがく）第二十九

■解説

礼楽とは、儀礼と音楽。中国の礼とは、マナーやエチケットの意も含むが、それだけではなく、より広く社会的秩序を保つための規範をいう。したがって、国家の統治体制も礼であり、礼を実践する手段の一つとして法がある。

音楽は、人々の心を養い、融和させるもので、天子が賜るものとされる。したがって、国家祭祀（セレモニー）を行う際には、かならず楽が奏でられる。

儒家思想では、特に礼と楽が重視され、理想的政治を行うために不可欠な条件とされた。だから、しばしば「礼楽」と熟す。本篇では、その礼楽に関する様々な問題が取り上げられる。

唐の国家祭祀儀礼の式次第は、太宗期に『貞観礼（じょうがんれい）』が、高宗期に『顕慶礼（けんけいれい）』が、玄宗期に『開元礼（かいげんれい）』が、それぞれ編纂されて定められた。このうち現存するのは『開元礼』（『大唐開元礼』）のみであるが、礼というものは、多くは前礼を引き継ぐ傾向にあるから、後掲第六章や九章のように、玄宗期の儀礼書であっても太宗期の礼制を考える参考になる。

第一章は、太宗の諱（いみな）「世民（せいみん）」の文字の避（さ）け方を規定したもの。皇帝の本名に使われる文字は、使用しないのが慣例である。ここでは「世民」と続く場合以外は、いちいち「世」の字、「民」の字を避けなくてよろしいという。しかし、太宗が崩じて次の高宗が即位すると、それまで尚書省民部と称した部署を戸部と改めた。以後、唐代には「世」「民」を避けるのが通例となった。「世」を使用する時には「代」の字に替え、「民」は「人」に替えた。唐の文章では、「人間」は「じんかん」と読むことを想起するであろう。「民間」の代替なのである。ちなみに、高祖李淵の「淵」の字は「泉」に替える。

太宗の言葉の冒頭「人の名は、その人が亡くなれば……」は、『春秋左氏伝』桓公六年九月条に「周人は諱を以て神に仕う。名は、終われば将に之を諱まんとす」とあるのを踏まえる。詔の冒頭の『礼記』は、曲礼篇上に「礼に嫌名を諱まず、二名は偏諱せず」（同音の字は避けない、二字名は一字ずつを避けない）とあるのが出典。続いて孔子があげられるのは、五経は孔子が書いたとされていたから。原文「尼父」は孔子の諡で、字「仲尼」による。

第二章の高季輔は、隋の官僚の家柄だったが、隋末の混乱で兄が殺され、その仇を討ったことで多くの人に慕われた。その後、唐に仕え、貞観の初めに監察御史（官僚監察役）に任命されて多くの不正を糾弾して、中書舎人（中書省文書担当部長）に転じた。本章に記されるのは、高季輔が時の政治を論じた上奏五条のうちの一つ（『旧唐書』巻七八）。密王の李元暁は、高祖の第二十一子。呉王の李恪と魏王の李泰はいずれも太宗の子で、李元暁の甥にあたる。この二人については、太子諸王定分篇第一章、直諫篇第八章参照。

第三章の、辰の日には泣いてはいけないので葬儀は行わないという話は、仁惻篇第三章で張公謹が死去した時にも持ち上がり、太宗は一蹴している。本章は貞観四年（六三〇）のことであり、仁惻篇は貞観七年であるから、このような迷信はなかなか消えないのであろう。

第五章の『氏族志』とは、各地の名族のランクを定めたもの。本章にあるとおり、最初の『氏族志』では崔幹（正しくは崔民幹。太宗の諱を避けた表記）の一族が第一等とされ、唐の皇室李氏は第三等とされた。太宗はそれに不満を抱き、李氏を第一等として、崔氏を第三等に格下げした。魏晋南北朝は、漢代以来の名門豪族の時代であり、中には広大な土地を所有して多くの小作人を抱える一族もあった。それに対して、北周・隋・唐は西の長安を中心とする新興国家であり、その家柄が東方の名門に敵うはずもなかった。つまりこの問題は、新興の唐王朝と東方地域の名門とのせめぎ合いなのである。

房玄齢は任賢篇第一章を、高士廉は太子諸王定分篇第四章を、韋挺は求諫篇第六章を、岑文本は君臣鑒戒篇第七章を、それぞれ参照。令狐徳棻は敦煌の名族出身。若くして文史に詳しく、高祖李淵が長安に入城すると召し抱えられ、太宗・高宗朝で文官として活躍した。西魏・北周の歴史書『周書』の編纂者として有名。

第六章の公主は、皇室から他家に嫁ぐ女性のこと。南平公主は太宗の第三女。王珪については、任賢篇第四章を参照。その子の王敬直は、皇太子の李承乾と親しく交流しており、承乾が太子を廃立されると連坐して南方に流され、南平公主は劉元意という人物（詳細不明）と再婚したという。本章で記される、新婦が新郎の父母に挨拶する儀式は、『礼記』郊特牲篇に記され、それによれば新婦は義父母に食事を勧めた後、その食べ残しを食するしきたり。この儀式が唐の礼制に取り入れられたことは、玄宗期の儀礼書『大唐開元礼』巻一一六、嘉礼、公主降嫁「饋舅姑」に式次第が載せられていることで確認される。

第七章の朝集使は、毎年各地の州から業務の報告や特産品の献上のために、上京する使者をいう。原文に「使」とあるのも朝集使と同義。

第八章、王珪の上奏の冒頭にある「令」は、律令の令。唐の令は失われてしまったが、唐令を復元した仁井田陞著『唐令拾遺』の儀制令第十六条甲は、『貞観政要』のこの部分に依拠して「三品已上、親王に路にて遇わば、合に下馬すべからず」（四九三頁）と復元する。また、池田温責任編集『唐令拾遺補』は、その他の依拠史料を補足する（六五八頁）。

第九章の臣下の報告、冒頭「礼とは、迷うものに答えを出し……」は、『礼記』曲礼篇上にほぼ同文がある。

第二段落の周の成王の言葉は、『春秋左氏伝』成公二年十一月条に見える。「渭陽」の詩は、『詩経』秦風にある。秦の康公が太子だった時、母の兄弟である晋の文公を渭水の北に見送った詩と解されている。

第三段落冒頭の「兄弟の子を……」は、『礼記』檀弓篇上の引用。『儀礼』の「継父の場合は……」は、同書の喪服（『儀礼注疏』巻三一）にほぼ同文あり。二つ目の『礼記』「母の姉妹の夫……」も檀弓篇上。

第五段落の鄭均（仲虞は字）は後漢の人。未亡人の嫂とその子を養うために、官職に招聘されても、病気と偽って決して家を出なかったという（『後漢書』巻二七）。顔含（弘都は字）は晋の人。失明した嫂のために苦労して薬を調合していたところ、青い服の童子が現れて蛇の肝を渡し、それによって嫂の目は治った。童子は青い鳥に変身して飛び去ったという（『晋書』巻八八）。馬援は後漢の大儒。この話は『後漢書』巻二四の彼の列伝に見える。孔伋は孔子の孫、字は子思。この逸話は、『礼記』檀弓篇上の曾子の言葉にある。

最終段落の結論は、『大唐開元礼』巻一三二、凶礼、五服制度にそれらが確認できるので、後世に継承されたことがわかる。

第十章、子路（仲由は字）が米を背負って歩くことができなくなったことを悲しんだ逸話は、『孔子家語』致思篇に見える。『詩経』の引用は小雅「蓼莪」より。「蓼蓼（生い茂る）たるは莪（美味の若菜）、莪に匪ず伊れ蒿（苦いよもぎ）。哀哀たる父母は、（役立たずの）我を生みて劬労す」と詠う。

第十一章の祖孝孫は、隋の時代から雅楽に通じ、特に音律に詳しかった。唐の建国当初は隋の雅楽を用いていたが、武徳七年（六二四）に高祖は祖孝孫に唐の雅楽制定を命じ、貞観の初めにできあがった。唐の雅楽の基礎は、祖孝孫によって定められたといわれる。杜淹は杜如晦の叔父。仁惻篇第二章参照。『玉樹後庭花』は、南朝・陳の後主（最後の皇帝）が張貴妃の遊宴のために作らせた楽曲。『伴侶曲』は、南朝・斉の東昏侯（最後から二番目の皇帝）が作った楽曲。末尾で魏徴が引用するのは、『論語』陽貨篇にある孔子の言葉。

第十二章の蕭瑀については、政体篇第一章・五章参照。「破陣楽舞」は、太宗がまだ秦王だった時、群雄の一人劉武周を破った際に陣中で作られ、以後受け継がれて朝廷の舞踏楽となった。

第一章　「世」と「民」の一字ずつを避けなくてよい

太宗は即位したばかりの頃、側近たちに言った。

「人の名は、その人が亡くなれば、本名で呼ぶのは避けるのが礼儀である。昔の帝王たちは、生きている時には本名の文字を避けはしなかった。たとえば、周の文王の本名は昌といったが、『詩経』周頌の『雝』という詩の中には『克く厥の後（後継ぎ）を昌んにす』という一節があって、『昌』の字を避けていない。春秋時代に、魯の荘公の本名は同であったが、『春秋』荘公十六年の経文には『斉侯・宋公らは、幽の地で同盟す』と記され、やはり『同』の字を避けてはいない。しかし、その後の帝王たちは、やたらに決まりを作って、生きているうちに自分の本名の文字を避けさせるようになった。これは道理の通ることではないから、改めるべきである」。

そこで、次のような詔を発した。

「『礼記』には、『二文字の名は、一字だけは避けない』とある。孔子は聖人であるから、あらかじめこのような指針を示したに相違ない。ところがこのごろでは、これに逆らって規定を作り、両文字ともに一字でも諱み避けている。これは、礼を無視した勝手な行いであり、経典に齟齬する。そこで今、礼典にのっとり、なるべく簡約に努め、先哲の教えに倣って、規準を後世に伝えたい。今後は、官職名や人名、および公文書・私文書などに、わが名の『世』と『民』が出る場合、両字が連続していなければ、いちいち一字ずつを避けてはならない」。

■原文

太宗初即位、謂侍臣曰「準『禮』、名、終將諱之、前古帝王、亦不生諱其名、故周文王名昌、『周詩』云『克昌厥後』。春秋時魯莊公名同、十六年『經』書『齊侯・宋公同盟於幽』。唯近代諸帝、妄爲節制、特令生避其諱。理非通允、宜有改張」。因詔曰「依『禮』、二名義不偏諱、尼父達聖、非無前指。近世以來、曲爲節制、兩字兼避。廢闕已多、率意而行、有違經語。今宜依據禮典、務從簡約、仰效先哲、垂法將來。其官號人名、及公私文籍、有『世』及『民』兩字不連讀、並不須避」。

第二章　叔父は甥に返礼のおじぎをしないように

貞観二年（六二八）、中書舎人の高季輔が上奏した。

「密王の李元暁様たちは、みな陛下の近しい親族です。陛下が兄弟を愛するお気持ちは、昔の誰よりも強く、それぞれに封爵を賜い、諸侯の扱いをしています。ですから、彼らは礼のしきたりに従って、民が尊び慕うような存在でなければなりません。このごろ、陛下のご子息たちが密王などの叔父に拝礼をするところを見ますと、叔父たちも返礼の拝礼をしています。王としての封爵は叔父も皇子も同じであり、親族としての作法から見て、このように秩序の順が逆になってよいはずがありません。どうか陛下にお願いしたいのは、一度訓戒をなされて、末永く一定の決まりを立ててほしいのです」。

そこで太宗は、元暁たちに詔を下し、皇子の呉王李恪や魏王李泰たちの拝礼に返礼をしないようにさせた。

■原文
貞觀二年、中書舍人高季輔上疏曰「竊見密王元曉等倶是懿親、陛下友愛之懷、義高古昔、分以車服、委以藩維、須依禮儀、以副瞻望。比見帝子拜諸叔、諸叔亦即答拜。王爵既同、家人有禮、豈合如此顚倒昭穆。伏願一垂訓誡、永循彝則」。

太宗乃詔元曉等、不得答呉王恪・魏王泰兄弟拜。

第三章　葬儀は占い書に従うな

貞観四年（六三〇）、太宗は側近たちに語った。

「このごろ聞くのだが、都の人々の中には、父母が亡くなっても、辰の日には哭かないという占い書の言葉を信じて、弔問を辞退する者がいるとのことだ。占いのタブーにこだわって哀悼の意を表さないとは、風俗を損ない、まったく人道に反する。各地の州や県に命じて教示し、礼典のとおりに葬儀を行うようにさせるべきである」。

■原文

貞觀四年、太宗謂侍臣曰「比聞京城士庶居父母喪者、乃有信巫書之言、辰日不哭、以此辭於吊問、拘忌輟哀、敗俗傷風、極乖人理。宜令州縣教導、齊之以禮典」。

第四章　僧尼・道士であっても父母には拝礼せよ

貞観五年（六三一）に、太宗は側近たちに語った。

「仏教や道教の教えは、そもそもは人に善を行わせるためのものである。それなのに、僧侶や尼僧、道士たちはやたらと自分を尊いものだと吹聴し、座ったまま父母の拝礼を受けている。これは風俗を破り、礼の教えを乱すものである。すぐに禁止し、父母に対して拝礼させるようにせよ」。

■原文
貞觀五年、太宗謂侍臣曰「佛道設教、本行善事、豈遣僧尼道士等妄自尊崇、坐受父母之拜、損害風俗、悖亂禮經、宜即禁斷、仍令致拜於父母」。

第五章 『氏族志』の編纂

貞観六年（六三二）、太宗は尚書左僕射（尚書省副長官）の房玄齢に言った。

「このごろ、山東地方に崔氏・盧氏・李氏・鄭氏の四つの家系がある。時代が下るにつれて衰えたが、なお昔からの伝統を頼みにして、進んで家柄を誇り、自分たちを士大夫だと言っている。娘を他家に嫁がせるたびに、必ず多額の結納金を要求し、その額が多いほどよいから、金額で婚約を定めているあり様で、まるで商人と同じである。社会風俗を損なうことが甚だしく、礼の教えを乱すものだ。物事に何が重要なのかを見失っているから、道理として改めるべきである」。

そこで、吏部尚書（尚書省吏部長官）の高士廉、御史大夫（最高裁判所長官）の韋挺、中書侍郎（中書省副長官）の岑文本、礼部侍郎（尚書省礼部長官）の令狐徳棻らに詔を下し、家柄を取捨選択して、広く国内の系図を求め、歴史記録にあたり、飾り立てた表現は削除して真偽のほどを定め、忠義の賢臣は昇格させ、道義に背いた者は格下げして、『氏族志』を編纂させた。こうして高士廉らが各家柄のランクを定めたところ、結局は山東の崔幹（さいかん）の一族がトップとなった。

それを見て、太宗は言った。

「私は、山東地方の崔氏・盧氏・李氏・鄭氏に対して、別に何も恨みはない。しかし、彼らの一族は、世代を追うごとに衰退し、今ではまったく官位も官職もないのに、なお我らは士大夫だと言って、婚姻の際には多額の財貨を求める。なかには、何の才能もなく凡庸なくせに、誇りだけは高く、わが一族の親戚になれるなどと言っては、富裕な家と婚姻を結んでいる。私は、どうしてそういう家柄を世間の人が尊重するのか、理解に苦しむ。

そもそも、立派な士大夫というものは、功績を立て、そのために爵位が高くなり、君主や父親に対しては忠義と孝行で仕えて、名声が称（たた）えられる者のことだ。あるいは、生き方が清らかで、学芸は広く通じていて、それだけで立派な家だと言われるに十分な者、そういう人を天下の士大夫というべきである。今の崔氏や盧氏の輩（やから）は、遠い先祖の地位を誇っているが、それがわが王朝の高貴な身分の者と比べられようか。それなのに、今の公卿以下の官位にある者が、どうして財貨を贈って彼らの気勢をあげさせ、名声だけに頼って実情を無視し、栄誉を得ようとするのか。

私が今、氏族の等級を定めようとしたのは、わが王朝の高位高官の家を尊重してほしいからである。それなのに、どうして崔幹がまだ第一等に位置するのか。そなたたちは、私の与えた官爵を尊いとは思わないのか。数世代前の地位は参考にせず、ただ現在の官位の高低とその者の才能とに従い、もう一度ランクを作り直して、それを永く規準とすべきである」。

この結果、とうとう崔幹の家は第三等にランクされた。貞観十二年（六三八）になって、全百巻に及ぶ『氏族志』が完成し、それを天下に配布したのだった。

その後、太宗は次の詔を発した。

「家柄の美徳は、すべて現国家の官位を有しているかどうかにかかっている。婚姻の道義は、まず仁義が通っているかどうかを第一とするものである。北魏の統治が崩れ、北斉が滅亡してからというもの、朝廷は西に移り、それまでの風俗は次第に衰えた。中国北部の古い家柄は、多くは官職に就く道を失い、東方の古い一族は、礼儀の風習に背くようになった。地元では大して名声もなく、その身は貧困だというのに、自分は伝統ある高貴な血筋だと誇り、婚姻の礼儀をないがしろにして、ただ財貨を手に入れることだけを狙い、娘を金持ちに嫁がせることだけを考えている。それなのに、新たに官位を得た者や、官位はないけれども裕福な家の者は、伝統ある一族の家柄におもねり、競って婚姻を結ぼうとしたり、多額の財貨を贈ったりして、これではまるで商売しているのと同じである。なかには、夫側の家が自家を卑下して、妻の実家から侮辱され、妻の方は自分の実家の伝統を笠に着て、義父・義母に無礼な態度をとっている者もいる。このような悪習が積もり積もって今日まで続き、人としての倫理を踏みにじり、世の風教を損ねている。私は、朝早くから夜遅くまで、政治を憂えて慎み、前代以来の社会の弊害はことごとく改めた。しかし、この名族といわれる家の婚姻だけは、まだ完全には改めることができないでいる。今後は、婚姻を結ぶ秩序をはっきりと公示し、きちんと儀礼に沿うようにさせ、私の思いに適（かな）うようにせよ」。

■原文

貞觀六年、太宗謂尙書左僕射房玄齡曰「比有山東崔・盧・李・鄭四姓、雖累葉陵遲、猶恃其舊地、好自矜大、稱爲士大夫。每嫁女他族、必廣索聘財、以多爲貴、論數定約、同於市賈、甚損風俗、有紊禮經、既輕重失宜、理須改革」。

乃詔吏部尙書高士廉、御史大夫韋挺、中書侍郎岑文本、禮部侍郎令狐德棻等、刊正姓氏、普責天下譜諜、兼據憑史・傳、剪其浮華、定其眞僞、忠賢者襃進、悖逆者貶黜、撰爲『氏族志』。士廉等及進定氏族等第、遂以崔幹爲第一等。

太宗謂曰「我與山東崔・盧・李・鄭、舊既無嫌、爲其世代衰微、全無官宦、猶自云士大夫。婚姻之際、則多索財物。或才識庸下、而偃仰自高、販鬻松檟、依託富貴、我不解人間何爲重之。且士大夫有能立功、爵位崇重、善事君父、忠孝可稱。或道義淸素、學藝通博、此亦足爲門戶、可謂天下士大夫。今崔・盧之屬、唯矜遠葉衣冠、寧比當朝之貴。公卿已下、何暇多輸錢物、兼與他氣勢、向聲背實、以得爲榮。我今定氏族者、誠欲崇樹今朝冠冕、何因崔幹猶爲第一等、只看卿等不貴我官爵耶。不論數代已前、只取今日官品、人才作等級、宜一量定、用爲永則」。

遂以崔幹爲第三等。至十二年書成、凡百卷、頒天下。

又詔曰「氏族之美、實繫於冠冕、婚姻之道、莫先於仁義。自有魏失御、齊氏云亡、市朝既遷、風俗陵替、燕・趙古姓、多失衣冠之緒、齊・韓舊族、或乖禮義之風。名不著於州閭、身未免於貧賤、自號高門之冑、不敦匹嫡之儀、問名唯在於竊貲、結褵必歸於富室。乃有新官之輩、豐財之家、慕其祖宗、競結婚姻、多納貨賄、有如販鬻。或自貶家門、受辱於姻婭。或矜其舊望、行無禮於舅姑。積習成俗、迄今未已、既紊人倫、實虧名教。朕夙夜兢惕、憂勤政道、往代蠹害、咸已懲革、唯此弊風、未能盡變。自今已後、明加告示、使識嫁娶之序、務合禮典、稱朕意焉」。

第六章　公主といえども義父母には挨拶しろ

礼部尚書（尚書省礼部長官）の王珪の息子王敬直が、太宗の娘の南平公主を娶ることとなった。その際に、父親の王珪は言った。

「『礼記』には、新婦が夫の両親に挨拶をする儀礼が記されている。ところが、近年では風俗が廃れてしまい、公主が嫁ぐ際に、この儀礼は行われなくなった。今上陛下は道理に明るい方で、その行動も規則を遵守されている。私が公主の挨拶を受けるのは、何も自分自身の栄誉のためではない。国家の美徳を実行したいと思うからだ」。

そして、王珪は妻とともに座席に着き、南平公主に自分で頭巾をとらせ、手を洗って食事を義父母に勧めさせ、儀式が終わってから退席した。

太宗は、それを聞くと良いことだと称えた。それからというもの、公主の嫁ぎ先の義父母が健在であれば、すべてこの儀式を行わせることにした。

■原文

禮部尚書王珪子敬直、尙太宗女南平公主。珪曰「『禮』有婦見舅姑之儀、自近代風俗弊薄、公主出降、此禮皆廢。主上欽明、動循法制、吾受公主謁見、豈爲身榮、所以成國家之美耳」。遂與其妻就位而坐、令公主親執巾、行盥饋之道、禮成而退。太宗聞而稱善。是後公主下降有舅姑者、皆遣備行此禮。

第七章　朝集使（ちょうしゅうし）のために宿舎を用意する

貞観十二年（六三八）、太宗は側近に語った。

「古（いにしえ）は、諸侯が都に入朝する際には、沐浴（もくよく）のための宿舎があり、馬車百台分の芻（まぐさ）を用意し、賓客を接待する儀礼で迎えた。昼間は彼らを正殿に座らせ、夜は庭にかがり火を設けた。天子が諸侯と対面して、遠路到来の苦労を労（ねぎら）うためである。また、漢代の都にも、各地の郡から来る使者のために邸宅が建てられていた。このごろ聞くところによると、各州から都に来る朝集使たちは、みな宿舎を自分で手配し、商人と雑居して過ごし、わずかに身体を入れるスペースがあるだけというあり様だそうだ。この待遇の悪さに、彼らはきっと朝廷を怨んでいるだろう。こんなことでは、どうして力を合わせて国を治められようか」。

そこで太宗は、長安の空き地がある一画に、諸州からの朝集使のために邸宅を建てさせた。できあがると、太宗は自ら出かけて視察したのだった。

■原文

貞觀十二年、太宗謂侍臣曰「古者諸侯入朝、有湯沐之邑、芻禾百車、待以客禮。晝坐正殿、夜設庭燎、思與相見、問其勞苦。又漢家京城亦爲諸郡立邸舍。頃聞考使至京者、皆賃房以坐、與商人雜居、纔得容身而已。既待禮之不足、必是人多怨歎、豈肯竭情於共理哉」。乃令就京城閑坊、爲諸州考使各造邸第。及成、太宗親幸觀焉。

第八章　高位高官は親王に下馬すべきではない

貞観十三年（六三九）、礼部尚書（れいぶしょうしょ）の王珪（おうけい）が上奏し、

「令（れい）の規定によれば、三品（さんぴん）官以上の身分の者が、道で親王に出会った時、下馬して拝礼をしてはならないということです。それなのに、今はみなこの規定に背いて拝礼していますが、これは朝廷の規則に違（たが）うものです」

と意見を述べた。

太宗は、

「そなたたちは、自分の地位を尊んで、わが親王たちを卑しくさせようと言うのか」

と言った。

それに対して、魏徴は、

「漢や魏の時代以降、親王の立場はみな三公（皇帝相談役）の下座に位置します。今の三品の地位の者は、みな天子の代わりに政府を動かす尚書省六部の長官であり、九寺の長官です。彼らが親王のために下馬すれば、諸王よりも下の地位になってしまうので、立場上ふさわしくはありません。故事を捜しても、そのような根拠はどこにもありません。今、これを行えば、国の法に背きますので、道理から見てもよろしくはありません」

と意見を申し述べた。

しかし、それでも太宗は、

「国が皇太子を立てるのは、将来の皇帝と考えるからである。ところが、人の寿命というものは、必ずしも年齢の順どおりになるとは限らない。もし皇太子が亡くなってしまえば、同母の弟が次の皇太子となるであろう。こういう点を考慮すれば、わが子を軽々しく扱うことはできないはずだ」

と反対した。

すると、魏徴はまた述べた。

「昔、殷の人は質素を尊びましたので、兄が亡くなると弟が後を継いでいました。周より以降は、長男を世継ぎとするようになりました。それは、弟たちが分不相応な野望を持たないようにし、国の混乱の根源を断ち切ろうとしたからです。この点は、国を治める者は深く慎まなければなりません」。

ここに至って、ついに太宗は王珪の上奏に従うことにした。

■原文

貞觀十三年、禮部尚書王珪奏言「準令三品已上、遇親王於路、不合下馬、今皆違法申敬、有乖朝典」。

太宗曰「卿輩欲自崇貴、卑我兒子耶」。

魏徵對曰「漢・魏已來、親王班皆次三公下。今三品並天子六尚書九卿、爲王下馬、王所不宜當也。求諸故事、則無可憑、行之於今、又乖國憲、理誠不可」。

帝曰「國家立太子者、擬以爲君。人之脩短、不在老幼。設無太子、則母弟次立。以此而言、安得輕我子耶」。

徵又曰「殷人尚質、有兄終弟及之義。自周已降、立嫡必長、所以絕庶孼之窺窬、塞禍亂之源本。爲國家者、所宜深愼」。

太宗遂可王珪之奏。

第九章　義理の親族に対する礼儀の再検討

貞観十四年（六四〇）、太宗は儀礼を管轄する官僚たちに言った。

「同居する親族ですら、その家の恩人が死去した時には、麻の緦麻（しま）服を着て三ヵ月の喪に服すというのに、嫂（あによめ）と、夫の弟に対する服喪（ふくも）の規定がない。また、母の兄弟と姉妹とでは、血縁関係はほぼ同じなのに、服喪の規定に差があるのは、礼に適っているとは言えない。学者を集めて、詳しく議論させるべきである。そのほかにも、親族関係が近いのに服喪がそれに見合わず軽いという規定があれば、あわせて報告せよ」。

その月のうちに、尚書省の左右僕射と六部の長官が、儀礼管轄官とともに結論を出し、次のように報告した。

「聞くところによれば、『礼とは、迷うものに答えを出し、不明瞭なものをはっきりさせ、同じものと異なるものを区別し、正誤を明らかにするものである』ということです。それは、天から下されたものではなく、地から湧き出たものでもなく、人の気持ちによるものです。人の踏むべき倫理のうち、最も優先されるべきは、親族を仲良くさせることです。親族が仲睦まじくなるには、まず身内の者に親しみ、その愛情を遠い親戚に及ぼすようにするものです。ただし、親族には血縁的に近い、遠いの差がありますから、喪に服する期間も差がつけられ、受けた恩が厚いか、薄いかという人の気持ちに従って、喪の規定が立てられました。

さて、お尋ねの母の兄弟と母の姉妹のことですが、確かに同じ親族ではありますが、母親を中心に考えてみれば、そこには違いがあります。どうしてかというと、兄弟の方は母親の本族ですが、姉妹は他家に嫁いで異姓となるからです。したがって、母の一族と言った場合、姉妹は含みません。経書・史書を見ても、母親の兄弟の方は誠に重い意味があります。たとえば、周の成王は斉の国を「舅甥（母の兄弟と甥の関係）の国」と称していますし、秦の康公が晋の叔父を見送った心境は「渭陽」の詩に切実に詠われています。今は、母の兄弟の喪は三ヵ月であるのに、母の姉妹の喪は五ヵ月とするのは、実情から言っておかしく、本末転倒です。古人の目が行き届かなかったものでしょうから、礼制規定の訂正すべき箇所は、こういうところにあると言えます。

『礼記』には、『兄弟の子を自分の子と同様に扱うのは、親等を引き上げたからであろう。嫂と夫の弟との間で喪に服さないのは、親等を引き下げたからであろう』とあります。また『儀礼』には、『継父の場合は、同居していたならば一年の喪に服し、同居したことがなければ喪に服さない』とあります。さらに『礼記』は、『母の姉妹の夫、母の兄弟の妻、この二者がたがいに喪に服す場合とは、同居していれば三ヵ月の喪に服すをいう』と言っています。そうであれば、継父は血のつながりはありませんが、服喪が重いのは同居しているからであって、恩を軽く考えるのは一緒に住んでいないケースだということです。つまり、服喪の制度は血縁関係に基づくものですが、その一方では、亡くなった人から受けた恩義の程度によるものだということがわかります。もし、年長の嫂が幼い義理の弟に出会い、苦労して育て、実子と同じように愛し、飢えも寒さもともにして一緒に年老いたようなケースは、同居している継父と同じと考えてよいでしょう。これを、他人どうしが同居している場合と比べると、愛情の深さを同一に言うことができましょうか。

生きている時に親族と同様の家族愛を持ちながら、死んだら遠い親戚に押しやってしまうというのでは、礼の本質から見て、到底納得できません。もし、亡くなった人が遠い関係だというのが正しいのであれば、生前に同居すべきではないですし、生前に同居していたのが正しいのであれば、亡くなってもそれ相応の扱いをすべきです。生前を重視しながら死んだ時に軽く扱うのは、始めを重く見て終わりを軽く見ることになってしまいますから、これでは人の気持ちに添って礼を立てるという意義は、いったいどこにあるというのでしょうか。

　そもそも、嫂に仕えて称賛される例は、決して史書に少なくはありません。後漢の鄭均は寡婦の嫂とその子を篤く養い、晋の顔含は失明した嫂のために霊感を受け、後漢の馬援は嫂に会う時には必ず正装して冠をかぶり、魯の孔伋は亡くなった嫂を哭する時にはわざわざ哭礼の場を作ったといわれています。思うに、彼らはみな教養を実践したのであり、その愛情たるや実の親や兄弟に対するよりも深いものがありました。その実践した心意気を察すると、まさに彼らは嫂に対する礼の先駆者と言えるのではないでしょうか。しかしながら、その時は上に優れた君主がおらず、礼というものは臣下が勝手に論議してはならないものですから、彼らの深い心情も長い間、表面に現れず、その倫理もずっと埋もれたままになって、今日まで久しく時が過ぎました。なんと惜しいことでしょう。

　このたび陛下は、尊卑の秩序は礼にはっきりと規定されているが、服喪の規定には、人の気持ちと礼の理屈との間にそぐわない点があるとお考えになりました。そこで、礼官に命じて詳しく議論し、礼規定の改定をさせようとなさいました。我々は、陛下の意向を受けて、その分野の資料を広く探し、多くの経書から拾い集め、その注釈の意味について討論し、取捨選択して、名目と実情とを合わせ考え、余計なものは削り、足りないところは補い、礼文に記されない箇所の秩序を整え、人の真心から生じる厚い気持ちをすべて取り上げ、従来の軽薄な習俗を改めて、真の道義を将来に伝えようとしました。誠にこれらは、経典でも論じられなかった点であり、これまでのあらゆる帝王たちでも成し遂げられなかった、陛下一人の業績です。

謹んでお答えいたします。曾祖父・曾祖母に対する服喪は、従来は麻の裳裾(もすそ)の斉衰(しさい)服を着て三ヵ月服する規定でしたが、斉衰服で五ヵ月にしてください。嫡子の妻に対する服喪は、これまでは九ヵ月でしたが、一年にしてください。嫡子以外の子の妻に対する服喪は、これまでは五ヵ月でしたが、兄弟の子の妻と同じに九ヵ月にしてください。嫂および夫の弟に対する服喪は、これまでは決まりがありませんでしたが、五ヵ月にしてください。弟の妻および夫の兄に対する服喪も、それと同様にしてください。母の兄弟に対する服喪は、これまでは緦麻服で三ヵ月でしたが、母の姉妹と同様に五ヵ月にしてください」。この報告を受けて、太宗は詔を下し、そのとおりにさせた。以上の上奏文は魏徴(ぎちょう)の手になるものである。

■原文

貞觀十四年、太宗謂禮官曰「同爨尙有緦麻之恩、而嫂叔無服。又舅之與姨、親疏相似、而服之有殊、未爲得禮、宜集學者詳議。餘有親重而服輕者、亦附奏聞」。

是月尚書八座與禮官定議曰、

「臣竊聞之、禮所以決嫌疑、定猶豫、別同異、明是非者也。非從天下、非從地出、人情而已矣。人道所先、在乎敦睦九族、九族敦睦、由乎親親、以近及遠。親屬有等差、故喪紀有隆殺、隨恩之薄厚、皆稱情以立文。

原夫舅之與姨、雖爲同氣、推之於母、輕重相懸。何則、舅爲母之本宗、姨乃外戚他姓、求之母族、姨不與焉、考之經史、舅誠爲重。故周王念齊、是稱舅甥之國、秦伯懷晉、實切『渭陽』之詩。今在舅服止一時之情、爲姨居喪五月、徇名喪實、逐末棄本、此古人之情或有未達、所宜損益、實在茲乎。『禮記』曰『兄弟之子猶子也、蓋引而進之也。嫂叔之無服、蓋推而遠之也』。禮、『繼父同居則爲之期、未嘗同居則不爲服』。『從母之夫、舅之妻、二人相爲服。或曰同爨緦麻』。然則繼父且非骨肉、服重由乎同爨、恩輕在乎異居。固知制服雖係於名文、蓋亦緣恩之厚薄者也。或有長年之嫂、遇孩童之叔、劬勞鞠養、情若所生、分飢共寒、契闊偕老、譬同居之繼父、方他人之同爨、情義之深淺、寧可同日而言哉。

在其生也、乃愛同骨肉、於其死也、則推而遠之、求之本源、深所未喩。若推而遠之爲是、則不可生而共居、生而共居爲是、則不可死同行路。重其生而輕其死、厚其始而薄其終、稱情立文、其義安在。且事嫂見稱、載籍非一、鄭仲虞則恩禮甚篤、顏弘都則竭誠致感、馬援則見之必冠、孔伋則哭之爲位、此蓋並躬踐教義、仁深孝友、察其所行之旨、豈非先覺者歟。但于時上無哲王、禮非下之所議、遂使深情鬱於千載、至理藏於萬古、其來久矣、豈不惜哉。

今陛下以爲尊卑之敍、雖煥乎已備、喪紀之制、或情理未安、爰命秩宗、詳議損益。臣等奉遵明旨、觸類傍求、採摭羣經、討論傳記、或抑或引、兼名兼實、損其有餘、益其不足、使無文之禮咸秩、敦睦之情畢舉、變薄俗於既往、垂篤義於將來、信六籍所不能談、超百王而獨得者也。

謹按曾祖父母、舊服齊衰三月、請加爲齊衰五月。嫡子婦、舊服大功、請加爲期。衆子婦、舊服小功、今請與兄弟子婦同爲大功九月。嫂叔、舊無服、今請服小功五月。其弟妻及夫兄亦小功五月。舅、舊服緦麻、請加與從母同服小功五月」。詔從其議。此並魏徵之詞也。

第十章　誕生日は母を想う日

貞観十七年（六四三）の十二月癸丑（きちゅう）の日に、太宗は側近たちに語った。

「今日は私の誕生日だ。世間では誕生日は祝って楽しむ日だとされているが、私にとっては、かえって感傷の気持ちが強い。天下に君臨して、四海の富を手に入れたとはいっても、親を養って孝行することは、もはや永遠にできないのだ。孔子の弟子の子路（しろ）は、親のために米を背負って歩くことがもうできないと言って、亡くなった両親を悲しんだが、その気持ちも今となってはよくわかる。ましてや『詩経（しきょう）』は、『かわいそうな亡き父母、私を生んでどれほど苦労したことか』と詠っているではないか。母が生みの苦労をした日に、どうして祝賀の宴会を開けようか。これは甚だ礼に背くものだ」。

そう言うと、太宗はしばらく涙を流したのであった。

■原文

貞觀十七年、十二月癸丑、太宗謂侍臣曰「今日是朕生日。俗間以生日可爲喜樂、在朕情、翻成感思。君臨天下、富有四海、而追求侍養、永不可得。仲由懷負米之恨、良有以也。況『詩』云『哀哀父母、生我劬勞』。奈何以劬勞之辰、遂爲宴樂之事。甚是乖於禮度」。因而泣下久之。

第十一章　国の盛衰は音楽によるものではない

太常少卿（儀式部署副長官）の祖孝孫が、新たに定めた国家祭祀用の音楽を奏上した。

太宗は、

「祭祀用の音楽は、聖人がいろいろな状況をかたどって教えとし、ほどよく節制したものとのことである。ただし政治の善悪が、いったい音楽によって決まるものなのだろうか」

と聞いた。

すると、御史大夫（最高裁判所長官）の杜淹が、

「前代の国の興亡は、まさに音楽にかかっています。南朝の陳が滅びかけた時には、『玉樹後庭花』という音楽を作り、斉が滅びかけた時には、『伴侶曲』という音楽を作りました。それを聞いて、道を行く人はみな泣いたといいますから、これこそ亡国の音楽というものです。こういう点から見ても、国の滅亡は音楽にかかっております」

と答えた。

それを聞いて、太宗は言った。

「そうではないだろう。そもそも、音楽が人を感じさせるなどということがあるだろうか。嬉しい気持ちの者が聞くから喜ぶのであり、哀れな気持ちの者が聞くから悲しむのである。悲しいか喜ぶかは人の心にあるのであって、音楽によるのではない。滅びかけた国の政治は、その国の人民を苦しめているものだ。そうであれば、苦しい心に訴えるから、その音楽を聞くと悲しくなるということに過ぎない。音楽の音色が、嬉しい気持ちの者を悲しませることができようか。『玉樹後庭花』と『伴侶曲』は、今でもすべて残っている。だから、私はそなたのために演奏させることができるが、それを聞いてもそなたはきっと悲しまないに違いない」。

その時、尚書右丞（尚書省副長官）の魏徴が進み出て言った。

「古人は、『礼儀、礼儀というが、大切なのは並べる玉や帛の財貨なのだろうか。音楽、音楽というが、大切なのは奏でる鍾や鼓の楽器なのだろうか』と言っています。大切なのは精神であって、音楽のそれは人の和にあり、決して曲調にある訳ではありません」。

太宗は、そのとおりだと言った。

■原文

太常少卿祖孝孫奏所定新樂。

太宗曰「禮樂之作、是聖人緣物設教、以爲撙節。治政善惡、豈此之由」。御史大夫杜淹對曰「前代興亡、實由於樂。陳將亡也爲『玉樹後庭花』、齊將亡也而爲『伴侶曲』。行路聞之、莫不悲泣、所謂亡國之音。以是觀之、實由於樂」。

太宗曰「不然、夫音聲豈能感人。歡者聞之則悅、哀者聽之則悲、悲悅在於人心、非由樂也。將亡之政、其人心苦、然苦心相感、故聞之則悲耳。何樂聲哀怨、能使悅者悲乎。今『玉樹』・『伴侶』之曲、其聲具存、朕能爲公奏之、知公必不悲耳」。

尚書右丞魏徵進曰「古人稱、『禮云、禮云、玉帛云乎哉。樂云、樂云、鍾鼓云乎哉』。樂在人和、不由音調」。

太宗然之。

第十二章　倒した敵を詳しく描写してはいけない

貞観七年（六三三）に、太常卿（たいじょうけい）（儀式部署長官）の蕭瑀（しょうう）が、

「今や『破陣楽舞（はじんがくぶ）』は、天下に知れわたっています。しかし、陛下の盛んな功績を表現するには、まだ不十分なところがあります。陛下が前後して撃ち破った隋末の群雄、劉武周（りゅうぶしゅう）・薛挙（せっきょ）・竇建徳（とうけんとく）・王世充（おうせいじゅう）たちですが、私は彼らの姿を描いて、『破陣楽舞』の中で攻め破った様子を活写したいと思います」

と上奏した。

それに対して、太宗は、

「かつて私は、四方が混乱していたので、天下の民を苦しみから救おうとした。だから、やむを得ずに、軍事征伐を行ったのである。それゆえに、民間にこの楽舞ができ、朝廷でも礼式典に採用することとなった。しかし、雅楽のあり方というものは、そのおおよそのあらすじを描くだけに留めるものである。くわしく描写したならば、それはわかりやすいであろう。だが、私は思うのだが、現在私が任用している将軍や宰相のなかには、かつて私が撃ち破った群雄たちに仕えていた者も多く、短期間であっても君主と臣下の関係であった。そういう者にとっては、かつての君主が捕らえられるあり様をあらためて見せつけられては、きっと忍びない気持ちになるだろう。それを思って、私は具体的な描写をしないようにしているのだ」

と答えた。

蕭瑀は、

「このたびのこと、私の思慮が足りませんでした」

と陳謝した。

■原文

貞觀七年、太常卿蕭瑀奏言「今『破陳樂舞』、天下之所共傳。然美盛德之形容、尙有所未盡。前後之所破劉武周・薛擧・竇建德・王世充等、臣願圖其形狀、以寫戰勝攻取之容」。

太宗曰「朕當四方未定、因爲天下救焚拯溺、故不獲已、乃行戰伐之事。所以人間遂有此舞、國家因茲亦制其曲。然雅樂之容、止得陳其梗概。若委曲寫之、則其狀易識。朕以見在將相、多有曾經受彼驅使者、既經爲一日君臣、今若重見其被擒獲之勢、必當有所不忍。我爲此等、所以不爲也」。

蕭瑀謝曰「此事非臣思慮所及」。

巻八　務農　第三十

■解説

篇名は、農事に務めるという意であるが、より具体的には人民の農事を妨げないように努めること。

第一章の王珪は、任賢篇第四章参照。彼の言葉にある「手本はすぐそばにある」（原文「殷鑑遠からず」）は、君道篇第四章参照。

第二章の太宗の言葉「人民に過ちがあれば、それは私一人の責任だ」（原文「百姓過ち有れば、予一人に在り」）は、周の武王が殷討伐の兵を挙げる時に兵士に語った言葉の引用。『論語』堯曰篇にある。

第三章の陰陽家は、天文・暦数に基づいて人間社会の秩序を正そうとする学派。ただし、科学の未発達な時代においては、禁忌や迷信と結びつく傾向もあった。蕭瑀については、政体篇第一章・五章参照。

第四章は貞観十六年（六四二）のこととしているが、版本によっては「貞観五年」に作る。貞観初期は不作が続いたので、五年になってようやく豊作に転じ、そこで太宗が喜んだと解する方が妥当であろう。貞観十六年では遅すぎる。

第一章　人民を疲弊させないためには君主が欲望に打ち克つこと

貞観二年（六二八）に、太宗は側近たちに、

「あらゆることは、根本が揺るがないように努めねばならない。国の根本は人民であり、人民の根本は衣食である。衣食が不足しないようにするには、それらを生産する時期が最も重要である。その時期を失わないようにするには、君主が無駄を省いて無用な事業を起こさないようにすることだ。もし戦争ばかり行い、土木工事を続けるようでは、農繁期に人民の時間を奪わないようにしようとしても、それは無理というものだ」

と語った。

それに対して、王珪が、

「昔、秦の始皇帝と前漢の武帝は、国外に対しては戦争ばかり行い、国内に対しては贅沢な宮殿建設を行い、その結果、人民は疲れ果て、とうとう反乱が起こりました。彼ら二人は、なにも人民の安らかな生活を願わなかったわけではありません。人民の生活を安らか

にする方法を知らなかったのです。隋が滅んだ経緯を見れば、手本はすぐそばにあるのであって、陛下は自身で隋の弊害を味わっていますから、それを改めるやり方を知っておられます。しかし、何事も初めは簡単ですが、それを最後までやり通すことは難しいものです。そこでお願いしたいのは、初めの慎み深さを最後まで保ち続け、立派な美徳を作り上げてほしいということです」

と答えた。

太宗は、それを聞いて、

「そなたの言うとおりだ。そもそも、民を安泰にして国を平和にするのは、責任はただ君主にのみある。君主が余計なことをしなければ、民は安楽に暮らし、君主が欲に任せて行動すれば、民は苦しむ。私が感情と欲望を抑え、自分に打ち克とうとするのは、そのためだけなのだ」

と言った。

■原文

貞觀二年、太宗謂侍臣曰「凡事皆須務本。國以人爲本、人以衣食爲本、凡營衣食、以不失時爲本。夫不失時者、在人君簡靜乃可致耳。若兵戈屢動、土木不息、而欲不奪農時、其可得乎」。

王珪曰「昔秦皇・漢武、外則窮極兵戈、內則崇侈宮室、人力既竭、禍難遂興、彼豈不欲安人乎。失所以安人之道也。亡隋之轍、殷鑒不遠、陛下親承其弊、知所以易之、然在初則易、終之實難。伏願愼終如始、方盡其美」。
太宗曰「公言是也。夫安人寧國、惟在於君、君無爲則人樂、君多欲則人苦、朕所以抑情損欲、剋己自勵耳」。

第二章　イナゴを飲み込む

貞観二年（六二八）に、都の長安周辺は干魃となり、イナゴが大量に発生した。太宗は宮城の北の禁苑に行って穀物を視察し、イナゴを見ると、数匹を手に取って、

「人は穀物を命とする。それなのに、お前らはそれを食べてしまうが、それは人民を害することだ。人民に過ちがあれば、それは私一人の責任だ。お前らに魂というものがあるなら、私の心を食え。人民を害してはならん」

と呪った。

そして、そのイナゴを飲み込もうとしたので、左右の者はあわてて、

「病気になりますから、おやめください」

と止めた。

しかし、太宗は、

「災いをわが身に移そうというのだ。病を恐れる必要はない」

と言うと、とうとうイナゴを飲み込んでしまった。

それからというもの、イナゴの害は収まった。

■原文
貞觀二年、京師旱、蝗蟲大起。太宗入苑視禾、見蝗蟲、掇數枚而呪曰「人以穀爲命、而汝食之、是害于百姓。百姓有過、在予一人、爾其有靈、但當蝕我心、無害百姓」。將呑之、左右遽諫曰「恐成疾、不可」。太宗曰「所冀移災朕躬、何疾之避」。遂呑之。自是蝗不復爲災。

第三章　陰陽家の説よりも農時が大事

貞観五年（六三一）、係官が上奏して、

「皇太子が冠をかぶる成人式の時期を迎えています。それには二月が吉ですので、儀仗兵のために人民を徴兵して、式典に備えてください」

と願い出た。

太宗は、

「今は春の農繁期を迎えており、民を徴兵しては農事を妨げることになる。儀式は十月に行わせよ」

と命じた。

しかし、太子少保（皇太子補導役）の蕭瑀は、

「陰陽家の説によれば、二月に行う方がよいでしょう」

と申し上げた。

それでも、太宗は、

「陰陽に関わる縁起には、私は従わない。もし行動を起こすのに、必ず陰陽に基づき、物事の道理を顧みなければ、福を望んだところで叶うはずがないではないか。もし行動がすべて正しい道を踏んでいれば、いつも自然と吉に叶うものである。そもそも、吉か凶かはその人の行いにかかっているのであって、どうして陰陽の縁起に拘る必要があろうか。農繁期は極めて重要であるから、片時も人民の時間を奪ってはならない」

と言って、取り合わなかった。

■原文

貞觀五年、有司上書言「皇太子將行冠禮、宜用二月爲吉、請追兵以備儀注」。

太宗曰「今東作方興、恐妨農事、令改用十月」。

太子少保蕭瑀奏言「準陰陽家、用二月爲勝」。

太宗曰「陰陽拘忌、朕所不行、若動靜必依陰陽、不顧理義、欲求福祐、其可得乎。若所行皆遵正道、自然常與吉會。且吉凶在人、豈假陰陽拘忌。農時甚要、不可蹔失」。

第四章　民が農業に専念できるのは国の富

貞観十六年（六四二）に、天下の穀物の値段が一斗につき五銭、最も安い土地では一斗三銭という豊作となったので、それをうけて太宗は側近たちに語った。

「国の根本は民であって、人間は食べて生きている。だから、もし穀物が実らなければ、万民はわが国の民ではなくなってしまう。今はこれほどの豊年を迎え、そして私は万民の親という立場にあるのだから、ただただわが身は倹約に努め、決して贅沢に溺れないようにしなければならない。私はいつも、国中の人が豊かであってほしいと願っている。だから、今は税や労役は減らして、大事な農繁期の邪魔をせず、隣近所の人たちがみな農耕に専念できるようにしたい。これこそ、国の富というべきだ。そうなれば、皆が礼儀を大切にし、どこの村々でも、年少の者は年長を敬い、妻は夫を尊敬するようになる。これこそが国の宝というものだ。天下がいずこもそうであるならば、私は音楽演奏を聞かなくても、あるいは狩りに出て行かなくても、楽しみはそれだけで十分だ」。

■原文

貞觀十六年、太宗以天下粟價率計斗直五錢、其尤賤處、計斗直三錢、因謂侍臣曰、

「國以民爲本、人以食爲命、若禾黍不登、則兆庶非國家所有。既屬豐稔若斯、朕爲億兆人父母、唯欲

躬務儉約、必不輒爲奢侈。朕常欲賜天下之人、皆使富貴。今省徭賦、不奪其時、使比屋之人、恣其耕稼、此則富矣。敦行禮讓、使鄉閭之間、少敬長、妻敬夫、此則貴矣。但令天下皆然、朕不聽管絃、不從畋獵、樂在其中矣」。

刑法　第三十一

■解説

本篇は、司法・裁判に関わる問題を集める。

第一章の王珪は、任賢篇第四章参照。

第二章の奴婢は、一般にイメージされる奴隷とは性格が違う。唐代の人民には、良民と賤民という身分差が存在し、奴婢は賤民に入る。罪を犯して、肉体労働刑に処された者も含まれる。賤民は官賤民と私賤民とに大別され、政府の労働に従事するのが官賤民で、私家で召使のように働くのが私賤民である。本章で主人を告発した奴婢は、後者に相当する。賤民は、金銭で贖ったり、刑徒の場合は刑期が終了したり、あるいは特別な功績をあげれば、賤身分を解放されて戸籍に付けられ、百姓（良民）となることができた。そこで、なかにはありもしない主人の罪を告発し、解放されようとする者も現れるのである。

第三章の張蘊古は相州（河南省安陽市）の人で、続いて登場する精神疾患を持つ李好徳と同郷。張蘊古は、『旧唐書』巻一九〇上、文苑伝上に列伝が立てられるほど文章に長けていた。それは、後に掲げられる「大宝の箴」を見ればよくわかるであろう。これほどの教養を持つ人が、精神病の被告と博打に興じたというのは、どうにも腑に落ちない。彼の列伝や、『旧唐書』巻五〇、刑法志によれば、李好徳の兄が相州の刺史で、同郷の張蘊古と交友があり、張蘊古はそのために李好徳を庇ったのだと、権万紀に誣告されたという。こちらの方が信用できそうである。権万紀は、誣告で功績を上げようとする酷吏で、納諫篇附直諫篇第三章、貪鄙篇第五章にも登場した。張蘊古が処刑された東市は、長安に二つある市の一つ（もう一つは西市）。内部は井桁にメイン・ストリートが通り、それが中国の市の伝統で、「市井」という言葉はここからきている。中国の公開処刑は、人の集まる市で執行されるのが慣例であった。

「大宝の箴」（天子の戒めの意）は、随所に古典を踏まえた教養あふれる文章であるが、それらをいちいち取り上げては煩瑣なので、今は引用部分にのみ触れる。中段の『詩経』は、大雅「皇矣」詩からの引用。この詩は、周王室の先祖の徳を文王が受け継ぎ、天が文王に天下の王たるように天命を下すに至った経緯を述べた長編詩。『書経』は、洪範篇からの引用。末尾で「殷の湯王が狩りの網を開いて……」と言っているのは、規諫太子篇第三章参照。「舜が琴を弾いて……」というのは、舜が南風の詩を弾いて、民の怒りを鎮めるよう、民の財が豊かになるよう詠った故事を踏まえた表現（『孔子家語』弁楽解篇）。

第五章にある貞観九年（六三五）の軍事行動は、西方の羌と吐谷渾が反乱を起こし、その討伐軍を派遣した際のことで、李靖が大総管を務め、高甑生はその配下とされた。李靖は任賢篇第五章参照、高甑生については詳細不明。太宗の言葉にある元従とは、高祖李淵が太原で挙兵し長安に入城して唐を建国した、その軍に従った者のこと。

第六章の魏徴の上奏文も、随所に古典を踏まえているが、今は引用部分のみ触れる。冒頭の二つの『書経』は、康誥篇と舜典篇からの引用。『礼記』の引用は、緇衣篇の冒頭付近にある二つの文章を繋げたもの。「『全て安泰かな』と詠われる世」（原文「康哉の詠」）というのは、『書経』益稷篇に、皐陶が「元首明らかなるかな、股肱良きかな、庶事康きかな」と詠った故事を踏まえる。

第三段落の申不害や韓非子は、いずれも戦国時代の代表的な法家の思想家。ここで、そのやり方を採るというのは、法律第一の厳しい政治を採用すること。楚の伯州犁の話は、『春秋左氏伝』襄公二十六年にある。春秋時代に楚が鄭を攻めて、楚の穿封戌が鄭の皇頡を捕虜にしたが、楚の公子囲（後の霊王）が穿封戌と勲功を争い、その判断を伯州犁に求めた。伯州犁は、手を上げてこちらが楚の君主の弟の公子囲だと言い、手を下げてこちらが臣下の穿封戌だと言い、捕虜となった皇頡に「そなたはどちらに捕らえられたか」と迫ると、皇頡は公子囲に敗れたとおもねったという逸話。前漢の張湯の話は、『史記』巻一二二、酷吏列伝にある。張湯は武帝時代の司法官。常に帝の意向に迎合し、帝が罰しようと思う罪人に対しては判決に厳しい監察官に裁かせ、帝が許そうと思う罪人に対しては判決に温和な監察官に裁かせたという。

第六段落の『詩経』「殷の手本は……」（原文「殷鑑遠からず」）は大雅「蕩」詩（君道篇第四章参照）、「斧の柄……」（原文「柯を伐る柯を伐る、其れ則ち遠からず」）は、豳風「伐柯」詩からの引用。

最後の段落の『易経』は、繋辞伝下からの引用。

第七章の十悪は、謀反・謀大逆・謀叛・悪逆・不道・大不敬・不孝・不睦・不義・内乱をいい、これらは恩赦の対象とならない。太宗の言葉にある柳下恵は、春秋時代の魯の大夫で有徳者。弟の跖は大盗賊だったので、盗跖と呼ばれた。『荘子』雑篇、盗跖に見える話。柳下恵は、本名は展獲。柳の下に住み、恵と諡されたので、そう呼ばれる（『荘子』は字の季をとって柳下季と呼ぶ）。

第八章の孫伏伽は、納諫篇附直諫篇の第十章で、貞観の初めに酷刑を諫めて太宗に褒賞された人として、魏徴の上奏に登場した。

第一章　死刑の判決には重臣も審議に加われ

貞観元年（六二七）に、太宗は側近たちに語った。

「死んだ者は二度と生き返ることはないのだから、法の裁きは、なるべく細かいことに拘らず、寛大に対処すべきだ。古人は、『葬儀屋は、年内に疫病が流行ることを願う。それは人を憎むからではなく、棺桶が売れてほしいと思うだけだ』と言っている。今の司法官も同じで、一つの裁判を審議する時に必ず厳しく追及するのは、自分の成績を上げたいと思うからなのだ。いったいどうすれば、公平な裁判を行うことができるだろうか」。

それに対して、諫議大夫（皇帝諫め役）の王珪が進み出て、

「司法官には公平で正直な善人を選び、正当で適切な裁判をした者には、俸禄を上げ褒賞金を賜えば、不当な冤罪は自ずとなくなるでしょう」

と答えた。太宗は詔を出して、その意見に従った。

太宗は、さらに言った。

「昔の裁判は、必ず三公や重臣に審議させたが、今の太尉・司徒・司空や九寺の長官がその職に相当する。今後、死刑の判決を出す時には、中書省・門下省の四品以上の官、尚書省六部の長官、および九寺の長官にも審議に加わるようにさせる。そうすれば、無実の冤罪は防げるであろう」。

こうして貞観四年になるまでに、死刑に処せられた者はわずかに二十九人で、ほとんど死刑を執行しないのと同じ状態が続いた。

■原文

貞觀元年、太宗謂侍臣曰「死者不可再生、用法務在寛簡。古人云『鬻棺者、欲歳之疫、非疾於人、利於棺售故耳』。今法司覈理一獄、必求深刻、欲成其考課。今作何法、得使平允」。

諫議大夫王珪進曰「但選公直良善人、斷獄允當者、增秩賜金、即奸僞自息」。詔從之。

太宗又曰「古者斷獄、必訊於三槐・九棘之官、今三公・九卿、即其職也。自今以後、大辟罪、皆令中書・門下四品已上及尚書九卿議之、如此、庶免寃濫」。

由是至四年、斷死刑、天下二十九人、幾致刑措。

第二章　奴婢の告発は受理するな

貞観二年（六二八）に、太宗は側近に語った。

「このごろ、奴婢で、自分の主人が謀反を企てていると告発した者がいた。これは非常に悪い行いで、どうしても禁止しなければならない。たとえ謀反を企てたとしても、一人でできるはずはなく、必ずほかの人と共謀して計画するだろう。多くの者で共謀すれば、必ずことは漏れるものであるから、奴婢の告発を期待する必要はない。今後、奴婢で主人を告発する者は、決して受理せずに、みな死刑に処せ」。

■原文

貞觀二年、太宗謂侍臣曰「比有奴告主謀逆、此極弊法、特須禁斷。假令有謀反者、必不獨成、終將與人計之。衆計之事、必有他人論之、豈藉奴告也。自今奴告主者、不須受、盡令斬決」。

第三章「大宝の箴」

貞観五年（六三一）のこと、張蘊古は大理寺丞（法務副大臣）であった。そのころ、相州の人で李好徳という者が、もともと精神的な疾患をもっていたのだが、怪しげなことを言いふらしていたので、詔が下って裁判にかけることとなった。

審査が終わり、張蘊古は、

「李好徳は明らかに精神病でありますから、法で裁くことはできません」

と報告した。太宗は李好徳を大目に見て、裁くのをやめようとした。すると、張蘊古は太宗の意向を密かに李好徳に伝え、誘って一緒に博打に興じた。それを、治書侍御史（官吏監察副長官）の権万紀が弾劾した。聞いた太宗は非常に立腹し、張蘊古を長安の東市で死刑に処した。

その後、太宗はその処刑を悔んで、房玄齢に言った。

「そなたたちは、人の禄を食んでいるのだから、人の憂いを心配すべきなのであって、どんなに大きなことであっても、小さなことであっても、留意しなければならない。私が問わなければ答えず、何かあっても諫めないのであれば、何のための補佐役なのか。張蘊古は司法官でありながら、囚人と博打をし、私の考えを漏らしたのは、まさに重罪にあたる。ところが、律の規定どおりならば、彼は死刑にはあたらないはずだった。私は怒りのあまり、即座に処刑させてしまった。ところが、そなたたちは一言も諫めることがなく、役人も調べて報告しなかった。だからついに処刑してしまったのだが、これが道理に添っているといえるだろうか」。

そこで太宗は詔を下し、

「すべて、死刑の場合は、たとえそれが即座に決定できる案件であっても、五回取り調べたうえで上奏せよ」と命じた。死刑の判決に五回の取り調べを経るのは、張蘊古のこの案件から始まったのである。

太宗はまた、次のように命じた。

「律の条文だけを守って罪を決定しては、冤罪が生じる恐れがある。今後は、門下省の審議を経て、法令どおりならば死刑に相当しても、被告の心情を考慮すべき案件があれば、必ず私に報告せよ」。

さて、亡くなった張蘊古は、初めは幽州総管府（現在の北京統治管轄）の記室（事務長）であったが、貞観二年に都の中書省に勤務することになった。その際に、彼は「大宝の箴」という論文を上奏したのであるが、それは大変な名文で、政治の戒めとするに十分な内容であった。そこで、以下に掲げることにする。

「昔から今に至るまで、天地のあらゆるものを見るに、ただ天子のみが福をもたらすのであるが、実は天子たることは誠に難しいものなのである。この天下にあって、王公の上に立ち、領域各地の産物を貢ぎ物とさせ、官僚を備えて自分の提唱するところを全土に行きわたらせる。そうしているうちに、恐れ慎む心が徐々に薄れ、好き勝手にしたい気持ちが勝ってくる。そんなことをしていれば、怠惰な生活が問題を起こし、思いがけないことから災いを招くようになるということなど、わかる筈がない。

つくづく思うに、聖人が天命を受けるのは、苦しむ人民を救って、天下に泰平を開くためであり、そのために罪は己自身の責任とし、恩恵を民に施し、あまねく地上を照らし、依怙贔屓せずに天下を公平に扱うのである。だからこそ、天子は一人で天下を治めるが、天下の人を自分に奉仕させるようなことはしない。礼によって贅沢を禁じ、音楽によって放蕩を防ぐ。左史が天子の言葉を記し、右史が行動を記し、宮殿から出入りするには常に警備が付く。そうして四季の巡りと調和し、日・月・星の輝きと調和する。だからこそ、天子の身は天下の手本となり、その言葉は音律と一致するのである。

そのようなことをしても誰にも知られない、などと言ってはならない。天はあらゆるものをお見通しである。そのようなことをしなくても何も害はない、などと言ってはならない。悪事は、塵も積もれば山となるのである。快楽を極めてはならない。快楽を極めれば悲哀が生じる。欲望をほしいままにしてはならない。ほしいままにすれば災いを招く。宮中の門をいかに飾ろうとも、君主の居室は膝を入れるだけの小部屋に過ぎない。暗愚な君主は、そういうことがわからないから、夏の桀王は宮殿を宝石で飾り、殷の紂王は部屋を宝玉で飾った。贅沢な珍味をどれだけ並べようと、口にするのは食べられる分量だけである。それなのに、道理のわからない狂った桀王・紂王は、酒粕で丘を作り酒で池を作った。後宮で女色に耽ってはならず、外で狩猟に耽ってはならず、得難い宝物を貴んではならず、亡国の音楽を聞いてはならない。女色に耽れば命を縮め、狩猟は人の心を荒くし、宝物は心が驕り、亡国の音楽は人の心を乱す。自分は身分が高いと思って立派な君子を軽蔑してはならず、自分は賢いと思って臣下の諫めを拒絶してはならない。夏の禹は、食事中でも客人には立って挨拶し、魏の文帝は、臣下が皇帝の裾を引いて諫めた意見を結局は承認したと聞く。人々の不安定な心を安らかにするには、春の太陽、秋の露のように恵みをもたらし、大山や大海のようにゆったりしているのがよく、ちょうど漢の高祖劉邦の大きな心を手本とすればよいであろう。政治の多くの事務をうまく処理するには、薄氷を踏むように、深い淵のほとりに立つように、常に用心して対処するのがよく、ちょうど周の文王の慎重な態度を手本とすればよいであろう。

『詩経』は、周の文王は「知らず知らずのうちに、天の道に沿っていた」と詠っている。また『書経』は、「王の政治は、偏らず仲間を作らず、公平でおおらかなもの」と言っている。すべて、公平を胸に置き、愛憎の私心を抱かないようにすべきである。民衆が見捨てた後に、その悪人を処刑するのがよく、民衆が喜び褒めたたえた後で、その者を表彰するのがよい。強い権力を持つ者はそれを弱くして混乱を収め、鬱屈している者はそれを取り払ってねじ曲がった気持ちを直してやるのがよい。だから言うのである。秤の竿や天秤の重り石のように、自分で数値を決めなくても、それで量れば自然と重いか軽いかがわかり、水や鏡のように、自分で形を示さなくても、それに映せば自然ときれいか醜いかがわかると。天子はそういう存在であるべきなのだ。

天子というものは、どろどろと濁っていてはいけないし、耀くほど清らかでもいけないし、愚かで昏すぎてもいけないし、何もかも明らかに察知するようでもいけない。たとえ、冠の垂れ飾りが目を覆っていても、見えないものを見抜かなければならず、冠の横の錦飾りが耳を塞いでいても、声なき声を聞かなくてはならない。心を落ち着いた境地に置き、精神を真理の世界に解放せよ。問い尋ねてくる者には、鐘が響くように強さに応じて対応し、汲み取ろうと求める者には、その度量の大きさに応じて満たしてやればよい。だから、天が清らかで、地が安定しているように、王には正しい道というものがあると言うのである。四季は何も言わないけれど順番に巡り、万物はそれによって生育する。同じように、天子の徳によって天下が平和に治まっていて、しかも人民はそれを知るよしもないというのが、理想的なのである。

われらが今上陛下は、知力で混乱を勝ち抜いて世を治めたが、民衆はその威勢を恐れているだけで、まだその徳を慕ってはいない。陛下は天運を手に収めて厚い気風を起こそうとしているが、民衆はその始まりに期待しているだけで、それが最後まで続くとは思っていない。そこで私は、天子のあるべき手本を述べようとして、誠心誠意を尽くした。人を使うには真心をもってしなければならず、言ったことは行動で示さなければならない。政治の全体を包み込み、詔勅で善悪を示さなければならない。天下の民を公のものとすれば、天子一人を皆が慶賀する。殷の湯王が狩りの網を開いて動物を自由にさせたように、舜が琴を弾いて人民の幸福を祈ったように、慈愛の心が必要である。毎日毎日、重要な政治が迫ってくるから、それを心に留めて忘れてはならない。幸いも災いも本人が招くものであり、正しい人には自ずと天が救いの手を差し伸べるものである。私は天子を諫める職に就いたので、あえてこのような文章を書き、これを天子の側近に委ねるものである」。太宗はこの文章を褒めたたえ、褒美として絹三百疋(びき)を賜い、そして張蘊古を大理寺の丞に取り立てたのだった。

■原文

貞觀五年、張蘊古爲大理丞。相州人李好德素有風疾、言涉妖妄、詔令鞫其獄。蘊古言「好德癲病有徵、法不當坐」。太宗許將寛宥、蘊古密報其旨、仍引與博戲。持書侍御史權萬紀劾奏之、太宗大怒、令斬於東市。既而悔之、謂房玄齡曰「公等食人之祿、須憂人之憂、事無巨細、咸當留意。今不問則不言、見事都不諫諍、何所輔弼。如蘊古身爲法官、與囚博戲、漏泄朕言、此亦罪狀甚重、若據常律、未至極刑。朕當時盛怒、即令處置、公等竟無一言、所司又不覆奏、遂即決之、豈是道理」。因詔曰「凡有死刑、雖令即決、皆須五覆奏」。五覆奏、自蘊古始也。又曰「守文定罪、或恐有寃。自今以後、門下省覆、有據法令合死而情可矜者、宜錄奏聞」。

蘊古、初以貞觀二年自幽州總管府記室兼直中書省、表上「大寶箴」、文義甚美、可爲規誡。其詞曰「今來古往、俯察仰觀、惟辟作福、爲君實難。宅普天之下、處王公之上、任土貢其所有、具僚和其所唱。是故恐懼之心日弛、邪僻之情轉放。豈知事起乎所忽、禍生乎無妄。固以聖人受命、拯溺亨屯、歸罪於己、推恩於民。大明無偏照、至公無私親。故以一人治天下、不以天下奉一人。禮以禁其奢、樂以防其佚。左言而右事、出警而入蹕。四時調其慘舒、三光同其得失。故身爲之度、而聲爲之律。

勿謂無知、居高聽卑。勿謂何害、積小成大。樂不可極、極樂成哀。欲不可縱、縱欲成災。壯九重於內、所居不過容膝。彼昏不知、瑤其臺而瓊其室。羅八珍於前、所食不過適口。惟狂罔念、丘其糟而池其酒。勿內荒於色、勿外荒於禽、勿貴難得之貨、勿聽亡國之音。內荒伐人性、外荒蕩人心、難得之物侈、亡國之聲淫。勿謂我尊而傲賢侮士、勿謂我智而拒諫矜己。聞之夏后、據饋頻起、亦有魏帝、牽裾不止。安彼反側、如春陽秋露、巍巍蕩蕩、推漢高大度。撫茲庶事、如履薄臨深、戰戰慄慄、用周文小心。

『詩』云『不識不知』。『書』曰『無偏無黨』。一彼此於胸臆、捐好惡於心想。衆棄而後加刑、衆悅而後命賞。弱其強而治其亂、伸其屈而直其枉。故曰、如衡如石、不定物以數、物之懸者、輕重自見、如水如鏡、不示物以形、物之鑒者、妍蚩自露。

勿渾渾而濁、勿皎皎而清、勿汶汶而闇、勿察察而明。雖冕旒蔽目而視於未形、雖黈纊塞耳而聽於無聲。縱心乎湛然之域、遊神於至道之精。扣之者、應洪纖而效響、酌之者、隨淺深而皆盈。故曰、天之清、地之寧、王之貞。四時不言而代序、萬物無爲而受成。豈知帝有其力、而天下和平。

吾王撥亂、戡以智力、人懼其威、未懷其德。我皇撫運、扇以淳風、民懷其始、未保其終。爰述金鏡、窮神盡性。使人以心、應言以行。包括理體、抑揚辭令。天下爲公、一人有慶。開羅起祝、援琴命詩。一日二日、念茲在茲。惟人所召、自天祐之。爭臣司直、敢告前疑」。

太宗嘉之、賜帛三百段、仍授以大理寺丞。

第四章　刑には情状酌量の余地がある

貞観五年（六三一）、太宗は詔を発した。

「このごろ、都の官署が死刑の判決を上奏する時、三回取り調べたと言ってはいるが、一日で判決を下してしまい、それでは詳しく審議する時間はない。三回上奏するとは言っても、これでは益がない。もし処刑の後になって後悔しても、もう遅いのである。今後は、都の官署が死刑の判決を上奏するには、二日かけて取り調べて五回上奏し、地方の州においては三回上奏せよ」。

さらに太宗は、自分で詔を書いて発した。

「このごろ司法官が裁判の判決を下す際に、多くは律の条文に依拠し、被告の気持ちには同情の余地があるのに、律の条文どおりに判決を下している。律の条文だけを守って罪を決めていては、冤罪の生じる恐れがある。今後は、門下省でくりかえし調べて、法によれば死罪に相当するものであっても、情状に酌量の余地があれば、報告書を作成して上奏せよ」。

■原文

貞觀五年、詔曰「在京諸司、比來奏決死囚、雖云三覆、一日卽了、都未暇審思、三奏何益。縱有追悔、又無所及。自今後、在京諸司奏決死囚、宜二日中五覆奏、天下諸州三覆奏」。
又手詔勅曰「比來有司斷獄、多據律文、雖情在可矜而不敢違法、守文定罪、惑恐有冤。自今門下省復有據法合死、而情在可矜者、宜錄狀奏聞」。

第五章　国の旧功臣であっても罪は許されない

貞観九年（六三五）に、塩沢道行軍総管で岷州の都督（地方軍事長官）であった高甑生が、大総管の李靖の命令に背き、そのうえ李靖が反逆を企てていると誣告した罪によって、死刑は免れたが辺境の任務に左遷された。

その時に、ある者が上奏して、

「高甑生は、かつての秦王府の功臣ですので、どうか罪をお許しください」

と願い出た。

それに対して、太宗は言った。

「確かに高甑生はわが秦王府の旧臣であり、その功績は忘れられないが、そうはいっても国を治め法を守るには、どうしても公平でなくてはならない。今、もし彼を許したら、幸運にも罪を免れたという前例ができてしまう。わが国を建てた軍は太原で挙兵したが、それに従軍した元従の兵士や、その時に功績をあげた者は大変多い。もし高甑生が罪を免れたら、そういう人たちは自分も許されると思うだろう。そして、功績のある者がみな法を犯すようになるに違いない。私が高甑生を決して許さない理由は、まさにこの点にあるのだ」。

■原文

貞觀九年、鹽澤道行軍總管、岷州都督高甑生坐違李靖節度、又誣告靖謀逆、減死徙邊。時有上言者曰「甑生舊秦府功臣、請寛其過」。太宗曰「雖是藩邸舊勞、誠不可忘、然理國守法、事須畫一。今若赦之、使開僥幸之路。且國家建義太原、元從及征戰有功者甚衆、若甑生獲免、誰不覬覦、有功之人、皆須犯法。我所以必不赦者、正爲此也」。

第六章　煬帝の轍を踏むな

貞観十一年（六三七）に、特進（正二品身分）の魏徴が次のような上奏文を呈上した。

「私が知る限りでは、『書経』には『君主は徳を輝かせ、刑罰には慎重であるべきだ』とあり、また『刑罰の判決には情をかけろ』ともあります。『礼記』は、『上は仕えやすい君主で、下は隠し事をしない臣下であれば、裁判は煩わしくはない。上が疑い深い君主であれば人民は迷い、下が隠し事をする臣下であれば君主は苦労する』と言っています。つまり、仕えやすい君主ならば、臣下は隠し事をしないので意見がわかりやすく、そうなれば君主は苦労しないし、人民も迷わないということです。ですから、君主に一定した徳があれば、臣下は二心を抱かず、君主が臣下の忠義に対して誠意をもって接すれば、臣下は君主の手足となって全力を尽くし、そうして初めて太平の基礎が固まり、『全て安泰かな』と詠われる世が現出するのです。今日、わが国の栄光は中国だけでなく外国にまで及び、陛下の功績は最高の極みに達し、服従を願わない者はなく、どんな遠い国からも使節が集まってきます。しかしながら、陛下は言葉では簡潔を貴ばれながら、心は細かいことまで見抜こうとされ、その結果、刑罰や褒賞のしかたによくない点があるように思います。

　そもそも、刑罰と褒賞の根本は、善を勧め悪を懲らしめることにあります。帝王が天下のために公平にしようとしたもので、身分の差や親しいかどうかによって差別をしないためのものです。ところが、今の刑罰と褒賞は、必ずしもそうではありません。昇進の道は陛下が好むか好まないかによって決まり、刑罰の重い軽いは陛下の喜怒によって決まります。嬉しい時には法の条文に情状を酌量できないかと探し、怒っている時には罪の根拠を法律の外に求めます。好む者に対してはきれいな羽を探し、憎む者に対しては皮膚の傷跡を探します。傷跡を探すように隠れている欠点を求めれば、刑罰は乱れます。羽を探すようにわずかな美点を求めれば、褒賞を誤ります。刑罰が乱れれば、悪賢い輩が勢力を伸ばし、褒賞を誤れば、立派な君子の道は廃れていきます。ずる賢いやつの悪が懲らしめられず、立派な君子の善が勧められずに、刑罰を執行しなくても済むような治安の良い世を求めようとするなどというのは、聞いたことがありません。

　そのうえ、陛下は暇な折に高尚な話をする時は、いつも孔子・老子を尊敬していますが、機嫌が悪くなると、申不害や韓非子の法家のやり方を採ろうとします。真直ぐな正しい行いをしている臣下であっても、三度も罷免された者すらおります。おそらく、人を危ない目に陥れて、自分だけは安全でいようとする者も、きっとたくさんいることでしょう。こうして道徳の道は広まらず、軽薄な風潮がすでに盛んになってきています。そして、軽薄な風潮が盛んになれば、人民の間で様々なもめ事が起こり、人々が争ってそういう風潮に向かえば、国の掟は不統一になります。これを古の王と比べると、陛下の政道には欠けるものがあると言わねばなりません。昔、楚の伯州犂は、手を上下させて功績をあげた者を偽り、楚の国の掟に違いました。前漢の張湯は、朝廷の意向を量って迎合し、漢の刑法は廃れました。臣下でさえも、不公平なやり方をして、その欺瞞のゆがみを正そうとはしません。ましてや、君主が勝手に刑罰や褒賞を上げ下げしては、人々はどうして手足を伸ばして安心して暮らせましょうか。

　陛下の聡明をもってすれば、どんな暗い所でも照らし出さない所はありません。陛下の神明の届かない所があるはずがなく、陛下の叡智の通じない所があるはずもありません。それなのに陛下は、安楽な生活に耽っていて、刑罰を下すということを憂いもせず、楽しみに耽っていて、喜びの後には苦しみが来るということを忘れています。禍と福とは相互に絡み合っているものであり、吉と凶とは常に一緒にあるものであって、そのどちらが来るかはその人が招くものなのですから、こういうことを考えなくていいものでしょうか。このごろ、陛下は罰を下すことが徐々に多くなっており、お怒りがやや激しいようです。

時には宴会の準備が不十分だとか、工事のやり方が少し違うだとか、あるいは品物が気にくわないだとか、人が命令に従わないだとかで、機嫌を損ねています。これらはみな、政治上の急務ではなく、徐々に贅沢を求める気持ちが強まっている表れではないかと危惧いたします。だから、『貴くても驕らないとは言っても、驕りは自然とやって来るのであり、豊かでも贅沢はしないとは言っても、贅沢の気持ちは自然とやって来る』と言われるのは、あながち嘘ではないということがわかります。

そもそも、わが王朝が何にとって代わったのかといえば、それは隋王朝です。隋が乱れた原因は、陛下がよくご存知のとおりです。隋の国庫の蓄えを今日のわが国の財政と比べ、隋の兵力をわが軍備と比べ、隋の戸籍の戸口をわが人民の人口と比べて、どちらが多いかと量れば、とても隋には及びません。それなのに、あの富強な隋がどうして滅んだのかといえば、それは人民を動員したからです。わが国が貧しいのに安泰なのは、人民を静かにさせているからです。人民を静かにさせていれば国は安泰であり、人民を動員すれば反乱が起こることは、誰でも知っています。それは、見えにくいものでもなく、わかりにくいものでもなく、明らかな道理です。それなのに、この明白なことを実行する者は少なく、同じ道をたどって滅ぶ者が多いのは、いったい何故でありましょうか。それは、安泰な時に危険を考えず、治まっている時に混乱を思わず、国が存続している時に滅亡の心配をしないからです。隋にしても、まだ反乱が起こる前は、自国が混乱するとは思っていなかったでしょうし、滅亡する前は、自国が滅ぶとは思っていなかったでしょう。だから、しばしば軍事行動を起こし、土木工事の労役は止むことがありませんでした。煬帝は、臣下に殺されそうになっても、とうとう自国の滅亡の理由を悟りませんでした。誠に憐れむべきです。

そもそも、姿形の美醜を見るには、必ず止水を鏡にし、国の安危を考えるには、必ず滅んだ国を手本にします。ですから、『詩経』は『殷の手本は遠くにある訳ではなく、夏を手本とすればよい』と詠い、また『斧の柄にする枝を切るには、その斧の柄の寸法を基準にすればよい』と詠っています。陛下に私が望むのは、今の動静にあたっては、必ず隋の滅亡を手本としてほしいということです。そうすれば、存亡についても治乱についても、必ずよい参考となるでしょう。もし隋が傾いた原因をお考えになれば、わが国は安泰でしょう。隋が乱れた原因をお考えになれば、わが国は治まるでしょう。隋が滅んだ原因をお考えになれば、わが国は存続するでしょう。存亡の原因をよく知り、贅沢を節約して人の意見に従い、狩猟の娯楽を減らし、豪奢な建築はやめ、急ぐ必要のない業務は中止し、一方の意見を聞いただけで怒るのは慎み、忠義の士を近づけて、誠意のないゴマすりを遠ざけ、耳に心地よいおべっかは聞かず、忠義の苦言を甘んじて受け入れてください。すぐにしゃしゃり出てくるような者は退け、得難い珍宝を貴いと思わず、堯と舜が自分の批判を人民に書かせるための木を道に立てた美談を真似て、また禹王と湯王が責任は自分にあるとして己を罰した故事に倣い、漢の文帝が家十軒分の資産を惜しんで宮殿造営をやめたように、人民の気持ちに添ってください。人民の気持ちを自分に置き換え、寛大な態度でものに接し、謙遜は自分の利益になることをお考えになり、傲慢になって損を招くようなことは慎んでください。そうすれば、陛下がひとたび動けば皆が一致して動き、陛下が一言を発すれば千里離れた人までがそれに応じ、その優れた徳は前代の聖人を越え、麗しい名声は後世にまで伝わるでしょう。聖哲なる王としての模範は、また帝王としての偉大なる業績は、ここに極まります。慎み守らなくてはなりません。

考えますに、守るということは易しく、勝ち取るということは難しいものです。陛下はその難しいものを勝ち取ったのですから、どうしてそれを守るという易しいことができないはずがありましょうか。守り続けることが難しいのは、贅沢や酒色に耽る欲望が気持ちを動かすからです。初めの気持ちを最後まで持ち続けるためには、努力しなければなりません。『易経』には、『君子は安泰であっても危険を忘れず、存立していても滅亡を忘れず、治まっていても混乱を忘れない。だから、身は安らかで国家を保つことができる』とあります。この言葉は、誠に深く考えねばなりません。伏して思いますに、陛下の善を求める気持ちには、昔と何も変わるところはありませんが、自分の過ちを聞けば必ず改めるという点においては、昔に比べてこのごろはやや後退しているように見受けられます。もし、現在の平穏無事の治世にあって、昔の創業当時の慎み深い行いをとられれば、それこそ善と美徳の極みというものです。誠に申し分のないところでありましょう」。

太宗はこの進言を褒めたたえ、受け入れた。

■原文

貞觀十一年、特進魏徵上疏曰、

「臣聞、『書』曰『明德愼罰』、『惟刑恤哉』。『禮』云『爲上易事、爲下易知、則刑不煩矣。上人疑則百姓惑、下難知則君長勞矣』。夫上易事、則下易知、君長不勞、百姓不惑。故君有一德、臣無二心、上播忠厚之誠、下竭股肱之力、然後太平之基不墜、『康哉』之詠斯起。當今道被華戎、功高宇宙、無思不服、無遠不臻。然言尙於簡文、志在於明察、刑賞之用、有所未盡。

夫刑賞之本、在乎勸善而懲惡、帝王之所以與天下爲畫一、不以貴賤親疏而輕重者也。今之刑賞、未必盡然。或屈伸在乎好惡、或輕重由乎喜怒。遇喜則矜其情於法中、逢怒則求其罪於事外。所好則鑽皮出其毛羽、所惡則洗垢求其瘢痕。瘢痕可求、則刑斯濫矣。毛羽可出、則賞因謬矣。刑濫、則小人道長、賞謬、則君子道消。小人之惡不懲、君子之善不勸、而望治安刑措、非所聞也。

且夫暇豫清談、皆敦尙於孔・老、威怒所至、則取法於申・韓。直道而行、非無三黜。危人自安、蓋亦多矣。故道德之旨未弘、刻薄之風已扇。夫刻薄既扇、則下生百端、人競趨時、則憲章不一、稽之王度、實虧君道。昔州犂上下其手、楚國之法遂差。張湯輕重其心、漢朝之刑以弊。以人臣之頗僻、猶莫能申其欺罔、況人君之高下、將何以措其手足乎。

以睿聖之聰明、無幽微而不燭、豈神有所不達、智有所不通哉。安其所安、不以恤刑爲念、樂其所樂、遂忘先笑之變。禍福相倚、吉凶同域、惟人所召、安可不思。頃者責罰稍多、威怒微厲、或以供帳不贍、或以營作差違、或以物不稱心、或以人不從命、皆非致治之所急、實恐驕奢之攸漸。是知『貴不與驕期而驕自至、富不與侈期而侈自來』、非徒語也。

且我之所代、實在有隋、隋氏亂亡之源、聖明之所臨照。以隋氏之府藏譬今日之資儲、以隋氏之甲兵況當今之士馬、以隋氏之戸口校今時之百姓、度長比大、曾何等級。然隋氏以富強而喪敗、動之也。我以貧窮而安寧、靜之也。靜之則安、動之則亂、人皆知之、非隱而難見也、非微而難察也。然鮮蹈平易之塗、多遵覆車之轍、何哉。在於安不思危、治不念亂、存不慮亡之所致也。昔隋氏之未亂、自謂必無亂、隋氏之未亡、自謂必不亡。所以甲兵屢動、徭役不息、至於將受戮辱、竟未悟其滅亡之所由也、可不哀哉。

夫鑒形之美惡、必就於止水、鑒國之安危、必取於亡國。故『詩』曰『殷鑒不遠、在夏后之世』。又曰『伐柯伐柯、其則不遠』。臣願當今之動靜、必思隋氏以爲殷鑒、則存亡治亂、可得而知。若能思其所以危、則安矣。思其所以亂、則治矣。思其所以亡、則存矣。知存亡之所在、節嗜欲以從人、省遊畋之娛、息靡麗之作、罷不急之務、愼偏聽之怒。近忠厚、遠便佞、杜悅耳之邪說、甘苦口之忠言。去易進之人、賤難得之貨、採堯・舜之誹謗、追禹・湯之罪己、惜十家之產、順百姓之心。近取諸身、恕以待物、思勞謙以受益、不自滿以招損。有動則庶類以和、出言而千里斯應、超上德於前載、樹風聲於後昆。此聖哲之宏規、而帝王之大業、能事斯畢、在乎愼守而已。

夫守之則易、取之實難。既能得其所以難、豈不能保其所以易。其或保之不固、則驕奢淫泆動之也。愼終如始、可不勉歟。『易』曰『君子安不忘危、存不忘亡、治不忘亂、是以身安而國家可保也』。誠哉斯言、不可以不深察也。伏惟陛下欲善之志、不減於昔時、聞過必改、少虧於曩日。若以當今之無事、行疇昔之恭儉、則盡善盡美矣、固無得而稱焉」。

太宗深嘉而納用。

第七章　部下の罪に上司を連坐させるな

貞観十四年（六四〇）のこと、戴州の刺史（州行政長官）であった賈崇は、部下が十悪に相当する罪を犯していたことが発覚し、監督不行き届きとして御史（官吏監察係）に弾劾された。

それを聞いて、太宗は側近に言った。

「昔、堯は大聖人で、魯の柳下恵は大賢者であったが、堯の子の丹朱は出来が悪く、柳下恵の弟の盗跖は大悪人であった。そもそも、聖人や賢者が教えても、父子や兄弟が親しんでも、悪人を感化して善人に変えるのは不可能なのだ。それを今の刺史に、部下を教化してすべてを善人にするよう期待しても、無理というものだろう。もし、それができなかったからといって刺史を降格させては、おそらくは降格を免れるために罪を秘匿するであろうし、そうなったら罪人は捕まえられない。したがって、諸州の役人で十悪を犯す者がいても、刺史までその罪を問うことはすべきでない。詳しく調査して罪を裁くようにすれば、悪人を取り除くことができるはずだ」。

■原文

貞觀十四年、戴州刺史賈崇以所部有犯十惡者、被御史劾奏。

太宗謂侍臣曰「昔陶唐大聖、柳下恵大賢、其子丹朱甚不肖、其弟盗跖爲臣惡。夫以聖賢之訓、父子兄弟之親、尚不能使陶染變革、去惡從善。今遣刺史、化被下人、咸歸善道、豈可得也。若令緣此皆被貶降、或恐遞相掩蔽、罪人斯失。諸州有犯十惡者、刺史不須從坐、但令明加糾訪科罪、庶可肅清姦惡」。

第八章　司法官は自己の昇進のために裁判を厳しくしてはならない

貞観十六年（六四二）に、太宗は大理寺卿（法務大臣）の孫伏伽に言った。

「鎧を作る職人は、自分の鎧を着た者が傷つけられるのを心配して、鎧をなるべく堅くしようとする。矢を作る職人は、自分の矢が相手を倒せないのを心配して、なるべく矢を鋭くしようとする。どうしてかと言えば、それぞれの仕事には役割というものがあり、その出来栄えによって収入が違ってくるからだ。私はいつも、司法官に刑罰の軽重について問うのだが、そのたびに昔の時代よりは刑罰は緩やかになっているとの返答を受ける。しかし、それでもなお私は、司法官は死刑を宣告して利を得て、人を危ない目にあわせて自分は栄達し、そうして彼らは名声を得ようとしているのではないかと危惧するのだ。今、私が一番心配なのは、まさにこの点なのである。栄達のために裁判を厳しくするようなことはくれぐれも禁止し、公平な判決に努めるように」。

■原文

貞觀十六年、太宗謂大理卿孫伏伽曰「夫作甲者欲其堅、恐人之傷。作箭者欲其鋭、恐人不傷。何則、各有司存、利在稱職故也。朕常問法官刑罰輕重、每稱法網寬於往代。仍恐主獄之司、利在殺人、危人自達、以釣聲價、今之所憂、正在此耳。深宜禁止、務在寬平」。

赦令　第三十二

■解説

赦令とは、恩赦の詔勅を発すること。

第一章の「小人の幸いは、君子の不幸……」は出典不明。「周の文王が刑罰を……」は、『書経』康誥篇に「(武)王曰く、……乃ち其れ速やかに文王の作りし罰に由り、茲を刑して赦す無かれ、と」とある武王の言葉による。劉備が諸葛亮に語った言葉は、『華陽国志』巻七、劉後主志、建興九年秋の条にあり、『三国志』巻三三、蜀書、後主伝末尾の注に引用される。

第三章冒頭の「詔」は、法的効力をもつ皇帝の発令。律は刑法、令は行政法。原文に「律」はないが、詔がすべて律に関するものとは限らないので、訳文では補った。詔には、その時限りの措置を命じたものと、今後長期にわたって効力をもつ命令とがあり、格とは後者を官署別に箇条書きしたもの。式は、以上の法を施行するために担当役人が守るべき実務細則を決めたもの。太宗の言葉にある『易経』は、「渙」の卦、九三の辞の引用。『書経』は周官篇からの引用。引用冒頭の原文「乃」は、「汝」の意。蕭何の法制定については、『史記』巻五四、曹相国世家に「百姓、之を歌いて曰く、蕭何、法を為る、顜

(公正)として一を画するが若し」とある。

第四章の長孫皇后は、貞観八年(六三四)に体調を崩した。本章にある皇后の言葉は、太宗とその側近の耳に入り、みな涙して恩赦を発しようとしたが、皇后は譲らず、恩赦は取りやめとなった。長孫皇后は、貞観十年(六三六)に三十六歳の若さでこの世を去った(以上は『旧唐書』巻五一、后妃伝)。

第一章 恩赦は滅多に行うものではない

貞観七年(六三三)に、太宗は側近たちに語った。

「世の中は、愚者が多く、智者が少ないものだ。智者は決して悪事を働こうとはしないが、愚者は進んで法を破ろうとする。恩赦が及ぶのは、そういう法を犯した輩に対してだ。昔から、『小人の幸いは、君子の不幸である。一年に二度も恩赦を出すと、善人はただ口を噤むしかない』と言う。だいたい、雑草を刈らずにおけば稲を損なうのであり、同じように悪いやつに恩恵をあたえては善人が損なわれることになる。

昔、周の文王が刑罰を作り、その刑罰を受けたものは決して赦されなかった。また、蜀の先主劉備は、かつて諸葛亮に、『私は、後漢の陳元方や鄭康成という学者から治乱の道について教えを受けたが、彼らは決して恩赦については口にしなかった』と語ったという。だから諸葛亮は、蜀を治めた十年間に恩赦は出さなかったが、蜀は大いに治まった。

それに対して、梁の武帝は毎年たびたび恩赦を出して、その結果は国を傾けてしまった。そもそも、小さな善を行えば、大きな善は塞がれるものだ。だから私は、天子となってから、決して恩赦は行わなかった。それでも今は、天下は太平で、世の中に礼儀が行われている。恩赦のような非常の措置は、滅多に行うものではない。悪事を働く愚者が、恩赦という幸運があるのだと思って、いよいよ法を犯すことを考え、悔い改めなくなってしまうのが、一番恐ろしいのだ」。

■原文

貞觀七年、太宗謂侍臣曰「天下愚人者多、智人者少、智者不肯爲惡、愚人好犯憲章。凡赦宥之恩、惟及不軌之輩。古語云『小人之幸、君子之不幸。一歲再赦、善人喑啞』。凡養稂莠者傷禾稼、惠姦宄者賊良人、

昔文王作罰、刑茲無赦。又蜀先主嘗謂諸葛亮曰『吾周旋陳元方・鄭康成之間、每見啓告治亂之道備矣、曾不語赦』。故諸葛亮治蜀十年不赦、而蜀大化。梁武帝每年數赦、卒至傾敗。

夫謀小仁者、大仁之賊、故我有天下已來、絕不放赦。今四海安寧、禮義興行、非常之恩、彌不可數。將恐愚人常冀僥倖、惟欲犯法、不能改過」。

第二章　法律は単純にすべし

貞観十年（六三六）に、太宗は側近に言った。

「国家の法令は簡約であるべきで、一つの罪に対していくつもの条文が設けられていてはいけない。法規定が多くなれば、官僚が覚えられなくなり、そこで間違いや不正が起こる。しかも、もし罪にならないようにしようと思えば、刑罰の軽い条文をあてはめることができるし、罪にしようと思えば重い条文をあてはめることができるだろう。判決がその都度変わるようであれば、統治にとって決してよろしくはない。法の条文を詳しく調べ、一つのことが別々に規定されているようなことがないようにせよ」。

■原文

貞觀十年、太宗謂侍臣曰「國家法令、惟須簡約、不可一罪作數種條。格式既多、官人不能盡記、更生姦詐、若欲出罪即引輕條、若欲入罪即引重條。數變法者、實不益道理、宜令審細、毋使互文」。

第三章　詔勅は慎重に

貞観十一年（六三七）に、太宗が側近に言った。

「詔や律・令・格・式は、常に一定していなければ、多くの人々が惑うであろうし、不正が増えていくことになるだろう。『易経』は、『渙の卦では、王者の号令は汗のようにする』と言っている。これは、君主が号令を発するのは、身体から出る汗のように、ひとたび出たらもう戻せないという意味である。『書経』には、『汝が命令を出す時には慎重にし、命令を出したら必ず実行し、改変してはならない』とある。また、前漢の高祖劉邦は多忙な日々を送っていたが、小役人から身を起こした蕭何が法を制定した後は、その法制は『一』の字を書くように簡潔で整然だったと称えられている。そなたたちはこの意味を深く考えるべきであり、私も軽々しくは詔勅を発しないようにしなければならない。詔勅や法律は詳しく審議して、長く続く制度としなければならない」。

■原文

貞觀十一年、太宗謂侍臣曰「詔令格式、若不常定、則人心多惑、姦詐益生。『周易』稱『渙汗其大號』。言發號施令、若汗出於體、一出而不復也。『書』曰『愼乃出令、令出惟行、弗爲反』。且漢祖日不暇給、蕭何起於小吏、制法之後、猶稱畫一。今宜詳思此義、不可輕出詔令、必須審定、以爲永式」。

第四章　長孫皇后の心意気

太宗の妻、長孫皇后が病気にかかり、徐々に重篤になった。そこで、皇太子は皇后に提案した。

「医者も薬も十分に手を尽くしましたが、皇后のご容体はよくなりません。このうえは皇帝にお願いして、囚人に恩赦をあたえ、また人を仏門に入れて、天のご加護を受けられますように」。

それに対して、皇后は答えた。

「人には寿命があり、人間の力でどうにかできるものではない。もし福を求めて寿命が延びるというのなら、私は平素より悪事を働いたことはない。善を行っても効果がないのであれば、何の福を求めるというのか。恩赦は国の重大事であり、仏教は皇帝が常に異国にも教えがあることを示しているものにすぎない。それでも陛下は、仏教が統治の弊害になることを常に恐れている。私のような一人の女のために、天下の法を乱すような真似ができようか。そなたの意見には従えない」。

■原文
長孫皇后遇疾、漸危篤。皇太子啓后曰「醫藥備盡、今尊體不瘳、請奏赦囚徒幷度人入道、冀蒙福祐」。

后曰「死生有命、非人力所加。若修福可延、吾素非爲惡者。若行善無效、何福可求。赦者國之大事、佛道者、上每示存異方之教耳。常恐爲理體之弊、豈以吾一婦人而亂天下法。不能依汝言」。

貢賦（こうふ）　第三十三

■解説

貢賦とは、本来は貢献（こうけん）と賦役（ふえき）。賦役とは税制（租（そ）・調（ちょう）・役制（えき））のことで、納諫篇附直諫篇第二章を参照されたい。税とは別に、中国では各地の特産品を毎年皇帝に貢ぐ制度があり、これを貢献という。貢献は、地方官がその土地の名産を買い上げ、業務報告のために年末に上京する朝集（ちょうしゅうし）使がそれを都に運ぶ制度であり、朝集使は本篇第一章に早速登場する（礼楽篇第七章にも「考使」として登場）。こうして都に集められた貢献品は、元日朝賀の儀式で宮殿の庭に並べられる。外国の使節が献上品としてもたらした物品も、唐では「遠夷（えんい）からの貢献」として扱う。

本篇の篇名は「貢献と税」の意であるが、ここでは税には触れられず、すべて貢献がテーマとなっている。つまり、「貢賦」で貢献の意に使用しているのである。

ところで、貢献品を地方官が金銭で買い上げるのは、そのような物産を産出・生産している家または村は、一次産業に時間を割けず、代価を支払わねば産業が衰退するからである。後の玄宗（げんそう）期の貢献制のあり方を史料に見ると、生糸・錦織物・薬物・陶磁器・硯・道鏡等々のように、それぞれの土地ごとに貢献品が決められている。ただし、第一章を見ると、州の長官が良い品を貢献しようと他州にそれを求めているので、唐の初期にはそこまで貢献品目が定められてはいなかったことがうかがえる。このことは、太宗と玄宗までの間に、唐の地方産業が発展したことを示しており、貢献の制度はそれに一役買ったと見てよいであろう。なお、税物は都の左蔵庫に、貢献品は右蔵庫に収納されたことは、仁惻篇第二章で触れた。

第一章で、太宗が「貢献の制度は経典に記されている」と言うのは、『書経』禹貢篇の序に、各地の風土とそこから貢がれる特産品が列記されるのを指す。なお、「管轄領域の外から……」の原文は「意を踰えて外に求め」であるが、「意」は「竟（境）」の誤りであろう。

第二章の林邑国は、今のヴェトナムにあったチャンパー。漢字では占城とも書く。外国使節が献上品に珍しい鳥獣をあてることはよくあり、唐ではそのような珍獣を都に入れないようにする詔が、何度か発せられている。

第三章の疏勒は現在の新疆ウイグル自治区にあるカシュガル、朱俱波はその東南にあるカルガリク、甘棠の比定地は不明であるが、本章の記事を『資治通鑑』は貞観十年（六三六）十二月条（巻一九四）に載せ、その注には「崑崙の人」、「西域に在り」とする。

第四章の高句麗の泉蓋蘇文は、もとは国の西部大人（史料によっては東部大人）であったが、徐々に中央で専権を振るうようになり、諸大臣が栄留王（高建武）とともに彼の誅殺を謀った。しかし事が漏れ、泉蓋蘇文は軍の校閲にかこつけて諸大臣以下百余人を殺害し、栄留王をも殺してクーデターを起こし、王の甥の高蔵（宝蔵王）を立て、自分は莫離支と称した。莫離支は官職名で、中国でいえば兵部の長官と中書省の長官を兼ねた職だという（『旧唐書』巻一九九上、東夷伝高麗の条）。太宗を諫めた褚遂良については、任賢篇第六章参照。彼の言う宋と魯の話は、『春秋左氏伝』桓公二年からの引用。

なお、高句麗における泉蓋蘇文のクーデターは、唐では貞観十六年のことで、太宗は貞観十九年に高句麗遠征を行い、翌二十年三月に長安に戻った。第五章の高句麗からの使節は、この戦争の戦後和平処理の一環であり、したがって「貞観十九年」は「二十年」の誤りと見なければならない。事実、『資治通鑑』は貞観二十年五月条にこの話を載せている。

第一章　貢献物はその土地の産物に限定せよ

貞観二年（六二八）に、太宗は朝集使に言った。

「それぞれの土地の産物を天子に貢献するという制度は、すでに経典に記されている。その州の特産品を、宮廷の庭に一斉に並べるのである。ところが、このごろ聞いたのだが、諸州の都督（軍政長官）や刺史（行政長官）たちは、名声をあげようとするあまり、自分の州の貢献物が良い物でないと不名誉だと思って、管轄領域の外から品質の良い物を求め、どの州もそれを真似て、とうとうそれが普通になってしまったとのことだ。これは極めて煩わしいことなので、今後は改めて、そういうことをしないようにせよ」。

■原文
貞觀二年、太宗謂朝集使曰「任土作貢、布在前典、當州所產、則充庭實。比聞都督・刺史邀射聲名、厥土所賦、或嫌其不善、踰意外求、更相倣效、遂以成俗。極爲勞擾、宜改此弊、不得更然」。

第二章　鸚鵡を逃がしてやる

貞観年間（六二七―六四九）のある時、林邑国からの使節が、太宗に白い鸚鵡を献上した。よくしゃべり、人と応答もするのだが、しばしば長安の寒さを嫌がっている様子であった。太宗は不憫に思って、その鸚鵡を使者に返し、国の密林に逃がしてやるようにした。

■原文
貞觀中、林邑國貢白鸚鵡。性辯慧、尤善應答、屢有苦寒之言。太宗愍之、付其使、令還出於林藪。

第三章　西域使節の到来に身を引き締める

貞観十二年（六三八）に、疏勒・朱俱波・甘棠の西域諸国が使節を派遣して、太宗にその土地の産物を献上してきた。

その時、太宗は臣下に言った。

「もし中国が平穏でなかったら、ヴェトナムや西域の国が朝貢使節を派遣して来ることはないであろう。私には、そのような光栄にあずかるだけの徳があるだろうか。それよりも、使節の到来を見ると、私はかえって不安になる。これまで天下を統一して辺境まで支配したのは、ただ秦の始皇帝と前漢の武帝の二人だけである。始皇帝は暴虐な政治をして、子の代で国は滅んでしまった。武帝は贅沢をして、国はほとんど途絶えかかった。私は短い刀を手に四方を平定し、その結果、遠い外国はわが国に服従し、万民は安らかに治まり、自分でもこの功績は始皇帝や武帝にも劣らないと思っている。しかしながら、この二人は安定した末路をたどれなかった。だから、わが国も滅ぶのではないかと恐れて、決して政治を怠けないようにしている。それも、そなたたちが直言して私を諫め、私を助けてくれるかどうかにかかっているのだ。もし私のいい面ばかりを褒めて欠点に目をつむり、私におべっかだけを言っているようなら、国の滅亡の危機はたちどころにやって来るであろう」。

■原文

貞觀十二年、疏勒・朱倶波・甘棠遣使貢方物。

太宗謂羣臣曰「向使中國不安、日南・西域朝貢使、亦何緣而至。朕何德以堪之。覩此翻懷危懼。近代平一天下、拓定邊方者、惟秦皇・漢武。始皇暴虐、至子而亡。漢武驕奢、國祚幾絕。朕提三尺劍以定四海、遠夷率服、億兆乂安、自謂不減二主也。然二主末途、皆不能自保、由是每自懼危亡、必不敢懈怠。惟藉公等、直言正諫、以相匡弼。若惟揚美隱惡、共進諛言、則國之危亡、可立而待也」。

第四章　不義者からの贈り物を受け取ってはならない

貞観十八年（六四四）に、太宗は高句麗に討伐軍を送ろうとしていた。その時、高句麗の莫離支である泉蓋蘇文が、唐に使者を派遣して白金を献上した。

それに対して、黄門侍郎（門下省副長官）の褚遂良が太宗に進言した。

「高句麗の泉蓋蘇文は自分の君主を虐殺し、これは多くの国々にとっても容認できない行為です。だからこそ陛下は、兵を挙げて罪人を討ち、遼東の人々のために高句麗王の仇をとろうとしています。昔から、君主を弑逆した罪人を討伐する時に、その罪人からの贈り物は受け取りません。春秋時代に、宋の督の華父は君主の殤公を殺し、郜国より伝わっていた鼎を魯の桓公に贈り、桓公はそれを受け取って魯の大廟に供えました。その時、魯の大夫臧哀伯は、桓公に向かって、

『君主たる者は、徳を示して邪道を防ぐものです。それなのに今、公は徳に違って邪道な者を引きたて、その贈り物を大廟に供えました。百官がこれを真似ても、どうして責められましょうか。周の武王が殷を倒し、伝来の九鼎を洛陽に移した時でさえ、伯夷のような

義士はそれを非難しました。ましてや、君主を殺した不義者からの贈り物を大廟に供えるとは、いったいどうするつもりですか』と諫めたということです。

そもそも『春秋』に記されていることは、すべての君主が規範とするものです。もし、君主を殺した不義者からの使節を受け入れ、その贈り物を受け取って、それが過ちだと思わないのであれば、何の名目で高句麗を討伐できるでしょうか。泉蓋蘇文からの献上品は、絶対に受け取ってはなりません」。

太宗はこの意見に従った。

■原文

貞觀十八年、太宗將伐高麗、其莫離支遣使貢白金。黄門侍郎褚遂良諫曰「莫離支虐殺其主、九夷所不容、陛下以之興兵、將事弔伐、爲遼東之人、報主辱之恥。古者討弑君之賊、不受其賂。昔宋督遺魯君以郜鼎、桓公受之於大廟、臧哀伯諫曰『君人者將昭德塞違。今滅德立違、而置其賂器於大廟、百官象之、又何誅焉。武王克商、遷九鼎于雒邑、義士猶或非之。而況將昭違亂之賂器、置諸大廟、其若之何』。夫『春秋』之書、百王取則、若受不臣之筐篚、納弑逆之朝貢、不以爲愆、將何致伐。臣謂莫離支所獻、自不合受」。

太宗從之。

第五章　高句麗の美女を国に帰らせる

貞観十九年（六四五）に、高句麗王の高蔵と莫離支の泉蓋蘇文が使節を派遣してきて、太宗に二人の美女を献上した。

太宗は、高句麗の使者に、

「私は、この二人の女性が本国の父母や兄弟と離れ離れになることを不憫に思う。容姿を愛でながら、その人の心を傷つけるようなことは、私はしたくない」

と言い、二人の女性を本国に帰らせた。

■原文

貞觀十九年、高麗王高藏及莫離支蓋蘇文遣使獻二美女、太宗謂其使曰「朕憫此女離其父母兄弟於本國、若愛其色而傷其心、我不取也」。並却還之本國。

弁興亡　第三十四

■解説

篇名は、国の命運の因果関係を解き明かすという意。対象となる国には、第三章・四章で取り上げられる北方の遊牧民族の国突厥（テュルク）も含まれる。

第一章の蕭瑀は政体篇第一章・五章参照。

第二章の王珪は任賢篇第四章参照。太宗の言う古人の言葉は、『論語』顔淵篇からの引用。孔子の弟子の有若が、魯の哀公に語った言葉。

第三章の突厥の啓民可汗は、可汗家阿史那氏の直系であるが、ちょうどその頃は突厥国内が分裂し、可汗が複数立ってまとまらず、啓民は本拠を南の地（現在の内蒙古自治区）に移して隋に援助を求めた。隋の文帝は啓民を突厥可汗として認め、義城公主を嫁がせて保護した。啓民の後は、子の始畢可汗が継いだ。その始畢が煬帝を包囲したという雁門とは、現在の山西省北部の代県の地。ここには雁門関が置かれ、中国からモンゴリアに至るルートの要衝であった。煬帝治世末期の大業十一年（六一五）に、華北ではすでに隋末の乱が始まっていたのであるが、煬帝は山西を巡察し、雁門で始畢可汗の率いる突厥の大軍に包囲された。この時は、突厥軍が引き上げて煬帝は事なきを得た。頡利可汗は始畢の弟で、突厥最後の可汗。彼が唐に敗れて、突厥は一旦滅んだ。ここまでの突厥を第一可汗国という。

本章で太宗は、頡利可汗が恩義に背いて隋の皇族を全員殺害したかのように述べているが、史実から見てこれは正しくない。隋の皇族は、文帝の跡継ぎ問題に絡んで、また煬州での煬帝暗殺に絡んで、多くの者が命を落としている。これらは、突厥とは全く関係がない。それどころか、突厥は、隋室でたった一人生き残った煬帝の孫を自国に招いて保護し、隋末の混乱を逃れて突厥に亡命した中国人を多数受け入れている。したがって、突厥が隋の恩義を忘れたとはいえない。むしろ突厥は隋の復興をもくろんでいたと思われ、それが唐との全面戦争へとつながったのである。

第四章は貞観九年（六三五）のこととしているが、これはおかしい。貞観三年末から四年初めにかけて、モンゴリアを冷害が襲って家畜が大被害を受け、それを機に唐は突厥に攻撃をしかけたのであり、こうして突厥は滅んだ。貞観九年ではとっくに突厥は滅んでいるので、ここは貞観三年末か翌四年初めのことと見なければならない。魏徴が引用する魏の文侯と李克の会話は、『新序』巻五、雑事に見える。

第五章で話題となる北周と北斉は、隋の前の時代。華北が西の北周と東の北斉に分裂し、北周が北斉を併合したが、間もなく隋の文帝に帝位を奪われた。北斉最後の皇帝は、正確にいえば幼主であるが、七歳で数ヵ月だけ帝位にあったに過ぎず、ここでいう最後の帝とはその前の後主（名は高緯）を指す。一方、北周最後の皇帝は静帝であるが、ここも一代前の宣帝（名は宇文贇）を指す。宣帝は在位一年で帝位を子の静帝に譲り、自分は天元皇帝と称し、太上帝として実権を振るった。なお、この両国の歴史書とは、令狐徳棻主編『周書』と李百薬主編『北斉書』を指すが、どちらも完成は貞観十年のことである。したがって、本章の会話が貞観九年のことであれば、太宗は完成直前の原稿を見たのであろう。

第一章　周と秦の王朝長短の理由

貞観の初めのこと。太宗はくつろいでいた時、側近たちに、

「周の武王は殷の紂王の乱れた政治を平定して、天下を治め、秦の始皇帝は周の衰退によって、他の戦国の六国を併合した。天下を手中に収めたことは、どちらも変わりないのに、周と秦では国の命運があれほどまでに違ってしまったのだなあ」

と語った。すると、尚書右僕射（尚書省副長官）の蕭瑀が進み出て、

「殷の紂王は無道な君主で、天下は苦しんでいました。だから、八百の諸侯たちは、打ち合わせをした訳でもないのに、武王の討伐に従いました。周王朝の衰退は、別に六国のせいではありません。それなのに、始皇帝は知恵と兵力で六国を次々と滅ぼしました。天下を平定したことは同じですが、その時の人々の感情が異なっていたのです」

と答えた。

それに対して、太宗は、

「そうではないだろう。周は殷を平定してから、世に仁義を広めることに努めた。それに対して、秦は六国を併合してから、専ら人民を押さえつけることばかりに力を注いだ。天下を取るやり方が違うだけではなく、天下を守るやり方が異なっていたのだ。王朝の命運の差は、ここにあったのではないだろうか」

と言った。

■原文
貞觀初、太宗從容謂侍臣曰「周武平紂之亂、以有天下、秦皇因周之衰、遂呑六國、其得天下不殊、祚運長短若此之相懸也」。

尚書右僕射蕭瑀進曰「紂爲無道、天下苦之、故八百諸侯、不期而會。周室微、六國無罪、秦氏専任智力、蠶食諸侯。平定雖同、人情則異」。

太宗曰「不然、周既克殷、務弘仁義。秦既得志、専行詐力。非但取之有異、抑亦守之不同。祚之脩短、意在茲乎」。

第二章　国庫は人民救済のため

貞観二年（六二八）に、太宗は黄門侍郎（門下省副長官）の王珪に語った。

「隋の文帝の開皇十四年（五九四）に大規模な旱が起こって、多くの人々が飢えに苦しんだ。その時、隋の倉庫には穀物がたっぷりと蓄えられていたのに、文帝はそれを人民に供給せず、飢えた民を食糧のある地に移住させた。文帝は人民を憐れまないで、国の倉庫の方が大切だったのだ。こうして、文帝の末年には、隋の貯蓄は五、六十年も持つほどになった。ところが、煬帝（ようだい）はこの富裕な国庫を頼みとし、派手な贅沢と無道な政治をして、とうとう国を滅ぼしてしまった。煬帝が国を失った原因は、父の文帝にあったのだ。

およそ、国を治めるために努力すべきは、人民の食糧を豊かにする点にあるのであって、国の倉庫を満たすことにあるのではない。古人は、『人民が窮乏していたなら、君主は誰とともに十分な生活を送るというのか』と言っている。国の倉庫は凶年のために備えるべきもので、それ以外に何の貯蓄が必要であろうか。もし子孫が賢いならば、自分で天下を保つであろう。子孫の出来が悪ければ、倉庫に蓄えを残しても、いたずらに贅沢をさせるだけだ。それこそ、国の危機となるだろう」。

■原文

貞觀二年、太宗謂黄門侍郎王珪曰「隋開皇十四年大旱、人多飢乏。是時倉庫盈溢、竟不許賑給、乃令百姓逐糧。隋文不憐百姓而惜倉庫、比至末年、計天下儲積、得供五六十年。煬帝恃此富饒、所以奢華無道、遂致滅亡。煬帝失國、亦此之由。

凡理國者、務積於人、不在盈其倉庫。古人云『百姓不足、君孰與足』。但使倉庫可備凶年、此外何煩儲蓄。後嗣若賢、自能保其天下。如其不肖、多積倉庫、徒益其奢侈、危亡之本也」。

第三章　突厥は恩義に背いたために滅んだ

貞観五年（六三一）に、太宗は側近たちに語った。

「天は善に福をもたらし、悪に災いをもたらす。光があたれば形のとおりに影ができ、音が鳴ればそのとおりに音色が響くのと同じように、それは明白なことなのだ。昔、突厥の啓民可汗は、国が治められなくなって、隋に逃げてきた。隋の文帝は、穀物や絹を惜しみなくあたえ、大軍を出して護衛してやったので、啓民は可汗の地位を保つことができた。やがて突厥が再び強勢になると、後継ぎたちは隋の恩に報いようとも思わず、次の始畢可汗は、兵を出して煬帝を雁門の地で包囲した。隋の統治が乱れると、さらに中国深く侵入するようになり、ついに頡利可汗の兄弟は、以前に自分の国を安泰にしてくれた者を、全員殺害してしまった。このたび頡利が身を滅ぼしたのは、恩に背き義を忘れたためにそうなったのではないだろうか」。

臣下たちはみな、「本当におっしゃるとおりです」と賛同した。

■原文

貞觀五年、太宗謂侍臣曰「天道福善禍淫、事猶影響。昔啓民亡國來奔、隋文帝不悋粟帛、大興士衆營衛安置、乃得存立。既而強富、子孫不思念報德、纔至始畢、既起兵圍煬帝於雁門。及隋國亂、又恃強深入、遂使昔安立其國家者、身及子孫並爲頡利兄弟之所屠戮、今頡利破亡、豈非背恩忘義所至也」。

羣臣咸曰「誠如聖旨」。

第四章　連戦連勝の国は滅ぶ

貞観九年（六三五）に、北の突厥の地から中国に来た者が、太宗に上奏して、

「突厥では大雪が降って、人は飢え家畜の多くは死にました。中国人で突厥に亡命した者たちは、みな山に入って盗賊となっており、大変に険悪な世情となっています」

と伝えた。

それを聞いて、太宗は側近たちに、

「昔の君主を見ると、仁義を守り、賢良な臣下を任用した者はよく国を治め、暴虐を行い、悪賢い臣下を任用した者は国を滅ぼした。そなたたちとともに、今の突厥の頡利可汗が信任している臣下を見ると、正しい忠義な者はほとんどいない。頡利もまた人民のことを心配せず、好き勝手なことをしている。人としての行いから見て、頡利の国は長いことはないだろう」

と語った。

すると、魏徴が進み出て、

「戦国時代の魏の文侯は、李克に、『諸侯のうちでどの国が最初に滅ぶだろうか』と聞き

ました。李克は、『呉が最初に滅ぶでしょう』と答えました。文侯が、『どうしてなのか』と尋ねると、李克は、『何度も戦い、何度も勝っているからです。何度も勝てば君主は驕り高ぶり、何度も戦えば国民は疲弊します。これでは滅びない訳がないでしょう』と答えたということです。頡利可汗は、中国が隋末の乱で混乱した時期に可汗になりましたので、兵力を頼みとして中国内地に侵入し、今に至るまでそれを続けています。これは、必ず滅亡への道をたどるものです」

と言った。

その言葉に、太宗は深く納得した。

■原文

貞觀九年、北蕃歸朝人奏「突厥內大雪、人饑、羊馬並死。中國人在彼者、皆入山作賊、人情大惡」。太宗謂侍臣曰「觀古人君、行仁義、任賢良則理、行暴亂、任小人則敗。突厥所信任者、並共公等見之、略無忠正可取者。頡利復不憂百姓、恣情所爲、朕以人事觀之、亦何可久矣」。魏徵進曰「昔魏文侯問李克『諸侯誰先亡』。克曰『呉先亡』。文侯曰『何故』。克曰『數戰數勝。數勝則主驕、數戰則民疲。不亡何待』。頡利逢隋末中國喪亂、遂恃衆內侵、今尙不息、此其必亡之道」。太宗深然之。

第五章　北周と北斉の最後の皇帝

貞観九年（六三五）に、太宗は魏徴に語った。

「近ごろ、北周と北斉の歴史書を読んだのだが、国を滅ぼした最後の皇帝というのは、だいたい似たようなものだ。北斉の後主は贅沢を好み、国の倉庫はどれもほとんど使い果たしてしまい、そこで国中の関所や市に税を取りたてさせた。私はいつも思うのだが、こういう者は自分の肉を貪り食っているのと同じであり、やがて肉がなくなって必ず死ぬだろう。君主が厳しい徴税を止めなければ、人民は疲弊するのであり、そうなれば君主も滅ぶ。北斉の後主がまさにそのとおりである。ただし、北周最後の天元皇帝と北斉の後主とを比べた場合、両人の優劣はどうだろうか」。

魏徴が答えた。

「この二人の皇帝は、国を滅ぼしたという点では同じですが、その行いはそれぞれ違います。北斉の後主は気が弱く、政策はあちらこちらから指令が出て、国にまとまりがなくなってついには滅びました。北周の天元皇帝は性格が強くて荒々しく、威厳も恩恵も自分で行いましたから、国を滅ぼした原因はすべて本人にありました。このように見ますと、北斉の後主の方が劣っているでしょう」。

■原文

貞觀九年、太宗謂魏徵曰「頃讀周・齊史、末代亡國之主、爲惡多相類也。齊主深好奢侈、所有府庫、用之略盡、乃至關市無不稅斂。朕常謂此猶如饞人自食其肉、肉盡必死。人君賦斂不已、百姓既弊、其君亦亡、齊主卽是也。然天元、齊主、若爲優劣」。徵對曰「二主亡國雖同、其行則別。齊主懦弱、政出多門、國無綱紀、遂至亡滅。天元性兇而強、威福在己、亡國之事、皆在其身。以此論之、齊主爲劣」。

巻九　征伐　第三十五

■解説

本篇は、軍事関係の議論を集める。

第一章の突厥の侵攻は、武徳九年（六二六）の「冬」とあるが、ここは「秋」の誤り。この年の六月に太宗は玄武門の変を起こし、突厥は唐の朝廷の混乱をついて、八月に長安の北まで攻め込んできた。頡利可汗は突厥第一可汗国の最後の可汗（弁興亡篇第三章参照）。突利可汗はその甥で、小可汗だった。突利は頡利と仲が悪く、二年前の武徳七年（六二四）八月に突厥が中国内に侵攻した時、太宗は突利と義兄弟の契りを交わし、盟約を結んだ。本章で太宗が「私は突厥と自ら和親した」と言っているのは、その盟約を指す。執失思力は、突厥可汗国を構成する諸部族の一つ、執失部の部族長。原文は「執失」に作るが、誤り。思力は、突厥滅亡後に太宗に仕えて数々の功績をあげ、高祖の娘の九江公主を娶った。

第二章の嶺南道は、今日の福建省・広東省・広西壮族自治区一帯の地。高州は広東省茂名市の北から東にかけての地域。嶺南道の地は、唐の直轄領というよりは、地元の有力者に統治を委ねる間接支配をとっていた。馮盎と談殿は、高州の地元リーダー。

第三章の林邑国は、今日のヴェトナム(貢賦篇第二章にも登場)。後漢の光武帝の言葉は、『後漢書』巻一七、岑彭列伝に載る勅書に見える。前秦は五胡十六国の一つ。苻堅はその君主で、長安を本拠として一時華北を統一しかけたが、南の東晋に大軍を派遣して淝水の戦いで敗れ、華北では各民族が離反して前秦は滅んだ。

第四章の康国は、ウズベキスタンのサマルカンド。当時はペルシア系ソグド人の地で、内陸交易で繁栄していた。

第五章の高昌国は、新疆ウイグル自治区のトゥルファン(君臣鑒戒篇第四章参照)。侯君集は、唐初期を代表する武将の一人。太宗が秦王だった時にその幕府に入り、以後数々の軍功を立てた。特に本章で取り上げられる高昌国討伐は、彼の功績の第一に挙げられるであろう。ただし高昌国を破った際、侯君集はその国の財宝を奪い取り、それを知った兵士たちも争って掠奪したので、帰国後に罪に問われて獄につながれた。弁護する者のお蔭で釈放されたが、以後は心が晴れず、皇太子李承乾の謀反に通謀していた罪が発覚し、太宗は泣く泣く侯君集処刑の断を下したという(『旧唐書』巻六九に立伝)。なお、高昌国平定の後、太宗はこの地を直轄地として西州を置いたが、それについては次篇の第二章で取り上げられる。

第六章の薛延陀は、突厥の北にいたテュルク系の種族で、薛部と延陀部の両部族から構成されていた。突厥が滅んだ後、薛延陀は夷男可汗（イネル・カガン）をリーダーにして、一時モンゴリアに勢力を振るった。本章での話題のとおり、太宗は夷男に新興公主を嫁がせた。夷男可汗の死後、その子が後を継いだが、暴虐をくりかえしたので配下の部衆が離反し、そこに唐の討伐も加わって、貞観年間の末に薛延陀は衰えた。

第七章・八章の高句麗の泉蓋蘇文については、貢賦篇第四章を参照されたい。「武」の字の由来については、『春秋左氏伝』宣公十二年に、楚の荘王が臣下に言った「夫れ文に、戈を止むるを武と為す」という言葉を踏まえたもの。

第八章の褚遂良は任賢篇第六章参照。褚遂良の上奏末尾にある「高句麗に遠征して敗れれば、陛下は怒って再び軍を動かそうとするだろう」という危惧は、後掲第十二章でそのとおりになる。遼河は、今日の吉林省・遼寧省を流れて遼東湾に注ぐ大河。この河の東を遼東の地といい、高句麗は主として遼東に分布していた。

第九章の尉遅敬徳は忠義篇第一章参照。皇太子が国事を代行する場としてあげられる定州は、今日の河北省定県。洛陽から北京に通じるルートの中間にあり、高句麗と東都洛陽の両方を視野に入れて国事を運営するためには、この地が選ばれるだろうという判断。楊玄感は、隋の煬帝の第二回高句麗遠征の軍糧輸送責任者であったが、煬帝の圧政に反対して挙兵した。これによって、隋末の乱はほぼ全国に波及することになった。

第十章の江夏王の李道宗については忠義篇第十四章、謙譲篇第三章を、李勣は任賢篇第七章を参照されたい。蓋牟城は、遼寧省瀋陽市の東にあった高句麗の城。後漢の耿弇の言葉は、『後漢書』巻一九、耿弇列伝に見える。

第十一章の『帝範』は、貞観二十二年（六四八）に太宗が皇太子に賜った皇帝指南書。『漢籍国字解全書』先哲遺著第二巻（早稲田大学出版部、一九二六年）などで見ることができる。『帝範』は全十二篇からなり、本章は閲武篇の引用。越王勾践の故事は『韓非子』内儲説上に、徐の偃王の話は『淮南子』人間訓に見える。孔子の言葉は、『論語』子路篇の末尾にある。末尾の「軍備の威力は天下を利する」（原文「弧矢の威、以て天下を利す」）は、『易経』繫辞伝下の「弧矢の威、以て天下を威す」（武力で天下の悪人を脅す）を踏まえる。

第十二章の房玄齢は任賢篇第一章参照。本章の上奏を提出した後に、彼の病状は悪化し、太宗は病床を訪れ、房玄齢の手を握って別れを告げたという。

上奏文の第一段落の薛延陀は上掲第六章参照。吐谷渾は任賢篇第六章、次篇（安辺篇）第二章参照。

第二段落「戦死者の遺骨を埋葬した」の原文「崤陵の枯骨を掩う」は、『春秋左氏伝』僖公三十三年四月に、晋は崤山で秦軍を破り、文公三年には逆に秦が晋を討って崤山の戦死者の遺骨を埋葬したという故事を踏まえる。このように故事を踏まえないと解釈できない箇所が散見するが、煩瑣なので省略する。

第三段落の鍾繇と張芝については尊敬師傅篇第六章を、賈誼は規諫太子篇第四章を、司馬相如は文史篇第一章を、それぞれ参照されたい。

第四段落の「突厥の李思摩の傷……」については仁惻篇第四章を、「魏徴の柩の前に……」については任賢篇第三章の魏徴臨終の場面を、参照されたい。

第五段落の『易経』は、乾の卦、亢の文言伝の辞。『老子』の言葉は、同書第四十四章にある有名な「知足の計」。

最後から二段落目で老子を「皇室の遠祖」と言うのは、老子の候補者は数名いるが、唐代には春秋時代の李耼が老子であるという説がほぼ確定的であり、そこから皇室李氏の先祖とされたからである。

なお太宗は、この上奏がなされた翌貞観二十三年に死去した。太宗は、貞観二十一～二十二年にも高句麗に討伐軍を送り、さらなる大攻撃を考えていた。もし存命だったならば、それが実行されたであろう。晩年の太宗は、あれほど軽蔑した隋の煬帝と同じ轍を踏んだのである。

第十三章の充容徐氏は、姓名は徐恵という。充容は女官名で、内官の九嬪の一つ。皇后の下に四妃がおり、その下に九嬪が置かれた。九嬪は、後に名称が変わるが、太宗の時には隋の制が用いられていた。徐恵は、四歳で『論語』『詩経』を読み、八歳で文章を書き、手には常に書物を離さなかったという。太宗はその才媛ぶりを聞き、内官に引き入れ、厚遇した。太宗が崩御すると、追慕のあまり体調を崩し、翌年二十四歳で世を去り、太宗の昭陵に陪葬された。『旧唐書』巻五一、皇妃伝に賢妃徐氏として立伝される（賢妃は四妃の一つで死後の贈官）。本章に載せられる徐恵の上奏は、この二、三年前より太宗は高句麗や西方の亀茲に遠征軍を送り、また翠微宮や玉華宮などの造営が続いていることを諫めた内容。太宗は持病のために長安の暑さに堪えられず、貞観二十一年（六四七）に南方の終南山（秦嶺山脈）に翠微宮を造らせ、そこが狭いので新たに玉華宮を造らせた。第一段落の古人の言葉は、『書経』呂刑篇の引用。最後の段落の麒麟閣は、前漢の武帝が蕭何に命じて長安に造らせた楼閣。貴重な秘書を多く蔵した。

第一章　渭水の対峙

武徳九年（六二六）の冬に、突厥の頡利可汗と突利可汗が、二十万の兵を率いて、長安北方の渭水にかかる便橋の北まで侵攻してきた。突厥は部族長の執失思力を唐の朝廷に派遣し、唐側の様子をうかがわせた。執失思力は豪語して「今、二人の可汗が総勢百万の兵を率いてやって来た」と威嚇し、返答を要求した。

太宗は、執失思力に向かって、

「私は突厥と自ら和親した。お前がそれに背いたのであり、私には何も恥じることはない。このたび、兵を率いてわが国の都の近くにまで侵入し、強盛を誇示するとは何事か。私は、まず先にお前を斬って捨ててやる」

と伝えた。執失思力は怯え、命乞いをした。

蕭瑀や封徳彝たちは、執失思力を厚くもてなして帰す方がよいと進言した。しかし、太宗は、

「いや、そうではない。今、この者を帰せば、突厥は私が恐れたと思うだろう」

と言い、執失思力を捕虜にした。

太宗は、周りの者に語った。

「頡利可汗は、わが国で玄武門の変が起こり、私が即位したばかりなので、その隙をついて大軍で侵入してきたのであり、私が迎え撃つとは思っていないのだ。もし私が長安の城門を閉じて守りを固めれば、突厥は必ず兵を放って大いに掠奪をするだろう。わが国と突厥との強弱を決するのは、今この時にかかっている。私は単独で出軍し、突厥を恐れていないことを示し、それからわが軍の威容を見せ、我々が戦うつもりであることを知らしめてやろう。敵にとっては予期せぬ事態となるので、わが国を脅すという目的は挫かれることになるだろう。突厥を制圧するには、この挙に出るしかない」。

そして太宗は、単騎で進み出て、渭水を隔てて頡利可汗に語りかけた。頡利可汗は、敵の計略を計りかねていたが、そこに唐の軍が相次いでやって来た。頡利可汗は唐の軍容の盛んな様子を見て、また執失思力が捕虜になったことを知って大変に恐れ、とうとう盟約を願って軍を退却させたのだった。

■原文

武徳九年冬、突厥頡利・突利二可汗、以其衆二十萬、至渭水便橋之北、遣酋帥執矢思力、入朝爲覘、自張聲勢云「二可汗總兵百萬、今已至矣」。乃請返命。

太宗謂曰「我與突厥面自和親、汝則背之、我無所愧。何輒將兵入我畿縣、自夸強盛、我當先戮爾矣」。思力懼而請命。

蕭瑀・封德彝等、請禮而遣之。太宗曰「不然。今若放還、必謂我懼」。乃遣囚之。

太宗曰「頡利聞我國家新有內難、又聞朕初卽位、所以率其兵衆、直至於此、謂我不敢拒之。朕若閉門自守、虜必縱兵大掠。強弱之勢、在今一策。朕將獨出、以示輕之、且耀軍容、使知必戰。事出不意、乖其本圖。制服匈奴、在茲擧矣」。

遂單馬而進、隔津與語、頡利莫能測。俄而六軍繼至、頡利見軍容大盛、又知思力就拘、由是大懼、請盟而退。

第二章　軍隊よりも使者を送れ

貞観年間（六二七―六四九）の初めに、嶺南道の諸州から上奏が届き、高州の地元リーダーの馮盎と談殿が、兵力に頼って反乱を起こしたとのことであった。太宗は、将軍の藺謩に詔を下し、江南道・嶺南道の数十州の兵を発して討伐させようとした。

それに対して、秘書監（秘書省長官）の魏徴が進言して諫めた。

「今、中国は混乱がようやく収まったばかりで、戦乱の傷跡はまだ癒えていません。嶺南道の地はマラリアなどの風土病があり、しかも険しい山と深い谷の多い場所です。兵員や軍糧の輸送は困難で、そこに疫病が流行って、もし戦いが思うようにならなければ、後悔しても及びません。そのうえ、馮盎が反乱を起こしたのであれば、隋末の混乱がまだ収まっていないうちに、他の遠方の地の有力者と手を結び、兵を分けて交通を遮断し、近隣の州・県を支配下に収めて、自分の官署を置くはずです。しかし、謀叛の報告は数年前から届いているのに、馮盎の兵は本拠の高州から出ていません。これはまだ反乱にはなっていないことを意味し、ですから兵を動かす必要はありません。陛下は、未だに嶺南の地に使者を派遣して、かの地を偵察させてはいません。また馮盎にしても、入朝して陛下に謁見しても、謀叛の気がないことを信じてもらえないのではないかと、恐れているものと思われます。もし今、使者を派遣して、はっきりと諭(さと)したならば、兵士を動かさずして、必ず馮盎は入朝してくるでしょう」。

太宗がこの意見に従ったところ、嶺南道の地は悉く平定された。側近たちは、太宗に、

「馮盎と談殿は、ここ数年来たびたび互いに攻撃しあっていました。それなのに、陛下は一回使者を派遣しただけで、嶺南の地はすっかり落ち着きました」

と感嘆した。それに対して、太宗は答えた。

「初めは、嶺南道の諸州が、盛んに馮盎が反乱を起こしたと言うので、私は必ず討伐してやろうと思っていた。ところが、魏徴がしきりに諫めて、恩徳でもって相手を懐(なつ)かせるべきで、そうすれば討伐しなくても自ずと馮盎は入朝すると主張した。果たしてその意見に

従ってみると、嶺南の地は平穏となり、とうとう労せずして平定することができた。魏徴の意見は、十万の兵よりも勝っていたのだ」。

そして、魏徴に褒美として絹五百疋（ぴき）を下賜したのだった。

■原文

貞觀初、嶺南諸州奏言高州酋帥馮盎・談殿、阻兵反叛。詔將軍藺謩、發江・嶺數十州兵討之。祕書監魏徵諫曰「中國初定、瘡痍未復、嶺南瘴癘、山川阻深、兵運難繼、疾疫或起、若不如意、悔不可追。且馮盎若反、卽須及中國未寧、交結遠人、分兵斷險、破掠州縣、署置官司、何因告來數年、兵不出境。此則反形未成、無容動衆。陛下旣未遣使人就彼觀察、卽來朝謁、恐不見明。今若遣使、分明曉諭、必不勞師旅、自致闕庭」。

太宗從之、嶺表悉定。侍臣奏言「馮盎・談殿、往年恆相征伐。陛下發一單使、嶺外帖然」。

太宗曰「初、嶺南諸州盛言盎反、朕必欲討之、魏徵頻諫、以爲但懷之以德、必不討自來。旣從其計、遂得嶺表無事、不勞而定、勝於十萬之師」。乃賜徵絹五百匹。

第三章　兵はやむを得ない時にだけ用いるもの

貞観四年（六三〇）に、官僚が上奏して、

「林邑国（りんゆうこく）から、甚だ無礼な外交文書が来ました。こういう国は、軍を出して討伐すべきです」

と願い出た。

それに対して、太宗は答えた。

「軍隊は危険な道具であり、やむを得ない時にだけ用いるものである。だから、後漢の光武帝も、『ひとたび軍を発すると、自分でも気づかないうちに髪が白くなる』と言っている。昔から、大きな戦争を起こせば、必ずその国は滅んできた。前秦の苻堅は、自己の兵の強勢を誇って、東晋を併合しようと考え、百万の兵を挙げたが、ひとたび敗れて国は滅んでしまった。隋の煬帝は、高句麗を征服しようとして、毎年のように兵を派遣したが、人民はその負担に堪えきれず、とうとうつまらぬ男の手にかかって殺されてしまった。突厥の頡利可汗の場合は、毎年わが中国に攻め込んで来て、諸部落は遠征に疲れて、ついに突厥は崩壊してしまった。私は自分の目でそれらを見てきたのだから、どうして軽々しく兵を発することができようか。しかも、林邑に行くには険しい山を越え、その地は風土病が多い。もしわが軍の兵士たちが疫病に倒れたら、林邑を征服できたとしても、その被害は割に合わないであろう。外交文書の言葉遣いの問題など、意に介する必要はない」。

そして、林邑討伐の軍は挙げなかった。

■原文

貞觀四年、有司上言「林邑蠻國、表疏不順、請發兵討擊之」。

太宗曰「兵者、凶器、不得已而用之。故漢光武云『毎一發兵、不覺頭鬚爲白』。自古以來窮兵極武、未有不亡者也。苻堅自恃兵強、欲必吞晉室、興兵百萬、一舉而亡。隋主亦必欲取高麗、頻年勞役、人不勝怨、遂死於匹夫之手。至如頡利、往歲數來侵我國家、部落疲於征役、遂至滅亡。朕今見此、豈得輒即發兵。但經歷山險、土多瘴癘、若我兵士疾疫、雖尅翦此蠻、亦何所補。言語之間、何足介意」。竟不討之。

第四章　康国の属国申請を却下

貞観五年（六三一）、康国が使節を派遣してきて、唐の属国となることを願い出た。その時、太宗は側近たちに語った。

「前代の帝王たちは、みな領土を広げて、後世に名声を残そうとした。これは、帝王の身には何の利益もなく、そのために民が苦しい思いをする。たとえ自分の身に利益があったとしても、人民が損をするのであれば、私はそのようなことはしたくない。ましてや、うわべの名声のために、人民を傷つけるなどということはもってのほかである。康国がわが国の属国となったならば、康国が他国から攻められたら援軍を派遣しなければならない。そうなったら、兵士は万里の道を進軍しなければならないのだから、民が疲弊しないはずがない。民を疲弊させて自分の名声を求めるのは、私の望むところではない。康国の申し出は、決して受け入れてはならない」。

■原文
貞觀五年、康國請歸附。時太宗謂侍臣曰「前代帝王、大有務廣土地、以求身後之虛名、無益於身、其民甚困。假令於身有益、於百姓有損、朕必不爲、況求虛名而損百姓乎。康國既來歸朝、有急難不得不救。兵行萬里、豈得無勞於民。若勞民求名、非朕所欲。所請歸附、不須納也」。

第五章　戦争にも礼儀がある

貞観十四年（六四〇）、兵部尚書（尚書省兵部長官）の侯君集が、高昌国を討伐した。軍が高昌の東の柳谷に駐屯していた時、斥候の騎兵が、

「高昌国では国王の麴文泰が死去し、葬儀の日取りが決まって、国中の人がその日に集まります。そこを二千の騎兵で襲撃すれば、全滅させることができます」

と報告した。副将軍であった薛万均と姜行本もそれに賛成した。

しかし、侯君集は言った。

「皇帝は、高昌国が非常に傲慢なので、天に代わって誅罰を下そうとして我々を派遣したのだ。それなのに、墓所での葬儀の最中を不意打ちするとは、真の武と言える行為ではない。それでは、罪を問い質すための軍とは言えない」。

そして、葬儀の終わるのを待ってから軍を進め、ついに高昌国を平定したのだった。

■原文

貞觀十四年、兵部尚書侯君集、伐高昌、及師次柳谷、候騎言「高昌王麴文泰死、尅日將葬、國人咸集、以二千輕騎襲之、可盡得也」。副將薛萬均・姜行本、皆以爲然。君集曰「天子以高昌驕慢、使吾恭行天誅、乃於墟墓間以襲其葬、不足稱武、此非問罪之師也」。遂按兵以待。葬畢、然後進軍、遂平其國。

第六章　討伐か通婚か

貞観十六年（六四二）、太宗は側近たちに相談した。

「北方の遊牧民はいつも中国に侵入して来るが、今は薛延陀（せつえんだ）が大きな勢力を振るっているので、早く対策を講じなければならない。思うに、方法は二つであろう。十万の精兵を選び、討伐して捕虜にし、わが国に盾突く（たてつく）者どもを取り除けば、今後百年は安泰となろう。これが第一の策である。もし薛延陀が入朝して来れば、その可汗と通婚しよう。私は人民の親なのであるから、人民の利益になるなら、どうして娘一人を惜しもうか。北方民族の習俗は、母や妻の権力が強い。もし嫁いだ娘が子を産めば、その子は私の外孫にあたるのであるから、そうなれば中国に侵入して来ないことは、火を見るより明らかだ。そうすればわが国の辺境は三十年は無事であろう。この二つの策のうち、どちらを優先させるべきだろうか」。

それに対して、司空（皇帝補導役）の房玄齢が答えた。

「隋末の騒乱の後で、中国の戸口の大半はまだ回復しておりません。兵は凶器であり、戦争は危険であって、昔の聖人も兵には慎重でした。二つの策のうちでは、和親の策が天下の民にとって幸甚です」。

■原文

貞觀十六年、太宗謂侍臣曰「北狄世爲寇亂、今延陀倔強、須早爲之所。朕熟思之、惟有二策。選徒十萬、擊而虜之、滌除兇醜、百年無患、此一策也。若遂其來請、與之爲婚媾、朕爲蒼生父母、苟可利之、豈惜一女。北狄風俗、多由內政、亦既生子、則我外孫、不侵中國、斷可知矣。以此而言、邊境足得三十年來無事。舉此二策、何者爲先」。

司空房玄齡對曰「遭隋室大亂之後、戸口太半未復。兵凶戰危、聖人所愼、和親之策、實天下幸甚」。

第七章　戈を止めるのが「武」の字

貞観十七年（六四三）に、太宗は側近たちに語った。

「高句麗の泉蓋蘇文は、自分の王を殺し、国政を奪い取ったが、この行為は断じて許されるべきではない。今日のわが国の兵力から考えて、高句麗を攻め落とすのは難しいことではないだろうが、私はすぐには軍を動かせないでいる。ここはしばらく、契丹や靺鞨に高句麗を攪乱させてはどうだろうか」。

それに対して、房玄齢が答えた。

「古来の国々を見てみますと、強国は必ず弱国を侵略し、人口の多い国は必ず少ない国に暴虐を加えます。今、陛下は人民を慈しみ、わが軍の兵は勇敢で、兵力には余裕がありますが、高句麗を討ち取ろうとはされていません。いわゆる、『戈を止める』のが『武』の字の由来ですが、今がそのとおりです。昔、前漢の武帝はしばしば匈奴を攻撃し、隋の煬帝は三度にわたって高句麗を攻めました。人民が貧窮して国が傾いたのは、まさにそれがためです。どうか陛下は、これらをよくお考えくださいますように」。

太宗は納得して「よし」と言った。

■原文

貞觀十七年、太宗謂侍臣曰「蓋蘇文弑其主而奪其國政、誠不可忍、今日國家兵力、取之不難、朕未能卽動兵衆、且令契丹・靺鞨攪擾之、何如」。

房玄齡對曰「臣觀古之列國、無不強陵弱、衆暴寡。今陛下撫養蒼生、將士勇鋭、力有餘而不取之、所謂止戈爲武者也。昔漢武帝屢伐匈奴、隋主三征遼左、人貧國敗、實此之由、惟陛下詳察」。

太宗曰「善」。

第八章　敗ければ必ず雪辱を期すもの

貞観十八年（六四四）になって、太宗は、高句麗の莫離支の泉蓋蘇文が自分の君主を殺し、しかも民を虐げているので、これを討伐しようと諮った。

それに対して、諫議大夫（皇帝諫め役）の褚遂良が進言した。

「陛下の兵略と智力は、とても人の及び知るところではありません。昔、隋末に中国が混乱した時、陛下は群雄たちを次々と平定しました。突厥が侵入して来た時や、西域の国が無礼をはたらいた時には、将兵に命じて討伐しようとしました。その時、臣下たちは何とかそれを思いとどまらせようとしましたが、陛下は明晰な戦略で独断し、ついにそれらの国を滅ぼしました。ところが今は、陛下が高句麗を討伐しようとされているのを聞いて、臣下たちの心は途惑っています。陛下の優れた武勇と名声は、北周や隋の君主とは訳が違うのですから、陛下の兵が遼河を渡れば、必ず勝利するでしょう。しかしながら、万一勝つことができず、遠方の地に武威を示せなければ、陛下は必ず怒りを発して、再び軍を動かそうとするでしょう。そうなっては、国家の存亡は予測できない事態に陥ります」。

太宗は、もっともだと思った。

■原文

貞観十八年、太宗以高麗莫離支賊殺其主、殘虐其下、議將討之。

諫議大夫褚遂良進曰「陛下兵機神算、人莫能知。昔隋末亂離、克平寇難、及北狄侵邊、西蕃失禮、陛下欲命將擊之、羣臣莫不苦諫、唯陛下明略獨斷、卒並誅夷。今聞陛下將伐高麗、意皆熒惑。然陛下神武英聲、不比周・隋之主、兵若渡遼、事須剋捷、萬一不獲、無以威示遠方、必更發怒、再動兵衆、若至於此、安危難測」。

太宗然之。

第九章　皇帝の親征は危ない

貞観十九年（六四五）に、太宗は自身で高句麗を討伐するために遠征しようとした。

その時、開府儀同三司（正一品官）の尉遅敬徳が上奏した。

「陛下が遼東の地に親征すれば、皇太子は定州で国事を代行することになるでしょう。そうすれば、長安・洛陽の両京や国の倉庫がある所は、守備兵がいるとはいっても、結局は手薄になります。遼東への道は遠く、あの煬帝の高句麗遠征の際に楊玄感が反乱を起こしたような事態が起こらないとも限りません。そのうえ、辺境の片隅の小さな国など、ご自分で大軍を率いて遠征するまでもありません。たとえ勝ったとしても、武威を誇るほどのことでもなく、もし敗れでもしたら、かえって世の笑いものになります。ですから、優れた将軍に討伐を任せられるよう伏してお願いします。そうすれば、すぐにでも打ち砕くことができるでしょう」。

太宗はこの意見に従わなかったが、識者たちは尉遅敬徳の言うとおりだと思った。

■原文

貞觀十九年、太宗將親征高麗、

開府儀同三司尉遲敬德奏言「車駕若自往遼左、皇太子又監國定州、東西二京、府庫所在、雖有鎭守、終是空虛、遼東路遙、恐有玄感之變。且邊隅小國、不足親勞萬乘、若克勝、不足爲武、儻不勝、翻爲所笑。伏請委之良將、自可應時摧滅」。

太宗雖不從其諫、而識者是之。

第十章　敵が疲弊しているチャンスを逃すな

礼部尚書（尚書省礼部長官）で江夏王の李道宗は、太宗に従って高句麗に遠征した。太宗は詔を下して、道宗と李勣を先鋒隊としたが、この両隊が遼河を渡って蓋牟城を攻め落とした時、高句麗の援軍が大挙して到来した。唐軍はみな、堀を深くしてこの要害の地を守り、太宗の到着を待ってから進軍しようと言った。

それに対して、道宗は、

「それはよくない。敵兵は、この蓋牟城を救おうとして遠路馳せ参じて来たので、今は疲れ切っているはずであり、その軍勢の多さを頼みにわが軍を侮っているから、一戦して破ることができる。昔、後漢の耿弇は、『敵兵を光武帝に残しておくわけにはいかない』と言って、帝の到着する前に敵を撃ち破った。私は先鋒を任されているのだから、邪魔者は掃き清めてから皇帝を待つべきだ」と主張した。

李勣もその意見に賛同した。そこで、道宗は勇猛な精兵数百騎を率いて、まっしぐらに敵陣に攻め込み、右へ左へと攻め回った。李勣も合流して、大いに敵の援軍を破った。太宗は到着すると、深く恩賞をあたえて道宗を労（ねぎら）った。この戦いで道宗は足に怪我を負ったのであるが、太宗は自分で治療してやり、自分の食事を道宗に賜ったのだった。

■原文

禮部尚書江夏王道宗從太宗征高麗、詔道宗與李勣爲前鋒。及濟遼水尅蓋牟城、逢賊兵大至、軍中僉欲深溝保險、待太宗至、徐進。道宗議曰「不可。賊赴急遠來、兵實疲頓、恃衆輕我、一戰可摧。昔耿弇不以賊遺君父、我旣職在前軍、當須清道以待輿駕」。李勣大然其議。乃率驍勇數百騎、直衝賊陣、左右出入、勣因合擊、大破之。太宗至、深加賞勞。道宗在陣損足、帝親爲針灸、賜以御膳。

第十一章　太宗著『帝範（ていはん）』

太宗が著した『帝範』には、次のように記されている。

「軍備というものは、国の凶器である。領土がいくら広くても、国が戦争を好めば人民は凋落する。国中がいくら平和であっても、防備を忘れれば人民は危険にさらされる。人民が凋落しては国を保つことはできず、人民が危険にさらされては敵の侵入をくい止められない。軍備はまったく取り除いてしまうのはよくないし、常に用いるのもよくない。だから農閑期に兵士としての訓練をして、いざという時の姿勢を身に付けさせるのである。三年に一度の演習をして、兵士としての隊列を覚えさせるのである。昔、越王勾践は猛り狂った蛙の勇気にまで敬意を表して、ついに覇業を成し遂げ、一方では徐の偃王は武力を棄てて、とうとう国を滅ぼしてしまった。どうしてそういう結果になったか。越の国は常に軍事訓練を習い、徐の国は軍備を忘れていたからである。孔子は、『民に戦い方を教えずに戦争をするのは、民を棄てるようなものだ』と言っている。つまり、兵の準備をしておくことは、天下を利するということである。用兵の機微は、ここにある」。

■原文

太宗『帝範』曰「夫兵甲者、國家凶器也。土地雖廣、好戰則民凋。中國雖安、忘戰則民殆。凋非保全之術、殆非擬寇之方、不可以全除、不可以常用。故農隙講武、習威儀也。三年治兵、辨等列也。是以勾踐軾蛙、卒成霸業、徐偃棄武、終以喪邦。何也。越習其威、徐忘其備也。孔子曰『以不教民戰、是謂棄之』。故知弧矢之威、以利天下、此用兵之職也」。

第十二章　房玄齢最後の奉公

貞観二十二年（六四八）、太宗は重ねて高句麗を討伐しようとした。その時、房玄齢は病床にあって体調はどんどん悪化していたのだが、子供たちを見て、

「今や天下は太平で、万事にうまく治まっている。しかし、陛下は東の高句麗を討とうとしており、これはきっと国の災いとなるだろう。私は、それを知りながら言わなければ、心残りのまま死ぬことになる」

と語った。そして、上奏文を書いて次のように諫めた。

「私は、兵はむやみに使うのは危険で、武は戈を止めるを貴きとなすと聞いています。今の世、陛下の徳化は、どんなに遠い所にも及んでいます。以前は中国の臣下でなかった者まで、陛下はみな従え、制御できなかった民族も、陛下はみな押さえました。これまでの歴史を見てみますと、中国にとって憂いとなった相手は、突厥がその最たるものでした。それなのに陛下は、居ながらにして優れた策略をめぐらし、宮殿を出ないうちに、突厥の大小の可汗たちを次々と降伏させ、今では彼らは戟を手にして宮殿の護衛兵に加わっています。その後、薛延陀が勢力を振るいましたが、やがて衰退し、テュルクの諸部は陛下の恩義を感じて、領域に唐の州や県を設置してほしいと願い出て、砂漠の北は万里にわたって平穏となりました。また、高昌国は砂漠の地で唐に背き、吐谷渾は青海の地で唐に従い

ませんでしたが、ひとたび軍を送るだけで、どちらも平定されました。

　ところが、高句麗はこれまでの中国の誅罰を逃れ、討伐できたことはありませんでした。陛下は、主君を殺して人民を虐げる反逆者泉蓋蘇文の罪を責め、自ら軍を率いて遼東の地に攻撃を加えました。十日もたたないうちに遼東の諸城を攻め落とし、捕虜は数十万にも及び、それらを中国各地の州に分配しましたので、彼らのいない地はないほどになりました。隋の高句麗遠征失敗の恥を雪ぎ、かつての中国人の戦死者の遺骨を埋葬しました。その功績は、前代の王たちをはるかに凌いでいます。これらのことは陛下がご自分で知るところですから、私などが詳しく述べるまでもありません。

　そのうえ、陛下の仁義は天下に及び、父君を祀る孝行も立派です。異民族の滅ぶ時期を何年後とぴたりと当て、将帥に対する指図は万里離れていても的確です。指折り数えて早馬での報告書の到達を待ちますが、神業のようにその日をぴたりと当てて少しの狂いもありません。兵士の隊列の中から軍を率いる才能のある者を抜擢し、凡人の中から才覚ある士人を見出します。遠い外国からの使者も一見しただけで忘れず、小役人の名も二度と聞き直すことはありません。陛下は強弓を引いて、その放つ矢は厚い鎧も射抜きます。さらに陛下は古典や詩文にも造詣が深く、書は鍾繇や張芝のような名筆家にも勝り、文章は賈誼や司馬相如のような文人をも凌ぎます。詩を作れば自然と音律に適うほど流暢で、筆を揮えばまるで花が咲き誇ったかのように見事な筆跡です。

　また、陛下は万民を慈愛し、群臣を礼遇します。ほんのわずかの善行をも褒め、寛大な法制をしきました。耳に痛い諌めも聞き、人を中傷する発言は些細な言葉でも拒絶してきました。生命を大事にして川をせき止めるような漁は禁止し、殺害を憎んで屠場でも刀を振り回すのをやめさせました。こうして、鴨や鶴も穀物を食べ、犬や馬もきちんと葬られるようになりました。突厥の李思摩（りしま）の傷の膿（うみ）を吸ってやり、魏徴の柩の前には出向いて哀悼の意を表しました。戦没者を哭した時は、その悲しみは全軍を震えさせました。ぬかるんだ道には自ら薪（まき）を敷き、天下を感動させました。庶民の命を大切にし、多くの裁判に心を尽くしました。今や私は心身が衰えましたので、陛下の偉大な功績や、崇高な人徳を述べ尽くすことは、とてもできません。陛下は、あらゆる美点をすべて備えておられます。私は、陛下のそのようなところは大変に貴重だと思いますし、宝のように大事に思ってまいりました。

ただし、『易経（えききょう）』には、『進むことだけを考えて退くことを考えない、続くことだけを考えて滅びることを考えない、得ることだけを考えて失うことを考えない』とあり、続いて『進退や存亡を知って、正しくできるのは、ただ聖人だけだろうか』と言っています。つまり、進むは退くの義であり、存するは滅びるの機であり、得るは失うの理なのです。私のような老臣が、陛下のために惜しいと思うのは、こういう点にこそあります。『老子』は、『満足を知っている者は恥辱を受けることはなく、程度を知っている者は危険な目にあわない』と言っています。思いますに、陛下の威名と功績とは、もはや十分です。さらに領土を拡げようとする必要は、どこにもありません。あの高句麗は、辺境の卑しい異民族で、仁義で対応する相手ではなく、道理を求める対象でもありません。昔から魚やスッポンのようにあしらってきた相手ですから、大目に見てやるのがいいでしょう。根絶(ねだ)やしにしようなどと思えば、獣でも窮すれば必死に抵抗しますから、そうなるのは大変恐ろしいことです。

陛下が、死刑の判決を出す時はいつも、慎重を期して必ず三度取り調べて五度報告させ、執行の日には素食を口にして、音楽をやめさせます。それは人命の重さを考えて、慈愛の心が動かされるからだと思います。それなのに、今の唐の兵士たちを、何の罪もないのに、戦陣に駆りたてて白刃(しらは)のもとに置き、死んだ者は捨て置いて魂の帰る所もないようにし、残された老父母や妻、孤児たちに、霊柩車を見ては泣き崩れ、遺骨を抱いては嘆き悲しませてよいものでしょうか。そのようなことをしては、自然の陰陽の気が乱れ、世の風潮を損ない、国中に怨みと悲しみが広がります。

さらには、兵とは凶器であり、戦争は危険ですから、やむを得ない場合にのみ用いるものです。かりに、高句麗が臣下としての礼節に背いたのであれば、陛下は誅罰してもかまいません。中国の人民を掠奪したのであれば、陛下は滅ぼしてもかまいません。永久に中国の憂いとなるというのであれば、陛下は取り除いてもかまいません。このうちの一つでもあれば、わが兵に一日で一万人の犠牲が出るような戦争をしたとしても、恥じる必要はありません。しかし、今はこの三つのどれにも当てはまらず、陛下は中国を煩わして、国内には殺された高句麗王のために雪辱すると言い、国外には新羅のために報復すると言って、高句麗を攻めようとされています。これでは、中国にとって得るところが少なく、失うところが多いのではないでしょうか。

陛下にお願いしたいのは、皇室の遠祖の老子の言う『止足』の戒めを尊重し、ご自分の偉大な名声を永久に残すために、恩恵を天下に注いで寛大な詔を下し、春の気候のような恩沢を広めて、高句麗が自分から改めるのを待つようにして、海軍の船は焼き払い、徴兵に応募した兵士たちを解放してください。そうすれば、中国人も外国人も自然と陛下を頼り、遠きも近きもみな平安となるでしょう。

私は年老いた三公ですから、間もなく墓に入るでしょう。心残りは、こんな微力では、陛下の高大な業績の何の足しにもならなかったことです。そこで、謹んで残り僅かな力を尽くして、生前の恩に報いたいと存じます。もし、この最後の泣き声を聞いてくだされば、たとえ死んでも私は何の悔いもありません」。

太宗はこの上奏文を見て、

「彼は危篤の身でありながら、それでもこれほど国を心配していたのか」

とため息をついた。

太宗は、結局はこの上奏には従わなかったのだが、それでも素晴らしい献策だと思った。

■原文

貞観二十二年、太宗將重討高麗。是時、房玄齢寢疾増劇、顧謂諸子曰「當今天下清謐、咸得其宜、

唯欲東討高麗、方爲國害。吾知而不言、可謂銜恨入地」。遂上表諫曰、

「臣聞兵惡不戢、武貴止戈。當今聖化所覃、無遠不曁。上古所不臣者、陛下皆能臣之、所不制者、皆能制之。詳觀古今、爲中國患害、無過突厥。遂能坐運神策、不下殿堂、大小可汗、相次束手、分典禁衞、執戟行間。其後延陀鴟張、尋就夷滅、鐵勒慕義、請置州縣、沙漠已北、萬里無塵。至如高昌叛渙於流沙、吐渾首鼠於積石、偏師薄伐、倶從平蕩。

高麗歷代逋誅、莫能討擊。陛下責其逆亂、殺主虐人、親總六軍、問罪遼・碣。未經旬日、即拔遼東、前後虜獲、數十萬計、分配諸州、無處不滿。雪往代之宿恥、掩崤陵之枯骨、比功校德、萬倍前王。此聖主所自知、微臣安敢備說。

且陛下仁風被于率土、孝德彰於配天。覩夷狄之將亡、則指期數歲、授將帥之節度、則決機萬里。屈指而候驛、視景而望書、符應若神、筭無遺策。擢將於行伍之中、取士於凡庸之末。遠夷單使、一見不忘、小臣之名、未嘗再問。箭穿七札、弓貫六鈞。加以留情墳典、屬意篇什、筆邁鍾・張、詞窮賈・馬。文鋒既振、則宮徵自諧、輕翰暫飛、則花葩競發。

撫萬姓以慈、遇羣臣以禮。褒秋毫之善、解呑舟之網。逆耳之諫必聽、膚受之愬斯絕。好生之德、禁障塞於江湖、惡殺之仁、息鼓刀於屠肆。鳧鶴荷稻粱之惠、犬馬蒙帷蓋之恩。降尊吮思摩之瘡、登堂臨魏徵之柩。哭戰亡之卒、則哀動六軍。負塡道之薪、則情感天地。重黔黎之大命、特盡心於庶獄。臣心識昏憒、豈足論聖功之深遠、談天德之高大哉。陛下兼衆美而有之、靡不備具。微臣深爲陛下惜之重之、愛之寶之。

『周易』曰『知進而不知退、知存而不知亡、知得而不知喪』。又曰『知進退存亡、而不失其正者、其惟聖人乎』。由此言之、進有退之義、存有亡之機、得有喪之理、老臣所以爲陛下惜之者、蓋謂此也。『老子』曰『知足不辱、知止不殆』。臣謂陛下威名功德、亦可足矣。拓地開疆、亦可止矣。彼高麗者、邊夷

賤類、不足待以仁義、不可責以常理。古來以魚鱉畜之、宜從闊略。必欲絶其種類、深恐獸窮則搏。

且陛下每決死囚、必令三覆五奏、進素食、停音樂者、蓋以人命所重、感動聖慈也。況今兵士之徒、無一罪戾、無故驅之於戰陣之間、委之於鋒刃之下、使肝腦塗地、魂魄無歸、令其老父孤兒、寡妻慈母、望轊車而掩泣、抱枯骨而摧心、足變動陰陽、感傷和氣、實天下之冤痛也。

且兵、凶器、戰、危事、不得已而用之。向使高麗違失臣節、而陛下誅之可也。侵擾百姓、而陛下滅之可也。久長能爲中國患、而陛下除之可也。有一於此、雖日殺萬夫、不足爲愧。今無此三條、坐煩中國、內爲舊主雪怨、外爲新羅報讎、豈非所存者小、所損者大。

願陛下遵皇祖老子止足之誡、以保萬代巍巍之名。發霈然之恩、降寬大之詔、順陽春以布澤、許高麗以自新、焚凌波之船、罷應募之衆、自然華夷慶賴、遠肅邇安。

臣老病三公、朝夕入地、所恨竟無塵露、微增海岳。謹罄殘魂餘息、豫代結草之誠。儻蒙錄此哀鳴、即臣死骨不朽」。

太宗見表、嘆曰「此人危篤如此、尙能憂我國家」。雖諫不從、終爲善策。

第十三章　女官徐氏の諫め

貞観二十二年（六四八）のこと。ここ数年、唐の軍隊がしばしば動き、また宮殿の造営が続いて、人民は大変に疲弊していた。そこで、充容（内官九嬪の一）であった徐氏が上奏し、太宗を諫めた。

「貞観になってから二十年以上が過ぎ、天候にも恵まれて毎年豊作が続き、民衆は災害や飢饉の心配もなく暮らしています。昔、前漢の武帝は、創業の君主でもないのに、泰山に登って封禅の儀式を行い、玉の符牒を収めました。春秋時代の斉の桓公は小国の凡庸な君主でしたが、金泥を作って泰山封禅を行おうとしました。しかし、陛下は自分の功績を謙遜し、まだそのような徳には足りないと思っておられます。億万の民が陛下に心を傾けても、封禅の礼は行わず、泰山の麓の云山や亭山が陛下の行幸を待っていても、天に成功を告げる祭礼を行いません。こうした徳は、過去のどの王にも勝り、千年の後をも包み込むでしょう。ただし、古人は、『偉大であっても、偉大だと思ってはならない』と言っています。これは誠に理由のあることです。初めの気持ちを最後まで持ち続けるのは、昔の聖人でも極めて稀なことでした。つまり、功績の大きな者は驕り高ぶりやすいもので、陛下にはそうならないようにお願いします。また、初めの頃は良かった者が最後までそれを全うするのは困難なものですが、陛下にはそれをやり遂げてくださいますようお願いします。

　密かに思いますに、近年では兵役がたびたび起こり、東では遼東の高句麗との戦い、西では西域の亀茲との戦いと続き、兵と馬は甲冑の重さに疲れ、船と車は輸送で痛んでいます。さらに、召集された兵士は家族との今生の別れに胸を痛め、風で波が荒れれば、人も米も海中に沈む恐れがあります。一人の農夫が耕して、一年に数十斗の収穫もないというのに、ひとたび船が転覆すれば、数百斗の米が海の藻屑となります。これは、限りある農産物を、限りのない大海に捨てるようなもので、わが国の民でもない他国人のために、訓練してできあがったわが軍を失うということです。凶暴な者を打ち倒すのは、国を保つ鉄則ではありますが、そうはいっても武道の徳を穢し兵をもてあそぶのは、先哲の戒めるところです。

昔、秦の始皇帝は戦国の六国を併合しましたが、それがかえって国を滅ぼす原因となりました。また西晋の武帝は三国時代を統一しましたが、それがかえって国を傾けることになりました。それは、自分の功績の大きさを誇り、恩徳を棄てて国内を軽んじ、利益を追求してその弊害を忘れ、情欲をほしいままにしたからではないでしょうか。広々とした領土も、滅亡を救う何の助けにもならず、疲弊して苦しむ人民たちが、災いの種となったのです。すなわち、いくら領域が広くても、それは国が安泰である保証にはならず、人民が疲弊していれば、それは国が乱れる根源となることがわかります。願わくは陛下には、恩沢を広く施して、疲弊した人民を憐れみ、兵役の苦悩を減らして、国民に恵みの雨を降らしてくださいますよう。

私はまた、政治の基本は、人民に干渉しないことが重要だと聞いています。このごろの国家の土木事業を見ますに、同時に二つの工事を起こすべきではありません。北の宮殿ができたばかりだというのに、南に翠微宮を造営し、それから時がたっていないのに、今度は玉華宮を建造させています。建築の労力ばかりでなく、多額の工事費がかかります。茅葺屋根で倹約ぶりを示しても、木や石を運ぶ労力は必要ですし、その人足を賃金を支払って雇ったとしても、人民を煩わせる弊害がないわけではありません。だから、昔の聖人は粗末な宮殿と食事に甘んじたのであり、黄金や宝石で宮殿を飾り立てるのは驕る君主が好んだことでした。道徳のある君主は自分を安逸にして民を休ませ、無道な君主は自分の楽しみを追い求めるものです。陛下にお願いしたいのは、民を使うのに時期を考えてほしいということです。そうすれば、民の力は尽きないでしょう。また、民を用いたとしても十分に休ませてほしいということです。そうすれば、民は喜ぶでしょう。

さらには、珍しい玩具や技巧を凝らした細工物は、国を滅ぼす斧や鉞であり、宝石や錦織物は、人の心を惑わす猛毒です。私が見ますに、きれいで鮮やかな衣服は、まるで自然が変化したようで、貢献される珍しい貢物は、まるで仙人が作ったようです。それは、そのような華やかなものが一般に受け入れられるからでしょうが、実は素朴な風俗はそれによって損なわれるものです。想起されるのは、漆器そのものは何も反感を買うものではないのに、夏の桀王が贅沢のために作らせると人々が離反し、玉杯そのものは何も滅びる元ではないのに、殷の紂王が贅沢をして用いると国が滅んだことです。ですから、そのような贅沢の源を考えてみますと、どこかで歯止めをかけなければなりません。そもそも、倹約を奨励しても、なお奢侈に流れがちになるものです。ましてや、自分から進んで贅沢をしていては、将来どうやって禁制できるでしょうか。

謹んで思いますに、陛下は、まだ現れていないものをはっきりと思い描き、その知恵は果てしなく、それはまるであの麒麟閣の秘蔵書までをも窮め、多くの経典の奥義までをも探り尽くしたかのようです。これまでの多くの王の治と乱の跡、多くの時代の安と危の歴史、興亡と衰退の運命、成功と失敗の機会、それらをすべて心の内に収め、視野に入れています。そのような陛下の明察については、私などが何も申すことはありません。ただし、知るということは難しくはありませんが、それを行うということは易しくはありません。功績が表れるにつれて気持ちは傲慢（ごうまん）となり、安泰な時が続くにつれて身体は安楽を求めるようになるものです。ですから伏して陛下にお願いしたいのは、ご自分の欲を抑えて節制し、初めの頃の気持ちを忘れず、些細な過（あやま）ちは捨てて重い道徳に従い、過去の誤りを正して今の善に替えてほしいのです。そうすれば、偉大な名声は日月のようにいつまでも続き、偉大な業績は天地のように永遠となるでしょう」。

太宗はこの上奏を非常に褒めたたえ、徐氏に特別の恩賞を賜ったのだった。

■原文

貞觀二十二年、軍旅亟動、宮室互興、百姓頗有勞弊。充容徐氏上疏諫曰、

「貞觀已來、二十有餘載、風調雨順、年登歳稔、人無水旱之弊、國無饑饉之災。昔漢武帝、守文之常主、猶登刻玉之符。齊桓公小國之庸君、尙塗泥金之事。望陛下推功損己、讓德不居。億兆傾心、猶闕告成之禮、云・亭佇謁、未展升中之儀。此之功德、足以咀嚼百王、網羅千代者矣。然古人有云『雖休勿休』。良有以也。守初保末、聖哲罕兼。是知業大者易驕、願陛下難之、善始者難終、願陛下易之。

竊見頃年以來、力役兼總、東有遼海之軍、西有崐丘之役、士馬疲於甲冑、舟車倦於轉輸。且召募役戍、去留懷死生之痛、因風阻浪、人米有漂溺之危。一夫力耕、年無數十之獲。一船致損、則傾覆數百之粮。是猶運有盡之農功、塡無窮之巨浪、圖未獲之他衆、喪已成之我軍。雖除凶伐暴、有國常規、然

黷武玩兵、先哲所戒。

昔秦皇併吞六國、反速危禍之基。晉武奄有三方、翻成覆敗之業。豈非矜功恃大、棄德輕邦、圖利忘害、肆情縱欲。遂使悠悠六合、雖廣不救其亡、嗷嗷黎庶、因弊以成其禍。是知地廣非常安之術、人勞乃易亂之源。願陛下布澤流人、矜弊恤乏、減行役之煩、增雨露之惠。

妾又聞爲政之本、貴在無爲。竊見土木之功、不可遂兼。北闕初建、南營翠微、曾未踰時、玉華創制、非惟構架之勞、頗有工力之費。雖復茅茨示約、猶興木石之疲、假使和雇取人、不無煩擾之弊。是以卑宮菲食、聖王之所安、金屋瑤臺、驕主之爲麗。故有道之君、以逸逸人、無道之君、以樂樂身。願陛下使之以時、則力不竭矣。用而息之、則心斯悅矣。

夫珍玩技巧、爲喪國之斧斤、珠玉錦繡、實迷心之酖毒。竊見服玩鮮靡、如變化於自然、職貢奇珍、若神仙之所製、雖馳華於季俗、實敗素於淳風。是知漆器非延叛之方、桀造之而人叛、玉杯豈招亡之術、紂用之而國亡。方驗侈麗之源、不可不遏。夫作法於儉、猶恐其奢。作法於奢、何以制後。

伏惟陛下、明照未形、智周無際、窮奧祕於麟閣、盡探賾於儒林。千王治亂之蹤、百代安危之迹、興亡衰亂之數、得失成敗之機、固亦包吞心府之中、循環目圍之內、乃宸衷久察、無假一二言焉。惟知之非難、行之不易、志驕於業著、體逸於時安。伏願抑志裁心、愼終成始、削輕過以添重德、擇今是以替前非、則鴻名與日月無窮、盛業與乾坤永泰」。

太宗甚善其言、特加優賜甚厚。

安辺 第三十六

■解説

本篇には、貞観四年（六三〇）に突厥を滅ぼした後、中国の北辺に南下して来た突厥人にどのように対処すべきかをめぐる議論（第一章）と、同十四年にトゥルファンの高昌国を平定した後、その地をどのように扱うべきかをめぐる議論（第二章）が収められる。どちらも、唐の前半期の歴史を左右することになった政策論争である。

第一章の李靖が突厥を破ったいきさつについては任賢篇第五章を、魏徴と論争した温彦博については同第四章を、それぞれ参照されたい。温彦博が突厥遺民を住まわせるように主張したオルドスは、黄河の流れが四角形を描くその内側の地域。現在は多くが砂漠地帯であるが、唐代には牧草地が広がっていた。魏徴の二つ目の進言に登場する江統は、西晋の文官。当時、羌や氐などの異民族が中国内地に雑居しており、江統はその危険性を「徙戎論」で説き、彼らを青海などの故地に戻すように主張した。しかし、晋の恵帝は対策を講じず、数年後に五胡十六国時代が始まった。「徙戎論」は『晋書』巻五六、江統伝に掲載。温彦博の最後の意見に言う、隋の文帝が突厥の啓民可汗を守り立てたいきさつは、弁興亡篇第三章で触れた。

杜楚客は杜如晦の弟。隋末の乱では、洛陽で王世充の捕虜となって餓死しかけたが、秦王（太宗）が洛陽を陥落させて助かった。太宗に、王世充の配下だった叔父の杜淹の命乞いをし、自分は山にこもったが、太宗に召し抱えられた（『旧唐書』巻六六、杜如晦伝に付伝される）。杜楚客の進言にある「異民族は中国を乱すべきではない」という先哲の教えとは、『孔子家語』相魯篇に見える孔子の言葉。また「断絶した国を復興させるのは聖人の規範」とは、『論語』堯曰篇にある、絶えた諸侯の国を再興した周を称えたもの。

幽州は今日の北京一帯、霊州は寧夏回族自治区の銀川南方の地。結局、唐はこの両地点を結ぶ一帯に順州・祐州・化州・長州の四州都督府を設置して、突厥遺民を受け入れたのであるが、この体制は突厥が滅んだ貞観四年にできあがったものではない。『旧唐書』巻六一、温彦博伝には「（彦博は）魏徴等と論を争い、数年決せず」とある。つまり、この論争は数年かけて行われたのであり、結果は温彦博の意見が採用されて、四州都督府体制に結実したのである。

拓設は、原文は「拓抜」とする。拓抜または拓跋は、かつて北魏を立てた鮮卑の氏族であり、西方の青海地方に分布していた党項（タングート）にも拓跋という氏族は存在したが、ここは突厥を対象とした議論をしているので、唐突に鮮卑や党項の氏族が登場するのはおかしい。版本のなかには「拓設」に作るものがあり、こちらの方が妥当であろう。突厥は可汗のもとに東西分割統治体制をとっており、西部をタルドゥシュといい設（シャド）が、東部をテリスといい葉護（ヤブグ）が統治した。

涼州都督の李大亮については納諫篇第五章参照。なお涼州は甘粛省武威、都督は地方の軍事長官。武威より西方、張掖・酒泉・敦煌とオアシス都市を結ぶ一帯を「河西」地方という。李大亮の上奏の第一段落に言う『春秋』は、『春秋左氏伝』閔公元年にある斉の管仲の言葉。第三段落冒頭の「荒服」は、中国の五服制度のうちの最遠の地。五服は、都に近い順に侯服・甸服・綏服・要服・荒服と区分する。前漢の武帝が屯田を置いたという輪台は、現在の新疆ウイグル自治区の輪台県。武帝は李広利を派遣してこの地を攻略し、屯田を置いたが、後にそれを悔いる詔を発した。伊吾は新疆ウイグル自治区の哈密、鄯善はロプ・ノール南方のオアシス。この両地は隋の煬帝が一時支配下に置いたが、長続きしなかった。

最後の節の事件が起きた九成宮は、長安の西北西にあった離宮。李思摩（阿史那思摩）は仁惻篇第四章参照。彼の牙城とされた定襄城は、現在の内蒙古自治区フフホト南方のホリンゲルの地。なお本節では、太宗が内地の突厥人をすべて北に帰したかのごとくに述べているが、それは正確ではない。あくまでも、現在の内蒙古地帯にいる突厥人の統治を、阿史那思摩に任せたのである。結局、彼は突厥人を統治することができず、再び内地に戻り、唐の武将として生きることとなった。

この第一章の末尾は、太宗が温彦博の意見に従ったことを後悔し、すなわち魏徴の意見が正解だったという形で結ばれている。しかし、これはあまりに表層的な解釈である。突厥の滅亡後、唐に降ってきた部族長たちは、武将としてそのまま長安で暮らし、彼らの部族民たちは幽州・霊州を結ぶ地帯に分散された。そして、唐が戦争を起こすと、彼らは自己の部族民を率いて戦場に駆けつけ、唐の軍事力の一翼を担ったのである。部族長たちは、将軍や中郎将の武官職を有したが、それらのポストには定員があり、本章に記されるような「五品以上の身分の突厥人が百人以上」とあっては、その定員を大きく超えている。実は、これらの武官職はあくまでも名目的な肩書であり、実際には彼らは皇帝直属の近衛兵軍団（北衙禁軍）に配置された。つまり、太宗と個人的につながっていて、北方辺境に自分の率いる部族兵を持っていたのである。ちょうど、江戸時代の参勤交代で、大名が江戸にいる形を想起してもらえばよいであろう。

突厥の遊牧騎馬軍団を組み込む形を確立したので、唐は軍事力で対外的に優位に立てた。しかし、これはいわば「諸刃の剣」である。このシステムを唐側がうまくコントロールできていれば、多大なメリットをもたらすが、一旦コントロールが利かなくなると甚大なデメリットをもたらしかねない。唐の皇帝と突厥の部族長たちの双方が、やがて代替わりしてゆくと、両者の絆は徐々に緩みはじめ、やがて辺境の異民族は自立の動きを出し始める。それこそが安史の乱であった。首謀者の安禄山は、ソグド人と突厥人の混血で、数ヵ国語を話したという。一般に安史の乱というと、玄宗が楊貴妃を寵愛し、楊氏一族が政治の専権を握ったので、それが世の反感を買ったと説明されるが、仮にそれが事実だとしても、そのようなことは反乱のきっかけに過ぎない。安史の乱の本質は、辺境の自立運動だったのであり、太宗が作った体制の破綻だったのである。突厥が滅び、本章に記される議論が繰りひろげられてから、約百二十年後のことであった。

第二章の侯君集については、前篇（征伐篇）第五章参照。高昌国王の麴文泰については、君臣鑒戒篇第四章参照。魏徴の進言にある隴右道は、唐の行政区画十道の一つで、中国西北部に置かれ、今日の甘粛省にほぼ相当し、前章の河西地方はここに入る。高昌国のあったトゥルファンに行くには、隴右道を経由する。安西都護府は唐の六都護府の一つで、西方領域を監査・鎮撫する軍が駐屯する（他は安北・安東・安南・単于・北庭都護府）。

褚遂良については、任賢篇第六章参照。彼の上奏の第一段落「周の宣王は異民族を討伐した」の原文は「周宣は薄か伐ち」であるが、これは『詩経』小雅「六月」詩に「薄か玁狁を伐ち、大原に至る」を踏まえた表現。玁狁はオルドスにいた異民族で、大原に至るというのは、境域から駆逐しただけで討滅はしなかったという意味。一説によれば、大原は今日の寧夏回族自治区の固原。また「その国の悪君」の原文の「鯨鯢」は雄と雌の鯨。悪人のボスに喩えられる。『春秋左氏伝』宣公十二年が出典。

第二段落に引用される『易経』は繫辞伝下の文言で、刑法篇第六章の魏徴の上奏でも末尾付近に引用されている。

最後の段落にある吐谷渾については、任賢篇第五章参照。太宗は、貞観九年（六三五）に李靖を大総管とする大軍を派遣し、吐谷渾王の伏允を討ち、その子の順を新たな王に擁立した。高宗期になると、勢力を強めたチベットの吐蕃によって滅ぼされ、吐谷渾の遺民は中国の霊州方面に移動し、さらに山西省の北部に分散して、唐末・五代の政局を左右するほどの勢力を維持した。

末尾の一節に登場する西突厥は、モンゴリアの東突厥から分かれて天山山脈北方の草原地帯に独立したテュルク遊牧国家。ユーラシアの東西交易を押さえて繁栄したが、唐の高宗期になると衰えた。太宗の言葉にある「前漢の高祖劉邦は……」の引用は、劉邦が匈奴を討伐しようとした時、婁敬が敵の伏兵を忠告したのに、劉邦はそれを無視して進軍し、平城（山西省大同）の地で匈奴に包囲され、後に婁敬の意見を聞かなかったことを後悔したという話（『史記』巻九九、劉敬列伝）。また「袁紹が田豊を誅殺した」という引用は、袁紹が田豊の忠告をきかずに官渡の戦いに臨んで曹操に敗れ、後悔することとなったが、田豊が結果を見て大笑いしたという讒言を信じ、怒って田豊を殺したという話（『後漢書』巻七四上、袁紹列伝）。

この第二章も、第一章と共通した性格を有している。結論は、太宗が魏徴と褚遂良の忠告を無視したことを痛く後悔する形で終わっているが、これも表層的な解釈である。高昌国のあったトゥルファンは、この後も唐の直轄領西州であり続けた。唐代のユーラシア内陸交通路は、タリム盆地南部の崑崙山脈沿いのルートが乾燥化のために利用されず、交通は主として天山山脈沿いのルートが用いられた。天山東端の南部に位置するトゥルファンは、どうしても経由する交通の要衝であった。ここを押さえたことで、唐は内陸大帝国として存続し得たのである。ただし、そのためには多大の労力と出費を要したのであり、また玄宗朝末期にはアッバース朝のイスラム勢力とのタラス河畔の戦いに関わらざるを得なかった。

本篇で取り上げられた二つの議論は、唐が大帝国への道を進む方向性を決したものであり、またそれが約百二十年後のタラス河畔の戦いや安史の乱をもたらすそもそもの火種ともなったものであり、極めて重要な局面を伝えている。

第一章　突厥遺民の対処をめぐる議論

貞観四年（六三〇）に、李靖が突厥の頡利可汗を攻撃して破ると、多くの突厥の部族民が唐に降伏してきた。そこで太宗は、北方の辺境を安定させる政策について議論を求めた。中書令（中書省長官）の温彦博は、次のように進言した。

「突厥の遺民たちを、オルドスの地に住まわせるようにしてください。後漢の光武帝の時に、降伏してきた匈奴をオルドス北方の五原の地に置いたのに倣いたいと思います。突厥本来の部族体制をそのまま維持させて、中国の防衛にあて、また彼らの習俗を変えずに、保護しましょう。そうすれば、一つにはオルドスの空虚な地を人で満たすことになり、一つには我々が突厥人に猜疑心を抱いていないのを示すことになります。これが彼らを育むやり方です」。

太宗はこの意見に従おうとした。

それに対して、秘書監（秘書省長官）の魏徴は反対した。

「昔から今に至るまで、北方遊牧民がこれほどの大敗を喫したことはありません。これは、天が彼らを滅ぼそうとしたからであり、宗室祖先の霊の武威のお蔭です。そもそも、北方民族はいつの時代でも中国に侵攻しており、中国万民の仇です。陛下が、突厥は降伏してきたのだから誅殺するには忍びないというのであれば、彼らをオルドスの北方の地に帰し、元の場所に住まわせるべきです。北方民族は、顔は人間でも心は野獣と同じであり、我々とは違う人種です。強い時には他国を侵略し、弱い時にはひれ伏し、恩義というものを顧みないのが彼らの天性です。秦や漢の時代にも、北方民族は大きな憂いとなっておりましたので、時には猛将を派遣して撃破し、オルドスの地を治めて郡と県を置きました。陛下は突厥人を中国内地に住まわせようとされていますが、今降伏してきた者たちは十万人にものぼりますから、数年後にはその倍の人口になるでしょう。そういう者たちを畿内の近くに置いては、深刻な災いが後の世に降りかかるでしょう。彼らをオルドスに住まわせるのは、絶対によくありません」

温彦博は反論した。

「天子の万物に対する態度というものは、天があらゆるものを覆い、地があらゆるものを乗せるのと同じです。我々に帰属する者があれば、必ず養うものです。今、突厥は崩壊し、生き残りが降伏してきました。陛下が彼らを憐れまず、彼らを棄てて受け入れないのであれば、それは天地の道に反しますし、四方の異民族の心を陛下から離れさせることになります。そういうことはよろしくないので、私は彼らをオルドスに受け入れるべきだと思います。いわゆる死んだ者を生き返らせ、滅んだ者を立ち直らせるということです。そうすれば、突厥人たちは我々の恩に懐いて、いつまでも反逆することはないでしょう」。

魏徴はさらに反対した。

「かつて、晋が魏に替わった時、異民族の集落が中国内に分散していました。そこで江統は、異民族を中国の外に追い出すよう進言しましたが、晋の武帝はそれを採用しませんでした。それから数年後には、都の洛陽周辺は異民族に攻め込まれる危機に立たされました。前代の教訓は目の前にあり、忘れてはなりません。陛下が温彦博の提案を採用されて、突厥人をオルドスに居住させるならば、それこそ野獣を養って後の憂いを残すというものです」。

温彦博は、さらに、

「私は、聖人の道が通じない相手はないと聞いています。突厥の生き残りたちは、命をかけてわが国に帰属しようとしてきました。彼らを中国内に収容し、中国の礼と法を教え、部族のリーダーを選んで宮城の護衛にあたらせれば、皇帝の威光を恐れ恩徳を慕いますから、何の心配があるでしょうか。かつて、後漢の光武帝はオルドスにいた匈奴の単于を内地に移住させ、漢の守りとしましたが、最後まで単于は反逆しませんでした」

と言い、また続けて、

「かつて隋の文帝は、兵馬を労し倉庫の蓄財を浪費して、突厥の啓民可汗を守り立て、その国を復興させました。その後を継いだ可汗は、確かにその恩義に背いて、雁門に行った煬帝を包囲しました。しかし今、陛下の厚い仁徳によって、突厥の意向を汲み入れて、彼らの希望どおりにオルドスの南北に住まわせれば、それぞれの部族にはリーダーがいますから、一つに統合されることはなく、勢力は分散されて、わが国に害をなすことはできないでしょう」

と主張した。

一方、給事中（門下省の上奏取り次ぎ係）の杜楚客は次のように進言した。

「北方の遊牧民は、人の顔をしながら獣の心を持つもので、恩徳で懐かせるのは難しく、威力で服属させやすいものです。今、突厥の集落をオルドスの地に分散させ、中国の中心に接近させたならば、必ず後の災いとなるでしょう。あの雁門での出来事は、確かに突厥が恩義に背きましたが、それよりも煬帝の無道ぶりが招いたことで、それによって中国は混乱に陥りました。滅んだ国を復興させたために災いを招いた、とは言えません。異民族は中国を乱すべきではないというのは、先哲の教えであり、断絶した国を復興させるのは、聖人の共通した規範ですから、突厥は故地に帰して復興させるべきです。私は、過去を手本にしなければ、この国が長続きしないのではないかと恐れます」。

太宗は、杜楚客の進言を評価したが、突厥を懐柔しようとしていたので、これには従わなかった。そして、ついに温彦博の策を採用し、幽州から霊州に至るまでの地域に突厥人を居住させ、順州・祐州・化州・長州の四州都督府を設置して彼らを管理させた。その結果、突厥人で長安に暮らす者が一万家近くにものぼった。

突厥の頡利可汗が敗れた後、突厥の部族長の多くが中国に降伏してきたが、唐は彼らに対して将軍や中郎将の武官を授け、そのために朝廷に並ぶ突厥人で五品以上の身分の者が百人以上となり、朝廷の官僚たちの人数に匹敵するほどになった。しかし、ただ突厥の拓設だけはやって来なかったので、太宗はそれを招き寄せたところ、使者が次々と到来した。

涼州都督（涼州軍事長官）の李大亮は、この状況を見て、無益な政策で中国の財貨を浪費するだけだと考え、次のように上奏した。

「私は、遠い所を鎮めようとすれば、必ずまずは近い所を安らかにするものだと聞いています。中国の人民は天下の根や幹であり、四方の異民族は枝や葉です。根幹を見捨てて枝葉を手厚く扱って、木が長く育つように願っても、それは無理というものです。昔から聖君は、中国に対しては信義で臨み、異民族に対しては臨機応変に対処しました。だから『春秋』は、『異民族は野獣の輩、欲望はきりがない。中国諸侯は近親の者、見捨ててはならない』と言っています。

陛下が天下に君臨してからは、国の根本を固めましたので、人々は安泰で兵力は強く、国内は豊かとなり、四方の異民族も自然と服属しました。今、突厥の民を中国内地に招き入れましたが、私には浪費ばかりが多くて、利点は認められないように思えます。河西地方の住民は、異民族を防御する役目を負っていますが、州・県は荒れて寂れ、人口も少なく、そのうえに隋末の混乱によってすっかり消耗しました。突厥が平定される前は、農業にいそしむ暇がなく、突厥が衰退してから、ようやく畑仕事ができるようになりました。もしここで人民が労役に駆りたてられたならば、河西は大きな損害を被ることになります。こういう点を考慮しますと、突厥の民を招き入れるのはどうかやめてほしいと存じます。

そもそも、遠い外国の地を「荒服（こうふく）」と言いますのは、中国に臣属しても内地には入れないという意味です。ですから、周は中国の人民を慈（いつく）しんで異民族を排除し、その結果、王朝は八百年も続きました。それに対して、秦の始皇帝は匈奴と戦争をくりひろげ、国は四十年で滅びました。前漢の文帝（ぶんてい）は兵を休ませて守りに専念し、国中が平和で豊かになりました。それに対して、武帝（ぶてい）は遠い地に軍を送って攻略し、国はすっかり疲弊し、西域の輪台（りんだい）に屯田を置いたことを後悔しましたが、もはや遅すぎました。隋の時代になって、伊吾（いご）の地を獲得し、また鄯善（ぜんぜん）を併合しましたが、以後はそれらの地を経営する費用が嵩（かさ）み、外国のために国の貯蓄は空となり、結局は何の利益にもなりませんでした。遠く秦・漢を尋ね、近く隋の動向を見ても、外地に軍を動かすことの危険性と、動かさないことの安全性は、歴然としております。伊吾はすでに中国に臣属しましたが、その地は遠い砂漠の中にあり、住民は中国人ではありませんし、土地は砂と塩の混じる所です。このように他国の属国として自立しようという所は、王を立てて繋（つな）ぎとめ、そのまま外国の故地に居住されるようにしてください。必ずやわが威を畏（おそ）れ、わが徳に懐（なつ）き、長く中国の藩臣（はんしん）となるでしょう。いわゆる、うわべの恩恵をあたえて実質の福を取るということです。

近ごろ、突厥は国を傾けてわが国に入朝してきました。彼らを江南の地に移して風俗を変えさせるなどということはできませんから、そこで都からさほど離れていない内地に彼らを住まわせました。これは、寛大で仁義あふれる措置ではありますが、長続きする策ではありません。しかも、突厥人一人が降伏してくるたびに、絹五疋と上着一着を賜い、部族長にはみな高官を授けています。彼らの俸禄は厚く身分は高く、これは誠に無駄遣いというものです。積年の恨みを持つ異民族に、中国の租税をあたえていては、降伏してくる者はどんどん増えていきますから、決して中国の利益にはなりません」。

しかし太宗は、この進言を受け入れなかった。

貞観十三年（六三九）になって、太宗が九成宮に行った時のこと。突厥の突利可汗の弟で、中郎将であった阿史那結社率が、密かに部族の配下と結託し、突利可汗の子の賀羅鶻を擁立して、夜に太宗の御営に攻め込んだ。しかし事は失敗し、全員が処刑された。それからというもの、太宗は突厥人を宿衛兵にあてることをやめ、突厥の部衆を中国に居住させたことを後悔するようになった。そして、その部族を黄河の北に帰すこととし、定襄城を可汗の牙城として、李思摩を乙弥泥熟俟利苾可汗に立て、突厥人たちを統治させることにした。そして、側近たちに、

「中国の人民は誠に木の根であり、四方の異民族は枝や葉と同じである。木の根を保護せ

ずに、枝や葉を大事にして、その樹齢の長さを期待しても、それは無理というものだ。初めに、私が魏徴の意見を聞き入れなかったために、日増しに国費を無駄遣いしてしまった。国の長い安泰の道を、ほとんど失うところだった」

と語った。

■原文

貞觀四年、李靖擊突厥頡利、敗之、其部落多來歸降者。詔議安邊之策、中書令溫彥博議「請於河南處之。準漢建武時、置降匈奴於五原塞下、全其部落、得爲捍蔽、又不離其土俗、因而撫之、一則實空虛之地、二則示無猜之心、是含育之道也」。太宗從之。

祕書監魏徵曰「匈奴自古至今、未有如斯之破敗、此是上天剿絕、宗廟神武。且其世寇中國、萬姓冤讎、陛下以其爲降、不能誅滅、卽宜遣發河北、居其舊土。匈奴人面獸心、非我族類、強必寇盜、弱則卑伏、不顧恩義、其天性也。秦・漢患之者若是、故時發猛將以擊之、收其河南以爲郡縣。陛下以內地居之、且今降者幾至十萬、數年之後、滋息過倍、居我肘腋、甫邇王畿、心腹之疾、將爲後患、尤不可處以河南也」。

溫彥博曰「天子之於萬物也、天覆地載、有歸我者則必養之。今突厥破除、餘落歸附、陛下不加憐愍、棄而不納、非天地之道、阻四夷之意、臣愚甚謂不可、宜處之河南。所謂死而生之、亡而存之、懷我厚恩、終無叛逆」。

魏徵曰「晉代有魏時、胡部落分居近郡、江統勸逐出塞外、武帝不用其言、數年之後、遂傾瀍・洛。前代覆車、殷鑒不遠。陛下必用彥博言、遣居河南、所謂養獸自遺患也」。

彦博又曰「臣聞聖人之道、無所不通。突厥餘魂、以命歸我、收居內地、敎以禮法、選其酋首、遣居宿衞、畏威懷德、何患之有。且光武居河南單于於內郡、以爲漢藩翰、終于一代、不有叛逆」。

又曰「隋文帝勞兵馬、費倉庫、樹立可汗、令復其國、後孤恩失信、圍煬帝於雁門。今陛下仁厚、從其所欲、河南・河北、任情居住、各有酋長、不相統屬、力散勢分、安能爲害」。

給事中杜楚客進曰「北狄人面獸心、難以德懷、易以威服。今令其部落散處河南、逼近中華、久必爲患。至如雁門之役、雖是突厥背恩、自由隋主無道、中國以之喪亂、豈得云興復亡國以致此禍。夷不亂華、前哲明訓、存亡繼絶、列聖通規。臣恐事不師古、難以長久」。

太宗嘉其言。方務懷柔、未之從也、卒用彦博策、自幽州至靈州、置順・祐・化・長四州都督府以處之、其人居長安者近且萬家。

自突厥頡利破後、諸部落首領來降者、皆拜將軍・中郎將、布列朝廷、五品已上百餘人、殆與朝士相半、唯拓拔不至、又遣招慰之、使者相望於道。

涼州都督李大亮、以爲於事無益、徒費中國、上疏曰、

「臣聞欲綏遠者必先安近、中國百姓、天下根本、四夷之人、猶於枝葉。擾其根本以厚枝葉、而求久安、未之有也。自古明王、化中國以信、馭夷狄以權。故『春秋』云『戎狄豺狼、不可厭也。諸夏親暱、不可棄也』。

自陛下君臨區宇、深根固本、人逸兵強、九州殷富、四夷自服。今者招致突厥、雖入提封、臣愚稍覺勞費、未悟其有益也。然河西民庶、鎭禦藩夷、州縣蕭條、戶口鮮少、加因隋亂、減耗尤多。突厥未平之前、尙不安業、匈奴微弱以來、始就農畝。若卽勞役、恐致妨損。以臣愚惑、請停招慰。

且謂之荒服者、故臣而不納。是以周室愛民攘狄、竟延八百之齡。秦王輕戰事胡、故四十載而絶滅。

漢文養兵靜守、天下安豐。孝武揚威遠略、海内虛耗、雖悔輪臺、追已不及。至於隋室、早得伊吾、兼統鄯善、且既得之後、勞費日甚、虛内致外、竟損無益。遠尋秦・漢、近觀隋室、動靜安危、昭然備矣。伊吾雖已臣附、遠在藩磧、民非夏人、地多沙鹵。其自豎立稱藩附庸者、請羈縻受之、使居塞外、必畏威懷德、永爲藩臣、蓋行虛惠而收實福矣。

近日突厥、傾國入朝、既不能俘之江淮、以變其俗、乃置於内地、去京不遠、雖則寬仁之義、亦非久安之計也。每見一人初降、賜物五匹、袍一領、酋長悉授大官、祿厚位尊、理多糜費、以中國之租賦、供積惡之凶虜、其衆益多、非中國之利也」。

太宗不納。

十三年、太宗幸九成宮、突利可汗弟中郎將阿史那結社率陰結所部、幷擁突利子賀羅鶻夜犯御營、事敗、皆捕斬之。太宗自是不直突厥、悔處其部衆於中國、還其舊部於河北、建牙於故定襄城、立李思摩爲乙彌泥熟俟利苾可汗以主之、

因謂侍臣曰「中國百姓、實天下之根本、四夷之人、乃同枝葉、擾其根本以厚枝葉、而求久安、未之有也。初、不納魏徵言、遂覺勞費日甚、幾失久安之道」。

第二章　高昌国平定後の措置をめぐって

貞観十四年（六四〇）に、侯君集が高昌国を平定すると、太宗はそこに内地と同様に州と県を置いて直轄領にしようとした。

それに対して、魏徴が進言した。

「陛下が初めて天下に君臨した時、高昌王は真っ先に入朝して陛下に拝謁しました。ところが、それから後、ソグド系の商人がしばしばやって来て、高昌国が唐への朝貢を邪魔していると報告しました。そのうえ、わが国の派遣した使節に対して無礼をはたらきましたので、とうとう陛下は高昌国に討伐の軍を送りました。もし罪が高昌国王の麴文泰にあるだけならば、それでよいでしょう。そうでしたら、高昌国の民を慰めて、文泰の子を新王に立てるのが最もよいやり方です。いわゆる暴君の罪を懲らしめてその民を慰めるというもので、陛下の威厳と徳とが遠い外国にまで及びますから、国にとって最善の道です。

ところが、高昌の地を利用しようとして州や県を置いて直轄領とすれば、常時千人以上の守備兵を置き、それらを数年に一度交替させねばなりません。その交替のたびに、十人のうち三、四人の死者が出るでしょう。守備兵たちは、衣服や食糧を用意したうえで、彼らは親族と離れ離れになりますから、十年もたてば隴右道の地はすっかり空っぽになってしまいます。その結果、陛下は高昌国の一つまみの穀物とわずか一尺の布を手に入れるだけで、そのようなものは中国の何の助けにもなりません。これは、いわゆる有用のものを無用のものに費やすということで、私には利点がまったく認められません」。

しかし太宗は、この意見に従わなかった。そして高昌の地に西州を置き、そこを安西都護府とし、毎年千人以上を徴兵して防衛にあたらせた。

その後、黄門侍郎（門下省副長官）の褚遂良が、やはりこの政策に反対して上奏した。

「私は、昔の名君が朝廷に臨んで政務を行うには、必ず中国のことを先にして外地の民族は後回しにし、中国に徳化を広めて遠い外国はその対象としない、と聞いています。だから、周の宣王は異民族を討伐しましたが、国境までで軍を返しました。それに対して、秦の始皇帝は遠い地域に長城を築き、その結果中国はバラバラになってしまいました。陛下は、高昌を討伐し、西域に威厳を張り、その国の悪君を倒し、その地を中国の州・県としました。しかし、討伐軍が最初に派遣され、河西地方の民がそれに駆り出された年には、軍馬の飼料と兵士の軍糧を輸送するために、十軒のうち九軒は家が空となり、いくつもの地域が寂れてしまい、五年たっても税が免除されませんでした。

陛下は、毎年千人以上の兵を派遣して、遠い高昌の地に駐屯させていますが、彼らは長期にわたって家族と離れていますので、はるか遠くの故郷に帰りたがっています。彼らが故郷を発つ時には、旅の準備を自分でしなければなりませんので、貯めた穀物を売り払う者もあり、機織器を手放す者もいました。それで、向かう途上で死んでしまっては、言葉もありません。あるいは罪人を派遣して、防御兵を増員することも致しました。しかし、そうした罪人は派遣の途中で逃亡することがあり、その場合には役人は捕獲のために動かねばならず、国の行政に支障が生じます。高昌への道は、砂漠が千里にもわたって続き、砂漠の冬風は氷のように冷たく、夏風は炎のように熱く、往来する者の多くはそれによって命を落とします。『易経』には、『君子は安泰であっても危険を忘れず、治まっていても混乱を忘れない』とあります。もし、河西地方の張掖に反乱が起こったり、あるいは酒泉が敵に攻撃されたとしても、陛下は高昌の一人分の穀物すら当てにすることはできないはずです。そういう時には、結局は隴右道の諸州から徴兵して、鎮圧に馳せ参じさせねばなりません。ということは、つまり、河西は自分の胴体であるのに対して、あの高昌は他人の手足のようなものだということです。どうして、中国の人や財貨を浪費して、無用のものに使う必要があるでしょうか。

陛下は突厥の頡利可汗を北方の地で平定し、吐谷渾の王を西の青海の地で倒しました。そして、突厥の残存部族に対しては可汗を立て、吐谷渾の遺民には新たな君長を立てました。ですから、今また高昌を立て直すのは、前例がない訳ではありません。つまり、罪を犯せばそれを誅滅し、服属したならばそれを存続させるというやり方です。今は、高昌の王にふさわしい者を選び、召し出して王位を授け、本国に帰らせるべきです。そうすれば、陛下に大恩を受けることになりますから、高昌は長くわが国の藩屏となり、中国は乱れることがなく、豊かで平和な世が続き、それを後世の子孫に伝えることができるでしょう」。

太宗は、この上奏も受け入れなかった。

貞観十六年（六四二）になって、西突厥が兵を送って西州に攻め込んだ。太宗は側近たちに、

「私は、西州に緊急事態が生じたとの報告を受けた。中国に被害が及ぶほどではないとはいっても、心配せずにいられる訳がない。かつて、高昌を初めて平定した時、魏徴と褚遂

良が、麴文泰の子弟を擁立してその国を立て直すよう、私に勧めた。結局、私はその策を採用しなかったが、今になってそれを深く後悔している。昔、前漢の高祖劉邦は平城の地で匈奴に包囲され、匈奴討伐を諫めた婁敬を褒賞した。また、後漢末に袁紹は官渡の戦いで曹操に敗れ、戦いを諫めた田豊が敗れた自分を笑ったと聞き、怒って田豊を誅殺した。私はこの二つの話を自分の戒めとせねばならない。どうして私に忠告した者を忘れられようか」

と語った。

■原文

貞觀十四年、侯君集平高昌之後、太宗欲以其地爲州縣。魏徵曰「陛下初臨天下、高昌王先來朝謁、自後數有商胡、稱其遏絕貢獻、加之不禮大國詔使、遂使王誅載加。若罪止文泰、斯亦可矣。未若因撫其民、而立其子、所謂伐罪弔民、威德被於遐外、爲國之善者也。今若利其土壤以爲州縣、常須千餘人鎭守、數年一易、每來往交替、死者十有三四。遣辦衣資、離別親戚、十年之後、隴右空虛、陛下終不得高昌撮穀尺布以助中國。所謂散有用而事無用、臣未見其可」。

太宗不從、竟以其地置西州、仍以西州爲安西都護府、每歲調發千餘人、防遏其地。

黄門侍郎褚遂良亦以爲不可、上疏曰「臣聞古者哲后臨朝、明王創業、必先華夏而後夷狄、廣諸德化、不事遐荒。是以周宣薄伐、至境而反。始皇遠塞、中國分離。陛下誅滅高昌、威加西域、收其鯨鯢、以爲州縣。然則王師初發之歲、河西供役之年、飛蒭輓粟、十室九空、數郡蕭然、五年不復。陛下每歳遣千餘人、而遠事屯戍、終年離別、萬里思歸。去者資裝、自須營辦、既賣菽粟、傾其機杼。經途死亡、復在言外。兼遣罪人、增其防遏。所遣之內、復有逃亡、官司捕捉、爲國生事。高昌塗路、沙磧千里、冬風冰洌、夏風如焚、行人遇之多死。『易』云『安不忘危、治不忘亂』。設令張掖塵飛、酒泉烽舉、陛下豈能得高昌一人菽粟而及事乎。終須發隴右諸州、星馳電擊。由斯而言、此河西者方於心腹、彼高昌者他人手足、豈得糜費中華、以事無用。陛下平頡利於沙塞、滅吐渾於西海。突厥餘落、爲立可汗、吐渾遺萌、更樹君長。復立高昌、非無前例、此所謂有罪而誅之、既服而存之。宜擇高昌可立者、徵給首領、遣還本國、負戴洪恩、長爲藩翰。中國不擾、既富且寧、傳之子孫以貽後代」。

疏奏、不納。

至十六年、西突厥遣兵寇西州、太宗謂侍臣曰「朕聞西州有警急、雖不足爲害、然豈能無憂乎。往者初平高昌、魏徵・褚遂良勸朕立麴文泰子弟、依舊爲國、朕竟不用其計、今日方自悔責。昔漢高祖遭平城之圍、而賞婁敬。袁紹敗於官渡、而誅田豐。朕恆以此二事為誡、寧得忘所言者乎」。

巻十

行幸(ぎょうこう)　第三十七

■解説

行幸とは、天子が宮城から出て他所に行くこと。それには、通り道の警護や物資の輸送など、多くの労力を必要とする。本篇では、行幸を好んで人民に負担をかけ、そのために反乱を招いた隋の煬帝(ようだい)の姿が、悪い手本として議論に取り上げられる。

第一章と第四章を読み比べると、在位十余年で太宗がいかに変わったかが知られ、興味深いであろう。

第一章に見える并州(へいしゅう)は山西省太原市(さんせいしょうたいげんし)の南方、涿郡(たくぐん)は北京の南方。并州は北に通じる要衝で、涿郡は東北に通じる要衝。東南の揚州(ようしゅう)方面へは、煬帝は通済渠(つうさいきょ)という運河を開通させて結んだ。道幅の単位「歩」は約一・五メートル。数百歩といえば広大な道幅となる。

第二章の洛陽城について。漢魏以来の洛陽城は、現在の洛陽市の東方約十五キロの地にあり、隋の文帝まではそこが洛陽であった。煬帝は、即位すると西に新しい町を建設し、それが唐に受け継がれ、今日の洛陽の市街地となっている。つまり、太宗が行幸した洛陽は、文字どおり煬帝が建設した都城なのである。積翠池は、その新洛陽城の西郊の神都苑内にあった池。

太宗の引用する「どの草も黄色く枯れた……」は、『詩経』小雅「何草不黄」詩の一節「何の草か黄ならざらん、何の日か行かざらん」の引用。「東の小国も大国も……」は、同じく小雅「大東」詩の一節「小東大東、杼軸其れ空し」の引用。宇文述は君臣鑒戒篇第七章を、虞世基（虞世南の兄）は任賢篇第六章を参照されたい。裴蘊は、地方長官として功績をあげ煬帝に取りたてられたが、煬帝の意向を伺う政治によって権力を握り、最後は隋末の混乱期に殺害された。長孫無忌は長孫皇后の兄、秦王時代から太宗を支えた勲臣。

第三章の董純は、隋の文帝の時代から武将として国のために戦ったが、隋末に盗賊が各地に蜂起すると、それを鎮圧できなかったのは董純の臆病のせいだという讒言を被り、煬帝の怒りに触れて処刑された（『隋書』巻六五、董純伝）。崔象は、本名は崔民象、太宗の諱を避けた呼称。煬帝の揚州行幸を洛陽の城門で止めようとしたが、煬帝の怒りに触れて斬刑に処された。

第四章の舞台の顕仁宮は、洛陽の西南約二十キロにあった煬帝の離宮。「止足」は『老子』第四十四章が説く思想で、君道篇第四章で魏徴が、また征伐篇第十二章で房玄齢も引用した。「上の者が好むことは、下の者はさらに一層好む」は、『孟子』滕文公篇上が出典で、倹約篇第三章にも引用された。

第一章　離宮や行幸は何の利益にもならない

貞観の初めに、太宗は側近たちに語った。

「隋の煬帝は、あちらこちらに宮殿を造って、好き勝手に行幸していた。西京の長安から東都の洛陽に至る道筋には、離宮や別邸が続いていた。幷州や涿郡に至る道筋も、全く同じだった。行幸路はどこも道幅が数百歩もあって、街路樹で飾られていた。人民はそれらを造る労役に堪えきれず、互いに集まって盗賊になった。そして晩年の煬帝は、とうとう一尺の土地さえも一人の人間さえも、自分のものではなくなってしまった。つまり、宮殿を造営したり、自由に行幸したりしても、結局は何の利益にもならなかったではないか。これらはみな、私がこの耳で聞き、この目で見たことであり、深く自分の戒めとしている。だから私は、軽々しく民に労役を課したりはせず、ただ静かに暮らせるようにして、民が国を恨んで反逆を起こさないようにするだけだ」。

■原文

貞觀初、太宗謂侍臣曰「隋煬帝廣造宮室、以肆行幸、自西京至東都、離宮別館、相望道次、乃至幷州・涿郡、無不悉然。馳道皆廣數百步、種樹以飾其傍。人力不堪、相聚爲賊。逮至末年、尺土一人、非復己有。以此觀之、廣宮室、好行幸、竟有何益。此皆朕耳所聞、目所見、深以自誡。故不敢輕用人力、惟令百姓安靜、不有怨叛而已」。

第二章　隋が滅んだのは天命だけではない

貞観十一年（六三七）に、太宗が洛陽の宮殿に行き、積翠池に船を浮かべて遊覧した時のこと。太宗は側近たちを見まわして語った。

「この宮殿と築山、池は、みな煬帝が造ったもので、民を労役に駆り立ててこの豪華きわまる装飾にしたのだ。彼はこの宮城を大事にして、万民を思いやることはできなかった。行幸を好んで繰り返したので、とうとう民は負担に堪えきれなくなった。昔の詩人は、『どの草も黄色く枯れたというのに、行軍が続かない日はない』と詠い、『東の小国も大国も、織物を取りたてられたので機織器は空になった』と詠っている。まさに煬帝のことを詠んだようなものである。結局、天下の民は怨んで反乱を起こし、煬帝は殺され国は滅んだ。今、彼の作った宮殿はすべて私のものとなった。隋が滅んだのは、ただ君主が無道だっただけでなく、頼みとする臣下に良臣がいなかったためでもある。あの宇文述や虞世基、裴蘊の輩は、高官の身分で高い給料をもらい、人から政治を任せられていながら、ただ媚びへつらって、君主に本当のことを伝えなかった。これでは、国が危うくならないようにしようとしても、とうてい無理というものではないか」。

それに対して、司空（天子指導役）の長孫無忌が、

「隋が滅んだのは、君主は臣下の忠告を聞かず、臣下は自分の身の安全だけを考えたからです。隋の側近たちは、君主に過ちがあっても初めから正そうとせず、各地に盗賊がはびこってもその事実を伝えませんでした。つまり隋が滅んだのは、ただ天命であっただけでなく、実は君主と臣下とが互いに助け合わなかったからです」

と答えた。

太宗は、

「私とそなたは、かつて隋の弊害を受けた。今はただ正しい道徳と風俗を広め、それがいつまでも続くようにしようではないか」

と言った。

■原文

貞觀十一年、太宗幸洛陽宮、泛舟于積翠池、顧謂侍臣曰「此宮觀臺沼並煬帝所爲、所謂驅役生民、窮此雕麗、復不能守此一都、以萬民爲慮。好行幸不息、民所不堪。昔詩人云『何草不黄、何日不行』、『小東大東、杼軸其空』。正謂此也。遂使天下怨叛、身死國滅、今其宮苑盡爲我有。隋氏傾覆者、豈惟其君無道、亦由股肱無良。如宇文述・虞世基・裴蘊之徒、居高官、食厚祿、受人委任、惟行諂佞、蔽塞聰明。欲令其國無危、不可得也」。

　司空長孫無忌奏言「隋氏之亡、其君則杜塞忠讜之言、臣則苟欲自全、左右有過、初不糾舉、寇盜滋蔓、亦不實陳。據此、既不惟天道、實由君臣不相匡弼」。

太宗曰「朕與卿等承其餘弊。惟須弘道移風、使萬世永頼矣」。

第三章　天子在位の長短は人為による

貞観十三年（六三九）に、太宗は魏徴たちに語った。

「隋の煬帝が文帝の後を継いだ時、国内は大変に豊かだった。だから、長安のある関中地域に留まっていれば、国を傾けるようなことはなかったであろう。ところが煬帝は、人民を顧みず、行幸ばかり繰り返し、すぐに江都（揚州）に行きたがり、董純や崔象らの諫めも聞き入れずに、とうとう自分は殺されて国は滅び、天下の笑いものになってしまった。天子の在位の長短は、天命によるものではあるが、天は善に福を、悪に災いをもたらすのであって、在位の長短は人の行いにかかっているのだ。私はいつも思うのだが、もし君主も臣下も長く地位に留まり、国が安泰であるよう願うならば、君主に過ちがあった時には、臣下は言葉を尽くして諫めなくてはならない。私はそなたたちの忠告を聞いたならば、たとえ即座に従わないとしても、二度三度と考えて、必ず良い方を選ぶつもりだ」。

■原文

貞觀十三年、太宗謂魏徵等曰「隋煬帝承文帝餘業、海内殷阜、若能常處關中、豈有傾敗。遂不顧百姓、行幸無期、徑往江都、不納董純・崔象等諫諍、身戮國滅、爲天下笑。雖復帝祚長短、委以玄天、而福善禍淫、亦由人事。朕毎思之、若欲君臣長久、國無危敗、君有違失、臣須極言。朕聞卿等規諫、縱不能當時卽從、再三思審、必擇善而用之」。

第四章　煬帝よりも劣る皇帝になるつもりか

貞観十二年（六三八）のこと。太宗は東方に狩りの旅に出かけて、洛陽に入ろうとして、顕仁宮に泊まった。ところが、そこの宮園の役人で、咎めを受けて太宗に罰せられる者がたくさんいた。

それを見て、侍中（門下省長官）の魏徴が進言した。

「今、陛下が洛陽に行幸されたのは、ここが隋末に陛下が遠征した所であり、民心の安定を願ったからで、だからこの地の古老たちに恩恵を与えようとしました。ところが、洛陽の住民たちが恩恵を受けないうちに、この離宮の管理官が多く罰せられました。その理由は、陛下への進物が粗末であるとか、食事を用意しておかなかったなどによるものです。これは陛下が、これで十分だという止足の気持ちを忘れ、贅沢になったからです。これでは行幸の本来の目的に背いてしまい、どうして人民の望みを叶えることができるでしょうか。隋の煬帝は、行幸する時にはまず臣下にたくさんのご馳走を用意するように命じ、足りなければ厳しく罰しました。上の者が好むことは、下の者はさらに一層好みますから、結果は上も下も競って贅沢を求めて切りがなく、とうとう国は滅びました。これは、書物で知ったことではなく、陛下がご自分で目の当たりにしたところです。煬帝が無道であったために、天は陛下に命じて天子の地位を交代させたのです。ですから陛下は、戦々競々として慎み、何事も質素に努め、前代の名君の跡を継ぎ、手本を子孫に残さねばなりませんのに、どうして煬帝よりも程度の低い人間であろうとするのですか。陛下がもし足りていると考えれば、今日の状態で十分に足りています。もし不足だと考えるならば、今の万倍もの進物や食事を用意しても、きっとまだ足りないと思うでしょう」。

それを聞いて、太宗は大変に驚き、

「そなたでなければ、私はこのような忠告は聞けなかっただろう。今後は、このようなことがないようにしたい」

と反省した。

■原文

貞觀十二年、太宗東巡狩、將入洛、次於顯仁宮、宮苑官司多被責罰。侍中魏徵進言曰「陛下今幸洛州、爲是舊征行處、庶其安定、故欲加恩故老。城郭之民未蒙德惠、官司苑監多及罪辜、或以供奉之物不精、又以不爲獻食、此則不思止足、志在奢靡。既乖行幸本心、何以副百姓所望。隋主先命在下多作獻食、獻食不多、則有威罰、上之所好、下必有甚、競爲無限、遂至滅亡。此非載籍所聞、陛下目所親見、爲其無道、故天命陛下代之。當戰戰慄慄、每事省約、參蹤前列、昭訓子孫、柰何今日欲在人之下。陛下若以爲足、今日不啻足矣。若以爲不足、萬倍於此、亦不足也」。

太宗大驚曰「非公、朕不聞此言、自今已後、庶幾無如此事」。

畋猟　第三十八

■解説

畋猟とは、狩りをすること。田猟と同じ。田や畋には、農地や農耕のほかに狩りの意がある。畋猟はただの娯楽ではなく、軍事訓練の性格も有していた。本篇は、太宗の狩猟好みを諫めた話が集められる。

第一章の虞世南は任賢篇第六章参照。上奏の冒頭の原文について、秋の狩りを獮といい、冬の狩りを狩という。『周礼』大司馬に、「仲秋に獮を行い治兵を教え、仲冬に狩を行い大閲を教える」とある。古典に記される「隼を射る」は『易経』解の卦の上六に見え、「禽獣を追う」は同じく屯の卦の六三、象曰に見える。前漢の司馬相如は、「子虚の賦」「上林の賦」の作者として文史篇第一章に登場した。文人であるが狩猟にも通じており、長楊での狩りで武帝が自ら野獣を射るのを諫めた話は、『史記』巻一一七、司馬相如列伝にある。呉の張昭は、三国の呉主孫権の軍師。孫権が乗馬して虎を射ようとしたところ、虎が突進して鞍に上ろうとしたので、あわてて止めて孫権を諫めたという（『三国志』巻五二、呉書、張昭伝）。

第二章の谷那律は、諫議大夫（皇帝諫め役）になる前は国子監の博士を務め、『尚書正義』編纂にもたずさわった。褚遂良が「九経庫」と呼んだというから、相当に博識の人だったであろう。ただし、本章の機知に富んだエピソードのほか、詳細は不明。

第三章の懐州は、洛陽の東北一帯。封書で「山東の民衆」という山東は、今日の山東省や山東半島を指すのではなく、唐代には広く洛陽以東の一帯を指した。魏徴の言葉にある前漢の元帝の話は、『漢書』巻七一、薛広徳伝に見える。なお張猛は、西域遠征で有名な張騫の孫（『漢書』巻六一、張騫伝）。本章で魏徴は、諌めの上奏は柔らかい表現をつかうべきだと述べているが、たしかにこれまでの上奏文を見ると、初めに太宗を称えておいて、それから苦言を呈す書式をとっている。

第四章の同州は、現在の陝西省大茘県。長安の東北東百余キロの地で、ここには沙苑という監牧（国営牧場）が置かれていた。魏徴の引用する『書経』の話は無逸篇にあり、『春秋左氏伝』の戒めは襄公四年にある。前漢の文帝の話は『史記』巻一〇一、袁盎列伝に、武帝の話は第一章の司馬相如列伝に、元帝の話は前章の『漢書』薛広徳伝にある。

第五章の舞台である櫟陽は、長安の東北約三十五キロにある。交通の要衝で、唐の高祖李淵は太原で挙兵し、ここを通って長安に向かい、また九世紀に入唐した日本僧円仁も、五臺山からここを経由して長安入りした。本章で劉仁軌が太宗の狩猟を諌めた話は、『旧唐書』巻八四、劉仁軌伝では、第四章の同州狩猟の時のこととして載せられている。彼が新たに長官となった新安県は、洛陽の西方にあった県。なお劉仁軌は、高宗朝の百済遠征で勲功をあげ、次の武則天朝には中央官を務め、高宗・武則天の陵墓献陵に陪葬された。

第一章　狩りは危険

秘書監の虞世南は、太宗が非常に狩猟を好むので、諫めの上奏文を提出した。

「私は、秋と冬に狩りをするのは、常の決まりだと聞いています。隼を射たり禽獣を追ったりするのも、古典に記されています。謹んで考えますに、陛下は政務が暇な時に、天の運行に従って秋と冬に狩りをしています。虎や熊を射ようとして自ら狩猟の車に乗り、猛獣の巣穴をすべて見つけ、足の速い動物もみな林の中で追い詰めます。凶暴な獣を倒して人民を守り、その革や羽を取って兵器に用い、旗を揚げて獲物を供物に差し出し、すべて古式に則っておられます。しかしながら、黄屋や金輿などの天子の乗り物の貴いことは、四方八方の人々が仰ぎ見るところ、万国の民が心に掛けているところです。天子の行幸には、道を整備して進んでも、それでも車が転覆しないように用心するものです。ほんの些細なことでも、国家に関わるからこそ注意するのです。だから、前漢の司馬相如は武帝が狩場で自ら獣を射るのを諫め、呉の張昭は呉主孫権が馬上で虎を射るのをみて顔色を変えて止めました。彼らの気持ちは、この賤しい私ですら忘れるものではありません。そのうえ、陛下の弓と網はすでに多くの獲物を取っておりますし、それらを臣下に賜る恩恵もまたすでに広く行きわたっています。ですから陛下にお願いしたいのは、時には狩猟の車を休ませ、しばらく長槍を鞘に収め、賤しい者の願いを拒まず、臣下の意見も汲み、肌脱ぎして獣を撃つようなことは別の者に任せてほしいということです。そうすれば、後世の多くの王の手本となり、陛下の名はいつまでも耀くでしょう」。

太宗は、これを大変にいい上奏だと称えた。

■原文

祕書監虞世南以太宗頗好畋獵、上疏諫曰「臣聞秋獮冬狩、蓋惟恆典。射隼從禽、備乎前誥。伏惟陛下因聽覽之餘辰、順天道以殺伐、將欲摧班碎掌、親御皮軒、窮猛獸之窟穴、盡逸材于林藪。夷兇翦暴、以衞黎元、收革擢羽、用充軍器、擧旗效獲、式遵前古。然黃屋之尊、金輿之貴、八方之所仰德、萬國之所繫心、淸道而行、猶戒銜橛、斯蓋重愼防微、爲社稷也。是以馬卿直諫於前、張昭變色於後、臣誠細微、敢忘斯義。且天弧星罼、所殪已多、頒禽賜獲、皇恩亦溥。伏願時息獵車、且韜長戟、不拒芻蕘之請、降納涓澮之流、袒裼徒搏、任之羣下、則貽範百王、永光萬代」。太宗深嘉其言。

第二章　雨具を瓦で作れば水は漏れない

谷那律は諫議大夫であった。かつて、太宗に従って狩猟に出たのだが、途中で雨が降ってきた。その時、太宗は、

「雨具は、どうしたら水が漏らないようにできるのだろうか」

と聞いた。それに対して、谷那律は、

「瓦で作れば、絶対に漏れません」

と答えた。あまり狩猟をせずに、太宗に瓦屋根の宮殿にいてほしいと願っての答えであった。

太宗はこの答えを気に入って、谷那律に絹五十疋と金のベルトを賜った。

■原文

谷那律爲諫議大夫、嘗從太宗出獵、在途遇雨、太宗問曰「油衣若爲得不漏」。對曰「能以瓦爲之、必不漏矣」。意欲太宗弗數遊獵、大被嘉納。賜帛五十段、加以金帶。

第三章　人を諭すには過激な言葉を用いるべきでない

貞観十一年（六三七）のこと、太宗が側近たちに語った。

「昨日、懐州に行った時、封書を差し出す者がいて、そこには次のように書かれていた。『どうしていつも、山東の民衆を徴発して宮苑の造営に使役するのですか。今日の人民の力役は、隋の時代よりも減ってはいないようです。懐州・洛州以東の人は、疲れて命令に堪えられないというのに、陛下はしばしば狩猟を行い、これではわがままな君主です。今はまた懐州に来て狩猟をされていますが、無事に洛陽に戻れないのではないかと心から心配します』ということだ。季節の狩猟とは、皇帝が常に行う儀礼である。現在、懐州の人民には、少しも無理をさせてはいない。そもそも皇帝が常に上奏するには、自ずからしきたりというものがある。臣下は正しい言葉遣いを尊重し、君主はそれによって自分を改めることを尊重する。それなのに、これほど私を貶すのは、まるで私を恨み呪っているようではないか」。

それに対して、侍中（門下省長官）の魏徴が答えた。

「わが国では、臣下が皇帝に直言してもかまわないので、封書で意見を上奏する者が大変に多くなりました。陛下はそれらを自分で開封し、そこに取り上げるべき意見があることを望みます。ですから、万一の幸運を願う者が、好き勝手に意見を述べる訳です。ただし、臣下が君主を諫める場合は、ほどよい表現を選んで、柔らかくほのめかすものです。かつて、前漢の元帝が新酒を祖先の廟に供えるために、長安城西南の便門を出て、船に乗ろうとしました。その時、御史大夫の薛広徳が、元帝の輿の前に出て冠を脱ぎ、『船ではなく、橋を渡って行くべきです。もし陛下が私の意見をお聞きにならなければ、私は自分の首を刎ね、その血で陛下の車の車輪を穢しましょう。そうなれば、陛下は廟に入ることは叶わなくなるでしょう』と言いました。元帝は不愉快になりました。そこに、光禄卿の張猛が進み出て、『私は、君主が聖人であれば、臣下は剛直の士となると聞いています。船に乗るのは危険で、橋を渡るのは安全であり、聖なる君主は危険を避けるものです。薛広徳の意見は聞き入れるべきです』と言いました。それを聞くと、元帝は、『人を諭す時には、このように言うべきではないだろうか』と言って、橋を渡ったということです。この場合は、張猛が実直な臣下で、よく君主を諫めたと言うべきでしょう」。

この言葉を聞いて、太宗は大いに喜んだ。

■原文

貞觀十一年、太宗謂侍臣曰「朕昨往懷州、有上封事者云『何爲恆差山東衆丁於苑內營造。即日徭役、似不下隋時。懷・洛以東、殘人不堪其命、而田獵猶數、驕逸之主也。今者復來懷州田獵、忠諫不復至洛陽矣』。四時蒐田、既是帝王常禮。今日懷州、秋毫不干於百姓。凡上書諫正、自有常準。臣貴有詞、主貴能改。如斯詆毀、有似呪詛」。

侍中魏徵奏稱「國家開直言之路、所以上封事者尤多。陛下親自披閱、或冀臣言可取、所以僥倖之士得肆其醜。臣諫其君、甚須折衷、從容諷諫。漢元帝嘗以酎祭宗廟、出便門、御樓船。御史大夫薛廣德當乘輿免冠曰『宜從橋。陛下不聽臣言、臣自刎、以頸血汙車輪。陛下不入廟矣』。元帝不悅。光祿卿張猛進曰『臣聞主聖臣直、乘船危、就橋安。聖主不乘危、廣德言可聽』。元帝曰『曉人不當如是耶』、乃從橋。以此而言、張猛可謂直臣諫君也」。

太宗大悅。

第四章　皇帝の狩猟を諫めた過去の臣下たち

貞観十四年（六四〇）に、太宗は同州の沙苑に行幸し、自分で猛獣を射て、朝早く狩りに出発して夜遅くになって帰ってきた。特進（正二品身分）の魏徴が進言した。

『書経』は、周の文王が狩猟を楽しまなかったことを褒め称えていますし、『春秋左氏伝』は、山沢を管理する官の戒めとして、夏の夷羿が狩猟ばかりして国の憂いを顧みなかった前例を悪い手本としてあげています。昔、前漢の文帝が急な坂を一気に駆け下りようとしたところ、袁盎が馬車の手綱を握って、『天子は危険な乗り物には乗らず、まぐれに賭けるようなことはしないものです。今、陛下は速い六頭立て馬車で、予測のつかない山道を駆け下りようとしています。もし馬が驚いたり車が壊れたりすれば、陛下は自分の身を軽く考えていても、高祖の廟に対してどうするつもりですか』と言って、文帝をとめました。また武帝は猛獣を射ることを好んだので、司馬相如が進言して、『怪力といえば戦国秦の烏獲の名があがり、駿足といえば呉の慶忌の名があがります。人の世界でもそうなのですから、動物だってそうでしょう。突然、思いがけずに怪力や駿足の獣に出会ったならば、力持ちの烏獲や弓の名手の逢蒙ですら太刀打ちできず、また枯れ木や切り株でさえも邪魔になるでしょう。万全の準備をしていても、本来狩場は天子にふさわしい場所ではありません』と諫めました。さらに元帝が郊外の祭礼を行い、そこに留まって狩猟をしようとした時、薛広徳は、『見たところ、函谷関より東の地は困窮し、人民は難儀しておりますが、それなのに陛下は今日、あの滅んだ秦や、淫らな鄭や衛の国と同じことをされ、兵士は野原に放り出され、お付きの者たちはみな疲れ果てています。祖先や国家が安泰になるようにと願って儀礼をおこなっているのに、黄河を歩いて渡ったり虎を素手で打つような無謀なことは、慎まないでよいでしょうか』と言って諫めました。

思いますに、これらの皇帝たちは、心が木や石のように感情がないはずはなく、狩猟をしたくなかった訳でもありません。それなのに、感情を抑え、折れて臣下の忠告に従ったのは、その志が国のためを思ったからで、自分の気持ちは後回しにしたからでしょう。私が聞くところによりますと、近ごろ陛下はお出かけになり、みずから猛獣を射って、朝早く出発して夜遅くに帰ったとのことです。天子の貴い身でありながら、暗い荒野を走り、深い林に入り、生い茂った草むらを踏むのは、はなはだ危険な行為です。どうか陛下には、ご自分の娯楽を抑え、狩猟の楽しみをやめ、上は皇室祖先や国家のためを思い、下は群臣や人民の安泰を思ってほしいものです」。

それを聞いて、太宗は、

「昨日のことは、たまたま気持ちが揺らいだだけで、故意にした訳ではない。しかし、今後は十分に反省する」

と言った。

■原文

貞觀十四年、太宗幸同州沙苑、親格猛獸、復晨出夜還。特進魏徵奏言「臣聞、『書』美文王不敢盤于遊田、『傳』述虞箴稱夷・羿以爲戒。昔漢文臨峻坂欲馳下、袁盎攬轡曰『聖主不乘危、不儌幸、今陛下騁六飛、馳不測之山、如有馬驚車敗、陛下縱欲自輕、柰高廟何』。孝武好格猛獸、相如進諫『力稱烏獲、捷言慶忌、人誠有之、獸亦宜然。猝遇逸材之獸、駭不存之地、雖烏獲・逢蒙之伎不得用、而枯木朽株盡爲難矣。雖萬全而無患、然而本非天子所宜』。孝元帝郊泰時、因留射獵、薛廣德稱『竊見關東困極、百姓離災、今日撞亡秦之鍾、歌鄭・衞之樂、士卒暴露、從官勞倦、欲安宗廟社稷、何憑河暴虎、未之戒也』。

臣竊思此數帝、心豈木石、獨不好馳騁之樂。而割情屈己、從臣下之言者、志存爲國、不爲身也。臣伏聞車駕近出、親格猛獸、晨往夜還。以萬乘之尊、闇行荒野、踐深林、涉豐草、甚非萬全之計。願陛下割私情之娛、罷格獸之樂、上爲宗廟社稷、下慰羣寮兆庶」。

太宗曰「昨日之事偶屬塵昏、非故然也、自今深用爲誡」。

第五章　狩猟をやめさせた県の次官

貞観十四年（六四〇）の冬十月に、太宗は櫟陽（やくよう）に行幸して狩りをしようとした。櫟陽県の次官だった劉仁軌（りゅうじんき）は、当地ではまだ収穫が終わっておらず、天の運行から見て皇帝が狩りをする時期ではないと考え、太宗の滞在所に行って狩猟の中止を切（せつ）に訴えた。太宗は狩猟をとりやめ、劉仁軌を抜擢して新安県（しんあんけん）の長官に格上げした。

■原文
貞觀十四年、冬十月、太宗將幸櫟陽遊畋、縣丞劉仁軌以收穫未畢、非人君順動之時、詣行所、上表切諫。太宗遂罷獵、擢拜仁軌新安令。

災祥　第三十九

■解説

災祥とは、災異と祥瑞。災異とは自然の災害で、水害、大風、山崩れ、蝗の害などをいい、天文の異変も含まれる。祥瑞はめでたい兆しのことで、龍・鳳凰・麒麟・白雉などの出現、甘露が降ったり芝草（幸いのキノコ）が生えたり、連理（両株の幹や枝の合体）が生じたりなどの現象を指す。古来、中国では天人相関思想があり、こうした自然界の現象が、人間世界を治める天子の徳の隆盛・衰退の表れとされた。

唐代では、災異が起こった場合は、尚書省の戸部もしくは地方の州県が、記録管理署である史館（中書省所属）に報告し、祥瑞が表れた場合は地方から尚書省の礼部に報告され、礼部が四季（三ヵ月）ごとにまとめて史館に記録が送られる。こうして史館に保管された記録が、皇帝崩御後に編纂される『実録』に取り入れられ、『実録』に基づいて国史が、後には正史が編纂される。したがって災異と祥瑞は、現行正史の本紀や五行志・天文志などに伝わっているのである。

第一章の石勒は、五胡十六国の君主、血統は匈奴系。後趙を建国して前趙を滅ぼした。（倹約篇第四章参照）。隋の王劭は、著作郎の職にあった時に、吉祥に関してしばしば上奏して文帝に気に入られ、迷信や仏典などを混合した『皇隋感瑞経』を著した（書名は『隋書』巻六九、王劭伝は『皇隋霊感誌』に作る）。

第二章の春秋の晋侯と伯宗の話は、『春秋左氏伝』成公五年の引用。呼ばれた伯宗が晋侯に会うために向かった途上で、道路人足が語った話。前漢の文帝の山崩れの一件は、『漢書』巻四、文帝本紀の元年四月条にある。後漢・霊帝の青蛇の一件は、『後漢書』巻八、孝霊帝紀、光和元年秋七月壬子条にある。西晋・恵帝期の大蛇の一件は、『晋書』巻二九、五行志下、龍蛇之孼（災い）、元康五年三月癸巳条にある。『晋書』は、長さ十余丈で二匹の小蛇を背負っていたという。

第三章の冒頭、長さの単位「丈」は約三メートル。晏子は姓名は晏嬰、斉の景公に仕えた大夫。その言行は『晏子春秋』に収められる。

第四章で氾濫した穀水は、洛陽の西方から東に流れ、洛陽の南で洛水に合流する川。洛陽は洛水の北にある町という意味。山は南が陽、北が陰であるが、川の場合は逆になる。五尺は約一・五メートル。上奏した岑文本については、君臣鑒戒篇第七章参照。

上奏文の第二段落にある舜の言葉は『書経』大禹謨篇にあり、孔安国の解釈とはそれに対する注。孔安国は孔子の子孫で、前漢・武帝期の儒者。孔子の旧宅で古文で記された『書経』等の経典を得て、古文学を興した。続く孔子の言葉は『荀子』王制篇にあり、『貞観政要』では政体篇第七章、教戒太子諸王篇第二章にも引用された。

第四段落の「桑と楮の木がいきなり朝廷に生えた」というのは、殷の時代にそれが起こり、夕方には大木になったが、殷王大戊が慎んで徳を修めたところ、たちまち枯れたという逸話（『史記』巻三、殷本紀）。「雉が鼎の取っ手にとまって鳴いた」というのは、殷王の武丁が祭祀で用いた鼎に雉がとまって鳴いたので、武丁は不吉を恐れて政治に励み、政道が盛んになったという話（『史記』巻三、殷本紀）。「晋の地で石が突然しゃべった」というのは、『春秋左氏伝』昭公八年春に見える逸話。晋公が師曠に訳を問うと、師曠は「時期外れの工事をおこなって民の恨みを買うと、もの言わぬはずの物がしゃべる」と答えて、晋公の宮殿造営を非難したという話。末尾にある古人の言葉は、『淮南子』説林訓などの引用。

第一章　天下太平こそが最高の祥瑞

貞観六年（六三二）のこと、太宗は側近たちに語った。

「このごろ、人々の意見書に目を通すと、祥瑞がめでたいことだと言って、頻りに祝賀の言葉を述べている。私の本心はというと、ただ天下が太平で、家ごとに人ごとに十分に暮らせるようにすることができれば、たとえ祥瑞が表れなくても、堯や舜のような名君とも肩を並べられるのではないかと思うのだ。ところが、もし人民の衣食が不足していたり、異民族が侵入してくるようなことがあれば、たとえ芝草が町中に生え、鳳凰が宮殿の庭に巣を作ったとしても、夏の桀王や殷の紂王の時代と何も変わらないではないか。

かつて、石勒の時代には、役人たちは連理の木を薪に使い、白雉の肉を煮て食ったそうで、それほど祥瑞の徴候があったと聞いたことがあるが、それで石勒を明君だと言えるだろうか。また隋の文帝は祥瑞を大変に好み、秘書監（秘書省長官）の王劭に命じて、礼服を身に着けて朝堂で地方からの朝集使に応対させ、香を焚いて『皇隋感瑞経』という本を読ませたという。伝記で読んだことがあるが、これなどは実にお笑い種である。

そもそも君主たる者、公平に天下を治め、万民に喜びをあたえねばならない。堯や舜が帝であった時には、人民は天や地のように帝を尊敬し、父母のように慕い、土木工事を興しても民はみな進んで参加し、法や命令を発してもみな喜んで従った。これこそ、最高の祥瑞である。今後は、各地方で祥瑞が表れても、いちいち報告しないでよろしい」。

■原文

貞觀六年、太宗謂侍臣曰「朕比見衆議以祥瑞爲美事、頻有表賀慶。如朕本心、但使天下太平、家給人足、雖無祥瑞、亦可比德於堯・舜。若百姓不足、夷狄內侵、縱有芝草徧街衢、鳳凰巢苑囿、亦何異於桀・紂。

嘗聞石勒時、有郡吏燃連理木、煑白雉肉喫、豈得稱爲明主耶。又隋文帝深愛祥瑞、遣祕書監王劭著衣冠、在朝堂對考使焚香、讀『皇隋感瑞經』。舊嘗見傳說此事、實以爲可笑。

夫爲人君、當須至公理天下、以得萬姓之懽心。若堯・舜在上、百姓敬之如天地、愛之如父母、動作興事、人皆樂之、發號施令、人皆悅之。此是大祥瑞也。自此後諸州所有祥瑞、並不用申奏」。

第二章　妖気は徳に勝てない

貞観八年（六三四）に、長安西方の隴西地方で山が崩れ、大蛇があちこちに現れ、また洛陽東方の山東地方とその南の長江・淮水の流域で洪水の被害が起こった。

太宗がこの災害について側近と相談したところ、秘書監の虞世南が答えた。

「春秋時代に梁山が崩れ、晋侯が大夫の伯宗を呼んで相談しました。その時、伯宗は、『諸侯は、山と川を国の柱とします。だから、山が崩れ川が涸れれば、君主は音楽を奏でず、服と車は粗末なものにし、祭官は供え物をして山川に謝意を表すのです』と答えました。梁山は晋が祀る山です。そこで、晋侯はこれに従って梁山を祀りましたところ、被害はありませんでした。前漢の文帝の元年に、山東の斉や長江流域の楚の地方で、同じ日に二十九もの山が崩れ、大水が出ました。早速、地方から皇帝への献上物をやめさせ、国中に恩恵を施したところ、どこの人々もみな喜び、大きな被害にはなりませんでした。後漢の霊帝の時には、青い蛇が皇帝の玉座に現れました。西晋の恵帝の時には、長さ三百歩もの大蛇が山東に現れ、市場を通って洛陽の朝廷に入って来ました。思いますに、蛇は野原にいるべきで、それが市場や朝廷に入って来たというのは、十分に怪しむべきことです。しかし、今回の蛇は山沢に出たのであって、考えてみれば深い山や大きな沢には必ず蛇はいるものなのですから、これは何も怪しむに足りません。一方、山東地方の大雨は、毎年起こることですが、今年の雨天の陰気があまりに長すぎるのは、もしかすると裁判で冤罪の者がいるのかもしれません。ここは牢獄の罪人を再度取り調べるべきで、そうすれば天の意に適う(かな)のではないでしょうか。しかも、妖気は徳に勝つことはできませんから、陛下はただ徳を積めば、変異を鎮められるでしょう」。

太宗はもっともな意見だと思い、そこで被災地に使者を派遣して食糧を分けあたえ、また罪人を再審したところ、罪の赦される者がたくさんいたのだった。

■原文

貞觀八年、隴右山崩、大蛇屢見、山東及江・淮多大水。太宗以問侍臣、祕書監虞世南對曰「春秋時、梁山崩、晉侯召伯宗而問焉、對曰『國主山川、故山崩川竭、君爲之不擧樂、降服乘縵、祝幣以禮焉』。梁山、晉所主也。晉侯從之、故得無害。漢文帝元年、齊・楚地二十九山同日崩、水大出。令郡國無來獻、施惠於天下、遠近歡洽、亦不爲災。後漢靈帝時、青蛇見御座。晉惠帝時、大蛇長三百步、見齊地、經市入朝。按蛇宜在草野而入市朝、所以爲怪耳。今蛇見山澤、蓋深山大澤、必有龍蛇、亦不足怪。又山東之雨、雖則其常、然陰潛過久、恐有冤獄、宜斷省繫囚、庶或當天意。且妖不勝德、修德可以銷變」。

太宗以爲然、因遣使者賑恤飢餒、申理冤訟、多所原宥。

第三章　身を慎めば妖星も恐れるに足らない

貞観八年（六三四）、南の空に彗星が現れた。その長さは六丈あって、百余日たってようやく消えた。

太宗は側近に、

「天が彗星を出現させたのは、私に徳がなく、政治に過失があるからだろう。いったいこの妖気は何を意味するのだろうか」

と聞いた。

虞世南が答えた。

「昔、斉の景公の時、彗星が現れ、景公は晏子に訳を尋ねました。晏子は、『公は、池を掘ればまだ浅いのではないかと心配し、物見台を建てればまだ低いのではないかと心配し、刑罰を行えばまだ軽いのではないかと心配します。だから天は彗星を現して、公を戒めたのです』と答えました。景公が恐れて徳を積んだところ、十六日後に彗星は消えました。陛下がもし徳のある政治をしなかったならば、たとえ麒麟や鳳凰が何度現れようとも、国家にとっては何の利益にもなりません。ただし、朝廷の政治に落ち度がなく、人民が安泰に暮らしているならば、たとえ災害が起ころうとも、何ら陛下の徳を損なうものではありません。ですから陛下には、功績が昔の帝王よりも高いからといって自慢なさらず、太平の世が長く続いているからといって驕り高ぶらないようにお願いします。即位当初の気持ちを最後まで持ち続ければ、彗星が現れたことなど恐れる必要はありません」。

それを聞いて、太宗は言った。

「私が国を治めるにあたっては、景公のような誤りはないであろう。ただし、私は十八歳で帝王の業に関わり、北は劉武周を倒し、西は薛挙を平らげ、東は竇建徳と王世充を捕虜にし、二十四歳で天下を平定し、二十九歳で帝位に即いた。その後、四方の異民族は降伏し、海内は平穏に治まった。そこで私は、昔の混乱を平定した英雄たちも、我に及ぶ者はいないだろうと考え、頗るうぬぼれていたのだが、これは間違いだった。このたび、上天が異変を現したのは、まさにこのためではないだろうか。秦の始皇帝は六国を平定し、隋の煬帝は四海を支配下に収めたが、どちらも驕り高ぶって享楽に耽り、あっという間に滅んでしまった。だから、私はうぬぼれてなどいられようか。それを思うと、知らず知らず震えてきて、身が引き締まる思いだ」。

その時、魏徴が進み出て言った。

「古来、どの帝王でも、治世に災異の起こらなかった者はおりません。しかし、よく徳を積めば、災異は自然と消滅していきます。陛下は彗星が現れたことによって、よくご自身を戒め、繰り返し反省して、自分の過ちを責めています。ですから、このたびの変異は、決して災いにはならないでしょう」。

■原文

貞觀八年、有彗星見于南方、長六丈、經百餘日乃滅。

太宗謂侍臣曰「天見彗星、由朕之不德、政有虧失。是何妖也」。

虞世南對曰「昔齊景公時彗星見、公問晏子。晏子對曰『公穿池沼畏不深、進臺榭畏不高、行刑罰畏不重、是以天見彗星爲公戒耳』。景公懼而修德、後十六日而星沒。陛下若德政不修、雖麟鳳數見、終是無益。但使朝無闕政、百姓安樂、雖有災變、何損於德。願陛下勿以功高古人而自矜大、勿以太平漸久而自驕逸。若能終始如一、彗見未足爲憂」。

太宗曰「吾之理國、良無景公之過。但朕年十八便爲經綸王業、北剪劉武周、西平薛舉、東擒竇建德・王世充、二十四而天下定、二十九而居大位、四夷降伏、海內乂安。自謂古來英雄撥亂之主無見及者、頗有自矜之意、此吾之過也。上天見變、良爲是乎。秦始皇平六國、隋煬帝富有四海、既驕且逸、一朝而敗、吾亦何得自驕也。言念於此、不覺惕焉震懼」。

魏徵進曰「臣聞自古帝王未有無災變者、但能修德、災變自銷。陛下因有天變、遂能戒懼、反覆思量、深自尅責。雖有此變、必不爲災也」。

第四章　豪雨は気象の問題

貞観十一年（六三七）に、豪雨のために穀水（こくすい）が氾濫し、洪水は洛陽城の門を破って宮殿にまで浸入した。平地で五尺まで浸水し、宮殿や役所が十九ヵ所も壊れ、民家が七百戸以上も押し流される被害が出た。

太宗は側近に言った。

「私の不徳の致すところ、天は災いを降した。私の目と耳が塞がっていて、刑罰に誤りがあるので、とうとう陰陽の運行を狂わせて、これほど異常な水害に見舞われたのだ。今や私は、民を憐れみ自分を責め、恐れと心配の気持ちでいっぱいだ。どうして一人だけご馳走を食べていられようか。食事を担当する尚食局には、肉をやめて野菜の食事にさせよ。また、文武の官僚たちは、政治の善悪について忌憚のない意見を上奏せよ」。

それに対して、中書侍郎（中書省副長官）の岑文本が次の上奏文を提出した。

「混乱の世を治めるのは大変に難しく、出来上がったものの基盤を守り続けるのもまた容易でありません。安逸にあっても危険に備えているのが、乱世を治める方法であり、始めから終わりまで変わらずに続けるのが、現在の基盤を保ち高める方法です。私はそのように聞いています。今、億万の民は安らかに暮らしており、国の隅々までが安寧ではありますが、隋末の混乱の後で、その弊害がまだ癒されず、人口は減少したままで、耕地の開墾も進んではおりません。陛下の恩恵が広く行きわたっているとはいっても、世間の傷口はまだ快復していません。徳による教化が及んではいても、人々の生活はまだ貧しいままです。

　このような状況を、古人は木を育てるのに喩えています。植えてから長い年月がたてば、枝も葉も生い茂るでしょう。しかし、植えてから日が浅く、まだしっかりと根付かなければ、土や肥料で根を養い、春の陽にあてて育てますが、もし誰かがその若木をゆすってしまえば、その木は必ず枯れてしまうでしょう。今の人民は、これと極めて似ています。常に大事に育てれば、日増しに安息に向かうでしょうが、いったん力役に駆り出せば、たちまち凋落するでしょう。凋落がひどければ、人は安心して暮らせません。安心して暮らせなければ、政府を恨む気持ちが広がります。政府を恨む気持ちが広がれば、謀反の兆しが芽生えます。ですから舜は、『愛すべきは君主ではないだろうか、恐るべきは民ではないだろうか』と言っています。これを、孔安国は、『人は君主を命とするから、愛すべきである。しかし君主が道を失えば、人は君主に背くから、恐れるべきなのである』と解釈しています。また孔子も、『君主は船で、人民は水のようなもの。水は船を浮かべるが、転覆させることもできる』と言いました。そこで、昔の聖君は、人から立派だと言われても、自分では決してそうは思わず、毎日慎んで暮らしましたが、それは実にこういうためだからです。

伏して思いますに、陛下は古今のあらゆることを知り、安全と危険の機微を察し、上は国家を大事にして、下は億万の民に思いを馳せています。官吏の登用は明快であり、賞罰は慎重に行い、優れた人材は進め、暗愚な者は退けます。自分の過ちはすぐに改め、諫めの忠告は素直に受け入れます。善を実行するには迷いはなく、命令を発するには必ず信用が置かれることを心掛けます。精神を修養して、狩猟の娯楽はやめ、贅沢を遠ざけて倹約に努め、土木工事の浪費を減らしています。国内を安寧にすることに努め、領土の拡張を求めず、兵器を用いなくても、国の防備は忘れません。

およそこれらのことは、国家を治める常道で、陛下はいつも実行してはいますが、それでも愚かな意見を言わせてもらえば、どうか陛下には今後も決して忘れずに、これらを続けてほしいということです。そうすれば、陛下の良い政道はあの三皇五帝と並び称されるでしょうし、国運は天地とともに永遠に続くことになりましょう。こういう肝腎なことさえしっかりしていれば、たとえ桑と楮の木がいきなり朝廷に生えたとしても、龍や蛇が災いを起こしたとしても、雉が鼎の取っ手にとまって鳴くような不吉なことが起ころうとも、晋の地で石が突然しゃべったとしても、そのようなことは災いを転じて福となし、災害を吉祥に変えることすらできるでしょう。ましてや雨や洪水の憂いは、天候の陰陽の作用によるものです。ですから、それを天の咎めだと思って、陛下が心を塞ぐ必要があるでしょうか。古人は、『農夫が労働して君子が農夫の心を養い、愚者が発言して智者が役立つものを選び取る』と言ったと聞いています。そこで勝手なことを申しましたが、お咎めは覚悟の上です」。

この意見を、太宗はもっともだとして納得した。

■原文

貞觀十一年大雨、穀水溢、衝洛城門、入洛陽宮、平地五尺、毀宮寺十九、所漂七百餘家。太宗謂侍臣曰「朕之不徳、皇天降災、将由視聽弗明、刑罰失度、遂使陰陽舛謬、雨水乖常。矜物罪己、載懷憂惕。朕又何情獨甘滋味。可令尚食斷肉料、進蔬食。文武百官各上封事、極言得失」。

中書侍郎岑文本上封事曰

「臣聞開撥亂之業、其功既難、守已成之基、其道不易。故居安思危、所以定其業也。有始有卒、所以崇其基也。今雖億兆乂安、方隅寧謐、既承喪亂之後、又接凋弊之餘、戶口減損尙多、田疇墾闢猶少。覆燾之恩著矣、而瘡痍未復。德敎之風被矣、而資產屢空。

是以古人譬之種樹、年祀綿遠、則枝葉扶疏、若種之日淺、根本未固、雖壅之以黑墳、暖之以春日、一人搖之、必致枯槁。今之百姓、頗類於此。常加含養、則日就滋息、暫有征役、則隨日凋耗。凋耗既甚、則人不聊生。人不聊生、則怨氣充塞。怨氣充塞、則離叛之心生矣。故帝舜曰『可愛非君、可畏非民』。孔安國曰『人以君爲命、故可愛。君失道、人叛之、故可畏』。仲尼曰『君猶舟也、人猶水也、水所以載舟、亦所以覆舟』。是以古之哲王雖休勿休、日愼一日者、良爲此也。

伏惟陛下覽古今之事、察安危之機、上以社稷爲重、下以億兆在念。明選擧、愼賞罰、進賢才、退不肖。聞過卽改、從諫如流。爲善在於不疑、出令期於必信。頤神養性、省遊畋之娛、去奢從儉、減工役之費。務靜方內、而不求闢土、載櫜弓矢、而不忘武備。

凡此數者、雖爲國之恆道、陛下之所常行。臣之愚昧、惟願陛下思而不怠、則至道之美與三・五比隆、億載之祚與天地長久。雖使桑穀爲妖、龍蛇作孽、雉雊於鼎耳、石言於晉地、猶當轉禍爲福、變災爲祥。況雨水之患、陰陽恆理、豈可謂天譴而繫聖心哉。臣聞古人有言『農夫勞而君子養焉、愚者言而智者擇焉』。輒陳狂瞽、伏待斧鉞」。

太宗深納其言。

慎終 第四十

■解説

慎終といえば、『論語』学而篇の「終わりを慎み遠きを追えば、民の徳、厚きに帰す」を想起するであろう。諸家の注は、「慎終」は葬儀を謹むこと、「追遠」は祖先祭祀を丁寧にすること、そのようにすれば人の道徳心は厚くなる、という意に解す。

これに従えば、本篇は太宗崩御の際の葬喪儀礼に関する篇かと思われるかもしれない。本書の末尾に置かれているだけに、その感がいっそう強いであろう。

しかしながら、本篇でいう「慎終」とは、最後まで正しい姿勢を保つように身を慎むこと。いわば「初志貫徹」によって有終の美を飾るという意味であり、本書のこれまでの上奏でも何度か使われた。本篇では、皇帝が即位したばかりの頃の気持ちを持ち続けることの重要性と、その難しさについて議論する。

第一章で太宗が「遠くの異民族は相次いでわが国に服属した」と言っているのは、前年の突厥の滅亡を承けてのこと。

第二章の漢の高祖劉邦は、現在の江蘇省北西の沛県の出身。かつては付近に泗水が流れていた。亭は十里に一亭を置く末端の行政区画で、亭長はそこの治安維持をつかさどる。

蕭何は封建篇第一章にも登場した。建国の功第一とされたが、長安の上林苑を民の農地とする案が劉邦の怒りに触れ、一時投獄されたことがあった。韓信は君臣鑒戒篇第五章にも登場。項羽のもとから劉邦に身を投じ、垓下の戦いで項羽を破るなど数々の軍功をあげた。後に、叛乱に通謀したと告げられ、捕らえられて処刑された。蕭何・韓信に張良（君臣鑒戒篇第四・五章）を加えて漢初の功臣三傑という。黥布は、本名は英布。かつて法に触れて黥の刑を受けたので、黥布と称される。項羽の十八王の一人であったが、劉邦に帰属して淮南王に封ぜられた。後に劉邦の粛清を警戒していたところ、謀叛の計ありと誣告されて討たれた。

第三章には、大きな問題がある。最後の太宗の言葉を、房玄齢の言葉とする本が存在するのである。この言葉を太宗が言ったこととするか、房玄齢の言葉とするかによって、趣がかなり違ってくる。太宗のセリフと見れば、彼が古来のどの皇帝よりも自分の業績の方が勝っていると自負し、それを誇った言葉だということになるが、房玄齢のセリフだとすれば、同様のことを述べて太宗を称賛した言葉だということになる。今日、通行する『貞観政要』の版本の多くは太宗の言葉としており、本書の底本も同様である。しかし、日本に伝来した古写本は、房玄齢の言葉とする。日本の古写本の方が本来の形を伝えていると見る向きもあり、そうだとすれば、通行本は伝写の間に誤った結果ということになりそうである。

しかしながら、それでは済まされないのである。なぜなら、房玄齢のセリフとする写本には、本書にある彼の言葉はなく、いきなり「古来の乱世を平定した君主を見ると……」(写本原文「臣、近古の撥乱の主を観るに……」)から房玄齢の言葉が始まっており、しかも底本原文の「朕」は「陛下」に書き換えられ、末尾付近の「この三つのことは、私の徳だけで成し遂げられたとは、とても思えない」にあたる部分は削除されている。つまり、まるで改竄のように意図的に書き換えられていると見るほかはないのである。

本来は房玄齢の言葉であったものを、太宗の言葉に書き換えたのだとすると、まるで太宗を貶めるかのようなことを何故したのか、その意図が理解できない。その意味では、太宗の言葉であったものを、房玄齢の称賛の言葉に書き換えたと見るほうが自然であろう。

太宗は、前の災祥篇第三章でも、「自分は十八歳で王業に関わり、二十四歳で天下を平定し、二十九歳で即位した」と述べている。したがって、こうした自負が太宗の言葉に現れても、なんら不思議はない。太宗は、貞観十年(六三六)を過ぎた頃から怒りっぽくなり、以前ほど忠告を素直に聞き入れず、贅沢に走り勝手気ままになっている。それを、後掲第五章で、魏徴が痛切に諫めている。こういう点も加味すると、本章のこの言葉は、通行本に従って太宗のセリフと見ても、特に違和感はないように思われる。

第五章の魏徴の上奏文を読むと、貞観十三年ごろの太宗がどういう姿だったかが知られて、興味深いであろう。

上奏文の第一段落にある古語は、前半は『書経』説命篇中の引用、後半は『詩経』大雅「蕩」詩の一節や、『春秋左氏伝』襄公三十一年、楚に滞在中の衛公に北宮文子が語った言葉を踏まえたもの。

第二段落の「一言にして国を興す」は、『論語』子路篇が出典。魯の定公が「国を盛んにするにふさわしい言葉を一言で言うと」という質問をしたのに対し、孔子は「君為ること難し」の言葉をあげた。

第三段落（有終の美を飾れない第一の理由）の前漢・文帝の話は、納諫篇第七章に既出。西晋・武帝の話は、『晋書』巻三、武帝紀、咸寧四年十一月辛巳条にある。

第四段落（第二の理由）にある子貢と孔子の会話は、『孔子家語』致思篇にある。『書経』は五子之歌篇からの引用。

第六段落（第四の理由）の「花の芳香の中にいても……匂いは感じなくなります」は、『孔子家語』六本篇からの引用。「敬して遠ざける」は今もよく使うが、『論語』雍也篇の「鬼神（神霊）を敬して之を遠ざければ、知（智者）と謂うべし」が出典。

第七段落（第五の理由）の「無益なことをせず……」は、『書経』旅獒篇の引用。「商工業」にあたる原文は「末」であるが、古来中国では農業を「本」、商工業を「末」と見る思想がある。

第九段落（第七の理由）の「百日間も狩りを楽しんだ昔の悪君」とは、夏の王太康のこと（『書経』五子之歌篇）。「帝王としての狩猟の礼」の原文「三駆の礼」とは、狩猟を行う三つの目的。祭祀の供え物、賓客のもてなし、自分の食糧の三つをいう（『漢書』巻二七上、五行志上など）。

第十段落（第八の理由）の孔子の言葉は、『論語』八佾篇の引用。魯の定公に語った言葉。

第十一段落（第九の理由）の冒頭の文言は、『礼記』曲礼篇上の引用。

上奏文の最後から二段落目の冒頭「幸福も災難も入って来る門があるのではなく……」は、『春秋左氏伝』襄公二十三年が出典（教戒太子諸王篇第三章、第三段落参照）。「努力を途中で放棄してしまえば……」の原文「九仞の積、猶お一簣の功を虧く」は、『書経』旅獒篇が出典。土を盛って山を造るに、最後のモッコ一つを怠れば完成しない、中途でやめればそれまでの苦労は無駄になるの意。

第一章　今の太平に甘んじていてはいけない

貞観五年（六三一）、太宗は側近たちに語った。

「昔から、帝王は常によく天下を治めているとは限らず、仮に国内が安寧であっても、必ず外国の侵入があるものだ。ところが今は、遠くの異民族は相次いでわが国に服属し、五穀は豊穣で、盗賊も現れず、国の内外ともに静かに治まっている。これは私一人の力でできたことではなく、そなたたち全員が私を補佐してくれたお蔭である。ただし、安泰であっても危険の起こることを忘れてはならず、世が治まっていても混乱に陥ることを忘れてはならない。今日が無事ではあっても、それを終始一貫させるようにしなければならないのだ。常にそうであってこそ、初めて貴い治世と言えるだろう」。

それに対して、魏徴（ぎちょう）が答えた。

「古来、君主と臣下のどちらもが立派だったことはありません。ある時は君主が聖人であっても、臣下が有能ではなく、またある時は臣下が有能であっても、君主がそうではないものです。今、陛下は聡明ですから、よく国を治めています。もし、ただ有能な臣下がいるだけで、君主が政治について何も考えないのであれば、国がこれほど栄えることはなかったでしょう。しかし、今、天下は太平だとはいっても、私たちはそれだけで喜んではいられません。ただただ陛下に、安泰であっても国が危うくなることを考え、常に怠らずに皇帝としても責務を務めてほしいと願うだけです」。

■原文

貞觀五年、太宗謂侍臣曰「自古帝王亦不能常化、假令内安、必有外擾。當今遠夷率服、百穀豐稔、盜賊不作、内外寧靜。此非朕一人之力、實由公等共相匡輔。然安不忘危、治不忘亂、雖知今日無事、亦須思其終始。常得如此、始是可貴也」。

魏徵對曰「自古已來、元首股肱不能備具、或時君稱聖、臣即不賢、或遇賢臣、即無聖主。今陛下明、所以致治、向若直有賢臣、而君不思化、亦無所益。天下今雖太平、臣等猶未以爲喜、惟願陛下居安思危、孜孜不怠耳」。

第二章　漢の高祖劉邦の戒め

貞観六年（六三二）、太宗は側近たちに語った。

「昔から、立派なことを成し遂げた君主は、それを守り続けることはできないものだ。前漢の高祖劉邦は、泗水のほとりの村の亭長に過ぎなかった。それなのに、よく民を救い、暴虐な秦を滅ぼして、帝王としての業を成し遂げた。しかし、もし彼の在位があと十数年続いたならば、勝手な振る舞いで国を滅ぼしたのではないだろうか。どうしてそう言えるのか。息子の恵帝は後継ぎの重い立場にあり、性格は温厚で慈悲深い人だったのに、高祖は愛妾の生んだ子を可愛がり、皇太子を廃立しようとした。蕭何と韓信は漢建国の功臣であったが、蕭何は罪を着せられて獄につながれ、韓信も地位を退けられた。その他の功臣では、黥布などはそれを見て不安におののき、とうとう反逆を起こした。君臣と父子の関係がこれほど道理に外れていては、国を維持し難いのは明らかではないか。だから私は、自分の天下がいつまでも安泰だなどと思わず、いつ滅亡するかわからないと戒め、最後まで全うしたいと思っているのだ」。

■原文

貞觀六年、太宗謂侍臣曰「自古人君爲善者、多不能堅守其事。漢高祖、泗上一亭長耳、初能拯危誅暴、以成帝業、然更延十數年、縱逸之敗、亦不可保。何以知之。孝惠爲嫡嗣之重、溫恭仁孝、而高帝惑於愛姬之子、欲行廢立。蕭何・韓信、功業既高、蕭既妄繫、韓亦濫黜、自餘功臣黥布之輩、懼而不安、至於反逆。君臣父子之間悖謬若此、豈非難保之明驗也。朕所以不敢恃天下之安、每思危亡以自戒懼、用保其終」。

第三章　昔のどの皇帝よりも勝っている

貞観九年（六三五）、太宗は高官たちに言った。

「私は、何もせずに手をこまねいているだけで、四方の異民族はわが国に服属した。これは私一人で成し遂げられるはずがなく、誠にそなたたちのお蔭である。今は、この最初の成功を最後まで続け、いつまでも偉大な事業を守り、子々孫々まで互いに助け合い、大いなる功績と利益とを後世に役立たせ、数百年後にわが国の歴史を読む者に、われらの功績が光り輝いて見えるようにしなければならない。いつまでも、あの周王朝や前漢時代、あるいは後漢の光武帝や明帝の時代だけが称賛されているようでは、よくないではないか」。

それに対して、房玄齢が進み出て答えた。

「陛下は謙遜の気持ちが強く、功績を臣下のものとしています。これほど太平の世を実現したのは、元より陛下の徳によるのであり、臣下には何の力がありましょうか。ただ陛下にお願いしたいのは、この初めの美点を最後まで全うしてほしいということです。そうすれば、天下はいつまでも陛下を頼りとするでしょう」。

すると、太宗は語った。

「古来の乱世を平定した君主を見ると、みな年齢が四十を超えており、超えていないのは後漢の光武帝の三十三歳だけである。しかし私は、十八歳で兵を挙げ、二十四歳で天下を平定し、二十九歳で天子に即位した。武という点で見ると、私は昔のどの皇帝より勝っているであろう。私は若い頃から戦場を駆け回っていたので、本を読む暇がなかった。しかし、即位してからは手に書物を離さず、道徳を広める方法と政治の最も重要な基礎を知り、それを数年間実行したところ、天下は大いに治まって、風俗も改まり、孝行と忠義の風が強まった。だから、文という点から見ても、私は昔のどの皇帝より勝っているであろう。昔、周や秦の時代からこのかた、異民族は常に中国に攻め込んできた。ところが今や、その異民族もひれ伏し、みな私の臣下となった。遠くまで手懐（てなず）けたという点から見ても、私は昔のどの皇帝より勝っているであろう。この三つのことは、私の徳だけで成し遂げられたとは、とても思えない。すでにこれほどの功績をあげたのだから、最後まで全うしないでよいはずがない」。

■原文

貞觀九年、太宗謂公卿曰「朕端拱無爲、四夷咸服、豈朕一人之所致、實賴諸公之力耳。當思善始令終、永固鴻業、子子孫孫、遞相輔翼。使豐功厚利施於來葉、令數百年後讀我國史、鴻勳茂業粲然可觀。豈惟稱隆周・炎漢及建武・永平故事而已哉」。

房玄齡因進曰「陛下撝挹之志、推功羣下、致理昇平、本關聖德、臣下何力之有。惟願陛下有始有卒、則天下永賴」。

太宗又曰「朕觀古先撥亂之主皆年踰四十、惟光武年三十三。但朕年十八便舉兵、年二十四定天下、年二十九昇爲天子、此則武勝於古也。少從戎旅、不暇讀書、貞觀以來、手不釋卷、知風化之本、見政理之源。行之數年、天下大治而風移俗變、子孝臣忠、此又文過於古也。昔周・秦已降、戎狄內侵、今戎狄稽顙、皆爲臣妾、此又懷遠勝古也。此三者、朕何德以堪之。既有此功業、何得不善始愼終耶」。

第四章　三皇・五帝と比べる必要はない

貞観十二年（六三八）に、太宗は側近に語った。

「書物で前代の立派な帝王の姿を見ると、みな常に努力している。彼らが任用する臣下たちも、誠に賢人たちである。それなのに、彼らの政治を三皇・五帝の時代に比べると、まだ及ばないというのは、どうしてなのだろうか」。

それに対して、魏徴が答えた。

「今の世は、四方の異民族がわが国に服従し、天下は太平であり、往古以来このようなことは未だかつてありませんでした。昔から帝王は即位した当初は、みな一生懸命に政治に励み、堯や舜と並び称されるようになろうとするものです。しかし、安楽な生活に慣れると、驕（おご）って贅沢になり勝手な振る舞いをするようになって、最後まで全うすることはできません。臣下にしましても、任用された当初は、みな君主を正して世を救おうとし、堯・舜の名臣の后稷（こうしょく）や契（せつ）に追いつこうとします。ところが出世して裕福になると、その地位を失わないことばかりを考えて、最後まで忠節を尽くす者はおりません。もし、君主も臣下も常に怠ることなく、最後まで努力を続ければ、天下が治まらないなどと心配する必要はなく、自然と古（いにしえ）の名君を越えることができるでしょう」。

太宗は、「まったくそなたの言うとおりだ」と答えた。

■原文

貞觀十二年、太宗謂侍臣曰「朕讀書見前王善事、皆力行而不倦、其所任用公輩數人、誠以爲賢、然致理比於三・五之代、猶爲不逮、何也」。

魏徵對曰「今四夷賓服、天下無事、誠曠古所未有。然自古帝王初卽位者、皆欲勵精爲政、比迹於堯・舜。及其安樂也、則驕奢放逸、莫能終其善。人臣初見任用者、皆欲匡主濟時、追縱於稷・契。及其富貴也、則思苟全官爵、莫能盡其忠節。若使君臣常無懈怠、各保其終、則天下無憂不理、自可超邁前古也」。

太宗曰「誠如卿言」。

第五章　太宗が有終の美を飾れない理由十条

貞観十三年（六三九）のこと。魏徴は、太宗が以前と比べて倹約の精神に欠け、近年では贅沢で勝手気ままになってきたことを憂慮し、次の上奏文を提出して太宗を諫めた。

「天命を受けて国を創業したこれまでの帝王を見てみますと、みな自分の国を万世まで伝えようとして、子孫に国の運営方法を残しています。ですから、朝廷に立ち、政道を語る時には、必ず純朴を優先して華美を抑え、人を評価する時には、必ず忠良の士を貴んで邪な者は遠ざけ、制度を立てる時には、奢侈を断って倹約に努め、物産を論ずる時には、穀物や絹織物を重視して珍宝を卑しむものです。しかし、即位したばかりの頃は、どの帝王もこうしたことを守ってよく政治に励みますが、しばらくして天下が安泰となると、多くの帝王がそれに反して風俗を損ねてしまいます。これは何故なのでしょうか。思うに、尊い地位にいて、四海の富をわがものとし、言葉を発すればそれに逆らう者はなく、行動すれば誰もが必ず従うのをいいことにして、公の道を忘れて私情に溺れ、礼節は欲望のために損なわれるからではないでしょうか。古語に『知ることは難しくはないが、それを行うことは難しい。行うことは難しくないが、それを最後まで続けることは難しい』とありますが、これは本当にそのとおりです。

謹んで考えますに、陛下はまだ二十歳の頃に天下の騒乱を鎮め、国内を統一して皇帝の業を始めました。貞観年間（六二七―六四九）の初めは壮年でしたので、ご自分の欲を抑えて倹約に努め、国の内外は安寧となり、ついによく治まった世を作り上げました。その功績は殷の湯王や周の武王も比べものにならず、その徳はあの堯や舜にも匹敵するでしょう。私は陛下に抜擢されて、おそばに仕えてから十余年の間、いつも機密の相談にあずかり、しばしば優れたお考えを承ってまいりました。陛下は常に仁義の道を実践しようとされ、決してそれを失うことはありませんでした。倹約の心がけは、終始一貫して変わりませんでした。『一言にして国を興す』というのは、まさに陛下のこのような姿を言うのでしょう。陛下の立派な言葉は今も耳に残って居り、決して忘れるものではありません。しかしながら近年は、いささか昔のお気持ちとは違ってきて、かつての純朴な政治は徐々に影をひそめ、最後まで貫き通すことができなくなってきています。謹んで、私が聞き及びました点を、以下に列記いたします。

貞観の初めの頃、陛下の心は無為無欲で、その静謐で平和な政治は遠く外国にまで及びました。ところが今日では、その風潮は次第に衰えてしまい、陛下の言葉だけを聞けば昔の聖人にも勝っていますが、行いを見れば平凡な皇帝にも及びません。どうしてかといいますと、前漢の文帝と西晋の武帝とは、どちらも聖人といえるような君主ではありませんが、文帝は千里を走る名馬を辞退し、武帝は雉の羽で飾った美しい服を宮殿の前で焼き捨てました。しかるに、今の陛下は、万里の地にまで駿馬を探し求め、外国からも珍宝を買い求めて、それを運ぶ途中の沿道の人々からは怪しまれ、外国の人からは軽蔑されています。これが、陛下が有終の美を飾れない第一の理由です。

昔、子貢(しこう)が民を治める道を孔子に問いましたところ、孔子は、『その危ないことといったら、まるで腐った手綱(たづな)で六頭の馬を操るようなものだ』と答えました。子貢が『どうしてそんなに恐れるのですか』と聞くと、孔子は『正しい道で民を導かなければ、わが身に危険が及ぶ。恐れないでいられようか』と答えたということです。ですから、『書経(しょきょう)』には、『民は国の根本、根本が堅固ならば国は安泰となる。人の上に立つ者、どうして民を敬(うやま)わずにおられようか』とあります。陛下は、貞観の初めには、民を見る時はまるで怪我人を見るようで、その勤労ぶりを憐れみ、まるで自分の子のように民を愛し、常に倹約に努めて、土木工事は行わないようにしていました。ところが近年では、気持ちが贅沢で勝手になり、かつての倹約を忘れ、軽々しく民を労働に駆りたて、そして『人民は放っておくとサボるものであり、労働をあたえれば使いやすい』と言っています。昔から、人民が享楽に耽(ふけ)ったために、国が傾いた例はありません。人民の享楽を恐れて、彼らを労役に駆りたてる者が、どこにいるでしょうか。国を盛んにする言葉とは思えませんし、民を安寧にする遠大な政道とは言えないでしょう。これが、陛下が有終の美を飾れない第二の理由です。

貞観の初めの頃の陛下は、自分の身を損ねても人民の役に立とうとされていました。ところが今日では、自分の欲のために人民を使っています。謙虚であった姿は年々薄れ、驕って贅沢をしたい気持ちが日々勝っています。人民を心配する言葉は常に口にしますが、実は自分の娯楽のことで心はいっぱいです。宮殿などの造営をしたいと思った時には、それを諫められるであろうことを考えて、『これを造らないと、不便なのだ』と言います。そう言われれば、臣下の情として、どうして止めることができるでしょうか。これは、陛下の意志が諫めの言葉を塞ごうとされているからで、選んで善を行おうとする態度とは言えないでしょう。これが、陛下が有終の美を飾れない第三の理由です。

人が身を立てて成功するか失敗するかは、何の影響を受けて何に感化されたかによって決まります。花の芳香の中にいても、魚の悪臭の中にいても、長い間に匂いは感じなくなります。ですから、慣れ親しむ相手は、よくよく注意しなければなりません。陛下は、貞観の初めの頃は、名誉と節操を重んじて、決して贔屓はせずに、善人とだけ付き合い、立派な君子を親愛して、邪な小人は斥けました。今はそうではなく、小人を軽く扱い、君子を丁重に扱っています。君子を重んじてはいても、それは敬して遠ざけているだけであって、小人を軽んじてはいても、それは慣れ親しんでいるだけです。人を近づければその者の欠点は見えなくなり、人を遠ざければその者の長所がわからなくなるものです。長所がわからなくなれば、仲たがいをさせる者がいなくても、自然とその人とは疎遠になります。欠点が見えなくなれば、時がたつにつれて、自然とその人とは親密になります。小人と親密に付き合うのは、正しい政治を行う道ではありません。君子を遠ざけるのは、国を盛んにする道ではありません。これが、陛下が有終の美を飾れない第四の理由です。『書経』には、『無益なことをせず、有益なものを損なわなければ、仕事は成就する。珍奇な物を貴ばず、普段の物を粗末にしなければ、民の生活は充足する。犬や馬はその土地に産するものでなければ飼わず、珍しい鳥や動物は国で飼育しない』とあります。陛下は、貞観の初めの頃は、行動は堯や舜を手本とし、黄金や宝石は投げ捨て、素朴な生活に戻ろうとしていました。ところが近年では、珍しい品を好み、得難い財貨はどんな遠い所からも集まり、精巧な財物の製作は止む時がありません。上が贅沢を好んでいながら下の者に純朴であるよう期待しても、そのようなことができたためしはありません。商工業ばかりが発展して、農民に豊かな実りを期待しても、実現できないことは明らかです。これが、陛下が有終の美を飾れない第五の理由です。

貞観の初めには、陛下はまるで喉(のど)の渇いた人が水を求めるように賢人を探し求め、善人が推挙した者は信じて任用し、その長所を取りたて、それでもまだ人材の採用が不十分ではないかと心配していました。ところが近年では、自分の好き嫌いによって官吏を任用するようになりました。あるいは、多くの善人が推挙して任用した官吏でも、一人がその者を悪く言えば棄てて用いなくなりました。また、長年信頼して用いていた官吏でも、ひとたび疑いを持つとその者を遠ざけるようになりました。そもそも、人には平素からの行いというものがあり、物事にはそれを成し遂げた経緯というものがあります。人を批判する者が、必ずしも批判された者よりも信用が置けるとは限りません。ですから、長年の業績は一朝にして失ってはなりません。立派な君子の心は、仁義を踏み行い道徳を広めようとしますが、邪な小人の性は、好んで人の悪口を言って自分の利益だけを考えます。陛下は実情を詳しく調べようともせずに、軽率に人の良し悪しを決めています。これでは、正しい道を守ろうとする者がどんどん遠ざかり、地位だけを求める者が進み出て来ることになります。やがて官吏たちは、ミスを犯さないことだけを考え、一生懸命に務めようとはしなくなります。これが、陛下が有終の美を飾れない第六の理由です。

陛下は、即位したばかりの頃は、高い地位にいながらも深く世の中を観察し、清く静かな生活を心がけ、決して贅沢な欲望を抱かず、狩猟の道具は片付けさせ、狩りに出ようとはしませんでした。ところが数年の後には、その固い意志を守ることができなくなり、百日間も狩りを楽しんだ昔の悪君ほどではないにしても、帝王としての狩猟の礼を超えるほどになりました。陛下の度重なる狩猟に対しては、とうとう人民も眉を顰めるようになり、狩りのための鷹や犬は、遠い外国からも献上されるようになりました。時には、狩猟の場への道が遠いからといって、まだ暗いうちに出発し、夜になって帰って来るあり様です。獲物を追うことだけを楽しんで、不慮の事故を気に掛けることもありません。事故は思いがけないものですから、起きてしまっては救うことはできません。これが、陛下が有終の美を飾れない第七の理由です。

孔子は、『君主は礼を立てて臣下を使い、臣下は忠義を立てて君主に仕えねばならない』と言いました。つまり、君主は厚い道義で臣下を待遇しなければならないということです。陛下は、即位されたばかりの頃は、敬意をもって臣下に接しましたので、君主の恩は臣下に及んで、臣下の気持ちは君主に届き、みな力を尽くして仕事に励もうとして、心の中には何も隠しごとがありませんでした。ところが近年では、陛下の臣下に対する態度は粗略になってきました。ある時には、地方官が上奏のために朝廷に来て、宮中で謁見して現地の状況を報告しようとしても面会することもできず、陳情しようとしても取り上げてもらえません。場合によっては、ちょっとしたミスを問い詰められることもあります。これでは、いかに賢くて弁舌の立つ官吏であっても、忠義の真心を尽くすことはできません。それなのに、君主と臣下が心を一つにして、無事に政治を行うことを願っても、無理というものではないでしょうか。これが、陛下が有終の美を飾れない第八の理由です。『傲慢を成長させてはならず、欲望を好き勝手にさせてはならず、楽しみを極めてはならず、希望を満たしてはならない』と言います。この四つのことは、昔の帝王が福を招いた理由であり、物事に通じた賢人が深く戒めとしたものであります。陛下は、貞観の初めの頃には、努力を怠らず、自分を屈してでも人の意見に従い、いつも未熟者のような態度をとっていました。しかし近年では、いささか驕った態度をとるようになり、功績の大きさを頼みにして昔の帝王を軽蔑し、知恵の聡明さを自負して当代の智者を軽視するようになってきました。これは、傲慢が成長したということです。この頃の陛下は、なさりたいと思うことがあると、みな思いどおりにしてしまい、たとえ一時的に感情を抑えて諫めに従ったとしても、結局はそれを忘れられないようになりました。これは、欲望が抑えられなくなったということです。また陛下は、娯楽に心が奪われ、いくら楽しんでも満足せず、今はそれが政治を妨げるほどにはなっていませんが、政治に専念する気持ちがなくなってしまいました。これは、楽しみを極めようとしているということです。さらに、今は国内は安泰で、四方の異民族も服従しているのに、それでも陛下は遠くに兵士と軍馬を派遣し、地の果ての外国まで討伐しようとしています。これは、希望を満たそうとしているということです。それなのに、陛下に慣れ親しんだ側近たちは、陛下に阿って敢えて進言しようとせず、陛下から疎遠の者は、威光を恐れて誰も諫めようとしません。このような状況が長年続くようであれば、陛下のこれまでの業績は傷つき損なわれるでしょう。これが、陛下が有終の美を飾れない第九の理由です。

昔、あの堯や殷の湯王の時代でも、災害がなかった訳ではありません。しかし、それでも彼らが有徳の聖人と称されたのは、終始一貫して無為無欲で、災害に遭えば民を心配してあらん限りの努力をし、安寧の時には決して驕らず、好き勝手なことをしなかったからです。貞観の初めには、連年のように霜や旱の害が起こり、畿内の人々は食物を求めて地方に出て行き、老人や幼児の手を引いたり背負ったりして、数年にわたって畿内と地方を往復しました。それでも、一軒として逃げた家はなく、一人として政府を恨んだ者はいませんでした。それは、陛下の人民を憐れむ気持ちをみなが知っていたからであり、だから餓死する者がいても反乱は起こりませんでした。ところが近年は、人民は労役に疲れ、しかも長安周辺の関中地域の人々の弊害が甚だしくなっています。工匠の職人たちは、非番の日でも賃金で雇われて働かされ、正規兵たちは、当番の日でも本来の任務以外の雑務に追われています。地方の産物は、政府が交易しますので、村々では輸送が絶えず、運搬の人足が相次いで道路を行き来しています。すでにこのように村落は疲弊していますので、暴動が起こりやすくなっています。もし水害や旱害が起こって、収穫ができなくなれば、おそらくは人民の心は、貞観の初めのように安寧ではいられないでしょう。これが、陛下が有終の美を飾れない第十の理由です。

私は、『幸福も災難も入って来る門があるのではなく、ただ人が招き寄せるだけだ』と聞いています。人の心にすきがなければ、災難はそう起こるものではありません。考えてみますと、陛下が天下を治められてから十三年の間、道徳は国中に行きわたり、威光は海外にまで及び、毎年豊作が続き、礼儀と教育は盛んとなり、どの家も軒並み立派な人を揃え、食糧は有り余るほどになりました。ところが今年になって、天災が起こり、旱の被害は地方に及び、凶悪な犯罪が都の周辺でも起こっています。そもそも天は何も言わず、兆(きざ)しを表して戒(いまし)めとするものです。今こそ、誠に陛下は天を恐れ、心配して勤めに励む時です。天の戒めを恐れ、良い意見を選んでそれに従い、周の文王(ぶんおう)と同じように慎み深くし、殷の湯王(とうおう)が災害を自分の罪としたことを手本とし、前代の帝王がよく世を治めた方法を率先して実行し、徳が損なわれた理由をよく考えてそれを改め、悪い点は一つ一つ刷新し、人々の考えを一新したならば、天子の地位はいつまでも続き、天下万民にとってこれほどの幸いはなく、何の災いの心配があるでしょうか。すなわち、国が安泰かどうか、世が治まっているかどうかは、天子一人にかかっております。現在、太平の基礎は、すでに天よりも高く築かれていますが、それでも努力を途中で放棄してしまえば、最後まで完成することができません。今は千載一遇の大いなる時期で、二度とは得難い世でありますが、優れた皇帝は能力がありながら、それを実行されておりません。そのため、私のような卑しい臣下は心が晴れず、長い溜息をつくばかりです。

私は愚かな人間で、物の機微に通じておりませんが、見た点を十ヵ条にとりまとめ、陛下のお耳に入れました。どうか陛下には、私のおかしな意見も取り上げられ、卑しい者の気持ちも参考にしてくださいますよう、お願いいたします。この上奏に一つでも良い点があって、陛下のお役に立つならば幸甚です。そうであれば、死んでも悔いはなく、甘んじて刑を受け入れる覚悟でおります」。

この文章が上奏されると、太宗は魏徴に、

「臣下が君主に仕えるのに、君主の意向に添うのは非常に簡単だが、君主の感情に逆らうのは最も難しいことだ。そなたは、私の耳目や手足となって、いつも正しいと思う意見を聞かせてくれる。今、私は自分の過ちを聞いたので、それを改めて、必ずや最後には有終の美を飾りたいものだ。もしそれを違えたら、どの顔をしてそなたに会うことができるだろう。それどころか、どうやって天下を治めようというのだろうか。そなたの上奏を受け取ってから、くりかえし吟味してみたが、言葉は強く理屈はまっすぐに通っていることがよくわかった。そこで、あの上奏文で屏風を作り、朝に夕に眺めている。また、上奏文は史官にも記録させたので、それによって、千年後の者にも君臣の正しいあり方を知ってほしいものだと思う」

と語った。そして、魏徴に黄金十斤と、皇帝の厩舎の馬二頭を賜ったのだった。

■原文

貞觀十三年、魏徴恐太宗不能克終儉約、近歲頗好奢縱、上疏諫曰

「臣觀自古帝王受圖定鼎、皆欲傳之萬代、貽厥孫謀。故其垂拱巖廊、布政天下、其語道也必先淳朴而抑浮華、其論人也必貴忠良而鄙邪佞、言制度也則絕奢靡而崇儉約、談物產也則重穀帛而賤珍奇。然受命之初、皆遵之以成治、稍安之後、多反之而敗俗。其故何哉。豈不以居萬乘之尊、有四海之富、出言而莫己逆、所爲而人必從、公道溺於私情、禮節虧於嗜欲故也。語曰『非知之難、行之惟難。非行之難、終之斯難』。所言信矣。

伏惟陛下、年甫弱冠、大拯橫流、削平區宇、肇開帝業。貞觀之初、時方克壯、抑損嗜欲、躬行節儉、內外康寧、遂臻至治。論功則湯・武不足方、語德則堯・舜未爲遠。臣自擢居左右、十有餘年、每侍帷幄、屢奉明旨。常許仁義之道、守之而不失。儉約之志、終始而不渝。『一言興邦』、斯之謂也。德音在耳、敢忘之乎。而頃年已來、稍乖曩志、敦朴之理、漸不克終。謹以所聞、列之如左。

陛下貞觀之初、無爲無欲、清靜之化、遠被遐荒。考之於今、其風漸墜、聽言則遠超於上聖、論事則

未踰於中主。何以言之。漢文・晉武俱非上哲、漢文辭千里之馬、晉武焚雉頭之裘。今則求駿馬於萬里、市珍奇於域外、取怪於道路、見輕於戎狄、此其漸不克終、一也。

昔子貢問理人於孔子、孔子曰『懍乎若朽索之馭六馬』。子貢曰『何其畏哉』。子曰『不以道導之、則吾讎也、若何其無畏』。故『書』曰『民惟邦本、本固邦寧。爲人上者奈何不敬』。陛下貞觀之始、視人如傷、恤其勤勞、愛民猶子、每存簡約、無所營爲。頃年已來、意在奢縱、忽忘卑儉、輕用人力、乃云『百姓無事則驕逸、勞役則易使』。自古以來、未有由百姓逸樂而致傾敗者也、何有逆畏其驕逸、而故欲勞役者哉。恐非興邦之至言、豈安人之長算。此其漸不克終、二也。

陛下貞觀之初、損己以利物、至於今日、縱欲以勞人、卑儉之迹歲改、驕侈之情日異。雖憂人之言不絕於口、而樂身之事實切於心。或時欲有所營、慮人致諫、乃云『若不爲此、不便我身』。人臣之情、何可復爭。此直意在杜諫者之口、豈曰擇善而行者乎。此其漸不克終、三也。

立身成敗、在於所染。蘭芷鮑魚、與之俱化、愼乎所習、不可不思。陛下貞觀之初、砥礪名節、不私於物、惟善是與、親愛君子、疏斥小人。今則不然、輕褻小人、禮重君子。重君子也、敬而遠之、輕小人也、狎而近之。近之則不見其非、遠之則莫知其是。莫知其是、則不間而自疏。不見其非、則有時而自昵。昵近小人、非致理之道。疏遠君子、豈興邦之義。此其漸不克終、四也。

『書』曰『不作無益害有益、功乃成。不貴異物賤用物、人乃足。犬馬非其土性不畜、珍禽奇獸弗育於國』。陛下貞觀之初、動遵堯・舜、捐金抵璧、反朴還淳。頃年以來、好尙奇異、難得之貨、無遠不臻、珍玩之作、無時能止。上好奢靡而望下敦朴、未之有也。末作滋興、而求豐實、其不可得亦已明矣。此其漸不克終、五也。

貞觀之初、求賢如渴、善人所擧、信而任之、取其所長、恆恐不及。近歲已來、由心好惡。或衆善擧而用之、或一人毀而棄之、或積年任而用之、或一朝疑而遠之。夫行有素履、事有成跡、所毀之人、未必可信於所擧。積年之行、不應頓失於一朝。君子之懷、蹈仁義而弘大德、小人之性、好讒佞以爲身謀。陛下不審察其根源、而輕爲之臧否、是使守道者日疏、干求者日進、所以人思苟免、莫能盡力。此其漸不克終、六也。

陛下初登大位、高居深視、事惟清靜、心無嗜慾、內除畢弋之物、外絕畋獵之源。數載之後、不能固志、雖無十旬之逸、或過三驅之禮、遂使盤遊之娛、見譏於百姓、鷹犬之貢、遠及於四夷。或時敎習之處、道路遙遠、侵晨而出、入夜方還。以馳騁爲歡、莫慮不虞之變、事之不測、其可救乎。此其漸不克終、七也。

孔子曰『君使臣以禮、臣事君以忠』。然則君之待臣、義不可薄。陛下初踐大位、敬以接下、君恩下流、臣情上達、咸思竭力、心無所隱。頃年已來、多所忽略、或外官充使、奏事入朝、思覩闕庭、將陳所見、欲言則顏色不接、欲請又恩禮不加、間因所短、詰其細過、雖有聰辯之略、莫能申其忠款、而望上下同心、君臣交泰、不亦難乎。此其漸不克終、八也。

『傲不可長、欲不可縱、樂不可極、志不可滿』。四者、前王所以致福、通賢以爲深誡。陛下貞觀之初、孜孜不怠、屈己從人、恆若不足。頃年已來、微有矜放、恃功業之大、意蔑前王、負聖智之明、心輕當代、此傲之長也。欲有所爲、皆取遂意、縱或抑情從諫、終是不能忘懷。此欲之縱也。志在嬉遊、情無厭倦、雖未全妨政事、不復專心治道、此樂將極也。率土乂安、四夷款服、仍遠勞士馬、問罪遐裔、此志將滿也。親狎者阿旨而不肯言、疏遠者畏威而莫敢諫、積而不已、將虧聖德。此其漸不克終、九也。

昔陶唐・成湯之時、非無災患、而稱其聖德者、以其有始有終、無爲無欲、遇災則極其憂勤、時安則不驕不逸故也。貞觀之初、頻年霜旱、畿內戶口並就關外、攜負老幼、來往數年、曾無一戶逃亡、一人怨苦。此誠由識陛下矜育之懷、所以至死無攜貳。頃年已來、疲於徭役、關中之人、勞弊尤甚。雜匠之徒、下日悉留和雇、正兵之輩、上番多別驅使。和市之物不絕於鄉閭、遞送之夫相繼於道路。既有所弊、易爲驚擾、脫因水旱、穀麥不收、恐百姓之心、不能如前日之寧帖。此其漸不克終、十也。

臣聞『禍福無門、唯人所召』。人無釁焉、妖不妄作。伏惟陛下統天御宇十有三年、道洽寰中、威加海外、年穀豐稔、禮教聿興、比屋喩於可封、菽粟同於水火。曁乎今歲、天災流行、炎氣致旱、乃遠被於郡國、凶醜作孽、忽近起於轂下。夫天何言哉、垂象示誡、斯誠陛下驚懼之辰、憂勤之日也。若見誡而懼、擇善而從、同周文之小心、追殷湯之罪己。前王所以致理者、勤而行之、今時所以敗德者、思而改之。與物更新、易人視聽、則寶祚無疆、普天幸甚、何禍敗之有乎。然則社稷安危、國家治亂、在於一人而已。當今太平之基、既崇極天之峻、九仞之積、猶虧一簣之功。千載休期、時難再得、明主可爲而不爲、微臣所以鬱結而長嘆者也。

臣誠愚鄙、不達事機、略舉所見十條、輒以上聞聖聽。伏願陛下採臣狂瞽之言、參以芻蕘之議。冀千慮一得、衮職有補、則死日生年、甘從斧鉞」。

疏奏、太宗謂徵曰「人臣事主、順旨甚易、忤情尤難。公作朕耳目股肱、常論思獻納。朕今聞過能改、庶幾克終善事、若違此言、更何顏與公相見。復欲何方以理天下。自得公疏、反覆研尋、深覺詞強理直、遂列爲屛障、朝夕瞻仰。又錄付史司、冀千載之下識君臣之義」。乃賜徵黃金十斤、廐馬二疋。

第六章 勝つのは簡単、それを守り続けるのは難しい

貞観十四年（六四〇）のこと、太宗が側近たちに語った。

「天下を平定するのは、私はすでに成し遂げたが、それを守るのに方針を誤ったならば、功績をいつまでも維持するのは難しいだろう。秦の始皇帝は、初めて六国（りっこく）を併合して天下を領有したけれど、晩年にはそれを守り続けることができなかった。誠に戒（いまし）めとしなければならない。そなたたちは、公義を考えて私情を忘れるべきである。そうすれば、名声も高い地位も最後まで保ち続け、有終の美を飾ることができるだろう」。

それに対して、魏徴（ぎちょう）が答えた。

「戦って勝つのは容易（たやす）いけれど、勝ち取ったものを守り続けるのは難しいといいます。陛下は遠い将来のことにまで深く思慮をめぐらし、安泰な時にも万が一の危機を忘れず、すでに業績は光り輝き、道徳も国中に行きわたっています。常にそういう態度で政治を行えば、国家が傾く心配はないでしょう」。

■原文

貞観十四年、太宗謂侍臣曰「平定天下、朕雖有其事、守之失圖、功業亦復難保。秦始皇初亦平六國、據有四海、及末年不能善守、實可爲誡。公等宜念公忘私、則榮名高位、可以克終其美」。

——魏徴對曰「臣聞之、戰勝易、守勝難。陛下深思遠慮、安不忘危、功業既彰、徳教復洽、恆以此爲政、宗社無由傾敗矣」。

第七章　賢者と愚者の差は感情を制御できるかどうか

貞観十六年（六四二）に、太宗は魏徴（ぎちょう）に言った。

「これまでの帝王たちを見てみると、天子の位を十代にもわたって伝えた者がいれば、一、二代しか伝えられなかった者もおり、なかには自分一代で滅んでしまった者もいる。だから、私はいつも心配なのだ。ある時は、人民をいたわり養うのに、その方針が当を得ていないのではないかと心配になり、またある時は、自分の心に驕（おご）りやわがままが起こり、喜びや怒りが度を過ぎているのではないかと心配になる。こういうことは自分自身ではわからないので、そなたはそういう点を進言すべきである。私は、必ずそれを手本とする」。

魏徴は答えた。

「欲望や喜怒の感情というものは、賢者であろうと愚者であろうと同じです。しかし、賢者はそれを制御して、度を過ぎるということがないのに対し、愚者はそれに流され、多くは身を持ち崩してしまいます。陛下は優れた徳と深い思慮をお持ちですから、安泰な時でもしくじりがないかを心配されています。どうか陛下にお願いしたいのは、常に自分の心を制御され、それを保ち続けて有終の美を飾ってほしいということです。そうすれば、わが国は万世まで陛下の御恩を被ることになるでしょう」。

■原文

貞觀十六年、太宗問魏徵曰「觀近古帝王有傳位十代者、有一代兩代者、亦有身得身失者。朕所以常懷憂懼、或恐撫養生民不得其所、或恐心生驕逸、喜怒過度。然不自知、卿可爲朕言之。當以爲楷則」。徵對曰「嗜慾喜怒之情、賢愚皆同。賢者能節之、不使過度、愚者縱之、多至失所。陛下聖德玄遠、居安思危、伏願陛下常能自制、以保克終之美、則萬代永賴」。

訳者あとがき

一般に『貞観政要』と聞くと、唐の太宗が立派な言葉を述べ、その謙虚な態度に臣下が応えるという、理想的な政治のあり方が記されている書物と思うのではないだろうか。

確かに、そのようなことは書かれている。それは事実である。そして、わが国で一般向けに出版された『貞観政要』の翻訳は、そうした場面を採択して抄訳する傾向にある。

しかしながら、太宗がそのような姿勢を見せるのは、貞観一桁（ひとけた）の時代のことである。貞観十年を過ぎると、太宗は怒りやすくなり、傲慢で贅沢になっていた。直言を嫌がる様子も見える。誠信篇の第二章、奢縦篇の馬周の上奏、刑法篇の第六章など、そのような太宗の姿は本書の随所に出会う。末尾の慎終篇第五章、魏徴（ぎちょう）の上奏に至っては、太宗がこのままでは皇帝として有終の美を飾れない理由を、実に十ヵ条にわたって述べている。

太宗は、貞観二十三年に数え年五十二歳で亡くなったので、貞観十年といえば三十九歳である。わがままや怒りっぽさは、年齢の問題かもしれない。しかし、おそらくはそうではないであろう。十年も皇帝の地位に就いていたためではなかろうか。人間が初志を変わらずに維持し続けることは難しい。あまりに長く政権の座にいると、どうしてもマイナスの側面が表に現れる。大統領制を採用し、その任期を二期までと定めている国の規定には、一理あるように思われてくる。大統領を二十年以上も務めた者の末路を、われわれは何度も見てきた。

本書を読むと、唐初期の為政者が、いかに人民の動向を恐れていたかがわかるであろう。それももっともなことで、中国の歴史に現れた王朝の多くが、民衆の反乱によって崩壊してきた。そればかりか、現在の中国の政治を見ても、為政者が同様の恐れを抱いていることに気づくであろう。太宗と臣下たちは、なにしろ隋末の乱を目の当たりにしたばかりなのだから、民衆を恐れるのも無理はない。だから、即位したばかりの頃の太宗は、民衆を労役に駆り立てないように気を遣っていた。しかし、貞観十年を過ぎると、そうした気遣いは薄れてしまったようである。

また、太宗は臣下の諫めに従わず、高句麗遠征に踏み切って、結果は不成功に終わった。それでもさらに遠征軍を送り、臣下の房玄齢（ぼうげんれい）は余命いくばくもない身体に鞭打ってそれを止め、異例なことに女官までもがそれを諫めている（征伐篇第十二・十三章）。

本書で、太宗と臣下たちは幾度となく隋の煬帝（ようだい）を批判し、場合によっては小馬鹿にさえしている。それなのに、結局太宗は煬帝と同じ轍を踏んだのである。

『貞観政要』の撰者呉兢（ごきょう）は、皇帝としての太宗の立派な姿だけでなく、そのような側面も余すところなく描いた。これだから、本というものは全部読んでみなくてはダメなのである。

わが国で『貞観政要』の研究というと、誰しもが原田（はらだ）種成（たねしげ）氏の名を挙げるであろう。氏こそは、まさにこの分野の大家である。特に、明治書院・新釈漢文大系『貞観政要』上・下（初版一九七八・七九年）は、原文・訓読・校異・通釈（口語訳）・語釈を施した労作で、原田氏の研究の集大成といえよう。しかしながら、その通釈は、原文に引きずられるあまり、意味が取りにくく、決してわかりやすい現代語訳になってはいない。これは、研究書である以上、ある程度はやむを得ない。原文に忠実に訳さなければならないからである。

それに対して、たとえば守屋洋氏の訳（徳間書店『貞観政要』、一九七五年、後にちくま学芸文庫）や、湯浅邦弘氏の訳（角川ソフィア文庫『貞観政要』、二〇一七年）は、文章がこなれていて誠に読みやすい。しかし、残念ながら訳出するのは『貞観政要』の一部にすぎない。

本書を執筆するにあたっては、原文から外れることなく、その上で読みやすい現代語訳に努めた。漢文の訓読には、上記の原田書もさることながら、特に続国訳漢文大成『貞観政要』（経子史部第二十二巻、公田連太郎著、国民文庫刊行会、一九三一年）を参照した。全文の訓読と語釈だけでなく、各章に付された諸家の案文までをも書き下しにした大変な労作である。ただし口語訳はされておらず、本書では一部に漢文の読みを改めた箇所がある。

公田・原田両書から受けた大きな恩恵は、古典引用の出典についてである。特に、規諫太子篇の第一章、第六段落に、前漢・武帝が幼い頃に「防年には親殺しの罪はない」ことを悟った逸話が引用されるが、その出典を『太平御覧』引用の『漢武故事』に見出した原田氏の慧眼には、敬意を表したい。ただし、この両書といえども、一部の引用の典拠に誤りがないわけではない。なかには誤りが踏襲されている箇所すらあった。しかし、それらはごくわずかにすぎず、両書に導かれずに一から出典を探していたのでは、とても二年数ヵ月では書き上がらなかったであろう。なお、本書の引用出典はすべて原典にあたってある。

テレビのインタビュー番組で、大手外食産業の経営者が、自社が一時傾きかけた理由を問われて、「会社が成長して経営者が謙虚でなくなり、言葉と決定の軸がずれると、部下の不信感がトップに伝わらなくなる」と語り、それが崩れた元だったと答えていた。

別の番組では、客船の元船長が、無事に航海するために最も肝要なことを質問されて、「どんなにIT技術が進んでも、機関室など現場の作業員と絶えずコミュニケーションをとり、どんな些細な意見にも耳を傾けること」と答えていた。

こういう話に敏感に反応して聞き入ってしまったのは、『貞観政要』と取り組んでいたためであろう。

講談社学芸部の青山遊(あおやまゆう)氏から本書出版の話をいただいた当初、私はお断りしようと思っていた。理由は次の二つである。

一つは、これまで『貞観政要』は歴史家ではなく、漢文学の専門家が取り上げる書物であったこと。そしてもう一つは（こちらの方が主な理由であるが）、私は『貞観政要』を訳すほど立派な人格者ではないこと、である。

しかし、青山氏の「『貞観政要』は歴史家が訳さなければダメ」という強い勧めがあって、引き受けることにした。これまで、『旧唐書』『新唐書』『唐会要』『資治通鑑』などの歴史書を分析してきたが、それらより『実録』『国史』に基づいた『貞観政要』の方が古い記録なのであり、そこに醍醐味を味わうことができた。

本書がなんとか出版にこぎつけられたのは、講談社学芸部の方々、校閲担当者のお蔭である。心より御礼を申し上げる。

石見清裕

二〇二〇年十一月八日

本書は訳し下ろしです。

石見清裕（いわみ　きよひろ）

1951年，東京生まれ。早稲田大学大学院修士課程・博士課程単位取得退学。文学博士。早稲田大学教育・総合科学学術院教授。専門は唐代政治史・国際関係史。編著書に『唐の北方問題と国際秩序』『ソグド人墓誌研究』『唐代の国際関係』『訳註 日本古代の外交文書』『唐代的民族，外交与墓志』がある。

定価はカバーに表示してあります。

貞観政要（じょうがんせいよう）　全訳注（ぜんやくちゅう）

呉（ご）　兢（きょう）　編

石見清裕（いわみきよひろ）　訳注

2021年1月8日　第1刷発行
2021年2月16日　第3刷発行

発行者　渡瀬昌彦
発行所　株式会社講談社
東京都文京区音羽 2-12-21 〒112-8001
電話　編集（03）5395-3512
販売（03）5395-4415
業務（03）5395-3615

装　幀　蟹江征治
印　刷　豊国印刷株式会社
製　本　株式会社若林製本工場
本文データ制作　講談社デジタル製作

ISBN978-4-06-521912-6

「講談社学術文庫」の刊行に当たって

これは、学術をポケットに入れることをモットーとして生まれた文庫である。学術は少年の心を養い、成年の心を満たす。その学術がポケットにはいる形で、万人のものになることは、生涯教育をうたう現代の理想である。

こうした考え方は、学術を巨大な城のように見る世間の常識に反するかもしれない。また、一部の人たちからは、学術の権威をおとすものと非難されるかもしれない。しかし、それはいずれも学術の新しい在り方を解しないものといわざるをえない。

学術は、まず魔術への挑戦から始まった。やがて、いわゆる常識をつぎつぎに改めていった。学術の権威は、幾百年、幾千年にわたる、苦しい戦いの成果である。こうしてきずきあげられた城が、一見して近づきがたいものにうつるのは、そのためである。しかし、学術の権威を、その形の上だけで判断してはならない。その生成のあとをかえりみれば、その根は常に人々の生活の中にあった。学術が大きな力たりうるのはそのためであって、生活をはなれた学術は、どこにもない。

開かれた社会といわれる現代にとって、これはまったく自明である。生活と学術との間に、もし距離があるとすれば、何をおいてもこれを埋めねばならない。もしこの距離が形の上の迷信からきているとすれば、その迷信をうち破らねばならぬ。

学術文庫は、内外の迷信を打破し、学術のために新しい天地をひらく意図をもって生まれた。文庫という小さい形と、学術という壮大な城とが、完全に両立するためには、なおいくらかの時を必要とするであろう。しかし、学術をポケットにした社会が、人間の生活にとってより豊かな社会であることは、たしかである。そうした社会の実現のために、文庫の世界に新しいジャンルを加えることができれば幸いである。

一九七六年六月

野間省一